Rechtsfragen grenzüberschreitender Unternehmenszusammenschlüsse

Frankfurter wirtschaftsrechtliche Studien

Herausgegeben von
Theodor Baums, Andreas Cahn, Friedrich Kübler,
Hans-Joachim Mertens, Eckard Rehbinder, Gunther Teubner

Band 53

PETER LANG
Frankfurt am Main · Berlin · Bern · Bruxelles · New York · Oxford · Wien

Mathias Stöcker

Rechtsfragen grenzüberschreitender Unternehmens-zusammenschlüsse

– unter besonderer Berücksichtigung des Falles Daimler/Chrysler –

PETER LANG
Europäischer Verlag der Wissenschaften

Bibliografische Information Der Deutschen Bibliothek
Die Deutsche Bibliothek verzeichnet diese Publikation in der Deutschen Nationalbibliografie; detaillierte bibliografische Daten sind im Internet über <http://dnb.ddb.de> abrufbar.

Zugl.: Frankfurt (Main), Univ., Diss., 2002/2003

D 30
ISSN 0723-0427
ISBN 3-631-51083-7

www.peterlang.de

Vorwort

Die vorliegende, am Institut für Handels- und Wirtschaftsrecht der Universität Osnabrück sowie am Institut für Bankrecht der Johann Wolfgang Goethe-Universität Frankfurt am Main entstandene Untersuchung wurde im Wintersemester 2002/2003 von der juristischen Fakultät der Johann Wolfgang Goethe-Universität Frankfurt am Main als Dissertation angenommen.

Literatur und Rechtsprechung wurden bis Dezember 2002 berücksichtigt.

Für die Anregung, Betreuung und stete Förderung der Arbeit schulde ich meinem verehrten Doktorvater, Herrn Professor Dr. Dr. h.c. *Theodor Baums*, der mir eine ungemein interessante und lehrreiche Zeit am Institut ermöglicht hat, herzlichen Dank.

Herrn Professor Dr. *Eckard Rehbinder* danke ich für die Übernahme und die umgehende Erstattung des Zweitgutachtens.

Die Sozietät Shearman & Sterling, namentlich Herr Rechtsanwalt *Georg F. Thoma*, hat das Entstehen der Untersuchung erleichtert; hierfür vielen Dank.

Dr. *Matthias Möller*, Dr. *Hans-Gert Vogel* und den anderen Weggefährten ein großes Dankeschön für die gute Arbeitsatmosphäre am Institut und manch hilfreiches Gespräch.

Die Arbeit ist meinen lieben Eltern gewidmet, die mir ein unbeschwertes Studium ermöglicht und mich immer in jeder Hinsicht unterstützt haben.

Düsseldorf, Dezember 2002
Mathias Stöcker

Inhaltsübersicht

Inhaltsverzeichnis

§ 1 Einleitung

Als Anfang Mai 1998 die Pläne für einen Zusammenschluß der Daimler-Benz AG, Stuttgart, mit der Chrysler Corp., Auburn Hills/Michigan (USA), bekannt wurden, war das Echo in Medien und Öffentlichkeit groß. Der Zusammenschluß, Ausdruck des Konzentrationsprozesses in der internationalen Automobilindustrie, stellte ein Novum in der Geschichte grenzüberschreitender Unternehmenszusammenschlüsse dar. Nach vereinzelten Vorläufern innerhalb Europas, teilweise auch unter Beteiligung deutscher Unternehmen[1], handelte es sich um den ersten Fall eines deutsch-US-amerikanischen Zusammenschlusses von Großunternehmen. Es war überdies die bislang weltweit größte Fusion im Automobilbereich und damit zugleich bis dato größte Fusion der Industriegeschichte[2] zwischen dem größten deutschen Industriekonzern mit einem Jahres-

---

[1] Vgl. etwa die mittlerweile nicht mehr bestehenden deutsch-belgischen bzw. deutsch-niederländischen Zusammenschlüsse Agfa AG/Gevaert S.A. (dazu *Bayer*, Festschrift Zweigert, S. 363, 374f.; *Figge*, Mitbestimmung auf Unternehmensebene, S. 43ff.; *Gromann*, Gleichordnungskonzerne, S. 19; *Hofmann*, AuR 1978, S. 358, 360f.; *Koppensteiner*, Internationale Unternehmen, S. 67f.; *Lutter*, Gutachten, S. H 50ff., H 149; *Raupach* in: Theisen (Hrsg.), Der Konzern im Umbruch, S. 59, 125f.; *Silcher* in: Lutter (Hrsg.), Recht und Steuer der internationalen Unternehmensverbindungen, S. 80ff.), Hoesch AG/Hoogovens N.V. (dazu *Bayer*, a.a.O., S. 375f.; *Figge*, a.a.O., S. 45ff.; *Gromann*, a.a.O., S. 21; *Großfeld*, Internationales und Europäisches Unternehmensrecht, S. 100f.; *Hofmann*, a.a.O., S. 359f.; *Lutter*, Die Rechte der Gesellschafter, S. 8; *Karsten Schmidt*, Gesellschaftsrecht, § 30 V 2 a), S. 928; eingehend dazu unten S. 168ff.) und Vereinigte Flugtechnische Werke (VFW) GmbH/Fokker N.V. (dazu *Bayer*, a.a.O., S. 363, 373f.; *Figge*, a.a.O., S. 48ff.; *Gäbelein* in: Lutter (Hrsg.), Recht und Steuer der internationalen Unternehmensverbindungen, S. 82ff.; *Gromann*, a.a.O., S. 20f.; *Hofmann*, a.a.O., S. 361 re. Sp.; *Koppensteiner*, a.a.O., S. 69; *Lutter*, Gutachten, S. H 53f., H 150; *ders.*, Die Rechte der Gesellschafter, S. 7f.), bei denen sich die jeweiligen Ausgangsgesellschaften allerdings nicht - wie im Fall Daimler/Chrysler - in einer zentralen Konzernobergesellschaft zusammenschlossen, sondern im Rahmen eines binationalen Gleichordnungskonzerns nebeneinander bestehen blieben. Vgl. ferner die englisch-niederländischen grenzüberschreitenden Gleichordnungskonzerne Shell (dazu *Wymeersch* in: Horn (Hrsg.), Cross-Border Mergers and Acquisitions and the Law, S. 63, 67ff.) und Unilever (dazu *Canellos* in: Brown (Hrsg.), International Mergers and Acquisitions, S. 127; *Gromann*, a.a.O., S. 18; *Großfeld*, a.a.O., S. 101f.; *Lutter*, Gutachten, S. H 55f., H 152; *Raupach*, a.a.O., S. 59, 124; *Stengel* in: Semler/Volhard (Hrsg.), Unternehmensübernahmen, § 17 Rdz.332; *Wymeersch*, a.a.O., S. 69) sowie den schwedisch-schweizerischen Konzern Asea Brown Boveri (ABB; s. dazu *Müller-Berghoff* in: Hoffmann (Hrsg.), Konzernhandbuch, S. 501ff.). Überblicke über Gestaltungen der (älteren) Praxis grenzüberschreitender Unternehmensverbindungen bei *Lutter*, Gutachten, S. H 50ff., 149ff.; *Hofmann*, a.a.O., S. 358, 359ff.; *Wiedemann*, Gesellschaftsrecht I, S. 880.

[2] *Hansen*, Die AG 1998, S. R 224 li. Sp.; *Roller*, Börsen-Zeitung Nr. 173 vom 10.09.1998, S. 7.

umsatz von DM 124 Mrd. und Amerikas drittgrößtem Autohersteller mit einem Jahresumsatz von US $ 61,2 Mrd. (jeweils bezogen auf 1997)[3]. Im Zeitpunkt des Zusammenschlusses kam der neue Konzern als nunmehr drittgrößter Autokonzern der Welt[4] auf einen zusammengefassten Umsatz von DM 260 Mrd., einen Börsenwert von DM 130 Mrd. und eine Gesamtarbeitnehmerzahl von 428.000[5]. Mit dem Zusammenschluß der beiden Autohersteller, der den Auftakt zu einer Reihe weiterer, teilweise freilich im Planungsstadium verbliebener, grenzüberschreitender Zusammenschlüsse von Großunternehmen unter deutscher Beteiligung (vgl. die Fälle Deutsche Telekom/VoiceStream[6], Deutsche Bank/Bankers Trust[7], Hoechst/Rhône-Poulenc[8], HypoVereinsbank/Bank Austria[9] sowie die gescheiterten Vorhaben Deutsche Telekom/Telecom Italia, Viag/Alusuisse Lonza Group (Algroup), Deutsche Börse AG/London Stock Exchange plc[10])[11] bildete, verbindet sich nicht nur der Begriff des „Zusammenschlusses unter Gleichen" („*Merger of Equals*"), der durch ihn hierzulande bekannt wurde[12], sondern auch die Bezeichnung „Welt AG". Immer wieder hieß es insoweit, bei der DaimlerChrysler AG, einem global tätigen Unternehmen mit der Rechtsform einer deutschen Aktiengesellschaft und Satzungssitz in Stuttgart, aber zwei gleichberechtigten Verwaltungszentralen in Deutschland und den USA sowie - zunächst - überwiegend ausländischer Anteilseignerschaft[13], handele es sich um das erste wirklich transnationale Unternehmen, die erste wirkliche „Welt AG"[14].

---

3 FAZ Nr. 105 vom 07.05.1998, S. 1.
4 Der Spiegel Nr. 20 vom 11.05.1998, S. 106.
5 FAZ Nr. 267 vom 17.11.1998, S. 23.
6 Dazu näher unten S. 367ff..
7 Dazu näher unten S. 370f..
8 Dazu näher unten S. 372f..
9 Dazu näher unten S. 373ff..
10 Dazu unten Fn.565.
11 Kurzüberblick bei *Hansen*, Die AG 1999, S. R 4.
12 *Borges*, RIW 2000, S. 167, 171 Fn.54; *Decher*, FAZ vom 13.08.1999, S. 22.
13 Während die Aktien der Daimler-Benz AG noch zu 63 Prozent in deutscher Hand lagen, betrug der Anteil inländischer Anleger an dem neuen Konzern nur noch weniger als die Hälfte, umfasste nämlich nur noch 37 Prozent des Grundkapitals, während zunächst 44 Prozent des Kapitals in den USA lagen (FAZ Nr.164 vom 18.07.1998, S. 21; FAZ Nr.209 vom 09.09.1998, S. 25). Der Anteil der US-Aktionäre sank allerdings später insbesondere wegen der Nichtaufnahme der Aktie in den US-Index *Standard & Poor's 500* auf 25 Prozent (Börsen-Zeitung Nr.51 vom 16.03.1999, S. 1; FAZ Nr.74 vom 29.03.1999, S. 26; SZ Nr. 76 vom 01.04.1999, S. 27; *Gordon*, The Columbia Journal of European Law 5 (1999), S. 219, 230; *Waller*, Stunde des Strategen, S. 232).
14 Vgl. die Zitate von *J. Schrempp*, FAZ Nr. 175 vom 31.07.1998, S. 19; *R. Eaton* bei *Kuls*, Handelsblatt Nr. 181 vom 21.09.1998, S. 14; ferner Der Spiegel Nr. 20 vom 11.05.1998, S. 104, 107; Wirtschaftswoche Nr. 21 vom 14.05.1998, S. 51; FAZ Nr. 178 vom 04.08.1998,

Die Bewertungen des Zusammenschlusses, der im Dezember 1998 seinen Abschluß fand[15], fielen zunächst durchweg positiv aus[16]. Er sei vorbildlich vollzogen worden und bilde den Maßstab für weitere Fusionskandidaten[17]. Man habe eine „elegante Lösung“[18] für die Gestaltung des Zusammenschlusses gefunden, der „eine neue Ära internationaler Verschmelzungen“ eröffne[19] und „Benchmarks“ setze[20]. Von einem „Symbol für das (...) Zeitalter der Globalisierung“ war die Rede[21]. Die Fusion wurde als „Blaupause“ und „Strickmuster“ für künftige grenzüberschreitende, namentlich transatlantische Unternehmenszusammenschlüsse bezeichnet[22]; folgerichtig orientierten sich etwa die letztlich gescheiterten späteren Zusammenschlußvorhaben Viag/Algroup[23] und Deutsche Telekom/Telecom Italia[24] am Daimler/Chrysler-Modell[25].

Der neue Konzern DaimlerChrysler AG hatte in den ersten Jahren seines Bestehens erhebliche Probleme zu bewältigen – zu nennen sind etwa die Nichtaufnahme der DaimlerChrysler-Aktie in den US-Index *Standard & Poor's 500*[26], die zahlreiche institutionelle US-Anleger zum Verkauf ihrer Aktien veranlasste[27], der drastische Fall des Aktienkurses[28], der Anfang 2001 sogar Spekulatio-

S. 17; *Dunsch*, FAZ Nr. 218 vom 19.09.1998, S. 13; s. auch *Appel/Hein*, Der DaimlerChrysler Deal, S. 8, 126, 202; *Endres*, ZHR 163 (1999), S. 441, 447.

15 Vgl. unten S. 61.

16 *Hansen*, Die AG 1998, S. R 226 re. Sp..

17 FAZ Nr. 7 vom 09.01.1999, S. 22.

18 Staudinger/*Großfeld*, IntGesR Rdz.701.

19 *Großfeld*, Gedächtnisschrift Lüderitz, S. 233, 240.

20 *Roller*, Börsen-Zeitung Nr. 173 vom 10.09.1998, S. 1.

21 Wirtschaftswoche Nr. 21 vom 14.05.1998, S. 51.

22 Vgl. die Zitate von *P. Achleitner*, Goldman Sachs OHG, FAZ Nr. 285 vom 08.12.1998, S. 23, und von *Rolf-E. Breuer*, Sprecher des Vorstandes der Deutsche Bank AG, bei *Roller*, Börsen-Zeitung Nr. 173 vom 10.09.1998, S. 1; ferner *Decher*, FAZ vom 13.08.1999, S. 22; *ders.* in: Horn (Hrsg.), Cross-Border Mergers and Acquisitions and the Law, S. 105, 105; *Weber/Jaspert*, SZ Nr.299 vom 29.12.1998, S. 19; *Gordon*, The Columbia Journal of European Law 5 (1999), S. 219, 230 („(...) a powerful legal precedent for cross-border mergers under German law“); s. auch *Bogenschütz*, IStR 2000, S. 609, 617 li. Sp. („Modellcharakter“).

23 FAZ Nr. 270 vom 20.11.1998, S. 22; FAZ Nr. 277 vom 28.11.1998, S. 13.

24 SZ Nr. 93 vom 23.05.1999, S. 27.

25 *Decher*, FAZ vom 13.08.1999, S. 22; *ders.* in: Horn (Hrsg.), Cross-Border Mergers and Acquisitions and the Law, S. 105, 105.

26 Grund hierfür war der Umstand, daß sich der rechtliche Sitz der DaimlerChrysler AG in Deutschland befindet und nicht in den USA; *Brammer* in: von Rosen/Seifert (Hrsg.), Die Namensaktie, S. 399, 408; s. auch *Horn* in: ders. (Hrsg.), Cross-Border Mergers and Acquisitions and the Law, S. 3, 24.

27 FAZ Nr. 230 vom 05.10.1998, S. 28; *Horn*, ZIP 2000, S. 473, 483 li. Sp.; vgl. oben Fn.13.

nen über eine mögliche „feindliche“ Übernahme des Konzerns auslöste[29], sowie namentlich die Ende 2000 deutlich werdende Krise des US-amerikanischen Konzernteils, der DaimlerChrysler Corp., die zur Absetzung des US-amerikanischen *CEO* zugunsten eines deutschen Managers[30] und zu einem erheblichen Abbau von Arbeitsplätzen führte[31]. In den USA wurde nach Vollzug des Zusammenschlusses mit dem allmählichen Ausscheiden zahlreicher Chrysler-Manager Kritik an einer angeblichen deutschen Dominanz laut[32], insbesondere im Zusammenhang mit einer Äußerung des Vorstandsvorsitzenden der DaimlerChrysler AG und ehemaligen Daimler-Benz-Vorstandsvorsitzenden *Schrempp* im Herbst 2000, der Zusammenschluß, der seinerzeit als *Merger of Equals* annonciert wurde, sei von Anfang an als Übernahme der Chrysler Corp. durch die Daimler-Benz AG geplant gewesen[33]. Die anfänglich positive Einschätzung des Zusammenschlusses ist mittlerweile einer kritischeren Bewertung gewichen[34]. All dies nimmt der Fusion gleichwohl nichts von ihrer Bedeutung. Eine nähere Behandlung erscheint angesichts der rechtlichen Komplexität des Vorgangs nach wie vor lohnend. Hinzu kommt, dass die DaimlerChrysler AG geradezu exemplarisch für zahlreiche Rechtsfragen grenzüberschreitender Unternehmenszusammenschlüsse steht.

---

28 Börsen-Zeitung Nr. 233 vom 01.12.2000, S. 9. – Ende Oktober 2000 lag der Börsenwert der DaimlerChrysler AG um gut sechs Mrd. DM unter dem der Daimler-Benz AG vor dem Zusammenschluß (*Preuß*, FAZ Nr. 254 vom 01.11.2000, S. 56). Bezogen auf den Stichtag 22.11.2000 lag der Börsenwert der DaimlerChrysler AG um rund 48 Mrd. DM unter dem Börsenwert des Konzerns zum Zeitpunkt des Zusammenschlusses im November 1998 (*Preuß*, FAZ Nr.275 vom 25.11.2000, S. 21). Zur - unterdurchschnittlichen - Entwicklung des Börsenkurses der DaimlerChrysler-Aktie im Vergleich zum Deutschen Aktienindex nach der Erstnotiz am 17.11.1998 s. die Graphik bei *Büschemann*, SZ Nr.159 vom 13.07.2000, S. 27.

29 SZ Nr.27 vom 02.02.2001, S. 28.

30 FAZ Nr. 266 vom 15.11.2000, S. 20, 25; in den USA wurde dieser Vorgang als Signal dafür gewertet, daß die „Germanisierung“ von Chrysler unumkehrbar geworden sei (FAZ Nr. 266 vom 15.11.2000, S. 32).

31 FAZ Nr. 25 vom 30.01.2001, S. 18.

32 FAZ Nr. 74 vom 29.03.1999, S. 26; SZ Nr. 22 vom 28.01.2000, S. 28.

33 Vgl. *Büschemann*, SZ Nr.269 vom 22.11.2000, S. 28.

34 Vgl. etwa *Büschemann*, SZ Nr.159 vom 13.07.2000, S. 27 („Fusion geglückt, Ergebnis enttäuschend“); *Roller*, Börsen-Zeitung Nr. 142 vom 26.07.2000, S. 1; FAZ Nr. 275 vom 25.11.2000, S. 24 („Welt AG in weiter Ferne“).

§ 2 Gang der Untersuchung und Eingrenzung des Gegenstands

Gegenstand der vorliegenden Untersuchung sind neben dem Ablauf des Zusammenschlusses als solchem ausgewählte Rechtsfragen, die sich aus Sicht des deutschen Rechts zum einen mit Blick auf die Gestaltung grenzüberschreitender Unternehmenszusammenschlüsse, zum anderen aber auch im Hinblick auf eine Aktiengesellschaft deutschen Rechts als Ergebnis eines grenzüberschreitenden Unternehmenszusammenschlusses stellen. Die jeweiligen Aspekte werden einerseits stets unter besonderer Berücksichtigung des Falles Daimler/Chrysler behandelt, andererseits aber teilweise auch losgelöst vom konkreten Fall betrachtet.
Im folgenden wird zunächst der Ablauf des Zusammenschlusses im einzelnen nachgezeichnet (§ 3). Im Anschluß daran werden denkbare Gestaltungsalternativen untersucht (§ 4). Es folgt eine Behandlung ausgewählter Rechtsfragen des Zusammenschlusses Daimler/Chrysler (§ 5), der sich zwei Abschnitte anschließen, die bei der Gestaltung der Fusion besonders bedeutsame Einzelaspekte einer eingehenderen, vom konkreten Fall weitgehend abstrahierten Betrachtung unterziehen. Es geht insoweit um Beschlusskompetenzen der Hauptversammlung und Informationspflichten der Verwaltung bei mehraktigen Gesamtplänen in der Aktiengesellschaft (§ 6) sowie um „Dreiecksverschmelzungen" („*triangular merger*") nach einzelstaatlichem US-amerikanischem, niederländischem, schweizerischem und deutschem Recht (§ 7). Gegenstand der darauffolgenden Abschnitte sind sodann, teils konkret mit Blick auf den unter einigen Aspekten beispielhaften Fall Daimler/Chrysler, teils losgelöst davon, derzeitige Gestaltungsmöglichkeiten für grenzüberschreitende Unternehmenszusammenschlüsse unter Beteiligung deutscher Kapitalgesellschaften (§ 8), künftige Gestaltungsmöglichkeiten für grenzüberschreitende Unternehmenszusammenschlüsse innerhalb der EU (§ 9), internationalprivatrechtliche Schwierigkeiten bei der Bestimmung des Gesellschaftsstatuts grenzüberschreitender Unternehmen (§ 10) sowie Unternehmensleitung und -überwachung in grenzüberschreitenden Unternehmen (§ 11). Die Untersuchung schließt mit einer Zusammenfassung der wesentlichen Ergebnisse (§ 12).

Die behandelten Rechtsfragen grenzüberschreitender Unternehmenzusammenschlüsse stellen ersichtlich nur eine Auswahl aus der Fülle der Rechtsfragen dar, die sich insoweit ergeben[35]. Ausgeklammert bleibt etwa die Frage der Ver-

---

[35] Vgl. *Emmerich*, Die AG 2001, S. 323, 324 li. Sp. („[...] außerordentliche Komplexität solcher Zusammenschlüsse ‚unter Gleichen' und die Fülle der damit verbundenen Rechtsfra-

einbarkeit von Vorstandsvergütungen auf US-amerikanischem Niveau[36] mit der Regelung des § 87 Abs. 1 S. 1 AktG, wonach die Gesamtbezüge jedes Vorstandsmitglieds „in einem angemessenen Verhältnis zu den Aufgaben des Vorstandsmitglieds und zur Lage der Gesellschaft stehen" müssen[37]. Unberücksichtigt bleiben ferner steuerliche[38], wettbewerbs- und kartellrechtliche[39] sowie betriebswirtschaftliche Fragen[40] grenzüberschreitender Unternehmenszusammenschlüsse, die Problematik der Arbeitnehmermitbestimmung im Aufsichtsrat internationaler Holdinggesellschaften mit Sitz in Deutschland[41], Aspekte des Einsatzes neuer Medien in Unternehmen mit internationaler Anteilseignerschaft (Stichworte in diesem Zusammenhang: Übertragung der Hauptversammlung per Video oder im Internet, virtuelle (Online-) Hauptversammlung oder virtuelle Teilnahme von Aktionären an einer unter physischem Zusammentreffen anderer Aktionäre stattfindenden Hauptversammlung und, damit verbunden, virtuelle

---

gen [...]"); *Wymeersch* in: Horn (Hrsg.), Cross-Border Mergers and Acquisitions and the Law, S. 63 („The object of cross-border co-operation is extremely vast.").

36 Vgl. dazu *Appel/Hein*, Der DaimlerChrysler Deal, S. 166; *Gordon*, The Columbia Journal of European Law 5 (1999), S. 219, 236; *Vagts*, Festschrift Lutter, S. 767, 769.

37 Vgl. *Baums*, Festschrift 25 Jahre Universität Osnabrück, S. 235, 241; *Horn*, Liber Amicorum Buxbaum, S. 315, 333; *ders.*, Festschrift Lutter, S. 1113, 1130; zu den Pflichten des Aufsichtsrats gemäß § 87 Abs. 1 AktG bei der Vergabe von Aktienoptionen an Vorstandsmitglieder vgl. *Baums*, Festschrift Claussen, S. 3, 30f.; *Hüffer*, ZHR 161 (1997), S. 214, 234ff.; *Hoffmann-Becking*, NZG 1999, S. 797, 798f..

38 Allgemein zu steuerlichen Erwägungen bei grenzüberschreitenden Unternehmenszusammenschlüssen *Endres/Eckstein* in: von Rosen/Seifert (Hrsg.), Die Übernahme börsennotierter Unternehmen, S. 289, 309f.; *Piltz* in: Horn (Hrsg.), Cross-Border Mergers and Acquisitions and the Law, S. 305ff.; s. auch *Bogenschütz*, IStR 2000, S. 609, 612ff.; *Rödder*, Festschrift Widmann, S. 495ff.; *Dautel*, Finanz Betrieb 2002, S. 427, 431.

39 Vgl. dazu *Herdegen*, Internationales Wirtschaftsrecht, § 14; *Horn*, ZIP 2000, S. 473, 479ff.; *ders.*, Liber Amicorum Buxbaum, S. 315, 335f.; *ders.* in: Horn (Hrsg.), Cross-Border Mergers and Acquisitions and the Law, S. 3, 16ff.; *Rogers* in: Horn (Hrsg.), Cross-Border Mergers and Acquisitions and the Law, S. 359ff.; *Stengel* in: Semler/Volhard (Hrsg.), Unternehmensübernahmen, § 17 Rdz.316ff.; zum Fall Daimler/Chrysler *Berg/Rott*, WuW 1999, S. 140, 144ff..

40 Vgl. dazu *Dörr*, Grenzüberschreitende Unternehmensakquisitionen, passim; *Jansen/Picot/Schiereck* (Hrsg.), Internationales Fusionsmanagement, passim; *Lucks/Meckl*, Internationale Mergers & Acquisitions, passim.

41 Vgl. dazu *Baums* in: von Rosen (Hrsg.), Corporate Governance - Nutzen und Umsetzung -, S. 12, 15; *ders.* in: Hommelhoff/Lutter/Schmidt/Schön/Ulmer (Hrsg.), Corporate Governance, S. 13, 16; *ders.*, 50 Jahre Börsen-Zeitung, S. 179, 181; *Breuer* in: von Rosen (Hrsg.), Corporate Governance - Nutzen und Umsetzung -, S. 18f., 24f.; *ders.*, Die Bank 2001, S. 544, 547; *Götz*, Die AG 2002, S. 552ff.; *Hopt* in: Hommelhoff/Lutter/Schmidt/Schön/Ulmer (Hrsg.), Corporate Governance, S. 27, 43; *Kübler*, Freundesgabe Döser, S. 237ff.; *Lutter*, Festschrift Zweigert, S. 251ff.; *Sünner*, Die AG 2000, S. 492, 497 re. Sp.; *Ulmer*, ZHR 166 (2002), S. 271ff..

Stimmrechtsausübung)[42], die Frage der Zulässigkeit von Auslandshauptversammlungen[43] sowie Rechtsfragen im Zusammenhang mit der Einführung einer globalen (Namens-)Aktie[44].

42 Vgl. zu diesen Fragen etwa *Noack*, ZGR 1998, S. 592, 599ff.; *Riegger/Mutter*, ZIP 1998, S. 637ff.; *Claussen*, Die AG 2001, S. 161, 166, 169f.; *Habersack*, ZHR 165 (2001), S. 172, 181, 183f., 195ff.; *Riegger*, ZHR 165 (2001), S. 204, 208ff., 216ff.; *Hirte*, Liber Amicorum Buxbaum, S. 283, 288ff.; GK/*Mülbert*, vor §§ 118 - 147 Rdz.60f.; *Than*, Festschrift Peltzer, S. 577, 593ff.; *Baums* (Hrsg.), Bericht der Regierungskommission Corporate Governance, Rdz.108ff., 115ff.. Zu praktischen Fragen der Wahrnehmung der Aktionärsrechte in den USA ansässiger Aktionäre in der Hauptversammlung einer deutschen Aktiengesellschaft vgl. *Preissler*, WM 2001, S. 113ff..

43 Vgl. dazu *Hüffer*, § 121 Rdz.14f.; *Reichert/Schlitt* in: Semler/Volhard (Hrsg.), Arbeitshandbuch Hauptversammlung, Rdz. I B 281f.; MünchHdb AG/*Semler*, § 35 Rdz.32ff.; *Baums* (Hrsg.), Bericht der Regierungskommission Corporate Governance, Rdz.107.

44 Vgl. dazu *Brammer* in: von Rosen/Seifert (Hrsg.), Die Namensaktie, S. 399ff.; *Gruson* in: Horn (Hrsg.), Cross-Border Mergers and Acquisitions and the Law, S. 163ff. (= University of Pennsylvania Journal of International Economic Law 22 [2001], S. 185ff.); *Horn*, Liber Amicorum Buxbaum, S. 315, 333f.; *ders.*, ZIP 2000, S. 473, 483 li. Sp.; *ders.* in: Horn (Hrsg.), Cross-Border Mergers and Acquisitions and the Law, S. 3, 24f.; s. auch *Stengel* in: Semler/Volhard (Hrsg.), Unternehmensübernahmen, § 17 Rdz.385ff..

§ 3 Ablauf des Zusammenschlusses von Daimler-Benz AG und Chrysler Corp.

A. Gründe für die Wahl der Rechtsform einer deutschen Aktiengesellschaft

Daß sich die Ausgangsgesellschaften Daimler-Benz AG und Chrysler Corp. in einer Aktiengesellschaft deutschen Rechts zusammenschlossen, war vornehmlich durch steuerliche Erwägungen begründet[45]. Wäre der Zusammenschluß in einer Gesellschaft US-amerikanischen oder niederländischen Rechts erfolgt, was offenbar erwogen wurde[46], hätten die Daimler-Benz-Aktionäre beim Tausch ihrer Daimler-Benz-Aktien in (ausländische) DaimlerChrysler-Aktien die Differenz zwischen Buchwert und Kurswert der Daimler-Benz-Aktien versteuern müssen, da der deutsche Fiskus den Aktientausch in diesem Falle als Verkauf der Daimler-Benz-Aktien und Kauf neuer DaimlerChrysler-Aktien gewertet hätte. Als Folge davon wären bei den Großaktionären der Daimler-Benz AG steuerpflichtige Buchgewinne in erheblichem Umfang angefallen. Allein die Deutsche Bank AG, mit einer Beteiligung von 21,8 Prozent seinerzeit größter Daimler-Benz-Aktionär, hätte rund DM 18 Mrd. Buchgewinne ausweisen und daher mit Steuerzahlungen von etwa DM 9 Mrd. rechnen müssen[47]. Der Tausch der Daimler-Benz-Aktien in Aktien einer (neu gegründeten) deutschen Gesellschaft blieb hingegen steuerfrei. Die Zustimmung der institutionellen Anleger der Daimler-Benz AG zu dem Zusammenschluß setzte vor diesem Hintergrund ein Zusammengehen in einer deutschen Aktiengesellschaft voraus. Für die Chrysler-Aktionäre blieb der Aktientausch steuerfrei, da sie sich in der DaimlerChrysler AG während des Ablaufs des Zusammenschlusses jederzeit in der Minderheit befanden, was durch eine geeignete Gestaltung gewährleistet wurde[48]. Ein weite-

---

[45] *Rodewig* in: Karsten Schmidt/Riegger (Hrsg.), Gesellschaftsrecht 1999, S. 167, 168; vgl. zum folgenden FAZ Nr. 109 vom 12.05.1998, S. 25; *Jocham*, Handelsblatt Nr. 94 vom 18.05.1998, S. 23; *Appel/Hein*, Der DaimlerChrysler Deal, S. 94; *Waller*, Stunde des Strategen, S. 233f.; s. auch *Decher* in: Horn (Hrsg.), Cross-Border Mergers and Acquisitions and the Law, S. 105, 108; *Gordon*, The Columbia Journal of European Law 5 (1999), S. 219, 229.

[46] FAZ Nr. 107 vom 09.05.1998, S. 18; *Waller*, Stunde des Strategen, S. 217, 234; s. auch Gemeinsamer Bericht der Vorstände der Daimler-Benz Aktiengesellschaft und der DaimlerChrysler AG über den Zusammenschluß der Daimler-Benz Aktiengesellschaft und der Chrysler Corporation in der DaimlerChrysler AG und zugleich Gemeinsamer Verschmelzungsbericht der Vorstände der Daimler-Benz Aktiengesellschaft und der DaimlerChrysler AG (im folgenden: Bericht), S. 35 li. Sp..

[47] *Jocham*, Handelsblatt Nr. 94 vom 18.05.1998, S. 23.

[48] Vgl. dazu unten S. 42.

rer Grund für die gewählte Rechtsform der neuen Konzernobergesellschaft bestand ersichtlich darin, die Zustimmung der Arbeitnehmervertreter im mitbestimmten Aufsichtsrat der Daimler-Benz AG zu der Fusion sicherzustellen[49].
Im folgenden soll nun zunächst die Gestaltung des Zusammenschlusses im einzelnen nachgezeichnet werden.

B. Der Zusammenschluß im einzelnen

Die Parteien wählten statt eines Zusammenschlusses in einer der Ausgangsgesellschaften einen Zusammenschluß in einem „*special purpose vehicle*"/„Transaktionsvehikel" („New Corporation", „NewCo")[50], einer dritten, eigens zu diesem Zweck gegründeten deutschen Aktiengesellschaft ohne außenstehende Aktionäre, der DaimlerChrysler AG[51]. Diese Gesellschaft erwarb in zwei Stufen die vollständige Kontrolle über das Gesellschaftsvermögen der Ausgangsgesellschaften Daimler-Benz AG und Chrysler Corp., und sämtliche ehemaligen Daimler-Benz- und Chrysler-Aktionäre wurden zu Aktionären der DaimlerChrysler AG. Dies geschah im einzelnen folgendermaßen[52]:

---

[49] Der Spiegel Nr. 20 vom 11.05.1998, S. 106; FAZ Nr. 109 vom 12.05.1998, S. 25; *Appel/Hein*, Der DaimlerChrysler Deal, S. 94; *Decher* in: Horn (Hrsg.), Cross-Border Mergers and Acquisitions and the Law, S. 105, 108; *Gordon*, The Columbia Journal of European Law 5 (1999), S. 219, 229.

[50] *Oesterhaus*, FAZ Nr.152 vom 04.07.2001, S. 25.

[51] Die DaimlerChrysler AG wurde am 06.05.1998 von der Sal. Oppenheim jr. & Cie. KGaA als alleiniger Aktionärin unter der Firma Oppenheim AG mit einem Grundkapital von DM 100.000 gegründet. Der Sitz der Gesellschaft wurde später von Düsseldorf nach Stuttgart verlegt und die Firma in DaimlerChrysler AG geändert; Bericht (Fn.46), S. 33 re. Sp.; *Decher* in: Horn (Hrsg.), Cross-Border Mergers and Acquisitions and the Law, S. 105, 110; s. auch *Reichert*, ZGR 2001, S. 554, 558 mit Fn.17.

[52] Vgl. zum folgenden Bericht (Fn.46), S. 13ff., 37ff.; *Business Combination Agreement* (Vertrag über den Unternehmenszusammenschluß) zwischen Daimler-Benz AG, Chrysler Corporation und DaimlerChrysler AG (vormals Oppenheim Aktiengesellschaft; im folgenden: *BCA*), Anlage 1 des Berichts, S. 107ff.; *Proxy Statement* Chrysler Corp./*Prospectus* DaimlerChrysler AG vom 06.08.1998 (im folgenden: *Proxy Statement/Prospectus*; im Internet abrufbar unter http://www.sec.gov/Archives/edgar/data/1067318/0001047469-98-029563.txt), S. 11ff., 83ff. (s. dort auch das *Business Combination Agreement* [Annex A]); FAZ Nr. 214 vom 15.09.1998, S. 22; *Baums*, TVVS 1998, S. 217ff.; *Fleischmann*, DB 1998, S. 1883f.; *Baums*, JITE 155 (1999), S. 119, 121ff.; *Bruns*, DBW 59 (1999), S. 831ff.; *Decher*, FAZ vom 13.08.1999, S. 22; *Thoma/Reuter*, M & A Review 1999, S. 314, 315ff.; *Großfeld*, The International Lawyer 34 (2000), S. 963, 992; *Horn*, ZIP 2000, S. 473, 478f.; *Achleitner*, Handbuch Investment Banking, S. 225ff.; *Baums*, Festschrift 25 Jahre Universität Osnabrück, S. 235, 236ff.; *Decher* in: Horn (Hrsg.), Cross-Border Mergers and Acquisitions and the Law, S. 105, 110ff.; *Gordon*, The Columbia Journal of European Law 5 (1999), S. 219,

I. Erste Stufe: Einbringung sämtlicher Chrysler-Aktien sowie der Mehrheit der Daimler-Benz-Aktien als Sacheinlage in die DaimlerChrysler AG

Auf der ersten Stufe des Zusammenschlusses wurden im Wege zweier parallel erfolgender Sachkapitalerhöhungen sämtliche Chrysler-Aktien sowie rund 98 Prozent der Daimler-Benz-Aktien in die DaimlerChrysler AG eingebracht. Die Einbringung erfolgte jeweils durch eine Bank als Treuhänderin („*exchange agent*"), die zuvor das Eigentum an den eingebrachten Aktien erworben hatte[53]. Der Erwerb der Daimler-Benz-Aktien und der Chrysler-Aktien durch die jeweilige Treuhänderin vollzog sich dabei auf unterschiedliche Weise:

1. Das „Einsammeln" der Aktien

a) Öffentliches Umtauschangebot der DaimlerChrysler AG an die Daimler-Benz-Aktionäre

Die Übertragung des Eigentums an den später in die DaimlerChrysler AG eingebrachten Daimler-Benz-Aktien auf die Treuhänderin erfolgte im Anschluß an ein öffentliches Umtauschangebot. Die DaimlerChrysler AG bot den Daimler-Benz-Aktionären an, ihre Aktien in DaimlerChrysler-Aktien zu tauschen[54], und erklärte zugleich im Namen der Treuhänderin die antizipierte Einigungserklä-

---

229f.; *Großfeld*, Gedächtnisschrift Lüderitz, S. 233f.; *v. Halen*, Gesellschaftsstatut, S. 133f.; *Horn*, Liber Amicorum Buxbaum, S. 315, 327, 330f.; *ders.*, Festschrift Lutter, S. 1113, 1120ff.; *Reichert* in: Semler/Volhard (Hrsg.), Unternehmensübernahmen, § 17 Rdz.9ff.; *Rodewig* in: Karsten Schmidt/Riegger (Hrsg.), Gesellschaftsrecht 1999, S. 167, 170ff.; *Stengel* in: Semler/Volhard (Hrsg.), Unternehmensübernahmen, § 17 Rdz.363; *Zimmer*, Liber Amicorum Buxbaum, S. 655, 665. – Zu steuerlichen Fragen des Zusammenschlusses s. *Fleischmann*, a.a.O., zu bilanziellen Fragen s. *Bruns* in: Semler/Volhard (Hrsg.), Unternehmensübernahmen, § 32 Rdz.74ff.

[53] Die Daimler-Benz-Aktien wurden durch die Deutsche Bank AG in die DaimlerChrysler AG eingebracht, die Chrysler-Aktien durch die Bank of New York (Bericht [Fn.46], S. 37 re. Sp., 67 re. Sp.).

[54] Nach dem am 01.01.2002 in Kraft getretenen WpÜG muss ein Übernahmeangebot i.S. des § 29 Abs. 1 WpÜG, um das es sich bei dem auf den Erwerb sämtlicher Aktien an der Daimler-Benz AG gerichteten Angebot der DaimlerChrysler AG handelte, als Gegenleistung Bargeld oder liquide Aktien anbieten, die zum Handel an einem organisierten Markt zugelassen sind, § 31 Abs. 2 Satz 1 WpÜG. Insoweit stellt sich die Frage, ob nur solche Aktien als Gegenleistung in Betracht kommen, die zumindest der Gattung nach bereits bei Abgabe des Übernahmeangebotes zum Börsenhandel zugelassen sind. Wäre dies der Fall, stieße ein NewCo-Modell wie im Fall Daimler/Chrysler auf Schwierigkeiten; vgl. dazu *Hopt*, ZHR 166 (2002), S. 383, 413f.; *Krause*, ZGR 2002, S. 500, 515f.; *ders.*, NJW 2002, S. 705, 710 li. Sp.; *Thoma*, NZG 2002, S. 105, 108 li. Sp..

rung zur Übertragung des Eigentums an den zum Tausch eingereichten Aktien auf die Treuhänderin[55].

aa) Mindestumtauschquote

Die Wirksamkeit des durch Annahme des Angebotes zustande kommenden Tauschvertrages war aufschiebend bedingt durch das Erreichen einer Umtauschquote von mindestens 75 Prozent der Daimler-Benz-Aktien[56]. Wäre diese Quote nicht erreicht worden, hätte dies das Scheitern des Zusammenschlusses bedeutet, da in diesem Fall unerwünschte steuerliche Nachteile für die Chrysler-Aktionäre entstanden wären. Ein steuerfreier Tausch der Chrysler-Aktien in DaimlerChrysler-Aktien setzte voraus, daß die ehemaligen Chrysler-Aktionäre in der DaimlerChrysler AG zu keinem Zeitpunkt in der Mehrheit waren („50 %-Test")[57]. Wäre die Beteiligung der ehemaligen Chrysler-Aktionäre an der DaimlerChrysler AG auch nur vorübergehend größer gewesen als jene der ehemaligen Daimler-Benz-Aktionäre, hätte sich eine Steuerpflicht für die vorübergehenden Mehrheitseigner ergeben[58]. Um dies zu vermeiden, mußte zu jedem Zeitpunkt eine Beteiligung der ehemaligen Daimler-Benz-Aktionäre an der DaimlerChrysler AG in Höhe von mindestens 50 Prozent der Stimm- und Vermögensrechte gewährleistet sein, was ab einer Umtauschquote von mindestens 75 Prozent sichergestellt war.

*bb) Zielumtauschquote/*Pooling-of-interests-*Methode*

Neben der „Mindestumtauschquote" von 75 Prozent enthielt das Umtauschangebot eine „Zielumtauschquote" von 90 Prozent des Daimler-Benz-Grundkapitals, deren Erreichen für das Zustandekommen des Zusammenschlusses nicht notwendig, aber aus bilanziellen Gründen erwünscht war. Die Parteien strebten die Anwendung der bis dato in Deutschland praktisch bedeutungslo-

---

[55] Umtauschangebot der DaimlerChrysler AG an die Aktionäre der Daimler-Benz AG zum Tausch ihrer Daimler-Benz-Aktien in Aktien der DaimlerChrysler AG, FAZ Nr. 220 vom 22.09.1998, S. 20 (im folgenden: Umtauschangebot), B. I..

[56] Vgl. Umtauschangebot (Fn.55), B. IV..

[57] *Fleischmann*, DB 1998, S. 1883; *Thoma/Reuter*, M & A Review 1999, S. 314, 319; s. auch *Decher* in: Horn (Hrsg.), Cross-Border Mergers and Acquisitions and the Law, S. 105, 113.

[58] FAZ Nr. 152 vom 04.07.1998, S. 18. Die ursprünglich vorgesehene Mindestumtauschquote von 80 Prozent wurde nach einer entsprechenden Einigung mit den US-Steuerbehörden auf 75 Prozent abgesenkt (*Wadewitz*, Börsen-Zeitung Nr. 176 vom 15.09.1998, S. 6; *Thoma/Reuter*, M & A Review 1999, S. 314, 319).

sen[59] Methode der Interessenzusammenführung (*Pooling-of-interests*-Methode) nach US-amerikanischen Konzernrechnungslegungsgrundsätzen auf die Rechnungslegung des neuen Konzerns an, die im Gegensatz zur Methode des *Purchase-accounting* die Fortführung der Buchwerte zusammengeführter Unternehmen - unter Vermeidung einer Aufdeckung stiller Reserven infolge bilanzieller Aktivierung des Goodwill einer übernommenen Gesellschaft mit der Folge hoher Abschreibungen - erlaubt[60]. Eine der Voraussetzungen für die Anwendbarkeit der *Pooling-of-interests*-Methode ist bzw. war[61] nach - gemäß § 292a HGB gegebenenfalls auch für den Konzernabschluß einer deutschen Konzernobergesellschaft wie der DaimlerChrysler AG maßgeblichen - US-amerikanischen (Konzern-)Rechnungslegungsgrundsätzen (*Generally Accepted Accounting Principles*, GAAP) die Zusammenführung vor einem Unternehmens-zusammenschluß voneinander unabhängiger Gesellschaften in der Form, dass mindestens 90 Prozent der stimmberechtigten Aktien des neuen abhängigen Konzernunternehmens (Daimler-Benz AG) durch einen Aktientausch auf das Mutterunternehmen (DaimlerChrysler AG) übergehen[62].

---

59 *Bruns* in: Semler/Volhard (Hrsg.), Unternehmensübernahmen, § 32 Rdz.140; *Rammert*, DBW 59 (1999), S. 620.

60 *Proxy Statement/Prospectus* (Fn.52), S. 78f.; *Bruns*, DBW 59 (1999), S. 831, 839 li. Sp.; *ders.* in: Semler/Volhard (Hrsg.), Unternehmensübernahmen, § 32 Rdz.144; *Busse von Colbe/Ordelheide*, Konzernabschlüsse, S. 308; *Großfeld*, Gedächtnisschrift Lüderitz, S. 233, 238f.; *ders.*, The International Lawyer 34 (2000), S. 963, 990f.; *Heuser* in: GmbH-Handbuch, Stand Juli 1999, Rdz.2205.3; *Horn*, ZIP 2000, S. 473, 475 re. Sp.; *ders.*, Liber Amicorum Buxbaum, S. 315, 334f.; *Koch/Hofacker*, Finanz Betrieb 2000, S. 541, 543 li. Sp.; *Merkt*, US-amerikanisches Gesellschaftsrecht Rdz.964; *Rammert*, DBW 59 (1999), S. 620, 622f.; *Scherrer* in: Ballwieser (Hrsg.), US-amerikanische Rechnungslegung, S. 329, 359; *Stengel* in: Semler/Volhard (Hrsg.), Unternehmensübernahmen, § 17 Rdz.303ff.; *Vater*, DB 2001, S. 1841, 1843f.; *v. Wysocki/Wohlgemuth*, Konzernrechnungslegung, S. 136. Eingehender Vergleich der *Pooling-of-interests-* und der *Purchase-accounting*-Methode bei *Lopatta*, RIW 2000, S. 354, 355ff.; *Rammert*, a.a.O., S. 623ff.; *Vater*, a.a.O., S. 1843ff.; s. auch *Siegel* in: Horn (Hrsg.), Cross-Border Mergers and Acquisitions and the Law, S. 319, 324f..

61 Zur Abschaffung der *Pooling-of-interests*-Methode s. unten S. 46.

62 *Bruns*, DBW 59 (1999), S. 830, 834f.; *Clark*, Corporate Law, S. 442; *Merkt*, US-amerikanisches Gesellschaftsrecht Rdz.965; *Pellens*, Internationale Rechnungslegung, S. 281; *Rammert*, DBW 59 (1999), S. 620, 622, 627; *Scherrer* in: Ballwieser (Hrsg.), US-amerikanische Rechnungslegung, S. 329, 361; s. auch die vergleichbare Regelung des § 302 Abs. 1 HGB zur Kapitalkonsolidierung nach der Interessenzusammenführungsmethode (*Pooling-of-interests*-Methode) nach deutschem Konzernrechungslegungsrecht; dazu *Adler/Düring/Schmaltz*, § 302 HGB Rdz.11ff.; *Busse von Colbe/Ordelheide*, Konzernabschlüsse, S. 308ff.; *Förschle/Deubert* in Beck'scher Bilanzkommentar, § 302 HGB Rdz.10ff.; *Heuser* in: GmbH-Handbuch, Stand Juli 1999, Rdz.2204ff.; *Vater*, DB 2001, S.

Die Vorgabe einer Zielumtauschquote von 90 Prozent dürfte freilich nicht primär im Hinblick auf die Zusammenführung von Daimler-Benz AG und DaimlerChrysler AG erfolgt sein, da die Daimler-Benz AG, wie noch auszuführen sein wird[63], nach dem Aktientausch aufgrund des Umtauschangebotes der DaimlerChrysler AG nicht als Tochterunternehmen der DaimlerChrysler AG fortbestehen, sondern vielmehr in einem zweiten Schritt auf diese verschmolzen werden sollte, mithin bei vollständiger Umsetzung des Konzeptes des Zusammenschlusses nicht in die künftige Konzernrechnungslegung einzubeziehen war[64]. Bedeutsamer war offenbar die Frage, unter welchen Voraussetzungen der Zusammenschluß der Chrysler Corp., die als Tochterunternehmen der neuen Konzernobergesellschaft DaimlerChrysler AG fortbestehen sollte[65], mit der Daimler-Benz AG in der DaimlerChrysler AG nach der *Pooling-of-interests*-Methode bilanziert werden konnte. Nach Auffassung der US-amerikanischen Wertpapieraufsichtsbehörde *Securities and Exchange Commission* (*SEC*)[66] wäre, und hierin lag ersichtlich der entscheidende Grund für die Vorgabe der Zielumtauschquote, die insoweit nach US-GAAP erforderliche Gleichbehandlung der Daimler-Benz- und der Chrysler-Aktionäre nicht gegeben gewesen, wenn nach Umsetzung des Umtauschangebotes mehr als 10 Prozent der Daimler-Benz-Aktionäre in der Daimler-Benz AG verblieben wären und somit im Anschluß an die Verschmelzung der Daimler-Benz AG auf die DaimlerChrysler AG auf der zweiten Stufe des Zusammenschlusses[67] im Rahmen eines Spruchverfahrens nach §§ 15, 305ff. UmwG de facto eine – den Chrysler-Aktionären nicht zugängliche –

1841; *v. Wysocki/Wohlgemuth*, Konzernrechnungslegung, S. 135ff.; vgl. Kallmeyer/*Kallmeyer*, § 1 Rdz.9.

63 Vgl. unten S. 54f..

64 Anders lag es im Fall Hoechst/Rhône-Poulenc (vgl. dazu noch näher unten S. 372f.): Die deutsche Hoechst AG wurde nach Durchführung eines Umtauschangebotes der französischen Rhône-Poulenc S.A. zu deren Tochterunternehmen und bestand als solches fort, da eine grenzüberschreitende (Hinaus-)Verschmelzung einer deutschen AG praktisch nicht in Betracht kommt (vgl. unten S. 68f., 326ff.). Damit die Transaktion nach französischen Konzernrechnungslegungsgrundsätzen für Zwecke der Bilanzierung als *Pooling-of-interests* behandelt werden konnte, mussten mindestens 90 Prozent der Hoechst-Aktien getauscht werden; das Umtauschangebot an die Hoechst-Aktionäre enthielt daher eine entsprechende Mindestumtauschquote (vgl. Bericht des Vorstandes der Hoechst AG über den Unternehmenszusammenschluß von Hoechst und Rhône-Poulenc [im Internet als pdf-Datei abrufbar unter http://www.archiv.hoechst.de/dl/pdf/merger_report_d.pdf], S. 66, 71; das *Business Combination Agreement* Hoechst/Rhône-Poulenc ist im Anhang des vorbezeichneten Berichts abgedruckt).

65 Vgl. unten S. 61f..

66 Zur Entscheidungszuständigkeit der *SEC* in diesem Zusammenhang vgl. *Schmitz* in: von Rosen/Seifert (Hrsg.), Die Übernahme börsennotierter Unternehmen, S. 313, 324.

67 Vgl. unten S. 54f..

nachträgliche Verbesserung des ursprünglichen Umtauschverhältnisses in Gestalt barer Zuzahlungen hätten erreichen können[68]. Hieraus erklärt sich mithin die Zielumtauschquote von 90 Prozent, bei deren Erreichen den tauschenden Daimler-Benz-Aktionären eine Verbesserung des Umtauschverhältnisses (1,005 DaimlerChrysler-Aktien für 1 Daimler-Benz-Aktie statt 1:1) in Aussicht gestellt wurde[69], was einer Prämie von einer zusätzlichen DaimlerChrysler-Aktie je 200 getauschter Daimler-Benz-Aktien entsprach.
Wäre die Zielumtauschquote nicht erreicht worden, wäre der Zusammenschluß nach der *Purchase-accounting*-Methode bilanziell als Erwerb der Chrysler Corp. durch die Daimler-Benz AG behandelt worden[70]. In der Bilanz der neuen Konzernobergesellschaft DaimlerChrysler AG wäre daher der Goodwill der Chrysler Corp. als immaterieller Anlagewert mit einem Betrag von rund DM 55 Mrd. anzusetzen gewesen, der über die nächsten vierzig Jahre hätte abgeschrieben werden müssen, was das Ergebnis des neuen Konzerns jeweils jährlich um rund DM 1,4 Mrd. gemindert[71] und damit nachteiligen Einfluß auf die Chancen des Konzerns am Kapitalmarkt gehabt hätte[72].

---

[68] Vgl. Bericht (Fn.46), S. 35; Börsen-Zeitung Nr.149 vom 07.08.1998, S. 6; *Wadewitz*, Börsen-Zeitung Nr.176 vom 15.09.1998, S. 6; *Decher* in: Horn (Hrsg.), Cross-Border Mergers and Acquisitions and the Law, S. 105, 112; *Großfeld*, Gedächtnisschrift Lüderitz, S. 233, 235; *Jones* in: Brown (Hrsg.), International Mergers and Acquisitions, S. 164f.; *Reichert* in: Semler/Volhard (Hrsg.), Unternehmensübernahmen, § 17 Rdz.12; *Waller*, Stunde des Strategen, S. 245f., 256, 259. – Zu den Voraussetzungen der Anwendung der - mittlerweile nicht mehr zugelassenen (vgl. den folgenden Text) - *Pooling-of-interests*-Methode nach US-GAAP vgl. *Bruns*, DBW 59 (1999), S. 831, 834f.; *ders.* in: Semler/Volhard (Hrsg.), Unternehmensübernahmen, § 32 Rdz.143; *Clark*, Corporate Law, S. 442f.; *Gilson/Black*, The Law and Finance of Corporate Acquisitions, S. 521ff.; *Großfeld*, The International Lawyer 34 (2000), S. 963, 991; *Horn*, ZIP 2000, S. 473, 475 re. Sp.; *Merkt*, US-amerikanisches Gesellschaftsrecht Rdz.965; *Pellens*, Internationale Rechnungslegung, S. 281f.; *Rammert*, DBW 59 (1999), S. 620, 622; *Scherrer* in: Ballwieser (Hrsg.), US-amerikanische Rechnungslegung, S. 329, 359ff.; *Siegel* in: Horn (Hrsg.), Cross-Border Mergers and Acquisitions and the Law, S. 319, 322f.; *Vater*, DB 2001, S. 1841, 1843 li. Sp..

[69] Umtauschangebot (Fn.55), B. II..

[70] Bericht (Fn.46), S. 52 li. Sp..

[71] Bericht (Fn.46), S. 66 re. Sp.; Handelsblatt Nr. 178 vom 16.09.1998, S. 14; *Appel/Hein*, Der DaimlerChrysler Deal, S. 182; *Großfeld*, Gedächtnisschrift Lüderitz, S. 233, 239; *Rodewig* in: Karsten Schmidt/Riegger (Hrsg.), Gesellschaftsrecht 1999, S. 167, 171; *Waller*, Stunde des Strategen, S. 244.

[72] *Großfeld*, Gedächtnisschrift Lüderitz, S. 233, 239; kritisch zu diesem Argument *Rammert*, DBW 59 (1999), S. 620, 628; vgl. dazu auch *Koch/Hofacker*, Finanz Betrieb 2000, S. 541, 543 re. Sp.; *Pellens/Sellhorn*, DB 2001, S. 713 re. Sp.; *Siegel* in: Horn (Hrsg.), Cross-Border Mergers and Acquisitions and the Law, S. 319, 320f..

Ergänzend anzumerken ist in diesem Zusammenhang, daß die *Pooling-of-interests*-Methode nach US-GAAP, die auch bei anderen als *Merger of Equals* konzipierten, teilweise letztlich gescheiterten Unternehmenszusammenschlüssen (Viag/Alusuisse Group Lonza, Deutsche Telekom/Telecom Italia, Hoechst/ Rhône-Poulenc [insoweit französische GAAP]) Anwendung fand oder finden sollte[73], nach zunehmender Kritik in der jüngeren Vergangenheit[74] künftig nicht mehr zur Verfügung steht. Unternehmenszusammenschlüsse sind vielmehr nach US-GAAP nunmehr - in nach dem 15.12.2001 beginnenden Geschäftsjahren - einheitlich nach der *Purchase-accounting*-Methode zu bilanzieren. Der Goodwill ist jedoch nicht mehr - wie bislang nach der *Purchase-accounting*-Methode - planmäßig abzuschreiben, sondern im Jahresturnus einem Werthaltigkeitstest zu unterziehen und gegebenenfalls außerplanmäßig abzuschreiben („*Impairment-Only Approach*")[75].
In den Bedingungen des Umtauschangebotes behielt sich die DaimlerChrysler AG, optisch durch Fettdruck hervorgehoben, das Recht vor, die Annahmefrist zu verlängern. Eine Verlängerung sei insbesondere für den Fall vorgesehen, dass bei Ablauf der Annahmefrist die Mindestumtauschquote oder die Zielumtauschquote noch nicht erreicht sei[76].

cc) Umtauschquote

Rund 98 Prozent der Daimler-Benz-Aktionäre nahmen das Umtauschangebot der DaimlerChrysler AG an[77]. Mit Einreichung der Daimler-Benz-Aktien zum Tausch kam zum einen jeweils ein Tauschvertrag zwischen der DaimlerChrysler

---

[73] Vgl. *Decher*, Festschrift Lutter, S. 1209, 1210; *ders.* in: Horn (Hrsg.), Cross-Border Mergers and Acquisitions and the Law, S. 105, 107; *Rammert*, DBW 59 (1999), S. 620, 621 Anm. 6; *Vater*, DB 2001, S. 1841 li. Sp. mit Fn.4; Bericht des Vorstandes der Hoechst AG über den Unternehmenszusammenschluß Hoechst/Rhône-Poulenc (Fn.64), S. 71, 73, § 3.10 *Business Combination Agreement (BCA)* Hoechst/Rhône-Poulenc, Anhang des vorbezeichneten Berichts, S. 133.

[74] Vgl. *Decher*, Festschrift Lutter, S. 1209, 1210f.; *Großfeld*, The International Lawyer 34 (2000), S. 963, 991f.; *Horn*, ZIP 2000, S. 473, 475 re. Sp. mit Fn.26; *Lopatta*, RIW 2000, S. 354, 361; *Rammert*, DBW 59 (1999), S. 620, 621 mit Anm. 8.

[75] Vgl. dazu *Pellens/Sellhorn*, DB 2001, S. 713, 715ff.; *Hommel*, BB 2001, S. 1943, 1944f.; *ders.*, RIW 2001, S. 801, 805 re. Sp., 808f.; *Kleindiek*, BB 2001, S. 2572, 2572f.; *Vater*, DB 2001, S. 1841, 1848; *Krawitz*, DStR 2002, S. 145, 146; *Stengel* in: Semler/Volhard (Hrsg.), Unternehmensübernahmen, § 17 Rdz.309; s. auch *Busse von Colbe*, BB 9/2001, Die erste Seite; *Siegel* in: Horn (Hrsg.), Corss-Border Mergers and Acquisitions and the Law, S. 319, 326ff..

[76] Umtauschangebot (Fn.55), B. V..

[77] Börsen-Zeitung Nr.216 vom 10.11.1998, S. 8; *Decher* in: Horn (Hrsg.), Cross-Border Mergers and Acquisitions and the Law, S. 105, 114.

AG und dem jeweiligen tauschenden Daimler-Benz-Aktionär sowie zum anderen die Einigung zwischen den tauschenden Aktionären und der Treuhänderin, vertreten durch die DaimlerChrysler AG, über den Übergang des Eigentums an den zum Tausch eingereichten Daimler-Benz-Aktien auf die Treuhänderin zustande[78].

b) Reverse triangular merger

Die parallel zur Einbringung der Daimler-Benz-Aktien erfolgende Einbringung der Chrysler-Aktien als Sacheinlage in die DaimlerChrysler AG wurde anders vorbereitet. Die Treuhänderin der Chrysler-Aktionäre erwarb das Eigentum an den von ihr in die DaimlerChrysler AG einzubringenden Chrysler-Aktien nicht über ein Umtauschangebot der DaimlerChrysler AG an die Aktionäre der Chrysler Corp.. Der Eigentumserwerb erfolgte vielmehr mithilfe eines *reverse triangular merger*[79], einer nach einzelstaatlichem US-amerikanischem Recht, hier konkret dem Gesellschaftsrecht von Delaware, möglichen Gestaltung, die anders als ein Umtauschangebot das vollständige „Einsammeln" sämtlicher Chrysler-Aktien erlaubte.

aa) Grundform

Ein *reverse triangular merger* dient zur Übernahme einer Ziel- durch eine Erwerbergesellschaft. Die Erwerbergesellschaft (M) gründet dabei zunächst eine Tochtergesellschaft (T) und stattet sie mit eigenen (M-)Aktien aus. Anschließend wird T auf die Zielgesellschaft (Z) verschmolzen[80]. Mit Vollzug der Ver-

---

[78] Vgl. Umtauschangebot (Fn.55), B. III..

[79] Zum *triangular merger* in den Varianten des *forward triangular merger* und des *reverse triangular merger* vgl. *Cary/Eisenberg*, Cases and Materials on Corporations, S. 1174ff.; *Clark*, Corporate Law, S. 430ff.; *Eisenberg*, The Structure of the Corporation, S. 305; *Gilson/Black*, The Law and Finance of Corporate Acquisitions, S. 668ff.; *Hamilton*, The Law of Corporations, S. 542ff.; *Baums*, Festschrift Zöllner, S. 65, 70ff.; *Ph. Baums*, Ausschluß von Minderheitsaktionären, S.181ff.; *Junius* in: Semler/Volhard (Hrsg.), Unternehmensübernahmen, § 36 Rdz.43; *Merkt*, US-amerikanisches Gesellschaftsrecht Rdz.937ff., 984ff.; *Watter*, Unternehmensübernahmen, Rdz.654; s. auch *Decher*, Festschrift Lutter, S. 1209, 1220; *Horn* in: ders. (Hrsg.), Cross-Border Mergers and Acquisitions and the Law, S. 3, 13f.; *Lawes* in: Horn (Hrsg.), Cross-Border Mergers and Acquisitions and the Law, S. 115, 122; *Rodewig* in: Karsten Schmidt/Riegger (Hrsg.), Gesellschaftsrecht 1999, S. 167, 170; *Stengel* in: Semler/Volhard (Hrsg.), Unternehmensübernahmen, § 17 Rdz.359f. mit Fn.789; *Thoma/Reuter*, M & A Review 1999, S. 314, 316f.; vgl. unten S. 231ff..

[80] Aus dieser Eigentümlichkeit der Gestaltung, daß die Tochter der Erwerbergesellschaft auf die zu übernehmende Zielgesellschaft verschmolzen wird, obwohl man bei einer Über-

schmelzung verlieren die Aktien der Zielgesellschaft ihre Gültigkeit und werden in M-Aktien „umgewandelt" („converted"), nämlich in jene M-Aktien, mit denen die M zuvor die Tochter ausgestattet hatte[81]. Die T-Aktien der Erwerbergesellschaft ihrerseits werden ebenfalls „umgewandelt" („converted"), und zwar in (sämtliche) Aktien der Zielgesellschaft; sie gelten mit anderen Worten nach Vollzug der Verschmelzung der T auf die Z als sämtliche Aktien der Zielgesellschaft weiter. Im Ergebnis ist die Zielgesellschaft zu einer 100%igen Tochter der Erwerbergesellschaft geworden, und die Aktionäre der Zielgesellschaft sind nunmehr Aktionäre der Erwerbergesellschaft. Damit führt der *reverse triangular merger* ein Ergebnis herbei, wie es auch bei einem Umtauschangebot der Erwerbergesellschaft auf die Aktien der Zielgesellschaft einträte, sofern das Angebot von sämtlichen Aktionären der Zielgesellschaft angenommen würde. Handelt es sich bei der Zielgesellschaft um eine Publikumsgesellschaft, gelingt freilich ein vollständiges „Einsammeln" aller Aktien mit einem Umtauschangebot in der Praxis nicht, weil stets zumindest ein kleiner Teil der Aktionäre in der Zielgesellschaft verbleibt[82]. Dieses Problem besteht bei einem *reverse triangular merger* nicht, da zum „Einsammeln" aller Aktien der Zielgesellschaft auf diesem Wege die Zustimmung der (einfachen[83] oder qualifizierten[84]) Mehrheit des in der Hauptversammlung der Zielgesellschaft vertretenen Kapitals zu dem *(triangular) merger* genügt[85]. Darin

---

nahme eher das Gegenteil, eine Verschmelzung in umgekehrter Richtung, erwarten würde, erklärt sich die Bezeichnung ***reverse*** *triangular merger* (*Clark*, Corporate Law, S. 431).

[81] Alternativ kommt in Betracht, daß die Aktien der Zielgesellschaft mit Vollzug des *merger* nicht in Aktien der Erwerbergesellschaft umgewandelt werden, sondern (lediglich) in einen Anspruch auf Verschaffung von Aktien der Erwerbergesellschaft; vgl. dazu unten Fn.850.

[82] Zum Problem der Restbeteiligungen vgl. *Baums* in: von Rosen/Seifert (Hrsg.), Die Übernahme börsennotierter Unternehmen, S. 165, 181f.; *ders.*, Gutachten, S. F 116; *Ph. Baums,* Ausschluß von Minderheitsaktionären, S. 24ff.; *Krieger*, BB 2002, S. 53, 53; *Pötzsch/Möller*, WM-Sonderbeilage Nr. 2/2000, S. 29 re. Sp.; *Sieger/Hasselbach*, ZGR 2002, S. 120, 123f.; *Than*, Festschrift Claussen, S. 405, 408; *Handelsrechtsausschuss des Deutschen Anwaltvereins e.V.*, Vorschlag zur Ergänzung des Aktiengesetzes durch einen Titel „Aktienerwerb durch den Hauptaktionär", WM 1999, S. 1536f..

[83] Vgl. etwa § 216 (1) Delaware General Corporation Law; Sec. 602 (a) California Corporations Code.

[84] Vgl. Sec. 903 (a) (2) (ii) New York Business Corporation Law (2/3-Mehrheit des außenstehenden Kapitals).

[85] Vgl. zum Mehrheitserfordernis *Choper/Coffee/Gilson*, Cases and Materials on Corporations, S. 551; *Gilson/Black*, The Law and Finance of Corporate Acquisitions, S. 642f.; *Horn*, ZIP 2000, S. 473, 478 re. Sp.; *ders.*, Liber Amicorum Buxbaum, S. 315, 328; *ders.*, Festschrift Lutter, S. 1113, 1121; *Junius* in: Semler/Volhard (Hrsg.), Unternehmensübernahmen, § 36 Rdz.39.

liegt der wesentliche Vorzug dieser Gestaltung[86].

bb) Modifizierung im Fall Daimler/Chrysler

Die beschriebene Gestaltung des *reverse triangular merger* wurde im Fall Daimler/Chrysler modifiziert[87]. Nicht die DaimlerChrysler AG als die eigentliche Erwerbergesellschaft, sondern die US-Treuhänderin (*The Bank of New York*) gründete eine Tochtergesellschaft[88], welche nach Abwicklung des Umtauschangebotes auf deutscher Seite[89] im Zuge eines *reverse triangular merger* auf die (Zielgesellschaft) Chrysler Corp. verschmolzen wurde. Mit Wirksamwerden der Verschmelzung verloren gemäß dem zwischen den beteiligten Gesellschaften geschlossenen Verschmelzungsvertrag die Chrysler-Aktien ihre Gültigkeit. Die bisherigen Aktien der Treuhänderin an ihrer auf die Chrysler Corp. verschmolzenen Tochter wurden mit Vollzug der Verschmelzung in Chrysler-Aktien „umgewandelt“, galten also als (sämtliche) Chrysler-Aktien weiter[90]. Insoweit entsprach die Gestaltung dem oben beschriebenen üblichen Ablauf eines *reverse triangular merger.*

---

86 Vgl. *Clark*, Corporate Law, S. 432: „The beauty of the reverse subsidiary merger is simply that of majority rule (…).“; s. auch *Stengel* in: Semler/Volhard (Hrsg.), Unternehmensübernahmen, § 17 Rdz.359f..

87 Vgl. *Decher*, Festschrift Lutter, S. 1209, 1220; *ders.* in: Horn (Hrsg.), Cross-Border Mergers and Acquisitions and the Law, S. 105, 110; s. auch *Scholz*, ZIP 2001, S. 1341, 1342 Fn.7 (der freilich unzutreffend annimmt, bei einem *reverse triangular merger* werde die Zielgesellschaft auf eine Tochter der Erwerbergesellschaft verschmolzen; das Gegenteil ist nach dem Gesagten [oben S. 48] der Fall). Zu den Gründen für die Modifizierung der Gestaltung im Fall Daimler/Chrysler vgl. unten S. 72ff..

88 § 2.1 *BCA* (Fn.52), Anlage 1 des Berichts (Fn.46), S. 117. Die Bank of New York übernahm 1.000 Stammaktien mit einem Nennwert von je einem Penny ($ 0,01) an der Verschmelzungsvehikel-Tochter; vgl. Muster der Gründungsurkunde, Anhang C des *BCA*, Anlage 1 des Berichts, S. 165 li. Sp..

89 Vgl. *Proxy Statement/Prospectus* (Fn.52), S. 11: „Upon consummation of the Daimler-Benz Exchange Offer, the certificate of merger with respect to the Chrysler Merger will be filed with the Secretary of State of the State of Delaware causing the Chrysler Merger to become effective.“ Die Zustimmung der Chrysler-Hauptversammlung zum *reverse triangular merger* war aufschiebend bedingt durch das Erreichen der Mindestumtauschquote (oben S. 42) im Rahmen des Umtauschangebotes der DaimlerChrysler AG an die Daimler-Benz-Aktionäre; vgl. § 5.15 (a) *BCA* (Fn.52): „(…) der bestätigende Beschluß der Inhaber einer Mehrheit ausstehender Chrysler-Aktien anläßlich der Chrysler-Hauptversammlung, der nach Umsetzung des Daimler-Benz-Umtauschangebots wirksam wird (...)“; *Proxy Statement/Prospectus*, S. 9: „The Chrysler Stockholder Approval will become effective upon consummation of the Daimler-Benz exchange offer.“

90 § 2.4 (d) *BCA* (Fn.52), Anlage 1 des Berichts (Fn.46), S. 118 re. Sp.: „Jede Aktie des Chrysler-Verschmelzungsvehikels, die unmittelbar vor dem Wirksamkeitszeitpunkt (scil.

Die Chrysler-Aktionäre erhielten als Gegenleistung im Unterschied zum Normalfall des *reverse triangular merger* jedoch nicht Aktien der Treuhänderin (*Bank of New York*) als der Mutter des Verschmelzungsvehikels T oder einen entsprechenden Lieferanspruch, sondern Ansprüche auf Lieferung von Aktien der DaimlerChrysler AG als der „eigentlichen" Erwerbergesellschaft, nämlich Ansprüche auf Lieferung jener DaimlerChrysler-Aktien, welche die Treuhänderin für die Einbringung der von ihr mithilfe des *reverse triangular merger* „eingesammelten" sämtlichen Chrysler-Aktien als Sacheinlage in die DaimlerChrysler AG erhalten würde[91]. Die Treuhänderin brachte sodann die Chrysler-Aktien als Sacheinlage in die DaimlerChrysler AG ein und leitete die ihr dafür gewährten jungen DaimlerChrysler-Aktien an die ehemaligen Chrysler-Aktionäre weiter. Im Ergebnis waren damit sämtliche ehemaligen Chrysler-Aktionäre an der DaimlerChrysler AG beteiligt[92], und die Chrysler Corp. war zu einer 100%igen Tochter der DaimlerChrysler AG geworden.

---

der Verschmelzung mit der Chrysler Corp.) ausgegeben und ausstehend ist, besteht als ausgegebene und ausstehende Aktie mit einem Nennbetrag von U.S. $ 0,1 der Verbleibenden U.S.-Gesellschaft (scil. der Chrysler Corp.) fort (...)."

91 § 2.4 (b) *BCA* (Fn.52), Anlage 1 des Berichts (Fn.46), S. 117 re. Sp.: „Jede der Chrysler-Aktien, die unmittelbar vor dem Wirksamkeitszeitpunkt (scil. der Verschmelzung des Verschmelzungsvehikels mit der Chrysler Corp.) ausgegeben und ausstehend ist (...), wird in das Recht umgewandelt, (...) denjenigen (...) Anteil an einer DaimlerChrysler-Aktie zu erhalten, der sich aus der Anwendung der Umwandlungsberechnungsformel ergibt."

92 Ein Barabfindungsrecht (*appraisal right*) zugunsten der Chrysler-Aktionäre war nach dem maßgeblichen einzelstaatlichen Gesellschaftsrecht des US-Bundesstaates Delaware nicht gegeben (*Proxy Statement/Prospectus* [Fn.52], S. 15, 81; *Thoma/Reuter*, M & A Review 1999, S. 314, 317): Nach § 262 (b) (1), (2) b. Delaware General Corporation Law besteht kein *appraisal right*, wenn Aktien der fraglichen Gattung oder Klasse zu dem Zeitpunkt, zu dem die Aktionäre von einem *merger* in Kenntnis gesetzt wurden, entweder (i) an einer US-amerikanischen Börse zum Handel zugelassen waren oder (ii) nach den Unterlagen der *corporation* von mindestens 2.000 Aktionären gehalten wurden und Aktien einer dritten Gesellschaft, welche die Aktionäre im Zuge des *merger* erhalten, bei Wirksamwerden des *merger* an einer nationalen Börse zum Handel zugelassen sein oder von mindestens 2.000 Aktionären gehalten werden. Dieser sog. *market-out exception* liegt die Erwägung zugrunde, daß es eines Barabfindungsrechtes zugunsten dissentierender Aktionäre nicht bedarf, wenn und weil diese die ihnen zustehende Abfindung durch einfache Veräußerung ihrer Beteiligung zu einem angemessenen Preis - an der Börse zum Börsenkurs oder an einem hinreichend großen *over-the-counter market* - erzielen können (*Merkt*, US-amerikanisches Gesellschaftsrecht Rdz.979; *Seiler*, „Freezeout" von Minderheitsaktionären, S. 131; s. auch *Proxy Statement/Prospectus* [Fn.52], S. 136).

2. *Einbringung der „eingesammelten" Aktien in die DaimlerChrysler AG*

a) Abstimmung der Sachkapitalerhöhungen

Die Einbringung der mithilfe des Umtauschangebotes der DaimlerChrysler AG „eingesammelten" Daimler-Benz-Aktien und der mithilfe eines *reverse triangular merger* „eingesammelten" Chrysler-Aktien als Sacheinlage in die DaimlerChrysler AG sowie die Übertragung des Eigentums an den eingebrachten Aktien erfolgte jeweils unter der Bedingung, daß die Durchführung der entsprechenden Sachkapitalerhöhung im Handelsregister eingetragen war[93]. Diese Eintragung wiederum sollte hinsichtlich jeder der beiden Sachkapitalerhöhungen nur erfolgen, wenn auch der Eintragung der Durchführung der jeweils anderen Sachkapitalerhöhung keine Hindernisse entgegenstanden. Der Vorstand der DaimlerChrysler AG war insoweit durch Beschluß der Hauptversammlung angewiesen, die Durchführung der Sachkapitalerhöhungen jeweils mit der Maßgabe zur Eintragung in das Handelsregister anzumelden (§ 188 AktG), dass die Eintragung erst dann vorgenommen werden sollte, wenn der Eintragung der Durchführung beider Kapitalerhöhungen keine Hindernisse entgegenstanden[94,95]. Ziel dieser Gestaltung war es, die „Parallelität" der beiden Sachkapitalerhöhungen in der DaimlerChrysler AG zu gewährleisten, bei denen einerseits die zum Tausch eingereichten Daimler-Benz-Aktien, andererseits die mithilfe eines *reverse triangular merger* „eingesammelten" Chrysler-Aktien als Sacheinlage in die DaimlerChrysler AG eingebracht wurden. Es sollte insoweit sichergestellt werden, daß keine der beiden „Aktionärsgruppen" das Eigentum an den als Sacheinlage in die DaimlerChrysler AG einzubringenden Aktien verlor, solange die Voraussetzungen für die Gewährung junger DaimlerChrysler-Aktien an die jeweils andere „Aktionärsgruppe" noch nicht vorlagen. Die Einbringung der

---

Gesellschaftsrecht Rdz.979; *Seiler*, „Freezeout" von Minderheitsaktionären, S. 131; s. auch *Proxy Statement/Prospectus* [Fn.52], S. 136).

93 Vgl. § 6 Abs. 3 Nachgründungs- und Einbringungsvertrag zwischen DaimlerChrysler AG und Deutsche Bank AG (Entwurf), Anlage 5 des Berichts (Fn.46), S. 278ff., sowie § 6 Abs. 3 Nachgründungs- und Einbringungsvertrag zwischen DaimlerChrysler AG und *The Bank of New York*, Anlage 6 des Berichts, S. 281ff.; zur Zulässigkeit einer bedingten Übertragung des Eigentums an Sacheinlagen *Hüffer*, § 188 Rdz.10; KK/*Lutter*, § 189 Rdz.19.

94 Vgl. Umtauschangebot (Fn.55), B. VIII.; Bericht (Fn.46), S. 67 re. Sp..

95 Zur Zulässigkeit von Anweisungen der Hauptversammlung an den Vorstand hinsichtlich technischer Einzelheiten der Durchführung der Kapitalerhöhung im Kapitalerhöhungsbeschluß *Hüffer*, § 182 Rdz.14; MünchHdb AG/*Krieger*, § 56 Rdz.29ff.; KK/*Lutter*, § 182 Rdz.16. – Zur Wirksamkeit einer Anmeldung des im Text wiedergegebenen Inhalts mit Blick auf die Bedingungsfeindlichkeit von Verfahrenshandlungen vgl. unten S. 156ff..

beiden „Aktiengruppen“ (Daimler-Benz-Aktien einerseits, Chrysler-Aktien andererseits) als Sacheinlage in die DaimlerChrysler AG sollte also nur entweder gemeinsam oder gar nicht erfolgen. Damit sollte die Schaffung irreversibler Zustände für jede der beiden „Aktionärsgruppen“ (tauschende Daimler-Benz-Aktionäre und Chrysler-Aktionäre) vermieden werden.
Während die Daimler-Benz-Aktionäre im Zuge der Sachkapitalerhöhung in der Daimler-Chrysler AG für je eine Aktie der Daimler-Benz AG 1,005 junge DaimlerChrysler-Aktien erhielten, wurden den Chrysler-Aktionären für je eine Chrysler-Aktie 0,6235 junge DaimlerChrysler-Aktien gewährt[96], was gemessen am jeweiligen Börsenwert der beiden Ausgangsgesellschaften für die Chrysler-Aktionäre einen Aufschlag von knapp 30 Prozent auf den Börsenkurs der Chrysler-Aktie bedeutete[97]. Die häufiger geäußerte Einschätzung, die Daimler-Benz AG habe ihre Aktie bei dem Zusammenschluß als Akquisitionswährung[98] eingesetzt[99], trifft insoweit formal betrachtet nicht zu, da die Chrysler-Aktionäre keine Daimler-Benz-Aktien erhielten, hat aber sachlich gleichwohl insofern ihre Berechtigung, als die Chrysler-Aktionäre zum „Aktientausch“ durch die künftige Beteiligung der DaimlerChrysler AG an der Daimler-Benz AG veranlasst wurden.

---

[96] Umtauschangebot (Fn.55), A..

[97] *Decher*, FAZ vom 13.08.1999, S. 22; *ders.* in: Horn (Hrsg.), Cross-Border Mergers and Acquisitions and the Law, S. 105, 107; *Waller*, Stunde des Strategen, S. 237ff.; vgl. Bericht (Fn.45), S. 36 li. Sp.; kritisch *Großfeld*, ZVglRWiss 101 (2002), S. 1, 5. *Wenger*, JITE 155 (1999), S. 128, 129 geht von einer Prämie von rund 35 Prozent zugunsten der Chrysler-Aktionäre aus. - Der für Chrysler berechnete Unternehmenswert von 119 DM je Aktie lag etwa ein Drittel über dem Stichtagskurs vom 15.04.1998 von 82,85 DM (*Jocham*, Handelsblatt Nr. 180 vom 18.09.1998, S. 23). Allein *Kirk Kerkorian*, seinerzeit über seine Gesellschaft *Tracinda Corp.* mit rund 11 Prozent an der Chrysler Corp. beteiligt und damit ihr größter Aktionär (Bericht, S. 33 re. Sp.; FAZ Nr. 213 vom 14.09.1998, S. 24), erhielt rechnerisch eine Prämie von US-$ 600 Mio. auf seinen Aktienbesitz (*Simonian*, Financial Times vom 14.05.1998, S. 19). Laut *Appel/Hein*, Der DaimlerChrysler Deal, S. 169, verdiente *Kirkorian* an dem Zusammenschluß umgerechnet knapp US $ 2,8 Mrd.. - Zur Zulässigkeit der Gewährung einer Prämie an die Aktionäre einer der Ausgangsgesellschaften bei einem NewCo-Modell wie im Fall Daimler/Chrysler unter der Geltung des WpÜG s. *Decher*, Festschrift Wiedemann, S. 787, 798f., 802ff.; vgl. *Krause*, NJW 2002, S. 705, 710f..

[98] Vgl. allgemein zu Aktien als Akquisitionswährung *Schmitz* in: von Rosen/Seifert (Hrsg.), Die Übernahme börsennotierter Unternehmen, S. 313ff..

[99] *Achleitner*, Handelsblatt Nr.82 vom 29.04.1999, S. 62; *Dunsch*, FAZ Nr. 114 vom 18.05.1998, S. 25.

b) Nachgründung

Wie oben angesprochen[100], handelte es sich bei der DaimlerChrysler AG zunächst um eine bloße *shell company* mit einem Grundkapital von DM 100.000. Die Durchführung der Sachkapitalerhöhungen in der DaimlerChrysler AG zur Aufnahme der zum Tausch eingereichten Daimler-Benz-Aktien sowie der Chrysler-Aktien erforderte jeweils eine Erhöhung des ursprünglichen Grundkapitals um ein Vielfaches. Da diese Sachkapitalerhöhungen innerhalb einer Zwei-Jahres-Frist nach Gründung der DaimlerChrysler AG (am 06.05.1998[101]) erfolgten, waren in entsprechender Anwendung des § 52 AktG die dort vorgesehenen Nachgründungsvorschriften zu beachten[102]. Die Wirksamkeit der zwischen den jeweiligen Treuhändern, welche die Aktien „eingesammelt" hatten, und der DaimlerChrysler AG geschlossenen Einbringungsverträge war daher gemäß § 52 Abs. 1 S. 1 AktG a.F.[103] aufschiebend bedingt durch die Zustimmung der Hauptversammlung der DaimlerChrysler AG und die Eintragung der Verträge in das Handelsregister[104].

---

[100] Vgl. oben S. 40 mit Fn.51.

[101] Oben Fn.51.

[102] Bericht (Fn.46), S. 79 li. Sp.. - Zur analogen Anwendbarkeit des § 52 AktG auf Kapitalerhöhungen gegen Sacheinlagen vgl. *Hüffer*, § 52 Rdz.11; KK/*Kraft*, § 52 Rdz.62; MünchHdb AG/*Krieger*, § 56 Rdz.48; MünchKomm AktG/*Pentz*, § 52 Rdz.73f.. Zu Fragen des Nachgründungsrechts im Zusammenhang mit Gestaltungen unter Verwendung einer NewCo s. *Reichert* in: Semler/Volhard (Hrsg.), Unternehmensübernahmen, § 17 Rdz.22ff..

[103] Seit Inkrafttreten des NaStraG (Gesetz zur Namensaktie und zur Erleichterung der Stimmrechtsausübung, BGBl. I 2001, S. 123) am 25.01.2001 gilt die Regelung des § 52 Abs. 1 S. 1 AktG i.d.F. des NaStraG nur noch für Verträge der Gesellschaft i.S. der Vorschrift mit Gründern oder Aktionären, die mit mehr als zehn Prozent am Grundkapital der Gesellschaft beteiligt sind. Insoweit stellt sich die Frage, ob die Vorschrift allein Sachkapitalerhöhungen mit den Gründern oder bereits nennenswert i.S. der Vorschrift beteiligten Aktionären als Inferenten erfasst oder auch auf solche Sachkapitalerhöhungen (analog) anwendbar ist, mit deren Durchführung der Inferent die 10-Prozent-Marke erst überschreitet, sei es durch entsprechende Aufstockung einer bereits vorhandenen Beteiligung, sei es durch Erwerb einer Beteiligung von über zehn Prozent; vgl. dazu *Priester*, DB 2001, S. 467, 469 li. Sp.; *Eisolt*, DStR 2001, S. 748, 751f. (jeweils bejahend); *Dormann/Fromholzer*, Die AG 2001, S. 242, 245 re. Sp.; *Werner*, ZIP 2001, S. 1403, 1404 (jeweils verneinend).

[104] Vgl. die aufschiebenden Bedingungen gemäß § 6 Abs. 2 Nachgündungs- und Einbringungsvertrag Daimler-Benz-Aktien (Entwurf; Anlage 5 des Berichts [Fn.46], S. 278ff.), § 6 Abs. 2 Nachgründungs- und Einbringungsvertrag Chrysler-Aktien (Entwurf; Anlage 6 des Berichts, S. 281ff.).

c) Eintragung der Sachkapitalerhöhungen

Die beiden Sachkapitalerhöhungen, in deren Rahmen zum einen die zum Tausch eingereichten Daimler-Benz-Aktien, zum anderen die mithilfe des *reverse triangular merger* „eingesammelten" Chrysler-Aktien als Sacheinlage in die DaimlerChrysler AG gegen Gewährung junger Aktien an die jeweiligen Treuhänder eingebracht wurden, wurden jeweils am 12.11.1998 in das Handelsregister des Amtsgerichts Stuttgart eingetragen[105].

3. Zwischenergebnis nach der ersten Stufe

Mit Abschluß der ersten Stufe des Zusammenschlusses hatte sich die DaimlerChrysler AG aus einer *shell company* mit einem Grundkapital von DM 100.000 und der Oppenheim-Bank als alleiniger Aktionärin in eine Konzernobergesellschaft „verwandelt", die rund 98 Prozent der Aktien der Daimler-Benz AG sowie sämtliche Aktien der Chrysler Corp. hielt und an der rund 98 Prozent der früheren Daimler-Benz-Aktionäre und sämtliche ehemaligen Chrysler-Aktionäre beteiligt waren.

II. Zweite Stufe: Verschmelzung der Daimler-Benz AG auf die DaimlerChrysler AG

Auf der zweiten Stufe des Zusammenschlusses wurde die zur 98%igen Tochter der DaimlerChrysler AG gewordene Daimler-Benz AG anschließend im Wege eines *upstream merger* auf die Muttergesellschaft DaimlerChrysler AG verschmolzen, womit im Interesse größtmöglicher Transaktionssicherheit eine Anfechtung des Verschmelzungsbeschlusses in der Daimler-Benz AG als übertragender Gesellschaft wegen Unangemessenheit des Umtauschverhältnisses gemäß § 14 Abs. 2 UmwG ausgeschlossen war[106]. Die nach Durchführung des Umtauschangebotes noch in der Daimler-Benz AG verbliebenen Aktionäre wurden mithin nunmehr zu einem Tausch ihrer Aktien in DaimlerChrysler-Aktien, zu dem sie freiwillig nicht bereit gewesen waren, „gezwungen". Die als Gegenleistung erforderlichen DaimlerChrysler-Aktien wurden durch eine Sachkapitalerhöhung in der DaimlerChrysler AG geschaffen, bei der statt eines exakten Erhöhungsbetrages ausgehend von der Mindestumtauschquote des Umtauschangebotes ein maximaler Erhöhungsbetrag - für den Fall, daß lediglich die Mindest-

---

[105] FAZ Nr. 264 vom 13.11.1998, S. 20.

[106] Zu diesem Aspekt bei der Wahl der Verschmelzungsrichtung vgl. *Baums*, Festschrift Zöllner, S. 65, 83; *ders.*, Gutachten, S. F 122 mit Fn.314; *Schiessl*, Die AG 1999, S. 442, 446; *Reichert* in: Semler/Volhard (Hrsg.), Unternehmensübernahmen, § 17 Rdz.7.

umtauschquote erreicht worden wäre - bestimmt wurde (Erhöhung des Grundkapitals „um bis zu ... DM")[107]. Damit war sichergestellt, daß unabhängig von der späteren Umtauschquote in jedem Fall ausreichend Daimler-Chrysler-Aktien zur Durchführung der Verschmelzung der Daimler-Benz AG auf die DaimlerChrysler AG zur Verfügung standen. Aufgrund dieser Gestaltung war es möglich, den entsprechenden Sachkapitalerhöhungsbeschluß in der DaimlerChrysler AG zur Vermeidung von Anfechtungsklagen bereits vor Durchführung des Umtauschangebotes und damit vor Aufnahme außenstehender Aktionäre in die DaimlerChrysler AG zu fassen.

Mit Wirksamwerden der Verschmelzung ging das Gesellschaftsvermögen der Daimler-Benz AG im Wege der Universalsukzession (vgl. § 20 Abs. 1 Nr. 1 UmwG) auf die DaimlerChrysler AG über. Außerdem wurden auch die nach Abschluß der ersten Stufe des Zusammenschlusses noch in der Daimler-Benz AG verbliebenen Minderheitsaktionäre (zwangsweise) zu Aktionären der DaimlerChrysler AG. Das Umtauschverhältnis im Rahmen der Verschmelzung entsprach dem des vorhergegangenen freiwilligen Aktientausches aufgrund des Umtauschangebotes[108]. Auch die Daimler-Benz-Aktionäre, die es vorgezogen hatten, ihre Aktien nicht freiwillig zu tauschen, kamen also infolge Erreichens der Zielumtauschquote in den Genuß des verbesserten Umtauschverhältnisses, das an sich als Anreiz zum freiwilligen Tausch der Aktien bestimmt gewesen war[109].

Daß die Verschmelzung erst nach Durchführung der Sachkapitalerhöhungen in der DaimlerChrysler AG auf der ersten Stufe des Zusammenschlusses wirksam werden würde, war durch die Anweisung an die Vorstände der an der Verschmelzung beteiligten Gesellschaften gewährleistet, die Verschmelzung erst dann gemäß § 16 UmwG zur Eintragung in das Handelsregister anzumelden, wenn zuvor die Sachkapitalerhöhungen in das Handelsregister der DaimlerChrysler AG eingetragen waren[110].

---

[107] Vgl. § 5 Abs. 1 Verschmelzungsvertrag zwischen Daimler-Benz AG und DaimlerChrysler AG, Anlage 3 des Berichts (Fn.46), S. 227ff.; Bericht, S. 68 re. Sp., 83 re. Sp., *M. Winter* in Lutter, § 55 Rdz.8. - Zur Zulässigkeit der Angabe (lediglich) eines Höchstbetrages im Kapitalerhöhungsbeschluß (Erhöhung „bis zu") *Hüffer*, § 182 Rdz.12; MünchHdb AG/*Krieger*, § 56 Rdz.23; GK/*Wiedemann*, § 182 Rdz.55.

[108] Vgl. § 2 Abs. 1 und 2 Verschmelzungsvertrag zwischen Daimler-Benz AG und DaimlerChrysler AG, Anlage 3 des Berichts (Fn.46), S. 227ff..

[109] Vgl. oben S. 45.

[110] Bericht (Fn.46), S. 84 re. Sp..

Die nachfolgenden Abbildungen stellen den vorstehend beschriebenen Ablauf des Zusammenschlusses noch einmal graphisch dar[111].

[111] Vgl. die Schaubilder im Bericht (Fn.46), S. 15; *Proxy Statement/Prospectus* (Fn.52), S. 12f.; ferner bei *Baums*, TVVS 1998, S. 217, 218; *ders.*, Festschrift 25 Jahre Universität Osnabrück, S. 235, 237f.; *ders.*, JITE 155 (1999), S. 119, 121; *Bruns*, DBW 59 (1999), S. 831, 832f.; *Thoma/Reuter*, M & A Review 1999, S. 314, 316f..

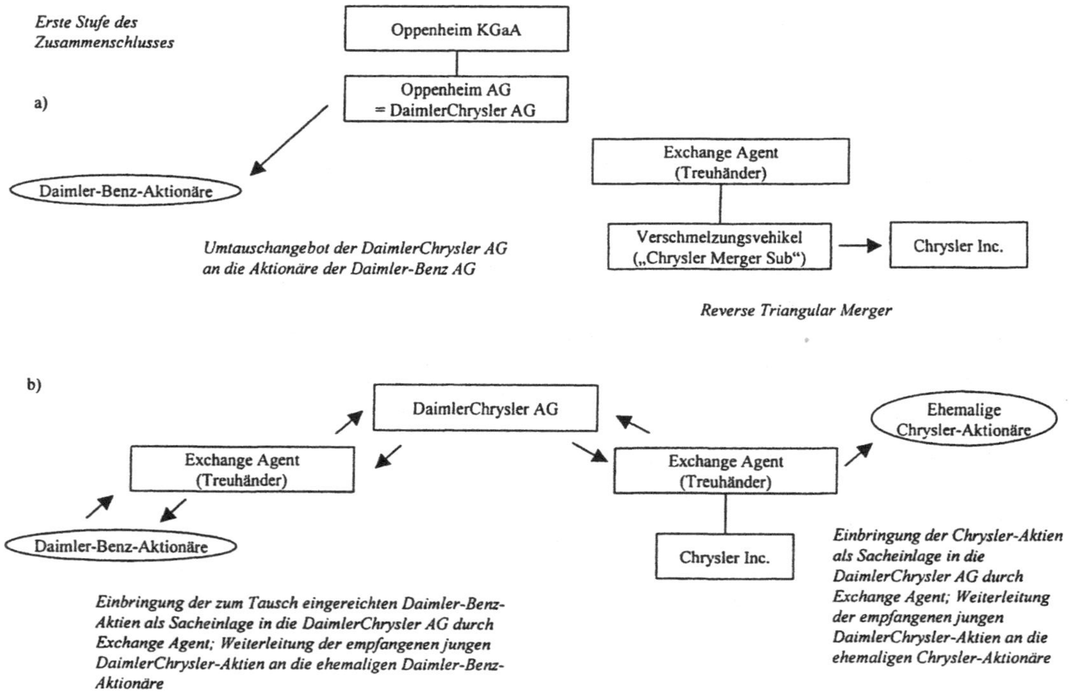
Erste Stufe des Zusammenschlusses
a)
Oppenheim KGaA
Oppenheim AG = DaimlerChrysler AG
Daimler-Benz-Aktionäre
Umtauschangebot der DaimlerChrysler AG an die Aktionäre der Daimler-Benz AG
Exchange Agent (Treuhänder)
Verschmelzungsvehikel („Chrysler Merger Sub“)
Chrysler Inc.
Reverse Triangular Merger
b)
DaimlerChrysler AG
Exchange Agent (Treuhänder)
Daimler-Benz-Aktionäre
Exchange Agent (Treuhänder)
Chrysler Inc.
Ehemalige Chrysler-Aktionäre
Einbringung der zum Tausch eingereichten Daimler-Benz-Aktien als Sacheinlage in die DaimlerChrysler AG durch Exchange Agent; Weiterleitung der empfangenen jungen DaimlerChrysler-Aktien an die ehemaligen Daimler-Benz-Aktionäre
Einbringung der Chrysler-Aktien als Sacheinlage in die DaimlerChrysler AG durch Exchange Agent; Weiterleitung der empfangenen jungen DaimlerChrysler-Aktien an die ehemaligen Chrysler-Aktionäre

c) Zwischenergebnis

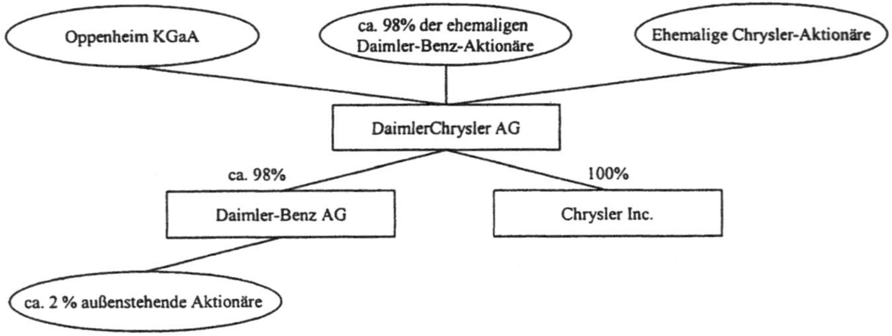

Zweite Stufe des Zusammenschlusses

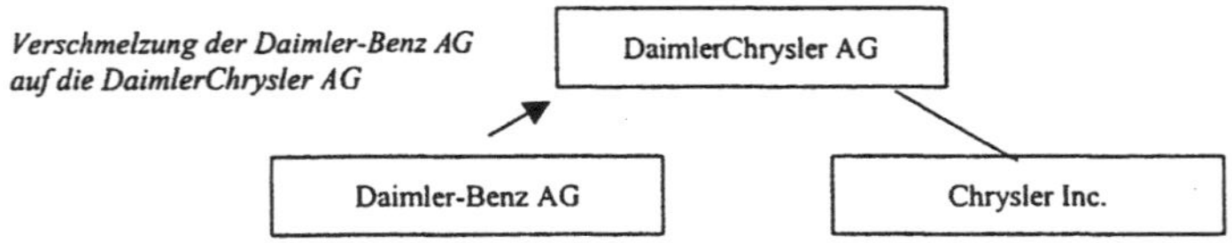

Endergebnis

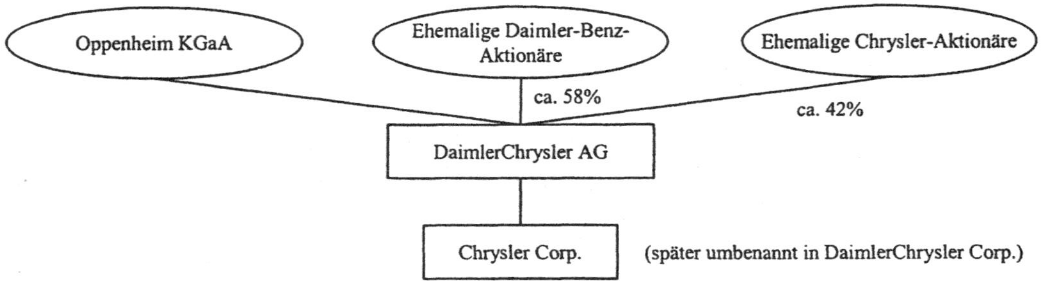

III. Ergänzende Bemerkungen

Im wirtschaftlichen Ergebnis kam der Zusammenschluß einer Verschmelzung der beiden Ausgangsgesellschaften auf eine bestehende dritte Gesellschaft nach § 2 Nr. 1 UmwG sehr nahe, bei der gleichfalls eine dritte Gesellschaft die vollständige Kontrolle über das Gesellschaftsvermögen der Ausgangsgesellschaften erlangt und deren Aktionäre zu Aktionären der dritten Gesellschaft werden. Daß bei einer Verschmelzung zweier Gesellschaften auf eine bestehende dritte Gesellschaft beide Ausgangsgesellschaften ihr Gesellschaftsvermögen unter Auflösung auf die dritte Gesellschaft übertragen, im vorliegenden Fall hingegen die Chrysler Corp. fortbestand und die DaimlerChrysler AG statt des Gesellschaftsvermögens der Chrysler Corp. sämtliche Chrysler-Aktien erwarb, macht im Ergebnis wirtschaftlich betrachtet keinen Unterschied. Man kann den Zusammenschluß insofern als wirtschaftliche Verschmelzung oder „Quasi-Verschmelzung" (*Quasi-Merger*)[112] der Ausgangsgesellschaften bezeichnen.
Der vorstehend beschriebene Ablauf des Zusammenschlusses wurde vorab in einem zwischen den drei beteiligten Gesellschaften (Daimler-Benz AG, Chrysler Corp. und DaimlerChrysler AG) geschlossenen Vertrag über den Unternehmenszusammenschluß (*Business Combination Agreement*, im folgenden: *BCA*)[113] festgelegt und den Daimler-Benz-Aktionären in einem rund 100seitigen Bericht[114] erläutert.
Eine außerordentliche Hauptversammlung der Daimler-Benz AG stimmte am 18.09.1998 zum einen dem Gesamtkonzept des Zusammenschlusses[115] sowie

---

[112] *Baums*, TVVS 1998, S. 217; *ders.*, Festschrift 25 Jahre Universität Osnabrück, S. 235.

[113] Vgl. oben Fn. 52.

[114] Vgl. oben Fn.46.

[115] Vgl. Punkt 1. der Tagesordnung gemäß Einladung zur 15. außerordentlichen Hauptversammlung der Daimler-Benz AG am 18.09.1998, Bundesanzeiger Nr. 146 vom 08.08. 1998, S. 11685: „Vorstand und Aufsichtsrat schlagen vor, dem Zusammenschluß der Daimler-Benz Aktiengesellschaft, Stuttgart, und der Chrysler Corporation, Auburn Hills, Michigan, USA, in der DaimlerChrysler AG, Stuttgart, auf der Grundlage des zwischen der Daimler-Benz-Aktiengesellschaft, der Chrysler Corporation und der Daimler-Chrysler AG (vormals Oppenheim Aktiengesellschaft) unter dem 7. Mai 1998 abgeschlossenen Vertrags über den Unternehmenszusammenschluß der Daimler-Benz Aktiengesellschaft und der Chrysler Corporation in der DaimlerChrysler AG (vormals Oppenheim Aktiengesellschaft) in seiner geänderten, notariell beurkundeten Fassung vom 4. August 1998 (Business Combination Agreement) sowie des von den Vorständen der Daimler-Benz Aktiengesellschaft und der DaimlerChrysler AG gemeinsam erstatteten Berichts über den Zusammenschluß der Daimler-Benz Aktiengesellschaft und der Chrysler Corporation in der DaimlerChrysler AG zuzustimmen und den Vorstand zu ermächtigen, alle für den Vollzug dieses Zusammenschlusses erforderlichen Maßnahmen vorzunehmen." Es handelt sich um einen sog. Konzeptbeschluß; vgl. *Reichert* in: Semler/Volhard (Hrsg.), Unternehmens-

zum anderen der Verschmelzung der Daimler-Benz AG auf die DaimlerChrysler AG auf dessen zweiter Stufe[116] zu. Vier Tage später begann mit der Veröffentlichung des Umtauschangebotes der DaimlerChrysler AG an die Daimler-Benz-Aktionäre[117] die Umsetzung des Konzeptes für den Zusammenschluß.
Ebenfalls am 18.09.1998 stimmte die Hauptversammlung der Chrysler Corp. dem Zusammenschluß sowie insbesondere dem *reverse triangular merger* der Chrysler Corp. mit der Verschmelzungsvehikel-Tochter der US-Treuhänderin[118] zu[119]. Insoweit bedurfte es (lediglich) der Zustimmung der einfachen Mehrheit des in der Hauptversammlung vertretenen stimmberechtigten Kapitals[120].
Die Eintragung der Verschmelzung der Daimler-Benz AG auf die Daimler-Chrysler AG verzögerte sich infolge der Erhebung von Anfechtungsklagen gegen den Verschmelzungsbeschluß in der Daimler-Benz AG[121]. Nach einer außergerichtlichen vergleichsweisen Einigung[122] wurde die Verschmelzung schließlich am 21.12.1998 in das Handelsregister eingetragen[123]. Damit war der Zusammenschluß abgeschlossen.
Eine Verschmelzung auch der Chrysler Corp. auf die DaimlerChrysler AG kam wegen der rechtlichen Unwägbarkeiten einer grenzüberschreitenden technischen Verschmelzung i.S. des Umwandlungsgesetzes[124] nicht in Betracht. Der Fortbe-

---

übernahmen, § 17 Rdz.61; *Stengel* in: Semler/Volhard (Hrsg.), Unternehmensübernahmen, § 17 Rdz.372.

[116] Vgl. Punkt 2. der Tagesordnung gemäß Einladung zur 15. außerordentlichen Hauptversammlung der Daimler-Benz AG am 18.09.1998, Bundesanzeiger Nr. 146 vom 08.08. 1998, S. 11685. - Für das Gesamtkonzept des Zusammenschlusses stimmten 99,89 Prozent des vertretenen Grundkapitals, für die Verschmelzung 99,9 Prozent (FAZ Nr. 219 vom 21.09.1998, S. 23).

[117] Oben Fn.55.

[118] Vgl. oben S. 49f..

[119] Die Zustimmungsquote lag bei 97,5 Prozent des vertretenen Kapitals (*Drost/Jocham*, Handelsblatt Nr. 181 vom 21.09.1998, S. 14).

[120] Vgl. *Proxy Statement/Prospectus* (Fn.52), S. 8f., 43; *Decher*, Festschrift Lutter, S. 1209, 1220; *ders.* in: Horn (Hrsg.), Cross-Border Mergers and Acquisitions and the Law, S. 105, 110; *Rodewig* in: Karsten Schmidt/Riegger (Hrsg.), Gesellschaftsrecht 1999, S. 167, 170; s. zum Mehrheitserfordernis s. § 216 (1) Delaware General Corporation Law.

[121] FAZ Nr. 243 vom 20.10.1998, S. 25; FAZ Nr. 246 vom 23.10.1998, S. 20; *Appel/Hein*, Der DaimlerChrysler Deal, S. 185; *Rodewig* in: Karsten Schmidt/Riegger (Hrsg.), Gesellschaftsrecht 1999, S. 167, 173; *Thoma/Reuter*, M & A Review 1999, S. 314, 320; *Wenger*, JITE 155 (1999), S. 128, 132.

[122] *Rodewig* und *Thoma/Reuter*, jeweils a.a.O. (vorige Fn.).

[123] *Decher* in: Horn (Hrsg.), Cross-Border Mergers and Acquisitions and the Law, S. 105, 114; *Thoma/Reuter*, M & A Review 1999, S. 314, 320 (Abb.3).

[124] Dazu näher unten S. 67ff., 326ff..

stand der Chrysler Corp., die nunmehr als DaimlerChrysler Corp. firmiert[125], behindert die Leitung des Konzerns jedoch insofern nicht, als es sich um eine 100%ige Tochter der DaimlerChrysler AG ohne Minderheitsaktionäre handelt. Von daher bestand für eine Verschmelzung der Chrysler Corp. auf die Konzernobergesellschaft nicht das Bedürfnis, das für eine Verschmelzung der Daimler-Benz AG auf die DaimlerChrysler AG wegen des Fortbestands von Restbeteiligungen in der Daimler-Benz AG nach Durchführung des Umtauschangebotes gegeben war.
Zur Überprüfung des Umtauschverhältnisses im Rahmen der Verschmelzung der Daimler-Benz AG auf die DaimlerChrysler AG wurde ein Spruchverfahren eingeleitet[126], mit dessen Abschluß nach Presseberichten nicht vor dem Frühjahr 2002 zu rechnen war[127]; das Verfahren dauert offenbar an.
An der neuen Konzernobergesellschaft DaimlerChrysler AG waren die ehemaligen Chrysler-Aktionäre zu etwa 42 Prozent und die ehemaligen Daimler-Benz-Aktionäre zu etwa 58 Prozent beteiligt[128]. Der Anteil der inländischen Aktionäre betrug, wie bereits erwähnt[129], anders als in der ehemaligen Daimler-Benz AG, deren Aktien noch zu 63 Prozent in deutscher Hand gelegen hatten, nur mehr weniger als die Hälfte, umfasste nämlich nur noch 37 Prozent des Grundkapitals, während zunächst 44 Prozent des Kapitals in den USA lagen[130]. Wie gleichfalls bereits angesprochen[131] sank der Anteil der US-Aktionäre allerdings später insbesondere wegen der Nichtaufnahme der DaimlerChrysler-Aktie in den US-Index *Standard & Poor's* 500 auf 25 Prozent[132].
Eine derartige Verschiebung in der Zusammensetzung der Anteilseignerschaft infolge eines Rückflusses („*flowback*") von Aktien ist im Gefolge grenzüberschreitender, namentlich transatlantischer Unternehmenszusammenschlüsse, bei denen die Aktionäre einer der Ausgangsgesellschaften ihre Aktien gegen Aktien

---

125 Vgl. *Proxy Statement/Prospectus* (Fn.52), S. 11; *Endres*, ZHR 163 (1999), S. 441, 447; *Großfeld*, The International Lawyer 34 (2000), S. 963, 992.

126 FAZ Nr. 289 vom 12.12.1998, S. 17; *Rodewig* in: Karsten Schmidt/Riegger (Hrsg.), Gesellschaftsrecht 1999, S. 167, 174.

127 Börsen-Zeitung Nr. 233 vom 01.12.2000, S. 9.

128 *Proxy Statement/Prospectus* (Fn.52), S. 7; *Decher* in: Horn (Hrsg.), Cross-Border Mergers and Acquisitions and the Law, S. 105, 108; FAZ Nr. 213 vom 14.09.1998, S. 24, dort auch Schaubild zur Aktionärsstruktur der Ausgangsgesellschaften sowie der DaimlerChrysler AG nach dem Zusammenschluß; ein derartiges Schaubild findet sich auch bei *Appel/Hein*, Der DaimlerChrysler Deal, S. 135.

129 Vgl. oben Fn.13.

130 FAZ Nr. 164 vom 18.07.1998, S. 21; FAZ Nr. 209 vom 09.09.1998, S. 25; *Appel/Hein*, Der DaimlerChrysler Deal, S. 133.

131 Vgl. oben Fn.13.

132 Börsen-Zeitung Nr.51 vom 16.03.1999, S. 1; FAZ Nr.74 vom 29.03.1999, S. 26; SZ Nr. 76 vom 01.04.1999, S. 27.

einer ausländischen Gesellschaft tauschen, in der Praxis häufig zu beobachten[133]. Für derartige „Repatriierungen von Kapital“ kommen verschiedene Gründe in Betracht. So ist bei Fonds oft die regionale Ausrichtung ausschlaggebend für ein Investment. Bei einem Großteil US-amerikanischer Aktienfonds schließt die Satzung die Anlage in ausländischen Aktien sogar ganz aus. US-amerikanische Indexfonds, die ihre Aktien entlang einem Index wie dem *Standard & Poor's* 500 kaufen (sog. Index-Tracker), trennen sich - wie im Fall Daimler/Chrysler[134] - von einem Investment, wenn das betreffende Unternehmen durch eine Übernahme aus einem Referenzindex herausfällt. US-amerikanische Kleinanleger schließlich werden offenbar nicht selten durch die steuerlichen Implikationen der Beteiligung an einem ausländischen Unternehmen zum Verkauf ihrer Beteiligung veranlasst. Ein erheblicher Rückfluß von Aktien, wie er im Fall Daimler/Chrysler eintrat, wurde, offenbar mit Recht[135], etwa auch im Gefolge des transatlantischen Zusammenschlusses Deutsche Telekom/VoiceStream Wireless[136] erwartet[137], bei dem den VoiceStream-Aktionären im Rahmen einer gemischten Sacheinlage Deutsche Telekom-Aktien gewährt wurden. Nach Presseberichten vereinbarte die Deutsche Telekom AG zur Vermeidung eines beträchtlichen kurzfristigen Rückflusses im Zuge des Zusammenschlusses ausgegebener junger Telekom-Aktien mit den Voicestream-Hauptaktionären Haltefristen[138].

C. Zum Begriff *Merger of Equals*

Der Zusammenschluß Daimler/Chrysler wurde von den Parteien nach dem Gesagten ungeachtet der ungleichgewichtigen Beteiligung der Aktionäre beider Ausgangsgesellschaften an der neuen Konzernobergesellschaft DaimlerChrysler AG[139] als ein solcher „unter Gleichen“ („*Merger of Equals*“) bezeichnet[140]. Die-

---

133 Hierzu und zum folgenden FAZ Nr. 99 vom 28.04.2001, S. 25; *Lawes* in: Horn (Hrsg.), Cross-Border Mergers and Acquisitions and the Law, S. 115, 116, 128; *Schwingeler* in: Horn (Hrsg.), Cross-Border Mergers and Acquisitions and the Law, S. 59, 60; s. auch *Waller*, Stunde des Strategen, S. 232.

134 *Brammer* in: von Rosen/Seifert (Hrsg.), Die Namensaktie, S. 399, 407.

135 Zum Paketverkauf von 44 Mio. Telekom-Aktien durch einen ehemaligen VoiceStream-Aktionär vgl. Börsen-Zeitung Nr. 158 vom 17.08.2001, S. 1.

136 Vgl. dazu unten S. 367ff..

137 FAZ Nr. 99 vom 28.04.2001, S. 25 („Der Telekom droht eine Verkaufswelle aus Amerika“).

138 FAZ Nr. 126 vom 01.06.2001, S. 18; Börsen-Zeitung Nr. 104 vom 01.06.2001, S. 9; SZ Nr. 125 vom 01.06.2001, S. 29; FAZ Nr. 188 vom 15.08.2001, S. 25.

139 Vgl. oben S. 62.

140 S. etwa Bericht (Fn.46), S. 13 re. Sp., 34 li. Sp.; *Proxy Statement/Prospectus* (Fn.52), S. 11, 93.

ser hierzulande bis dahin kaum geläufige, aus dem Bilanzrecht stammende und insoweit im Zusammenhang mit der Interessenzusammenführungsmethode (*Pooling of interests*-Methode)[141] zu sehende[142], mittlerweile allerdings verselbständigte[143] und in gewisser Weise „schillernde" Begriff ist seither vielfach im Zusammenhang mit angekündigten und tatsächlich vollzogenen nationalen und grenzüberschreitenden Unternehmenszusammenschlüssen namentlich von den Parteien selbst verwendet worden[144], ohne dass Klarheit bestünde, was einen *Merger of Equals* ausmacht. Bisweilen wird mittlerweile sogar bezweifelt, dass ein Zusammenschluß „unter Gleichen" überhaupt denkbar ist[145]. Derartige Zweifel werden nicht zuletzt genährt durch die bereits angesprochene Äußerung des ehemaligen Daimler-Benz- und jetzigen DaimlerChrysler-Vorstandsvorsitzenden *Schrempp*, der Zusammenschluß, der seinerzeit als *Merger of Equals* annonciert wurde, sei von Anfang an als eine Übernahme der Chrysler Corp. durch die Daimler-Benz AG geplant gewesen[146].

Richtig ist allerdings, dass ein *Merger of Equals* praktisch ausgeschlossen erscheint, wenn man mit dem Begriff allein die Vorstellung einer vollständig oder auch nur annähernd gleichgewichtigen Bewertung der sich zusammenschließenden Unternehmen verbindet. Eine solche völlig oder auch nur annähernd gleichgewichtige Bewertung wird in der Praxis regelmäßig nicht gegeben sein[147], so dass insoweit die Vorbehalte gegenüber dem Begriff des Zusammenschlusses „unter Gleichen" ihre Berechtigung haben. Freilich erscheint fraglich, ob der Begriff tatsächlich in erster Linie oder sogar überhaupt eine wertmäßige Parität

---

[141] Vgl. dazu oben S. 42ff..

[142] Vgl. *Großfeld*, The International Lawyer 34 (2000), S. 963, 991; *ders.*, ZVglRWiss 101 (2002), S. 1, 4; *Stengel* in: Semler/Volhard (Hrsg.), Unternehmensübernahmen, § 17 Rdz.278.

[143] *Stengel* in: Semler/Volhard (Hrsg.), Unternehmensübernahmen, § 17 Rdz.279.

[144] Zu nennen sind (vgl. *Decher*, Festschrift Lutter, S. 1209; *ders.*, FAZ vom 13.08.1999, S. 22; *Koch/Hofacker*, Finanz Betrieb 2000, S. 541 li. Sp.) außer dem Zusammenschluß Daimler/Chrysler die Zusammenschlüsse Hoechst/Rhône-Poulenc (vgl. *Hoffmann*, NZG 1999, S. 1077; Bericht des Vorstands der Hoechst AG über den Unternehmenszusammenschluß [Fn.64], S. 58) und Veba/Viag sowie die schließlich gescheiterten Vorhaben Deutsche Telekom/Telecom Italia (SZ Nr.93 vom 23.05.1999, S. 27) und Viag/Algroup (SZ Nr. 275 vom 28.11.1998, S. 21).

[145] Vgl. die Antwort des seinerzeitigen Sprechers des Vorstands der Deutsche Bank AG, *Breuer*, in einem Interview in der Frankfurter Allgemeinen Sonntagszeitung Nr.52 vom 31.12.2000, S. 8, auf die Frage „Gibt es eigentlich ein ‚*merger of equals*', eine Fusion unter Gleichen?": „Nein, gibt es nicht. Nein, das ist Theorie."; s. auch *Großfeld*, ZVglRWiss 101 (2002), S. 1, 4.

[146] Vgl. *Büschemann*, SZ Nr.269 vom 22.11.2000, S. 28.

[147] *v. Schenck* in: Semler/Volhard (Hrsg.), Unternehmensübernahmen, § 8 Rdz.11; vgl. *Decher*, Festschrift Lutter, S. 1209, 1210; *ders.*, FAZ vom 13.08.1999, S. 22.

der Partner eines Zusammenschlusses zum Ausdruck bringen soll. Da auf der Hand liegt, dass eine solche (annähernde) wertmäßige Parität praktisch kaum in Betracht kommt, handelte es sich in diesem Fall um eine bloße Formel ohne Inhalt, die letztlich nur der Verschleierung der Übernahme eines Unternehmens diente[148].

Bei näherer Betrachtung wird indes deutlich, dass der Begriff des *Merger of Equals* richtig verstanden durchaus nicht eine solche Leerformel darstellt, sondern für bestimmte Merkmale eines - insbesondere grenzüberschreitenden - Unternehmenszusammenschlusses steht, die ihn unbeschadet des wertmäßigen Übergewichts einer der Ausgangsgesellschaften als konsentiertes Zusammengehen kennzeichnen und von einer Übernahme unterscheiden[149]. Zu nennen sind in diesem Zusammenhang etwa der Abschluß eines - vorwiegend programmatischen - Grundvertrages über den Unternehmenszusammenschluß (*Business Combination Agreement*)[150] sowie die Zusammenführung der Ausgangsgesellschaften in einer eigens zu diesem Zweck gegründeten dritten, gewissermaßen „neutralen" Gesellschaft (NewCo)[151]. Wenn die Wahl einer solchen Gestaltung auch vornehmlich durch das Streben nach größtmöglicher Transaktionssicherheit motiviert sein mag, wie es etwa beim Zusammenschluß Daimler/Chrysler der Fall war[152], bringt sie doch auch eine Parität der Partner eines Zusammenschlusses zum Ausdruck. Von Bedeutung sind ferner der - für das Zustandekommen eines Zusammenschlusses praktisch häufig wichtige[153] - Name des entstehenden Unternehmens[154] sowie die Ausgestaltung der Unternehmensleitung

---

148 In diesem Sinne folgende Bewertung des Zusammenschlusses Daimler/Chrysler (FAZ Nr. 152 vom 04.07.1998, S. 13): „Die Fusion trägt eine Tarnkappe."

149 Vgl. *Feuring* in: Karsten Schmidt/Riegger (Hrsg.), Gesellschaftsrecht 1999, S. 153, 162.

150 *von Dryander* in: Horn (Hrsg.), Cross-Border Mergers and Acquisitions and the Law, S. 131, 132; *Horn*, Festschrift Lutter, S. 1113, 1120; *ders.*, Liber Amicorum Buxbaum, S. 315, 319.

151 Vgl. *Baums*, Festschrift Zöllner, S. 65, 76; *Decher*, Festschrift Lutter, S. 1209, 1212, 1214; *ders.*, FAZ vom 13.08.1999, S. 22; *Horn*, Festschrift Lutter, S. 1113, 1120; *Lawes* in: Horn (Hrsg.), Cross-Border Mergers and Acquisitions and the Law, S. 115, 123; *Oesterhaus*, FAZ Nr.152 vom 04.07.2001, S. 25.

152 Vgl. unten S. 80f..

153 Vgl. *Shill* in: Brown (Hrsg.), International Mergers and Acquisitions, S. 201: „Many of the issues that kill cross-border transactions are trivial and personal. I have been shocked at how some deals have died because of such matters as the name of the company (...)."

154 *Koch/Hofacker*, Finanz Betrieb 2000, S. 541f., 545 re. Sp.; *Stengel* in: Semler/Volhard (Hrsg.), Unternehmensübernahmen, § 17 Rdz.280. Zu den diesbezüglichen kontroversen Verhandlungen im Fall Daimler/Chrysler vgl. Der Spiegel Nr. 20 vom 11.05.1998, S. 120; *Simonian*, Financial Times vom 14.05.1998, S. 19; *Appel/Hein*, Der DaimlerChrysler Deal, S. 99; *Waller*, Stunde des Strategen, S. 267f., 271f.. Während die deutsche Seite zu-

und -überwachung in der neuen Gesellschaft und die Unternehmensorganisation[155]. Charakteristisch ist dabei insbesondere[156] eine (weitgehend) paritätische Besetzung der Verwaltungsorgane[157], insbesondere des Leitungsorgans der neuen Gesellschaft, namentlich die Einrichtung einer Doppelspitze mit zwei (Co-) Vorstandsvorsitzenden, bei denen es sich regelmäßig um die Vorstandsvorsitzenden/*CEOs* der zusammengehenden Gesellschaften handeln wird, eine Ergänzung der Unternehmensleitung und -überwachung im Rahmen des gesetzlich Zulässigen um Gremien, die einem der beiden Partner die Gewöhnung an ein ihm unbekanntes Corporate Governance-System erleichtern sollen, sowie die Fortführung der Verwaltungen der Ausgangsgesellschaften als gleichberechtigte Verwaltungszentralen[158]. Wenn auch namentlich eine nach Vollzug eines Unternehmenszusammenschlusses zunächst gegebene weitgehend paritätische Besetzung des Leitungsorgans der neu entstehenden Gesellschaft später wegfallen sollte, ändert dies doch nichts daran, dass dieses Kennzeichen ebenso wie die anderen genannten Merkmale, deren rechtliche Implikationen noch zu beleuchten sein werden[159], das Konzept eines Zusammengehens gleichberechtigter Partner kennzeichnet. Man mag einwenden, es handele sich insoweit um wenig substanzielle Merkmale („soft issues" oder „flag issues"[160]), die eher von psychologischer Bedeutung seien. Gerade bei einem grenzüberschreitenden Unternehmenszusammenschluß dürfte jedoch die Bedeutung der Psychologie nicht gering zu veranschlagen sein, weshalb das Bestreben, jedenfalls symbolisch den Eindruck einer weitgehenden Gleichberechtigung der Partner zu vermitteln, seinen Sinn hat[161]. Ein so verstandener Begriff des *Merger of Equals* stellt keine Leerformel dar, sondern kennzeichnet durchaus eine bestimmte Gestaltung von Unternehmenszusammenschlüssen und hat insofern auch bei einem wertmäßigen Ungleichgewicht der Partner eines Zusammenschlusses seine Berechtigung[162].

---

nächst „Daimler-Benz-Chrysler" vorschlug, lautete die amerikanische Forderung „Chrysler-Daimler-Benz".

155 *Horn*, Liber Amicorum Buxbaum, S. 315, 332f.; s. auch *Lawes* in: Horn (Hrsg.), Cross-Border Mergers and Acquisitions and the Law, S. 115, 123.

156 Vgl. *Decher*, FAZ vom 13.08.1999, S. 22.

157 *Koch/Hofacker*, Finanz Betrieb 2000, S. 541f., 545; *Brammer* in: Semler/Volhard (Hrsg.), Unternehmensübernahmen, § 33 Rdz.49; *Stengel* in: Semler/Volhard (Hrsg.), Unternehmensübernahmen, § 17 Rdz.280.

158 *Feuring* in: Karsten Schmidt/Riegger (Hrsg.), Gesellschaftsrecht 1999, S. 153, 162; *Bogenschütz*, IStR 2000, S. 609, 610 li. Sp.; *Koch/Hofacker*, Finanz Betrieb 2000, S. 541f., 545 re. Sp.; *Stengel* in: Semler/Volhard (Hrsg.), Unternehmensübernahmen, § 17 Rdz.280.

159 Vgl. unten S. 447ff., 461ff..

160 *Lawes* in: Horn (Hrsg.), Cross-Border Mergers and Acquisitions and the Law, S. 115, 123.

161 Vgl. *Semler* in: Semler/Volhard (Hrsg.), Unternehmensübernahmen, § 1 Rdz.32.

162 *Decher*, FAZ vom 13.08.1999, S. 22.

§ 4 Gestaltungsalternativen im Fall Daimler/Chrysler

Angesichts der vorstehend beschriebenen recht komplizierten rechtlichen Konstruktion des Zusammenschlusses Daimler/Chrysler stellt sich die Frage, weshalb die Parteien nicht denkbare einfachere Gestaltungsalternativen wählten. Dem ist im folgenden nachzugehen.
Ein Barkauf des Unternehmens der Chrysler Corp. durch die Daimler-Benz AG (asset deal) dürfte bereits deshalb ausgeschieden sein, weil die Daimler-Benz AG das dazu erforderliche Finanzvolumen nur sehr schwer hätte darstellen können[163]. Entsprechendes galt im Hinblick auf die Möglichkeit eines Bar-Umtauschangebotes der Daimler-Benz AG an die Chrysler-Aktionäre. Ernsthaft in Betracht kamen vor diesem Hintergrund allein - liquiditätsschonende - Gestaltungen mit Aktien anstelle von Bargeld als Akquisitionswährung.
Ein insoweit denkbares Umtauschangebot der Daimler-Benz AG an die Chrysler-Aktionäre hätte den Nachteil gehabt, daß ein vollständiges „Einsammeln" der Chrysler-Aktien auf diesem Weg nicht möglich gewesen wäre. Zur Finanzierung eines Aktientausches hätte es im übrigen der Schaffung eines bedingten (vgl. § 192 Abs. 2 Nr. 2 AktG) oder genehmigten Kapitals gemäß §§ 202ff. AktG mit Bezugsrechtsausschluß in der Daimler-Benz AG bedurft, was angesichts der insoweit bestehenden, der Transaktionssicherheit abträglichen Anfechtungsrisiken[164] nicht in Betracht kam. Abgesehen davon hätte der Nennbetrag des bedingten oder genehmigten Kapitals jeweils die Hälfte des zur Zeit der Beschlussfassung vorhandenen Grundkapitals nicht übersteigen dürfen (vgl. §§ 192 Abs. 3 S. 1, 202 Abs. 3 S. 1 AktG); die Finanzierung eines Aktientausches wäre damit vermutlich nicht gewährleistet gewesen. Und schließlich wäre ein Umtauschangebot der Daimler-Benz AG auf die Chrysler-Aktien nicht zuletzt auch dem Konzept eines *Merger of Equals* nicht gerecht geworden.
Andere denkbare Gestaltungsformen mit Aktien als Akquisitionswährung schieden aus unterschiedlichen Gründen ebenfalls aus. Im einzelnen:

A. Grenzüberschreitende Verschmelzung

Der vergleichsweise einfachste Weg eines Zusammenschlusses der beiden Ausgangsgesellschaften wäre eine grenzüberschreitende technische Verschmelzung i.S. des Umwandlungsgesetzes gewesen. Eine Verschmelzung der Daimler-Benz

[163] Vgl. *Dunsch*, FAZ Nr. 114 vom 18.05.1998, S. 25.

[164] Vgl. zu Anfechtungsrisiken bei ordentlicher (Sach-)Kapitalerhöhung unten S. 78f.; zu Anfechtungsrisiken bei Schaffung eines genehmigten Kapitals nach der Siemens/Nold-Entscheidung des Bundesgerichtshofes vgl. unten S. 380ff..

AG auf die Chrysler Corp. (aus deutscher Sicht also eine Hinaus-Verschmelzung) schied allerdings nach dem oben Gesagten aus steuerlichen Gründen von vornherein aus[165]. Immerhin denkbar gewesen wäre indes eine Verschmelzung der Chrysler Corp. auf die Daimler-Benz AG (Herein-Verschmelzung). Dem Konzept eines Zusammenschlusses „unter Gleichen" hätte eine solche Gestaltung freilich kaum entsprochen; vorzugswürdig wäre insoweit eine Verschmelzung beider Ausgangsgesellschaften auf eine (inländische) dritte Gesellschaft gewesen[166]. Weder eine - aus steuerlichen Gründen allerdings ohnedies nicht in Betracht kommende - Hinaus-Verschmelzung der Daimler-Benz AG noch eine Herein-Verschmelzung der Chrysler Corp. auf die Daimler-Benz AG oder eine NewCo kamen freilich praktisch mit Blick auf die nach derzeitigem deutschem Umwandlungsrecht gegebenen Unwägbarkeiten grenzüberschreitender Verschmelzungen[167] ernsthaft in Betracht[168].

I. Hinaus-Verschmelzung

Die Hinaus-Verschmelzung einer mitbestimmungspflichtigen deutschen Kapitalgesellschaft brächte, da ausländische Rechtsordnungen eine dem deutschen Modell vergleichbare unternehmerische Mitbestimmung der Arbeitnehmer nicht kennen, einen Verlust an Mitbestimmungsrechten der Arbeitnehmer der übertragenden inländischen Gesellschaft mit sich und könnte insofern zu einer „Flucht aus der Mitbestimmung"[169] genutzt werden. Insbesondere aus diesem Grund ist ein solcher Vorgang nach herkömmlicher Auffassung unzulässig[170] und ein entsprechender Hauptversammlungsbeschluß als Auflösungsbeschluß zu werten[171]. § 1 Abs. 1 UmwG sieht zudem eine Verschmelzung nach den Vorschriften des Umwandlungsgesetzes (nur) für „Rechtsträger mit Sitz im Inland" vor, woraus im Schrifttum zum Teil der Schluß gezogen wird, grenzüberschreitende techni-

---

165 Vgl. oben S. 39.

166 *Decher* in: Horn (Hrsg.), Cross-Border Mergers and Acquisitions and the Law, S. 105, 109.

167 Ausführlich zur Gestaltbarkeit grenzüberschreitender technischer Verschmelzungen unten S. 326ff..

168 *Decher* in: Horn (Hrsg.), Cross-Border Mergers and Acquisitions and the Law, S. 105, 109; *Reichert*, ZGR 2001, S. 554, 558 Fn.16.

169 Vgl. dazu etwa *Hopt*, ZGR 1992, S. 265, 278; *Heinze*, Die AG 1997, S. 289, 291.

170 Staudinger/*Großfeld*, IntGesR Rdz.696,699; *Wiedemann*, Gesellschaftsrecht I, S. 874; vgl. *Hoffmann*, NZG 1999, S. 1077, 1079 li. Sp.; *Horn*, Gedächtnisschrift Lüderitz, S. 303, 315.

171 Vgl. *Lutter* in Lutter, § 2 Rdz.36.

sche Verschmelzungen seien nach geltendem Recht ausgeschlossen[172]. Nach anderer Ansicht beschränkt die fragliche Regelung zwar nur den Geltungsbereich des Umwandlungsgesetzes (auf inländische Umwandlungen)[173]. Im Ergebnis bleibt es indes auch danach bei der mangelnden Gestaltbarkeit einer Hinaus-Verschmelzung, da es insoweit an den erforderlichen besonderen Vorschriften hinsichtlich der Durchführung grenzüberschreitender technischer Umwandlungen mangelt. Ein im Schrifttum insoweit vorgeschlagener Rückgriff auf die Vorschriften der EU-Fusionsrichtlinie über die Verschmelzung von Aktiengesellschaften[174], der bei Beteiligung einer Gesellschaft aus einem Nicht-EU-Staat ohnedies nicht in Betracht kommt, dürfte praktisch nicht weiterführen. Ein Registerrichter wird sich in der Regel nicht dazu bewegen lassen, eine grenzüberschreitende Hinaus-Verschmelzung einer deutschen Kapitalgesellschaft einzutragen, für die es an besonderen Vorschriften im inländischen Umwandlungsrecht fehlt.

II. Herein-Verschmelzung

Während die Hinaus-Verschmelzung einer inländischen mitbestimmungspflichtigen Kapitalgesellschaft nach dem Gesagten Probleme im Hinblick auf eine drohende „Flucht aus der Mitbestimmung" aufwirft, bestehen gegen die Herein-Verschmelzung einer ausländischen Kapitalgesellschaft auf eine inländische Gesellschaft aus deutscher Sicht grundsätzlich keine Bedenken, da die Schutzinteressen der aufnehmenden deutschen Gesellschaft, ihrer Arbeitnehmer und Gläubiger in diesem Fall nicht stärker berührt sind als bei einer inländischen Verschmelzung[175]. Auch insoweit gilt jedoch, daß angesichts der oben angesprochenen rechtlichen Unwägbarkeiten grenzüberschreitender technischer Verschmelzungen in der Praxis niemand den Erfolg eines grenzüberschreitenden Unternehmenszusammenschlusses, namentlich eines Zusammenschlusses von Großunternehmen, vom Wohlwollen des Registerrichters bei der Entscheidung dar-

---

[172] *Hoffmann*, NZG 1999, S. 1077, 1079 li. Sp.; MünchKomm BGB/*Kindler*, IntGesR Rdz.681ff.; *Raiser*, Recht der Kapitalgesellschaften, § 58 Rdz.23; *Schaumburg*, GmbHR 1996, S. 501, 502; weitere Nachw. unten Fn.1180.

[173] *Bungert*, Die AG 1995, S. 489, 502 li. Sp.; *Decher* in Lutter, vor § 190 Rdz.46; *Lutter* in Lutter, § 1 Rdz.6, § 2 Rdz.34; weitere Nachw. unten Fn.1181.

[174] Vgl. *Lutter* in Lutter, § 2 Rdz.36: Entsprechende Anwendung der Vorschriften der Dritten gesellschafts-rechtlichen Richtlinie (Fusionsrichtlinie) auf den deutschen Rechtsträger bei einer Hinaus-Verschmelzung.

[175] Vgl. - freilich zum Teil vor Inkrafttreten des § 1 Abs. 1 UmwG - MünchKomm BGB^2/*Ebenroth*, Nach Art. 10 EGBGB Rdz.502; KK/*Kraft*, § 339 Rdz.40; GK^3/*Schilling*, § 339 Anm.15; Staudinger/*Großfeld*, IntGesR Rdz.697; *Wiedemann*, Gesellschaftsrecht I, S. 874.

über abhängig machen wird, ob er eine Verschmelzung in das Handelsregister des aufnehmenden deutschen Rechtsträgers einträgt, obwohl einer der beteiligten Rechtsträger entgegen dem Wortlaut des § 1 Abs. 1 UmwG seinen Sitz[176] nicht im Inland hat und es überdies an besonderen Regelungen grenzüberschreitender Umwandlungen im deutschen Umwandlungsrecht fehlt[177].

B. Rechtsfähigkeitswahrende Sitzverlegung der Chrysler Corp. ins Inland mit anschliessender (nationaler) Verschmelzung

Da die Gestaltung grenzüberschreitender technischer Verschmelzungen nicht zuletzt am Fehlen besonderer Vorschriften in den Umwandlungsrechten der Heimatrechtsordnungen der beteiligten Gesellschaften scheitert, liegt der Gedanke nahe, von einer grenzüberschreitenden Verschmelzung auf eine nationale Verschmelzung auszuweichen. Dazu müßte im Vorfeld der Verschmelzung eine der beteiligten Gesellschaften ihr Gesellschaftsstatut ändern, nämlich in das Gesellschaftsstatut der anderen Gesellschaft wechseln. In diesem Fall ergäben sich für die Durchführung der anschließenden Verschmelzung keine Schwierigkeiten; sie erfolgte als nationale Verschmelzung nach einem einheitlichen Umwandlungsrecht[178]. Dieser Weg ist für Kapitalgesellschaften praktisch freilich nur gangbar, wenn ein solcher Statutenwechsel unter Wahrung der Rechtsfähigkeit möglich ist, es insoweit also nicht der Auflösung im Wegzugsstaat und der Neugründung im Zuzugsstaat bedarf, da dies wegen der Aufdeckung und Besteuerung stiller Reserven[179] zu erheblichen steuerlichen Belastungen führte. Ein rechtsfähigkeitswahrender (identitätswahrender) Wechsel des Gesellschaftssta-

---

[176] Auf die - umstrittene - Frage, ob Sitz i.S. des § 1 Abs. 1 UmwG der Satzungssitz oder der Verwaltungssitz ist (vgl. dazu unten S. 409f.), kommt es jedenfalls dann nicht an, wenn sich beide Sitze im Ausland befinden.

[177] Vgl. zum Problem der Rechtsunsicherheit hinsichtlich grenzüberschreitender technischer Verschmelzungen *Baums*, TVVS 1998, S. 217 re. Sp.; *ders.*, JITE 155 (1999), S. 119, 122; *Picot/Land*, DB 1998, S. 1601, 1607; *Hoffmann*, NZG 1999, S. 1077, 1079 li. Sp.; *Horn*, ZIP 2000, S. 473, 477 li. Sp.; *Decher*, Festschrift Lutter, S. 1209, 1212; *Horn*, Liber Amicorum Buxbaum, S. 315, 327; *ders.* in: Horn (Hrsg.), Cross-Border Mergers and Acquisitions and the Law, S. 3, 11; Kallmeyer/*Kallmeyer*, § 1 Rdz.13; *Merkt*, Internationaler Unternehmenskauf Rdz.366, 383; *Lutter* in Lutter, § 1 Rdz.8; *Rosener* in: Semler/Volhard (Hrsg.), Unternehmensübernahmen, § 35 Rdz.163, 165f..

[178] Vgl. *Beitzke*, Festschrift Hallstein, S. 14; *Großfeld*, Die AG 1996, S. 302, 305 re. Sp.; *Hoffmann*, NZG 1999, S. 1077, 1079 re. Sp.; *ders.*, ZHR 164 (2000), S. 43, 65 Fn.95; s. auch *Kallmeyer*, Die AG 1998, S. 88, 89 li. Sp.; *ders.*, DB 2002, S. 568, 572 li. Sp..

[179] Vgl. für das deutsche Recht die Liquidationsbesteuerung nach §§ 12 Abs. 1, 11 KStG bei Verlegung der Geschäftsleitung oder des Sitzes einer unbeschränkt steuerpflichtigen Körperschaft ins Ausland; s. dazu *Hügel*, ZGR 1999, S. 71, 96ff..

tuts ist nur dann möglich, wenn beide beteiligten nationalen Rechtsordnungen ihn zulassen[180].

Nach deutschem (Sach-)Recht ist ein identitätswahrender Statutenwechsel einer ausländischen Kapitalgesellschaft ins Inland derzeit nicht möglich. Eine ausländische Kapitalgesellschaft, die einen Statutenwechsel ins Inland unter Wahrung ihrer Rechtsfähigkeit vollziehen, sich also künftig als Kapitalgesellschaft inländischem Sachrecht unterstellen möchte, muß dazu sowohl ihren Satzungssitz als auch ihren Verwaltungssitz ins Inland verlegen. Die Entstehung einer inländischen Kapitalgesellschaft setzt die Registrierung der Gesellschaft in einem inländischen Handelsregister voraus (vgl. § 41 Abs. 1 S. 1 AktG, § 11 Abs. 1 GmbHG), und die Zuständigkeit des Registergerichtes bestimmt sich nach dem Satzungssitz (vgl. §§ 14, 36 AktG, § 7 Abs. 1 GmbHG)[181]. Eine Kapitalgesellschaft deutschen Rechts muß demgemäß einen inländischen Satzungssitz haben, da ansonsten eine konstitutive Eintragung in das Handelsregister mangels Zuständigkeit eines inländischen Registergerichts nicht erfolgen kann[182]. Erforderlich für die Wahrung der Rechtsfähigkeit bei einem Wechsel des Gesellschaftsstatuts ist also in jedem Fall eine Verlegung des Satzungssitzes ins Inland. Zusätzlich bedarf es einer Verlegung auch des Verwaltungssitzes, da die Anwendbarkeit inländischen Sachrechts und damit die Anerkennung der Gesellschaft als Kapitalgesellschaft inländischen Rechts nach der insbesondere von der Rechtsprechung[183] vertretenen Sitztheorie[184] davon abhängt, daß sich der Verwaltungssitz im Inland befindet[185]. Ohne inländischen Satzungs- und Verwaltungssitz kann daher eine Registereintragung nicht erfolgen[186].

Die gleichzeitige Verlegung des Satzungs- und des Verwaltungssitzes einer ausländischen Kapitalgesellschaft ins Inland ist nach h.M., insbesondere nach Auf-

---

[180] *Behrens*, ZGR 1994, S. 1, 10; Hachenburg-*Behrens*, Allg. Einl. B Rdz.170; *Ebenroth/Auer*, RIW-Beilage 1/1992, Rdz.8; MünchKomm BGB/*Kindler*, IntGesR Rdz.389; Soergel/*Lüderitz*, Anh. Art. 10 EGBGB Rdz.47; Scholz/*H.P. Westermann*, Einl. Rdz.121.

[181] *Behrens*, ZGR 1994, S. 1, 5; *ders.*, IPRax 1999, S. 323, 325 li. Sp.; *ders.* in: Ferrarini/Hopt/Wymeersch (Hrsg.), Capital Markets in the Age of the Euro, S. 503, 505f..

[182] BGHZ 19, S. 102, 105; BGHZ 29, S. 320, 328; GK/*Brändel*, § 5 Rdz.4; *Eckardt* in G/H/E/K, § 5 Rdz.4; *Hausmann* in: Hausmann/van Raad/Raupach/Veelken, Steuergestaltung durch doppelt ansässige Gesellschaften?, S. 13, 21; MünchKomm AktG/*Heider*, § 5 Rdz.25; *Hüffer*, § 5 Rdz.5; MünchKomm BGB/*Kindler*, IntGesR Rdz.386; KK/*Kraft*, § 5 Rdz.4; *Kruse*, Sitzverlegung von Kapitalgesellschaften, S. 22; vgl. *Grothe*, Die ausländische „Kapitalgesellschaft & Co.“, S. 42.

[183] BGHZ 97, S. 269, 271f..

[184] Vgl. zum (partiellen) Fortbestand der Sitztheorie nach der *Centros*-Entscheidung und dem *Überseering*-Urteil des EuGH unten S. 353, 450f.

[185] Hachenburg-*Behrens*, Allg. Einl. B Rdz.168; *Behrens*, IPRax 1999, S. 323, 325 li. Sp..

[186] MünchKomm BGB/*Kindler* IntGesR Rdz.386f.; vgl. Staudinger/*Großfeld*, IntGesR Rdz.86ff.; Scholz/*H.P. Westermann*, Einl. Rdz.83.

fassung der Rechtsprechung, nur durch Neugründung im Inland möglich[187], setzt mithin die Auflösung der Gesellschaft im Wegzugsstaat voraus. Ausländische Kapitalgesellschaften können sich mithin derzeit nicht unter Wahrung ihrer Rechtsfähigkeit inländischem Recht unterstellen. Für den Bereich der EU soll die Möglichkeit eines rechtsfähigkeitswahrenden Statutenwechsels künftig nach Maßgabe einer Richtlinie zur grenzüberschreitenden Sitzverlegung geschaffen werden[188].

Eine Gestaltung des Zusammenschlusses Daimler/Chrysler durch Wechsel des Gesellschaftsstatuts der Chrysler Corp. sowie eine anschließende inländische Verschmelzung der Ausgangsgesellschaften hätte nach dem Gesagten die Auflösung der Chrysler Corp. in den USA und deren Neugründung im Inland vorausgesetzt, was bereits aus steuerlichen Gründen (eventuelle Aufdeckung und Besteuerung stiller Reserven nach US-amerikanischem Recht) nicht in Betracht gekommen sein dürfte. Eine technische Verschmelzung der Ausgangsgesellschaften hätte sich daher entgegen anderslautender Auffassung im Schrifttum[189] nicht nur nicht über die Grenze, sondern auch nicht nach nationalem Recht – im Anschluß an einen Statutenwechsel der Chrysler Corp. ins Inland – gestalten lassen[190].

C. Reverse triangular merger *zwischen US-amerikanischer Tochtergesellschaft der Daimler-Benz AG und Chrysler Corp.*

Wie bei der Darstellung des Zusammenschlusses beschrieben[191], wurden die Chrysler-Aktien vor ihrer Einbringung als Sacheinlage in die DaimlerChrysler AG von einer US-Treuhänderin mithilfe eines *reverse triangular merger* „eingesammelt". Ein *reverse triangular merger* ermöglicht nach dem Gesagten die vollständige Übernahme aller Aktien einer Zielgesellschaft durch eine Erwerbergesellschaft und damit eine wirtschaftliche Verschmelzung von Erwerber- und Zielgesellschaft, stellt mithin eine Alternative zu einer technischen Ver-

---

[187] OLG Zweibrücken NJW 1990, S. 3092f.; *Ebenroth/Auer*, RIW-Beilage 1/1992, Rdz.12 a.E., S. 8; MünchKomm BGB/*Kindler* IntGesR Rdz.405. - Die gleichzeitige Verlegung des Satzungs- und Verwaltungssitzes zum Zwecke des Statutenwechsels („Ausflaggen") war weder Gegenstand der *Centros*- noch der *Überseering*-Entscheidung des EuGH (dazu unten S. 338ff.).

[188] Vgl. dazu näher unten S. 424f..

[189] *Hoffmann*, NZG 1999, S. 1077, 1082f..

[190] Vgl. eingehend zur Gestaltung eines grenzüberschreitenden Unternehmenszusammenschlusses unter Beteiligung inländischer Kapitalgesellschaften durch Statutenwechsel einer der Ausgangsgesellschaften mit anschließender nationaler Verschmelzung unten S. 400ff., inbesondere zum Fall Daimler/Chrysler S. 413f..

[191] Vgl. oben S. 49ff..

schmelzung dar. Eine technische Verschmelzung zweier Gesellschaften über die Grenze hinweg ist nach dem Gesagten gegenwärtig nach deutschem Umwandlungsrecht mit zu großen rechtlichen Unwägbarkeiten behaftet, als daß sie einen praktisch gangbaren Weg zur Gestaltung grenzüberschreitender Unternehmenszusammenschlüsse darstellen könnte. Erwägenswert erscheint daher, die Gestaltung des *reverse triangular merger* auch bei einem grenzüberschreitenden Zusammenschluß einer deutschen mit einer US-amerikanischen Gesellschaft, deren Heimatrecht einen *reverse triangular merger* ermöglicht, als Ersatzgestaltung anstelle einer praktisch nicht in Betracht kommenden grenzüberschreitenden technischen (Herein-)Verschmelzung der US-amerikanischen Gesellschaft zu nutzen[192], und zwar ohne Zwischenschaltung eines Treuhänders wie im Fall Daimler/Chrysler, der anstelle der „eigentlichen" Erwerbergesellschaft den *reverse triangular merger* mit der Zielgesellschaft vollzieht.

Konkret auf den Fall Daimler/Chrysler bezogen stellt sich damit die Frage nach der Gestaltbarkeit des Zusammenschlusses über einen *reverse triangular merger* zwischen einer US-amerikanischen Tochter der Daimler-Benz AG und der Chrysler Corp.. Dazu hätte die Möglichkeit bestehen müssen, eine US-amerikanische Tochter der Erwerbergesellschaft Daimler-Benz AG mit den als Akquisitionswährung erforderlichen Aktien der Erwerbergesellschaft auszustatten. Die Ausstattung der Tochter mit Aktien der (Mutter-)Erwerbergesellschaft hätte dabei in der Weise erfolgen können, daß die Mutter Daimler-Benz AG bei Gründung der US-amerikanischen Verschmelzungsvehikel-Tochter von ihr, der Daimler-Benz AG, rückerworbene eigene Aktien als Sacheinlage in die Tochter eingebracht hätte, welche sodann die auf diese Weise erworbenen Mutter-Aktien im Rahmen des *reverse triangular merger* als Gegenleistung an die aus ihrer Gesellschaft ausscheidenden Aktionäre der Zielgesellschaft Chrysler Corp. hätte gewähren können. Alternativ wäre in Betracht gekommen, daß die Tochter die erforderlichen Mutter-Aktien selbst erworben hätte, wobei die (Erwerber-) Mut-

---

192 Bei britisch-US-amerikanischen Unternehmenszusammenschlüssen ist die Gestaltung des *triangular merger* in den Varianten des *forward triangular merger* und des *reverse triangular merger* mehrfach benutzt worden (vgl. *Kingstone/Land*, PLC Magazine IX (1998), S. 17ff.). Prominente Beispiele sind der Zusammenschluß der British Petroleum (BP) plc, als Erwerbergesellschaft, mit der US-amerikanischen Amoco Corp., als Zielgesellschaft (dazu *Lawes* in: Horn (Hrsg.), Cross-Border Mergers and Acquisitions and the Law, S. 115, 125ff.), sowie der Zusammenschluß der Vodafone Group plc, als Erwerbergesellschaft, mit der US-amerikanischen AirTouch Communications Inc., jeweils im Wege des *reverse triangular merger* (vgl. dazu unten Fn.849). - Zu den deutsch-US-amerikanischen Zusammenschlüssen Deutsche Bank/Bankers Trust und Deutsche Telekom/VoiceStream, die mithilfe einer dem *reverse triangular merger* ähnlichen Gestaltung vollzogen wurden, vgl. unten S. 367ff..

tergesellschaft sie gegebenenfalls mit den insoweit erforderlichen Barmitteln hätte ausstatten müssen.
Ein Rückerwerb eigener Aktien zum Zwecke der Übertragung auf eine Tochter als Akquisitionswährung im Rahmen eines *reverse triangular merger* mit einer US-amerikanischen Zielgesellschaft[193] kam vor Inkrafttreten des KonTraG[194] freilich ebenso wenig in Betracht wie der Erwerb von Mutter-Aktien durch in- oder ausländische Tochterunternehmen[195] einer deutschen Aktiengesellschaft zu dem Zweck, sie bei einer Verschmelzung den Aktionären einer aufnehmenden Gesellschaft als Gegenleistung zu gewähren. Die in Rede stehende Gestaltung - *reverse triangular merger* zwischen einer US-amerikanischen Tochter der Daimler-Benz AG und der Chrysler Corp. - schied insofern für den Zusammenschluß Daimler/Chrysler aus[196].
Aber auch nach neuer Rechtslage wäre sie kaum durchführbar gewesen. Zwar können eine Aktiengesellschaft sowie deren Tochtergesellschaften, einen entsprechenden Ermächtigungsbeschluß der (Mutter-)Hauptversammlung nach (§ 71d S. 2 i.V.m.) § 71 Abs. 1 Nr. 8 AktG i.d.F. des KonTraG vorausgesetzt, eigene oder Mutter-Aktien nunmehr zu jedem beliebigen Zweck, abgesehen vom Zweck des Handels in diesen Aktien, erwerben[197]. Das Erwerbsvolumen darf aber gemäß (§ 71d S. 2 i.V.m.) § 71 Abs. 1 Nr. 8 S. 1 AktG 10 Prozent des (Mutter-)Grundkapitals nicht übersteigen[198]. Neben der 10%-Erwerbsgrenze ist überdies die 10%-Bestandsgrenze des (§ 71d S. 3 i.V.m.) § 71 Abs. 2 S. 1 AktG zu beachten, derzufolge nach dem Rückerwerb der Bestand an eigenen oder Mutter-Aktien zehn Prozent des Grundkapitals (der Mutter) nicht übersteigen darf[199]. Die genannten (Erwerbs- und Bestands-)Grenzen gelten nach dem Ge-

---

[193] Der Erwerb von Mutter-Aktien, welche die Mutter zulässigerweise erworben hat, durch eine Tochter unterliegt als „innerbetrieblicher" Erwerb nicht der Regelung des § 71d AktG; *Hefermehl/Bungeroth* in G/H/E/K, § 71d Rdz.13; KK/*Lutter*, § 71d Rdz.13; vgl. GK³/*Barz*, § 71 Anm.33 a.E.; MünchKomm AktG/*Oechsler*, § 71d Rdz.26.

[194] Gesetz zur Kontrolle und Transparenz im Unternehmensbereich vom 27.04.1998, BGBl. I S. 786ff..

[195] Vgl. zur Anwendbarkeit des § 71d S. 2 AktG auf Auslandstöchter einer deutschen Aktiengesellschaft *Benckendorff*, Erwerb eigener Aktien, S. 277f.; *Hirte* in: Handbuch der Konzernfinanzierung, Rdz.35.28; KK/*Lutter*, § 71d Rdz.84; MünchKomm AktG/*Oechsler*, § 71 Rdz.59; abweichend *Huber*, Festschrift Duden, S. 137, 148ff..

[196] *Baums*, TVVS 1998, S. 217, 218 li. Sp.; *ders.*, JITE 155 (1999), S. 119, 123.

[197] Begr. RegE KonTraG, BT-Drucks. 13/9712, S. 13; *T. Bezzenberger*, Erwerb eigener Aktien, Rdz.42; *Hüffer*, § 71 Rdz.19g; *Kindl*, DStR 1999, S. 1276, 1278 re. Sp.; *Kessler/ Suchan*, BB 2000, S. 2529, 2531 li. Sp..

[198] Vgl. zu der Erwerbsgrenze des § 71 Abs. 1 Nr. 8 S. 1 AktG *T. Bezzenberger*, Erwerb eigener Aktien, Rdz.44.

[199] Die (absolute) Erwerbsgrenze von zehn Prozent des Grundkapitals gemäß § 71 Abs. 1 Nr. 8 S. 1 AktG bezieht sich auf das Erwerbsvolumen, d. h. die insgesamt zu erwerbenden

sagten auch für ausländische Tochterunternehmen einer deutschen Aktiengesellschaft[200]. Selbst wenn das Erwerbsvolumen von 10 Prozent des Grundkapitals gemäß (§ 71d S. 2 i.V.m.) § 71 Abs. 1 Nr. 8 S. 1 AktG danach voll ausgeschöpft werden könnte, weil der Bestand eigener oder Mutter-Aktien nach dem Rückerwerb von 10 Prozent des Grundkapitals die Bestandsgrenze gemäß §§ 71d S. 3, 71 Abs. 2 S. 1 AktG nicht überschritte, würde dieses Aktienvolumen doch zur Durchführung eines *reverse triangular merger* nur dann ausreichen, wenn der Wert der Erwerbergesellschaft den der Zielgesellschaft ganz erheblich überstiege. Diese Voraussetzung wäre im Fall Daimler/Chrysler ersichtlich nicht gegeben gewesen.

Um die Gestaltung des *reverse triangular merger* nach einzelstaatlichem US-amerikanischem Recht für grenzüberschreitende deutsch-US-amerikanische Unternehmenszusammenschlüsse nutzbar zu machen, bedarf es daher gegebenenfalls einer Modifizierung der Gestaltung durch Zwischenschaltung eines US-Treuhänders wie im Fall DaimlerChrysler[201] oder auch im Fall Deutsche Telekom/VoiceStream[202], die es erlaubt, die als Akquisitionswährung benötigten Aktien der (deutschen) Erwerbergesellschaft durch eine (Sach-)Kapitalerhöhung in der Erwerbergesellschaft zu schaffen. Der Gestaltungsspielraum ist insoweit deutlich größer als bei Beschaffung der erforderlichen Aktien im Wege des Rückerwerbs eigener Aktien, der nach dem Gesagten auf höchstens zehn Prozent des Grundkapitals der Erwerbergesellschaft beschränkt ist. Eine ordentliche (Sach-)Kapitalerhöhung ist demgegenüber unbeschränkt möglich, eine (Sach-) Kapitalerhöhung unter Ausnutzung eines genehmigten Kapitals immerhin im Umfang der Hälfte des Grundkapitals zur Zeit der Ermächtigung (vgl. § 202 Abs. 3 S. 1 AktG). Eine Kapitalerhöhung anstelle des Rückerwerbs eigener Aktien ist überdies aus Sicht der (Erwerber-)Gesellschaft insofern von Vorteil, als die Beschaffung der eigenen Aktien hier ohne Liquiditätsabfluß erfolgen kann.

Der Weg über eine (Sach-)Kapitalerhöhung ist bei der üblichen Form des *reverse triangular merger*, hier also der Verschmelzung einer Tochter (T) *der (inländischen) Erwerbergesellschaft* auf die US-amerikanische Zielgesellschaft (Z), mindestens mit erheblichen Unwägbarkeiten behaftet und daher unter dem Aspekt der Transaktionssicherheit kaum gangbar. Die Aktien, die die Erwerber-

---

Aktien, die - hiervon strikt zu trennende - (relative) Bestandsgrenze des § 71 Abs. 2 S. 1 AktG dagegen auf den jeweiligen Bestand eigener Aktien; Begr. RegE KonTraG zu §§ 71, 71d AktG, abgedruckt in ZIP 1997, S. 2059, 2060; *T. Bezzenberger*, Erwerb eigener Aktien, Rdz.44 mit Fn.74; *Grobecker/Michel*, DStR 2001, S. 1757 re. Sp.; *Hüffer*, § 71 Rdz.19e, 20f..

200 Vgl. die Nachw. in Fn.195.

201 Vgl. oben S. 49f..

202 Vgl. dazu unten S. 367ff..

gesellschaft an der Verschmelzungsvehikel-Tochter hält, gelten nach dem Gesagten nach der Verschmelzung von T auf Z als sämtliche Aktien der Zielgesellschaft weiter[203]; sie „wandeln sich um" („are converted into"). Ob sich dieser Vorgang als Einbringung der Z-Aktien als Sacheinlage in die Erwerbergesellschaft qualifizieren ließe, erscheint zumindest zweifelhaft. Unbedenklich möglich wäre dies allerdings dann, wenn es sich um einen Übergang der Z-Aktien kraft Gesetzes auf die Erwerbergesellschaft handelte. Daß ein Gegenstand nicht aufgrund rechtsgeschäftlicher Übereignung, sondern kraft Gesetzes übergeht, steht der Annahme der wirksamen Einbringung als Sacheinlage nicht entgegen[204]. Ob es sich hier allerdings um einen solchen Übergang kraft Gesetzes handelte, erscheint zweifelhaft. Anders als namentlich im Fall der Mehrheitseingliederung (§ 320a S. 1 AktG) gehen die Z-Aktien beim *reverse triangular merger* nach dem Recht US-amerikanischer Bundesstaaten nicht kraft Gesetzes auf die Erwerbergesellschaft über. Die Erwerbergesellschaft „erwirbt" die Z-Aktien vielmehr dadurch, dass die von ihr gehaltenen Aktien an der Verschmelzungsvehikel-Tochter sich aufgrund verschmelzungsvertraglicher Vereinbarung, die gesetzlich gestattet wird, in sämtliche Aktien der Erwerbergesellschaft „umwandeln" - eine dem deutschen Recht fremde und nicht übertragbare Gestaltung[205], die sich weder als rechtsgeschäftliche Übereignung der Z-Aktien noch als Übertragung kraft Gesetzes überzeugend einordnen lässt. Die Annahme einer wirksamen Einbringung der Z-Aktien als Sacheinlage in die Erwerbergesellschaft erscheint von daher mindestens zweifelhaft. Ob sich ein deutscher Registerrichter von der Erbringung einer Sacheinlage überzeugen liesse, ist unsicher. Über eine Sachkapitalerhöhung mit Bezugsrechtsausschluss, die ohnedies zur Vermeidung von Anfechtungsrisiken allenfalls in Form der Ausnutzung eines genehmigten Sachkapitals in Betracht käme, in der deutschen Erwerbergesellschaft liessen sich die als Akquisitionswährung benötigten M-Aktien daher letztlich nicht transaktionssicher beschaffen.

Auch die Einbringung von Aktienverschaffungsansprüchen der Aktionäre der Zielgesellschaft gegen die Erwerbergesellschaft, die nach US-amerikanischem Recht verschmelzungsvertraglich, d.h. ohne individuelle Zustimmung der berechtigten Z-Aktionäre, vereinbart werden könnten[206], als Sacheinlage in die (inländische) Erwerbergesellschaft ist nicht möglich. Forderungen gegen die Gesellschaft sind nur unter der allgemein für Sacheinlagen geltenden Vorausset-

---

[203] Vgl. oben S. 48.
[204] *Kowalski*, Die AG 2000, S. 555, 556f.. - Näher dazu unten S. 295f..
[205] Vgl. unten S. 248f..
[206] Vgl. Fn.81, Fn.850.

zung einlagefähig[207], daß ihnen ein objektiv feststellbarer wirtschaftlicher Wert zukommt (vgl. § 27 Abs. 2 AktG)[208]. Hieran fehlt es bei einem Anspruch auf Lieferung eigener Aktien gegen die Gesellschaft. Ohnedies wäre § 187 Abs. 2 AktG zu beachten.
Bei einem Zusammenschluß einer deutschen Erwerbergesellschaft (im Fall Daimler/Chrysler: DaimlerChrysler AG) mit einer US-amerikanischen Zielgesellschaft (Chrysler Corp.) mithilfe eines *reverse triangular merger* bedarf es daher zunächst des „Einsammelns" der Aktien der Zielgesellschaft durch einen US-Treuhänder, der anstelle der „eigentlichen" Erwerbergesellschaft den *reverse triangular merger* mit der Zielgesellschaft vollzieht, um anschließend die auf diese Weise „eingesammelten" Z-Aktien als Sacheinlage in die Erwerbergesellschaft einzubringen.

D. Einbringung des Unternehmens der Chrysler Corp. (Betriebsübertragung) oder der Chrysler-Aktien (Anteilsübertragung) im Wege der Sacheinlage in eine inländische Gesellschaft

I. ...in die Daimler-Benz AG

Wirtschaftlich betrachtet dasselbe Ergebnis wie bei einer nach dem Gesagten praktisch nicht in Betracht kommenden grenzüberschreitenden technischen Herein-Verschmelzung der Chrysler Corp. auf die Daimler-Benz AG wäre eingetreten, wenn das Unternehmen der Chrysler Corp. oder sämtliche Chrysler-Aktien als Sacheinlage gegen Gewährung junger Aktien in die Daimler-Benz AG eingebracht worden wären[209]. Im letzteren Fall hätten die Chrysler-Aktien zunächst analog der gewählten Gestaltung durch einen US-Treuhänder im Wege eines *reverse triangular merger* vollständig „eingesammelt" und anschließend als Sacheinlage in die Daimler-Benz AG eingebracht werden können, wobei der Treuhänder sodann die als Gegenleistung empfangenen jungen Daimler-Benz-Aktien an die Chrysler-Aktionäre hätte weiterleiten können. Bei Einbringung des Unternehmens der Chrysler Corp. als Sacheinlage in die Daimler-Benz AG, die freilich wegen der dabei notwendigen Einzelrechtsübertragung praktisch mit hohem Aufwand verbunden gewesen wäre, hätte anschließend die Chrysler

---

[207] Vgl. allgemein zur Sacheinlagefähigkeit von Forderungen des Inferenten gegen die Gesellschaft *Hüffer*, § 27 Rdz.25; KK/*Lutter*, § 183 Rdz.28; MünchKomm AktG/*Pentz*, § 27 Rdz.29; GK/*Wiedemann*, § 183 Rdz.40.

[208] *Hüffer*, § 27 Rdz.23; KK/*Kraft*, § 27 Rdz.14; MünchHdb AG/*Krieger*, § 56 Rdz.37; MünchKomm AktG/*Pentz*, § 27 Rdz.12, 18; GK/*Wiedemann*, § 183 Rdz.31.

[209] Zu wirtschaftlichen Verschmelzungen im Wege der Betriebs- oder Anteilsübertragung anstelle technischer (grenzüberschreitender) Verschmelzungen vgl. näher unten S. 359ff..

Corp. aufgelöst und ihr ausschließlich noch in Daimler-Benz-Aktien bestehendes Gesellschaftsvermögen unter den Aktionären verteilt werden können, wobei dies möglicherweise mit steuerlichen Nachteilen infolge Besteuerung stiller Reserven nach US-amerikanischem Recht verbunden gewesen wäre. Das Ziel, die beiden Unternehmen in einer Gesellschaft zusammenzuführen, wäre also auch über eine Sachkapitalerhöhung in der Daimler-Benz AG zu erreichen gewesen. Die Sacheinlage in Gestalt des Unternehmens der Chrysler Corp. oder sämtlicher Chrysler-Aktien hätte dabei entweder im Rahmen einer ordentlichen Kapitalerhöhung gemäß §§ 182ff. AktG oder im Zuge der Ausnutzung eines genehmigten Kapitals gemäß §§ 202ff. AktG, jeweils unter Ausschluß des Bezugsrechts der Altaktionäre, erfolgen können. Dem ist im folgenden näher nachzugehen; dabei gilt besonderes Augenmerk möglichen Anfechtungsrisiken.

1. Ordentliche Kapitalerhöhung gemäß §§ 182ff. AktG

Eine ordentliche Sachkapitalerhöhung gemäß §§ 182ff. AktG, bei der das Bezugsrecht der Daimler-Benz-Aktionäre gemäß § 186 Abs. 3 AktG zugunsten der Chrysler Corp. oder ihrer Aktionäre bzw. deren Treuhänder hätte ausgeschlossen werden müssen, hätte erhebliche rechtliche Risiken mit sich gebracht[210].
Der entsprechende Hauptversammlungsbeschluß hätte in diesem Fall insbesondere analog § 255 Abs. 2 AktG[211] mit der Begründung angefochten werden können, der Wert der Sacheinlage sei im Verhältnis zum Wert der dafür ausgegebenen jungen Aktien unangemessen niedrig. Eine Anfechtungsklage gegen den Kapitalerhöhungsbeschluß hätte, wie dies in der Praxis regelmäßig der Fall ist[212], voraussichtlich zur Folge gehabt, daß die Eintragung der Durchführung

---

[210] *Baums*, TVVS 1998, S. 217, 218f.; *ders.*, JITE 155 (1999), S. 119, 124; *Decher* in: Horn (Hrsg.), Cross-Border Mergers and Acquisitions and the Law, S. 105, 109; *Reichert*, ZGR 2001, S. 554, 558 Fn.16; *Thoma/Reuter*, M & A Review 1999, S. 314, 318; vgl. *Decher*, Festschrift Lutter, S. 1209, 1212f.; *J. Kirchner/Sailer*, NZG 2002, S. 305, 308ff.; *Martens*, Festschrift Peltzer, S. 279, 292f.; *Reichert* in: Semler/Volhard (Hrsg.), Unternehmensübernahmen, § 17 Rdz.14; *Stengel* in: Semler/Volhard (Hrsg.), Unternehmensübernahmen, § 17 Rdz.366.

[211] Zur analogen Anwendbarkeit des § 255 Abs. 2 AktG auf Kapitalerhöhungen gegen Sacheinlagen BGHZ 71, S. 40, 50f. – Kali und Salz; *Baums*, Festschrift Zöllner, S. 65, 80; *Hüffer*, § 255 Rdz.7; *ders.* in G/H/E/K, § 255 Rdz.12; MünchKomm AktG/*Hüffer*, § 255 Rdz.11; *Martens*, Festschrift Peltzer, S. 279, 289; GK/*Karsten Schmidt*, § 255 Rdz.5. An die Stelle des bei einer Sachkapitalerhöhung nicht vorhandenen Ausgabebetrages der jungen Aktien tritt der Wert der Sacheinlage.

[212] *Baums*, Gutachten, S. F 160.

der Sachkapitalerhöhung nach § 127 FGG ausgesetzt[213] und damit deren Wirksamwerden zumindest vorläufig verhindert worden wäre (vgl. § 189 AktG)[214]. Junge Aktien hätten vor Eintragung des Kapitalerhöhungsbeschlusses nach § 191 S. 1 AktG nicht ausgegeben werden dürfen. Die dadurch eintretende unabsehbare Verzögerung des Zusammenschlusses wäre für die Parteien unannehmbar gewesen[215]. Gerade bei grenzüberschreitenden Zusammenschlüssen von Großunternehmen besteht ein erhebliches Interesse an einer zügigen Durchführung der Transaktion[216].
Im unwahrscheinlichen Fall der Eintragung der Sachkapitalerhöhung trotz erhobener Anfechtungsklage hätte der Zusammenschluß dagegen zwar ohne Verzögerung vollzogen werden können. Hätte aber eine Anfechtungsklage nach einigen Jahren Erfolg gehabt, wäre das rechtliche Schicksal der Sachkapitalerhöhung unsicher gewesen. Die Ansichten über die Folgen der Nichtigerklärung durchgeführter Kapitalerhöhungsbeschlüsse reichen von der Annahme der Notwendigkeit einer Rückabwicklung der Sachkapitalerhöhung bis zur Annahme der Möglichkeit einer Heilung durch Einbringung der Ansprüche auf Ausgleichszahlung oder Abfindung[217]. Angesichts dieser Unwägbarkeiten stellte eine Einbringung der Chrysler-Aktien oder des Unternehmens der Chrysler Corp. als Sacheinlage in die Daimler-Benz AG im Rahmen einer ordentlichen Sachkapitalerhöhung keinen praktisch gangbaren Weg zur Gestaltung des Zusammenschlusses dar[218], da insoweit dem Bedürfnis der Parteien nach größtmöglicher Transaktionssicherheit[219] nicht entsprochen worden wäre.

---

[213] Vgl. *Baums*, Gutachten, S. F 159f.; MünchKomm AktG/*Hüffer*, § 243 Rdz.126; *v. Schenck* in: Semler/Volhard (Hrsg.), Arbeitshandbuch Hauptversammlung, Rdz. III A 27; GK/*Karsten Schmidt*, § 243 Rdz.72, § 245 Rdz.77.

[214] Vgl. *Baums*, Festschrift Zöllner, S. 65, 68f.; *ders.*, Gutachten, S. F 124.

[215] Zu möglichen Folgen einer Verzögerung der Eintragung von Struktur- und Kapitalmaßnahmen *Baums*, Gutachten, S. F 156; *Kort*, Bestandsschutz, S. 80f.; *Schiessl* in: VGR (Hrsg.), Gesellschaftsrecht in der Diskussion 1999, S. 57, 63; *ders.*, Die AG 1999, S. 442, 445.

[216] *Rosengarten*, Liber Amicorum Buxbaum, S. 445, 457; vgl. *Rodewig* in: Karsten Schmidt/Riegger (Hrsg.), Gesellschaftsrecht 1999, S. 167, 174.

[217] Vgl. *Baums*, Gutachten, S. F 125; *Huber*, Festschrift Claussen, S. 147ff.; *Hüffer*, § 248 Rdz.7a; MünchKomm AktG/*Hüffer*, § 248 Rdz.21; GK/*Wiedemann*, § 189 Rdz.41ff.; *Zöllner/Winter*, ZHR 158 (1994), S. 59ff..

[218] Vgl. Bericht (Fn.46), S. 35 li. Sp.; *Rodewig* in: Karsten Schmidt/Riegger (Hrsg.), Gesellschaftsrecht 1999, S. 167, 168f.; *Thoma/Reuter*, M & A Review 1999, S. 314, 318.

[219] Vgl. dazu Bericht (Fn.46), S. 34 re. Sp.; *Decher*, Festschrift Lutter, S. 1209, 1211; *ders.* in: Horn (Hrsg.), Cross-Border Mergers and Acquisitions and the Law, S. 105, 106; *Rodewig* in: Karsten Schmidt/Riegger (Hrsg.), Gesellschaftsrecht 1999, S. 167, 168; *Rosengarten*, Liber Amicorum Buxbaum, S. 445, 457.

Im Hinblick auf die beschriebenen Risiken kommt die Gestaltung eines grenzüberschreitenden Unternehmenszusammenschlusses im Wege der wirtschaftlichen (Herein-)Verschmelzung durch Betriebs- oder Anteilsübertragung über eine ordentliche Sachkapitalerhöhung mit Bezugsrechtsausschluß in einer inländischen Aktiengesellschaft praktisch nicht in Betracht[220].

2. Genehmigte Kapitalerhöhung gemäß §§ 202ff. AktG

Eine wirtschaftliche (Herein-)Verschmelzung der Chrysler Corp. durch Betriebs- oder Anteilsübertragung hätte statt über eine nach dem Gesagten mit erheblichen rechtlichen Risiken verbundene ordentliche Sachkapitalerhöhung mit Bezugsrechtsausschluß in der Daimler-Benz AG theoretisch auch über eine genehmigte Sachkapitalerhöhung mit Bezugsrechtsausschluß in der Daimler-Benz AG erfolgen können[221]. Dieser Weg dürfte hier indes mit Blick auf die Regelung des § 202 Abs. 3 S. 1 AktG bereits insofern nicht gangbar gewesen sein, als eine danach höchstens zulässige Erhöhung des Grundkapitals um die Hälfte des zur Zeit der Ermächtigung vorhandenen Grundkapitals zur Durchführung des Zusammenschlusses im Wege der Betriebs- oder Anteilsübertragung nicht ausgereicht hätte[222].

3. Fazit

Eine (wirtschaftliche) Herein-Verschmelzung der Chrysler Corp. auf die Daimler-Benz AG im Wege der Betriebs- oder Anteilsübertragung hätte allenfalls über eine ordentliche Sachkapitalerhöhung mit Bezugsrechtsausschluß in der Daimler-Benz AG erfolgen können. Eine derartige Gestaltung wäre mit erheblichen rechtlichen Risiken verbunden gewesen. Die gebotene Transaktionssicherheit wäre ebenso wenig gewährleistet gewesen wie eine zügige Durchführung des Zusammenschlusses, der daher nicht in der Daimler-Benz AG, sondern in

---

[220] *Decher*, Festschrift Lutter, S. 1209, 1212f.. - Die *Regierungskommission Corporate Governance* empfiehlt in diesem Zusammenhang (Abschlußbericht, Rdz.153), bei der Anfechtung strukturändernder Beschlüsse, namentlich bei Anfechtung von Kapitalmaßnahmen, eine formelle Registersperre nach dem Vorbild des § 16 Abs. 2 UmwG sowie zugleich die Möglichkeit einer Überwindung dieser Registersperre nach dem Vorbild des § 16 Abs. 3 UmwG zu eröffnen und überdies eine Heilungswirkung der Eintragung solcher Beschlüsse nach dem Vorbild des § 20 Abs. 2 UmwG vorzusehen.

[221] Zu Anfechtungsrisiken im Zusammenhang mit der Schaffung eines genehmigten Kapitals mit Bezugsrechtsausschluß nach der Siemens/Nold-Entscheidung des Bundesgerichtshofes vgl. unten S. 380ff..

[222] Vgl. *Decher*, Festschrift Lutter, S. 1209, 1213f..

einer dritten Gesellschaft ohne außenstehende Aktionäre (NewCo), der Daimler-Chrysler AG, erfolgte[223].

II. ...in eine (inländische) Tochtergesellschaft der Daimler-Benz AG

Denkbar gewesen wäre des weiteren, das Unternehmen der Chrysler Corp. oder die Chrysler-Aktien als Sacheinlage in eine zu diesem Zweck gegründete (inländische) Tochtergesellschaft der Daimler-Benz AG einzubringen[224]. Zwar wäre auch in diesem Fall u.U. ein Hauptversammlungsbeschluß in der Daimler-Benz AG nach den Grundsätzen der Holzmüller-Entscheidung des Bundesgerichtshofes[225] erforderlich gewesen[226]. Die Anfechtung eines solchen - nicht eintragungsbedürftigen - Beschlusses hätte freilich nicht die schwerwiegenden Folgen haben können, welche die Anfechtung eines - eintragungsbedürftigen - Sachkapitalerhöhungsbeschlusses nach dem Gesagten hätte mit sich bringen können. Weder wäre durch die Anfechtung eines solchen Holzmüller-Beschlusses zwangsläufig der Vollzug der Sachkapitalerhöhung in der Tochtergesellschaft verzögert worden, noch wären die Chrysler-Aktionäre Gefahr gelaufen, die als Gegenleistung erhaltenen Tochter-Aktien im nachhinein wieder zu verlieren. In einem zweiten Schritt hätte es allerdings zur Zusammenführung der Aktionäre der Ausgangsgesellschaften noch einer Verschmelzung der Tochter mit der Daimler-Benz AG bedurft. Insoweit wäre unter dem Aspekt größtmöglicher Transaktionssicherheit eine Verschmelzung der Daimler-Benz AG auf die Tochter, also ein *down stream merger*, vorzugswürdig gewesen, um eine Anfechtung des Verschmelzungsbeschlusses in der (übertragenden) Daimler-Benz AG wegen Unangemessenheit des Umtauschverhältnisses gemäß § 14 Abs. 2 UmwG auszuschließen[227]. Anders als im Falle der Einbringung der Chrysler-Aktien als Sacheinlage in die Daimler-Benz AG im Rahmen einer Sachkapitalerhöhung hätte eine Registersperre infolge Erhebung einer Anfechtungsklage gegen den Verschmelzungsbeschluß in der Daimler-Benz AG[228] (vgl. § 16 Abs. 2 UmwG)

---

[223] Vgl. zu dieser NewCo-Lösung *Baums*, Gutachten, S. F 124f.; *Bogenschütz*, IStR 2000, S. 609, 611 re. Sp.; *Reichert*, ZGR 2001, S. 554, 557f.; *J. Kirchner/Sailer*, NZG 2002, S. 305, 310 li. Sp.; *Stengel* in: Semler/Volhard (Hrsg.), Unternehmensübernahmen, § 17 Rdz.367; s. auch *Oesterhaus*, FAZ Nr.152 vom 04.07.2001, S. 25.

[224] Vgl. *Bogenschütz*, IStR 2000, S. 609, 611 re. Sp..

[225] BGHZ 83, S. 122ff..

[226] Vgl. *Baums*, Festschrift Zöllner, S. 65, 78.

[227] Vgl. *Baums*, Festschrift Zöllner, S. 65, 83; *ders.*, Gutachten, S. F 122 mit Fn.314; *Decher*, Festschrift Lutter, S. 1209, 1216; *Schiessl*, Die AG 1999, S. 442, 446; *Reichert* in: Semler/Volhard (Hrsg.), Unternehmensübernahmen, § 17 Rdz.7.

[228] Eine Anfechtungsklage gegen den Verschmelzungsbeschluß in der übertragenden Gesellschaft ist bei einer Verschmelzung durch Aufnahme gemäß § 14 Abs. 2 UmwG nur wegen

dabei über das Freigabeverfahren nach § 16 Abs. 3 UmwG überwunden werden können. Die Verschmelzung von Daimler-Benz AG und Tochter hätte den Chrysler-Aktionären allerdings von vornherein verbindlich zugesagt werden müssen, um sie zur Zustimmung zu dieser Gestaltung zu veranlassen[229]. Eine diesbezügliche verbindliche Zusage indes hätte der Daimler-Benz-Vorstand nicht geben können, da eine Verschmelzung gemäß §§ 13, 65 UmwG der Zustimmung durch die Hauptversammlung bedarf[230]. Möglich gewesen wäre insoweit allein die Zusage des Vorstands, sich um die Zustimmung der Hauptversammlung zu der Verschmelzung zu bemühen[231].

Die insoweit - überdies auch im Hinblick auf die durch § 14 Abs. 2 UmwG nicht ausgeschlossene Anfechtung des Verschmelzungsbeschlusses in der *aufnehmenden* Gesellschaft, hier also der Tochtergesellschaft, wegen Unangemessenheit des Umtauschverhältnisses - verbleibende Unsicherheit hätte allerdings dadurch ausgeräumt werden können, daß bereits vor Einbringung des Unternehmens der Chrysler Corp. oder der Chrysler-Aktien als Sacheinlage in die Tochter und mithin vor der Aufnahme außenstehender Aktionäre in die Tochter die anschließende Verschmelzung der Daimler-Benz AG auf ihre Tochter von den Hauptversammlungen der beteiligten Gesellschaften beschlossen worden wäre[232]. Mit der Einbringung der Sacheinlage in die Tochter hätte sodann zugewartet werden können, bis die Anfechtungsfrist abgelaufen gewesen oder ein Freigabebeschluß nach § 16 Abs. 3 UmwG erwirkt worden wäre. Nach Einbringung des Unternehmens oder der Aktien der Chrysler Corp. als Sacheinlage in die Daimler-Benz-Tochter hätte sodann anschließend zunächst die Verschmelzung (der Daimler-Benz AG auf ihre Tochter; *down stream merger*) und dann die Sachkapitalerhöhung (in der - ehemaligen - Tochter) eingetragen werden können.

Eine Gewähr dafür, daß die Verschmelzung und die mit ihr zusammenhängende Sachkapitalerhöhung, also der Zusammenschluß insgesamt, auch tatsächlich entsprechend den getroffenen Vereinbarungen und vor allem ohne zeitliche Verzögerung erfolgt wäre, hätte indes auch bei dieser Gestaltung nicht bestanden. Eine bei Anfechtung des Verschmelzungsbeschlusses in der Daimler-Benz AG eintretende Registersperre hätte zwar möglicherweise über ein Freigabeverfahren nach § 16 Abs. 3 UmwG überwunden werden können. Mit Eintragung wäre die Verschmelzung dann auch ungeachtet des Ausgangs eines Anfechtungsverfahrens

---

Unangemessenheit des Umtauschverhältnisses ausgeschlossen, hinsichtlich anderer Mängel bleibt die Anfechtungsklage möglich; *Bork* in Lutter, § 14 Rdz.15; Kallmeyer/*Marsch-Barner*, § 14 Rdz.14.

229 Vgl. *Baums*, Festschrift Zöllner, S. 65, 75.

230 Vgl. *Horn*, Festschrift Lutter, S. 1113, 1125.

231 Vgl. *Baums*, Festschrift Zöllner, S. 65, 75.

232 Vgl. zu der im folgenden beschriebenen Gestaltung *Baums*, Festschrift Zöllner, S. 65, 76.

irreversibel gewesen (vgl. §§ 16 Abs. 3 S. 6 2. Halbs., 20 Abs. 2 UmwG). Die Chrysler-Aktionäre hätten mithin nicht befürchten müssen, ihre Beteiligung an der neuen Gesellschaft wie im Falle erfolgreicher Anfechtung eines Sachkapitalerhöhungsbeschlusses in der Daimler-Benz AG im nachhinein wieder zu verlieren. Daß sich eine Überwindung der Registersperre allerdings gegebenenfalls tatsächlich im Freigabeverfahren hätte erreichen lassen, wäre nicht gewährleistet gewesen; der Verfahrensausgang wäre vielmehr ungewiß gewesen[233]. Zumindest hätte sich ein Freigabeverfahren voraussichtlich über mehrere Monate, u.U. sogar länger als ein halbes Jahr hingezogen. Insofern drohte auch bei dieser Gestaltung trotz der immerhin gegebenen Möglichkeit, eine etwaige Registersperre zu überwinden, ein den Parteien unerwünschter Schwebezustand einzutreten[234].

III. ...in eine (inländische) dritte Gesellschaft (NewCo)

In Betracht gekommen wäre weiterhin[235], das Unternehmen der Chrysler Corp. oder die Chrysler-Aktien als Sacheinlage nicht in eine Tochtergesellschaft der Daimler-Benz AG einzubringen, sondern in eine inländische dritte Gesellschaft (NewCo), etwa eine zu diesem Zweck gegründete Tochter einer Bank. Vor Einbringung der Sacheinlage hätten wiederum entsprechend der vorstehend dargestellten Gestaltung die Hauptversammlungen von Daimler-Benz AG und NewCo die Verschmelzung der beiden Gesellschaften beschließen können[236]. Nach Ablauf der Frist zur Anfechtung des Verschmelzungsbeschlusses in der Daimler-Benz AG oder Herbeiführung eines Freigabebeschlusses hätte sodann wiederum die Einbringung der Sacheinlage in die NewCo erfolgen können. Schließlich hätte zunächst die Verschmelzung der Daimler-Benz AG auf die NewCo[237] und sodann die Sachkapitalerhöhung in der NewCo eingetragen werden können. Diese Gestaltung hätte gegenüber der vorstehend beschriebenen zwar den Vorzug gehabt, daß die Zusammenführung der Ausgangsgesellschaften in einer dritten Gesellschaft eher dem Konzept eines Zusammenschlusses „unter Gleichen“

---

233 *Rodewig* in: Karsten Schmidt/Riegger (Hrsg.), Gesellschaftsrecht 1999, S. 167, 169.

234 Vgl. *Decher*, Festschrift Lutter, S. 1209, 1216; abweichend aber *ders.* in: Horn (Hrsg.), Cross-Border Mergers and Acquisitions and the Law, S. 105, 111; zur Dauer der Freigabeverfahren in der Praxis s. *Baums*, Gutachten, S. F 179.

235 Vgl. *Baums*, Festschrift Zöllner, S. 65, 76.

236 Zur Frage weitergehender Mitspracherechte der Hauptversammlung und Informationspflichten der Verwaltung bei einer derartigen Vorgehensweise vgl. *Baums*, Festschrift Zöllner, S. 65, 76f.. - Eingehend zu Beschlusskompetenzen der Hauptversammlung und Informationspflichten der Verwaltung bei der Umsetzung mehraktiger Vorgänge in der Aktiengesellschaft („Gesamtplan“) unten S. 163ff..

237 Zur Vorzugswürdigkeit dieser Verschmelzungsrichtung aus Gründen der Transaktionssicherheit s. oben S. 81.

entsprochen hätte als die Zusammenführung in der Daimler-Benz AG oder in einer Tochter der Daimler-Benz AG[238]. Der Eintritt eines den Parteien unerwünschten Schwebezustands hätte sich indes auch hier wiederum nicht vermeiden lassen, wenn es zur Anfechtung des Verschmelzungsbeschlusses in der Daimler-Benz AG gekommen und ein Freigabebeschluß nicht oder doch zumindest erst nach mehreren Monaten zu erwirken gewesen wäre.

E. Umtauschangebot der DaimlerChrysler AG (auch) an die Chrysler-Aktionäre mit anschließender Eingliederung der Chrysler Corp.

Der Einbringung der Chrysler-Aktien als Sacheinlage in die DaimlerChrysler AG ging nach dem Gesagten ein *reverse triangular merger* voraus, mittels dessen die Chrysler-Aktien zunächst vollständig „eingesammelt" und damit Minderheitsbeteiligungen in der Chrysler Corp. beseitigt wurden. Denkbar gewesen wäre stattdessen auch ein „zweiseitiges" Umtauschangebot der DaimlerChrysler AG, nicht nur auf die Daimler-Benz-Aktien, sondern auch auf die Chrysler-Aktien[239]. Bei dieser Gestaltung wäre freilich nicht gewährleistet gewesen, dass im Ergebnis keine Minderheitsaktionäre in der Chrysler Corp. verblieben wären[240]. Eine technische *(Herein-)Verschmelzung* der Chrysler Corp. auf die DaimlerChrysler AG im Anschluß an die Durchführung des Umtauschangebotes analog der Verschmelzung der Daimler-Benz AG auf die DaimlerChrysler AG kam angesichts der oben angesprochenen[241] rechtlichen Unwägbarkeiten einer grenzüberschreitenden technischen Verschmelzung nach geltendem deutschem Umwandlungsrecht nicht in Betracht. Auch durch eine *Mehrheitseingliederung* wäre ein Hinausdrängen in der Chrysler Corp. nach Durchführung des Umtauschangebotes verbliebener Minderheitsaktionäre selbst bei - ex ante ungewissem - Erreichen einer Umtauschquote von 95 Prozent nicht möglich gewesen, weil § 320 Abs. 1 S. 1 AktG nur die Eingliederung einer Aktiengesellschaft *mit Sitz im Inland* in eine andere Aktiengesellschaft mit Sitz im Inland ermöglicht; die Eingliederung einer Gesellschaft mit Sitz im Ausland unterliegt nicht dem deutschen Recht[242].

---

238 Vgl. *Baums*, Festschrift Zöllner, S. 65, 76; *Decher*, Festschrift Lutter, S. 1209, 1214.

239 Diese Gestaltung - paralleles Übernahmeangebot der NewCo auf die Aktien *beider* Ausgangsgesellschaften; vgl. dazu *v. Schenck* in: Semler/Volhard (Hrsg.), Unternehmensübernahmen, § 8 Rdz.63ff. - war für den letztlich gescheiterten Zusammenschluß Deutsche Telekom/Telecom Italia vorgesehen; *Decher*, Festschrift Lutter, S. 1209, 1214.

240 Vgl. *Decher*, Festschrift Lutter, S. 1209, 1215.

241 Vgl. oben S. 67ff..

242 MünchKomm AktG/*Grunewald*, § 319 Rdz.10; *Habersack* in Emmerich/Habersack, § 319 Rdz.7; *Hüffer*, § 319 Rdz.4; MünchHdb AG/*Krieger*, § 73 Rdz.3, 26.

*F. Eingliederung der Daimler-Benz AG in die DaimlerChrysler AG im Anschluß an das Umtauschangebot/*Freeze out

Anstelle einer Verschmelzung der Daimler-Benz AG auf die DaimlerChrysler AG auf der zweiten Stufe des Zusammenschlusses wäre alternativ eine Mehrheitseingliederung denkbar gewesen. Auch auf diese Weise hätten die noch in der Daimler-Benz AG verbliebenen Minderheitsaktionäre zwangsweise in die neue Konzernobergesellschaft DaimlerChrysler AG geholt werden können (vgl. zur Abfindung bei der Mehrheitseingliederung § 320b Abs. 1 S. 2 AktG). Dies hätte freilich vorausgesetzt, daß die DaimlerChrysler AG nach Durchführung des Umtauschangebotes 95 Prozent des Grundkapitals der Daimler-Benz AG gehalten hätte, was ex ante ungewiß war[243].
Als Alternative zu einem Hinausdrängen in einer deutschen Ausgangsgesellschaft eines grenzüberschreitenden Unternehmenszusammenschlusses nach Durchführung des Umtauschangebotes einer NewCo verbliebener Minderheitsaktionäre durch einen *up stream merger* kommt nach Inkrafttreten des Wertpapiererwerbs- und Übernahmegesetzes am 01.01.2002 nunmehr in Abwandlung des Daimler/Chrysler-Modells ein Hinausdrängen der Minderheitsaktionäre gegen Barabfindung in Betracht (*freeze out*[244])[245]. Eine entsprechende Regelung ist

---

243 *Thoma/Reuter*, M & A Review 1999, S. 314, 315.

244 In der Literatur wird die angesprochene Gestaltung überwiegend unter dem Stichwort *squeeze out* behandelt (vgl. *Decher*, Festschrift Lutter, S. 1209, 1219; *Schiessl*, Die AG 1999, S. 442, 451f.; *Halm*, NZG 2000, S. 1162ff.; *Land/Hasselbach*, DB 2000, S. 557ff.; *Pötzsch/Möller*, WM-Sonderbeilage Nr.2/2000, S. 29f.; *Vetter*, ZIP 2000, S. 1817ff.; *Ehricke/Roth*, DStR 2001, S. 1120ff.; *Habersack*, ZIP 2001, S. 1230ff.; *Schwichtenberg*, DStR 2001, S. 2075, 2081f.; *Grunewald*, ZIP 2002, S. 18ff.; *Krieger*, BB 2002, S. 53ff.; *Sieger/Hasselbach*, ZGR 2002, S. 120, 123 Fn.6, *Neye* in: Hirte (Hrsg.), WpÜG, S. 25ff.; anders und zutreffend [*freeze out*, dazu sogleich] aber *Kossmann*, NZG 1999, S. 1198ff.; *Peters*, BB 1999, S. 801f.; *Wiedemann*, ZGR 1999, S. 857, 860, 863; *Ph. Baums*, WM 2001, S. 1843 Fn.3; *ders.*, Ausschluß von Minderheitsaktionären, S. 12f. mit Fn.29; *Drygala*, Die AG 2001, S. 291, 293 re. Sp.). Als *squeeze out* wird indes insbesondere in der US-amerikanischen Literatur nicht der in Rede stehende Fall des *rechtlichen* Hinausdrängens von Minderheitsaktionären, etwa unter Nutzung einer gesetzlich vorgesehenen Möglichkeit des Zwangsausschlusses gegen Barabfindung, bezeichnet, sondern der Fall des *faktischen* Hinausdrängens von Minderheitsaktionären durch psychischen oder wirtschaftlichen Druck (z.B. restriktive Dividendenpolitik). Die erstgenannte, hier in Rede stehende Gestaltung wird hingegen üblicherweise als *freeze out* bezeichnet (vgl. zur Terminologie *Clark*, Corporate Law, S. 499f.; *Merkt*, US-amerikanisches Gesellschaftsrecht Rdz.1029; *Peters*, a.a.O., S. 801 li. Sp. mit Fn.2; *Seiler*, „Freezeout“ von Minderheitsaktionären, S. 1 mit Nachw. in Fn.2; *Wenger/Kaserer/Hecker*, ZBB 2001, S. 317, 318 Fn.2).

245 *Decher*, Festschrift Lutter, S. 1209, 1219; *ders.* in: Horn (Hrsg.), Cross-Border Mergers and Acquisitions and the Law, S. 105, 114.

in §§ 327a ff. AktG n.F.[246] für den Fall vorgesehen, daß ein Hauptaktionär über 95 Prozent des Grundkapitals einer Gesellschaft verfügt[247]. Gegenüber einer Mehrheitseingliederung bietet diese Gestaltung den Vorteil, daß die Minderheitsaktionäre nicht in die Obergesellschaft geholt werden müssten[248]. Und gegenüber einer Verschmelzung wiese sie den Vorzug auf, daß es eines Hauptversammlungsbeschlusses in der Obergesellschaft insoweit nicht bedürfte[249].

G. Verschmelzung der Daimler-Benz AG auf die DaimlerChrysler AG ohne Vorschaltung des Umtauschangebotes

Eine grenzüberschreitende technische (Herein-)Verschmelzung der Chrysler Corp. auf die Daimler-Benz AG oder auf die DaimlerChrysler AG kam nach dem Gesagten wegen der insoweit bestehenden rechtlichen Unwägbarkeiten nicht in Betracht. Einer unmittelbaren Verschmelzung der Daimler-Benz AG auf die DaimlerChrysler AG - ohne Vorschaltung des Umtauschangebotes - hätte hingegen rechtlich nichts entgegengestanden. Für die gleichwohl vorgenommene Vorschaltung des Umtauschangebotes lassen sich zwei Gründe anführen.

I. Beseitigung des Blockaderisikos

Zum einen wurde mit der Vorschaltung des Umtauschangebotes das Risiko einer Blockade des Zusammenschlusses beseitigt[250]. Zur Durchführung des Umtauschangebotes war kein Beschluß der Daimler-Benz-Hauptversammlung erforderlich, der zu seiner Wirksamkeit der Eintragung in das Handelsregister bedurft hätte und dessen Durchführung deshalb durch Erhebung einer Anfechtungsklage hätte blockiert werden können, wie dies bei einem Verschmelzungsbeschluß der Fall ist (vgl. § 16 Abs. 2 UmwG)[251]. Die Anfechtung des Verschmelzungsbeschlusses in der Daimler-Benz AG konnte damit nicht mehr den Zusammenschluß als solchen verhindern oder doch zumindest verzögern, sondern nur noch dessen Abschluß durch die Verschmelzung der Daimler-Benz AG

---

246 Art. 7 des Gesetzes zur Regelung von öffentlichen Angeboten zum Erwerb von Wertpapieren und von Unternehmensübernahmen, BGBl. I 2001, S. 3822ff., im wesentlichen (vgl. Art. 12) in Kraft getreten am 01.01.2002.

247 § 327a Abs. 1 S. 1 AktG n.F..

248 Vgl. *Sieger/Hasselbach*, ZGR 2002, S. 120, 144f..

249 *Decher*, Festschrift Lutter, S. 1209, 1219.

250 Vgl. *Decher* in: Horn (Hrsg.), Cross-Border Mergers and Acquisitions and the Law, S. 105, 112; *Reichert* in: Semler/Volhard (Hrsg.), Unternehmensübernahmen, § 17 Rdz.10, 17, 20.

251 Zu Zustimmungskompetenzen der Hauptversammlung der Daimler-Benz AG im Zusammenhang mit dem Umtauschangebot der DaimlerChrysler AG vgl. unten S. 113ff..

auf die DaimlerChrysler AG, welche auch die nach Durchführung des Umtauschangebotes noch in der Daimler-Benz AG verbliebenen Aktionäre in die DaimlerChrysler AG holen sollte.

*II. Minimierung von Zuzahlungsansprüchen/*Pooling-of-interests-*Methode*

Ein weiterer Zweck der Vorschaltung des Umtauschangebotes lag in der möglichst weitgehenden Vermeidung eventueller Ansprüche von Daimler-Benz-Aktionären auf bare Zuzahlung nach § 15 Abs. 1 UmwG. Wäre die Daimler-Benz AG sogleich auf die DaimlerChrysler AG verschmolzen und anschließend am Ende eines mehrjährigen[252] Spruchverfahrens nach §§ 305ff. UmwG eine bare Zuzahlung angeordnet worden, hätte dies Jahre nach dem Unternehmenszusammenschluß einen u.U. erheblichen Liquiditätsabfluß in gegebenenfalls zweistelliger Milliardenhöhe aus der DaimlerChrysler AG zur Folge gehabt[253], da in diesem Fall auch die am Spruchverfahren nicht als Antragsteller beteiligten Daimler-Benz-Aktionäre bare Zuzahlung hätten verlangen können: Die Entscheidung im Spruchverfahren wirkt für und gegen alle Aktionäre der übertragenden Gesellschaft, § 311 S. 2 UmwG. Diese Gefahr sollte durch die Vorschaltung des Umtauschangebotes so weit wie möglich beseitigt werden[254]. Eine Verpflichtung der neuen Konzernobergesellschaft DaimlerChrysler AG zu baren Zuzahlungen an sämtliche ehemaligen Daimler-Benz-Aktionäre wäre dabei im übrigen nicht nur wegen des damit verbundenen Liquiditätsabflusses problematisch gewesen, sondern hätte als nachträgliche faktische Verschiebung des Umtauschverhältnisses[255] im übrigen auch die ehemaligen Chrysler-Aktionäre, die

---

252 Zur Dauer der Spruch(stellen)verfahren vgl. *Haase*, Die AG 1995, S. 7, 17 li. Sp. mit Fn.108; *Schiessl*, Die AG 1999, S. 442, 446; *Lutter/Bezzenberger*, Die AG 2000, S. 433, 436 li. Sp.; MünchHdb AG/*Krieger*, § 70 Rdz.111; *Krieger* in Lutter, § 305 Rdz.6. – Zum Spruchverfahren im Fall Daimler/Chrysler vgl. oben S. 62.

253 Vgl. *Decher*, Festschrift Lutter, S. 1209, 1217; *ders.* in: Horn (Hrsg.), Cross-Border Mergers and Acquisitions and the Law, S. 105, 112; *Krieger* in: Lutter (Hrsg.), Verschmelzung - Spaltung - Formwechsel, S. 275, 277; allgemein zu den Problemen bei nachträglicher Festsetzung barer Zuzahlungen *Philipp*, Die AG 1998, S. 264, 269.

254 *Baums*, TVVS 1998, S. 217, 219 li. Sp.; *ders.*, JITE 155 (1999), S. 119, 125; *Decher*, Festschrift Lutter, S. 1209, 1218; *ders.* In: Horn (Hrsg.), Cross-Border Mergers and Acquisitions and the Law, S. 105, 112; *Reichert*, ZGR 2001, S. 554, 558 Fn.17; *Thoma/Reuter*, M & A Review 1999, S. 314, 318; *Voss* in: Brown (Hrsg.), International Mergers and Acquisitions, S. 49; vgl. *Großfeld*, Gedächtnisschrift Lüderitz, S. 233, 235; *Horn*, Liber Amicorum Buxbaum, S. 315, 331; *ders.* in: Horn (Hrsg.), Cross-Border Mergers and Acquisitions and the Law, S. 3, 14. – Zur Frage von Zuzahlungsansprüchen der tauschenden Daimler-Benz-Aktionäre vgl. unten S. 144ff..

255 Vgl. *Martens*, Festschrift Peltzer, S. 279, 286; *Ch. Teichmann*, ZGR 2002, S. 383, 428 (zur SE).

keine Möglichkeit gehabt hätten, eine nachträgliche Verbesserung des Umtauschverhältnisses zu erreichen[256], in für sie nicht zumutbarer Weise[257] benachteiligt[258].
Die möglichst weitgehende Vermeidung von Zuzahlungsansprüchen ehemaliger Daimler-Benz-Aktionäre durch Vorschaltung des Umtauschangebotes war im übrigen, wie oben bei der Darstellung des Zusammenschlusses erwähnt[259], auch Voraussetzung dafür, daß der Zusammenschluß bilanziell wie von den Parteien angestrebt nach der *Pooling-of-interests*-Methode behandelt werden konnte[260].

---

[256] Vgl. Bericht (Fn.46), S. 35 li. Sp.; *Schiessl*, Die AG 1999, S. 442, 446; zum fehlenden *appraisal right* der Chrysler-Aktionäre im Rahmen des *reverse triangular merger* auf US-amerikanischer Seite vgl. oben Fn.92.

[257] *Horn*, Liber Amicorum Buxbaum, S. 315, 331; *ders.*, Festschrift Lutter, S. 1113, 1122; *ders.* in: Horn (Hrsg.), Cross-Border Mergers and Acquisitions and the Law, S. 3, 14; *Reichert* in: Semler/Volhard (Hrsg.), Unternehmensübernahmen, § 17 Rdz.11, 16; vgl. *Rodewig* in: Karsten Schmidt/Riegger (Hrsg.), Gesellschaftsrecht 1999, S. 167, 175.

[258] *Decher* in: Horn (Hrsg.), Cross-Border Mergers and Acquisitions and the Law, S. 105, 112.

[259] Vgl. oben S. 44f..

[260] *Decher* in: Horn (Hrsg.), Cross-Border Mergers and Acquisitions and the Law, S. 105, 112; *Reichert* in: Semler/Volhard (Hrsg.), Unternehmensübernahmen, § 17 Rdz.12.

§ 5 Ausgewählte Rechtsfragen des Zusammenschlusses Daimler/Chrysler

Im Anschluß an die Darstellung des Zusammenschlusses Daimler/Chrysler sowie die Untersuchung denkbarer Gestaltungsalternativen ist im folgenden einigen ausgewählten Rechtsfragen des Zusammenschlusses nachzugehen. Diese betreffen namentlich zum einen die Hauptversammlungspflichtigkeit des erwähnten Vertrages über den Unternehmenszusammenschluß (*Business Combination Agreement*; dazu A.), des weiteren die Hauptversammlungspflichtigkeit des vom Vorstand der Daimler-Benz AG mit gesteuerten Umtauschangebotes der DaimlerChrysler AG sowie Vorstandspflichten im Zusammenhang mit dem Umtauschangebot (dazu B.), die Abstimmung der „parallelen" Sachkapitalerhöhungen in der DaimlerChrysler AG (dazu C.) sowie schließlich die Identität des Umtauschverhältnisses auf den beiden Stufen des Zusammenschlusses (dazu D.).

A. *Business Combination Agreement*

I. Verträge über Unternehmenszusammenschlüsse – Vorkommen und (rechtliche) Bedeutung

Das oben beschriebene[261] mehraktige Gesamtkonzept für den Zusammenschluß Daimler/Chrysler wurde nach dem Gesagten in einem zwischen den drei beteiligten Gesellschaften (Daimler-Benz AG, Chrysler Corp. und DaimlerChrysler AG) geschlossenen Vertrag über den Unternehmenszusammenschluß (*Business Combination Agreement, BCA*)[262] niedergelegt, der demgemäß insbesondere den vorgesehenen Ablauf des Zusammenschlusses festlegte[263], insofern also gewissermaßen dessen „Fahrplan"[264] vorgab, sowie überdies u.a. Regelungen zur Corporate Governance in der künftigen Konzernobergesellschaft DaimlerChrysler

---

261 Vgl. oben S. 40ff..

262 Anlage 1 des Berichts (Fn.46), S. 107ff. = Annex A des *Proxy Statement/Prospectus* (Fn.52); vgl. dazu *Decher*, Festschrift Lutter, S. 1209, 1222; *Großfeld*, Gedächtnisschrift Lüderitz, S. 233, 235ff.; *ders.*, The International Lawyer 34 (2000), S. 963, 993; *Horn*, ZIP 2000, S. 473, 479; *ders.*, Liber Amicorum Buxbaum, S. 315, 331ff.; *ders.*, Festschrift Lutter, S. 1113, 1114ff., 1123ff.; *Thoma/Reuter*, M & A Review 1999, S. 314, 315, 320f..

263 Vgl. Art. I, II und III *BCA* (Fn.52), Anlage 1 des Berichts (Fn.46), S. 107, 114ff..

264 Vgl. *Decher*, Festschrift Lutter, S. 1209, 1222.

AG[265], namentlich zur personellen Besetzung der Verwaltungsorgane, enthielt[266].

Soweit das *BCA* Bestimmungen zur Durchführung des Zusammenschlusses sowie zur personellen Besetzung der Verwaltungsorgane (Vorstand und Aufsichtsrat) der künftigen Konzernobergesellschaft DaimlerChrysler AG enthielt, stand die Umsetzung der insoweit getroffenen Abreden unter Gremienvorbehalt[267], d.h. unter dem Vorbehalt der Zustimmung der jeweils nach gesetzlicher Regelung zuständigen Organe der Ausgangsgesellschaften sowie der neuen Obergesellschaft DaimlerChrysler AG[268]. Die diesbezüglichen Regelungen des *BCA* hatten insofern lediglich programmatischen, rechtlich unverbindlichen Charak-

---

[265] Vgl. Art. IV *BCA* (Fn.52), Anlage 1 des Berichts (Fn.46), S. 107, 126f..

[266] Vgl. allgemein zum typischen Inhalt von *Business Combination Agreements von Dryander* in: Horn (Hrsg.), Cross-Border Mergers and Acquisitions and the Law, S. 131, 132, 134ff.; *Horn* in: ders. (Hrsg.), Cross-Border Mergers and Acquisitions and the Law, S. 3, 15, 26. – Zur Bedeutung des § 444 BGB n.F. mit Blick auf *Business Combination Agreements* s. *Seibt/Raschke/Reiche*, NZG 2002, S. 256, 260ff..

[267] Vgl. *Semler* in: Semler/Volhard (Hrsg.), Unternehmensübernahmen, § 1 Rdz.133.

[268] Vgl. § 10.1 *BCA* (Fn.52), Anlage 1 des Berichts (Fn.46), S. 107, 145f.: „Die Verpflichtung aller Parteien, das Daimler-Benz-Umtauschangebot und den Deutschen Aktientausch, die Daimler-Benz-Verschmelzung und die Chrysler-Verschmelzung und den U.S.-Aktientausch umzusetzen, steht unter dem Vorbehalt der Erfüllung der folgenden Bedingungen spätestens bei Umsetzung des Daimler-Benz-Umtauschangebotes: (...) (d) Sowohl der Chrysler-Zustimmungsbeschluß als auch der Daimler-Benz-Zustimmungsbeschluß wurden gefaßt." Anhang A 1.21 *BCA* bestimmt: „,Chrysler-Zustimmungsbeschluß' kommt die in § 5.15 (a) festgelegte Bedeutung zu"; Anhang A 1.46 *BCA* bestimmt: „,Daimler-Benz-Zustimmungsbeschluß kommt die in § 5.15 (b) festgelegte Bedeutung zu." Aus 5.15 (a) BCA ergibt sich, daß „Chrysler-Zustimmungsbeschluß" „der bestätigende Beschluß der Inhaber einer Mehrheit sämtlicher ausstehender Chrysler-Aktien anlässlich der Chrysler-Hauptversammlung" ist, „der nach Umsetzung des Daimler-Benz-Umtauschangebots wirksam wird." 5.15 (b) *BCA* ist zu entnehmen, daß „Daimler-Benz-Zustimmungsbeschluß" „der bestätigende Beschluß von Inhabern von 75 % der in der Daimler-Benz-Hauptversammlung vertretenen Daimler-Benz-Aktien zur Genehmigung und Annahme (i) dieses Neugefassten Vertrages (scil. des *BCA*) und der darin vorgesehenen Transaktionen, einschließlich des Daimler-Benz-Umtauschangebots und (ii) der Daimler-Benz-Verschmelzung anlässlich der Hauptversammlung von Daimler-Benz" ist. – S. außerdem § 4.1 *BCA*: „Daimler-Benz, Chrysler und DaimlerChrysler AG sind sich einig, daß DaimlerChrysler AG nach dem Wirksamkeitszeitpunkt eine Leitungsstruktur haben soll, die die Tatsache widerspiegelt, daß die in diesem Neugefassten Vertrag geregelten Transaktionen eine Zusammenführung gleichberechtigter Partner darstellen. Ohne in die Rechte und Kompetenzen der Hauptversammlung, des Aufsichtsrats und des Vorstands von DaimlerChrysler AG eingreifen zu wollen und vorbehaltlich der Bestimmungen der §§ 95ff., § 84 Aktiengesetz und §§ 6ff. MitbestG 1976 werden sie ihren jeweiligen Aktionären und Organen folgendes empfehlen: (...)".

ter[269]. Rechtlich verpflichtend war allein[270] die Zusage der Leitungsorgane der Ausgangsgesellschaften, sich „in zumutbarer Weise nach besten Kräften“ um das Zustandekommen des Zusammenschlusses zu bemühen[271], namentlich also die zu dessen Durchführung erforderlichen Verschmelzungsverträge zu erarbeiten und der jeweiligen Hauptversammlung zur Zustimmung vorzulegen. Nur hinsichtlich dieser *Best Efforts*-Klausel stellte das *BCA* mithin einen schuldrechtlich verpflichtenden Vertrag dar, und nur insoweit war auch die Anwendbarkeit des Rechtes des US-Bundesstaates Delaware[272] sowie die Zuständigkeit der Gerichte dieses Staates[273] vereinbart. Die gesellschaftsrechtlichen Elemente des *BCA* hingegen unterstanden, soweit sie in Deutschland zu vollziehen waren, deutschem Recht. Diese Differenzierung kam in der Beschränkung der Rechtswahlklausel[274] auf die schuldrechtlichen Elemente des *BCA* zum Ausdruck[275]. Für das eigentliche Zustandekommen eines Unternehmenszusammenschlusses bedarf es derartiger (Programm-)Vereinbarungen nicht; insoweit kommt es allein auf die Umsetzung der darin vorgesehenen Transaktionen an, zu der die Mitwirkung der Aktionäre und/oder der Organe der beteiligten Gesellschaften erforderlich ist[276]. So bedurften im Fall Daimler/Chrysler die Verschmelzung der Daimler-Benz AG auf die DaimlerChrysler AG und die Verschmelzung der Chrysler Corp. mit der Tochter der US-Treuhänderin im Wege eines *reverse triangular merger* jeweils der Zustimmung der Hauptversammlung der Ausgangsgesellschaften. Der freiwillige Aktientausch im Rahmen des Umtauschangebotes der DaimlerChrysler AG setzte darüber hinaus individuelle Veräußerungsentscheidungen der Daimler-Benz-Aktionäre voraus. Für die Durchführung eines konsentierten (insbesondere grenzüberschreitenden) Zusammenschlusses „unter

---

269 Vgl. *Decher*, Festschrift Lutter, S. 1209, 1222.

270 Vgl. *Horn*, Liber Amicorum Buxbaum, S. 315, 332; *ders.*, Festschrift Lutter, S. 1113, 1125; *Stengel* in: Semler/Volhard (Hrsg.), Unternehmensübernahmen, § 17 Rdz.283; s. auch *Windbichler*, Die AG 1981, S. 169, 171 li. Sp..

271 Vgl. § 9.17 *BCA* (Fn.52), Anlage 1 des Berichts (Fn.46), S. 107, 145: „Entsprechend den Bestimmungen und nach Maßgabe der Bedingungen diesen Neugefassten Vertrags verpflichtet sich jede der Parteien, in zumutbarer Weise nach besten Kräften, alle Handlungen zu unternehmen oder zu veranlassen, und alles für die schnellstmögliche Umsetzung und Wirksamkeit der in diesem Neugefassten Vertrag vorgesehenen Transaktionen Erforderliche, Angemessene oder Ratsame zu unternehmen, zu veranlassen und die anderen Parteien bei deren Vornahme zu unterstützen und mit diesen diesbezüglich zu kooperieren (...).“

272 Vgl. § 12.4 *BCA* (Fn.52), Anlage 1 des Berichts (Fn.46), S. 107, 149; *von Dryander* in: Horn (Hrsg.), Cross-Border Mergers and Acquisitions and the Law, S. 131, 133 Fn.6.

273 Vgl. § 12.15 *BCA* (Fn.52), Anlage 1 des Berichts (Fn.46), S. 107, 151.

274 Vgl. § 12.4 S. 2 *BCA* (Fn.52), Anlage 1 des Berichts (Fn.46), S. 107, 149.

275 *Horn*, Liber Amicorum Buxbaum, S. 315, 324f.; vgl. *ders.*, Festschrift Lutter, S. 1113, 1124; *Großfeld*, The International Lawyer 34 (2000), S. 963, 993.

276 Vgl. *Großfeld*, The International Lawyer 34 (2000), S. 963, 993.

Gleichen" sind derartige Grundsatzvereinbarungen, welche die Leitungsorgane der beteiligten Gesellschaften zur Mitwirkung bei der Umsetzung eines in Gestalt eines „Fahrplanes" im einzelnen festgelegten Zusammenschlusses verpflichten, gleichwohl insofern von erheblicher Bedeutung, als sie Unsicherheiten der Parteien hinsichtlich eines Zusammenschlusses auf der Grundlage zweier verschiedener nationaler Rechtsordnungen begegnen[277] und die Grundlage für eine loyale Zusammenarbeit der Leitungsorgane der Ausgangsgesellschaften bilden[278].

Detaillierte Grundsatzvereinbarungen mit vorwiegend programmatischem Charakter im Vorfeld eines Unternehmenszusammenschlusses entsprechen namentlich US-amerikanischen Gepflogenheiten[279] und haben anlässlich grenzüberschreitender Unternehmenszusammenschlüsse der jüngeren Vergangenheit zunehmend Eingang auch in die inländische Kautelarpraxis gefunden[280]. So schlossen etwa auch im Fall Hoechst/Rhône-Poulenc[281] die Parteien eine entsprechende Vereinbarung (*Business Combination Agreement*, *BCA*)[282], die wie das *BCA* im Fall Daimler/Chrysler namentlich den „Fahrplan" des Zusammenschlusses vorgab[283] sowie Bestimmungen hinsichtlich der Organisationsverfassung der künftigen Obergesellschaft Aventis S.A. enthielt[284]. Rechtlich bindend war auch insoweit wiederum allein die Verpflichtung der Partner, „sich im Rahmen des Angemessenen zu bemühen, die in diesem Vertrag vorgesehene Transaktion abzuschließen"[285]. Ein weiteres Beispiel für einen Grundvertrag im Rahmen eines (grenzüberschreitenden) Unternehmenszusammenschlusses ist das *Agreement and Plan of Merger* zwischen der Deutsche Telekom AG und der US-amerikanischen VoiceStream Wireless Corp.[286]. Ferner kam es auch im Zu-

---

277 *Großfeld*, The International Lawyer 34 (2000), S. 963, 993.

278 Vgl. *Hopt*, Festschrift Lutter, S. 1361, 1385; s. auch *Horn* in: ders. (Hrsg.), Cross-Border Mergers and Acquisitions and the Law, S. 3, 7, 15.

279 Bericht (Fn.46), S. 37 li. Sp.; vgl. das Muster eines Acquisition Agreement bei *Gilson/Black*, The Law and Finance of Corporate Acquisitions, Appendix C.

280 Vgl. *Aha*, BB 2001, S. 2225ff.; *von Dryander* in: Horn (Hrsg.), Cross-Border Mergers and Acquisitions and the Law, S. 131, 131f., 138; *Stengel* in: Semler/Volhard (Hrsg.), Unternehmensübernahmen, § 17 Rdz.281ff..

281 Vgl. dazu unten S. 372f..

282 *Horn*, Liber Amicorum Buxbaum, S. 315, 331; *ders.*, ZIP 2000, S. 473, 479; KK WpÜG/*von Bülow*, § 30 Fn.133. - Das *Business Combination Agreement* Hoechst/Rhône-Poulenc ist im Internet einsehbar als Anhang des Berichts des Vorstandes der Hoechst AG über den Unternehmenszusammenschluß von Hoechst und Rhône-Poulenc (Fn.64), S. 120ff..

283 Vgl. § 1 *BCA* Hoechst/Rhône-Poulenc (Fn.64).

284 Vgl. § 3 *BCA* Hoechst/Rhône-Poulenc (Fn.64).

285 § 8.1 *BCA* Hoechst/Rhône-Poulenc (Fn.64).

286 Vgl. dazu den Form 8-K Report der VoiceStream Wireless Corp. vom 28.07.2000, im Internet abrufbar unter http://www.sec.gov/Archives/edgar/data/1097609/0000898822-00-

sammenhang mit dem schließlich gescheiterten Zusammenschlussvorhaben Deutsche Börse AG/London Stock Exchange plc[287] zum Abschluß eines Grundvertrages, der die einzelnen Schritte der beabsichtigten Transaktion festlegte[288]. Eine eigentlich neuartige Erscheinung sind derartige Grundverträge über grenzüberschreitende Unternehmenszusammenschlüsse freilich auch für die inländische Praxis nicht. Im Vorfeld der grenzüberschreitenden deutsch-niederländischen Unternehmensverbindung Hoesch AG/Hoogovens N.V.[289] kam es bereits Anfang der siebziger Jahre zum Abschluß eines sog. „Grundvertrages" zwischen den beteiligten Gesellschaften, der das Konzept für die beabsichtigte Bildung eines grenzüberschreitenden Gleichordnungskonzerns und ferner u.a. Regelungen zur Besetzung des Vorstands sowie zur Handhabung der Mitbestimmung in einer zu gründenden gemeinsamen Zwischenholding enthielt[290], seinem Inhalt nach also bereits ein *BCA* moderner Prägung darstellte.

II. Hauptversammlungspflichtigkeit des BCA *im Fall Daimler/Chrysler*

Im folgenden ist der Frage der Hauptversammlungspflichtigkeit des *BCA* im Fall Daimler/Chrysler nachzugehen. Insoweit ist zu unterscheiden. Das *BCA* könnte zum einen *für sich genommen* der Zustimmung der Daimler-Benz-Hauptversammlung bedurft haben (dazu sogleich 1.), zum anderen aber auch deshalb, weil es mit dem Verschmelzungsvertrag zwischen der Daimler-Benz AG und der DaimlerChrysler AG eine rechtliche Einheit bildete (dazu unten 2.).

000528.txt. Das *Agreement and Plan of Merger* ist a.a.O. einsehbar als Exhibit 2.1. – Das *Agreement and Plan of Merger* im Fall Deutsche Bank/Bankers Trust (s. dazu das *Proxy Statement* der Bankers Trust Corp. vom 23.03.1999, im Internet abrufbar unter http://www.sec.gov/Archives/edgar/data/9749/0000950117-99-000563.txt; das *Agreement and Plan of Merger* ist a.a.O. als Appendix A einsehbar) ist demgegenüber nicht als Grundvertrag mit weitgehend lediglich programmatischem Inhalt i.S. eines bloßen „Fahrplanes" zu qualifizieren. Es gab nicht nur den Ablauf des Zusammenschlusses vor, der sodann erst noch durch die Umsetzung hauptversammlungspflichtiger Strukturmaßnahmen (im Fall Deutsche Telekom/VoiceStream Wireless - wie im Fall Daimler/Chrysler auf US-amerikanischer Seite - *reverse triangular merger* zwischen einem US-Treuhänder [„*Escrow Agent*"] und der VoiceStream Wireless Corp.) zu vollziehen war, sondern war als dreiseitiger Verschmelzungsvertrag selbst Grundlage für den Vollzug des Zusammenschlusses. – Näher zu den Zusammenschlüssen Deutsche Bank/Bankers Trust und Deutsche Telekom/VoiceStream Wireless unten S. 367ff..

287 Vgl. dazu unten Fn.565.

288 Vgl. *Schwark*, WM 2000, S. 2517 li. Sp..

289 Dazu noch näher unten S. 168ff..

290 Vgl. BGHZ 82, S. 188, 198f. – Hoesch/Hoogovens; *Großfeld*, Internationales und Europäisches Unternehmensrecht, S. 100f..

1. Hauptversammlungspflichtigkeit des BCA *für sich genommen*

a) Allgemeines: Zustimmungskompetenzen der Hauptversammlung im Zusammenhang mit Grundverträgen über Unternehmenszusammenschlüsse

Der Vertrag über den Unternehmenszusammenschluß Daimler/Chrysler sah - ebenso wie der Grundvertrag im Fall Hoesch/Hoogovens - Strukturmaßnahmen vor, die im Außenverhältnis der Zustimmung der Hauptversammlungen der beteiligten Gesellschaften bedurften. Im Fall Daimler/Chrysler war auf deutscher Seite gemäß §§ 13, 65 UmwG die Zustimmung der Daimler-Benz-Hauptversammlung zur Verschmelzung der Daimler-Benz AG auf die DaimlerChrysler AG erforderlich, im Fall Hoesch/Hoogovens[291] bedurfte die aufeinanderfolgende zweimalige Übertragung des gesamten Gesellschaftsvermögens der Hoesch AG gemäß § 361 AktG a.F. (= § 179a AktG n.F.) gleichfalls der Zustimmung der Hauptversammlung. In diesem Zusammenhang stellt sich die Frage nach dem Umfang der Vertretungsmacht des Vorstands zum Abschluß von Grundverträgen über Unternehmenszusammenschlüsse, deren Umsetzung die Durchführung hauptversammlungspflichtiger Strukturmaßnahmen voraussetzt. Anders gewendet geht es um die Frage, unter welchen Voraussetzungen nicht erst die in einem Grundvertrag vorgesehenen Strukturmaßnahmen, sondern bereits derartige Grundverträge selbst im Außenverhältnis oder doch zumindest im Innenverhältnis - nach Holzmüller-Grundsätzen - der Zustimmung der Hauptversammlung bedürfen. Hierzu ist folgendes zu bemerken.

aa) Vorverlagerung der Zustimmungskompetenz bei Verpflichtung zur Vornahme einer hauptversammlungspflichtigen Strukturmaßnahme

Soweit ein Grundvertrag über einen Unternehmenszusammenschluss die rechtliche Verpflichtung einer beteiligten Gesellschaft zur Durchführung einer im Außenverhältnis hauptversammlungspflichtigen Strukturmaßnahme begründen oder die Hauptversammlung zur Zustimmung zu einer solchen Maßnahme verpflichten soll, bedarf bereits der Vertrag selbst zu seiner Wirksamkeit im Außenverhältnis der Zustimmung der Hauptversammlung, und zwar mit der Mehrheit, die auch für die Zustimmung zu der/den betreffenden Strukturmaßnahme(n) erforderlich ist. Die Vertretungsmacht des Vorstands umfasst den Abschluß derartiger Vereinbarungen nicht. Der Vorstand kann mithin ohne Zustimmung der Hauptversammlung weder die Gesellschaft zur Vornahme einer im Außenverhältnis hauptversammlungspflichtigen Strukturmaßnahme noch die

---

[291] Vgl. unten S. 168ff..

Hauptversammlung zur Erteilung ihrer diesbezüglichen Zustimmung verpflichten[292]. Die Zustimmungskompetenz der Hauptversammlung ist insofern in einem solchen Fall vorverlagert[293]. Solange die Hauptversammlung nicht zugestimmt hat, ist der Vertrag (schwebend) unwirksam.
Verweigert die Hauptversammlung die Zustimmung, stellt sich insoweit die Frage nach etwaigen Schadenersatzansprüchen des Vertragspartners gegen die Gesellschaft aus culpa in contrahendo i.V.m. §§ 31, 278 BGB[294]. Derartige Ansprüche dürften in den in Rede stehenden Fällen praktisch stets ausscheiden, weil der Vertragspartner die Beschränkung der Vertretungsmacht des Vorstands kannte oder doch mindestens kennen musste. Insoweit gilt dasselbe wie bei der Verweigerung der Zustimmung der Hauptversammlung zu einem von der Verwaltung geschlossenen Verschmelzungs- oder Unternehmensvertrag. Wegen der praktisch stets anzunehmenden Kenntnis oder doch des Kennenmüssens des Vertragspartners von der beschränkten Vertretungsmacht des Vorstands ist anerkannt, daß in diesem Fall weder eine Haftung des Vorstands als falsus procurator gemäß § 179 Abs. 1 BGB in Betracht kommt (vgl. § 179 Abs. 3 S. 1 BGB)[295] noch regelmäßig eine Haftung der Gesellschaft aus culpa in contrahendo i.V.m. §§ 31, 278 BGB auf den Ersatz von Aufwendungen, die u.U. im Vertrauen auf die Zustimmung oder auch nur überhaupt das Zustandekommen einer Entscheidung der Hauptversammlung getätigt wurden[296].

---

292 *Baums*, Festschrift Zöllner, S. 65, 75, *von Dryander* in: Horn (Hrsg.), Cross-Border Mergers and Acquisitions and the Law, S. 131, 133; *Horn*, Festschrift Lutter, S. 1113, 1125; *ders.* in: Horn (Hrsg.) Cross-Border Mergers and Acquisitions and the Law, S. 3, 15; s. auch GK/*Wiedemann*, § 182 Rdz.37.

293 *Windbichler*, Die AG 1981, S. 169, 170 re. Sp..

294 Zur Zurechnung von eine Schadenersatzpflicht begründenden Handlungen des Vorstands vgl. *Hüffer*, § 78 Rdz.23; *Hefermehl* in G/H/E/K, § 78 Rdz.96.

295 MünchKomm AktG/*Altmeppen*, § 293 Rdz.5; *Emmerich* in Emmerich/Habersack, § 293 Rdz.15; *Emmerich/Sonnenschein/Habersack*, Konzernrecht, § 16 II 1 a), S. 213; *Geßler* in G/H/E/K, § 293 Rdz.19; *Hüffer*, § 293 Rdz.24; KK/*Koppensteiner*, § 293 Rdz.9; KK/*Kraft*, § 340c Rdz.7; *Lutter* in Lutter, § 4 Rdz.11; GK³/*Schilling*, § 340 Anm.5; *Stratz* in Schmitt/Hörtnagl/Stratz, § 13 Rdz.8; vgl. *Grunewald* in G/H/E/K, § 340c Rdz.24.

296 MünchKomm/*Altmeppen*, § 293 Rdz.21; *Emmerich* in Emmerich/Habersack, § 293 Rdz.29; *Geßler* in G/H/E/K, § 293 Rdz.15,18; KK/*Koppensteiner*, § 293 Rdz.17; *Watter*, Unternehmensübernahmen, Rdz.676; *Windbichler*, Die AG 1981, S. 169, 171 li. Sp.; vgl. *Grunewald* in G/H/E/K, § 340 Rdz.5.

bb) Vorverlagerung der Zustimmungskompetenz bei faktischem Zwang zur Erteilung der Zustimmung zu hauptversammlungspflichtiger Strukturmaßnahme

Soll ein Grundvertrag über einen Unternehmenszusammenschluß demgegenüber weder die Verpflichtung einer beteiligten Gesellschaft zur Vornahme einer im Außenverhältnis hauptversammlungspflichtigen Strukturmaßnahme begründen noch die Hauptversammlung zur Zustimmung zu einer solchen Maßnahme verpflichten, soll er vielmehr lediglich als Programmvereinbarung i.S. eines „Fahrplanes" das Konzept eines geplanten Unternehmenszusammenschlusses festlegen und die Verwaltungen der beteiligten Gesellschaften dazu verpflichten, sich im Rahmen ihrer Kompetenz um das Zustandekommen des Zusammenschlusses zu bemühen, bedarf der Grundvertrag zu seiner Wirksamkeit grundsätzlich nicht der Zustimmung der Hauptversammlung[297]. Für eine Vorverlagerung der gesetzlichen Zustimmungskompetenz der Hauptversammlung besteht in diesem Fall kein Anlaß, wenn und weil der Vertrag lediglich bestimmte Strukturmaßnahmen zur Umsetzung eines Unternehmenszusammenschlusses vorsieht, insoweit aber eine rechtliche Verpflichtung der Gesellschaft oder der Hauptversammlung ausdrücklich nicht begründen soll[298].
Schadenersatzansprüche aus culpa in contrahendo i.V.m. §§ 31, 278 BGB bei Verweigerung der Zustimmung der Hauptversammlung zu den jeweiligen Strukturmaßnahmen scheiden insoweit bereits deshalb von vornherein aus, weil der Vertragspartner aufgrund des Vertragsinhaltes keinen Anlaß hat davon auszugehen, die Hauptversammlung werde die erforderliche Zustimmung zu einer vorgesehenen Strukturmaßnahme erteilen.
Eine Vorverlagerung der Zustimmungskompetenz der Hauptversammlung erscheint freilich ausnahmsweise dann geboten, wenn die Hauptversammlung in ihrer Entscheidung über die Erteilung der Zustimmung zu der/den in einem Grundvertrag vorgesehenen Strukturmaßnahme(n) zwar rechtlich nicht gebunden werden soll, aber tatsächlich nicht frei bleibt[299]. Davon ist dann auszugehen, wenn die Entscheidung der Hauptversammlung durch wirtschaftliche Zwänge faktisch präjudiziert wird. Dies wird namentlich dann der Fall sein, wenn ein Grundvertrag für den Fall des Nichtzustandekommens eines vorgesehenen Unternehmenszusammenschlusses infolge Verweigerung der Zustimmung der Hauptversammlung zu einer dazu erforderlichen Strukturmaßnahme eine angesichts der wirtschaftlichen Verhältnisse der betreffenden Gesellschaft nicht nur

---

[297] Ebenso *von Dryander* in: Horn (Hrsg.), Cross-Border Mergers and Acquisitions and the Law, S. 131, 133.
[298] *Windbichler*, Die AG 1981, S. 169, 171 li. Sp..
[299] Anders offenbar *Windbichler*, Die AG 1981, S. 169, 170 re. Sp. mit Fn.20.

unerhebliche vermögenswerte Kompensation des Vertragspartners in Form etwa eines pauschalen Aufwendungsersatzanspruches vorsieht[300,301]. Die Hauptversammlung sähe sich in diesem Fall u.U. faktisch gezwungen, ihre Zustimmung zu einer Strukturmaßnahme zu erteilen. Ihre Zustimmungskompetenz liefe mit-

---

[300] I.E. ebenso *Sieger/Hasselbach*, BB 2000, S. 625, 628: „Unzulässigkeit" der Vereinbarung einer *break fee* (dazu die folgende Fn.) durch den Vorstand für den Fall, daß die Hauptversammlung der von ihm geleiteten Gesellschaft einer beabsichtigten Verschmelzung mit einer anderen Gesellschaft nicht zustimmt, wegen Verstoßes gegen die zwingende aktienrechtliche Kompetenzverteilung zwischen Vorstand und Hauptversammlung, „wenn der durch die Break Fee-Abrede generierte finanzielle Druck auf die Hauptversammlung so groß ist, daß jede andere Entscheidung als die Zustimmung zu der von der Verwaltung angestrebten Transaktion finanziell unvernünftig erscheinen müsste"; vgl. *Stawowy*, Vorfeldvereinbarungen, S. 333. Der Abschluß einer derartigen Vereinbarung ist freilich nicht „unzulässig", sondern von der Vertretungsmacht des Vorstands nicht mehr umfasst und damit unwirksam; a.A. *Schlitt* in: Semler/Volhard (Hrsg.), Unternehmensübernahmen, § 6 Rdz.83 a.E., nach dessen Auffassung entgegen hier vertretener Ansicht die Vereinbarung einer *break fee*, welche die Entscheidungsfreiheit der Hauptversammlung hinsichtlich der Beschlussfassung über eine zustimmungspflichtige Strukturmaßnahme beeinträchtigt, lediglich nicht von der Geschäftsführungsbefugnis des Vorstands (im Innenverhältnis) gedeckt ist, im Außenverhältnis mithin wirksam wäre.

[301] Vgl. zu im angelsächsischen Rechtskreis bei Unternehmenszusamenschlüssen und -übernahmen verbreiteten sog. *break fee*-Vereinbarungen über die Zahlung einer Geldsumme im dreistelligen Millionen- oder sogar im Milliarden-Dollar-Bereich für den Fall des Nichtzustandekommens einer vereinbarten Transaktion etwa infolge eines Drittangebotes, des Widerrufs einer Empfehlung des *board* an die Hauptversammlung zur Zustimmung zu einer verabredeten Transaktion oder der aus anderen Gründen ausbleibenden Zustimmung der Hauptversammlung einer der beteiligten Gesellschaften *von Dryander* in: Horn (Hrsg.), Cross-Border Mergers and Acquisitions and the Law, S. 131, 135; *Hopt*, ZGR 2002, S. 333, 361ff.; *Lawes* in: Horn (Hrsg.), Cross-Border Mergers and Acquisitions and the Law, S. 115, 120, 128; *Watter*, Unternehmensübernahmen, Rdz.676 mit Fn.981ff.; *Sieger/Hasselbach*, BB 2000, S. 625, 626 li. Sp.; s. auch *Dietzel* in: Semler/Volhard (Hrsg.), Unternehmensübernahmen, § 9 Rdz.100; *Horn* in: ders. (Hrsg.), Cross-Border Mergers and Acquisitions and the Law, S. 3, 8 Fn.18; *Weber-Rey* in: Semler/Volhard (Hrsg.), Unternehmensübernahmen, § 11 Rdz.36; *v. Schlabrendorff* in: Semler/Volhard (Hrsg.), Unternehmensübernahmen, § 16 Rdz.53ff.. – Eine derartige *break fee*-Vereinbarung enthielt etwa § 8.8 *BCA* Hoechst/Rhône-Poulenc (Anhang zum Bericht über den Unternehmenszusammenschluß Hoechst/Rhône-Poulenc [Fn.64], S. 123, 141; s. *von Dryander*, a.a.O., S. 139f.; *Hopt*, a.a.O., S. 362; *Sieger/Hasselbach*, a.a.O.) sowie Sec. 7.02.(b) des *Agreement and Plan of Merger* Deutsche Telekom AG/VoiceStream Wireless Corp. (Fn.286). Auch im Falle des gescheiterten Zusammenschlusses Deutsche Börse AG/London Stock Exchange plc (dazu unten Fn.565) war eine *break fee* vorgesehen; *von Dryander*, a.a.O., S. 140. - Zur Frage der Formbedürftigkeit einer *break fee*-Vereinbarung nach Umwandlungsrecht vgl. LG Paderborn NZG 2000, S. 899ff.; s. zur Frage des Formerfordernisses auch *Schlitt* in: Semler/Volhard (Hrsg.), Unternehmensübernahmen, § 6 Rdz.83; *v. Schlabrendorff*, a.a.O., § 16 Rdz.55.

hin faktisch leer. Aus diesem Grunde muß zum Schutz der gesetzlich vorgesehenen Mitwirkungskompetenz der Hauptversammlung ausnahmsweise auch ein solcher Grundvertrag zu seiner Wirksamkeit der Zustimmung der Hauptversammlung im Außenverhältnis bedürfen, der zwar weder die Gesellschaft zur Vornahme einer zustimmungspflichtigen Strukturmaßnahme noch die Hauptversammlung zur Erteilung ihrer diesbezüglichen Zustimmung verpflichten soll, aber die Entscheidung der Hauptversammlung doch faktisch zu präjudizieren geeignet ist. Insoweit liegt eine Parallele zu den Grundsätzen über die Formpflichtigkeit von (insbesondere Makler-) Verträgen nahe, die zwar weder eine Verpflichtung zur Veräußerung oder zum Erwerb eines Grundstücks i.S. des § 313 S. 1 BGB a.F. (= § 311b Abs. 1 S. 1 BGB n.F.) begründen, jedoch für den Fall der Nichtveräußerung oder des Nichterwerbs Nachteile von erheblichem Gewicht, etwa in Form einer über einen geringfügigen und angemessenen Betrag hinausgehenden Aufwandsentschädigung, vorsehen und dadurch einen faktischen Zwang zur Veräußerung oder zum Erwerb begründen. Ebenso wie in diesem Fall die Formpflicht gemäß § 313 S. 1 BGB a.F. zum Schutze der Entschließungsfreiheit des sich Verpflichtenden anerkanntermaßen vorverlagert ist, nämlich bereits eine Vereinbarung erfasst, die einen faktischen Zwang zur Veräußerung oder zum Erwerb begründet[302], ist eine Vorverlagerung der Zustimmungskompetenz der Hauptversammlung anzunehmen, wenn und weil eine Grundsatzvereinbarung über einen Unternehmenszusammenschluß für die Hauptversammlung einen faktischen Zwang zur Erteilung der Zustimmung begründet.

Bildet eine Vereinbarung in einem Grundvertrag, wonach für den Fall des Nichtzustandekommens eines vorgesehenen Unternehmenszusammenschlusses infolge Verweigerung der Zustimmung der Hauptversammlung zu einem zustimmungspflichtigen Vertrag ein pauschalierter Aufwendungsersatzanspruch o.ä. zu zahlen ist, mit dem zustimmungspflichtigen Vertrag insofern eine rechtliche Einheit, als der hauptversammlungspflichtige Vertrag nicht ohne diese Vereinbarung gelten soll, so bedarf die Vereinbarung im übrigen als Bestandteil des zustimmungspflichtigen Vertrages zu ihrer Wirksamkeit nach der Hoesch/Hoogovens-Entscheidung des Bundesgerichtshofes[303] der Zustimmung der Hauptversammlung - womit ihr Zweck leerläuft, wenn sie gerade einen Anreiz für die Zustimmung der Hauptversammlung zu dem zustimmungspflichtigen

---

302 BGH NJW 1970, S. 1915, 1916; BGH NJW 1990, S. 390, 391 m. Nachw.; Palandt/*Heinrichs*, § 313 Rdz.13; MünchKomm BGB/*Kanzleiter*, § 313 Rdz.36; Soergel/*Wolf*, § 313 Rdz.31; Staudinger/*Wufka*, § 313 Rdz.104ff..

303 BGHZ 82, S. 188, 196; dazu näher unten S. 174ff..

Vertrag schaffen soll[304], da die Nichtzustimmung der Hauptversammlung zu dem Vertrag mangels Wirksamkeit der *Break Fee*-Vereinbarung sanktionslos bleibt.

cc) Vorlage eines Grundvertrages zur Entscheidung der Hauptversammlung gemäß § 119 Abs. 2 AktG

Soll ein Grundvertrag über einen Unternehmenszusammenschluß weder eine Verpflichtung der Gesellschaft zur Vornahme einer im Außenverhältnis hauptversammlungspflichtigen Strukturmaßnahme begründen noch die Hauptversammlung zur Zustimmung zu einer solchen Strukturmaßnahme verpflichten und wird die Entscheidung der Hauptversammlung auch nicht durch Begründung wirtschaftlichen Zwanges faktisch präjudiziert, kann der Vorstand den Grundvertrag nach dem Gesagten kraft seiner Vertretungsmacht wirksam schließen. Eine andere Frage ist, ob der Vorstand von seinem Recht Gebrauch macht, der Hauptversammlung den Grundvertrag und/oder das Konzept eines geplanten (grenzüberschreitenden) Unternehmenszusammenschlusses gemäß § 119 Abs. 2 AktG zur Zustimmung vorzulegen[305], wie es in der Praxis üblich ist[306] und auch beim Zusammenschluß Daimler/Chrysler der Fall war[307]. Eine Verdichtung des Vorlageermessens des Vorstandes zu einer Vorlagepflicht ist dabei nach den Grundsätzen des Holzmüller-Urteils des Bundesgerichtshofs[308] freilich nur dann anzunehmen, wenn bereits mit dem Abschluß eines Grundvertrages über einen Unternehmenszusammenschluß ein derart tiefer Eingriff in die Mitgliedschaftsrechte der Aktionäre verbunden ist, daß „der Vorstand vernünftigerweise nicht annehmen kann," er dürfe einen solchen Vertrag „in ausschließlich eigener Verantwortung" schließen, „ohne die Hauptversammlung zu beteiligen."[309] Eine derartige Vorlagepflicht besteht nicht, wenn und weil der rechtsverbindliche Gehalt des Vertrages sich in einer Verpflichtung des Vorstands erschöpft, sich im Rahmen seiner Kompetenzen um das Zustandekommen eines geplanten Unternehmenszusammenschlusses zu bemühen, der im Hinblick auf insoweit erforderliche im Außenverhältnis zustimmungspflichtige Strukturmaßnahmen ohnedies nicht ohne Zustimmung der Hauptversammlung erfolgen kann. Soll ein Grundvertrag die Gesellschaft hingegen zur Durchführung von

[304] Vgl. *Lawes* in: Horn (Hrsg.), Cross-Border Mergers and Acquisitions and the Law, S. 115, 128.
[305] *Windbichler*, Die AG 1981, S. 169, 171 li. Sp..
[306] *Decher*, Festschrift Lutter, S. 1209, 1223, 1225; GK/*Decher*, § 131 Rdz.211.
[307] Vgl. S. 60f., 113f..
[308] BGHZ 83, S. 122ff..
[309] BGHZ 83, S. 122, 131.

Maßnahmen verpflichten, die im Innenverhältnis nach Holzmüller-Grundsätzen der Zustimmung der Hauptversammlung bedürfen, ist der Vertrag der Hauptversammlung zur Zustimmung vorzulegen. Unterbleibt in diesem Fall die Einholung der Zustimmung, kann sich der Vorstand schadenersatzpflichtig machen[310].

b) Fall Daimler/Chrysler

Auf der Grundlage der vorstehend dargelegten Grundsätze zur Hauptversammlungspflichtigkeit von Grundverträgen über Unternehmenszusammenschlüsse ist im folgenden nunmehr der Frage nachzugehen, ob das *Business Combination Agreement* im Fall Daimler/Chrysler für sich genommen der Zustimmung der Daimler-Benz-Hauptversammlung bedurfte.

aa) Vorverlagerung der Zustimmungskompetenz der Hauptversammlung gemäß §§ 13, 65 UmwG

Das *BCA* im Fall Daimler/Chrysler enthielt nach dem Gesagten neben einer detaillierten Beschreibung der einzelnen Schritte des geplanten Unternehmenszusammenschlusses[311] namentlich Bestimmungen über die Behandlung bestehender Aktienoptionsprogramme[312], über die Unternehmensorganisation sowie über die Unternehmensleitung und -überwachung, insbesondere die künftige personelle Besetzung des Vorstands und des Aufsichtsrats der neuen Konzernobergesellschaft DaimlerChrysler AG[313]. Rechtlich bindend war, wie bereits erwähnt[314], allein[315] die Verpflichtung der Leitungsorgane der Vertragsparteien, sich „in zumutbarer Weise nach besten Kräften" für das Zustandekommen des Zusammenschlusses in der vorgesehenen Form einzusetzen[316] (*Best Efforts*-Klausel[317]) und sich gegebenenfalls um Alternativlösungen zu bemühen[318]. Eine

---

[310] *von Dryander* in: Horn (Hrsg.), Cross-Border Mergers and Acquisitions and the Law, S. 131, 133.

[311] Vgl. Artikel I, I und III *BCA* (Fn.52), Anlage 1 des Berichts (Fn.46), S. 107, 114ff..

[312] § 2.6, § 3.6 *BCA* (Fn.52), Anlage 1 des Berichts (Fn.46), S. 107, 120f., 124f..

[313] Art. IV *BCA* (Fn.52), Anlage 1 des Berichts (Fn.46), S. 107, 126f. mit Anhang E, S. 178.

[314] Vgl. oben S. 91.

[315] Vgl. *Horn*, Liber Amicorum Buxbaum, S. 315, 332; *ders.*, Festschrift Lutter, S. 1113, 1125.

[316] Vgl. § 9.17 *BCA* (Fn.52), Anlage 1 des Berichts (Fn.46), S. 107, 145; eine vergleichbare Regelung findet sich in § 8.1 des *BCA* Hoechst/Rhône-Poulenc (Fn.64).

[317] Vgl. *Watter*, Unternehmensübernahmen, Rdz.677; allgemein zu *Best Efforts*-Klauseln in Verträgen des US-amerikanischen Handels- und Wirtschaftsverkehrs *Fürst/Wilske*, DZWir 1998, S. 213ff..

[318] § 12.10 *BCA* (Fn.52), Anlage 1 des Berichts (Fn.46), S. 107, 150.

Verpflichtung zur Umsetzung der vorgesehenen Transaktionen, auf deutscher Seite namentlich also des Umtauschangebotes der DaimlerChrysler AG und der Verschmelzung der Daimler-Benz AG auf die DaimlerChrysler AG, war nur vorbehaltlich der Genehmigung des *BCA* durch die Daimler-Benz-Hauptversammlung sowie ihrer Zustimmung zu der Verschmelzung von Daimler-Benz AG und DaimlerChrysler AG vorgesehen[319]. Soweit das *BCA* also in Gestalt der *Best Efforts*-Klausel überhaupt eine rechtliche Verpflichtung der beteiligten Gesellschaften und damit auch der Daimler-Benz AG enthielt, stand diese Verpflichtung unter der aufschiebenden Bedingung der Zustimmung der Daimler-Benz-Hauptversammlung zu dem Gesamtplan des Zusammenschlusses und der Verschmelzung von Daimler-Benz AG und DaimlerChrysler AG.

Im Ergebnis wurde durch diese Vertragsgestaltung eine gewillkürte Zustimmungskompetenz der Daimler-Benz-Hauptversammlung hinsichtlich des *BCA* insofern begründet, als die im *BCA* vorgesehene Verpflichtung der Verwaltung u.a. der Daimler-Benz AG, sich um die Umsetzung des Zusammenschlusses zu bemühen, durch die Zustimmung der Daimler-Benz-Hauptversammlung zu dem *BCA* aufschiebend bedingt war. Gemessen an den oben dargelegten Grundsätzen zur Zustimmungsbedürftigkeit von Grundverträgen über Unternehmenszusammenschlüsse war das *BCA* demgegenüber nicht im Außenverhältnis zustimmungsbedürftig (zur Zustimmungspflichtigkeit im Innenverhältnis nach Holzmüller-Grundsätzen vgl. unten bb)). Eine Vorverlagerung der Hauptversammlungskompetenz gemäß §§ 13, 65 UmwG war mit anderen Worten nicht gegeben[320]. Weder sollte das *BCA* seinem Inhalt nach eine Verpflichtung der Daimler-Benz AG zur Durchführung einer hauptversammlungspflichtigen Strukturmaßnahme oder eine Verpflichtung der Hauptversammlung zur Zustimmung zu einer solchen Strukturmaßnahme begründen, noch war es seinem Inhalt nach geeignet, die Entscheidung der Hauptversammlung über die Zustimmung zu einer Strukturmaßnahme, hier der Verschmelzung der Daimler-Benz AG auf die DaimlerChrysler AG, durch Begründung wirtschaftlichen Zwangs faktisch zu präjudizieren:

Ein Aufwendungsersatzanspruch i.S. einer *Break Fee* für den Fall der Verweigerung der Zustimmung der Daimler-Benz-Hauptversammlung zu der Verschmelzung der Daimler-Benz AG auf die DaimlerChrysler AG war im *BCA* nicht vor-

---

[319] Vgl. oben Fn.268: § 10.1 (d) i.V.m. § 5.15 (b) *BCA* (Fn.52), Anlage 1 des Berichts (Fn.46), S. 107, 133, 145f..

[320] Vgl. dagegen aber *Großfeld*, The International Lawyer 34 (2000), S. 963, 993: Das *BCA* „needed and received approval by seventy-five percent of the shareholders present at the general meeting; a consequence of the famous Holzmueller doctrine and *by analogy to the German Transformation Act*" (Hervorhebung nicht im Original).

gesehen[321]. Ein mittelbarer Zwang für die Hauptversammlung, ihre Zustimmung zu erteilen, hätte sich damit allenfalls aus einer etwaigen Schadenersatzpflicht der Daimler-Benz AG gegenüber der Chrysler Corp. bei Nichtzustimmung der Hauptversammlung ergeben können. Die Frage der Schadenersatzpflicht wegen Vertragsverletzung war im *BCA* nicht ausdrücklich geregelt, vielmehr nur indirekt insofern angesprochen, als es in § 12.8 *BCA* hieß, „Schadenersatz in Geld oder andere gesetzliche Ausgleichsansprüche (remedy at law) als Rechtsfolge eines Bruches, einer Verletzung oder Nichterfüllung" des Vertrages seien „weder ausreichend noch angemessen"[322]. Eine Schadenersatzpflicht der Gesellschaft kam insoweit lediglich bei Nichterfüllung der Verpflichtung der Verwaltung in Betracht, sich „in zumutbarer Weise nach besten Kräften" um die Umsetzung der vorgesehenen Transaktionen zu bemühen. Daß es zur Umsetzung des Zusammenschlusses noch der Zustimmung der Hauptversammlung jedenfalls zu der Verschmelzung von Daimler-Benz AG und DaimlerChrysler AG bedurfte und die Bemühensverpflichtung der Verwaltung insoweit mithin nur darauf gerichtet sein konnte, sich für die Zustimmung der Hauptversammlung einzusetzen, daß hingegen jedoch nicht auch der Erfolg der Herbeiführung der Zustimmung der Hauptversammlung geschuldet war, verstand sich von selbst. Eine Verletzung der Bemühensverpflichtung der Verwaltung und damit auch eine diesbezügliche Schadenersatzpflicht der Daimler-Benz AG aufgrund Verweigerung der Zustimmung zu der Verschmelzung durch die Daimler-Benz-Hauptversammlung kam mithin nicht in Betracht. Von daher hätte der Vorstand das *BCA* und insbesondere auch die darin enthaltene Bemühensverpflichtung bei isolierter Betrachtung *für sich genommen* kraft seiner organschaftlichen Vertretungsmacht wirksam vereinbaren können, da eine Beeinträchtigung der Entschließungsfreiheit der Hauptversammlung aufgrund des Vertragsinhaltes nicht gegeben war.

bb) Interne Zustimmungskompetenz/Vorlagepflicht nach Holzmüller-Grundsätzen

Bedurfte das *BCA* im Fall Daimler/Chrysler für sich genommen im Außenverhältnis nach dem Gesagten nicht der Zustimmung der Daimler-Benz-Hauptversammlung, war insoweit doch gleichwohl möglicherweise eine Zustimmungskompetenz der Hauptversammlung im Innenverhältnis nach Holzmüller-Grundsätzen wegen eines schwerwiegenden Eingriffs „in die Mitgliedsrechte der

---

[321] *von Dryander* in: Horn (Hrsg.), Cross-Border Mergers and Acquisitions and the Law, S. 131, 139.

[322] § 12.8 *BCA* (Fn.52), Anlage 1 des Berichts (Fn.46), S. 107, 150.

Aktionäre und deren im Anteilseigentum verkörpertes Vermögensinteresse“[323] gegeben. Dahingehenden Stellungnahmen im Schrifttum[324] ist indes entgegenzuhalten, daß mit dem Abschluß eines Vertrages, der - wie das *BCA* im Fall Daimler/Chrysler - die Entschließungsfreiheit der Hauptversammlung im Hinblick auf eine zustimmungspflichtige Strukturmaßnahme wahrt, ein Eingriff in die Mitgliedschaftsrechte der Aktionäre nicht verbunden und demgemäß eine Zustimmungskompetenz nach Holzmüller-Grundsätzen nicht gegeben ist[325]. Der internen Zustimmung der Daimler-Benz-Hauptversammlung bedurfte der Abschluß des *BCA* insbesondere auch nicht deshalb, weil der Vorstand der Daimler-Benz AG sich mit Zustimmung zu dem Grundvertrag verpflichtete, an der Abgabe und Durchführung des Umtauschangebotes der DaimlerChrysler AG auf die Aktien der von ihm geleiteten Gesellschaft (Daimler-Benz AG) mitzuwirken und den Daimler-Benz-Aktionären die Annahme dieses Angebotes zu empfehlen, da insoweit ein Eingriff des Vorstands in mitgliedschaftliche Rechte der Aktionäre nicht ersichtlich ist[326]. Hierauf wird im Rahmen der Erörterung der Pflichtenstellung des Vorstands der Daimler-Benz AG bei der Gestaltung und Durchführung des Zusammenschlusses zurückzukommen sein[327].

2. Hauptversammlungspflichtigkeit des BCA *wegen rechtlicher Einheit mit Verschmelzungsvertrag*

Bedurfte das *BCA* im Fall Daimler/Chrysler *für sich genommen* nach dem Gesagten nicht der Zustimmung der Daimler-Benz-Hauptversammlung, war eine Zustimmung der Hauptversammlung insoweit gleichwohl möglicherweise erforderlich, wenn und weil das *BCA* mit dem Verschmelzungsvertrag zwischen der Daimler-Benz AG und der DaimlerChrysler AG eine rechtliche Einheit bildete. Dies ergibt sich aus folgenden Überlegungen.

---

323 BGHZ 83, S. 122, 131 – Holzmüller.

324 *Großfeld*, Gedächtnisschrift Lüderitz, S. 233, 236; *ders.*, The International Lawyer 34 (2000), S. 963, 993; *Horn*, Festschrift Lutter, S. 1113, 1124; *ders.*, Liber Amicorum Buxbaum, S. 315, 328; *ders.*, ZIP 2000, S. 473, 479 re. Sp.; vorsichtiger dagegen *ders.* in: Horn (Hrsg.), Cross-Border Mergers and Acquisitions and the Law, S. 3, 16.

325 Vgl. *Aha*, BB 2001, S. 2225, 2231 re. Sp..

326 Vgl. *Decher*, Festschrift Lutter, S. 1209, 1223f.; *Marsch-Barner* in: Semler/Volhard (Hrsg.), Unternehmensübernahmen, § 7 Rdz.61; *Reichert* in: Semler/Volhard (Hrsg.), Unternehmensübernahmen, § 17 Rdz.62; *Rosengarten*, Liber Amicorum Buxbaum, S. 445, 458f.; *v. Schenck* in: Semler/Volhard (Hrsg.), Unternehmensübernahmen, § 8 Rdz.60 mit Fn.59.

327 Vgl. unten S. 116ff., 126.

Das oben dargestellte Gesamtkonzept für den zweistufigen Zusammenschluß Daimler/Chrysler[328] bestand aus mehreren aufeinander folgenden Einzelschritten: Gründung der DaimlerChrysler AG auf Veranlassung der Verwaltungen der beiden Ausgangsgesellschaften durch die Oppenheim-Bank, Umtauschangebot der DaimlerChrysler AG auf die Daimler-Benz-Aktien, *reverse triangular merger* eines US-Treuhänders mit der Chrysler Corp., Sachkapitalerhöhungen in der DaimlerChrysler AG, Verschmelzung der Daimler-Benz AG auf die DaimlerChrysler AG. Der Zustimmung der Hauptversammlung der Daimler-Benz AG bedurfte nach der gesetzlichen Regelung (§§ 13, 65 UmwG) zwar allein der letzte dieser Einzelschritte, die Verschmelzung der Daimler-Benz AG auf die DaimlerChrysler AG. Diese Verschmelzung war allerdings Teil des Gesamtplans zur Herbeiführung des Zusammenschlusses. Sie sollte überhaupt nur unter der Voraussetzung erfolgen, daß die vorangehenden Einzelakte vollzogen waren[329], und stand insofern in untrennbarem sachlichem Zusammenhang mit diesen vorangehenden Einzelakten[330]. Es gibt nun zwar keine gesetzliche Regelung,

---

[328] Zum Ablauf des Zusammenschlusses im einzelnen vgl. oben S. 40ff..

[329] Vgl. oben S. 55: Die Vorstände der an der Verschmelzung beteiligten Gesellschaften waren angewiesen, die Verschmelzung erst dann gemäß § 16 UmwG zur Eintragung in das Handelsregister anzumelden, wenn zuvor die Sachkapitalerhöhungen in das Handelsregister der DaimlerChrysler AG eingetragen waren.

[330] Anders lag es insoweit offenbar beim Zusammenschluß Hoechst/Rhône-Poulenc (dazu noch näher unten S. 372f.), in dessen Vorfeld eine gemäß §§ 125 S. 1, 13, 65 UmwG hauptversammlungspflichtige Abspaltung eines Teils des Vermögens der Hoechst AG nach § 123 Abs. 2 Nr. 1 UmwG auf die Celanese AG erfolgte (vgl. dazu den Abspaltungsbericht, im Internet als pdf-Datei abrufbar unter http://www.archiv.hoechst.de/dl/pdf/demerger_report_d.pdf), bevor nachfolgend der Zusammenschluß über ein von der Rhône-Poulenc S.A. im Einvernehmen mit dem Hoechst-Vorstand abgegebenes Umtauschangebot auf die Hoechst-Aktien vollzogen wurde (vgl. Bericht des Vorstands der Hoechst AG über den Unternehmenszusammenschluß Hoechst/Rhône-Poulenc [Fn.64], S. 63, 66f., 111; §§ 1.2, 1.4, 1.5, 8.2 *BCA* Hoechst/Rhône-Poulenc, Anhang des Berichts, S. 123, 125, 127, 139f.; *Hoffmann*, NZG 1999, S. 1077, 1077 li. Sp. mit Fn.3). Zwischen dieser Abspaltung und dem nachfolgenden Unternehmenszusammenschluß durch Umsetzung des Umtauschangebotes bestand indes offenbar kein untrennbarer Sachzusammenhang. Im Bericht des Hoechst-Vorstands heißt es insoweit, die Entscheidung für den Zusammenschluß sei „unabhängig von der Entscheidung getroffen [worden], bestimmte Aktivitäten von Hoechst im Bereich Industrielle Chemie auf die Celanese abzuspalten. (...) Die Abspaltung bleibt auch dann sinnvoll und richtig, falls der Unternehmenszusammenschluß nicht vollzogen werden sollte" (S. 62f.). Dies erscheint insofern nachvollziehbar, als die Abspaltung eines Teils des Vermögens der Hoechst AG auf die Celanese AG anders als die Verschmelzung der Daimler-Benz AG auf die DaimlerChrysler AG zur Herbeiführung des Unternehmenszusammenschlusses weder geeignet war noch es sich dabei ersichtlich um eine notwendige Voraussetzung des Zusammenschlusses handelte, wenngleich der Vollzug des Umtauschangebo-

wonach die Zustimmungsbedürftigkeit eines Teilaktes innerhalb eines aus mehreren aufeinander folgenden Einzelschritten bestehenden Gesamtplans den Gesamtplan insgesamt zustimmungsbedürftig macht. Der Bundesgerichtshof hat jedoch in der Entscheidung Hoesch/Hoogovens zu § 361 AktG a.F. (= § 179a AktG n.F.) festgestellt, daß sich die Zustimmung der Hauptversammlung zu einem Vertrag, der die Verpflichtung zur Übertragung des gesamten Gesellschaftsvermögens begründet, auf alle mit der Vermögensübertragung zusammenhängenden schuldrechtlichen Abreden erstrecken müsse, „die rechtsverbindlich die Beziehungen der Vertragschließenden bestimmen sollen, von denen die eine nicht ohne die andere gelten soll und die daher ein einheitliches Ganzes im Sinne des § 139 BGB bilden“[331]. Ein danach unvollständiger Zustimmungsbeschluß könne das Ziel, die Wirksamkeit des zustimmungspflichtigen Vertrages herbeizuführen, nicht erreichen[332].
Das *BCA* im Fall Daimler/Chrysler enthielt nach dem Gesagten[333] (nur) insoweit rechtlich verbindliche Abreden, als die Verwaltungen der beteiligten Gesellschaften sich um die Umsetzung der im Vertrag im einzelnen festgelegten Transaktionen „in zumutbarer Weise nach besten Kräften“ zu bemühen (*Best Efforts*-Klausel)[334] und diese bei Eintritt bestimmter Bedingungen, namentlich nach Fassung der erforderlichen Hauptversammlungsbeschlüsse, vorzunehmen hatten. Nur insoweit stellt sich also überhaupt die Frage nach einer rechtlichen Einheit zwischen dem *BCA* und dem Verschmelzungsvertrag zwischen der Daimler-Benz AG und der DaimlerChrysler AG. Abreden ohne Regelungsgehalt scheiden als Bestandteile eines hauptversammlungspflichtigen Vertrages von vornherein aus[335]. Bestimmungen des *BCA* mit lediglich programmatischem Charakter, namentlich etwa zum „Fahrplan“ des Zusammenschlusses[336] oder zur Corporate Governance in der DaimlerChrysler AG, kommen insoweit also nicht in Betracht.
Die angesprochene Verpflichtung der Verwaltungen der Ausgangsgesellschaften, sich „nach besten Kräften“ um die Umsetzung des Zusammenschlusses zu

---

tes der Rhône-Poulenc S.A. bedingt war durch die Eintragung der Abspaltung Hoechst/Celanese in das Handelsregister (vgl. Bericht über den Zusammenschluß, S. 67; § 1.5 lit. b) *BCA* Hoechst/Rhône-Poulenc, Anhang des Berichts, S. 127). Insoweit hieß es im Bericht des Hoechst-Vorstandes (S. 63), daß „die Partner andere Optionen für einen Zusammenschluß beider Unternehmen suchen“ würden, wenn es zu der Abspaltung nicht kommen sollte.

[331] BGHZ 82, S. 188, 196 – Hoesch/Hoogovens.
[332] BGHZ 82, S. 188, 199 – Hoesch/Hoogovens.
[333] Vgl. oben S. 89ff., 100f..
[334] Vgl. oben Fn.271.
[335] Vgl. unten S. 213f..
[336] Vgl. *Decher*, Festschrift Lutter, S. 1209, 1222.

bemühen, stand insofern in Sachzusammenhang mit der Verschmelzung, als diese nur dann erfolgen sollte, wenn zuvor die erste Stufe des Zusammenschlusses durchgeführt war[337]. Maßgeblich ist indes, ob insoweit auch ein *rechtlicher* Zusammenhang bestand, weil der zustimmungsbedürftige Verschmelzungsvertrag nicht ohne die fragliche Verpflichtung gelten, mit dieser also stehen und fallen sollte. Entscheidend für die Zustimmungspflichtigkeit (auch) des *BCA* ist mithin - ausschließlich - die Frage einer Abhängigkeit des Verschmelzungsvertrages von dem *BCA*, genauer von dessen *Best Efforts*-Klausel. Eine etwaige Abhängigkeit umgekehrt des *BCA* von dem Verschmelzungsvertrag ist hingegen in diesem Zusammenhang ohne Bedeutung. Insoweit gilt Entsprechendes wie im Rahmen des § 313 S. 1 BGB a.F. hinsichtlich der Frage der Beurkundungsbedürftigkeit eines mit einem Grundstücksvertrag zusammenhängenden Vertrages. Hierfür kommt es nach der Rechtsprechung des Bundesgerichtshofes allein darauf an, ob der Grundstücksvertrag von der Wirksamkeit des anderen Vertrages abhängig sein soll, nicht aber umgekehrt darauf, ob der andere Vertrag von der Wirksamkeit des Grundstücksvertrages abhängig sein soll; ist nur letzteres der Fall, ist der andere Vertrag nicht beurkundungspflichtig[338]. Eine aus der Sicht des anderen Vertrages „bestehende Vertragseinheit vermag ein Beurkundungserfordernis nicht zu begründen, da" dieser „selbst dem Formgebot nicht unterliegt."[339] Die Formbedürftigkeit eines an sich formfreien Vertrages infolge des Grundsatzes der Beurkundungsbedürftigkeit aller Vertragsbestimmungen (Vollständigkeitsgrundsatz)[340] kann vielmehr nur vom gemäß § 313 S. 1 BGB a.F. beurkundungspflichtigen Grundstücksgeschäft her begründet werden[341].
Entsprechendes muß für die Frage der Zustimmungspflichtigkeit eines mit einem zustimmungspflichtigen Vertrag zusammenhängenden Vertrages gelten, die, wie noch auszuführen sein wird, der Sache nach anhand derselben Kriterien wie die Formpflicht im Rahmen des § 313 S. 1 BGB a.F. zu bestimmen ist[342]. Die Zustimmungspflichtigkeit eines für sich genommen nicht zustimmungspflichtigen Vertrages kann ebenso allein von dem zustimmungspflichtigen Vertrag her begründet werden wie die Formpflicht eines mit einem beurkundungspflichtigen Grundstücksvertrag i.S. des § 313 S. 1 BGB a.F. zusammenhängenden Vertrages nach dem Gesagten anerkanntermaßen nur von dem beurkun-

---

[337] Vgl. oben S. 55, 104.
[338] BGH NJW 2000, S. 951, 951f.; BGH NJW 2001, S. 226, 227 li. Sp. (dazu *Keim*, DNotZ 2001, S. 827ff.); BGH DStR 2002, S. 1680f.; Palandt/*Heinrichs*, § 313 Rdz.32; *Sigle/Maurer*, NJW 1984, S. 2657, 2660f.; Soergel/*Wolf*, § 313 Rdz.68; Staudinger/*Wufka*, § 313 Rdz.174.
[339] BGH NJW 2000, S. 951, 952 li. Sp..
[340] Vgl. dazu etwa Soergel/*Wolf*, § 313 Rdz.59; Staudinger/*Wufka*, § 313 Rdz.155.
[341] Staudinger/*Wufka*, § 313 Rdz.174.
[342] Vgl. dazu unten S. 176f., 205ff..

dungspflichtigen Vertrag her begründet werden kann. Maßgeblich für die Frage der Zustimmungspflichtigkeit eines mit einem zustimmungspflichtigen (Vermögensübertragungs-, Unternehmens-, Verschmelzungs- oder Spaltungs-)Vertrag zusammenhängenden Vertrages ist demgemäß allein die Frage, ob die Verträge *aus Sicht des zustimmungspflichtigen Vertrages* eine rechtliche Einheit bilden.
Im Hinblick auf die Frage der Zustimmungspflichtigkeit des *BCA* im Fall Daimler/Chrysler ergibt sich damit folgendes:
Zwar war die Durchführung der ersten Stufe des Zusammenschlusses auch ohne die anschließende Verschmelzung auf der zweiten Stufe denkbar - die Daimler-Benz AG hätte in diesem Fall als Tochtergesellschaft der neuen Konzernobergesellschaft DaimlerChrysler AG fortbestanden[343] -, weshalb die Verpflichtung der Verwaltungen der Ausgangsgesellschaften gemäß *BCA* zur Umsetzung des Zusammenschlusses „in zumutbarer Weise nach besten Kräften" insoweit daher auch ohne die Verschmelzung und damit unabhängig vom Verschmelzungsvertrag denkbar und aus Sicht der Parteien sinnvoll war. Umgekehrt ist aber, und dies ist im vorliegenden Zusammenhang nach dem Gesagten maßgeblich, davon auszugehen, daß der zustimmungsbedürftige Verschmelzungsvertrag seinerseits nicht ohne die *Best Efforts*-Klausel des *BCA* gelten sollte. Denn die - mit nicht unbeträchtlichen Kosten verbundene[344] - Verschmelzung der Daimler-Benz AG auf die DaimlerChrysler AG sollte nach dem Gesagten nicht ohne die vorherige Durchführung der ersten Stufe des Zusammenschlusses, auf die sich die *Best Efforts*-Klausel des *BCA* erstreckte, erfolgen, da die Daimler-Benz AG andernfalls nicht zwecks Vollendung des Unternehmenszusammenschlusses auf eine Konzernobergesellschaft (mit der Daimler-Benz AG und der Chrysler Corp. als Tochtergesellschaften) verschmolzen worden wäre, sondern auf eine *shell company*-Tochter der Oppenheim-Bank. Die Verpflichtung der Daimler-Benz AG zur Verschmelzung auf die DaimlerChrysler AG konnte von daher sinnvollerweise nicht ohne vorherige Umsetzung der ersten Stufe des Zusammenschlusses und damit nicht ohne die (auch) darauf bezogene Verpflichtung der Daimler-Benz AG, der DaimlerChrysler AG und der Chrysler Corp., genauer ihrer Leitungsorgane, gelten, sich nach besten Kräften um die Umsetzung des Zusammenschlusses zu bemühen.
Insgesamt ist daher davon auszugehen, daß der Verschmelzungsvertrag mit dem *BCA*, genauer mit dessen *Best Efforts*-Klausel, in rechtlichem Zusammenhang stand, eine rechtliche Einheit bildete, und daher (insoweit) mit Blick auf die Hoesch/Hoogovens-Entscheidung des Bundesgerichtshofes auch das *BCA als*

---

[343] Vgl. *Wenger*, JITE 155 (1999), S. 128, 131.
[344] Vgl. unten Fn.1374.

Bestandteil des Verschmelzungsvertrages der Zustimmung der Daimler-Benz-Hauptversammlung bedurfte[345].

Dafür, daß auch die Parteien des *BCA* von einem rechtlichen Zusammenhang zwischen dem Verschmelzungsvertrag und dem *BCA* ausgingen, spricht neben dem Umstand, daß nicht nur der Verschmelzungsvertrag (s. § 6 UmwG), sondern auch das *BCA* notariell beurkundet wurde[346], nicht zuletzt die Tatsache, daß einer außerordentlichen Daimler-Benz-Hauptversammlung[347] nicht nur der Verschmelzungsvertrag der Daimler-Benz AG mit der DaimlerChrysler AG[348], sondern auch der Zusammenschluß „auf der Grundlage des (...) Vertrags über den Unternehmenszusammenschluß (...) sowie des (...) Berichts über den Zusammenschluß“[349] zur Beschlußfassung vorgelegt[350] wurde, wenngleich die Einholung eines derartigen Konzeptbeschlusses möglicherweise auch allein aus Gründen rechtlicher Vorsicht erfolgte[351].

---

345 Ebenso i.E. *Horn*, Festschrift Lutter, S. 1113, 1124; *Rosengarten*, Liber Amicorum Buxbaum, S. 445, 459 Fn.49; a.A. *Decher*, Festschrift Lutter, S. 1209, 1222.

346 Vgl. Umtauschangebot (Fn.55), A.; Präambel Verschmelzungsvertrag, Anlage 3 des Berichts (Fn.46), S. 227, 228. - Zur Reichweite des Formerfordernisses nach § 6 UmwG, das sich nach ganz h.M. auf alle Vereinbarungen erstreckt, die nach dem Willen der Parteien eine rechtliche Einheit bilden, s. nur *Lutter* in Lutter, § 6 Rdz.3. - Näher zur Frage des Gegenstands der Formpflicht bei zustimmungspflichtigen (Vermögensübertragungs-, Unternehmens-, Verschmelzungs- und Spaltungs-)Verträgen unten S. 187ff..

347 Vgl. oben S. 60f..

348 Vgl. Punkt 2. der Tagesordnung gemäß Einladung zur 15. außerordentlichen Hauptversammlung der Daimler-Benz AG am 18.09.1998, Bundesanzeiger Nr. 146 vom 08.08. 1998, S. 11685.

349 Vgl. Punkt 1. der Tagesordnung gemäß Einladung zur 15. außerordentlichen Hauptversammlung der Daimler-Benz AG am 18.09.1998, Bundesanzeiger Nr. 146 vom 08.08. 1998, S. 11685; s. oben Fn.115.

350 Vergleichbar damit holte auch im Fall Hoechst/Rhône-Poulenc die Hoechst-Verwaltung die Zustimmung der Hauptversammlung zu dem Gesamtplan für die Transaktion ein, wie sie in dem Vertrag über den Unternehmenszusammenschluß vorgesehen war (vgl. Bericht des Hoechst-Vorstandes über den Zusammenschluß Hoechst/Rhône-Poulenc [Fn.64], S. 3, 110f.; §§ 1.4 lit. c), 8.2 *BCA* Hoechst/Rhône-Poulenc, Anhang des Berichts, S. 125, 139; *Decher*, Festschrift Lutter, S. 1209, 1225; *Rosengarten*, Liber Amicorum Buxbaum, S. 445, 459), wenngleich ausweislich des Berichts des Hoechst-Vorstandes (vgl. oben Fn.330) die hauptversammlungspflichtige Abspaltung eines Teils des Vermögens der Hoechst AG auf die Celanese AG auch unabhängig von dem Unternehmenszusammenschluß beabsichtigt war, die Bemühensverpflichtung des Hoechst-Vorstands im Rahmen des *BCA* zwischen Hoechst AG und Rhône-Poulenc S.A. mithin nicht in rechtlichem Zusammenhang mit der Verpflichtung der Hoechst AG zur Abspaltung eines Teils ihres Vermögens auf die Celanese AG, die an dem Unternehmenszusammenschluß Hoechst/ Rhône-Poulenc nicht beteiligt war, gestanden haben dürfte.

351 Vgl. *Decher*, Festschrift Lutter, S. 1209, 1223.

III. Unzulässige Beschränkung der Auswahlfreiheit des Aufsichtsrates der DaimlerChrysler AG hinsichtlich der personellen Besetzung des Vorstandes

Die vorstehenden Ausführungen betrafen die Hauptversammlungspflichtigkeit des *BCA* im Fall Daimler/Chrysler, also die Frage, inwieweit das *BCA* für sich genommen oder doch jedenfalls aufgrund rechtlicher Einheit mit dem Verschmelzungsvertrag zwischen der Daimler-Benz AG und der DaimlerChrysler AG der Zustimmung der Daimler-Benz-Hauptversammlung bedurfte. Ging es insoweit also um die Abgrenzung der Kompetenzen des Vorstandes der Daimler-Benz AG von den Kompetenzen der Daimler-Benz-Hauptversammlung, betrifft die im folgenden zu behandelnde Thematik die Abgrenzung der Kompetenzen des Aufsichtsrates der DaimlerChrysler AG von den Kompetenzen der am Abschluß des *BCA* beteiligten Leitungsorgane der Daimler-Benz AG, der Chrysler Corp. sowie der DaimlerChrysler AG. Es geht insoweit um die Frage, ob die bereits angesprochenen Bestimmungen des *BCA* über die künftige personelle Zusammensetzung des Vorstandes der DaimlerChrysler AG nach Vollzug des Zusammenschlusses (dazu sogleich 1.) möglicherweise auf einen unzulässigen Eingriff in die Auswahlfreiheit des Aufsichtsrats der DaimlerChrysler AG bei der Bestellung des Vorstandes der DaimlerChrysler AG hinausliefen (dazu 2.).

1. Bestimmungen des BCA *hinsichtlich der künftigen personellen Zusammensetzung des Vorstandes der DaimlerChrysler AG*

a) Darstellung

Die fraglichen Bestimmungen des *BCA* sind enthalten in § 4.1 (d)[352] („Zusammensetzung des Vorstands der DaimlerChrysler AG"). Dort heißt es, der Vorstand der DaimlerChrysler AG solle aus 18 Mitgliedern bestehen, von denen grundsätzlich die Hälfte von Chrysler und die andere Hälfte von Daimler-Benz benannt werden solle. Für drei Jahre nach Vollzug des Zusammenschlusses sollten die Vorstandsvorsitzenden der Ausgangsgesellschaften, *Schrempp* und *Eaton*, gemeinsam Vorsitzende des Vorstands der DaimlerChrysler AG sein[353]. Anhang E des *BCA*[354] enthielt eine Namensliste „vorgesehene(r) Vorstände von Daimler-Benz Aktiengesellschaft und Chrysler Corporation". Überdies war in

[352] Anlage 1 des Berichts (Fn.46), S. 107, 127.
[353] Zur aktienrechtlichen Zulässigkeit einer Doppelbesetzung des Amtes des Vorstandsvorsitzenden vgl. unten S. 465ff..
[354] Anlage 1 des Berichts (Fn.46), S. 107, 178.

einer Informationsbroschüre der Daimler-Benz AG über den Zusammenschluß, die den Aktionären auf Verlangen gemeinsam mit dem umfangreichen Fusionsbericht übersandt wurde, ebenso wie im US-amerikanischen *Proxy Statement* Chrysler Corp./*Prospectus* Daimler Chrysler AG ein Schaubild des Vorstands der künftigen Konzernobergesellschaft DaimlerChrysler AG enthalten, welches nicht nur die Namen der als Vorstandsmitglieder Vorgesehenen nannte, sondern jedem Kandidaten auch ein bestimmtes Ressort innerhalb des Vorstands zuordnete[355]. Dieses Schaubild war im übrigen auch bereits unmittelbar nach Ankündigung des Zusammenschlusses im Mai 1998 in der Presse erschienen[356].
Der Bericht über den Zusammenschluß erläutert die vorstehend wiedergegebene Regelung des *BCA* dahin, dem Aufsichtsrat sollten jeweils acht Mitglieder aus dem Vorstand der Daimler-Benz AG und der Chrysler Corp. sowie zwei weitere Vorstandsmitglieder der Daimler-Benz AG „zur Bestellung empfohlen werden“[357]. Im übrigen heißt es, die Vertragsparteien hätten, um sicherzustellen, dass die Unternehmensverfassung der DaimlerChrysler AG dem Konzept eines Zusammenschlusses unter gleichberechtigten Partnern entspreche, in Art. 4 des *BCA* vereinbart, den zuständigen Organen, nämlich der Hauptversammlung, dem Aufsichtsrat und dem Vorstand der DaimlerChrysler AG, eine entsprechende Unternehmensverfassung und Leitungsstruktur zu empfehlen, „ohne jedoch in deren Rechte und Kompetenzen einzugreifen.“[358] § 4.1 *BCA*[359] ist insoweit zu entnehmen, daß sich dieVertragsparteien des *BCA* verpflichteten, dem Aufsichtsrat der DaimlerChrysler AG die in § 4.1 (d) *BCA* vorgesehene personelle Besetzung des Vorstands zu empfehlen, „ohne in die Rechte und Kompetenzen (...) des Aufsichtsrats (...) der DaimlerChrysler AG eingreifen zu wollen und vorbehaltlich der Bestimmungen“ u.a. des § 84 AktG.

---

[355] „Informationen zum Unternehmenszusammenschluß von Daimler-Benz und Chrysler“, S. 39; *Proxy Statement/Prospectus* (Fn.52), S. 67.

[356] FAZ Nr. 107 vom 09.05.1998, S. 18. - Da das *BCA* keine Bestimmungen über die Ressortverteilung traf und auch ansonsten keine Hinweise auf eine entsprechende Empfehlung gegenüber dem Vorstand oder dem Aufsichtsrat der DaimlerChrysler AG vorliegen, stellt sich die Frage nach der Vereinbarkeit derartiger Abreden hinsichtlich der Ressortverteilung mit der Befugnis des Satzungsgebers sowie namentlich des Aufsichtsrats und des Vorstands zur Geschäftsverteilung gemäß § 77 Abs. 1 S. 2 AktG (dazu KK/*Mertens*, § 77 Rdz.15ff.; *Hefermehl* in G/H/E/K, § 77 Rdz.16ff.) nicht. Auch insoweit ist ebenso wie hinsichtlich der Auswahlfreiheit des Aufsichtsrats bei der Bestellung der Vorstandsmitglieder (vgl. den folgenden Text) davon auszugehen, dass jedenfalls bloße Empfehlungen zur Verteilung der Geschäfte unter den als Vorstandsmitglieder Vorgeschlagenen unbedenklich sind und folglich auch einer Vereinbarung, eine solche Empfehlung abzugeben, nichts entgegenstünde.

[357] Bericht (Fn.46), S. 39 re. Sp..

[358] Bericht (Fn.46), S. 39 li. Sp..

[359] Anlage 1 des Berichts (Fn.46), S. 107, 126 re. Sp..

Hinzuzufügen ist, dass die Satzung der DaimlerChrysler AG keine Richtlinien für die Besetzung des Vorstands enthält. Es bewendet insoweit vielmehr bei der Feststellung, der Aufsichtsrat bestelle die Vorstandsmitglieder nach den Bestimmungen des Aktiengesetzes und des Mitbestimmungsgesetzes und bestimme ihre Zahl[360].

b) Mutmaßlich zugrundeliegende Erwägungen

Die namentliche Benennung der vorgesehenen künftigen Mitglieder des Leitungsorgans einer aus einem Unternehmenszusammenschluss hervorgehenden Gesellschaft im Vorfeld des Zusammenschlusses mag bei einem *Merger of Equals*[361] insbesondere auf psychologischen Erwägungen beruhen. Den Aktionären der Ausgangsgesellschaften wird auf diese Weise der - wenn auch möglicherweise nur vordergründig zutreffende - Eindruck einer Parität der beteiligten Gesellschaften vermittelt, der ihnen gemeinsam mit der Aussicht auf eine Besetzung des Leitungsorganes mit ihnen jedenfalls zum Teil dem Namen nach bekannten Personen die Zustimmung zu dem Zusammenschluß erleichtern mag. Diese Erwägungen gelten insbesondere bei grenzüberschreitenden Unternehmenszusammenschlüssen - so enthielt etwa auch das *BCA* Hoechst/Rhône-Poulenc Bestimmungen über die personelle Zusammensetzung des Vorstandes der neuen Konzernobergesellschaft Aventis S.A.[362] -, bei denen daher der eingangs aufgeworfenen Frage nach der Zulässigkeit solcher „Vorankündigungen“ im Hinblick auf die Auswahlfreiheit des Aufsichtsrates einer Aktiengesellschaft deutschen Rechts bei der Bestellung der Vorstandsmitglieder besondere Bedeutung zukommt.

---

360 § 5 S. 2 der Satzung der DaimlerChrysler AG, Anlage 7 des Berichts (Fn.46), S. 287, 290. – Die insoweit unveränderte Satzung der DaimlerChrysler AG, Stand März 2001, ist im Internet als pdf-Datei abrufbar unter http://www.daimlerchrysler.de/company/pdf/dc_memorandum_g.pdf.

361 Zum Begriff vgl. oben S. 63ff..

362 § 3.7 *BCA* Hoechst/Rhône-Poulenc (Anhang des Berichts über den Zusammenschluß Hoechst/Rhône-Poulenc [Fn.64], S. 132).

2. Eingriff in die Auswahlfreiheit des Aufsichtsrates der DaimlerChrysler AG

a) Auswahlfreiheit des Aufsichtsrates

Dem Aufsichtsrat kommt nach der gesetzlichen Regelung die ausschließliche[363] Zuständigkeit für die Bestellung der Vorstandsmitglieder (§ 84 Abs. 1 AktG) zu. Die insoweit bestehende Auswahlfreiheit des Aufsichtsrates ist einer rechtlichen Beschränkung nicht zugänglich[364], darauf abzielende Vereinbarungen sind mithin unwirksam[365]. Nicht in Betracht kommt namentlich etwa eine Statuierung verbindlicher Vorschlagsrechte für andere Organe oder Dritte, namentlich durch Satzungsbestimmung[366]. Gegen rein faktische Einflussnahmen auf Mitglieder des Aufsichtsrats durch Empfehlungen u.ä., die nicht, namentlich durch Satzungsbestimmung, institutionalisiert sind, bestehen hingegen nach allgemeiner Auffassung keine Bedenken[367]: „Unverbindliche Vorschläge sind jedem erlaubt."[368] In diesem Sinne sind auch Vereinbarungen von Aktionären unbedenklich, durch Einsatz ihres tatsächlichen Einflusses auf die Aufsichtsratsmitglieder für die Bestellung bestimmter Vorstandsmitglieder Sorge zu tragen[369]. Freilich darf eine derartige Einflussnahme nicht mit der Ausübung von Druck verbunden sein[370].

Die vorstehenden Ausführungen zur Auswahlfreiheit des Aufsichtsrats bei der Bestellung von Vorstandsmitgliedern nach § 84 Abs. 1 AktG gelten entsprechend hinsichtlich der Ernennung eines Vorstandsvorsitzenden nach § 84 Abs. 2 AktG, für die gleichfalls eine ausschließliche Zuständigkeit des Aufsichtsrates gegeben ist. Insoweit gilt insbesondere, dass die Satzung dem Aufsichtsrat die Ernennung eines Vorstandsvorsitzenden weder verbieten noch vorschreiben kann[371].

---

363 *Baums*, Der Geschäftsleitervertrag, S. 64; *Hefermehl* in G/H/E/K, § 84 Rdz.7, 58; *Lutter/Krieger*, Rechte und Pflichten des Aufsichtsrats, Rdz.332; KK/*Mertens*, § 84 Rdz.9; GK^3/*Meyer-Landrut*, § 84 Anm.2.

364 *Hefermehl* in G/H/E/K, § 84 Rdz.9; *Krieger*, Personalentscheidungen, S. 12f.; *Lutter/Krieger*, Rechte und Pflichten des Aufsichtsrats, Rdz.121; KK/*Mertens*, § 84 Rdz.9.

365 *Lutter/Krieger*, Rechte und Pflichten des Aufsichtsrats, Rdz.333.

366 *Hefermehl* in G/H/E/K, § 84 Rdz.9; *Lutter/Krieger*, Rechte und Pflichten des Aufsichtsrats, Rdz.333; KK/*Mertens*, § 84 Rdz.9; GK^3/*Meyer-Landrut*, § 84 Anm.2.

367 *Lutter/Krieger*, Rechte und Pflichten des Aufsichtsrats, Rdz.335.

368 KK/*Mertens*, § 84 Rdz.9.

369 *Hefermehl* in G/H/E/K § 84 Rdz.10; KK/*Mertens*, § 84 Rdz.9 a.E..

370 *Krieger*, Personalentscheidungen, S. 49.

371 *Hefermehl* in G/H/E/K, § 84 Rdz.58; KK/*Mertens*, § 84 Rdz.88; GK^3/*Meyer-Landrut*, § 84 Anm.60.

b) Eingriff in die Auswahlfreiheit im Fall Daimler/Chrysler

Die im Fall Daimler/Chrysler gewählte Vorgehensweise erweist sich vor diesem Hintergrund im Ergebnis als vereinbar mit der Auswahlfreiheit des Aufsichtsrats hinsichtlich der Bestellung des Vorstands[372]. Die o.g. Vereinbarung des *BCA* zur Besetzung des Vorstandes der DaimlerChrysler AG verpflichtete die Parteien lediglich dazu, dem Aufsichtsrat der DaimlerChrysler AG bestimmte Personen zur Wahl zu benennen, also zur Bestellung zu empfehlen. Gegen eine Vereinbarung von Aktionären darüber, ihre tatsächlichen Einflussmöglichkeiten dahin auszuüben, dass bestimmte Personen vom Aufsichtsrat zu Vorstandsmitgliedern gewählt werden, bestehen nach dem Gesagten keine Bedenken. Nichts anderes kann für eine Vereinbarung wie die hier in Rede stehende Bestimmung des *BCA* gelten, welche die Vertragsparteien, also die DaimlerChrysler AG, deren Aufsichtsrat bestimmte Personen zur Bestellung als Vorstandsmitglieder empfohlen werden sollen, sowie die Daimler-Benz AG und die Chrysler Corp., verpflichtete, dem Aufsichtsrat der neuen Konzernobergesellschaft DaimlerChrysler AG einen unverbindlichen Vorschlag für die Besetzung des Vorstandes sowie des Vorstandsvorsitzes zu unterbreiten. Die Auswahlfreiheit des Aufsichtsrates hinsichtlich der personellen Besetzung des Vorstandes und des Amtes des Vorstandsvorsitzenden bleibt unberührt, wenn und weil sich eine Einflussnahme auf die Aufsichtsratsmitglieder wie hier in - nach allgemeiner Auffassung unbedenklichen - unverbindlichen Empfehlungen und Vorschlägen erschöpft, die nicht durch Satzungsbestimmung institutionalisiert sind.

B. Umtauschangebot der DaimlerChrysler AG auf die Daimler-Benz-Aktien

I. Zustimmungskompetenz der Daimler-Benz-Hauptversammlung

Die außerordentliche Daimler-Benz-Hauptversammlung zum Zusammenschluß mit der Chrysler Corp. fasste zwei Beschlüsse. Zum einen stimmte die Hauptversammlung mit einem Konzeptbeschluss[373] dem Zusammenschluß „auf der Grundlage des (...) Vertrags über den Unternehmenszusammenschluß (...) sowie des (...) Berichts über den Zusammenschluß" zu und ermächtigte den Vorstand der Daimler-Benz AG, „alle für den Vollzug dieses Zusammenschlusses erfor-

---

[372] Vgl. *Stengel* in: Semler/Volhard (Hrsg.), Unternehmensübernahmen, § 17 Rdz.253.
[373] Vgl. *Reichert* in: Semler/Volhard (Hrsg.), Unternehmensübernahmen, § 17 Rdz.61.

derlichen Maßnahmen vorzunehmen."[374] Zum anderen stimmte die Daimler-Benz-Hauptversammlung dem Verschmelzungsvertrag zwischen der Daimler-Benz AG und der DaimlerChrysler AG zu[375].
Die Zustimmungskompetenz der Hauptversammlung hinsichtlich des Verschmelzungsvertrages zwischen Daimler-Benz AG und DaimlerChrysler AG folgt aus der gesetzlichen Regelung der §§ 13, 65 UmwG und bedarf insofern keiner näheren Erörterung. Die Notwendigkeit einer Beschlußfassung über den gesamten Zusammenschluß, also die Gesamtheit der dazu vorgesehenen Einzelakte, auf der Grundlage des *BCA* läßt sich aus dem Gesetz hingegen nicht ableiten[376]. Von daher stellt sich die Frage, ob und gegebenenfalls aus welchem Grunde es eines entsprechenden Hauptversammlungsbeschlusses über den gesamten Zusammenschluß und damit insbesondere auch hinsichtlich der Durchführung des Umtauschangebotes der DaimlerChrysler AG überhaupt bedurfte. Insoweit kommen verschiedene Ansatzpunkte in Betracht. Eine Beschlussfassung der Daimler-Benz-Hauptversammlung über das Gesamtkonzept des Zusammenschlusses und damit namentlich auch über das Umtauschangebot der DaimlerChrysler AG auf die Daimler-Benz-Aktien war möglicherweise im Hinblick auf die Begründung einer Konzernabhängigkeit der Daimler-Benz AG infolge Durchführung des Umtauschangebotes (dazu 1.), nach Holzmüller-Grundsätzen (dazu 2.), aufgrund analoger Anwendbarkeit der §§ 13, 65 UmwG (dazu 3.), nach der Lehre vom Gesamtplan der Verwaltung (dazu 4.) sowie im Hinblick auf die sog. Neutralitätspflicht des Vorstandes einer Aktiengesellschaft (dazu 5.) erforderlich.

1. Konzerneingangskontrolle durch Hauptversammlungsbeschluß

Eine Zustimmungskompetenz der Daimler-Benz-Hauptversammlung hinsichtlich des Umtauschangebotes der DaimlerChrysler AG an die Daimler-Benz-Aktionäre könnte zunächst unter dem Aspekt einer Konzerneingangskontrolle gegeben gewesen sein. Das Umtauschangebot der DaimlerChrysler AG enthielt nach dem Gesagten[377] eine Mindestumtauschquote von 75 Prozent, sollte mithin nur dann durchgeführt werden, wenn die DaimlerChrysler AG nach Umsetzung

---

[374] Vgl. Punkt 1. der Tagesordnung gemäß Einladung zur 15. außerordentlichen Hauptversammlung der Daimler-Benz AG am 18.09.1998, Bundesanzeiger Nr. 146 vom 08.08. 1998, S. 11685; s. oben Fn.115.

[375] Vgl. Punkt 2. der Tagesordnung gemäß Einladung zur 15. außerordentlichen Hauptversammlung der Daimler-Benz AG am 18.09.1998, Bundesanzeiger Nr. 146 vom 08.08.1998, S. 11685.

[376] Zur Zustimmungsbedürftigkeit des *BCA* selbst vgl. oben S. 100ff..

[377] Vgl. oben S. 42.

des Angebotes eine Mehrheitsbeteiligung an der Daimler-Benz AG im Umfang von mindestens 75 Prozent des Grundkapitals halten würde. Eine Beschlussfassung der Daimler-Benz-Hauptversammlung war im Hinblick auf die mithin mit dem Umtauschangebot angestrebte Herbeiführung einer Konzernabhängigkeit der Daimler-Benz AG von der DaimlerChrysler AG (vgl. § 17 AktG) indes nicht erforderlich. Außenstehende Aktionäre haben die Begründung der Abhängigkeit ihrer Gesellschaft nach geltendem Recht hinzunehmen[378]. Ein vorbeugender Schutz auf der Ebene der (künftigen) Untergesellschaft im Sinne einer Konzerneingangskontrolle ist in den §§ 311ff. AktG nicht vorgesehen. Außenstehende Aktionäre einer (künftig) konzernabhängigen Gesellschaft werden durch die Schranken, welche die §§ 311, 76 AktG der Ausübung einheitlicher Leitung ziehen, nach h.M. ausreichend geschützt[379]. Teile des Schrifttums erachten allerdings den Schutz außenstehender Aktionäre konzernabhängiger Gesellschaften durch die §§ 311ff. AktG nicht als ausreichend und plädieren *de lege ferenda* u.a. deshalb dafür, der Hauptversammlung einer Zielgesellschaft die Kompetenz einzuräumen, über die Annahme eines zum Kontrollerwerb führenden Übernahmeangebots zu entscheiden[380]. *De lege lata* ist indes eine Konzerneingangskontrolle durch Hauptversammlungsbeschluß in der Zielgesellschaft nicht vorgesehen. Auch das am 01.01.2002 in Kraft getretene Wertpapiererwerbs- und Übernahmegesetz begründet keine Kompetenz der Hauptversammlung einer Zielgesellschaft zur positiven Beschlussfassung über die Annahme eines Übernahmeangebotes[381].

Unter dem Aspekt der Konzerneingangskontrolle war mithin eine Beschlussfassung der Daimler-Benz-Hauptversammlung im Hinblick auf das Umtauschangebot der DaimlerChrysler AG an die Daimler-Benz-Aktionäre nicht erforderlich[382].

---

[378] *Decher*, Festschrift Lutter, S. 1209, 1224; *Emmerich/Sonnenschein/Habersack*, Konzernrecht, § 8 III 1, S. 113; *Habersack* in Emmerich/Habersack, vor § 311 Rdz.1; *Hopt*, ZHR 166 (2002), S. 383, 422; *Krause*, Die AG 2000, S. 217, 220f.; MünchKomm AktG/*Kropff*, vor § 311 Rdz.44; *Kropff* in: Semler/Volhard (Hrsg.), Unternehmensübernahmen, § 28 Rdz.11.

[379] *Raiser*, Recht der Kapitalgesellschaften, § 52 Rdz.26 m. Nachw. in Fn.38.

[380] *Baums*, Die AG 1990, S. 221, 235 li. Sp.; *ders.*, ZIP 1997, S. 1310, 1314; *Lüttmann*, Kontrollwechsel in Kapitalgesellschaften, S. 25f., 215ff.; vgl. *Baums* in: von Rosen/Seifert (Hrsg.), Die Übernahme börsennotierter Unternehmen, S. 165, 174f.; ablehnend *Hopt*, Festschrift Zöllner, S. 253, 269f.; *Schiessl*, Die AG 1999, S. 442, 451.

[381] *Bayer*, ZGR 2002, S. 588, 609; *Emmerich/Sonnenschein/Habersack*, Konzernrecht, § 8 III 1, S. 113; *Habersack* in Emmerich/Habersack, Vor § 311 Rdz.10; kritisch dazu *Kallmeyer*, Die AG 2000, S. 553, 554 li. Sp..

[382] Vgl. *Decher*, Festschrift Lutter, S. 1209, 1224; *Reichert* in: Semler/Volhard (Hrsg.), Unternehmensübernahmen, § 17 Rdz.62 a.E..

2. Mitspracherecht der Hauptversammlung nach Holzmüller-Grundsätzen

In Betracht kommt des weiteren ein internes Mitspracherecht der Daimler-Benz-Hauptversammlung hinsichtlich der Durchführung des Umtauschangebotes der DaimlerChrysler AG nach den Grundsätzen des Holzmüller-Urteils des Bundesgerichtshofs. In der Tat ist insoweit davon auszugehen, daß der Vorstand der Daimler-Benz AG der Hauptversammlung das Gesamtkonzept des Zusammenschlusses und damit insbesondere auch das Umtauschangebot der DaimlerChrysler AG im Hinblick auf die Holzmüller-Doktrin zur Zustimmung vorlegte (dazu a)). Hiervon zu trennen ist die Frage, ob rechtlich insoweit tatsächlich eine Vorlagepflicht des Vorstands und damit ein internes Mitspracherecht der Hauptversammlung nach Holzmüller-Grundsätzen gegeben war (dazu b)).

a) Praktische Erwägungen

Ein Hinweis auf die Erwägungen, die der Einholung eines Hauptversammlungsbeschlusses über den zweistufigen Zusammenschluß im ganzen und damit insbesondere auch über das Umtauschangebot der DaimlerChrysler AG zugrunde lagen, läßt sich dem Bericht über den Zusammenschluß entnehmen. „Die grundlegende Bedeutung der geplanten Maßnahmen", so heißt es dort, sei der Grund dafür, daß der Hauptversammlung neben dem Verschmelzungsvertrag auch der im *BCA* vereinbarte „Gesamtplan zum Zusammenschluß beider Unternehmen (der Daimler-Benz AG und der Chrysler Corporation in der DaimlerChrysler AG)" zur Zustimmung vorgelegt werde[383].
Dieser Formulierung ist u.a. zu entnehmen, daß der Daimler-Benz-Vorstand der Hauptversammlung das Gesamtkonzept des Zusammenschlusses im Hinblick auf die Holzmüller-Doktrin des Bundesgerichtshofes zur Zustimmung vorlegte. In der Holzmüller-Entscheidung des Bundesgerichtshofes ging es allerdings bekanntlich streng genommen allein um die Frage, ob der Vorstand unterhalb der Schwelle des § 361 AktG a.F. (= § 179a AktG n.F.) im Innenverhältnis die Zustimmung der Hauptversammlung zur Ausgliederung (im Wege der Einzelrechtsnachfolge) des wertvollsten Teils des Betriebsvermögens auf eine 100%-ige Tochtergesellschaft einzuholen hat[384]. Nach Auffassung des Bundesgerichtshofes gebietet der Schutz der Rechte der Aktionäre in der Obergesellschaft in einem solchen Fall eine Beteiligung der Hauptversammlung, da durch eine derartige Ausgliederung ein wesentlicher Teil des Gesellschaftsvermögens ihrer Kontrolle entzogen wird und es insofern zu einer „Mediatisierung" der Mitglied-

---

[383] Bericht (Fn.46), S. 16 li. Sp..
[384] Vgl. BGHZ 83, S, 122, 139 – Holzmüller.

schaftsrechte der Aktionäre der Obergesellschaft kommt[385]. Das Holzmüller-Urteil statuiert also in erster Linie eine Konzernbildungskontrolle zugunsten der Aktionäre einer (künftigen) Konzernobergesellschaft. Der Bundesgerichtshof hat sich indes bekanntermaßen nicht auf die Entscheidung des ihm vorliegenden Falles beschränkt, sondern in den Entscheidungsgründen eine Vorlagepflicht des Vorstands im Hinblick auf alle „grundlegende(n) Entscheidungen" statuiert, die „so tief in die Mitgliedsrechte der Aktionäre und deren im Anteilseigentum verkörpertes Vermögensinteresse eingreifen, daß der Vorstand vernünftigerweise nicht annehmen kann, er dürfe sie in ausschließlich eigener Verantwortung treffen, ohne die Hauptversammlung zu beteiligen."[386] Diese generalklauselartige Umschreibung des Kreises vorlagepflichtiger Strukturmaßnahmen hat in der Praxis zu erheblicher Rechtsunsicherheit hinsichtlich des Umfangs der Vorlagepflicht geführt[387]. Im Schrifttum wird etwa die Auffassung vertreten, die Holzmüller-Doktrin sei nicht auf Konzernbildungsmaßnahmen beschränkt[388], sondern betreffe prinzipiell weitergehend jede Entscheidung, die als „Einmal-Entscheidung" die Verhältnisse in der Gesellschaft grundlegend ändert, mithin sämtliche „die Struktur der Gesellschaft betreffenden Entscheidungen, soweit sie nicht gesetzlich geregelt sind"[389]. Derartige Entscheidungen bedürften danach stets im Innenverhältnis der Zustimmung der Hauptversammlung.

In der Praxis werden der Hauptversammlung vor diesem Hintergrund vorsichtshalber auch solche Maßnahmen zur Zustimmung vorgelegt, die zwar nicht wie die Ausgliederung im Holzmüller-Fall konzernbildenden Charakter haben, gleichwohl aber als „grundlegende Entscheidungen" i.S. der Formulierung des Bundesgerichtshofes im Holzmüller-Urteil qualifiziert werden können[390]. Die entsprechende Einordnung eines vom Vorstand gesteuerten Unternehmenszusammenschlusses, der wie der Zusammenschluß Daimler/Chrysler im wirt-

---

385 Vgl. BGHZ 83, S. 122, 136ff. – Holzmüller; *Habersack* in Emmerich/Habersack, Vor § 311 Rdz.14; *Emmerich/Sonnenschein/Habersack*, Konzernrecht, § 9 IV 1 b), S. 125.

386 BGHZ 83, S. 122, 131 – Holzmüller.

387 *Endres*, ZHR 163 (1999), S. 441, 457; *Joost*, ZHR 163 (1999), S. 164, 171; *Schiessl*, Die AG 1999, S. 442, 444; GK/*Mülbert*, § 119 Rdz.22; GK/*Werner*, § 121 Rdz.21.

388 *Habersack* in Emmerich/Habersack, Vor § 311 Rdz.14.

389 *Leinekugel*, Ausstrahlungswirkungen, S. 72f., 91f.; *Lutter/Leinekugel*, ZIP 1998, S. 225, 230 li. Sp.; *dies.*, ZIP 1998, S. 805f.; *Priester*, ZHR 163 (1999), S. 187, 195; vgl. zur stetigen Ausweitung des Katalogs ungeschriebener Hauptversammlungskompetenzen die Überblicke bei *Lutter/Leinekugel*, ZIP 1998, S. 805, 806 li. Sp.; GK/*Mülbert*, § 119 Rdz.30; kritisch dazu etwa *Baums*, Gutachten, S. F 111f.; grundsätzlich gegen die Annahme ungeschriebener Hauptversammlungskompetenzen bei sog. Strukturmaßnahmen *Joost*, ZHR 163 (1999), S. 164, 173ff.; *Mertens*, Die AG 2000, S. 157, 161f..

390 Vgl. *Baums*, Festschrift Zöllner, S. 65, 78; *Rosengarten*, Liber Amicorum Buxbaum, S. 445, 450, 460.

schaftlichen Ergebnis nach dem Gesagten einer - nach §§ 13, 65 UmwG im Außenverhältnis zustimmungspflichtigen - gemeinsamen Verschmelzung der Gesellschaft mit einer anderen Gesellschaft auf eine dritte Gesellschaft sehr nahe kommt[391], liegt nicht ganz fern[392]. Daß der Daimler-Benz-Vorstand vor diesem Hintergrund die Zustimmung der Hauptversammlung zum Gesamtkonzept des Zusammenschlusses einholte und sich zur Durchführung aller insoweit erforderlichen Maßnahmen, insbesondere also auch zur Mitwirkung bei der Durchführung des Umtauschangebotes der DaimlerChrysler AG, ermächtigen ließ, kann angesichts der erwähnten Rechtsunsicherheit hinsichtlich des Kreises vorlagepflichtiger Strukturmaßnahmen nicht überraschen, zumal wegen der auf der zweiten Stufe des Zusammenschlusses vorgesehenen Verschmelzung der Daimler-Benz AG auf die DaimlerChrysler AG gemäß §§ 13, 65 UmwG ohnedies eine Beschlussfassung der Hauptversammlung der Daimler-Benz AG erforderlich war, so daß die Einholung eines zusätzlichen Hauptversammlungsbeschlusses keinen größeren Aufwand verursachte[393].

b) Geltung der Holzmüller-Doktrin beim Daimler/Chrysler-Modell

aa) Problemstellung

Es fragt sich freilich, ob eine (interne) Zustimmung der Daimler-Benz-Hauptversammlung zum Gesamtkonzept des Zusammenschlusses und damit insbesondere auch zur Durchführung des Umtauschangebotes der DaimlerChrysler AG nach Holzmüller-Grundsätzen tatsächlich geboten war. Eine Vorlagepflicht des Daimler-Benz-Vorstands könnte sich insoweit aus dem Umstand ergeben, daß der Vorstand die Abgabe und Durchführung des Umtauschangebotes der DaimlerChrysler AG, welches nach dem Gesagten[394] - jedenfalls für eine Übergangsfrist - auf die Begründung einer Konzernabhängigkeit der Daimler-Benz AG abzielte, gemeinsam mit dem *Board* der Chrysler Corp. initiierte und steuerte und den Aktionären der von ihm geleiteten Gesellschaft die Annahme des Angebotes empfahl[395].

---

[391] Vgl. oben S. 60.

[392] Vgl. *Horn*, ZIP 2000, S. 473, 479 re. Sp.; *ders.*, Festschrift Lutter, S. 1113, 1124; *ders.*, Liber Amicorum Buxbaum, S. 315, 328.

[393] *Decher*, Festschrift Lutter, S. 1209, 1223; *Rosengarten*, Liber Amicorum Buxbaum, S. 445, 459.

[394] Vgl. oben S. 114f..

[395] Vgl. Umtauschangebot (Fn.55), A..

Wie oben erwähnt[396] wurde die DaimlerChrysler AG von der Oppenheim-Bank eigens als Transaktionsvehikel (NewCo) zum Zwecke der Durchführung des Zusammenschlusses gegründet[397]. Die Bank war zunächst als Treuhänderin der Daimler-Benz AG und der Chrysler Corp. Alleinaktionärin der DaimlerChrysler AG[398]. Gegenüber den Treugebern war die Oppenheim-Bank zur Durchführung der erforderlichen Transaktionen im Rahmen des Zusammenschlusses vertraglich verpflichtet[399]. Die vertraglichen Vereinbarungen zwischen Treugebern und Treuhänderin sahen ausdrücklich gemeinsame Anweisungen der Daimler-Benz AG und der Chrysler Corp. gegenüber der Oppenheim-Bank als Alleinaktionärin der Daimler-Chrysler AG zur Umsetzung des im *BCA* vorgesehenen Zusammenschlusses vor[400]. Die DaimlerChrysler AG gab mithin das Umtauschangebot an die Daimler-Benz-Aktionäre in Erfüllung einer entsprechenden Verpflichtung ihrer Alleinaktionärin gegenüber der Daimler-Benz AG und der Chrysler Corp. ab. Die Abgabe des Angebots erfolgte also auf Veranlassung (auch) des Daimler-Benz-Vorstands in Verfolgung des mit dem Chrysler-*Board* vereinbarten Konzeptes für den Unternehmenszusammenschluß.
Es stellt sich insoweit die Frage, ob der Vorstand die nach dem Konzept für den Zusammenschluß vorgesehene Anweisung an die Alleinaktionärin der NewCo DaimlerChrysler AG zur Abgabe des Umtauschangebotes auf die Daimler-Benz AG der Hauptversammlung der Daimler-Benz AG nach Holzmüller-Grundsätzen zur Zustimmung vorzulegen verpflichtet war. Dies wäre zu bejahen, wenn die Durchführung des vom Daimler-Benz-Vorstand mit initiierten und gesteuerten Umtauschangebotes der weisungsgebundenen und somit als Werkzeug der Daimler-Benz AG und der Chrysler Corp. zu qualifizierenden DaimlerChrysler AG vergleichbar tief in die Mitgliedsrechte der Daimler-Benz-Aktionäre und deren im Anteilseigentum verkörpertes Vermögensinteresse eingriff wie die Ausgliederung des wesentlichen Teils des Betriebsvermögens auf eine 100%ige Tochtergesellschaft im Holzmüller-Fall. Hierzu ist folgendes zu bemerken.

---

[396] Vgl. oben S. 40 mit Fn.51.

[397] Vgl. § 6.8 *BCA* (Fn.52), Anlage 1 des Berichts (Fn.46), S. 107, 136.

[398] Vgl. Vereinbarung zwischen Sal. Oppenheim & Cie. KGaA, Daimler-Benz AG und Chrysler Corporation (*BCA* [Fn.52], TAB 5, Anlage 1 des Berichts [Fn.46], S. 202ff.), Abschnitt 1.

[399] Vgl. Vereinbarung zwischen Sal. Oppenheim & Cie. KGaA, Daimler-Benz AG und Chrysler Corporation (*BCA* [Fn.52], TAB 5, Anlage 1 des Berichts [Fn.46], S. 202ff.), Abschnitt 3 S. 1.

[400] Vgl. Vereinbarung zwischen Sal. Oppenheim & Cie. KGaA, Daimler-Benz AG und Chrysler Corporation (*BCA* [Fn.52], TAB 5, Anlage 1 des Berichts [Fn.46], S. 202ff.), Abschnitt 5 S. 2.

bb) Stellungnahme

Das Umtauschangebot der DaimlerChrysler AG zielte auf die Zusammenführung einer Mehrheit der Daimler-Benz-Aktionäre, die mindestens 75 Prozent des Grundkapitals der Daimler-Benz AG hielt (vgl. die Mindestumtauschquote des Umtauschangebotes), mit den Chrysler-Aktionären in der neuen Konzernobergesellschaft DaimlerChrysler AG. Für die Daimler-Benz-Aktionäre, die das Umtauschangebot nicht annahmen, war mit der Durchführung des Angebotes insofern eine Änderung ihrer Rechtsstellung verbunden, als sie zu Minderheitsaktionären einer konzernabhängigen Gesellschaft wurden. Angesichts dieser unterschiedlichen Konsequenzen der Durchführung des Umtauschangebotes für die „tauschenden" Daimler-Benz-Aktionäre einerseits sowie für die „nicht tauschenden" Daimler-Benz-Aktionäre andererseits ist die hier in Rede stehende Frage, ob mit der Durchführung des Umtauschangebotes ein schwerwiegender Eingriff in die Mitgliedsrechte der Daimler-Benz-Aktionäre verbunden war, für die beiden Aktionärsgruppen getrennt zu erörtern.
Im Schrifttum wird die Frage, ob in der Mitwirkung des Vorstands einer Zielgesellschaft an der Abgabe und Durchführung eines auf den Erwerb einer Kontrollmehrheit an der Zielgesellschaft abzielenden Umtauschangebotes an die Aktionäre der Zielgesellschaft ein schwerwiegender Eingriff in deren Mitgliedsrechte nach Holzmüller-Grundsätzen liegt und demgemäß insoweit von einer Vorlagepflicht des Vorstands der Zielgesellschaft analog § 119 Abs. 2 AktG auszugehen ist, erst in jüngerer Zeit problematisiert[401]. Dies mag damit zusammenhängen, daß die fragliche Gestaltung der Nutzung eines Umtauschangebotes als Instrument gesellschaftsrechtlicher Umstrukturierung[402] offenbar erst in jüngerer Vergangenheit zum Zwecke der Durchführung von (insbesondere grenzüberschreitenden) Unternehmenszusammenschlüssen praktische Bedeutung erlangt hat (vgl. neben dem Fall Daimler/Chrysler namentlich den Zusammenschluß Hoechst/Rhône-Poulenc[403]). Soweit im Schrifttum im Zusammen-

---

[401] Vgl. *Decher*, Festschrift Lutter, S. 1209, 1223f.; *Marsch-Barner* in: Semler/Volhard (Hrsg.), Unternehmensübernahmen, § 7 Rdz.61; *Reichert* in: Semler/Volhard (Hrsg.), Unternehmensübernahmen, § 17 Rdz.62; *Rosengarten*, Liber Amicorum Buxbaum, S. 445, 458f.; *v. Schenck* in: Semler/Volhard (Hrsg.), Unternehmensübernahmen, § 8 Rdz.60 mit Fn.59; *Stengel* in: Semler/Volhard (Hrsg.), Unternehmensübernahmen, § 17 Rdz.371.

[402] Vgl. *Loehr* in: von Rosen/Seifert (Hrsg.), Die Übernahme börsennotierter Unternehmen, S. 149, 158.

[403] Im Fall Hoechst/Rhône-Poulenc (dazu näher unten S. 372f.) gab eine der beiden am Zusammenschluß beteiligten Gesellschaften, die Rhône-Poulenc S.A., mit Zustimmung des Vorstands der Hoechst AG in Verfolgung eines Gesamtplans zur Herbeiführung eines grenzüberschreitenden Unternehmenszusammenschlusses ein Umtauschangebot auf die Aktien der Hoechst AG ab. Auch der Vorstand der Hoechst AG legte das Konzept des Zu-

hang mit der Abgabe eines Übernahmeangebotes eine Vorlagepflicht nach Holzmüller-Grundsätzen diskutiert wird, geschieht dies vornehmlich mit Blick auf die *Bieter*gesellschaft, die mit dem Angebot einen Beteiligungserwerb bezweckt[404]. Die Frage, um die es hier geht, ist jedoch nicht, ob das Umtauschangebot, genauer der bei seiner Durchführung stattfindende Aktientausch, in Mitgliedsrechte der Aktionäre der Bietergesellschaft DaimlerChrysler AG eingriff, an der im Zeitpunkt der Abgabe des Umtauschangebotes ohnedies keine außenstehenden Aktionäre beteiligt waren. Die Frage eines Eingriffs in Mitgliedsrechte stellt sich im vorliegenden Zusammenhang vielmehr im Hinblick auf die Aktionäre der *Ziel*gesellschaft Daimler-Benz AG. Aus der angesprochenen literarischen Diskussion um eine Vorlagepflicht nach Holzmüller-Grundsätzen bei Übernahmeangeboten in der Bietergesellschaft lassen sich für die hier in Rede stehende Konstellation keine Schlußfolgerungen ziehen. Es bedarf vielmehr weitergehender Überlegungen. Dabei soll der Frage einer Vorlagepflicht nach Holzmüller-Grundsätzen zunächst hinsichtlich der tauschenden Daimler-Benz-Aktionäre und anschließend mit Blick auf die nicht tauschenden Daimler-Benz-Aktionäre nachgegangen werden.

(1) Eingriff in die Mitgliedsrechte der tauschenden Daimler-Benz-Aktionäre

Im Hinblick auf die tauschenden Aktionäre lag ein Eingriff in deren Mitgliedsrechte möglicherweise in der mit der Durchführung des Umtauschangebotes eintretenden Verlagerung der Kontrolle über die Daimler-Benz AG auf die DaimlerChrysler AG. Der Vorstand der DaimlerChrysler AG sollte nach Umsetzung des Umtauschangebotes - bei Verzögerung der im unmittelbaren Anschluß vorgesehenen Verschmelzung der Daimler-Benz AG auf die DaimlerChrysler AG - als Vertreter der neuen Mehrheitsaktionärin der Daimler-Benz AG deren Stimmrechte in der Daimler-Benz-Hauptversammlung ausüben. Insoweit vergleichbar dem Holzmüller-Fall sollte es also mit Umsetzung des Umtauschangebotes zu einer Konzernbildung kommen. Insofern zielte die Umsetzung des - vom Daimler-Benz-Vorstand nach dem Gesagten mit initiierten und gesteuerten Umtauschangebotes - allerdings auf eine grundlegende Änderung der Struktur der Daimler-Benz AG[405].

---

sammenschlusses der Hauptversammlung zur Zustimmung vor und ließ sich zur Durchführung der Transaktion ermächtigen; vgl. Bericht des Vorstands der Hoechst AG über den Zusammenschluß (Fn.64), S. 3, 66.

[404] Vgl. *Assmann/Bozenhardt* in: Assmann/Basaldua/Bozenhardt/Peltzer, Übernahmeangebote, S. 1, 62ff.; *Ebenroth/Daum*, DB 1991, S. 1105, 1107ff..

[405] Vgl. *Rosengarten*, Liber Amicorum Buxbaum, S. 445, 458.

Im Unterschied zum Holzmüller-Fall resultierte die hier in Rede stehende Konzernbildung indes nicht oder jedenfalls nicht unmittelbar aus einer Maßnahme des Vorstands. Im Holzmüller-Fall[406] beruhte die Konzernbildung auf einer Ausgliederung des wertvollsten Teils des Betriebsvermögens auf eine Tochtergesellschaft durch den Vorstand der Obergesellschaft. Dadurch wurden bestehende Mitgliedschaftsrechte der Aktionäre der nunmehrigen Obergesellschaft verkürzt („mediatisiert"), was den Bundesgerichtshof veranlaßte, im Hinblick auf eine derartige Ausgliederung eine interne Vorlagepflicht des Vorstands zu statuieren[407].

Eine Verkürzung bestehender Mitgliedsrechte der tauschenden Daimler-Benz-Aktionäre infolge einer Maßnahme des Vorstands ist im vorliegenden Zusammenhang demgegenüber nicht ersichtlich. Die Aktionäre einer Zielgesellschaft vermögen bei einem Umtauschangebot aufgrund privater Veräußerungsentscheidungen selbst darüber zu bestimmen, ob sie den mit einer Annahme des Angebotes verbundenen Verlust der unmittelbaren Beteiligung an der unternehmerischen Substanz ihrer Gesellschaft in Kauf zu nehmen bereit sind. Dies gilt auch dann, wenn das Umtauschangebot vom Vorstand der Zielgesellschaft wie hier selbst mit initiiert wird. Die Konzernbildung und der damit einhergehende Verlust der unmittelbaren Beteiligung an der unternehmerischen Substanz der Gesellschaft ist in diesem Fall daher nicht wie im Sachverhalt der Holzmüller-Entscheidung Folge einer gewissermaßen „über die Köpfe der Aktionäre hinweg" vorgenommenen Maßnahme des Vorstands auf Gesellschaftsebene, sondern resultiert aus den auf Aktionärsebene getroffenen Veräußerungsentscheidungen der tauschenden Aktionäre selbst[408]. Da der Tausch von Aktien an einer unverbundenen Gesellschaft gegen solche an einer neuen Obergesellschaft mit der damit verbundenen Mediatisierung der Mitgliedsrechte bei einem Umtauschangebot im freien Ermessen der tauschenden Aktionäre selbst liegt und daher insofern ein Eingriff in ihre Mitgliedsrechte nicht ersichtlich ist, bedürfen sie insoweit auch keines Schutzes durch Statuierung einer internen Vorlagepflicht des Vorstands nach Holzmüller-Grundsätzen im Hinblick auf seine Mitwirkung bei der Abgabe und Durchführung eines Umtauschangebotes[409].

---

[406] Vgl. oben S. 116f..

[407] Vgl. BGHZ 83, S. 122, 131f. - Holzmüller.

[408] *Decher*, Festschrift Lutter, S. 1209, 1224; *Reichert* in: Semler/Volhard (Hrsg.), Unternehmensübernahmen, § 17 Rdz.62; *Rosengarten*, Liber Amicorum Buxbaum, S. 445, 458.

[409] Ebenso *Decher*, Festschrift Lutter, S. 1209, 1223f.; *ders.* in: Horn (Hrsg.), Cross-Border Mergers and Acquisitions and the Law, S. 105, 112; ebenfalls dieser Ansicht zuneigend, die Frage aber letztlich offenlassend *Rosengarten*, Liber Amicorum Buxbaum, S. 445, 458f..

Eine interne Zustimmungskompetenz der Hauptversammlung nach Holzmüller-Grundsätzen lässt sich insoweit auch nicht mit der Erwägung begründen, die Aktionäre müssten die Möglichkeit haben, sich im Rahmen einer Hauptversammlung über die Bewertung eines an sie gerichteten Umtauschangebotes und damit über einen von der Verwaltung geplanten Unternehmenszusammenschluss als solchen auszutauschen, um sich auf diese Weise eine informierte Meinung zu bilden[410]. Eine Konzerneingangskontrolle durch Beschlussfassung der Hauptversammlung der Zielgesellschaft hinsichtlich eines auf die Begründung einer Konzernabhängigkeit abzielenden Übernahmeangebotes kommt nach geltendem Recht nicht in Betracht[411]. Für eine abweichende Beurteilung besteht insoweit nicht deshalb Anlaß, weil ein derartiges Angebot wie in der hier in Rede stehenden Konstellation vom Vorstand der Zielgesellschaft mit initiiert und gesteuert ist. Allerdings wirkt in diesem Fall anders als bei einem „feindlichen" Übernahmeangebot der „eigene" Vorstand daran mit, die Aktionäre der Zielgesellschaft in die für sie problematische Situation des sog. Gefangenendilemmas[412] zu versetzen. Dieser Umstand rechtfertigt indes nicht die Annahme einer Holzmüller-Kompetenz der Hauptversammlung. Von einem Eingriff in die Mitgliedsrechte der Aktionäre ist insoweit nicht auszugehen, da sie in ihrer Veräußerungsentscheidung frei bleiben und damit ihre Interessen durch die Entscheidung über die Annahme des Angebotes zu wahren vermögen. Voraussetzung ist insoweit freilich eine ausreichende Information der Aktionäre, die ihnen eine sachgerechte Entscheidungsfindung ermöglicht. Einer Information der Aktionäre gerade im Rahmen einer Hauptversammlung bedarf es insoweit aber nicht, wenn und weil die Information über ein Übernahmeangebot, wie mit Blick auf die Regelungen des am 01.01.2002 in Kraft getretenen Wertpapiererwerbs- und

---

410 Vgl. *Rosengarten*, Liber Amicorum Buxbaum, S. 445, 458f..

411 Vgl. oben S. 115.

412 Vgl. dazu *Baums* in: von Rosen/Seifert (Hrsg.), Die Übernahme börsennotierter Unternehmen, S. 165, 174; *ders.*, ZIP 1997, S. 1310, 1314; *Lüttmann*, Kontrollwechsel in Kapitalgesellschaften, S. 38ff.; *Mülbert/Birke*, WM 2001, S. 705, 713 li. Sp.; *Witt*, Übernahmen von Aktiengesellschaften, S. 82ff.; *ders.*, NZG 2000, S. 809, 811f. - Um die Situation des sog. Gefangenendilemmas handelt es sich freilich nicht eigentlich, wenn und weil die Aktionäre der Zielgesellschaft - wie im Fall Daimler/Chrysler - ex ante davon ausgehen können, voraussichtlich mindestens mittelfristig infolge Verschmelzung ihrer Gesellschaft auf die Bietergesellschaft zu den Bedingungen des Umtauschangebotes in die Konzernobergesellschaft zu wechseln, also nicht auf Dauer in einer konzernabhängigen Gesellschaft verbleiben zu müssen; vgl. den Text unten S. 151f..

Übernahmegesetzes[413] der Fall, bereits außerhalb des Forums einer Hauptversammlung gewährleistet ist[414].
Eine Vorlagepflicht nach Holzmüller-Grundsätzen wegen Eingriffs in die Mitgliedsrechte der tauschenden Daimler-Benz-Aktionäre könnte sich beim Daimler/Chrysler-Modell allerdings möglicherweise noch aus folgendem besonderen Umstand ergeben. Die tauschenden Daimler-Benz-Aktionäre sollten in der Bietergesellschaft (DaimlerChrysler AG) nach dem vom Vorstand der Zielgesellschaft (Daimler-Benz AG) konsentierten Gesamtplan des Zusammenschlusses - anders als etwa die Hoechst-Aktionäre im Fall Hoechst/Rhône-Poulenc[415] - nicht nur solche Aktionäre „vorfinden", die bereits bei Abgabe des Angebotes Aktionäre der Bietergesellschaft waren. Sie sollten vielmehr mit den Aktionären der anderen Ausgangsgesellschaft eines von der Verwaltung angestrebten Unternehmenszusammenschlusses, die im unmitttelbaren zeitlichen Zusammenhang gleichfalls unter Einbringung ihrer Aktien als Sacheinlage Aktionäre der Bietergesellschaft (DaimlerChrysler AG) werden sollten, in dieser neuen Konzernobergesellschaft zusammengeführt werden, ohne daß sie, die tauschenden Daimler-Benz-Aktionäre, zuvor die Möglichkeit haben sollten, über die insoweit erforderliche („Chrysler"-)Sachkapitalerhöhung in der DaimlerChrysler AG zu beschließen. Eine derartige Zusammenführung mit den Aktionären einer dritten Gesellschaft (hier: der Chrysler Corp.) in der Bietergesellschaft ist freilich für die tauschenden Aktionäre einer Zielgesellschaft nicht nachteilig, wenn und weil ein angemessenes Umtauschverhältnis gewährleistet ist, der Wert der ihnen gewährten Aktien der Bietergesellschaft also in Anbetracht des Wertverhältnisses der parallel als Sacheinlage in die Bietergesellschaft eingebrachten Aktien (hier: Daimler-Benz- und Chrysler-Aktien) in angemessenem Verhältnis zum Wert der den Aktionären der dritten Gesellschaft gewährten Aktien steht. Werden die Aktionäre davon in Kenntnis gesetzt, daß sie im Zuge der Durchführung des Umtauschangebotes in der Zielgesellschaft mit den Aktionären einer dritten Gesellschaft zusammengeführt werden, und erhalten sie überdies die notwendigen Informationen zur Beurteilung der Angemessenheit des Umtauschverhältnisses[416], vermögen sie durch informierte individuelle Veräußerungsentscheidungen selbst darüber zu bestimmen, ob sie unter Billigung des vorgeschlagenen Umtauschverhältnisses mit den Aktionären der dritten Gesellschaft in der Bietergesellschaft zusammengehen. Für einen zusätzlichen Schutz der Aktionäre durch An-

---

[413] Vgl. §§ 11, 14, 27 WpÜG i.V.m. § 2 der Verordnung über öffentliche Angebote zum Erwerb von Wertpapieren und über Unternehmensübernahmen (BGBl. I 2001, S. 4263ff.).
[414] Vgl. *Rosengarten*, Liber Amicorum Buxbaum, S. 445, 459.
[415] Vgl. dazu unten S. 372f..
[416] Zur Information der Aktionäre in diesem Zusammenhang s. unten S. 139ff..

nahme einer internen Vorlagepflicht des Vorstands der Zielgesellschaft nach Holzmüller-Grundsätzen besteht insoweit kein Anlaß.

(2) Eingriff in die Mitgliedsrechte der nicht tauschenden Daimler-Benz-Aktionäre

Es bleibt die Frage einer Vorlagepflicht nach Holzmüller-Grundsätzen wegen Eingriffs in die Mitgliedsrechte der nicht tauschenden Daimler-Benz-Aktionäre zu klären, die nach dem Konzept für den Zusammenschluß mit Durchführung des Umtauschangebotes zu Minderheitsaktionären in der nunmehr konzernabhängigen Daimler-Benz AG werden sollten. Ein schwerwiegender Eingriff in die Mitgliedsrechte dieser Aktionäre i.S. der Holzmüller-Entscheidung lag insoweit möglicherweise in der Änderung der Zusammensetzung des Aktionärskreises der Daimler-Benz AG infolge der Durchführung des Umtauschangebotes. Die Daimler-Benz-Aktien sollten nach dem Aktientausch zu mindestens 75 Prozent von der neuen Obergesellschaft DaimlerChrysler AG gehalten werden. Damit war die Möglichkeit einer faktischen Konzernierung der Daimler-Benz AG mit potenziell nachteiligen Folgen für die dort verbliebenen Minderheitsaktionäre gegeben. Insofern könnte daher von einer Holzmüller-Zuständigkeit der Daimler-Benz-Hauptversammlung im Hinblick auf die Mitwirkung des Daimler-Benz-Vorstands an der Abgabe und Durchführung des Umtauschangebotes auszugehen sein.
In diesem Zusammenhang ist allerdings wiederum zu sehen, daß das geltende Recht nach dem Gesagten[417] eine Konzerneingangskontrolle durch Hauptversammlungsbeschluß nicht vorsieht. Nähme man eine Vorlagepflicht des Vorstands nach Holzmüller-Grundsätzen an, wenn er an der Konzernierung der eigenen Gesellschaft mitzuwirken beabsichtigt, indem er die Abgabe eines auf einen Kontrollerwerb abzielenden Umtauschangebotes an die Aktionäre der von ihm geleiteten Gesellschaft mit veranlaßt[418], liefe dies für solche Konstellationen auf eine Konzerneingangskontrolle durch Hauptversammlungsbeschluß hinaus, die nach geltendem Recht nach dem Gesagten gerade nicht vorgesehen ist. Eine andere Beurteilung ist, wie bereits ausgeführt wurde[419], in der hier in Rede stehenden Konstellation auch nicht deshalb geboten, weil der eigene Vorstand durch die Steuerung der Abgabe eines Umtauschangebotes daran mitwirkt, die Aktionäre der Zielgesellschaft in die für sie problematische Lage mangelnder Koordinierung untereinander (sog. Gefangenendilemma) zu versetzen. Insoweit gilt für die tauschenden wie für die nicht tauschenden Aktionäre, daß sie bei ent-

---

[417] Vgl. oben S. 115.
[418] Vgl. die Erwägungen von *Rosengarten*, Liber Amicorum Buxbaum, S. 445, 458.
[419] Vgl. oben S. 123.

sprechender Information über die mit einem Umtauschangebot angestrebte gesellschaftsrechtliche Umstruktierung eine freie informierte Entscheidung darüber zu treffen vermögen, ob sie als Minderheitsaktionäre in einer (künftig potenziell) konzernabhängigen Gesellschaft verbleiben und die damit möglicherweise verbundene Beeinträchtigung ihrer Mitgliedsrechte hinnehmen wollen oder nicht. Von einem Eingriff in Mitgliedsrechte der nicht tauschenden Daimler-Benz-Aktionäre i.S. der Holzmüller-Doktrin durch die Mitwirkung des Vorstands der Zielgesellschaft bei der Abgabe eines auf Begründung einer Abhängigkeit abzielenden Umtauschangebotes ist vor diesem Hintergrund nicht auszugehen.

cc) Ergebnis

Der Vorstand der Daimler-Benz AG war im Daimler/Chrysler-Fall nicht nach Holzmüller-Grundsätzen verpflichtet, die Zustimmung der Hauptversammlung zu seiner Mitwirkung bei der Umsetzung des Konzeptes für den Zusammenschluss, namentlich im Hinblick auf die Veranlassung der DaimlerChrysler AG zur Abgabe des Umtauschangebotes und die Empfehlung gegenüber den Aktionären der von ihm geleiteten Gesellschaft (Daimler-Benz AG) zur Annahme des Angebotes, einzuholen[420]. Damit war insoweit, wie bereits oben festgestellt[421], auch eine interne Zustimmungskompetenz der Hauptversammlung nach Holzmüller-Grundsätzen im Hinblick auf den Abschluß des *BCA* nicht gegeben, das eine Verpflichtung des Vorstands zur Mitwirkung bei der Umsetzung des Zusammenschlusses enthielt[422]. Daß die Zustimmung der Hauptversammlung zu dem Gesamtkonzept[423] und damit namentlich auch zur Mitwirkung des Vorstands bei der Abgabe und Umsetzung des DaimlerChrysler-Umtauschangebotes

---

[420] Vgl. *Marsch-Barner* in: Semler/Volhard (Hrsg.), Unternehmensübernahmen, § 7 Rdz.61; *Reichert* in: Semler/Volhard (Hrsg.), Unternehmensübernahmen, § 17 Rdz.62.

[421] Vgl. oben S. 102f..

[422] Ebenso *Decher*, Festschrift Lutter, S. 1209, 1223f.; *ders.* in: Horn (Hrsg.), Cross-Border Mergers and Acquisitions and the Law, S. 105, 112; ebenfalls dieser Auffassung zuneigend, die Frage aber letztlich offenlassend *Rosengarten*, Liber Amicorum Buxbaum, S. 445, 458f.; vgl. *v. Schenck* in: Semler/Volhard (Hrsg.), Unternehmensübernahmen, § 8 Rdz.60 mit Fn.59; a.A. *Großfeld*, Gedächtnisschrift Lüderitz, S. 233, 236; *ders.*, The International Lawyer 34 (2000), S. 963, 993; *Horn*, ZIP 2000, S. 473, 479 re. Sp.; *ders.*, Liber Amicorum Buxbaum, S. 315, 328; *ders.*, Festschrift Lutter, S. 1113, 1124; wohl auch *Stengel* in: Semler/Volhard (Hrsg.), Unternehmensübernahmen, § 17 Rdz.371; vorsichtiger dagegen *Horn* in: ders. (Hrsg.), Cross-Border Mergers and Acquisitions and the Law, S. 3, 16.

[423] Zur Zustimmungsbedürftigkeit des *BCA* vgl. oben S. 100ff..

gleichwohl eingeholt wurde, dürfte, wie ebenfalls bereits ausgeführt[424], auf die bestehende Rechtsunsicherheit hinsichtlich des Kreises vorlagepflichtiger Strukturmaßnahmen i.S. der Holzmüller-Doktrin zurückzuführen sein[425].

3. Zustimmungskompetenz analog §§ 13, 65 UmwG

Eine Zustimmungskompetenz der Daimler-Benz-Hauptversammlung im Hinblick auf das Gesamtkonzept des Zusammenschlusses und dabei namentlich die Mitwirkung des Daimler-Benz-Vorstands bei der Abgabe und Durchführung des Umtauschangebotes der Daimler-Chrysler AG könnte sich des weiteren aus einer analogen Anwendung der §§ 13, 65 UmwG ergeben[426]. Dem ist im folgenden nachzugehen.

---

424 Vgl. oben S. 116ff..

425 Vergleichbar damit erfolgte auch im Zusammenhang mit dem Zusammenschluß Hoechst/Rhône-Poulenc (vgl. dazu näher unten S. 372f.), der, ähnlich der ersten Stufe des Zusammenschlusses Daimler/Chrysler auf deutscher Seite, über ein vom Hoechst-Vorstand konsentiertes Umtauschangebot an die Hoechst-Aktionäre (allerdings anders als im Fall Daimler/Chrysler nichts seitens einer NewCo, sondern seitens einer der beiden Ausgangsgesellschaften [Rhône-Poulenc S.A.]) vollzogen wurde, eine Beschlussfassung der Hoechst-Hauptversammlung, durch die der Hoechst-Vorstand ermächtigt wurde, „Maßnahmen zu ergreifen, die zur Duchführung des Zusammenschlusses erforderlich sind" (vgl. den Bericht des Hoechst-Vorstands über den Unternehmenszusammenschluß Hoechst/Rhône-Poulenc [Fn.64], S. 3, 110f.; § 1.4 lit. c), § 8.2 *BCA* Hoechst/Rhône-Poulenc, Anhang des Berichts, S. 125). Wenngleich eine solche Beschlussfassung der Hauptversammlung insoweit nach dem Gesagten (vgl. den vorstehenden Text) unter Holzmüller-Gesichtspunkten nicht erforderlich war, bereitete ihre gleichwohl ersichtlich aus Gründen rechtlicher Vorsorge erfolgte (vgl. *Decher*, Festschrift Lutter, S. 1209, 1225) Herbeiführung andererseits ebenso wie im Fall Daimler/Chrysler auch in diesem Fall keinen zusätzlichen Aufwand, da die Hoechst-Hauptversammlung ohnedies gemäß §§ 125 S. 1, 13, 65 UmwG über die Abspaltung eines Teils des Vermögens der Hoechst AG auf die Celanese AG nach § 123 Abs. 2 Nr. 1 UmwG im Vorfeld der Durchführung des Zusammenschlusses zu beschließen hatte (vgl. *Decher*, a.a.O.; *Rosengarten*, Liber Amicorum Buxbaum, S. 445, 459).

426 Im Bericht über den Zusammenschluß (Fn.46) ist die Möglichkeit einer analogen Anwendung umwandlungsrechtlicher Vorschriften insofern angedeutet, als es dort - freilich nur mit Blick auf das Mehrheitserfordernis des Beschlusses über den Gesamtplan - heißt (S. 16 li. Sp.): „Da die Daimler-Benz-Verschmelzung (scil. die Verschmelzung der Daimler-Benz AG auf die DaimlerChrysler AG) Teil des im Business Combination Agreement vereinbarten Gesamtplans ist und der Zustimmungsbeschluß gemäß § 65 UmwG einer Kapitalmehrheit von 75 % bedarf, wird vorsorglich auch der Beschluß zum Gesamtplan der gleichen Kapitalmehrheit unterworfen."

a) Erste Stufe des Zusammenschlusses als wirtschaftliche Verschmelzung

Nach dem oben Gesagten[427] wurden auf der ersten Stufe des Zusammenschlusses Daimler/Chrysler sämtliche Chrysler-Aktien sowie die zum Tausch eingereichten Daimler-Benz-Aktien als Sacheinlage in die neue Obergesellschaft DaimlerChrysler AG eingebracht; den einbringenden Aktionären der Ausgangsgesellschaften wurden im Gegenzug junge DaimlerChrysler-Aktien gewährt. Die DaimlerChrysler AG erlangte mithin die vollständige (hinsichtlich der Chrysler Corp.) oder doch jedenfalls weitgehende (hinsichtlich der Daimler-Benz AG) Kontrolle über das Gesellschaftsvermögen der Ausgangsgesellschaften, deren Aktionäre im Gegenzug Aktien der DaimlerChrysler AG erhielten. Ungeachtet der vorerst verbleibenden Minderheitsbeteiligungen an der Daimler-Benz AG kam damit das Ergebnis bereits der ersten Stufe des Zusammenschlusses wirtschaftlich betrachtet nach dem Gesagten dem Ergebnis einer (technischen) Verschmelzung zweier Gesellschaften auf eine bestehende dritte Gesellschaft nach § 2 Nr. 1 UmwG sehr nahe[428]. Es handelt sich insoweit um den Fall einer wirtschaftlichen Umwandlung, einer wirtschaftlichen Verschmelzung[429] durch Anteilsübertragung[430]. Die Frage ist, ob und inwieweit die §§ 13, 65 UmwG auf eine derartige wirtschaftliche Umwandlung, die durch das Umwandlungsgesetz nach allgemeiner Meinung nicht ausgeschlossen ist[431], analog anwendbar sind[432] und damit beim Daimler/Chrysler-Modell von einer (internen) Zustimmungskompetenz der (Daimler-Benz-) Hauptversammlung hinsichtlich der im Außenverhältnis nicht zustimmungspflichtigen Mitwirkung des Vor-

---

[427] Vgl. oben S. 40ff..

[428] Zum Charakter des Zusammenschlusses im ganzen als *Quasi-Merger* vgl. bereits oben S. 60.

[429] Vgl. *Kallmeyer*, ZIP 1994, S. 1746, 1747 re. Sp.; *ders.*, Festschrift Lutter, S. 1245, 1247; *Leinekugel*, Ausstrahlungswirkungen, S. 31ff.. – Für Zwecke der Konzernrechnungslegung unterstellt § 302 HGB bei einem Anteilstausch im Umfang von mindestens 90 Prozent demgemäß eine Verschmelzung der beteiligten Unternehmen; der Regelung liegt mit anderen Worten die Fiktion einer Verschmelzung zugrunde; vgl. *Busse von Colbe/ Ordelheide*, Konzernabschlüsse, S. 312; *Förschle/Deubert* in Beck'scher Bilanzkommentar, § 302 HGB Rdz.6; *Heuser* in: GmbH-Handbuch, Stand Juli 1999, Rdz.2204; *v. Wysocki/ Wohlgemuth*, Konzernrechnungslegung, S. 136; s. auch *Rammert*, DBW 59 (1999), S. 620, 622 zum *Pooling-of-interests* nach US-GAAP; *Vater*, DB 2001, S. 1841, 1847 li. Sp..

[430] Vgl. dazu etwa *Herzig/Förster*, DB 1994, S. 1, 2f.; näher zu dieser Gestaltung und zu weiteren Ersatzgestaltungen anstelle einer technischen Verschmelzung bei (grenzüberschreitenden) Unternehmenszusammenschlüssen unten S. 357ff..

[431] *Leinekugel*, Ausstrahlungswirkungen, S. 53ff.; *Lutter* in Lutter, Einl. Rdz.39f..

[432] Zur - durch die Regelung des § 1 Abs. 2 UmwG nicht ausgeschlossenen - Analogiefähigkeit der Vorschriften des Umwandlungsgesetzes *Kallmeyer*, Festschrift Lutter, S. 1245, 1248f.; *Leinekugel*, Ausstrahlungswirkungen, S. 177ff.; *Lutter* in Lutter, § 1 Rdz.24.

stands bei der Abgabe und Durchführung des Umtauschangebotes der NewCo (DaimlerChrysler AG) auszugehen ist. In diesem Zusammenhang stellt sich überdies auch die Frage nach einer Zustimmungskompetenz der Hauptversammlung der Bietergesellschaft, die jedenfalls dann praktische Bedeutung erlangt, wenn es sich bei der Bietergesellschaft nicht wie im Fall Daimler/Chrysler um eine NewCo ohne außenstehende Aktionäre, sondern wie im Fall Hoechst/Rhône-Poulenc[433] um eine der (Publikums-)Ausgangsgesellschaften eines Unternehmenszusammenschlusses handelt.

b) Analoge Anwendbarkeit der §§ 13, 65 UmwG

Eine analoge Anwendung der §§ 13, 65 UmwG setzt nach allgemeinen Grundsätzen eine planwidrige Regelungslücke sowie eine Vergleichbarkeit der Interessenlage[434] der Aktionäre der an einer technischen Verschmelzung beteiligten Gesellschaften mit der Interessenlage der Aktionäre der an einer wirtschaftlichen Verschmelzung durch Anteilsübertragung beteiligten Gesellschaften voraus.

Das Zustimmungserfordernis der §§ 13, 65 UmwG dient dem Schutz der Aktionäre der an einer technischen Verschmelzung beteiligten Gesellschaften und trägt insofern dem Umstand Rechnung, dass eine technische Verschmelzung sowohl für die übernehmende als auch für die übertragende Gesellschaft eine Grundlagenentscheidung von erheblicher Tragweite darstellt[435]. Die übertragende Gesellschaft wird aufgelöst, und in die übernehmende Gesellschaft werden in der Regel neue Aktionäre aufgenommen, was zu einer Verschiebung der Beteiligungsquote der Altaktionäre führt[436]. Für die Aktionäre aller beteiligten Gesellschaften besteht zudem jeweils die Gefahr einer Verwässerung des Wertes ihrer Aktien infolge Unangemessenheit des Umtauschverhältnisses[437]. Aus Sicht der Aktionäre einer übertragenden Gesellschaft kommt hinzu, dass mit Vollzug der Verschmelzung ein zwangsweiser Aktientausch kraft Gesetzes stattfindet (vgl. § 20 Abs. 1 Nr. 3 UmwG), ohne daß die ihnen für den Verlust ihrer Aktien gewährte Gegenleistung im Wege einer Markttransaktion frei ausgehandelt würde.

---

433 Vgl. dazu näher unten S. 372f..

434 Vgl. dazu etwa *Larenz/Canaris*, Methodenlehre, S. 194, 202.

435 *Lutter* in Lutter, § 13 Rdz.4; Kallmeyer/*Zimmermann*, § 13 Rdz.2.

436 *Grunewald* in G/H/E/K, § 340c Rdz.2; *Leinekugel*, Ausstrahlungswirkungen, S. 112f.; *Pfeifer*, Schutzmechanismen, Rdz.165; *Raiser*, Recht der Kapitalgesellschaften, § 46 Rdz.36.

437 *Pfeifer*, Schutzmechanismen, Rdz.162, 164; *Raiser*, Recht der Kapitalgesellschaften, § 46 Rdz.36.

Letzteres ist in der hier in Rede stehenden Konstellation einer wirtschaftlichen Verschmelzung durch Anteilsübertragung indes gerade nicht der Fall. Der Aktientausch erfolgt hier nicht zwangsweise aufgrund gesetzlicher Anordnung, sondern freiwillig aufgrund individueller Veräußerungsentscheidungen. Jeder Aktionär vermag daher einer etwaigen Verwässerung seines Anteilsbesitzes dadurch zu entgehen, dass er von der Veräußerung seiner Aktien Abstand nimmt. Richtig ist allerdings, dass die Aktionäre der Zielgesellschaft durch entsprechende Information in die Lage versetzt werden müssen, eine sachgerechte Entscheidung zu treffen. Diese noch zu behandelnde Frage[438] ist aber zu trennen von der hier in Rede stehenden Frage nach der Begründung einer Zustimmungskompetenz der Hauptversammlung der („übertragenden") Zielgesellschaft bei einer wirtschaftlichen Verschmelzung durch Anteilsübertragung wie beim Daimler/Chrysler-Modell. Die Aktionäre der „übertragenden" Gesellschaft sind nach dem Gesagten bei einer Verschmelzung durch Anteilsübertragung nicht schutzbedürftig, weshalb auch eine analoge Anwendung der §§ 13, 65 UmwG insoweit nicht in Betracht kommt[439]. Letztlich gelten hier dieselben Erwägungen, aufgrund derer oben im Hinblick auf das Daimler/Chrysler-Modell eine interne Zustimmungskompetenz der Hauptversammlung der Zielgesellschaft (Daimler-Benz AG) hinsichtlich der Mitwirkung des Vorstands der Zielgesellschaft bei der Abgabe eines Umtauschangebotes an die Aktionäre der von ihm geleiteten Gesellschaft nach Holzmüller-Grundsätzen abgelehnt wurde[440]. Entscheidend ist auch im vorliegenden Zusammenhang, dass es an einem Eingriff in die Mitgliedschaft der Aktionäre der „übertragenden" Gesellschaft fehlt.
Was die Aktionäre der „aufnehmenden" Gesellschaft bei einer wirtschaftlichen Verschmelzung durch Anteilsübertragung angeht, so bedürfen sie gleichfalls eines Schutzes durch analoge Anwendung der §§ 13, 65 UmwG nicht, wenn und weil ihre Mitwirkung an der Verschmelzung durch Anteilsübertragung, wie regelmäßig der Fall, bereits wegen des Erfordernisses eines Kapitalerhöhungsbeschlusses zur Schaffung der als Gegenleistung zu gewährenden jungen Aktien der „aufnehmenden" Gesellschaft oder zur entsprechenden Ermächtigung des Vorstands im Rahmen eines genehmigten Kapitals gewährleistet ist[441].

4. Beschlusskompetenz kraft Sachzusammenhangs

Eine Beschlussfassung der Daimler-Benz-Hauptversammlung über das Konzept des Zusammenschlusses und dabei namentlich über das vom Daimler-Benz-

---

[438] Vgl. unten S. 139ff..
[439] Vgl. *Pfeifer*, Schutzmechanismen, Rdz.1024.
[440] Vgl. oben S. 120ff..
[441] Vgl. *Pfeifer*, Schutzmechanismen, Rdz.1025ff..

Vorstand mit initiierte und gesteuerte Umtauschangebot der DaimlerChrysler AG als solches könnte des weiteren deshalb erforderlich gewesen sein, weil die im Außenverhältnis nach §§ 13, 65 UmwG hauptversammlungspflichtige Verschmelzung der Daimler-Benz AG auf die DaimlerChrysler AG nach dem oben Gesagten nicht ohne vorherige Durchführung der ersten Stufe des Zusammenschlusses durchgeführt werden sollte, das Umtauschangebot insofern also als Teil des Gesamtplans für den Zusammenschluß in Sachzusammenhang mit der Verschmelzung stand[442].

Die Beschlusskompetenz der Hauptversammlung erstreckt sich bei zustimmungspflichtigen Verträgen nach der Rechtsprechung des Bundesgerichtshofes im Fall Hoesch/Hoogovens wie bereits angesprochen[443] auch auf an sich nicht zustimmungspflichtige Vereinbarungen, ohne die der zustimmungspflichtige Vertrag nicht geschlossen werden und gelten soll, die mit ihm also nach dem Parteiwillen eine rechtliche Einheit bilden. Dies betrifft indes allein vom Vorstand geschlossene *Vereinbarungen*, die rechtlich in der genannten Weise mit einem zustimmungspflichtigen Vertrag zusammenhängen. *Andere Maßnahmen* des Vorstands, wie hier die Mitinitiierung des Umtauschangebotes einer NewCo zum Zwecke der Herbeiführung eines Unternehmenszusammenschlusses, bedürfen hingegen, selbst wenn sie als Bestandteil eines einheitlichen Gesamtplans der Verwaltung insofern in Sachzusammenhang mit einem zustimmungspflichtigen Vertrag stehen, als dieser nur dann umgesetzt werden soll, wenn zunächst die an sich nicht zustimmungspflichtige Maßnahme durchgeführt ist - was beim Zusammenschluß Daimler/Chrysler insofern der Fall war, als die Verschmelzung auf der zweiten Stufe nur nach Durchführung der ersten Stufe des Zusammenschlusses sinnvoll war und durchgeführt werden sollte[444] -, nicht wegen eines solchen bloßen Sachzusammenhangs der Zustimmung der Hauptversammlung[445].

---

442 Vgl. oben S. 55, 104.

443 Vgl. oben S. 105.

444 Vgl. oben S. 55, 104.

445 Vgl. *Baums*, Festschrift Zöllner, S. 65, 74, 77; *Decher*, Festschrift Lutter, S. 1209, 1222; a.A. *Reichert* in: Semler/Volhard (Hrsg.), Unternehmensübernahmen, § 17 Rdz.60 mit Fn.102, Rdz.63f.: Einbeziehung isoliert betrachtet nicht zustimmungspflichtiger Maßnahme, etwa Mitwirkung des Vorstands bei einem Tauschverfahren, in die Beschlussfassung der Hauptversammlung über zustimmungspflichtigen Vertrag, etwa eine nach einem Tauschverfahren vorgesehene Verschmelzung, „wenn beide Maßnahmen notwendigerweise miteinander verbunden werden sollen". - *Reichert* stellt insoweit darauf ab, ob eine isoliert betrachtet nicht zustimmungspflichtige Maßnahme nur im Hinblick und mit Rücksicht auf einen zustimmungspflichtigen Vertrag durchgeführt werden soll - was etwa im Fall Daimler/Chrysler hinsichtlich des Tauschverfahrens zu verneinen ist, so daß nach dieser Auffassung insofern eine Beschlußkompetenz kraft Sachzusammenhangs nicht gege-

5. Zustimmungskompetenz im Hinblick auf die sog. Neutralitätspflicht des Vorstands

Eine Beschlußfassung der Daimler-Benz-Hauptversammlung über das Konzept des Zusammenschlusses und dabei namentlich über das Umtauschangebot der DaimlerChrysler AG, genauer über die Beteiligung des Daimler-Benz-Vorstands an dessen Umsetzung, könnte schließlich noch unter dem Aspekt der sog. Neutralitätspflicht des Vorstands, gerichtet auf Unterlassung einer Einflussnahme auf die Zusammensetzung des Aktionärskreises der von ihm geleiteten Gesellschaft, erforderlich gewesen sein.

a) Problemstellung

aa) Einflussnahme auf Aktionärsstruktur der Daimler-Benz AG durch Initiierung des Umtauschangebotes der DaimlerChrysler AG

Das Umtauschangebot der DaimlerChrysler AG an die Daimler-Benz-Aktionäre auf der ersten Stufe des Zusammenschlusses sollte der Bietergesellschaft nach dem oben Gesagten im Ergebnis eine Beteiligung an der Daimler-Benz AG im Umfang von mindestens 75 Prozent des Grundkapitals verschaffen, mithin die Zusammensetzung des Aktionärskreises der Daimler-Benz AG wesentlich verändern. Das Ziel einer Veränderung der Aktionärsstruktur der Zielgesellschaft liegt nun zwar jedem Übernahmeangebot zugrunde und wäre insofern an sich

---

ben wäre. Ausgangspunkt einer - abzulehnenden - Beschlußkompetenz kraft Sachzusammenhangs hätte demgegenüber ebenso der zustimmungspflichtige Akt zu sein, wie im Rahmen der Bestimmung des Gegenstands der Beschlußkompetenz der Hauptversammlung hinsichtlich eines zustimmungspflichtigen Vertrages von dem zustimmungspflichtigen Vertrag auszugehen und aus seiner Sicht zu fragen ist, ob eine rechtliche Einheit mit einem anderen Vertrag besteht (vgl. oben S. 106f.). Ein aus Sicht des nicht zustimmungspflichtigen Aktes bestehender Konnex mit dem zustimmungspflichtigen Akt wäre nicht geeignet, eine Erstreckung der Beschlußkompetenz auf den an sich nicht zustimmungspflichtigen Akt nicht zu begründen, da dieser selbst der Beschlußkompetenz nicht unterliegt (vgl. BGH NJW 2000, S. 951, 952 li. Sp., Staudinger/*Wufka*, § 313 Rdz.174 zur Bestimmung des Umfangs der Beurkundungspflicht bei zusammengesetzten Verträgen im Rahmen des § 313 S. 1 BGB a.F.; vgl. oben S. 106). Mithin käme es - allein - auf einen Konnex dieses zustimmungspflichtigen Aktes mit für sich genommen zustimmungsfreien Akten dergestalt an, daß *aus Sicht des zustimmungspflichtigen Aktes* dieser nicht ohne die an sich zustimmungsfreien Akte durchgeführt werden soll. Unter diesem Aspekt wäre im Fall Daimler/Chrysler allerdings eine Beschlußkompetenz kraft Sachzusammenhangs - bejahte man eine derartige Kompetenz entgegen hier vertretener Aufffassung grundsätzlich - gegeben gewesen, da die Verschmelzung nur nach vorheriger Durchführung des Tauschverfahrens vollzogen werden sollte (vgl. oben S. 55, 104).

nicht weiter bemerkenswert. Die Besonderheit des Umtauschangebotes der DaimlerChrysler AG bestand jedoch darin, daß das Angebot de facto nicht von der Bietergesellschaft ausging, sondern vielmehr von außen unter Mitwirkung des Vorstands der Zielgesellschaft Daimler-Benz AG initiiert und gesteuert wurde. Bei der Bietergesellschaft DaimlerChrysler AG handelte es sich anders als im „Normalfall“ eines Umtauschangebotes nicht um eine von der Zielgesellschaft unabhängige Gesellschaft, sondern nach dem oben Gesagten[446] um ein von den Verwaltungen der am Zusammenschluß beteiligten Gesellschaften und damit u.a. vom Vorstand der Zielgesellschaft gesteuertes Werkzeug. Mittels des Umtauschangebotes der DaimlerChrysler AG an die Daimler-Benz-Aktionäre suchte somit der Vorstand der Daimler-Benz AG, gemeinsam mit dem *Board* der Chrysler Corp., die Aktionärsstruktur der von ihm geleiteten Gesellschaft zu verändern.

bb) Die sog. Neutralitätspflicht des Vorstands

Zu einer derartigen gezielten Einflußnahme auf die Zusammensetzung des Aktionärskreises der von ihm geleiteten Gesellschaft ist der Vorstand einer Aktiengesellschaft nach h.M. ohne Zustimmung der Hauptversammlung grundsätzlich nicht befugt[447]. Es widerspräche seiner Funktion als Leitungsorgan, die Interessen der Gesellschaft als des Eigentums der Aktionäre treuhänderisch zu wahren, wenn ihm eine Einflussnahme auf die Aktionärsstruktur gestattet wäre[448]. Demgemäß hat der Vorstand etwa bei der Entscheidung über den Ausschluß des Bezugsrechts im Rahmen der Ausnutzung eines genehmigten Kapitals ausschließlich das Interesse der Gesellschaft zu berücksichtigen. Es ist ihm mit anderen Worten verwehrt, den Bezugsrechtsausschluß zur Verfolgung eigener Interessen an einer bestimmten Zusammensetzung des Aktionärskreises zu instrumentalisieren[449]. Entsprechendes gilt für die Entscheidung des Vorstands über die Zustimmung zur Übertragung vinkulierter Aktien, bei welcher der Vorstand gleich-

---

[446] Vgl. oben S. 119.

[447] *Baums* in: von Rosen/Seifert (Hrsg.), Die Übernahme börsennotierter Unternehmen, S. 165, 175; *ders.*, Gutachten, S. F 213f.; *Ebenroth/Daum*, DB 1991, S. 1157, 1158 li. Sp.; GK/*Hopt*, § 93 Rdz.122; *Hopt*, Festschrift Lutter, S. 1361, 1375 m. Nachw. in Fn.59; *Hüffer*, § 76 Rdz.15d; *Immenga*, Die AG 1992, S. 79, 81 re. Sp.; *Krause*, Die AG 2000, S. 217, 218; KK/*Mertens*, § 76 Rdz.26; *Mülbert*, IStR 1999, S. 83, 87 re. Sp.; *Mülbert/Birke*, WM 2001, S. 705 li. Sp.; *Paefgen*, Unternehmerische Entscheidungen, S. 336ff..

[448] GK/*Hopt*, § 93 Rdz.122; *Hopt*, ZGR 1993, S. 534, 546; *ders.*, Festschrift Lutter, S. 1361, 1376; KK/*Mertens*, § 76 Rdz.26; *Rümker*, Festschrift Heinsius, S. 683, 688.

[449] Vgl. dazu bereits *Mestmäcker*, BB 1961, S. 945, 947 li. Sp.; ferner *Cahn*, ZHR 163 (1999), S. 554, 589ff.; *Emmerich/Sonnenschein/Habersack*, Konzernrecht, § 8 III 3, S. 114.

falls keine eigenen Interessen verfolgen darf[450], und ebenso für die Nutzung einer Hauptversammlungsermächtigung zum Rückerwerb eigener Aktien gemäß § 71 Abs. 1 Nr. 8 AktG, die der Vorstand nicht nutzen darf, um in eigenem Interesse gezielt Aktionäre auszukaufen und damit eigennützig die Zusammensetzung des Aktionärskreises zu steuern[451]. Schließlich unterliegt der Vorstand insbesondere nach Abgabe eines Übernahmeangebotes auf die Aktien der von ihm geleiteten Gesellschaft einer sog. Neutralitäts- oder Stillhaltepflicht[452], genauer einer Pflicht, alle Maßnahmen zu unterlassen, welche die Aktionäre der Zielgesellschaft im Ergebnis der Möglichkeit der Annahme eines Übernahmeangebotes berauben würden[453]. Der Vorstand einer Zielgesellschaft durfte daher bereits nach h.M. zur Rechtslage vor Inkrafttreten des WpÜG ohne Zustimmung der Hauptversammlung grundsätzlich keine Maßnahmen ergreifen, um ein Übernahmeangebot abzuwehren[454]. § 33 Abs. 1 und 2 WpÜG trifft nunmehr eine gesetzliche Regelung dieser Ausprägung der sog. Neutralitätspflicht des Vorstands[455]. Der Statuierung einer sog. Neutralitätspflicht des Vorstands der Zielgesellschaft im Kontext eines ohne seine Zustimmung erfolgenden („feindlichen") Übernahmeangebotes liegt insbesondere die Erwägung zugrunde, der Vorstand könne bei Abwehrmaßnahmen gegen ein „feindliches" Übernahmeangebot pflichtwidrig im angeblichen Interesse des Unternehmens eigene Interes-

---

[450] *Immenga*, Die AG 1992, S. 79, 82 re. Sp.; *Lutter*, Die AG 1992, S. 369, 373 re. Sp.; *Hopt*, ZGR 1993, S. 534, 565.

[451] Vgl. *Emmerich/Sonnenschein/Habersack*, Konzernrecht, § 8 III 3, S. 114.

[452] Kritisch zum Begriff der Neutralitätspflicht *Emmerich/Sonnenschein/Habersack*, Konzernrecht, § 1 IV 1, S. 16; *Grunewald*, Die AG 2001, S. 288, 289 re. Sp.; *Möller/Pötzsch*, ZIP 2001, S. 1256, 1259 re. Sp. mit Fn.20; *Bayer*, ZGR 2002, S. 588, 603f.; *Krause*, ZGR 2002, S. 500, 502; s. auch *Hüffer*, § 76 Rdz.15d; kritisch zum Begriff der Stillhaltepflicht *Baums* in: von Rosen/Seifert (Hrsg.), Die Übernahme börsennotierter Unternehmen, S. 165, 175; *ders.*, Gutachten, S. F 214. *Mülbert/Birke*, WM 2001, S. 705ff. sprechen mit Blick auf den Übernahmekontext von einem „Vereitelungsverbot" oder „Behinderungsverbot"; ebenso *Drygala*, ZIP 2001, S. 1861, 1863 li. Sp.; *Maier-Reimer*, ZHR 165 (2001), S. 258, 260, 277; *Hopt*, ZHR 166 (2002), S. 383, 424f. („Vereitelungsverbot"); *Paefgen*, Unternehmerische Entscheidungen, S. 386ff. („Behinderungsverbot"); *Bayer*, a.a.O., S. 604; KK WpÜG/*Hirte*, § 33 Rdz.26 („Verhinderungsverbot"); s. auch *Krause*, Die AG 2000, S. 217, 222 („der Sache nach ein Vereitelungsverbot"); *Emmerich/ Sonnenschein/Habersack*, Konzernrecht, § 1 IV 1, S. 16 („Obstruktionsverbot").

[453] *Grunewald*, Die AG 2001, S. 288, 289 re. Sp.; *Bayer*, ZGR 2002, S. 588, 604.

[454] *Assmann/Bozenhardt* in: Assmann/Basaldua/Bozenhardt/Peltzer, Übernahmeangebote, S. 1, 114; *Emmerich/Sonnenschein/Habersack*, Konzernrecht, § 1 IV 1, S. 16; GK/*Hopt*, § 93 Rdz.122; MünchHdb AG/*Wiesner*, § 19 Rdz.21; gegen eine Neutralitätspflicht des Vorstands im jüngeren Schrifttum namentlich *Kirchner*, Die AG 1999, S. 481ff.; kritisch dazu *Merkt*, ZHR 165 (2001), S. 224, 237ff..

[455] Vgl. dazu *Hüffer*, § 76 Rdz.15e ff.; *Thoma*, NZG 2002, S. 105, 110f.; *M. Winter/Harbarth*, ZIP 2002, S. 1, 3ff..

sen verfolgen[456] und in diesem Zusammenhang die Aktionäre um die Möglichkeit bringen, ihre Aktien gewinnbringend an den Bieter zu veräußern[457].

b) Stellungnahme

Im vorliegenden Zusammenhang stellt sich die Frage, ob die Initiierung und Unterstützung[458] eines Umtauschangebotes durch den Vorstand der Zielgesellschaft mit der darin liegenden gezielten Einflussnahme auf die Zusammensetzung des Aktionärskreises der von ihm geleiteten Gesellschaft mit der sog. Neutralitätspflicht des Vorstands kollidiert und es daher insoweit der autorisierenden Zustimmung der Hauptversammlung der Zielgesellschaft bedarf[459]. Insoweit ist folgendes zu bemerken.

Eine sog. Neutralitätspflicht des Vorstands der Zielgesellschaft wird im Übernahmekontext ausdrücklich oder implizit allein für den Fall eines ohne seine Zustimmung abgegebenen, insofern also „feindlichen" Übernahmeangebotes postuliert[460]. In diesem Fall befinden sich die Mitglieder der Verwaltung der Zielgesellschaft, die allein dem Unternehmensinteresse verpflichtet sind[461], zweifellos häufig in einem Interessenkonflikt, da sie befürchten müssen, bei Erfolg des Übernahmeangebotes von der Bietergesellschaft „ausgewechselt" zu werden[462], weshalb ihre persönlichen Interessen denen der Aktionäre entgegengesetzt sein können, in deren bestem Interesse u.U. die Annahme eines Übernahmeangebotes liegt[463].

---

456 *Hopt*, ZGR 1993, S. 534, 546; *Rümker*, Festschrift Heinsius, S. 683, 688.

457 *Ebenroth/Daum*, DB 1991, S. 1157, 1158 re. Sp..

458 Der Vorstand der Daimler-Benz AG empfahl den Aktionären ausdrücklich, das Umtauschangebot der DaimlerChrysler AG anzunehmen (Umtauschangebot [Fn.55], A.).

459 Diese Frage stellt sich nicht nur mit Blick auf das hier in Rede stehende Daimler/Chrysler-Modell, in dem die vom Vorstand der Zielgesellschaft mit initiierte Abgabe des Umtauschangebotes durch eine NewCo erfolgt, sondern auch für den Fall, daß eine der beiden Ausgangsgesellschaften eines Unternehmenszusammenschlusses im Einverständnis mit dem Vorstand der anderen Ausgangsgesellschaft in Verfolgung eines gemeinsamen Konzeptes ein Übernahmeangebot auf die Aktien dieser Gesellschaft abgibt (vgl. den Fall Hoechst/Rhône-Poulenc; dazu unten S. 372f.).

460 Vgl. nur *Hopt*, Festschrift Lutter, S. 1361ff.; *Mülbert/Birke*, WM 2001, S. 705ff.; *Rümker*, Festschrift Heinsius, S. 683, 688.

461 *Hüffer*, § 76 Rdz.12; KK/*Mertens*, § 76 Rdz.16; *Geßler* in G/H/E/K, § 96 Rdz.61; MünchHdb AG/*Hoffmann-Becking*, § 33 Rdz.1; *Lutter/Krieger*, Rechte und Pflichten des Aufsichtsrats, Rdz.765; KK/*Mertens*, Vorb. § 95 Rdz.9; *Semler*, Leitung und Überwachung der Aktiengesellschaft, Rdz.57.

462 GK/*Hopt*, § 93 Rdz.123.

463 S. etwa *Hopt*, ZGR 1993, S. 534, 546; *Mülbert/Birke*, WM 2001, S. 705, 709 re. Sp..

Im vorliegenden Zusammenhang stellte das Umtauschangebot der Daimler-Chrysler AG an die Daimler-Benz-Aktionäre indes keinen solchen „feindlichen" Übernahmeversuch dar. Bei einer „feindlichen" Übernahme sucht ein von der Zielgesellschaft unabhängiges Unternehmen sich durch den Erwerb einer Kontrollmehrheit die Möglichkeit zu verschaffen, auf die Zielgesellschaft bestimmenden Einfluß auszuüben. Darum ging es hier nicht. Bei der Bietergesellschaft, einer *shell company* ohne eigenen Geschäftsbetrieb, handelte es sich nach dem Gesagten um ein Werkzeug („Transaktionsvehikel") der Leitungsorgane der Ausgangsgesellschaften[464], das demgemäß mit der Abgabe des Umtauschangebotes keine eigenen unternehmerischen Zielsetzungen verfolgte. Das Angebot diente anders als ein „feindliches" Übernahmeangebot nicht der Ressourcenreallokation, sondern stellte vielmehr ein gesellschaftsrechtliches Gestaltungsinstrument[465] zur Herbeiführung des angestrebten Unternehmenszusammenschlusses dar.

Die Erwägungen, die dem sog. Neutralitätsgebot nach dem Gesagten namentlich im Kontext eines „feindlichen" Übernahmeangebotes zugrunde liegen, greifen in der hier in Rede stehenden Konstellation nicht. Die Einflussnahme des Vorstands der Zielgesellschaft auf die Zusammensetzung des Aktionärskreises der von ihm geleiteten Gesellschaft, die in Gestalt der Initiierung und Steuerung des Umtauschangebotes der NewCo zweifellos gegeben ist, dient nicht der Blockade einer dem Vorstand aus eigenem Interesse unerwünschten Veränderung der Aktionärsstruktur angesichts eines „feindlichen" Übernahmeversuchs, sondern der Beförderung einer Veränderung der Aktionärsstruktur der von ihm geleiteten Gesellschaft zur Herbeiführung eines Unternehmenszusammenschlusses. Den Aktionären der Zielgesellschaft wird durch das Verhalten des Vorstands nicht die Möglichkeit zum Tausch ihrer Aktien genommen, sondern ihnen wird gerade erst die Möglichkeit eröffnet, ihre Aktien zu tauschen[466]. Ihre Entscheidungsfreiheit ist dabei vollständig gewahrt. Ein Verstoß gegen die sog. Neutralitätspflicht des Vorstands ist vor diesem Hintergrund nicht ersichtlich.

Damit kam im Fall Daimler/Chrysler eine Zustimmungskompetenz der Hauptversammlung zur Genehmigung der Mitwirkung des Daimler-Benz-Vorstands an der Umsetzung des Umtauschangebotes der DaimlerChrysler AG und der darin liegenden Einflussnahme auf die Zusammensetzung des Aktionärskreises der von ihm geleiteten Gesellschaft (auch) unter diesem Aspekt nicht in Betracht[467].

---

464 Vgl. oben S. 119.

465 Vgl. *Loehr* in: von Rosen/Seifert (Hrsg.), Die Übernahme börsennotierter Unternehmen, S. 149, 158.

466 *Decher*, Festschrift Lutter, S. 1209, 1225.

467 Ebenso *Decher*, Festschrift Lutter, S. 1209, 1224f..

Im übrigen ist im vorliegenden Zusammenhang noch folgendes zu bedenken. Zwar ist die Gefahr eines Interessenkonfliktes des Vorstands der Zielgesellschaft auch bei einer von ihm mit initiierten und gesteuerten freundlichen Übernahme der von ihm geleiteten Gesellschaft nicht gänzlich von der Hand zu weisen. Immerhin ist denkbar, daß sich der Vorstand bei der Zustimmung zu einem der Herbeiführung eines einvernehmlichen Unternehmenszusammenschlusses dienenden freundlichen Übernahmeangebot ebenso von eigennützigen Motiven leiten läßt wie bei der Vereitelung eines „feindlichen" Übernahmeangebotes. Insoweit ist insbesondere die Aussicht auf möglicherweise substantiell höhere Vergütungen für die Vorstandsmitglieder infolge eines - insbesondere grenzüberschreitenden - Unternehmenszusammenschlusses[468] von Bedeutung[469]. Dem Vorstand deshalb die hier in Rede stehende Form der Einflussnahme auf den Aktionärskreis der von ihm geleiteten Gesellschaft unter Berufung auf seine sog. Neutralitätspflicht zu untersagen, hieße indes die Flexibilität seines unternehmerischen Handelns über Gebühr zu mindern[470] und ihn letztlich u.U. sogar an der ordnungsgemäßen Erfüllung seiner Geschäftsführungspflichten zu hindern. Insoweit ist zu sehen, daß der Vorstand im Rahmen seines Leitungsermessens um die dauerhafte Rentabilität des Unternehmens besorgt und auf die Erhaltung der Wettbewerbsfähigkeit der Gesellschaft am Kapitalmarkt bedacht zu sein hat[471].

---

[468] Vgl. *Berg/Rott*, WuW 1999, S. 140, 146ff.; *Gordon*, The Columbia Journal of European Law 5 (1999), S. 219, 235f. (jeweils zum Fall Daimler/Chrysler); *Knoll*, Finanz Betrieb 2001, S. 239, 245; *Kübler* in: Semler/Volhard (Hrsg.), Unternehmensübernahmen, § 3 Rdz.91; *Semler* in: Semler/Volhard (Hrsg.), Unternehmensübernahmen, § 1 Rdz.116; zur Vergütung der *executive officers* der Chrysler Corp. und zu den Auswirkungen des Zusammenschlusses Daimler/Chrysler auf ihre Vergütung vgl. Bericht (Fn.46), S. 30ff.; *Proxy Statement/Prospectus* (Fn.52), S. 10, 68ff.; *Appel/Hein*, Der DaimlerChrysler Deal, S. 169f.; *Waller*, Stunde des Strategen, S. 310. – Die Bezüge des Chrysler-*CEO Eaton* im Jahr vor dem Zusammenschluß waren etwa achtmal so hoch wie die des Daimler-Benz-Vorstandsvorsitzenden *Schrempp*; *Gordon*, a.a.O.. Laut *Appel/Hein*, Der DaimlerChrysler Deal, S. 165, betrugen die Jahresbezüge von *Eaton* umgerechnet DM 20 Mio., während *Schrempp* auf ein Jahresgehalt von geschätzten DM 2,7 Mio. kam. *Schrempp* konnte seine Bezüge als Vorstandsvorsitzender der DaimlerChrysler AG infolge des Zusammenschlusses nach Schätzungen um das Drei- bis Vierfache steigern; *Knoll*, a.a.O. mit Fn.64.

[469] Vgl. zum Fall Daimler/Chrysler *Proxy Statement/Prospectus* (Fn.52), S. 68: „In considering the recommendation of the Chrysler Board (scil. zur Zustimmung zu dem Zusammenschluß von Daimler-Benz AG und Chrysler Corp.), stockholders of Chrysler should be aware that (...) certain members of Chrysler's management and the Chrysler Board may have interests in the Chrysler Merger that are different from, or in addition to, the interests of Chrysler stockholders generally, and that these interests may create potential conflicts of interest."

[470] Vgl. zu diesem Gesichtspunkt *Hopt*, ZGR 1993, S. 534, 547; GK/*Hopt*, § 93 Rdz.126.

[471] *Hüffer*, § 76 Rdz.13; KK/*Mertens*, § 76 Rdz.10, 17, 22; *Semler*, Leitung und Überwachung der Aktiengesellschaft, Rdz.40ff.; MünchHdb AG/*Wiesner*, § 19 Rdz.19.

Vor diesem Hintergrund kann es ihm nicht verwehrt sein, einen gerade diesen Zielen zu dienen bestimmten Unternehmenszusammenschluß aus rechtlichen Erwägungen wie hier in einer Weise zu gestalten, die mit seiner aktiven Beteiligung an einer Veränderung des Aktionärskreises der von ihm geleiteten Gesellschaft verbunden ist.

c) Fazit

Eine Beschlusskompetenz der Daimler-Benz-Hauptversammlung im Hinblick auf das Konzept des Zusammenschlusses Daimler/Chrysler und dabei namentlich hinsichtlich der Steuerung des Umtauschangebotes der DaimlerChrysler AG durch den Vorstand der Daimler-Benz AG war unter dem Aspekt der sog. Neutralitätspflicht des Vorstands nicht gegeben. Dem Vorstand einer Aktiengesellschaft ist es nicht verwehrt, in Verfolgung eines Konzeptes für einen Unternehmenszusammenschluß auch ohne Autorisierung durch die Hauptversammlung der von ihm geleiteten Gesellschaft gemeinsam mit dem Vorstand einer anderen Gesellschaft an der Abgabe und Umsetzung eines von dieser oder einer dritten, als Transaktionsvehikel fungierenden Gesellschaft (NewCo) abgegebenen Übernahmeangebotes auf die von ihm geleitete Gesellschaft aktiv mitzuwirken.

6. Ergebnis

Einer Beschlussfassung der Daimler-Benz-Hauptversammlung über die Beteiligung des Vorstands der Daimler-Benz AG an der Abgabe und Durchführung des Umtauschangebotes der DaimlerChrysler AG an die Daimler-Benz-Aktionäre für sich genommen bedurfte es unter keinem rechtlichen Gesichtspunkt, namentlich weder unter dem Aspekt einer Konzerneingangskontrolle noch nach Holzmüller-Grundsätzen, aufgrund analoger Anwendung umwandlungsrechtlicher Vorschriften, aufgrund einer Beschlußkompetenz kraft Sachzusammenhangs oder aufgrund der sog. Neutralitätspflicht des Vorstands einer Aktiengesellschaft.

II. Pflichtenstellung des Vorstands

Die vorstehenden Ausführungen betrafen die Frage denkbarer Beschlusskompetenzen der Daimler-Benz-Hauptversammlung hinsichtlich des Zusammenschlusskonzeptes und dabei namentlich hinsichtlich der Durchführung des Umtauschangebotes der DaimlerChrysler AG. Im folgenden ist nunmehr die Pflichtenstellung des Daimler-Benz-Vorstands in diesem Zusammenhang zu untersuchen. Insoweit stellt sich zum einen die Frage einer Berichtspflicht analog § 8

UmwG im Fall einer vom Vorstand einer Zielgesellschaft mit initiierten und konsentierten wirtschaftlichen Verschmelzung durch Anteilsübertragung im Zuge des Umtauschangebotes einer NewCo oder der Partnergesellschaft der wirtschaftlichen Verschmelzung (dazu 1.). Des weiteren stellt sich die Frage, ob und inwieweit der Vorstand für eine Gleichbehandlung aller Daimler-Benz-Aktionäre Sorge zu tragen hatte (dazu 2.). Schließlich ist der Frage eines etwaigen Gestaltungsmissbrauchs nachzugehen (dazu 3.).

1. Berichtspflicht analog § 8 UmwG

Eine Zustimmungskompetenz der Daimler-Benz-Hauptversammlung hinsichtlich der Mitwirkung des Daimler-Benz-Vorstands bei Abgabe und Durchführung des Umtauschangebotes der DaimlerChrysler AG auf der ersten Stufe des Zusammenschlusses wurde oben[472] verneint. In diesem Zusammenhang wurde namentlich auch eine analoge Anwendung der §§ 13, 65 UmwG abgelehnt[473]. Eine andere Frage ist, ob angesichts des Umstandes, daß (bereits) die erste Stufe des Zusammenschlusses nach dem Gesagten[474] als wirtschaftliche Verschmelzung durch Anteilsübertragung einer technischen Verschmelzung der Ausgangsgesellschaften Daimler-Benz AG und Chrysler Corp. auf die DaimlerChrysler AG nahe kam[475], insoweit von einer Berichtspflicht des Vorstandes der Daimler-Benz AG analog § 8 UmwG auszugehen ist[476].
Maßgeblich für die Frage einer analogen Anwendung des § 8 UmwG auf eine wirtschaftliche Verschmelzung durch Anteilsübertragung ist nach allgemeinen Grundsätzen[477] das Vorliegen einer planwidrigen Regelungslücke sowie eine Vergleichbarkeit der Interessenlage. Insoweit ist zunächst wiederum zu sehen, daß der Anteilstausch bei einer technischen Verschmelzung zwangsweise aufgrund gesetzlicher Regelung erfolgt (vgl. § 20 Abs. 1 Nr. 3 UmwG), das Um-

---

[472] Vgl. oben S. 113ff..

[473] Vgl. oben S. 127ff..

[474] Vgl. oben S. 128.

[475] Die im Fall Daimler/Chrysler angewandte Methode der Interessenzusammenführung (*Pooling-of-interests*-Methode) beruht im übrigen gerade auf der Fiktion einer Verschmelzung des Tochterunternehmens (hier also der Daimler-Benz AG) mit dem Mutterunternehmen (hier der DaimlerChrysler AG); s. für das deutsche Recht (§ 302 HGB) *Busse von Colbe/Ordelheide*, Konzernabschlüsse, S. 312; *Förschle/Deubert* in Beck'scher Bilanzkommentar, § 302 HGB Rdz.6; *Heuser* in: GmbH-Handbuch, Stand Juli 1999, Rdz.2204; *v. Wysocki/Wohlgemuth*, Konzernrechnungslegung, S. 136.

[476] Zu der hier nicht interessierenden Frage der analogen Anwendung von Vorschriften des Umwandlungsgesetzes auf Ausgliederungen im Wege der Einzelrechtsnachfolge vgl. Kallmeyer/*Kallmeyer*, § 123 Rdz.2; *Teichmann* in Lutter, § 123 Rdz.25.

[477] Vgl. dazu etwa *Larenz/Canaris*, Methodenlehre, S. 194, 202.

tauschverhältnis insofern nicht im Wege einer Markttransaktion frei ausgehandelt wird[478], bei einer wirtschaftlichen Verschmelzung im Wege des Anteilstausches hingegen infolge privatautonom getroffener Veräußerungsentscheidungen jedes einzelnen Aktionärs der Zielgesellschaft und also freiwillig erfolgt. Dies ändert allerdings nichts daran, daß die Aktionäre der „übertragenden" Gesellschaft[479] in beiden Fällen nur dann eine sachgerechte Entscheidung über die (technische oder wirtschaftliche) Verschmelzung zu treffen vermögen, wenn sie die dazu erforderlichen Informationen, insbesondere zur Festlegung des Umtauschverhältnisses, erhalten.

Im Gegensatz zu den Aktionären der übertragenden Gesellschaft bei einer technischen Verschmelzung sind die Aktionäre der „übertragenden" Gesellschaft bei einer wirtschaftlichen Verschmelzung durch Anteilstausch insofern in gewisser Weise geschützt, als die Übertragung ihrer Aktien ihre individuelle Mitwirkung erfordert, die sie verweigern können, wenn sie nach ihrer Auffassung auf der Grundlage der ihnen mitgeteilten Informationen eine sachgerechte Entscheidung nicht zu treffen vermögen[480]. Sie laufen freilich - anders als die Aktionäre einer übertragenden Gesellschaft bei einer technischen Verschmelzung - Gefahr, aufgrund uninformierter Entscheidung der Mehrheit u.U. in einer konzernabhängigen Gesellschaft zurückzubleiben. Dies kann namentlich in der börsennotierten Publikumsgesellschaft dazu führen, dass auch die informierten Aktionäre zur Vermeidung von wirtschaftlichen Nachteilen faktisch gezwungen sind, der rational apathischen Mehrheit der Aktionäre zu folgen und ihre Aktien zu veräußern. Eine Verweigerung des Anteilstausches mangels ausreichender/korrekter Information kommt in diesem Fall praktisch kaum in Betracht. Damit aber laufen auch bei der wirtschaftlichen Verschmelzung durch Anteilsübertragung ebenso wie bei der technischen Verschmelzung die Aktionäre der „übertragenden" Gesellschaft letztlich Gefahr, ihre Aktien aufgrund uninformierter Entscheidung der Mehrheit tauschen zu müssen. Dies spricht im Ergebnis für eine Berichtspflicht der Verwaltung einer „übertragenden" Gesellschaft analog § 8 UmwG im Falle einer wirtschaftlichen Verschmelzung durch Anteilsübertragung, die aufgrund eines von der Verwaltung mit initiierten und konsentierten Umtauschangebotes einer NewCo oder der anderen Ausgangsgesellschaft eines beabsichtigten Unternehmenszusammenschlusses vollzogen werden soll[481]. Diese Informationspflicht ist allerdings anders als die gesetzliche Berichtspflicht nach § 8 UmwG nicht mit einer Anfechtungssanktion durch jeden einzelnen Ak-

---

478 Vgl. *Lutter/Bezzenberger*, Die AG 2000, S. 433, 435 re. Sp..

479 Im Falle der wirtschaftlichen Verschmelzung durch Anteilstausch übertragen die Aktionäre der Zielgesellschaft selbst ihre Aktien auf die aufnehmende Gesellschaft.

480 Vgl. *Leinekugel*, Ausstrahlungswirkungen, S. 4f..

481 A.A. *Kallmeyer*, Festschrift Lutter, S. 1245, 1252, 1254.

tionär belegt, da es hinsichtlich der in Rede stehenden Gestaltung nach dem oben Gesagten[482] an einer Beschlusskompetenz der Hauptversammlung der „übertragenden" Gesellschaft fehlt[483]. Eine grob fahrlässige oder vorsätzliche Verletzung der hier befürworteten Informationspflicht könnte indes künftig Schadenersatzansprüche der Aktionäre begründen, sofern Vorschläge zur Einführung einer allgemeinen Schadenersatzhaftung von Verwaltungsmitgliedern für Fehlinformation des Kapitalmarktes[484] umgesetzt werden. Eine derartige Sanktionierung von Pflichtverletzungen begründete eine praeventive Wirkung hin zu korrekter Information.

In Anbetracht des Umstandes, daß die Aktionäre der „übertragenden" Gesellschaft bei einer wirtschaftlichen Verschmelzung durch Anteilstausch ihre individuelle Zustimmung zu der angebotenen Gegenleistung und damit zu dem angebotenen Umtauschverhältnis erklären, kommt demgegenüber eine analoge Anwendung der §§ 9, 12 UmwG über die Durchführung einer Verschmelzungsprüfung und die Erstellung eines Prüfungsberichtes sowie der §§ 14 Abs. 2, 15, 32, 34 UmwG über die gerichtliche Überprüfung des Umtauschverhältnisses bei einem hauptversammlungspflichtigen Umwandlungsvorgang anders als eine analoge Anwendung des § 8 UmwG nicht in Betracht[485].

Praktisch ist zu sehen, daß das Zustandekommen einer wirtschaftlichen Verschmelzung durch Anteilsübertragung mit dem Akzeptanzgrad eines darauf abzielenden Umtauschangebotes einer NewCo oder einer der Ausgangsgesellschaften eines beabsichtigten Unternehmenszusammenschlusses steht und fällt[486]. Insofern wird in der Praxis regelmäßig an der Erstattung eines umfassenden Berichtes ohnedies kein Weg vorbeiführen, der sich namentlich nicht auf die übernahmerechtlich gebotenen Informationen hinsichtlich der Ermittlung des Umtauschverhältnisses[487] beschränkt, sondern darüber hinaus die Angemessen-

---

482 Vgl. oben S. 113ff..

483 Insofern kommt auch eine analoge Anwendung der Auslegungs- und Übersendungsvorschriften gemäß §§ 63 Abs. 1 Nr. 4 und Abs. 3, 64 Abs. 1 S. 1 UmwG, die eine Hauptversammlungskompetenz voraussetzen, kaum in Betracht. Dessen ungeachtet ist den Aktionären der - nach hier vertretener Auffassung analog § 8 UmwG zu erstattende - Bericht selbstverständlich in geeigneter Weise zugänglich zu machen.

484 Vgl. *Baums* (Hrsg.), Bericht der Regierungskommission Corporate Governance, Rdz.186; Beschlüsse des 64. Deutschen Juristentages, Abteilung Wirtschaftsrecht (abgedruckt in ZIP 2002, S. 1782ff.), 1.11, 1.12.

485 Ebenso *Kallmeyer*, Festschrift Lutter, S. 1245, 1255f., 1257; s. auch *Baums*, TVVS 1998, S. 217, 219 re. Sp.; *ders.*, JITE 155 (1999), S. 119, 126; *Decher*, Festschrift Lutter, S. 1209, 1218f..

486 *Martens*, Festschrift Peltzer, S. 279, 281.

487 Vgl. § 11 Abs. 4 Ziff. 2 WpÜG i.V.m. § 2 Ziff. 3 der Verordnung über öffentliche Angebote zum Erwerb von Wertpapieren und über Unternehmensübernahmen (BGBl. I 2001, S. 4263ff.). Die Angebotsunterlage muß danach „die zur Festsetzung der Gegenleistung

heit der angebotenen Gegenleistung erläutert und begründet[488]. Ausserdem wird es praktisch in der Regel wenn nicht eines regelrechten Prüfungsberichtes, so doch zumindest einer Bestätigung der Angemessenheit des angebotenen Umtauschverhältnisses durch einen Sachverständigen bedürfen, um den Aktionären der „übertragenden" Gesellschaft das angebotene Umtauschverhältnis plausibel zu machen und sie damit zum Tausch ihrer Aktien zu veranlassen[489].
Im Fall Daimler/Chrysler wurde ein gemeinsamer Bericht der Vorstände der Daimler-Benz AG und der DaimlerChrysler AG nicht nur, wie nach § 8 UmwG geboten, über die technische Verschmelzung der beiden Gesellschaften, sondern über den Zusammenschluß im ganzen und damit auch über dessen erste Stufe erstattet[490]. Der Bericht enthielt insoweit eine Erläuterung des Umtauschangebotes und der Sachkapitalerhöhungen in der DaimlerChrysler AG[491] sowie insbesondere eine Erläuterung und Begründung der Umtauschverhältnisse im Rahmen der beiden Sachkapitalerhöhungen auf der ersten Stufe des Zusammenschlusses[492]. Der dem Bericht beigefügte Prüfungsbericht bezog sich allein auf die zweite Stufe des Zusammenschlusses, betraf mithin ausschließlich die Angemessenheit des Umtauschverhältnisses im Rahmen der Verschmelzung der Daimler-Benz AG auf die DaimlerChrysler AG[493], das freilich nach dem Gesagten mit jenem des vorangehenden Umtauschangebotes identisch war[494].
In vergleichbarer Weise erstattete beim (gleichfalls) im Wege wirtschaftlicher Verschmelzung durch Anteilstausch vollzogenen Zusammenschluß Hoechst/Rhône-Poulenc der Vorstand der Hoechst AG den Aktionären der von ihm geleiteten Gesellschaft einen „Bericht über den Unternehmenszusammenschluß von Hoechst und Rhône-Poulenc"[495], der eine ausführliche wirtschaftliche Be-

---

angewandten Bewertungsmethoden und die Gründe, warum die Anwendung dieser Methoden angemessen ist, sowie die Angabe, welches Umtauschverhältnis oder welcher Gegenwert sich bei der Anwendung verschiedener Methoden, sofern mehrere angewandt worden sind, jeweils ergeben würde", enthalten. Ferner „ist darzulegen, welches Gewicht den verschiedenen Methoden bei der Bestimmung des Umtauschverhältnisses oder des Gegenwerts und der ihnen zugrundeliegenden Werte beigemessen worden ist und welche besonderen Schwierigkeiten bei der Bewertung der Gegenleistung aufgetreten sind".

488 Vgl. *Decher*, Festschrift Lutter, S. 1209, 1221; *Kallmeyer*, Festschrift Lutter, S. 1245, 1254; *Martens*, Festschrift Peltzer, S. 279, 281f..

489 Vgl. *Decher*, Festschrift Lutter, S. 1209, 1221; *Kallmeyer*, Festschrift Lutter, S. 1245, 1256; *Martens*, Festschrift Peltzer, S. 279, 281f..

490 Vgl. die Bezeichnung des Berichts (Fn.46).

491 Bericht (Fn.46), S. 76ff..

492 Bericht (Fn.46), S. 88ff., 99, 105.

493 Vgl. Prüfungsbericht des Verschmelzungsprüfers (Anlage 4 des Berichts [Fn.46], S. 235ff.), S. 12.

494 Vgl. oben S. 55.

495 Vgl. oben Fn.64.

gründung und Erläuterung des Zusammenschlusses enthielt[496] und namentlich auch auf das Umtauschverhältnis im Rahmen des Umtauschangebotes der Rhône-Poulenc S.A. auf die Aktien der Hoechst AG einging[497]. In diesem Zusammenhang wurden die für die Bestimmung des Umtauschverhältnisses angewandten Methoden dargestellt; ferner wurde mitgeteilt, daß ein dem Hoechst-Vorstand übermitteltes Gutachten die Angemessenheit des vorgesehenen Umtauschverhältnisses bestätigt habe[498].

2. Gleichbehandlungsgebot

Nach dem Gesamtplan des Zusammenschlusses Daimler/Chrysler sollten die Daimler-Benz-Aktionäre entweder durch freiwilligen Aktientausch im Zuge der Durchführung des Umtauschangebotes auf der ersten Stufe des Zusammenschlusses oder aufgrund gesetzlicher Regelung mit Wirksamwerden der Verschmelzung der Daimler-Benz AG auf die DaimlerChrysler AG (vgl. § 20 Abs. 1 Nr. 3 UmwG) auf der zweiten Stufe des Zusammenschlusses zu Aktionären der DaimlerChrysler AG werden. Die Daimler-Benz-Aktionäre sollten ihre Aktien also entweder freiwillig, aufgrund privater Veräußerungsentscheidung, oder aber zwangsweise, kraft gesetzlicher Anordnung, in DaimlerChrysler-Aktien umtauschen. Angesichts dieser beiden hintereinander geschalteten Tauschvorgänge stellt sich die Frage, ob und inwieweit der Vorstand der Daimler-Benz AG für eine Gleichbehandlung der Aktionäre der von ihm geleiteten Gesellschaft hinsichtlich der Gegenleistung für den - freiwilligen oder zwangsweisen - Verlust ihrer Aktien zu sorgen hatte. Dies betrifft zum einen die Frage der Identität des Umtauschverhältnisses im Rahmen des Umtauschangebotes sowie im Rahmen der anschließenden Verschmelzung. Hierauf wird zurückzukommen sein[499]. Im Rahmen der Erörterung der Pflichtenstellung des Daimler-Benz-Vorstands hinsichtlich der Gestaltung des Umtauschangebotes des Transaktionsvehikels DaimlerChrysler AG ist zunächst der Frage nachzugehen, ob das Gleichbehandlungsgebot den Daimler-Benz-Vorstand möglicherweise dazu verpflichtete, Sorge zu tragen, dass eine etwaige in einem Spruchverfahren nach §§ 15, 305ff. UmwG nach Vollzug des Zusammenschlusses gerichtlich angeordnete Verbesserung des Umtauschverhältnisses durch bare Zuzahlung *allen* ehemaligen Daimler-Benz-Aktionären zugute kommen würde, mithin auch jenen Aktionären, die ihre Aktien vor der Ver-

---

[496] Bericht über den Unternehmenszusammenschluß Hoechst/Rhône-Poulenc (Fn.64), S. 36ff..

[497] Bericht über den Unternehmenszusammenschluß Hoechst/Rhône-Poulenc (Fn.64), S. 102ff..

[498] Bericht über den Unternehmenszusammenschluß Hoechst/Rhône-Poulenc (Fn.64), S. 104.

[499] Vgl. unten S. 159ff..

schmelzung der Daimler-Benz AG auf die DaimlerChrysler AG bereits freiwillig umgetauscht hatten (dazu b)). Diese Frage stellte sich freilich nur dann, wenn diesen („tauschenden“) Daimler-Benz-Aktionären unter keinem rechtlichen Gesichtspunkt ein Anspruch auf Verbesserung des Umtauschverhältnisses zustünde. Dem ist daher im folgenden (a)) zunächst nachzugehen.

a) Anspruch der tauschenden Daimler-Benz-Aktionäre auf nachträgliche Verbesserung des Umtauschverhältnisses

aa) Aus § 15 Abs. 1 UmwG

Ein Anspruch der tauschenden Daimler-Benz-Aktionäre auf nachträgliche Verbesserung des Umtauschverhältnisses im Rahmen des Umtauschangebotes könnte sich zunächst aus § 15 Abs. 1 UmwG ergeben. Hierzu ist folgendes zu bemerken.

Der Anspruch der Anteilsinhaber eines übertragenden Rechtsträgers auf Verbesserung eines unangemessenen Umtauschverhältnisses aus § 15 Abs. 1 UmwG dient dem Ausgleich einer wirtschaftlichen Schlechterstellung infolge nicht angemessen kompensierten Verlustes der Beteiligung am übertragenden Rechtsträger mit Vollzug der Verschmelzung[500]. Der Anspruch auf bare Zuzahlung, der (erst) mit Wirksamwerden der Verschmelzung durch Eintragung in das Handelsregister des Sitzes des übernehmenden Rechtsträgers (vgl. § 20 Abs. 1 UmwG) entsteht[501], steht demgemäß demjenigen zu, dessen Anteile an einem übertragenden Rechtsträger durch Eintragung der Verschmelzung in das Handelsregister entsprechend dem im Verschmelzungsvertrag vorgesehenen Umtauschverhältnis kraft Gesetzes (§ 20 Abs. 1 Nr. 3 UmwG) in Anteile am aufnehmenden Rechtsträger umgetauscht werden, der also im Moment des Wirksamwerdens der Verschmelzung etwa Aktionär einer übertragenden Gesellschaft ist[502]. Wer

---

500 OLG Düsseldorf Die AG 2001, S. 596, 596 re. Sp.; *Schulenberg*, Die AG 1998, S. 74, 79 li. Sp..

501 Kallmeyer/*Marsch-Barner*, § 15 Rdz.4; *Stratz* in Schmitt/Hörtnagl/Stratz, § 15 Rdz.12; *Schulenberg*, Die AG 1998, S. 74, 78 li. Sp..

502 Darauf, ob die Anteile des übertragenden Rechtsträgers vor oder nach Fassung des Verschmelzungsbeschlusses in dem übertragenden Rechtsträger erworben wurden, kommt es nach h.M. für den Erwerb des Zuzahlungsanspruches aus § 15 Abs. 1 UmwG mit Vollzug der Verschmelzung ebenso wenig an wie für die Antragsberechtigung in einem Spruchverfahren gemäß §§ 305ff. UmwG, die (*Schulenberg*, Die AG 1998, S. 74, 76 re. Sp.; *van Aerssen*, Die AG 1999, S. 249, 256 Fn.83; *Krieger* in: Lutter (Hrsg.), Verschmelzung – Spaltung – Formwechsel, S. 275, 280) einen Annex des Zuzahlungsanspruches darstellt (vgl. *Bork* in Lutter, § 15 Rdz.2; *Krieger*, a.a.O., S. 279f.; *van Aerssen*, a.a.O., S. 256). Anspruchsberechtigt sind neben den im Zeitpunkt des Wirksamwerdens der Verschmel-

hingegen vor dem Wirksamwerden der Verschmelzung seine Anteile an der übertragenden Gesellschaft veräußert, erleidet infolge des Wirksamwerdens der Verschmelzung keinen Anteilsverlust und damit auch keine etwaige Vermögenseinbuße infolge unangemessenen Umtauschverhältnisses, die durch bare Zuzahlung ausgeglichen werden müßte.
Da das Eigentum an den zum Tausch eingereichten Daimler-Benz-Aktien gemäß den Bedingungen des Umtauschangebotes mit Eintragung der Durchführung der „Daimler-Benz"-Sachkapitalerhöhung in das Handelsregister der DaimlerChrysler AG von den tauschenden Aktionären auf die DaimlerChrysler AG überging[503] und die Verschmelzung der Daimler-Benz AG auf die DaimlerChrysler AG erst danach zur Eintragung angemeldet wurde[504], waren die tauschenden Daimler-Benz-Aktionäre nicht mehr Aktionäre der übertragenden Gesellschaft Daimler-Benz AG, als deren Verschmelzung auf die DaimlerChrysler AG mit Eintragung in das Register des Sitzes der DaimlerChrysler AG wirksam wurde. Ansprüche der tauschenden Daimler-Benz-Aktionäre auf bare Zuzahlung nach § 15 Abs. 1 UmwG, die nach dem Gesagten erst mit Wirksamwerden der Verschmelzung entstehen, kommen mithin nicht in Betracht.

---

zung in dem übertragenden Rechtsträger befindlichen außenstehenden Anteilsinhabern überdies auch diejenigen, die nach Vollzug der Verschmelzung durch Eintragung in das Handelsregister Anteile des übernehmenden Rechtsträgers erwerben, welche an die Stelle von Anteilen des übertragenden Rechtsträgers getreten sind (*Schulenberg*, Die AG 1998, S. 74, 79f.), sofern mit der Mitgliedschaft auch der Zuzahlungsanspruch übergeht (vgl. *Bork* und *Krieger*, a.a.O.; Kallmeyer/*Marsch-Barner*, § 15 Rdz.3). Hiervon ist stets auszugehen, wenn man diesen Anspruch als untrennbar mit der Mitgliedschaft verbunden erachtet (so *Schulenberg*, a.a.O., S. 74, 78ff.). Vertritt man hingegen die Auffassung, daß Mitgliedschaft und Zuzahlungsanspruch selbständig nebeneinander stehen, mithin voneinander getrennt werden können (so *Bork* und *Marsch-Barner*, jeweils a.a.O.; *Philipp*, Die AG 1998, S. 264, 266 li. Sp.), ist auch ein isolierter Erwerb (nur) des mit Eintragung der Verschmelzung in das Handelsregister entstehenden Zuzahlungsanspruchs nach § 15 Abs. 1 UmwG denkbar. Gleichviel freilich, ob der Zuzahlungsanspruch aus § 15 Abs. 1 UmwG nach Vollzug der Verschmelzung gemeinsam mit der Mitgliedschaft am übernehmenden Rechtsträger oder isoliert erworben wird, tritt, was aus Sicht des potenziell zur Leistung barer Zuzahlungen verpflichteten übernehmenden Rechtsträgers entscheidend ist, in beiden Fällen lediglich ein Wechsel in der Person des Anspruchsinhabers ein. Es kommt mit anderen Worten lediglich zu einer Veränderung in der personellen Zusammensetzung des Kreises der Anspruchsinhaber, nicht aber zu einer Vergrößerung desselben. Der Gesamtbetrag etwa zu leistender barer Zuzahlungen bleibt von derartigen Wechseln auf der Seite der Anspruchsinhaber mithin unberührt. Insoweit kommt es allein darauf an, wie viele außenstehende Anteilsinhaber sich im Moment des Wirksamwerdens der Verschmelzung neben dem aufnehmenden Rechtsträger im übertragenden Rechtsträger befinden.

[503] Vgl. Umtauschangebot (Fn.55), B. III..

[504] Vgl. Bericht (Fn.46), S. 84 re. Sp..

bb) Abfindungsergänzungsanspruch

Ungeachtet des nach dem vorstehend Gesagten mit Veräußerung der Aktien vor Vollzug der Verschmelzung eintretenden Verlustes etwaiger Ansprüche auf bare Zuzahlung aus § 15 Abs. 1 UmwG könnte sich im Falle einer Verbesserung des bei der Verschmelzung gewährten Umtauschverhältnisses im Rahmen eines Spruchverfahrens nach §§ 305ff. UmwG ein Abfindungsergänzungsanspruch der tauschenden Aktionäre aus dem Umstand ergeben, daß sie ihre Aktien in der hier in Rede stehenden Konstellation nicht an einen beliebigen Dritten veräußerten, sondern an die aufnehmende Gesellschaft (DaimlerChrysler AG) der unmittelbar auf die Durchführung des Aktientausches folgenden Verschmelzung.
Ein Abfindungsergänzungsanspruch, gerichtet auf nachträgliche Erhöhung einer bereits erhaltenen Abfindung ungeachtet der Veräußerung von Aktien vor der Entscheidung in einem Spruch(stellen)verfahren, ist für solche Konstellationen anerkannt, in denen Aktionäre ein Abfindungsangebot einer Obergesellschaft oder einer aufnehmenden Gesellschaft, etwa nach § 305 Abs. 1 AktG oder nach § 29 Abs. 1 UmwG, annehmen und ihre Aktien an die Obergesellschaft oder die aufnehmende Gesellschaft veräußern, ohne das Ergebnis eines Spruch(stellen)-verfahrens zur Überprüfung der Angemessenheit der angebotenen Abfindung abzuwarten[505]. Dem liegt die Erwägung zugrunde, erst mit der gerichtlichen Entscheidung stehe fest, welche Abfindung „angemessen" sei[506]. Der Abfindungsanspruch sei im Falle einer gerichtlich angeordneten Erhöhung nicht vollständig erfüllt worden, weshalb die bereits gewährte Abfindung zu ergänzen sei. Bei diesem sog. Abfindungsergänzungsanspruch handelt es sich mithin um einen Teil des ursprünglichen Erfüllungsanspruchs[507]; er setzt demgemäß dessen Existenz voraus[508].
An einer derartigen ursprünglichen, ergänzungsfähigen Gegenleistung der aufnehmenden Gesellschaft (hier: DaimlerChrysler AG) fehlt es indes, wenn und weil Aktionäre der übertragenden Gesellschaft (hier: Daimler-Benz AG) ihre

---

[505] Vgl. OLG Düsseldorf Die AG 1990, S. 397, 402; BayObLG Die AG 1996, S. 127, 130 re. Sp.; MünchKomm AktG/*Bilda*, § 305 Rdz.127f.; *Emmerich/Sonnenschein/Habersack*, Konzernrecht, § 22 IV, S. 347; *Emmerich* in Emmerich/Habersack, § 305 Rdz.86; *Geßler* in G/H/E/K, § 305 Rdz.74; *Haase*, Die AG 1995, S. 7, 12ff.; *Hüffer*, § 305 Rdz.32; MünchHdb AG/*Krieger*, § 70 Rdz.130; *Krieger* in Lutter, § 311 Rdz.3; *Lutter/Bezzenberger*, Die AG 2000, S. 433, 442 li. Sp.; Kallmeyer/*Meister/Klöcker*, § 311 Rdz.4; GK^3/*Würdinger*, § 305 Anm. 21; a.A. KK/*Koppensteiner*, § 305 Rdz.56; kritisch *Krieger* in: Lutter (Hrsg.),Verschmelzung – Spaltung – Formwechsel, S. 275, 293.

[506] *Emmerich* in Emmerich/Habersack, § 305 Rdz.86; *Emmerich/Sonnenschein/Habersack*, Konzernrecht, § 22 IV, S. 347; vgl. *Haase*, Die AG 1995, S. 7, 16 re. Sp..

[507] MünchKomm AktG/*Bilda*, § 305 Rdz.128; *Haase*, Die AG 1995, S. 7, 20f..

[508] *Haase*, Die AG 1995, S. 7, 8 li. Sp..

Aktien bereits vor Wirksamwerden der Verschmelzung an die spätere aufnehmende Gesellschaft veräußern und damit bei Wirksamwerden der Verschmelzung keine Gegenleistung in Gestalt von Aktien der aufnehmenden Gesellschaft (vgl. § 20 Abs. 1 Nr. 3 UmwG) erhalten. Ein gesetzlich durch § 15 Abs. 1 UmwG normierter „Abfindungsergänzungsanpruch" wegen Unangemessenheit des Umtauschverhältnisses steht (nur) den Aktionären zu, die sich im Moment des Wirksamwerdens der Verschmelzung in der übertragenden Gesellschaft befinden und demgemäß in Gestalt von deren Aktien eine ergänzungsfähige Gegenleistung erhalten, nicht aber ehemaligen Aktionären der übertragenden Gesellschaft, die vor Wirksamwerden der Verschmelzung bereits aus der Gesellschaft ausgeschieden sind. Ein Abfindungsergänzungsanspruch der tauschenden Daimler-Benz-Aktionäre ist demgemäß nicht gegeben.

cc) Aus Art. 15 Übernahmekodex

Ein Anspruch der tauschenden Daimler-Benz-Aktionäre auf nachträgliche Verbesserung des Umtauschverhältnisses durch bare Zuzahlung könnte sich weiterhin aus dem - zum Zeitpunkt des Zusammenschlusses Daimler/Chrysler im Jahre 1998, d.h. vor Inkrafttreten des WpÜG am 01.01.2002, noch relevanten, inzwischen allerdings „außer Kraft gesetzten"[508a] - Übernahmekodex der Börsensachverständigenkommission beim Bundesministerium der Finanzen[509] ergeben, den die Bietergesellschaft DaimlerChrysler AG für das Umtauschangebot anerkannt hatte[510], namentlich aus der Regelung des Art. 15 des Kodex'.
Danach traf einen Bieter, der nach Abgabe eines Übernahmeangebotes innerhalb einer in seinem Angebot zu nennenden Frist, die nicht kürzer als zwölf Monate sein durfte, ein besseres, freiwilliges Angebot unterbreitete, die Pflicht, denjenigen, die von dem ursprünglichen Angebot Gebrauch gemacht haben, eine entsprechende Nachbesserung zu gewähren, wenn innerhalb der Frist kein Angebot eines Dritten vorlag[511]. Diese Regelung passte für die hier in Rede stehende Konstellation indes insofern nicht, als eine Verbesserung des Umtauschverhältnisses im Zuge eines Spruchverfahrens nach §§ 15, 305ff. UmwG sich nicht auf den Aktientausch aufgrund des Umtauschangebotes der DaimlerChrysler AG bezöge und überdies nicht das Resultat einer privatautonomen Entscheidung der DaimlerChrysler AG in Gestalt eines verbesserten „freiwilligen" Angebotes, sondern Folge einer gerichtlichen Entscheidung wäre. Ein Anspruch der tauschenden Daimler-Benz-Aktionäre auf Verbesserung des Umtauschverhältnisses

---

[508a] *Kleindiek*, ZGR 2002, S. 546, 553 mit Fn.34.
[509] Im Internet abrufbar unter http://www.kodex.de.
[510] Umtauschangebot (Fn.55), B. XIII..
[511] Vgl. zur Nachbesserungspflicht des Bieters nunmehr § 31 Abs. 5 S. 1 WpÜG.

des Umtauschangebotes ergibt sich mithin auch aus der Regelung des Art. 15 Übernahmekodex nicht[512].

Die vorstehend im Hinblick auf die Nachbesserungspflicht des Bieters aus Art. 15 des früheren Übernahmekodex vertretene Auffassung ist mittlerweile im Rahmen des WpÜG geltendes Recht. Nach § 31 Abs. 5 S. 2 WpÜG löst eine gegenüber der Gegenleistung eines Übernahmeangebotes höhere Gegenleistung für den anschliessenden Erwerb des Vermögens der Zielgesellschaft durch Verschmelzung keine Nachbesserungspflicht des Bieters gemäß § 31 Abs. 5 S. 1 WpÜG aus. Dem Bieter ist es damit etwa grundsätzlich unbenommen, im Rahmen eines auf ein Übernahmeangebot folgenden *upstream merger* der Zielgesellschaft den in der Zielgesellschaft verbliebenen außenstehenden Aktionären von vornherein eine höhere Gegenleistung zu zahlen als den veräußernden Aktionären der Zielgesellschaft in dem voraufgegangenen Angebot[513]. Damit kann aber eine Nachbesserungspflicht des Bieters erst recht nicht dadurch ausgelöst werden, dass eine mit der Gegenleistung eines Übernahmeangebotes zunächst identische Gegenleistung im Rahmen einer anschließenden Verschmelzung der Zielgesellschaft auf den Bieter später aufgrund gerichtlicher Entscheidung erhöht wird.

dd) Ergebnis

Zusammenfassend ist damit festzuhalten, daß die tauschenden Daimler-Benz-Aktionäre mit Veräußerung ihrer Aktien vor Vollzug der Verschmelzung der Daimler-Benz AG auf die DaimlerChrysler AG etwaige Ansprüche auf Verbesserung des Umtauschverhältnisses verloren, die ihnen bei Verbleib in der Daimler-Benz AG zugestanden hätten[514]. Ein Anspruch auf Verbesserung des Umtauschverhältnisses ergibt sich für die betroffenen Aktionäre namentlich weder aus § 15 Abs. 1 UmwG noch aus Art. 15 Übernahmekodex.

---

512 S. für eine vergleichbare Konstellation - Kaufangebot an den Streubesitz einer Aktiengesellschaft mit nachfolgender Eingliederung der Zielgesellschaft unter gegenüber dem Angebot von vornherein höherer Barabfindung der verbliebenen außenstehenden Aktionäre - BGH ZIP 2001, S. 2278; dazu *Hasselbach*, EWiR 2002, S. 733f..

513 Abweichendes gilt allerdings, wenn es sich bei dem Bieter um eine von der Verwaltung der Zielgesellschaft gesteuerte NewCo handelt. In diesem Fall muss die Gegenleistung des Übernahmeangebotes und einer anschließenden Verschmelzung der Ziel- auf die Erwerbergesellschaft identisch oder doch wertgleich sein, da andernfalls das aktienrechtliche Gleichbehandlungsgebot verletzt würde; vgl. unten S. 159ff..

514 Ebenso *Decher*, Festschrift Lutter, S. 1209, 1218; *ders.* in: Horn (Hrsg.), Cross-Border Mergers and Acquisitions and the Law, S. 105, 112; *Horn* in: ders. (Hrsg.), Cross-Border Mergers and Acquisitions and the Law, S. 3, 14; vgl. *Stengel* in: Semler/Volhard (Hrsg.), Unternehmensübernahmen, § 17 Rdz.379.

b) Vereinbarkeit fehlenden Anspruches der tauschenden Aktionäre auf Verbesserung des Umtauschverhältnisses mit Gleichbehandlungsgebot

Angesichts der vorstehenden Ausführungen, wonach ein Anspruch der tauschenden Daimler-Benz-Aktionäre auf nachträgliche Verbesserung des Umtauschverhältnisses im Rahmen des Umtauschangebotes nicht gegeben ist, stellt sich nunmehr die oben angesprochene Frage, ob der Daimler-Benz-Vorstand durch das aktienrechtliche Gleichbehandlungsgebot (§ 53a AktG), das jedem Organ der Aktiengesellschaft verbietet, Aktionäre willkürlich ungleich zu behandeln[515], an der Mitwirkung bei der Umsetzung des Unternehmenszusammenschlusses und namentlich des Umtauschangebotes des Transaktionsvehikels DaimlerChrysler AG gehindert war, dessen Vorschaltung vor die Verschmelzung der Daimler-Benz AG auf die DaimlerChrysler AG den Verlust etwaiger Ansprüche der tauschenden Aktionäre auf bare Zuzahlung zur Folge hatte. Insoweit ist folgendes zu bemerken.
Die unterschiedliche Rechtsstellung der ehemaligen (tauschenden oder nicht tauschenden) Daimler-Benz-Aktionäre nach Vollzug des Zusammenschlusses im Hinblick auf eine etwaige Verbesserung des ihnen gewährten Umtauschverhältnisses resultierte jedenfalls nicht unmittelbar aus einer Maßnahme des Daimler-Benz-Vorstands. Zwar bezweckte der Daimler-Benz-Vorstand gemeinsam mit dem *Board* der Chrysler Corp. mit dem Umtauschangebot einen möglichst weitgehenden Ausschluß von Zuzahlungsansprüchen ehemaliger Daimler-Benz-Aktionäre und wirkte auf die Aktionäre durch eine entsprechende Empfehlung in seiner Stellungnahme zum Angebot[516] sowie durch die Veranlassung einer Werbekampagne ein, das Umtauschangebot anzunehmen und damit de facto auf etwaige Zuzahlungsansprüche zu verzichten. Die Tauschentscheidung verblieb jedoch beim einzelnen Aktionär, wobei im Text des Umtauschangebotes auf den mit seiner Annahme verbundenen Verlust eines etwaigen Anspruchs auf Verbesserung des Umtauschverhältnisses mittels eines optisch durch Fettdruck hervorgehobenen Hinweises ausdrücklich aufmerksam gemacht wurde[517]. Daß die

---

[515] *Hefermehl/Bungeroth* in G/H/E/K, § 53a Rdz.3ff.; *Hüffer*, § 53a Rdz.4ff.; KK/*Lutter/Zöllner*, § 53a Rdz.8ff., 25; MünchHdb AG/*Wiesner*, § 17 Rdz.11f..

[516] Umtauschangebot (Fn.55), A..

[517] Vgl. *Decher* in: Horn (Hrsg.), Cross-Border Mergers and Acquisitions and the Law, S. 105, 113; Umtauschangebot (Fn.55), B. III.: „Diejenigen Daimler-Benz-Aktionäre, die ihre Aktien tauschen und übertragen, werden mit Vollzug des Aktientauschs Aktionäre der DaimlerChrysler AG. Ihnen stehen deshalb keine Ansprüche auf bare Zuzahlung zu, sollte den verbleibenden Daimler-Benz-Aktionären in einem etwaigen gemäß §§ 305ff. UmwG durchgeführten gerichtlichen Spruchverfahren im Zusammenhang mit der beabsichtigten nachfolgenden Daimler-Benz-Verschmelzung eine solche bare Zuzahlung wegen einer

tauschenden Aktionäre im Zeitpunkt des Wirksamwerdens der Verschmelzung nicht mehr Aktionäre der übertragenden Gesellschaft Daimler-Benz AG waren und daher einen etwaigen Anspruch auf Verbesserung des Umtauschverhältnisses nicht mehr erwerben konnten, beruhte ungeachtet diesbezüglicher Einflußnahmeversuche seitens des Vorstands mithin auf ihren privatautonom getroffenen informierten Veräußerungsentscheidungen. Sie begaben sich mit anderen Worten mit der Entscheidung für den freiwilligen Aktientausch bewusst im Sinne eines Verzichts möglicher Zuzahlungsansprüche und führten damit ihre diesbezügliche Schlechterstellung gegenüber den nach Durchführung des Umtauschangebotes zunächst in der Daimler-Benz AG verbleibenden Aktionären selbst herbei. Eine Ungleichbehandlung der Daimler-Benz-Aktionäre durch eine Maßnahme des Daimler-Benz-Vorstands ist insofern nicht ersichtlich[518]. Der Vorstand der Daimler-Benz AG war somit durch das Gleichbehandlungsgebot nicht gehindert, an der Abgabe und Umsetzung des Umtauschangebotes der DaimlerChrysler AG mitzuwirken.

3. Gestaltungsmissbrauch

Wenngleich der Vorstand der Daimler-Benz AG nach dem Gesagten durch das Gleichbehandlungsgebot nicht gehindert war, an der Abgabe und Durchführung des Umtauschangebotes der DaimlerChrysler AG mitzuwirken, das auf die möglichst weitgehende Vermeidung etwaiger Zuzahlungsansprüche ehemaliger Daimler-Benz-Aktionäre abzielte, könnte die gewählte Gestaltung als missbräuchlich zu bewerten sein. Insoweit ist zu sehen, daß die Aktionäre der Daimler-Benz AG durch die Gestaltung des Zusammenschlusses in einen Entscheidungskonflikt versetzt wurden. Dem ist im folgenden nachzugehen.

a) Begründung eines Entscheidungskonflikts durch die Gestaltung des Zusammenschlusses

Trotz des Hinweises im Umtauschangebot auf den mit seiner Annahme verbundenen Verlust möglicher Zuzahlungsansprüche nahmen nach dem oben Gesag-

---

etwaigen Unangemessenheit des in der Daimler-Benz-Verschmelzung geltenden Umtauschverhältnisses zugesprochen werden."

518 Ebenso *Decher*, Festschrift Lutter, S. 1209, 1218; s. für eine vergleichbare Konstellation - Kaufangebot an den Streubesitz einer Aktiengesellschaft mit nachfolgender Eingliederung der Zielgesellschaft unter gegenüber dem Angebot von vornherein höherer Barabfindung der verbliebenen außenstehenden Aktionäre - BGH ZIP 2001, S. 2278; dazu *Hasselbach*, EWiR 2002, S. 733f..

ten[519] rund 98 Prozent der Daimler-Benz-Aktionäre das Angebot an. Dies dürfte seinen Grund nicht allein in einer umfangreichen Werbekampagne[520] gehabt haben. Maßgebliche Bedeutung dürfte daneben dem Umstand zugekommen sein, daß die Verwaltungen der Ausgangsgesellschaften des Zusammenschlusses durch dessen zu einem Entscheidungskonflikt führende Gestaltung auf die Daimler-Benz-Aktionäre einen gewissen Druck ausübten, das Angebot anzunehmen.

Das Zustandekommen des Zusammenschlusses hing, was den Aktionären durch die Vorgabe einer entsprechenden Mindestumtauschquote im Rahmen des Umtauschangebotes deutlich gemacht wurde, davon ab, daß die DaimlerChrysler AG mittels des Umtauschangebotes eine mindestens 75%ige Beteiligung an der Daimler-Benz AG erwerben würde[521]. In der Einladung zu der außerordentlichen Hauptversammlung der Daimler-Benz AG hieß es insoweit ausdrücklich, daß bei Nichterreichen der Mindestumtauschquote „das Daimler-Benz-Umtauschangebot nicht durchgeführt" werde und „der im Business Combination Agreement vereinbarte Gesamtplan für den Zusammenschluß gescheitert" sei[522]. Um das Zustandekommen des Zusammenschlusses zu gewährleisten, mussten die Daimler-Benz-Aktionäre, sofern sie diesem zustimmten, zwangsläufig ihre Aktien zum Tausch einreichen und damit nach dem Gesagten de facto auf etwaige Zuzahlungsansprüche verzichten. Wie die anderen Aktionäre sich verhalten würden, war ihnen mangels Koordination der Aktionäre untereinander nicht bekannt, sie konnten ihre Aktien also nicht im Vertrauen darauf halten, bereits die übrigen Aktionäre würden durch Annahme des Angebotes das Erreichen der Mindestumtauschquote gewährleisten.

Bei diesem insofern gegebenen Entscheidungskonflikt der Daimler-Benz-Aktionäre handelte es sich freilich nicht eigentlich um das sog. Gefangenendi-

---

519 Vgl. oben S. 46.

520 Vgl. *Wenger*, JITE 155 (1999), S. 128, 130, der von erheblicher Einflussnahme auf die Aktionäre seitens der Depotbanken sowie von Fehlinformationen der Aktionäre berichtet. - Im Zuge der Werbekampagne für die Annahme des Umtauschangebotes schaltete die Daimler-Benz AG eine umfangreiche Anzeigenkampagne und richtete überdies eine Telefon-Hotline für Aktionäre ein (FAZ Nr. 218 vom 19.09.1998, S. 17; *Appel/Hein*, Der DaimlerChrysler Deal, S. 179; *Waller*, Stunde des Strategen, S. 287).

521 Vgl. *Rodewig* in: Karsten Schmidt/Riegger (Hrsg.), Gesellschaftsrecht 1999, S. 167, 171. - Vgl. in diesem Zusammenhang die Empfehlung des Daimler-Benz-Vorstands in seiner Stellungnahme zum Umtauschangebot der DaimlerChrysler AG (Fn.55, unter A.), „das Angebot möglichst frühzeitig anzunehmen, damit entsprechend schnell festgestellt werden kann, ob die Zielumtauschquote oder jedenfalls die Mindestumtauschquote erreicht ist und damit der Zusammenschluß durchgeführt werden kann."

522 Einladung zur 15. außerordentlichen Hauptversammlung der Daimler-Benz AG am 18.09. 1998, Bundesanzeiger Nr.146 vom 08.08.1998, S. 11687, unter 2.1.

lemma, in dem sich Aktionäre einer (Publikums-)Zielgesellschaft befinden, auf die ein Übernahmeangebot zum Zwecke des Kontrollerwerbs abgegeben wird. Diese Aktionäre sind insofern einem Druck ausgesetzt, das Angebot anzunehmen, als sie einerseits mangels Koordination der Aktionäre untereinander nicht wissen, wie ihre Mitaktionäre sich verhalten werden, andererseits bei einem Erfolg des Angebotes gewärtigen müssen, auf eine Minderheitenposition in einer konzernabhängigen Gesellschaft reduziert zu sein, was mit einem Wertverlust ihrer Beteiligung verbunden wäre[523].

Im Fall Daimler/Chrysler bestand für die Daimler-Benz-Aktionäre demgegenüber begründete Aussicht, bei Nichtannahme des Umtauschangebotes der DaimlerChrysler AG gleichwohl nicht auf Dauer als Minderheitsaktionäre in einer konzernabhängigen Gesellschaft zu verbleiben, sondern im Zuge der - (auch) im Umtauschangebot ausdrücklich angekündigten - Verschmelzung der Daimler-Benz AG auf die DaimlerChrysler AG im Anschluß an die erste Stufe des Zusammenschlusses ebenfalls eine Beteiligung an der neuen Konzernobergesellschaft DaimlerChrysler AG zu erwerben, und zwar unter Zugrundelegung desselben Umtauschverhältnisses wie im Rahmen des Umtauschangebotes[524]. Der Druck auf die Daimler-Benz-Aktionäre, das Umtauschangebot der DaimlerChrysler AG anzunehmen, um nicht als Minderheitsaktionäre in einer konzernabhängigen Gesellschaft zu verbleiben, war von daher jedenfalls nicht von erheblichem Gewicht, wenngleich eine Verzögerung oder gar das Scheitern der Verschmelzung der Daimler-Benz AG auf die DaimlerChrysler AG infolge Anfechtung des Verschmelzungsbeschlusses in der Daimler-Benz AG immerhin in Betracht kam.

Gegen die These eines Entscheidungskonflikts der Daimler-Benz-Aktionäre infolge der Gestaltung des Zusammenschlusses ließe sich allerdings möglicherweise einwenden, daß zumindest für Kleinaktionäre die Möglichkeit taktischen Verhaltens bestand. Sie konnten mit der Annahme des Umtauschangebotes zunächst bis zum Ablauf der Umtauschfrist zuwarten, ihre Entscheidung also erst nach Bekanntgabe der bis dahin erzielten Umtauschquote in einer für den Fall des Nichterreichens der Mindestumtauschquote (von 75 Prozent) oder der Zielumtauschquote (von 90 Prozent) von vornherein vorbehaltenen[525] Nachfrist tref-

---

[523] Vgl. *Martens*, Festschrift Peltzer, S. 279, 281; zu dem im Text beschriebenen sog. Gefangenendilemma vgl. *Baums* in: von Rosen/Seifert (Hrsg.), Die Übernahme börsennotierter Unternehmen, S. 165, 174; *Lüttmann*, Kontrollwechsel in Kapitalgesellschaften, S. 38ff.; KK WpÜG/*Möllers*, § 23 Rdz.2ff.; *Mülbert/Birke*, WM 2001, S. 705, 713 li. Sp.; *Witt*, Übernahmen von Aktiengesellschaften, S. 82ff.; *ders.*, NZG 2000, S. 809, 811f..

[524] Vgl. oben S. 55.

[525] Umtauschangebot (Fn.55), B. V..

fen. Bei der im Vorfeld erwarteten[526] Annahme des Umtauschangebotes namentlich durch die institutionellen Anleger, die allein über 80 Prozent der Daimler-Benz-Aktien hielten[527], konnten sie sodann gegebenenfalls von einem Aktientausch absehen, weil jedenfalls das Zustandekommen des Zusammenschlusses sowie möglicherweise auch die Anwendbarkeit der bilanziell günstigen *Pooling-of-interests*-Methode bereits gesichert gewesen wäre.

Die vorstehend beschriebene Möglichkeit taktischen Verhaltens bei der Entscheidung über die Annahme des Umtauschangebotes dürfte indes, ungeachtet entsprechender Hinweise in den Medien im Vorfeld des Umtauschangebotes[528], den wenigsten Kleinaktionären der Daimler-Benz AG bewusst gewesen sein. Bei vielen (Klein-)Aktionären der Daimler-Benz AG dürfte vielmehr, möglicherweise auch bewusst gefördert durch die angesprochene Werbekampagne, der Eindruck geherrscht haben, die Annahme des Umtauschangebotes sei erforderlich, um das Zustandekommen des Zusammenschlusses überhaupt sowie auch die bilanzielle Behandlung nach der *Pooling-of-interests*-Methode zu gewährleisten. Abgesehen davon stellt sich die Frage einer möglicherweise missbräuchlichen Gestaltung des Zusammenschlusses wegen der Begründung eines Entscheidungskonflikts nicht allein im Hinblick auf Kleinaktionäre der Daimler-Benz AG, sondern hinsichtlich aller Daimler-Benz-Aktionäre, namentlich also auch hinsichtlich der institutionellen (Groß-)Aktionäre.

Jedenfalls für letztere lässt sich nicht leugnen, daß durch die Gestaltung des Zusammenschlusses ein gewisser Druck in Richtung Annahme des Umtauschangebotes zur Gewährleistung des Zustandekommens des Zusammenschlusses und damit de facto zum Verzicht auf mögliche Zuzahlungsansprüche begründet wurde. Da ex ante nicht mit Gewißheit absehbar war, ob die Mindestumtauschquote von 75 Prozent sowie die Zielumtauschquote von 90 Prozent erreicht werden würden, sahen sich zumindest die (Groß-)Aktionäre der Daimler-Benz AG insofern einem Entscheidungskonflikt ausgesetzt[529], als sie einerseits zur Gewährleistung des Zustandekommens des Zusammenschlusses, sofern sie diesem zustimmten, das Umtauschangebot annnehmen mussten, andererseits damit aber zugleich de facto auf etwaige Zuzahlungsansprüche verzichteten. Zwar war der Vorstand der Daimler-Benz AG durch das Gleichbehandlungsgebot nach dem

---

[526] *Wadewitz*, Börsen-Zeitung Nr. 176 vom 15.09.1998, S. 6.

[527] *Wadewitz*, Börsen-Zeitung Nr. 176 vom 15.09.1998, S. 6; *Jocham*, Handelsblatt Nr. 180 vom 18.09.1998, S. 23; Börsen-Zeitung Nr. 180 vom 19.09.1998, S. 6; *Appel/Hein*, Der DaimlerChrysler Deal, S. 180.

[528] Vgl. unten Fn.531.

[529] *Wadewitz*, Börsen-Zeitung Nr. 176 vom 15.09.1998, S. 6 („Interessenkonflikt"); in diese Richtung möglicherweise auch *Wenger*, JITE 155 (1999), S. 128, 129 („prisoners' dilemma situation"; vgl. dazu oben S. 152).

Gesagten nicht gehindert, an der Durchführung eines für einen Teil der Aktionäre der von ihm geleiteten Gesellschaft insoweit nachteiligen Zusammenschlusses mitzuwirken, da die Entscheidung über den freiwilligen Aktientausch letztlich von den Aktionären selbst getroffen wurde, eine Ungleichbehandlung durch eine Maßnahme des Vorstands also nicht gegeben war. Es stellt sich allerdings die Frage, ob die der möglichst weitgehenden Vermeidung von Zuzahlungsansprüchen dienende Vorschaltung des Umtauschangebotes, verbunden mit der Vorgabe einer Mindestumtauschquote als Bedingung für das Zustandekommen des Zusammenschlusses, als Gestaltungsmißbrauch zu werten ist, ob der Vorstand mit anderen Worten durch die gewählte Gestaltung Aktionäre der von ihm geleiteten Gesellschaft pflichtwidrig in einen Entscheidungskonflikt versetzte.

b) Bewertung

Ein Gestaltungsmissbrauch wäre allerdings anzunehmen, wenn der durch die Gestaltung des Zusammenschlusses begründete Druck auf die Daimler-Benz-Aktionäre, das Umtauschangebot der DaimlerChrysler AG anzunehmen und damit auf etwaige Zuzahlungsansprüche zu verzichten, den Vorwurf einer pflichtwidrigen Schädigung der Aktionärsinteressen rechtfertigte. Die Aktionäre waren indes in ihrer Entscheidung frei, das Umtauschangebot anzunehmen oder aber von einem freiwilligen Umtausch ihrer Aktien abzusehen und damit das Scheitern des Zusammenschlusses oder doch zumindest in Kauf zu nehmen, bei Anfechtung des Verschmelzungsbeschlusses der Daimler-Benz AG (mindestens vorübergehend, u.U. - bei Nichtzustandekommen eines Freigabebeschlusses gemäß § 16 Abs. 3 UmwG und erfolgreicher Anfechtung des Verschmelzungsbeschlusses - auch dauerhaft) als Minderheitsaktionäre in einer konzernabhängigen Gesellschaft zu verbleiben. Auf den mit einer Annahme des Umtauschangebots verbundenen Verlust eines Anspruchs auf nachträgliche Verbesserung des Umtauschverhältnisses wurden die Daimler-Benz-Aktionäre nach dem Gesagten[530] im Text des Angebotes ausdrücklich hingewiesen[531].

---

[530] Vgl. oben S. 149 mit Fn.517.

[531] Vgl. Umtauschangebot (Fn.55), B. III.. - Im Vorfeld des Umtauschangebotes wurde zudem namentlich den Kleinaktionären der Daimler-Benz AG von der Deutschen Schutzvereinigung für Wertpapierbesitz sowie von dem Unternehmenskritiker Prof. *E. Wenger* ausdrücklich vom Umtausch ihrer Anteile abgeraten, da ansonsten das Recht auf nachträgliche Verbesserung des Umtauschverhältnisses verloren gehe (FAZ Nr. 215 vom 16.09. 1998, S. 22; Börsen-Zeitung Nr. 180 vom 19.09.1998, S. 6; Börsen-Zeitung Nr. 188 vom 01.10.1998, S. 7; Das Wertpapier Nr.21 vom 08.10.1998, S. 60; *Jocham*, Handelsblatt Nr. 198 vom 14.10.1998, S. 19). Der Zusammenschluß werde deshalb nicht scheitern, da das Erreichen der Mindestumtauschquote bereits aufgrund der Aktionärsstruktur der Daimler-Benz AG (80 Prozent der Aktien in der Hand institutioneller Investoren) gesichert sei (vgl.

Freilich hatten sämtliche Daimler-Benz-Aktionäre bei Nichtannahme des Umtauschangebots insofern wirtschaftliche Nachteile zu gewärtigen, als ein Scheitern des Zusammenschlusses voraussichtlich einen Abfall des Kurses der Daimler-Benz-Aktie nach sich gezogen hätte[532]. Für nicht tauschende Aktionäre wirtschaftlich nachteilig war überdies die Perspektive, im Fall des Zustandekommens des Zusammenschlusses mindestens vorübergehend, möglicherweise sogar dauerhaft als Minderheitsaktionäre in einer konzernabhängigen Gesellschaft zu verbleiben. Insoweit bestand die Gefahr einer verringerten Liquidität der Aktie[533] sowie einer von der neuen Konzernobergesellschaft aus „politischen" Gründen gering gehaltenen Dividende für die „Tauschverweigerer"[534].
Diese bei Nichtannahme des Umtauschangebotes zu gewärtigenden Nachteile rechtfertigen indes nicht die Annahme, die Daimler-Benz-Aktionäre hätten zur Wahrung ihrer Interessen das Umtauschangebot der DaimlerChrysler AG zwangsläufig annehmen müssen. Das Konzept für den Unternehmenszusammenschluß stellte ein „Angebot" der Verwaltungen der Ausgangsgesellschaften dar, das jeder Aktionär der Daimler-Benz AG unter Inkaufnahme der erwähnten potenziellen wirtschaftlichen Nachteile „annehmen" konnte oder nicht. Aktionäre, die dem Konzept zustimmten und sich zur Annahme des Umtauschangebotes der DaimlerChrysler AG entschlossen, taten dies aufgrund privatautonom getroffener Entscheidung in Kenntnis der Folgen. Eine potenzielle Schädigung der tauschenden Aktionäre infolge - nachträglich nicht zu korrigierenden - unangemessenen Umtauschverhältnisses beruhte damit im Ergebnis nicht auf dem vom Daimler-Benz-Vorstand ausgehandelten und den Aktionären zur Umsetzung „angebotenen" Konzept des Zusammenschlusses, sondern auf einer informierten Entscheidung der einzelnen Aktionäre, das Umtauschangebot unter Inkaufnahme etwaiger wirtschaftlicher Nachteile anzunehmen. Vor diesem Hintergrund erscheint der Einwand eines Gestaltungsmissbrauchs zu Lasten der Aktionäre nicht gerechtfertigt[535].

---

das Zitat von *Wenger* bei *Jocham*, Handelsblatt Nr. 180 vom 18.09.1998, S. 23). Werde die 90 Prozent-Schwelle im ersten Anlauf nicht erreicht, sei mit der Einräumung einer Nachfrist zu rechnen, in der das Umtauschangebot dann immer noch angenommen werden könne (Börsen-Zeitung Nr. 180 vom 19.09.1998, S. 6; Börsen-Zeitung Nr. 188 vom 01.10.1998, S. 7).

[532] Vgl. *Schiessl*, Die AG 1999, S. 442, 447.

[533] Vgl. *Stengel* in: Semler/Volhard (Hrsg.), Unternehmensübernahmen, § 17 Rdz.380.

[534] Vgl. FAZ Nr.246 vom 23.10.1998, S. 20 („Künftige Daimler-Benz-Aktionäre erhalten nur kleine Dividende"); *Appel/Hein*, Der DaimlerChrysler Deal, S. 186.

[535] In diesem Sinne auch *Decher*, Festschrift Lutter, S. 1209, 1218.

C. Abstimmung der „parallelen" Sachkapitalerhöhungen in der DaimlerChrysler AG

Wie bei der Darstellung des Zusammenschlusses erwähnt[536], war die Einbringung der Daimler-Benz- sowie der Chrysler-Aktien als Sacheinlage in die DaimlerChrysler AG sowie die Übertragung des Eigentums daran aufschiebend bedingt durch die Eintragung der Durchführung der jeweiligen („Daimler-Benz"- bzw. „Chrysler"-)Sachkapitalerhöhung in das Handelsregister der DaimlerChrysler AG[537]. Außerdem enthielten die in der DaimlerChrysler AG gefaßten Sachkapitalerhöhungsbeschlüsse die Anweisung an den Vorstand, die Durchführung der Kapitalerhöhungen gemäß § 188 AktG zur Eintragung in das Handelsregister mit der Maßgabe anzumelden, dass sie erst dann in das Handelsregister eingetragen werden sollten, wenn hinsichtlich beider Kapitalerhöhungen keine Eintragungshindernisse bestanden[538]. Dadurch sollte zur Vermeidung irreversibler Verhältnisse sichergestellt werden, dass die beiden „Aktien-Pakete" nur entweder gemeinsam oder gar nicht in die DaimlerChrysler AG eingebracht werden würden. In diesem Zusammenhang stellt sich die Frage nach der Zulässigkeit einer Anmeldung gemäß § 188 AktG mit dem erwähnten Inhalt. Hierzu ist folgendes zu bemerken.

I. Bedingungsfeindlichkeit der Anmeldung der Durchführung einer Kapitalerhöhung

Bei der vom Vorstand gemeinsam mit dem Aufsichtsratsvorsitzenden abzugebenden Anmeldung der Durchführung der Kapitalerhöhung zur Eintragung in das Handelsregister gemäß § 188 AktG handelt es sich um eine verfahrensrechtliche Erklärung gegenüber dem Registergericht, um einen Antrag auf Eintragung in das Handelsregister[539]. Die Anmeldung ist als Verfahrenshandlung ebenso wie eine Prozesshandlung bedingungsfeindlich[540] und muss sich im übrigen auf

---

[536] Vgl. oben S. 51.

[537] Vgl. § 6 Abs. 3 Nachgründungs- und Einbringungsvertrag zwischen DaimlerChrysler AG und Deutsche Bank AG (Entwurf), Anlage 5 des Berichts (Fn.46), S. 278ff., sowie § 6 Abs. 3 Nachgründungs- und Einbringungsvertrag zwischen DaimlerChrysler AG und The Bank of New York (Entwurf), Anlage 6 des Berichts (Fn.46), S. 281ff..

[538] Vgl. Umtauschangebot (Fn.55), B. VIII.; Bericht (Fn.46), S. 67 re. Sp..

[539] *Hefermehl/Bungeroth* in G/H/E/K, § 188 Rdz.25; KK/*Lutter*, § 188 Rdz.5, 30; vgl. *Baumbach/Hopt*, § 12 Rdz.1; MünchKomm HGB/*Bokelmann*, § 12 Rdz.4f.; *Hüffer*, § 36 Rdz.2; MünchKomm AktG/*Prentz*, § 36 Rdz.6.

[540] Vgl. *Baumbach/Hopt*, § 12 Rdz.2; MünchKomm HGB/*Bokelmann*, § 12 Rdz.4; *Bassenge/Herbst*, Einl. FGG Rdz.87; *Kahl* in Keidel/Kuntze/Winkler, § 11 Rdz.32; zur Bedingungsfeindlichkeit von Prozesshandlungen vgl. Zöller/*Greger*, vor § 128 Rdz.20; Baum-

Geschehenes beziehen; Bevorstehendes genügt nicht, weil das Registergericht nicht prüfen kann, ob die erwartete Tatsache eintritt[541]. Die Frage ist, ob eine Anmeldung mit dem in Rede stehenden Inhalt diesen Anforderungen gerecht wird.

II. Wirksamkeit der Anmeldungen im Fall Daimler/Chrysler

Der Eintritt eines künftigen ungewissen Ereignisses ist hier im Zusammenhang mit der Anmeldung der Durchführung der „parallelen" Sachkapitalerhöhungen in der DaimlerChrysler AG angesprochen. Die Eintragung der angemeldeten Durchführung der („Daimler-Benz"- oder „Chrysler"-)Kapitalerhöhung sollte nach dem in der Anmeldung zum Ausdruck gebrachten Willen der Anmeldenden jeweils nur dann erfolgen, wenn nicht nur der jeweils begehrten Eintragung, sondern auch der gleichfalls bei dem betreffenden Registergericht beantragten Eintragung der Durchführung einer weiteren Kapitalerhöhung keine Hindernisse entgegenstanden. Nur wenn also *beiden* Eintragungen keine Hindernisse entgegenstanden, sollte es jeweils zur beantragten Eintragung der Durchführung der Kapitalerhöhung in das Handelsregister kommen.
Läge hierin eine aufschiebende Bedingung der fraglichen Anmeldungen dergestalt, dass sie nach dem Willen der Anmeldenden ungeachtet etwaiger „Eintragungsreife" der Durchführung der Kapitalerhöhung jeweils nur für den Fall wirksam werden sollen, daß jeweils (auch) der anderen beantragten Eintragung keine Hindernisse entgegenstehen, hätte dies die Unwirksamkeit der Anmeldungen zur Folge[542], da eine Anmeldung gemäß § 188 AktG als Verfahrenshandlung nach dem Gesagten keine Bedingungen duldet, und zwar nach der Rechtsprechung - als verfahrenseinleitende Verfahrenshandlung, die schlechthin keinen Schwebezustand verträgt - auch nicht solche innerprozessualer Natur[543].

---

bach/Lauterbach/*Hartmann*, Grundzüge § 128 Rdz.54; Stein/Jonas/*Leipold*, vor § 128 Rdz.208ff..

541 Vgl. *Baumbach/Hopt*, § 12 Rdz.2.

542 Vgl. Zöller/*Greger*, vor § 128 Rdz.20; Baumbach/Lauterbach/*Hartmann*, Grundzüge § 128 Rdz.55; Stein/Jonas/*Leipold*, vor § 128 Rdz.218. - Zur Frage der Bedeutung fehlerhafter oder unwirksamer Anmeldungen gemäß §§ 184, 188 AktG für die Wirksamkeit der aufgrund einer derartigen Anmeldung eingetragenen Kapitalerhöhung vgl. *Lutter/Leinekugel*, ZIP 2000, S. 1225ff..

543 Vgl. BGH NJW-RR 1990, S. 67, 68 li. Sp. (Rücknahme eines Rechtsmittels). – Bei dem hier angesprochenen Fehlen von Eintragungshindernissen hinsichtlich einer anderen als der angemeldeten Kapitalerhöhung handelt es sich im übrigen jedenfalls formal ohnedies um einen Vorgang innerhalb eines anderen Verfahrens, weshalb insoweit von einer „außerprozessualen" Bedingung auszugehen wäre, die nach allgemeiner Auffassung unzulässig ist; vgl. dazu die Nachw. in Fn.540.

Von einem bedingten Antrag auf Eintragung wird man im vorliegenden Zusammenhang allerdings nicht ausgehen können. Nach der oben wiedergegebenen Formulierung der fraglichen Anträge, wie sie sich aus dem Fusionsbericht und dem Umtauschangebot ergibt, liegt ein solches Verständnis zwar nicht ganz fern. Ein Antrag, der sogleich eingeschränkt, nämlich mit dem Zusatz versehen wird, die beantragte Eintragung solle nur dann erfolgen, wenn neben den gesetzlichen Eintragungsvoraussetzungen noch weitere Voraussetzungen gegeben sind, deren Eintritt in der Zukunft ungewiß ist, läuft offenbar auf einen bedingten Antrag hinaus, da die Erreichung des Ziels, auf das der Antrag gerichtet ist, die Eintragung, trotz etwaigen Vorliegens der Eintragungsvoraussetzungen nicht in jedem Fall gewollt ist, sondern von der Erfüllung weiterer Voraussetzungen abhängen soll.

Ein bedingter Antrag läge gleichwohl nur dann vor, wenn die Anmeldenden von der Erfüllung dieser weiteren Voraussetzungen die Wirksamkeit des Antrags abhängig machen wollten. Diese Auslegung der Anmeldung würde indes den Interessen des Anmeldenden nicht gerecht. Ein bedingter Antrag wäre nach dem Gesagten von vornherein unwirksam, könnte also das mit ihm verfolgte Ziel, die Eintragung herbeizuführen, wenn auch nicht unter allen Umständen, nicht erreichen. Interessengerechter erscheint es daher, von einem unbedingten Antrag auf Eintragung auszugehen, was durch die Formulierung, die Anmeldung erfolge mit der Maßgabe, dass die Eintragung nur dann erfolgen solle, wenn hinsichtlich der Durchführung beider Kapitalerhöhungen keine Eintragungshindernisse bestünden, nicht ausgeschlossen ist.

Diese Formulierung lässt sich auch als unbedingter Antrag verstehen, verbunden mit einem Gesuch an das Registergericht, dieses möge bei der Entscheidung über den Antrag den Willen der Anmeldenden berücksichtigen, wonach die beantragte Eintragung trotz „Eintragungsreife" ausgesetzt werden oder sogar gänzlich unterbleiben solle, wenn der Eintragung der Durchführung einer anderen Kapitalerhöhung vorläufig oder endgültig Hindernisse entgegenstehen. Zwar bedeutet dieses Verständnis aus Sicht der Anmeldenden keinen sicheren Schutz vor der Eintragung der Durchführung einer Kapitalerhöhung trotz hinsichtlich der Durchführung der anderen Kapitalerhöhung bestehender Eintragungshindernisse. Denn von einer Verbindlichkeit eines derartigen Gesuchs an das Registergericht, bei der Entscheidung über eine beantragte Eintragung neben den gesetzlichen Eintragungsvoraussetzungen weitere Umstände zu berücksichtigen, deren Eintritt ungewiß ist, wird man nicht ausgehen können. Andernfalls träte trotz eines unbedingten Antrags auf Eintragung eben jener Schwebezustand des Verfahrens ein, der durch die Sanktionierung bedingter verfahrenseinleitender Verfahrenshandlungen als unwirksam gerade vermieden werden soll[544]. Eine trotz Vorliegens der Eintragungsvoraussetzungen nicht gewollte Eintragung vermögen die Anmeldenden aber immerhin durch eine bis zum Vollzug der Eintragung jederzeit ohne Begründung mögliche Rücknahme der Anmeldung[545] zu verhindern.

III. Ergebnis

Gegen die Wirksamkeit einer Anmeldung der Durchführung einer Kapitalerhöhung zur Eintragung in das Handelsregister gemäß § 188 AktG mit der sinngemäßen Maßgabe, die Eintragung solle nur bei „Eintragungsreife" auch der Durchführung einer anderen, dem Gericht ebenfalls zur Eintragung angemeldeten Kapitalerhöhung erfolgen, bestehen im Ergebnis keine durchgreifenden Bedenken. Eine derartige Anmeldung ist nicht notwendigerweise als bedingter und damit - wegen der Bedingungsfeindlichkeit der Anmeldung als Verfahrenshandlung unwirksamer - Antrag auf Eintragung zu bewerten. Den Interessen der Anmeldenden entspricht es, von einem unbedingten Antrag auszugehen, verbunden mit einem – rechtlich allerdings unverbindlichen – Gesuch an das Registergericht, bei der Entscheidung über die angemeldete Eintragung neben den gesetzlichen Eintragungsvoraussetzungen weitere Umstände zu berücksichtigen. Der Wortlaut der in Rede stehenden Anmeldung lässt (auch) ein solches Verständnis zu.

D. Verschmelzung der Daimler-Benz AG auf die DaimlerChrysler AG: Identität des Umtauschverhältnisses

Daß die vom Daimler-Benz-Vorstand mit initiierte und gesteuerte Hintereinanderschaltung eines freiwilligen sowie eines zwangsweisen Tausches der Daimler-Benz-Aktien in DaimlerChrysler-Aktien im Rahmen des Gesamtplans Fragen im Hinblick auf die Gleichbehandlung der Daimler-Benz-Aktionäre aufwirft, wurde bereits oben bei der Erörterung der Pflichtenstellung des Vorstands im Zusammenhang mit dem Umtauschangebot der DaimlerChrysler AG angesprochen. Dort wurde insoweit festgestellt, dass gegen die Schlechterstellung der im Rahmen des Umtauschangebotes freiwillig tauschenden Daimler-Benz-Aktionäre gegenüber den anschließend im Rahmen der Verschmelzung der Daimler-Benz AG auf die DaimlerChrysler AG zwangsweise zu DaimlerChrysler-Aktionären werdenden

---

[544] Vgl. BGH NJW-RR 1990, S. 67, 68.

[545] *Hefermehl/Bungeroth* in G/H/E/K, § 188 Rdz.47; KK/*Lutter*, § 188 Rdz.5; GK/*Wiedemann*, § 188 Rdz.64; vgl. *Baumbach/Hopt*, § 12 Rdz.2; MünchKomm HGB/ *Bokelmann*, § 12 Rdz.4,11; MünchKomm AktG/*Pentz*, § 36 Rdz.21.

Daimler-Benz-Aktionären hinsichtlich einer etwaigen Verbesserung des Umtauschverhältnisses unter dem Aspekt des Gleichbehandlungsgebots keine Bedenken bestehen[546]. Im vorliegenden Zusammenhang geht es nunmehr um die Frage, welche Folgerungen sich aus dem Gleichbehandlungsgebot (§ 53a AktG) für das Umtauschverhältnis beim zwangsweisen Aktientausch im Rahmen der Verschmelzung ergeben, ob nämlich insoweit eine Gleichstellung der nach der ersten Stufe des Zusammenschlusses in der Daimler-Benz AG verbliebenen Aktionäre mit den tauschenden Aktionären insoweit geboten war, als jenen dasselbe Umtauschverhältnis zu gewähren war wie diesen. Hierzu ist folgendes zu bemerken.
Das Gleichbehandlungsgebot richtet sich an die Aktiengesellschaft und ihre Organe[547]. Als Normadressatin kam die Daimler-Benz AG hier bei formaler Sichtweise nicht in Betracht, da sie, vertreten durch den Vorstand, nach dem Gesamtkonzept des Zusammenschlusses im Verhältnis zu ihren Aktionären nur für den Abschluß des Verschmelzungsvertrages mit der DaimlerChrysler AG sorgen sollte. An der Durchführung des Umtauschangebotes war sie hingegen bei vordergründiger Betrachtung nicht beteiligt. Eine Ungleichbehandlung der Daimler-Benz-Aktionäre seitens der Daimler-Benz AG aufgrund unterschiedlicher Umtauschverhältnisse auf der ersten (Aktientausch im Rahmen des Umtauschangebotes) und zweiten Stufe (Verschmelzung) des Zusammenschlusses kam daher möglicherweise nicht in Betracht.
Eine solch formale Betrachtung würde allerdings dem Umstand nicht gerecht, daß die DaimlerChrysler AG bei der Durchführung des Umtauschangebotes nach dem Gesagten[548] lediglich als Werkzeug der Verwaltungen von Daimler-Benz AG und Chrysler Corp. fungierte. Die DaimlerChrysler AG als bloßes Transaktionsvehikel gab das Umtauschangebot an die Daimler-Benz-Aktionäre auf Veranlassung (auch) des Daimler-Benz-Vorstands in Verfolgung des mit dem Chrysler-*Board* vereinbarten Gesamtkonzeptes für den Unternehmenszusammenschluß ab. Das Umtauschangebot der NewCo DaimlerChrysler AG war demgemäß (auch) der Daimler-Benz AG zuzurechnen. Die Daimler-Benz AG und ihre Organe waren mithin aufgrund des Gleichbehandlungsgebotes verpflichtet, die Identität der Umtauschverhältnisse auf beiden Stufen des Zusammenschlusses (Aktientausch und Verschmelzung) sicherzustellen.
Diesem Erfordernis wurde nach dem Gesagten[549] Rechnung getragen. Das im Verschmelzungsvertrag vorgesehene[550] „gestaffelte" Umtauschverhältnis, nämlich

---

[546] Vgl. oben S. 149ff..
[547] *Hefermehl/Bungeroth* in G/H/E/K, § 53a Rdz.5; MünchKomm AktG/*Bungeroth*, § 53a Rdz.4; *Hüffer*, 53a Rdz.4; KK/*Lutter/Zöllner*, § 53a Rdz.25.
[548] Vgl. oben S. 119.
[549] Vgl. oben S. 55.

eine DaimlerChrysler-Aktie für eine Daimler-Benz-Aktie bei einer Umtauschquote von 75 Prozent bis 90 Prozent und 1,005 : 1 bei einer Umtauschquote von mindestens 90 Prozent, entsprach den Bedingungen des Umtauschangebotes[551].
Vor dem Hintergrund der vorstehenden Bemerkungen ist - insbesondere auch mit Blick auf die Rechtslage unter dem am 01.01.2002 in Kraft getretenen WpÜG - festzuhalten, dass es dem Bieter zwar grundsätzlich freisteht, den Aktionären der Zielgesellschaft im Rahmen einer Umstrukturierungsmaßnahme im Anschluss an ein Übernahmeangebot eine geringere Gegenleistung zu zahlen als im Übernahmeangebot[552], dass dies aber ausnahmsweise dann nicht gilt, wenn es sich bei dem Bieter um ein von der Verwaltung der Zielgesellschaft gesteuertes Werkzeug handelt. In diesem Fall gebietet der aktienrechtliche Gleichbehandlungsgrundatz, dass im Rahmen der Umstrukturierungsmaßnahme wertmäßig dieselbe Gegenleistung erfolgt wie im vorangegangenen Übernahmeangebot.

---

[550] Vgl. § 2 Abs. 1 und 2 Verschmelzungsvertrag zwischen Daimler-Benz AG und DaimlerChrysler AG, Anlage 3 des Berichts (Fn.46), S. 227, 228.

[551] Vgl. Umtauschangebot (Fn.55), B. II..

[552] *Hasselbach*, EWiR 2002, S. 733, 734.

§ 6 Hauptversammlungskompetenzen und Verwaltungspflichten bei der Umsetzung mehraktiger Vorgänge („Gesamtplan“) in der Aktiengesellschaft

Im Rahmen der Ausführungen zu ausgewählten Rechtsfragen des Zusammenschlusses Daimler/Chrysler war bereits die Rede von Hauptversammlungskompetenzen bei einem aus zustimmungspflichtigen und an sich zustimmungsfreien Einzelakten zusammengesetzten Gesamtplan der Verwaltung[553]. Die dortigen, vornehmlich auf den konkreten Fall Daimler/Chrysler bezogenen Ausführungen[554] sollen nunmehr ergänzt werden durch eine ausführlichere, vom konkreten Fall weitgehend losgelöste Behandlung der Thematik. Man mag einwenden, daß insoweit kein unmittelbarer Zusammenhang mit dem Gegenstand der Untersuchung ersichtlich sei. Der Fall Daimler/Chrysler bietet indes ein anschauliches Beispiel dafür, daß gerade die Gestaltung eines grenzüberschreitenden Unternehmenszusammenschlusses angesichts bestehender Defizite einfacherer Lösungen[555] zur Gewährleistung größtmöglicher Transaktionssicherheit u.U. in Form eines komplexen, aus mehreren Einzelakten zusammengesetzten Gesamtkonzepts erfolgen muß, was eine nähere Betrachtung der damit verbundenen Rechtsfragen aus Sicht des deutschen Rechts im Rahmen dieser Untersuchung gerechtfertigt erscheinen lässt.

Im folgenden (A.) sollen zunächst Gestaltungsvarianten von Gesamtplänen der Verwaltung näher betrachtet und in diesem Zusammenhang die Fragestellung eingegrenzt werden. Einer Darstellung der einschlägigen Rechtsprechung (Fall Hoesch/Hoogovens, B.) sowie des Meinungsstands im Schrifttum (C.) folgt eine Stellungnahme zu der Thematik (D.). Abschließend ist der Frage nachzugehen, welche weiteren Folgerungen im Hinblick auf Beschlusskompetenzen der Hauptversammlung und Informationspflichten der Verwaltung bei Gesamtplä-

---

[553] Begriff im Anschluß an Bericht (Fn.46), S. 16, 37 li. Sp.; Bericht über den Unternehmenszusammenschluß Hoechst/Rhône-Poulenc (Fn.64), S. 63; §§ 1.4 lit. c), 8.2 *BCA* Hoechst/Rhone-Pôulenc, Anhang des vorgenannten Berichts, S. 125, 139; *Baums*, Festschrift Zöllner, S. 65, 73ff.; *ders.*, Gutachten, S. F 111; *ders.*, Festschrift 25 Jahre Universität Osnabrück, S. 235, 236; *Großfeld*, Gedächtnisschrift Lüderitz, S. 233, 235f.; *Horn*, Festschrift Lutter, S. 1113, 1122; *Thoma/Reuter*, M & A Review 1999, S. 314, 315; *Wiedemann*, ZGR 1999, S. 857, 861; vgl. auch *Decher*, Festschrift Lutter, S. 1209, 1221 („Gesamtkonzept“); *Reichert* in: Semler/Volhard (Hrsg.), Unternehmensübernahmen, § 17 Rdz.60, 63 („Gesamtkonzept“); *Windbichler*, Die AG 1981, S. 169, 172 re. Sp. („Gesamtvorhaben“).

[554] Vgl. oben S. 103ff., 130f..

[555] Vgl. oben S. 67ff..

nen sich aus den in Rechtsprechung und Literatur entwickelten Grundsätzen ergeben, die nur einen Teil der insoweit auftretenden Fragen behandeln (E.).

A. Gesamtpläne der Verwaltung: Gestaltungsvarianten und Fragestellung

I. Holzmüller-Fälle (unternehmerisches Gesamtkonzept)

Gesamtpläne der Verwaltung können derart gestaltet sein, dass keine der davon umfaßten Maßnahmen der Verwaltung im Außenverhältnis der Zustimmung der Hauptversammlung bedarf. So mag etwa der Vorstand in Verfolgung eines unternehmerischen Gesamtkonzeptes nacheinander verschiedene Teile des Betriebsvermögens im Wege der Einzelrechtsnachfolge auf zu diesem Zweck gegründete Tochtergesellschaften ausgliedern, wobei ein wesentlicher Teil des Vermögens in der Obergesellschaft verbleibt, so daß eine Beschlusskompetenz der Hauptversammlung nach § 179a AktG nicht gegeben ist. Im Anschluß an die Ausgliederung mögen die Aktien dieser Tochtergesellschaften sodann veräußert oder im Wege der Sacheinlage in eine dritte Gesellschaft eingebracht werden, oder in den Töchtern mag eine Sachkapitalerhöhung mit Bezugsrechtsausschluß durchgeführt werden, oder die Töchter mögen jeweils mit einer dritten Gesellschaft verschmolzen werden. Eine Beschlusskompetenz der Hauptversammlung der Obergesellschaft - nach Holzmüller-Grundsätzen[556] - mag in einem solchen Falle bei isolierter Betrachtung der einzelnen Vorgänge nicht bestehen. Handelt es sich bei den nacheinander ablaufenden, für sich genommen nicht vorlagepflichtigen Maßnahmen der Verwaltung freilich um Bestandteile eines zusammenhängenden, einheitlichen unternehmerischen Konzepts, kann bei Gesamtbetrachtung der einzelnen Maßnahmen aufgrund des zeitlichen und wirtschaftlichen Zusammenhangs mehrerer Einzelmaßnahmen in der Summe eine Pflicht des Vorstands gegeben sein, eine Beschlussfassung der Hauptversammlung über den Gesamtplan herbeizuführen[557]. In solchen Fällen geht es also um die Frage nach der Reichweite der Holzmüller-Doktrin bei einem unternehmerischen Gesamtkonzept der Verwaltung, d.h. darum, unter welchen Voraussetzungen sich der Vorstand zur Durchführung im Außenverhältnis nicht zustimmungspflichti-

[556] Zur Holzmüller-Doktrin vgl. oben S. 116f..

[557] Vgl. zur Zusammenrechnung von Einzelmaßnahmen bei zeitlichem und wirtschaftlichem Zusammenhang im Rahmen der Holzmüller-Doktrin *Habersack* in Emmerich/Habersack, Vor § 311 Rdz.19; MünchHdb AG/*Krieger*, § 69 Rdz.8 a.E.; *Wollburg/Gehling*, Festschrift Lieberknecht, S. 133, 160. – Zur Informationspflicht der Verwaltung hinsichtlich der wesentlichen Einzelschritte eines Unternehmenskonzepts analog § 124 Abs. 2 S. 2 AktG s. *Hüffer*, § 124 Rdz.11; *Schiessl* in: VGR (Hrsg.), Gesellschaftsrecht in der Diskussion 1999, S. 57, 67; jeweils m. Nachw..

ger Maßnahmen durch die Hauptversammlung ermächtigen lassen muß. Diese Problematik bleibt im folgenden ausgeklammert.

II. Gesamtpläne der Verwaltung mit im Außenverhältnis hauptversammlungspflichtigen Einzelakten

Von den vorstehend beschriebenen Gestaltungen, bei denen die Verwaltung zur Umsetzung eines unternehmerischen Gesamtkonzeptes u.U. zwar im Innenverhältnis nach Holzmüller-Grundsätzen die Zustimmung der Hauptversammlung einzuholen hat, das Konzept im Außenverhältnis aber ohne Zustimmung der Hauptversammlung umzusetzen vermag, sind andere Fälle eines Gesamtplans der Verwaltung zu unterscheiden, die zumindest einen Bestandteil enthalten, der im Außenverhältnis der Zustimmung der Hauptversammlung bedarf.

1. Denkbare Gestaltungen

Denkbar sind insoweit etwa folgende Gestaltungen:
a) Beispiel 1: „Zweistufige" Konzernverschmelzung[558]: Die Mehrheitsaktionärin einer Gesellschaft A hält gemeinsam mit dieser sämtliche Aktien einer Gesellschaft B. Die Vorstände von A und B streben eine Verschmelzung der Gesellschaften an, bei der die B auf die A verschmolzen werden soll. Zur Vorbereitung der Verschmelzung soll zunächst eine Sachkapitalerhöhung unter Ausschluß des Bezugsrechts der Altaktionäre in der A stattfinden, bei der die Mehrheitsaktionärin der A ihre B-Aktien als Sacheinlage gegen Gewährung junger A-Aktien einbringt. Die A würde dadurch zur Alleinaktionärin der B. Zweck dieser vorgeschalteten Sachkapitalerhöhung ist es, das Erfordernis eines Verschmelzungsbeschlusses in der A hinsichtlich der anschließend vorgesehenen Verschmelzung der B auf die A zu beseitigen (vgl. § 62 Abs. 1 UmwG). Bei der Sachkapitalerhöhung in der A, die in engem zeitlichem und sachlichem Zusammenhang mit der nachfolgenden Verschmelzung der B auf die A erfolgen soll, handelt es sich insofern um eine „verschmelzungsfinale Kapitalerhöhung"[559].
b) Beispiel 2: Übertragende Auflösung[560]: Das gesamte Gesellschaftsvermögen einer Gesellschaft A soll im Wege der Einzelrechtsnachfolge gemäß § 179a

---

[558] Vgl. den Sachverhalt der Entscheidung LG Mannheim ZIP 1990, S. 992; *Henze*, Die AG 1993, S. 341, 342.

[559] GK/*Wiedemann*, § 183 Rdz.60.

[560] Begriff von *Lutter/Drygala*, Festschrift Kropff, S. 191, 193. Zu den praktisch vorkommenden Gestaltungen übertragender Auflösungen s. *Henze*, Festschrift Peltzer, S. 181, 182f.; zur Frage der einheitlichen Betrachtung und Bewertung der Einzelakte Vermögens-

AktG auf die Mehrheitsaktionärin der Gesellschaft übertragen werden; anschließend soll die A aufgrund Hauptversammlungsbeschlusses aufgelöst (vgl. § 262 Abs. 1 Nr. 2 AktG) und im Zuge der Abwicklung das Gesellschaftsvermögen unter die Aktionäre verteilt werden.

c) Beispiel 3: Eine Gesellschaft A gliedert ihr gesamtes Gesellschaftsvermögen gemäß § 179a AktG (im Wege der Einzelrechtsnachfolge) oder nach § 123 Abs. 3 UmwG (im Wege der Gesamtrechtsnachfolge) auf drei zu diesem Zweck gegründete Tochtergesellschaften aus. Anschließend wird die nunmehrige Holdinggesellschaft A mit einer anderen Gesellschaft verschmolzen[561]. Die Ausgliederung des Gesellschaftsvermögens der A auf die Tochtergesellschaften erfolgt dabei nach der Vorstellung der Verwaltung der A im Hinblick auf die anschließende Verschmelzung der A mit einer anderen Gesellschaft; sie ist also nur für den Fall gewollt, dass es anschließend auch zur Verschmelzung kommt. Zwischen den beiden aufeinanderfolgenden Vorgängen besteht insofern ein Sachzusammenhang[562]. Entsprechendes mag hinsichtlich einer der Ausgliederung folgenden Verschmelzung der Töchter mit dritten Gesellschaften oder einer Sachkapitalerhöhung mit Bezugsrechtsausschluß in den Töchtern gelten.

d) Beispiel 4: Eine Erwerbergesellschaft (M) oder eine von ihr beauftragte Bank gründet in Umsetzung einer Vereinbarung mit einer Zielgesellschaft eine Tochter (T), in die im Wege der Sachkapitalerhöhung die Aktien einer Zielgesellschaft (Z) als Sacheinlage eingebracht werden sollen und auf die ferner die Erwerbergesellschaft verschmolzen werden soll. Um sicherzustellen, dass die Einbringung der Z-Aktien in die T nur dann erfolgt, wenn es auch zu der vorgesehenen Verschmelzung der T mit der M kommt, die ehemaligen Z-Aktionäre also nach Einbringung ihrer Aktien in die T nicht dort verbleiben (müssen), holt die

---

übertragung und Auflösung bei der übertragenden Auflösung vgl. *Wiedemann*, ZGR 1999, S. 857, 860ff..

561 Vgl. LG Karlsruhe ZIP 1998, S. 385, 385f. – Badenwerk AG.

562 Vgl. LG Karlsruhe ZIP 1998, S. 385, 386 li. Sp. (dort im konkreten Fall Sachzusammenhang verneint: „[...] waren die Ausgliederungen auf Tochtergesellschaften von der Verwaltung auch für den Fall gewollt, daß es später nicht zur Verschmelzung mit der E.AG kam“). – S. in diesem Zusammenhang auch den Fall Hoechst/Rhône-Poulenc (vgl. unten S. 372f.). Dabei wurde zunächst ein Teil des Gesellschaftsvermögens der Hoechst AG gemäß § 123 Abs. 2 Nr. 1 UmwG auf die Celanese AG abgespalten. Anschließend erfolgte über ein Umtauschangebot der Rhône-Poulenc S.A. auf die Aktien der Hoechst AG der Zusammenschluß Hoechst/Rhône-Poulenc. Anders als bei der im Text beschriebenen Konstellation und vergleichbar dem Sachverhalt der Entscheidung des LG Karlsruhe a.a.O. war die erwähnte Abspaltung vom Hoechst-Vorstand offenbar unabhängig vom Zustandekommen des Unternehmenszusammenschlusses beabsichtigt (vgl. dazu bereits oben Fn.330, 350). Im Bericht des Hoechst-Vorstandes über den Zusammenschluß (Fn.64) hieß es insoweit jedenfalls: „Die Abspaltung bleibt auch dann sinnvoll und richtig, falls der Unternehmenszusammenschluß nicht vollzogen werden sollte“ (S. 63).

M-Verwaltung die Zustimmung der Hauptversammlung zu der Verschmelzung der M mit der T bereits vor der Sachkapitalerhöhung in der T ein. Anschließend werden nach Ablauf der Anfechtungsfrist oder nach Erwirken eines Unbedenklichkeitsbeschlusses gemäß § 16 Abs. 3 UmwG die Z-Aktien in die T eingebracht. Schließlich wird zunächst die Verschmelzung der M auf die T und dann die Sachkapitalerhöhung in der T eingetragen[563].
e) Beispiel 5: Zum Zwecke der Herbeiführung eines Unternehmenszusammenschlusses sollen zwei Gesellschaften A und B in Verfolgung einer zwischen den Verwaltungen der Gesellschaften getroffenen Vereinbarung ihr gesamtes Gesellschaftsvermögen als Sacheinlage im Wege der Einzelrechtsübertragung gegen Gewährung junger (NewCo-)Aktien in eine NewCo einbringen. Im Anschluß an die Vermögensübertragungen gemäß § 179a AktG sollen die Ausgangsgesellschaften jeweils auf die NewCo verschmolzen werden[564].
f) Beispiel 6: Daimler/Chrysler-Modell: Die Verwaltung einer Erwerbergesellschaft M veranlasst einen Treuhänder, etwa eine Bank, gemeinsam mit der Verwaltung einer Zielgesellschaft Z aufgrund einer entsprechenden Vereinbarung zwischen den Gesellschaften zur Gründung einer Tochter (NewCo). Gleichfalls auf Veranlassung der Verwaltungen der beiden Gesellschaften M und Z gibt NewCo ein Umtauschangebot auf die Aktien der Erwerbergesellschaft oder beider Gesellschaften ab und nimmt die zum Tausch eingereichten Aktien (jeweils) als Sacheinlage im Wege der Sachkapitalerhöhung gegen Gewährung junger NewCo-Aktien auf. Anschließend werden die Erwerbergesellschaft oder beide Gesellschaften auf die NewCo verschmolzen oder in die NewCo eingegliedert.
g) Beispiel 7: Der Vorstand einer Gesellschaft A strebt in Verfolgung eines mit dem Vorstand einer anderen Gesellschaft B vereinbarten Konzepts für einen Unternehmenszusammenschluß an, das gesamte Gesellschaftsvermögen der A auf eine zu diesem Zweck gegründete Tochtergesellschaft T der A auszugliedern. In einem zweiten Schritt sollen sämtliche Aktien der T im Rahmen einer Sachkapitalerhöhung als Sacheinlage in die B unter Ausnutzung eines dort bestehenden genehmigten Kapitals mit Bezugsrechtsausschluß eingebracht werden. Schließlich soll in einem dritten Schritt die A aufgelöst und deren Gesellschaftsvermögen, bestehend aus den jungen B-Aktien, im Zuge der Abwicklung unter den A-Aktionären verteilt werden[565].

---

563 Vgl. *Baums*, Festschrift Zöllner, S. 65, 76; vgl. zu dieser Gestaltung bereits oben S. 82.
564 Vgl. *Martens*, Festschrift Peltzer, S. 279, 284f..
565 Vgl. das Konzept des letztlich nicht zustandegekommenen Zusammenschlusses Deutsche Börse AG/London Stock Exchange plc (Darstellung bei *Kümpel/Hammen*, WM-Sonderbeilage Nr. 3/2000, S. 3, 4 li. Sp.; *Schwark*, WM 2000, S. 2517), das auf deutscher Seite die Ausgliederung des überwiegenden Teils des Gesellschaftsvermögens der Deutsche Börse AG auf eine Tochter sowie anschließend die Einbringung sämtlicher Anteile an die-

Ein ähnliches Modell fand, mit Ausnahme der dritten Stufe, etwa im Fall der mittlerweile wieder gelösten grenzüberschreitenden Unternehmensverbindung Hoesch/Hoogovens[566] Anwendung. Dabei übertrugen beide Gesellschaften ihr gesamtes Gesellschaftsvermögen jeweils zunächst gegen Übernahme sämtlicher Aktien auf 100%ige Tochtergesellschaften (sog. Arbeitsgesellschaften) und brachten anschließend die Aktien an diesen Arbeitsgesellschaften in eine gemeinsame Zwischenholding Estel N.V. („Zentralgesellschaft") gegen Gewährung je der Hälfte der Estel-Aktien ein. Die zu Holdinggesellschaften gewordenen Ausgangsgesellschaften Hoesch AG und Hoogovens N.V. bestanden fort.

2. Fragestellung

Die vorstehend beschriebenen aus mehreren Einzelakten zusammengesetzten Gesamtpläne enthalten stets zumindest einen Einzelakt, der im Außenverhältnis der Zustimmung der Hauptversammlung bedarf und der nach dem Willen des Vorstands, welcher in einer schriftlichen Vereinbarung niedergelegt sein mag, (nur) gemeinsam mit anderen Einzelakten verwirklicht werden soll.
Im Beispiel 1 soll die Sachkapitalerhöhung in der A der Vorbereitung der anschließend in engem zeitlichem und sachlichem Zusammenhang mit ihr vorgesehenen Verschmelzung dienen. Im Beispiel 2 besteht ein Sachzusammenhang zwischen Vermögensübertragung und Auflösung, im Beispiel 3 zwischen der Ausgliederung des Gesellschaftsvermögens und der anschließenden Verschmelzung. Im Beispiel 4 liegt ein Sachzusammenhang zwischen der Sachkapitalerhöhung in der T und der Verschmelzung der T mit der M vor, im Beispiel 5 hängen die Vermögensübertragungen und die anschließende Verschmelzung der Ausgangsgesellschaften auf die NewCo miteinander zusammen. Im Beispiel 6 steht die Verschmelzung der M auf die NewCo oder ihre Eingliederung in die

ser Tochter in eine neu gegründete englische Holdinggesellschaft (iX plc) mit Sitz in London gegen Gewährung der Hälfte der iX-Aktien vorsah, wobei im Unterschied zu der im Text beschriebenen Gestaltung die Deutsche Börse AG nach Vollzug des Zusammenschlusses (vorläufig) fortbestehen sollte; vgl. ferner den Zusammenschluß HypoVereinsbank/Bank Austria (dazu FAZ Nr.169 vom 24.07.2000, S. 20; Börsen-Zeitung Nr.141 vom 25.07.2000, S. 6; Entscheidung der österreichischen Übernahmekommission in der Sache HypoVereinsbank/Bank Austria, NZG 2001, S. 282, 283f.; *Karollus/Geist*, NZG 2000, S. 1145; *Stengel* in: Semler/Volhard (Hrsg.), Unternehmensübernahmen, § 17 Rdz.361; *Weber-Rey/Schütz*, Die AG 2001, S. 325ff.; vgl. zu diesem Zusammenschluß unten S. 373ff.).

566 Vgl. zum Sachverhalt LG Dortmund Die AG 1977, S. 109f.; BGHZ 82, S. 188, 189f. – Hoesch/Hoogovens; *Großfeld*, Internationales und Europäisches Unternehmensrecht, S. 100f.; *Henze*, BB 2002, S. 893, 893 re. Sp.; *Lutter*, Die Rechte der Gesellschafter, S. 8; *Karsten Schmidt*, Gesellschaftsrecht, § 30 V 2 a), S. 928.

NewCo in sachlichem Zusammenhang mit dem vorangehenden Umtauschangebot der NewCo. Im Beispiel 7 schließlich besteht ein Sachzusammenhang zwischen der Ausgliederung des Gesellschaftsvermögens der A auf die T und der anschließenden Einbringung der T-Aktien als Sacheinlage in die B.
Bei all diesen Konstellationen stellt sich anders als in den eingangs angesprochenen Fällen von Gesamtplänen ohne im Außenverhältnis zustimmungspflichtige Einzelakte[567] nicht die Frage nach dem Ob einer ungeschriebenen Beschlusskompetenz der Hauptversammlung, sondern die Frage nach dem Umfang einer geschriebenen Beschlusskompetenz der Hauptversammlung. Konkret geht es in diesen Fällen zum einen darum, wie weit eine geschriebene Beschlusskompetenz der Hauptversammlung ihrem Gegenstand nach reicht, ob sie insbesondere auch Maßnahmen der Verwaltung erfasst, die in einem - wie auch immer zu qualifizierenden - Sachzusammenhang mit einer hauptversammlungspflichtigen Maßnahme stehen, und zwar neben selbst zustimmungspflichtigen Maßnahmen auch solche, die für sich genommen nicht, auch nicht nach Holzmüller-Grundsätzen, zustimmungspflichtig sind, aber möglicherweise wegen ihres Sachzusammenhangs mit der zustimmungspflichtigen Maßnahme in die Beschlussfassung über diese Maßnahme einzubeziehen sind und damit letztlich insofern im Ergebnis auch selbst der Zustimmung der Hauptversammlung bedürfen. Dabei wird zu untersuchen sein, ob es zur Wahrung der Aktionärsrechte insoweit einer weiten Fassung der Beschlusskompetenz der Hauptversammlung bedarf oder ob die Aktionärsinteressen bereits bei umfassender Information über einen Gesamtplan der Verwaltung gewahrt sind. Überdies stellt sich die Frage nach dem Zeitpunkt der Beschlussfassung über eine zustimmungspflichtige Maßnahme als Bestandteil eines mehraktigen Gesamtplans der Verwaltung sowie damit zusammenhängend nach dem Zeitpunkt der Information der Aktionäre über weitere Bestandteile des Gesamtplans. Den angesprochenen Fragen ist im folgenden nachzugehen. Zunächst soll der Meinungsstand in Rechtsprechung und Schrifttum zu der in Rede stehenden Thematik nachgezeichnet werden (nachfolgend B. und C.).

B. Rechtsprechung: Fall Hoesch/Hoogovens

Die hinsichtlich der in Rede stehenden Thematik einschlägige Rechtsprechung betrifft den bereits angesprochenen grenzüberschreitenden Unternehmenszusammenschluß Hoesch/Hoogovens. Der den Gerichtsentscheidungen zugrunde liegende Sachverhalt ist daher zunächst nochmals zu skizzieren[568].

---

567 Vgl. oben S. 164.
568 Vgl. bereits oben S. 168.

I. Sachverhalt[569]

Wie oben bereits erwähnt[570], übertrug die Hoesch AG im Zuge der Bildung eines grenzüberschreitenden Gleichordnungskonzerns mit der Hoogovens N.V. nacheinander zweimal gemäß § 361 AktG a.F. (= § 179a AktG n.F.) ihr gesamtes Gesellschaftsvermögen auf eine andere Gesellschaft, und zwar zunächst auf eine Tochtergesellschaft (sog. Arbeitsgesellschaft) und sodann auf eine gemeinsam mit der Hoogovens N.V. gegründete Zwischenholding (Estel N.V.). Die entsprechenden Verpflichtungsverträge, der sog. Übertragungsvertrag zwischen der Hoesch AG und der Arbeitsgesellschaft (Hoesch Werke AG), betreffend die Übertragung des Gesellschaftsvermögens der Hoesch AG auf die Arbeitsgesellschaft, sowie der sog. Einbringungsvertrag zwischen der Hoesch AG und der Hoogovens N.V., betreffend die Gründung der Zwischenholding Estel N.V. durch Einbringung sämtlicher Aktien an den jeweiligen nationalen Arbeitsgesellschaften gegen Übernahme von je 50 Prozent der Estel-Aktien, wurden den Aktionären der Hoesch AG mit der Einladung zur Hauptversammlung, die über den geplanten Unternehmenszusammenschluß zu entscheiden hatte, im Entwurf übersandt und der Hauptversammlung gemäß § 361 Abs. 1 AktG a.F. (= § 179a Abs. 1 AktG n.F.) zur Zustimmung vorgelegt. Neben dem Übertragungsvertrag (zwischen der Hoesch AG und der Hoesch Werke AG) und dem Einbringungsvertrag (zwischen der Hoesch AG und der Hoogovens N.V.) war im Zusammenhang mit dem geplanten Unternehmenszusammenschluß noch ein weiterer Vertrag von Bedeutung, nämlich der oben im Rahmen der Erörterung von Grundverträgen über Unternehmenszusammenschlüsse bereits angesprochene sog. Grundvertrag zwischen der Hoesch AG und der Hoogovens N.V.. Dieser Grundvertrag umfaßte etwa 26 Seiten mit 31 Paragraphen und enthielt neben dem Gesamtkonzept des Unternehmenszusammenschlusses grundlegende Vereinbarungen zur Leitung und Unternehmenspolitik des künftigen Gleichordnungskonzerns, nämlich unter anderem Vereinbarungen über Gewinnverwendung, gemeinsame Stimmrechtsausübung und Grundsätze für die Geschäftsführung der künftigen gemeinsamen Zwischenholding Estel N.V.[571].

---

[569] Vgl. zum folgenden die Nachweise in Fn.566.

[570] Vgl. oben S. 168.

[571] Vgl. BGHZ 82, S. 188, 190, 198f. – Hoesch/Hoogovens. Der Grundvertrag enthielt (BGH a.a.O., S. 198f.) „nach der Darstellung des Klägers im Zusammenhang mit der Vermögensübertragung auf die Tochtergesellschaft und die Einbringung ihrer Aktien in eine Zentralgesellschaft unter anderem grundlegende Abmachungen über Gewinnpoolung und -ausschüttung, Verwendung von Eigenkapital und Fremdmitteln, Aktiensperre (Beschränkungen hinsichtlich der Verwendung der Gegenleistung, also der empfangenen Anteile an der Zwischenholding; Anm.d.Verf.), Überfremdungsschutz, gemeinsame Stimmrechtsausübung, Besetzung des Vorstands der Zentralgesellschaft und Geschäftsführungsgrundsätze

Der Grundvertrag wurde weder veröffentlicht noch den Hoesch-Aktionären im Vorfeld der Hauptversammlung schriftlich zugeleitet. Auch in der Hauptversammlung lag der Vertrag nicht zur Einsicht aus, sondern wurde lediglich vom Vorstandsvorsitzenden der Hoesch AG im Rahmen des Berichts über den Zusammenschluß verlesen. In die Beschlußfassung der Hauptversammlung über die Vermögensübertragungen gemäß § 361 Abs. 1 AktG a.F. (= § 179a Abs. 1 AktG n.F.) wurde der Grundvertrag nicht einbezogen.
Die Klage[572] gegen den Beschluß der Hoesch-Hauptversammlung, mit dem diese dem Übertragungsvertrag und dem Einbringungsvertrag zugestimmt hatte, wurde unter anderem damit begründet, bei dem Grundvertrag handele es sich um einen Teil des Einbringungsvertrages, weshalb er gemäß § 361 Abs. 1, Abs. 2 S. 1 bis 3 AktG a.F. (= § 179a Abs. 1, Abs. 2 S. 1 bis 3 AktG n.F.) ebenso wie der Einbringungsvertrag vor Einberufung der Hauptversammlung und in dieser auszulegen und in den Zustimmungsbeschluß einzubeziehen gewesen sei.

II. Anfechtungsprozeß

1. LG Dortmund

Das Landgericht Dortmund als Eingangsinstanz wies die Klage gegen den Vermögensübertragungsbeschluß der Hoesch-Hauptversammlung zur Herbeiführung des Unternehmenszusammenschlusses ab[573]. Zwar sei gemäß § 361 Abs. 1 AktG a.F. die Zustimmung der Hauptversammlung „zu dem ganzen zustimmungsbedürftigen Rechtsgeschäft" erforderlich. Die Gesellschaft verstoße daher gegen das Gesetz, wenn sie nur für einen Teil eines zustimmungspflichtigen

---

(...)." Die beklagte Hoesch AG habe im übrigen eingeräumt, „dass der Grundvertrag als Konsortial- oder Poolvertrag zwischen der Beklagten und H.(oogovens) N.V. die einheitliche Ausübung ihrer Rechte als Aktionäre der E.(stel) N.V. regelt und insbesondere Vereinbarungen über gemeinsame Stimmrechtsausübung und künftige Geschäftsführungsgrundsätze für die E.(stel) N.V. zum Gegenstand hat" (BGH a.a.O., S. 199). Die Hoesch AG übernahm nach dem Grundvertrag u.a. die Verpflichtung, die ihr zufließenden Erträge aus der Beteiligung an der Zwischenholding restlos auszuschütten und keine Aktien der Hoogovens N.V. zu erwerben (*Gromann*, Gleichordnungskonzerne, S. 28; *Lutter*, Die Rechte der Gesellschafter, S. 28 Fn.63). Gegenstand des Grundvertrages waren im übrigen offenbar insbesondere auch Vereinbarungen hinsichtlich der Mitbestimmung in der vorgesehenen (niederländischen) Zwischenholding; vgl. *Großfeld*, Internationales und Europäisches Unternehmensrecht, S. 100f..

572 Der Kläger beantragte u.a. festzustellen, dass der Zustimmungsbeschluß nichtig sei, und erkärte dazu, die Klage sei „als Nichtigkeits- und/oder Anfechtungsklage im umfassenden Sinne gemeint" (vgl. BGHZ 82, S. 188, 191).

573 LG Dortmund Die AG 1977, S. 109ff. m. abl. Anm. *Lutter*.

Vertrages die Zustimmung der Hauptversammlung einhole[574]. Dies sei jedoch in dem zur Entscheidung stehenden Sachverhalt nicht der Fall gewesen. § 361 AktG a.F. erkläre seinem Wortlaut nach lediglich den Vertrag für zustimmungsbedürftig, durch den sich die Aktiengesellschaft zur Übertragung ihres gesamten Vermögens verpflichte[575]. Eine Zustimmungspflicht im Hinblick auf andere Abreden sei der Vorschrift nicht zu entnehmen und auch nicht veranlasst. Den Interessen der zustimmungsberechtigten Hauptversammlung, mithin den Aktionärsinteressen, sei hinreichend damit genügt, dass die Möglichkeit bestehe, die Zustimmung zu einem Rechtsgeschäft zu verweigern, wenn nicht sämtliche im Zusammenhang damit getroffenen Abreden zur Kenntnis gebracht würden[576].
Das Landgericht bestimmt den Gegenstand der Zustimmungskompetenz der Hauptversammlung vor diesem Hintergrund danach, was „notwendiger Bestandteil" des zustimmungspflichtigen Rechtsgeschäfts sei, hier konkret des Einbringungsvertrages zwischen der Hoesch AG und der Hoogovens N.V. als eines Vertrages i.S. des § 361 AktG a.F.[577]. „Notwendiger Inhalt" eines Vertrages i.S. des § 361 AktG a.F. sei (lediglich) die Verpflichtung zur Übertragung des gesamten Gesellschaftsvermögens sowie die Festlegung der der Gesellschaft zufließenden Gegenleistung[578]. Die im Grundvertrag zwischen der Hoesch AG und der Hoogovens N.V. getroffenen, im Zusammenhang mit dem Einbringungsvertrag stehenden weiteren Vereinbarungen seien hingegen nicht „notwendiger Bestandteil" des zwischen der Hoesch AG und der Hoogovens N.V. geschlossenen Einbringungsvertrages. Daher sei es nicht geboten gewesen, der Hoesch-Hauptversammlung neben dem Einbringungsvertrag (sowie dem Übertragungsvertrag) auch den Grundvertrag gemäß § 361 Abs. 1 AktG a.F. zur Zustimmung vorzulegen[579]. Der Grundvertrag sei demzufolge auch nicht von der Einberufung der Hauptversammlung an in den Geschäftsräumen der Gesellschaft zur Einsicht der Aktionäre auszulegen, nicht auf Verlangen jedem Aktionär in Abschrift zu übersenden und nicht der notariellen Niederschrift als Anlage beizufügen gewesen[580] (vgl. § 361 Abs. 2 S. 1, 2 und 5 AktG a.F. = § 179a Abs. 2 S. 1, 2 und 5 AktG n.F.). Anders als diese Offenlegungspflichten erstrecke sich hingegen die Erläuterungspflicht des Vorstands gemäß § 361 Abs. 2 S. 4 AktG a.F. (= § 179a Abs. 2 S. 4 AktG n.F.) „auch auf die die Verträge begleitenden Nebenabreden

---

574 LG Dortmund Die AG 1977, S. 109, 111 li. Sp..
575 LG Dortmund Die AG 1977, S. 109, 111 li. Sp..
576 LG Dortmund Die AG 1977, S. 109, 111 re. Sp..
577 LG Dortmund Die AG 1977, S. 109, 111 li. Sp..
578 Vgl. LG Dortmund Die AG 1977, S. 109, 112 li. Sp. (zum Umfang der Beurkundungspflicht).
579 LG Dortmund Die AG 1977, S. 109, 111 li. Sp..
580 Vgl. LG Dortmund Die AG 1977, S. 109, 112 re. Sp..

(...), soweit nicht überwiegende Interessen Geheimhaltung gebieten".[581] Der insoweit hinsichtlich des Grundvertrages bestehenden Erläuterungspflicht sei der Vorstand der Hoesch AG aber insofern nachgekommen, als der Vorstandsvorsitzende den Grundvertrag in der Hauptversammlung verlesen habe und die Aktionäre „zusätzliche Hilfen zur Erfassung des Inhalts dieses Vertrages"[582] erhalten hätten.

2. OLG Hamm

In der Berufungsinstanz blieb die Klage gleichfalls ohne Erfolg. Das Oberlandesgericht Hamm[583] war wie das Landgericht Dortmund der Auffassung, der Grundvertrag habe der Hoesch-Hauptversammlung nicht gemäß § 361 Abs. 1 AktG a.F. zur Zustimmung vorgelegt werden müssen. „Anhaltspunkte dafür, dass es sich bei den in diesem Vertrag enthaltenen Vereinbarungen um Nebenabreden insbesondere zu der in dem Entwurf des ‚Einbringungsvertrages' niedergelegten Übereinkunft" handele, seien nicht ersichtlich. Allein die bei dem Vertragsschluß handelnden Personen, hier konkret der Vorstand kraft seiner Vertretungsmacht gemäß §§ 76ff. AktG, bestimmten Inhalt und Umfang eines Vertrages, soweit nicht das Gesetz einen bestimmten notwendigen Inhalt vorschreibe. Die Zustimmung der Hauptversammlung habe insoweit nur eine „Hilfsfunktion"; eine „funktionell gleichwertige oder gleichartige Beteiligung am eigentlichen Vertragsschluß" neben dem Vorstand solle sie nicht gewährleisten[584]. Seien die Aktionäre der Meinung, dass in einen zustimmungspflichtigen Vermögensübertragungsvertrag weitere Vereinbarungen aufgenommen werden sollten, hätten sie die Möglichkeit, dem Vertrag „ihre Zustimmung zu versagen und - gegenüber dem Vorstand - auf die Aufnahme der gewünschten Vereinbarungen in den Vertrag zu drängen."[585] Der Vorstand der Hoesch AG sei im übrigen im vorliegenden Zusammenhang seiner Erläuterungspflicht insofern nachgekommen, als er in der Hauptversammlung aufgezeigt habe, „welche für die zu treffende Entscheidung bedeutsamen Abreden in den einzelnen Verträgen enthalten waren, so dass jeder abstimmungsberechtigte Teilnehmer der Hauptversammlung Kenntnis von dem Bestehen dieser Abreden" erhalten und damit die

---

[581] LG Dortmund Die AG 1977, S. 109, 112 re. Sp..

[582] LG Dortmund Die AG 1977, S. 109, 112 re. Sp.. - Gemeint ist offenbar ein den Aktionären der Hoesch AG zusammen mit der Einladung zur Hauptversammlung übersandter „Bericht über den Zusammenschluß" (vgl. BGHZ 82, S. 188, 190).

[583] OLG Hamm Die AG 1981, S. 198ff. = BB 1980, S. 1653ff. m. abl. Anm. *Timm*, S. 1655ff.; vgl. dazu *Windbichler*, Die AG 1981, S. 169ff..

[584] OLG Hamm BB 1980, S. 1653, 1654 li. Sp. unter Bezugnahme auf *Vollmer*, Mitwirkungsrechte, S. 5.

[585] OLG Hamm BB 1980, S. 1653, 1654 re. Sp..

Möglichkeit gehabt habe, ergänzende Auskünfte zu Einzelheiten zu verlangen[586]. Namentlich die Verlesung des Grundvertrages sei ausreichend gewesen. Soweit es den Aktionären geboten erschienen wäre, den Inhalt des Grundvertrages einer näheren Prüfung zu unterziehen, seien sie nicht gehindert gewesen, mehrheitlich einen entsprechenden Beschluß zu fassen[587].

3. BGH

a) Gegenstand der Zustimmungskompetenz der Hauptversammlung und der Informationspflichten der Verwaltung bei zustimmungspflichtigen Verträgen

Der Bundesgerichtshof[588] widersprach im Revisionsverfahren der Ansicht des Berufungsgerichts, nach dem vorgetragenen Sachverhalt hätten sich der Zustimmungsbeschluß der Hoesch-Hauptversammlung zum Übertragungsvertrag und zum Einbringungsvertrag sowie die vorbereitenden Handlungen nach § 361 Abs. 2 S. 1 bis 4 AktG a.F. (= § 179a Abs. 2 S. 1 bis 4 AktG n.F.) nicht auf den Grundvertrag zu erstrecken brauchen. Bei Vermögensübertragungsverträgen i.S. des § 361 AktG a.F. sei, so der Bundesgerichtshof, ebenso wie bei Verschmelzungs- und Unternehmensverträgen[589] das Schwergewicht der Willensbildung nach der gesetzlichen Regelung unabdingbar vom Vorstand auf die Hauptversammlung verlagert[590]. Solle die Hauptversammlung an der Willensbildung über den Vertragsschluß maßgeblich mitwirken, so müßten sich ihre Beschlussfassung ebenso wie die vorbereitenden Handlungen (Auslegung, Übersendung und Erläuterung des Vertrages) nach § 361 Abs. 2 S. 1 bis 4 AktG a.F. (= § 179a Abs. 2 S. 1 bis 4 AktG n.F.) auf sämtliche Vertragsbedingungen erstrecken, „deren erschöpfende Kenntnis notwendig ist, um die rechtliche Tragweite der Abmachungen übersehen, Vorteile wie Nachteile abwägen und verbindlich entscheiden zu können, ob der Vertrag zu diesen Bedingungen abgeschlossen werden soll. Dazu gehören alle im Hinblick auf die Vermögensübertragung getroffenen Abreden, die rechtsverbindlich die Beziehungen der Vertragschließenden bestimmen sollen, von denen die eine nicht ohne die andere gelten soll und die daher ein einheitliches Ganzes im Sinne des § 139 BGB bil-

---

586 OLG Hamm BB 1980, S. 1653, 1654f..

587 OLG Hamm BB 1980, S. 1653, 1655 li. Sp..

588 BGHZ 82, S. 188ff.; s. dazu *Henze*, BB 2002, S. 893, 893f..

589 Seit Inkrafttreten des Umwandlungsgesetzes 1995 besteht mit dem Spaltungsvertrag neben dem Vermögensübertragungs-, dem Unternehmens- und dem Verschmelzungsvertrag noch ein weiterer Vertragstyp, der zu seiner Wirksamkeit im Außenverhältnis der Zustimmung der Hauptversammlung bedarf (vgl. §§ 125 S. 1, 13, 65 UmwG).

590 BGHZ 82, S. 188, 195.

den; gleichgültig ist hierbei, ob die solchermaßen rechtlich zusammenhängenden Vereinbarungen in nur einer oder - was zulässig ist - mehreren Urkunden niedergelegt werden."[591] Die Anwendbarkeit des § 361 AktG a.F. sei auch dann gegeben, wenn rechtlich zusammengehörende Vertragsbestimmungen in Verträgen mit verschiedenen Parteien enthalten seien.[592] Der Vorstand dürfe nicht „nach seinem Gutdünken aus einem innerlich zusammenhängenden und auch von ihm als Einheit gedachten Vertragswerk einen Teil, mag er nun zum ‚gesetzlich notwendigen Mindestinhalt' gehören oder nicht, herauslösen und die Vorlage an die Hauptversammlung auf den Rest beschränken"[593].

b) Rechtsfolgen unvollständiger Information/Zustimmung

Vieles spreche dafür, so der Bundesgerichtshof, „dass der Grundvertrag zusammen mit dem Übertragungs- und dem Einbringungsvertrag eine rechtliche Einheit bildet". Eine abschließende Beurteilung sei indes nicht möglich, da das Berufungsgericht hierzu keine Feststellungen getroffen und den Inhalt des Grundvertrages auch nicht in den Urteilstatbestand aufgenommen habe[594]. Der Bundesgerichtshof verwies den Fall daher mit folgenden Hinweisen zurück. Eine Nichtigkeit des Zustimmungsbeschlusses sei auch dann, wenn die Verträge eine rechtliche Einheit bilden sollten, nicht gegeben, da keiner der Nichtigkeitsgründe des § 241 AktG vorliege. Die Frage der Wirksamkeit des Vertragswerks selbst sei im übrigen nicht Gegenstand der Klage gegen den Hauptversammlungsbeschluß. Insoweit habe der Zustimmungsbeschluß das Ziel, die Verpflichtung der Hoesch AG zur Vermögensübertragung wirksam werden zu lassen, gegebenenfalls nicht erreichen können[595]. Durchgreifen würde jedoch gegebenenfalls die Anfechtungsklage, da der Umstand, dass nicht sämtliche Vertragsbestandteile (konkret also der Grundvertrag) offengelegt und in die Beschlussfassung einbezogen worden wären (wie nach § 361 Abs. 1 und 2 AktG a.F. [= § 179a Abs. 1 und 2 AktG n.F.] geboten), einen Gesetzesverstoß und damit

---

591 BGHZ 82, S. 188, 196.

592 BGHZ 82, S. 188, 197f.. Im Fall Hoesch/Hoogovens schloß die Hoesch AG nach dem Gesagten den Grundvertrag und den Einbringungsvertrag über die Gründung der Zwischenholding Estel N.V. mit der Hoogovens N.V., den Übertragungsvertrag hingegen mit der Arbeitsgesellschaft Hoesch Werke AG. Gleichwohl kam nach der im Text wiedergegebenen Auffassung des BGH eine Qualifizierung des Grundvertrages als Vertragsbestandteil (auch) des Übertragungsvertrages in Betracht.

593 BGHZ 82, S. 188, 197.

594 BGHZ 82, S. 188, 199.

595 BGHZ 82, S. 188, 199.

die Anfechtbarkeit des Zustimmungsbeschlusses gemäß § 243 Abs. 1 AktG begründe[596].

C. Schrifttum

I. Gegenstand der Zustimmungskompetenz der Hauptversammlung und der Informationspflichten der Verwaltung bei zustimmungspflichtigen Verträgen

1. Überwiegende Auffassung

Die Entscheidung des Bundesgerichtshofes im Fall Hoesch/Hoogovens beruht auf Vorarbeiten in der Literatur[597], die den Gegenstand der Zustimmungskompetenz der Hauptversammlung gemäß § 361 Abs. 1 AktG a.F. (= § 179a Abs. 1 AktG n.F.) und der Informations-(Auslegungs-, Übersendungs- und Erläuterungs-)Pflichten gemäß § 361 Abs. 2 S. 1 bis 4 AktG a.F. (= § 179a Abs. 2 S. 1 bis 4 AktG n.F.) bei einem Vermögensübertragungsvertrag mit dem Gegenstand der Beurkundungspflicht gemäß § 361 Abs. 1 S. 4 i.V.m. § 341 Abs. 1 AktG a.F.[598] gleichsetzen. Ausgangspunkt der Überlegungen ist also die Frage nach der Reichweite des Formerfordernisses. Insoweit werden die zu § 313 S. 1 BGB a.F. (= § 311b Abs. 1 S. 1 BGB n.F.) entwickelten Grundsätze herangezogen[599], wonach bei einem Grundstückskaufvertrag nicht nur die Veräußerungs- und Erwerbsverpflichtung als schlechthin unabdingbare Vertragsbestandteile, sondern auch alle diejenigen Vereinbarungen beurkundungspflichtig sind, ohne die auch nur eine Vertragspartei die Gesamtregelung nicht getroffen hätte[600]. Entsprechendes gelte hinsichtlich der Formbedürftigkeit von Vermögensübertragungs-, Unternehmens-, Verschmelzungs- und Spaltungsverträgen. Auch bei diesen er-

---

596 BGHZ 82, S. 188, 199f..

597 *Lutter*, Die Rechte der Gesellschafter, S. 26ff.; ihm folgend *Gromann*, Gleichordnungskonzerne, S. 37f.; *Timm*, Die Aktiengesellschaft als Konzernspitze, S. 111.

598 Das Erfordernis notarieller Beurkundung eines Vermögensübertragungsvertrages i.S. des § 179a AktG n.F. ergibt sich nach Fortfall der Sonderregelung der §§ 361 Abs. 1 S. 4, 341 Abs. 1 AktG a.F. nach geltendem Recht aus § 311b Abs. 3 BGB n.F. (= § 311 BGB a.F.); *Hüffer*, § 179a Rdz.16.

599 *Lutter*, Die Rechte der Gesellschafter, S. 26f.; ihm folgend *Timm*, Die Aktiengesellschaft als Konzernspitze, S. 111; ebenso im jüngeren Schrifttum *Heidenhain*, NJW 1995, S. 2873, 2874 li. Sp.; *Lutter* in Lutter, § 6 Rdz.3; *Priester* in Lutter, § 126 Rdz.11; Scholz[7]/*Priester*, Anh. Umw. § 21 KapErhG Rdz.11; Kallmeyer/*Zimmermann*, § 6 Rdz.7.

600 Grundsatz der Gesamtbeurkundung (Vollständigkeitsgrundsatz); vgl. dazu etwa Soergel/*Wolf*, § 313 Rdz.59; Staudinger/*Wufka*, § 313 Rdz.155.

fasse der Formzwang also alles, was nach dem Willen der Parteien ein untrennbares Ganzes sein solle[601].

Nichts anderes könne damit aber auch für den Gegenstand der Beschlußkompetenz der Hauptversammlung sowie für die Informations-(Auslegungs-, Offenlegungs- und Erläuterungs-)Pflichten der Verwaltung bei solchen Verträgen gelten[602]. Der nach § 361 Abs. 1 S. 4 i.V.m. § 341 Abs. 1 AktG a.F. beurkundungspflichtige „Vertrag" sei inhaltlich nicht anders zu bestimmen als der „Vertrag" i.S. des § 361 Abs. 1 S. 1, Abs. 2 S. 1 bis 4 AktG a.F.[603]. Der Gegenstand der Zustimmungskompetenz der Hauptversammlung sowie der Informations-(Auslegungs-, Übersendungs- und Erläuterungs-) Pflichten der Verwaltung bei Vermögensübertragungsverträgen decke sich also mit dem Gegenstand der Formpflicht und umfasse insofern alle Verpflichtungen der übertragenden Gesellschaft, die mit dem Vorgang der Vermögensübertragung in unmittelbarem Zusammenhang stehen[604], alle Abreden, die den Rang einer Verbindlichkeit erreichen und in rechtlich untrennbarem Zusammenhang mit der Vermögensübertragung stehen[605], alle Vereinbarungen, die bei objektiver Würdigung mit Rücksicht und im Hinblick auf die Vermögensübertragung getroffen werden und deren Inhalt berühren[606]. All diese Kriterien entsprechen inhaltlich den vom Bundesgerichtshof in der Hoesch/Hoogovens-Entscheidung genannten Kriterien zur Bestimmung des Gegenstands der Beschlusskompetenz der Hauptversammlung sowie der Informationspflichten der Verwaltung bei im Außenverhältnis hauptversammlungspflichtigen Verträgen.

Bei einem Unternehmenszusammenschluß nach dem Modell Hoesch/Hoogovens aufgrund von Einbringungsverträgen zweier Gesellschaften mit einer neuen (dritten) Gesellschaft (Zentralgesellschaft/Zwischenholding) sowie aufgrund von Abreden der Ausgangsgesellschaften in einem Grundvertrag (Gleichordnungsvertrag) bestünden, so heißt es im Schrifttum ferner, die Einbringungsver-

---

[601] Ebenso, wenn auch nicht unter Hinweis auf § 313 BGB a.F., MünchKomm AktG/*Altmeppen*, § 293 Rdz.16; *Emmerich* in Emmerich/Habersack, § 293 Rdz.22; *Grunewald* in G/H/E/K, § 341 Rdz.3; *Hüffer*, § 293 Rdz.26; KK/*Kraft*, § 341 Rdz.4; GK³/*Schilling*, § 341 Anm.9.

[602] *Lutter*, Die Rechte der Gesellschafter, S. 28: „Die von Lehre und Rechtsprechung zu § 313 BGB entwickelten Grundsätze zum Umfang der Beurkundungspflicht gelten (...) nicht nur für diese, sondern in ganz der gleichen Weise auch für die Bestimmung derjenigen Vereinbarungen, denen die Hauptversammlung insgesamt nach § 361 I 1 AktG zustimmen muß."

[603] *Lutter*, Die Rechte der Gesellschafter, S. 27f.; ihm folgend *Gromann*, Gleichordnungskonzerne, S. 37; *Timm*, Die Aktiengesellschaft als Konzernspitze, S. 111.

[604] *Lutter*, Die Rechte der Gesellschafter, S. 28.

[605] *Windbichler*, Die AG 1981, S. 169, 171 re. Sp..

[606] *Timm*, Die Aktiengesellschaft als Konzernspitze, S. 113f..

träge mit der dritten Gesellschaft „nur im Hinblick auf den eigentlichen ‚Fusionsvertrag' unter den Partnern der Unternehmensverbindung, würden ohne diesen nicht geschlossen sein, § 139 BGB"[607], weshalb die in diesem „Fusionsvertrag" getroffenen Abreden ebenso zustimmungspflichtig seien wie die zur Vermögensübertragung verpflichtenden Einbringungsverträge, mit denen sie „nach dem Grundgedanken des § 139 BGB (...) eine Einheit bilden"[608] sollten[609]. Im Fall Hoesch/Hoogovens war nach Auffassung verschiedener Autoren eine solche Einheit wenn nicht zwischen dem Grundvertrag und dem Übertragungsvertrag (zwischen der Hoesch AG und der Hoesch Werke AG), so doch zwischen dem Grundvertrag und dem Einbringungsvertrag (zwischen der Hoesch AG und der Hoogovens N.V.) gegeben und damit auch der Grundvertrag zustimmungs- und vorlagepflichtig, da er nur mit Rücksicht und im Hinblick auf den § 361 AktG a.F. unterfallenden Einbringungsvertrag geschlossen worden sei, der die Hoesch AG zur Einbringung der Aktien der Arbeitsgesellschaft (Hoesch Werke AG) in die Zwischenholding Estel N.V. verpflichtete[610].
Soweit der Gegenstand der Beschlußkompetenz der Hauptversammlung sowie der Informationspflichten der Verwaltung bei im Außenverhältnis zustimmungspflichtigen Verträgen im Schrifttum nicht ausdrücklich unter Rückgriff auf den - anhand der zu § 313 S. 1 BGB a.F. anerkannten Maßstäbe zu bestimmenden - Umfang des für solche Verträge geltenden Formerfordernisses bestimmt wird, ergibt sich gleichwohl hinsichtlich der insoweit als maßgeblich erachteten Abgrenzungskriterien im Ergebnis praktisch keine Abweichung. Die Zustimmungskompetenz und die Informations-(Auslegungs-, Übersendungs- und Erläuterungs-)Pflichten erstreckten sich, so heißt es, auf sämtliche mit dem Vertrag zusammenhängenden Vereinbarungen, von denen die eine nicht ohne die andere gelten solle[611]; auf alle Abreden, die nach dem Willen der Parteien

---

[607] *Lutter*, Die Rechte der Gesellschafter, S. 29f.; ebenso *Gromann*, Gleichordnungskonzerne, S. 39.

[608] *Timm*, Die Aktiengesellschaft als Konzernspitze, S. 112.

[609] Vgl. mit Blick auf den Fall Daimler/Chrysler auch *Decher*, Festschrift Lutter, S. 1209, 1222, der für die Frage der Erforderlichkeit einer Einbeziehung des *BCA* in den Beschluß der Daimler-Benz-Hauptversammlung über den Verschmelzungsvertrag zwischen Daimler-Benz AG und DaimlerChrysler AG vor dem Hintergrund der Hoesch/Hoogovens-Entscheidung darauf abstellt, ob die beiden Verträge „ein einheitliches Ganzes im Sinne des § 139 BGB bilden"; s. auch *Reichert* in: Semler/Volhard (Hrsg.), Unternehmensübernahmen, § 17 Rdz.60 Fn.102; vgl. zum Fall Daimler/Chrysler oben S. 103ff..

[610] *Gromann*, Gleichordnungskonzerne, S. 38f.; *Timm*, Die Aktiengesellschaft als Konzernspitze, S. 158; *ders.*, BB 1980, S. 1655, 1657 re. Sp..

[611] MünchHdb AG/*Krieger*, § 70 Rdz.24.

einen Teil des Vertrages bildeten[612]; auf die Summe aller getroffenen Vereinbarungen, soweit sie nach dem Willen der vertragschließenden Unternehmen ein einheitliches Rechtsgeschäft (i.S. des § 139 BGB) bildeten[613]; auf alle Abreden, die im Hinblick auf die Verschmelzung getroffen worden seien[614]; auf den vollständigen Vertrag mit allen seinen Abreden, auch wenn sie an sich nichts mit dem Vertrag zu tun hätten, aber ersichtlich mit Rücksicht auf ihn getroffen worden seien[615]; auf alle Abreden, die Minderheitsaktionäre für die Beurteilung der geplanten Transaktion vernünftigerweise benötigen könnten[616]; auf alle Abreden, die innerlich in dem Sinne zusammenhingen, dass die eine nicht ohne die andere gelten solle und die daher ein einheitliches Ganzes (i.S. von § 139 BGB) bildeten[617]; auf alle Abreden, die ersichtlich mit Rücksicht auf den zustimmungspflichtigen Vertrag getroffen worden seien und bei objektiver Würdigung Leistungen und Gegenleistungen aus dem zustimmungspflichtigen Vertrag oder sonst dessen Inhalt berührten[618].

2. Abweichende Auffassungen

Daß der Gegenstand der Beschlusskompetenz der Hauptversammlung und der Informations-(Auslegungs-, Übersendungs- und Erläuterungs-)Pflichten der Verwaltung bei im Außenverhältnis hauptversammlungspflichtigen Verträgen weit zu fassen sei, entspricht mithin nicht nur höchstrichterlicher Rechtsprechung, sondern auch ganz überwiegender Auffassung im Schrifftum. Gänzlich unbestritten ist diese h.M. gleichwohl nicht.

Nach *Vollmer* erstreckt sich die Zustimmungskompetenz der Hauptversammlung allein auf die Vereinbarungen, die „der Vorstand beim Abschluß fusionsähnlicher Gestaltungen mit dem Fusionspartner zum Inhalt des (gemäß § 361 Abs. 1 AktG a.F. = § 179a Abs. 1 AktG n.F.; Anm.d.Verf.) zustimmungspflichtigen Vertrags gemacht hat, sofern nicht kraft Gesetzes ausdrücklich ein bestimmter notwendiger Mindestinhalt vorgeschrieben ist."[619] Der Hauptversamm-

---

612 *Emmerich* in Emmerich/Habersack, § 293 Rdz.26; *Emmerich/Sonnenschein/Habersack*, Konzernrecht, § 16 IV 2, S. 216, § 17 IV 1, S. 242.

613 *Hüffer*, § 293 Rdz.5, § 179a Rdz.10; *Rodewig/Schlitt* in: Semler/Volhard (Hrsg.), Arbeitshandbuch Hauptversammlung, Rdz.I E 29, I E 33.

614 *Grunewald* in G/H/E/K, § 340c Rdz.6.

615 MünchKomm AktG/*Altmeppen*, § 293 Rdz.56, 63.

616 *Kropff* in G/H/E/K, § 361 Rdz.20.

617 KK/*Koppensteiner*, § 293 Rdz.19, 32; *Volhard* in: Semler/Volhard (Hrsg.), Unternehmensübernahmen, § 17 Rdz.222 (ohne Verweis auf § 139 BGB).

618 *Geßler* in G/H/E/K, § 293 Rdz.41.

619 *Vollmer*, Mitwirkungsrechte, S. 6 li. Sp.; ähnlich das LG Dortmund im Fall Hoesch/Hoogovens (vgl. oben S. 171f.): Begrenzung der Zustimmungskompetenz der

lung sei aufgrund ihrer Zustimmungskompetenz nur die Möglichkeit einer Abschluß-Kontrolle eröffnet[620]; was die Bestimmung des zustimmungspflichtigen Inhalts eines Vertrages angehe, komme dem Vorstand nach der aktienrechtlichen Kompetenzverteilung eine vorrangige „Erstzuständigkeit" zu[621]. Notwendiger Mindestinhalt sei bei einem Verschmelzungsvertrag zum einen die Übertragung des Vermögens der einen Gesellschaft als ganzes ohne Abwicklung auf die andere Gesellschaft gegen Gewährung von Aktien dieser Gesellschaft und zum anderen die Festlegung des Umtauschverhältnisses. Bei einem Vermögensübertragungsvertrag i.S. des § 361 AktG a.F. gehöre zum gesetzlich vorgeschriebenen notwendigen Mindestinhalt neben der reinen Übertragungsverpflichtung die dafür vereinbarte Gegenleistung[622]. Ob die entsprechenden Verträge über diesen Mindestinhalt hinaus um weitere Vereinbarungen ergänzt oder derartige Vereinbarungen in separaten Verträgen niedergelegt würden, liege im Ermessen des Vorstands[623]. Soweit Nebenabreden in separaten Verträgen vereinbart würden, seien solche Verträge nicht nach §§ 293 Abs. 3 S. 2 und 3, 340 Abs. 3 S. 1 bis 3, 361 Abs. 2 S. 1 bis 3 AktG a.F. (= §§ 179a Abs. 2 S. 1 bis 3, 293f Abs. 1 Nr. 1, Abs. 2, 293g Abs. 1 AktG, 63 Abs. 1 Nr. 1, Abs. 3, 64 Abs. 1 S. 1 UmwG) offenzulegen und unterlägen nicht der Zustimmungskompetenz der Hauptversammlung[624]. Der Vorstand habe lediglich im Rahmen seiner Erläuterungspflicht gemäß §§ 293 Abs. 3 S. 4, 340 Abs. 3 S. 4, 361 Abs. 2 S. 4 AktG a.F. (= §§ 179a Abs. 2 S. 4, 293g Abs. 2 S. 1 AktG n.F., 64 Abs. 1 S. 2 UmwG) der Hauptversammlung insoweit Kenntnis von Nebenabreden zu einem zustimmungspflichtigen Vertrag zu verschaffen, als dies zur sachgemäßen Beurteilung darüber erforderlich sei, ob die Zustimmung zu dem Vertrag erteilt oder verweigert werden solle[625]. Der Vorstand habe insoweit (nur) aufzuzeigen, „dass in den Zusatzvereinbarungen bestimmte Abreden getroffen wurden, die wegen ihres besonderen rechtlichen und wirtschaftlichen Zusammenhangs mit dem zustimmungspflichtigen Vertrag bei objektiver Beurteilung bedeutsam sind für die Entscheidung, ob die Zustimmung bereits jetzt oder gegebenenfalls erst nach einer weiteren Auskunft über den näheren Inhalt der Abreden erteilt oder verweigert werden soll. Auf diese weitere Auskunftserteilung durch Fragen hinzu-

---

Hauptversammlung auf die „notwendigen Bestandteile" eines zustimmungspflichtigen Vertrages.

620 *Vollmer*, Mitwirkungsrechte, S. 5 re. Sp..

621 *Vollmer*, Mitwirkungsrechte, S. 6 li. Sp..

622 *Vollmer*, Mitwirkungsrechte, S. 6 re. Sp.; ebenso das LG Dortmund im Fall Hoesch/Hogovens (vgl. oben S. 172), Die AG 1977, S. 109, 112 li. Sp. zum Umfang der Beurkundungspflicht; kritisch *Timm*, BB 1980, S. 1655, 1656 Fn.18.

623 *Vollmer*, Mitwirkungsrechte, S. 6 li. Sp..

624 *Vollmer*, Mitwirkungsrechte, S. 9.

625 *Vollmer*, Mitwirkungsrechte, S. 9 re. Sp..

wirken, ist dann grundsätzlich Sache der Aktionäre im Rahmen ihres allgemeinen Auskunftsrechts nach § 131 AktG."[626] Damit seien die Mitwirkungsbefugnisse der Hauptversammlung einerseits hinreichend gewährleistet; insbesondere bleibe eine Anfechtung des Zustimmungsbeschlusses wegen mangelnder Information der Hauptversammlung über Zusatzabreden zu einem zustimmungspflichtigen Vertrag möglich[627]. Andererseits wirke die Eingrenzung des Gegenstands der Beschlusskompetenz der Hauptversammlung in der beschriebenen Weise Unklarheiten und Streitfragen über die aktienrechtliche Kompetenzverteilung entgegen und diene insofern der Rechtssicherheit[628].
Baums[629] vertritt die Auffassung, dass es zur Wahrung der Mitwirkungsbefugnisse der Hauptversammlung bei im Außenverhältnis hauptversammlungspflichtigen Verträgen der vom Bundesgerichtshof in der Entscheidung Hoesch/Hoogovens statuierten Erstreckung der Beschlusskompetenz auf Abreden, die ein einheitliches Ganzes i.S. des § 139 BGB mit dem Gegenstand der Beschlussfassung bildeten, nicht bedürfe. Allerdings seien „sinnwidrige, missbräuchliche oder sonst treupflichtwidrige Zerlegungen" eines Gesamtplans in zustimmungsbedürftige und zustimmungsfreie Einzelakte unzulässig. Bei Beachtung dieser Grenzen sei jedoch die Annahme einer Zustimmungskompetenz der Hauptversammlung hinsichtlich zustimmungsfreier Einzelakte eines Gesamtplans nicht veranlasst. Insoweit genüge vielmehr eine entsprechende Information der Hauptversammlung über Maßnahmen, die im Zusammenhang mit dem Gegenstand der Beschlussfassung stehen. Die Verwaltung habe in diesem Zusammenhang bei der Umsetzung eines Gesamtplans der Hauptversammlung auch über zustimmungsfreie Maßnahmen zu berichten, soweit dies erforderlich sei, „um sachgerechte Beschlüsse über die zustimmungsbedürftigen Bestandteile dieses Gesamtplans zu ermöglichen."

II. Rechtsfolgen unvollständiger Information/Zustimmung

Teilweise unterschiedlich beurteilt wird im Schrifttum neben der Frage des Gegenstands der Beschlußkompetenz der Hauptversammlung und der Informations-(Auslegungs-, Übersendungs- und Erläuterungs-)Pflichten der Verwaltung bei zustimmungspflichtigen Verträgen auch die weitere Frage, welche Rechtsfolgen sich ergeben, wenn die Verwaltung im Vorfeld der Beschlussfassung über einen zustimmungspflichtigen Vertrag ihren Informationspflichten nicht

---

626 *Vollmer*, Mitwirkungsrechte, S. 10 li. Sp..
627 *Vollmer*, Mitwirkungsrechte, S. 10 re. Sp..
628 Zu diesem Gesichtspunkt vgl. *Vollmer*, Mitwirkungsrechte, S. 4, 5 li. Sp., 7, 9 li. Sp., 10 re. Sp..
629 Festschrift Zöllner, S. 65, 74f..

oder nicht vollständig nachgekommen ist und/oder die Zustimmung der Hauptversammlung sich nicht auf den gesamten Vertrag bezieht. Insoweit ist zu unterscheiden zwischen dem rechtlichen Schicksal des Zustimmungsbeschlusses einerseits und dem rechtlichen Schicksal des zustimmungsbedürftigen Vertrages andererseits.

1. Anfechtbarkeit des Zustimmungsbeschlusses wegen Gesetzesverstoßes

Weitgehende Einigkeit besteht im Schrifttum - im Einklang mit der Auffassung des Bundesgerichtshofes[630] - noch darüber, dass eine unvollständige Information der Aktionäre und/oder eine unvollständige Zustimmung der Hauptversammlung zwar nicht die Nichtigkeit des Zustimmungsbeschlusses nach sich zieht[631], gegebenenfalls aber eine Anfechtbarkeit des Beschlusses gemäß § 243 Abs. 1 AktG wegen Gesetzesverstoßes begründet[632].

2. Rechtliches Schicksal des zustimmungsbedürftigen Vertrages

Über die Frage, welche Rechtsfolgen eintreten, wenn die Hauptversammlung nicht dem gesamten zustimmungspflichtigen Vertrag zustimmt, zu dem nach h.M. nach dem Gesagten u.U. auch Nebenabreden rechnen, die in dem eigentlichen (Vermögensübertragungs-, Unternehmens-, Verschmelzungs- oder Spaltungs-)Vertrag nicht enthalten sind, gehen die Auffassungen hingegen auseinander. Während unstreitig ist, dass Vereinbarungen, die nicht Gegenstand der Beschlussfassung der Hauptversammlung waren, keine Wirksamkeit erlangen, soll dies nach einer Auffassung stets auch für die (übrigen) Vertragsbestandteile gelten, denen die Hauptversammlung zugestimmt hat, mithin in diesem Fall der gesamte Vertrag (schwebend) unwirksam sein[633], während andere Stimmen insoweit auf die Regelung des § 139 BGB zurückgreifen wollen[634], wonach die durch den Beschluß der Hauptversammlung konsentierten Vertragsbestandteile

---

630 Vgl. oben S. 175.

631 So *Timm*, Die Aktiengesellschaft als Konzernspitze, S. 114; unklar *Vollmer*, Mitwirkungsrechte, S. 9 li. Sp. („[schlechthin] unwirksam und nicht nur anfechtbar"); a.A. OLG Hamm Die AG 1981, S. 198 re. Sp.; *Windbichler*, Die AG 1981, S. 169, 171 li. Sp..

632 *Grunewald* in G/H/E/K, § 340 Rdz.34; *Lutter*, Die Rechte der Gesellschafter, S. 31; *Windbichler*, Die AG 1981, S. 169, 173; vgl. auch KK/*Koppensteiner*, § 293 Rdz.51.

633 *Emmerich* in Emmerich/Habersack, § 293 Rdz.26f.; *Grunewald* in G/H/E/K, § 340c Rdz.7; *Lutter*, Die Rechte der Gesellschafter, S. 31; *Stratz* in Schmitt/Hörtnagl/Stratz, § 13 Rdz.14; *Volhard* in: Semler/Volhard (Hrsg.), Unternehmensübernahmen, § 17 Rdz.222 a.E.; *Vollmer*, Mitwirkungsrechte, S. 5 Fn.22.

634 MünchKomm AktG/*Altmeppen*, § 293 Rdz.56; *Geßler* in G/H/E/K, § 293 Rdz.38; *Hüffer*, § 293 Rdz.5, 12; KK/*Koppensteiner*, § 293 Rdz.33.

nichts stets, sondern nur dann unwirksam wären, wenn nicht anzunehmen ist, dass sie nach dem Parteiwillen auch für sich genommen, ohne die mangels Zustimmung der Hauptversammlung unwirksam gebliebenen Vertragsbestandteile, wirksam sein sollen.

D. Stellungnahme

Im folgenden ist zunächst zur Frage des Gegenstands des form-, auslegungs- und übersendungs- sowie zustimmungspflichtigen (Vermögensübertragungs-, Unternehmens-, Verschmelzungs- und Spaltungs-)„Vertrages“ (nachfolgend I.) und sodann zur Frage der Rechtsfolgen unvollständiger Information/Zustimmung der Hauptversammlung hinsichtlich eines zustimmungspflichtigen Vertrages (unten II.) Stellung zu nehmen.

I. Gegenstand des form-, auslegungs- und übersendungs- sowie zustimmungspflichtigen „Vertrages“

Die weite Fassung des Gegenstands der Auslegungs-, Übersendungs- und Erläuterungspflichten der Verwaltung sowie der Beschlußkompetenz der Verwaltung bei zustimmungspflichtigen Verträgen durch die h.M. ist unter dem Aspekt der Rechtssicherheit problematisch. Hierauf ist zunächst einzugehen (nachfolgend 1.), bevor anschließend (unten 2.) vor diesem Hintergrund der Frage nach der Bestimmung des Gegenstands des form-, auslegungs-, übersendungs- und zustimmungspflichtigen Vertrages nachzugehen ist.

1. Anfechtungsrisiken bei weiter Fassung des Inhalts des „Vertrages“

Bei Vermögensübertragungs-, Unternehmens-, Verschmelzungs- und Spaltungs-Verträgen ist die Zustimmung der Hauptversammlung Voraussetzung für die Wirksamkeit des betreffenden Vertrages im Außenverhältnis. Die ansonsten im Interesse des Rechtsverkehrs unbeschränkte Vertretungsmacht des Vorstands ist insoweit mit anderen Worten ausnahmsweise eingeschränkt[635]. Diese Durchbrechung des Grundsatzes unbeschränkter Vertretungsmacht des Vorstands gemäß § 82 Abs. 1 AktG kann zu Rechtsunsicherheit hinsichtlich der Wirksamkeit eines im Außenverhältnis zustimmungspflichtigen Vertrages führen. Unterbleibt eine Anfechtung des Zustimmungsbeschlusses der Hauptversammlung und ist

[635] BGHZ 82, S. 188, 195; MünchKomm AktG/*Altmeppen*, § 293 Rdz.5; *Emmerich* in Emmerich/Habersack, § 293 Rdz.24; *Emmerich/Sonnenschein/Habersack*, Konzernrecht, § 16 II 1, S. 213; *Hüffer*, § 179a Rdz.3, 13; KK/*Kraft*, § 340c Rdz.6; *Lutter* in Lutter, § 4 Rdz.11; *Windbichler*, Die AG 1981, S. 169, 171 re. Sp..

dieser nicht nichtig, bestehen nach Ablauf der Anfechtungsfrist (vgl. § 246 Abs. 1 AktG) freilich keine Zweifel mehr. Ein etwaiger Beschlußmangel kann dann nicht nur von keinem Aktionär, sondern auch nicht mehr von einem Vertragspartner geltend gemacht werden[636]. Im Falle der Anfechtung eines Zustimmungsbeschlusses kann hingegen lange Ungewissheit über dessen Bestand und damit auch über die Wirksamkeit des Vertrages sowie auf dessen Grundlage etwa vollzogener Durchführungsmaßnahmen bestehen, sofern die Durchführung einer beschlossenen Strukturmaßnahme nicht infolge Anfechtung eines Zustimmungsbeschlusses der Hauptversammlung von vornherein unterbleibt. Bei Unternehmensverträgen kann eine Beschlussanfechtung insoweit zur Folge haben, daß die konstitutive Eintragung des Vertrages in das Handelsregister gemäß § 294 Abs. 2 AktG scheitert[637]. Entsprechendes gilt mit Blick auf Verschmelzungs- und Spaltungsverträge, deren gleichfalls konstitutive Eintragung (vgl. §§ 20 Abs. 1, 131 Abs. 1 UmwG) durch eine Beschlussanfechtung automatisch blockiert wird (vgl. §§ 125 S. 1, 16 Abs. 2 UmwG).
Greift eine Beschlussanfechtung durch, gilt folgendes: Ein erfolgreich angefochtener Zustimmungsbeschluß ist von Anfang an nichtig; die Vernichtung des Beschlusses hat mit anderen Worten rückwirkende Kraft[638]. Mit Vernichtung des Zustimmungsbeschlusses verliert zugleich auch der betreffende zustimmungspflichtige (Vermögensübertragungs-, Unternehmens-, Verschmelzungs- oder Spaltungs-)Vertrag seine Wirksamkeit, da die Zustimmung der Hauptversammlung Wirksamkeitsvoraussetzung des Vertrages ist[639]. Hinsichtlich der Auswirkungen einer erfolgreichen Anfechtung des Zustimmungsbeschlusses zu einem hauptversammlungspflichtigen Vertrag auf die Wirksamkeit des strukturändernden Vorgangs selbst - soweit dieser bereits vollzogen ist - ist zu differenzieren.
Die Wirksamkeit einer *Verschmelzung oder Spaltung* bleibt zwar gemäß §§ 20 Abs. 2, 131 Abs. 2 UmwG nach Eintragung in das Handelsregister von nachfolgend festgestellten Mängeln der Verschmelzung oder Spaltung, also etwa der erfolgreichen Anfechtung eines Zustimmungsbeschlusses, unberührt, was nach h.M. nicht nur eine Entschmelzung mit Rückwirkung ausschließt, sondern auch die Bestandsfestigkeit der Verschmelzung für die Zukunft begründet[640]. Durch-

---

[636] *Windbichler*, Die AG 1981, S. 169, 173.

[637] Zum Aussetzungsermessen des Registergerichts bei Anfechtung eines eintragungsbedürftigen Hauptversammlungsbeschlusses vgl. die Regelung des § 127 FGG.

[638] *Hüffer*, § 248 Rdz.6; *ders.* in G/H/E/K, § 248 Rdz.15; MünchKomm AktG/*Hüffer*, § 248 Rdz.14; GK/*Karsten Schmidt*, § 248 Rdz.5; MünchHdb AG/*Semler*, § 41 Rdz.83.

[639] *Hüffer*, § 179a Rdz.14; *ders.* in G/H/E/K, § 248 Rdz.20; MünchKomm AktG/*Hüffer*, § 248 Rdz.19 a.E.; KK/*Kraft*, § 361 Rdz.29; *Kropff* in G/H/E/K, § 361 Rdz.40; MünchHdb AG/*Semler*, § 41 Rdz.84.

[640] *Grunewald* in Lutter, § 20 Rdz.69; Kallmeyer/*Marsch-Barner*, § 20 Rdz.47; jeweils m. Nachw..

geführte *Vermögensübertragungsverträge* gemäß § 179a AktG sind bei erfolgreicher Anfechtung des Zustimmungsbeschlusses hingegen nach allgemeiner Auffassung gemäß §§ 812ff. BGB rückabzuwickeln[641]. Ob die Durchführung von *Unternehmensverträgen* bei erfolgreich angefochtenem Zustimmungsbeschluß nach den Grundsätzen über die fehlerhafte Gesellschaft für die Vergangenheit als wirksam zu behandeln ist, ist unsicher; die Auffassungen im Schrifttum sind geteilt[642].
Die demgemäß mit dem Erfordernis der - auf das Außenverhältnis bezogenen - Zustimmung der Hauptversammlung zu Strukturverträgen einhergehende Gefahr der Rechtsunsicherheit hinsichtlich der Wirksamkeit derartiger Verträge selbst sowie insbesondere hinsichtlich des Bestandes dinglicher Vollzugsgeschäfte bei Vermögensübertragungs- und Unternehmensverträgen wächst mit der Bandbreite möglicher Rügen im Rahmen einer Anfechtungsklage gegen den jeweiligen Zustimmungsbeschluß. Insofern ist eine weite Auslegung des Begriffs des auslegungs-, übersendungs- und zustimmungspflichtigen „Vertrages" im Interesse einer weiten Fassung des Gegenstands der Informations-(Auslegungs- und Übersendungs-)Pflichten der Verwaltung und der Beschlusskompetenz der Hauptversammlung problematisch, da sie die praktisch besonders bedeutsamen Möglichkeiten zur - u.U. auch missbräuchlichen[643] - Anfechtung von Hauptversammlungsbeschlüssen wegen mangelhafter Information der Aktionäre[644] sowie ferner wegen Unvollständigkeit der Beschlussfassung erhöht.

---

641 *Hüffer*, § 179a Rdz.14; MünchKomm AktG/*Hüffer*, § 248 Rdz.19 a.E.; KK/*Kraft*, § 361 Rdz.29; *Kropff* in G/H/E/K, § 361 Rdz.41; *Martens*, Festschrift Peltzer, S. 279, 282, 287 mit Fn.15; MünchHdb AG/*Semler*, § 41 Rdz.84.

642 Vgl. einerseits *Emmerich* in Emmerich/Habersack, § 291 Rdz.30; *Emmerich/Sonnenschein/Habersack*, Konzernrecht, § 11 IV 1, S. 165; *Hüffer*, § 291 Rdz.21; KK/*Koppensteiner*, § 293 Rdz.52; MünchHdb AG/*Semler*, § 41 Rdz.84 (jeweils verneinend); andererseits MünchKomm AktG/*Altmeppen*, § 291 Rdz.207ff.; *Geßler* in G/H/E/K, § 293 Rdz.58f.; MünchKomm AktG/*Hüffer*, § 248 Rdz.22; *Kort*, Bestandsschutz, S. 158ff.; *Krieger*, ZHR 158 (1994), S. 35, 37f.; MünchHdb AG/*Krieger*, § 70 Rdz.47 a.E., § 72 Rdz.62 (jeweils bejahend).

643 Zur Problematik des Missbrauchs des Anfechtungsrechts vgl. nur *Baums*, Gutachten, S. F 144ff..

644 Vgl. dazu *Baums*, Gutachten, S. F 130; *Schiessl* in: VGR (Hrsg.), Gesellschaftsrecht in der Diskussion 1999, S. 57, 67.

2. Bestimmung des Gegenstands des form-, auslegungs-, übersendungs- und zustimmungspflichtigen Vertrages nach dem Schutzzweck der jeweiligen Pflichten

Schrifttum und Rechtsprechung bestimmen den Gegenstand des formpflichtigen, des offenlegungs- und übersendungspflichtigen sowie des zustimmungspflichtigen (Vermögensübertragungs-, Unternehmens-, Verschmelzungs- und Spaltungs-) „Vertrages" einheitlich (weit oder eng)[645].

Die Formpflicht eines zustimmungspflichtigen Vermögensübertragungs-, Unternehmens-, Verschmelzungs- oder Spaltungsvertrages betrifft freilich allein das Verhältnis der Vertragsparteien[646] und dient insoweit anderen Zwecken als die Offenlegungs- und Übersendungspflichten sowie die Zustimmungspflichtigkeit eines Vertrages, die das Verbandsinnenverhältnis betreffen und insoweit eine ausreichende Entscheidungsgrundlage der Hauptversammlung sowie deren materielle Mitwirkung an der Entscheidung über den Abschluß eines Vertrages, der die Grundlagen der Gesellschaft berührt, gewährleisten sollen. Angesichts des verschiedenen Schutzzwecks der Formpflicht von Verträgen i.S. des § 83 Abs. 1 S. 2 AktG, ihrer Auslegungs- und Übersendungspflichtigkeit sowie der Zustimmungskompetenz der Hauptversammlung hinsichtlich solcher Verträge erscheint eine parallele Bestimmung des Gegenstands der Formpflicht, der Auslegungs- und Übersendungspflicht sowie der Beschlusskompetenz nicht zwingend.

Der Gegenstand der Formpflicht (dazu a)), der Auslegungs- und Übersendungspflicht (dazu b)) sowie der Zustimmungspflicht (dazu c)) soll daher im folgenden unabhängig voneinander mit Blick auf den jeweiligen Schutzzweck bestimmt werden. Dabei ist zu berücksichtigen, daß eine weite Fassung des Gegenstands des auslegungs- und übersendungs- sowie zustimmungspflichtigen „Vertrages" nach dem oben Gesagten unter dem Gesichtspunkt der Rechtssicherheit problematisch ist.

---

645 Vgl. BGHZ 82, S. 188, 194; *Emmerich* in Emmerich/Habersack, § 293 Rdz.22, 26; *Emmerich/Sonnenschein/Habersack*, Konzernrecht, § 16 IV 2, S. 216; *Lutter*, Die Rechte der Gesellschafter, S. 26ff.; GK³/*Schilling*, § 341 Anm.9; LG Dortmund Die AG 1977, S. 109, 111; *Vollmer*, Mitwirkungsrechte, S. 6 re. Sp., 7 li. Sp., 9, 10 li. Sp..

646 Vgl. *Vollmer*, Mitwirkungsrechte, S. 8 li. Sp.; a.A. *Lutter*, Die Rechte der Gesellschafter, S. 26, *Gromann*, Gleichordnungskonzerne, S. 37.

a) Gegenstand der Formpflicht bei Vermögensübertragungs-, Unternehmens-, Verschmelzungs- und Spaltungsverträgen

aa) H.M. : „Einheitliches/Untrennbares Ganzes" i.S. des § 139 BGB oder des § 313 BGB a.F.

Nach h.M. erstreckt sich die Formpflicht bei im Außenverhältnis hauptversammlungszustimmungspflichtigen (Vermögensübertragungs-, Unternehmens-, Verschmelzungs- und Spaltungs-)Verträgen auf alle Vereinbarungen, von denen die eine nicht ohne die andere gelten soll, die insofern also nach dem Parteiwillen ein „einheitliches" oder „untrennbares Ganzes" bilden[647]. Zum Teil wird insoweit auf die Regelung des § 139 BGB verwiesen[648], zum Teil auf die bei der Bestimmung des Gegenstands der Formpflicht zu § 313 S. 1 BGB a.F. anerkannten Grundsätze[649]. Teilweise wird auch darauf abgestellt, wie der jeweilige Vertragspartner nach Maßgabe der Vorstellungen des Vorstands Erklärungen der AG verstehen konnte[650], mithin darauf, ob die Auslegung von Erklärungen der Gesellschaft vom Empfängerhorizont aus ergibt, dass eine bestimmte Vereinbarung zum Inhalt eines zustimmungspflichtigen Vertrages zu rechnen ist.

---

647 MünchKomm AktG/*Altmeppen*, § 293 Rdz.56; *Emmerich/Sonnenschein/Habersack*, Konzernrecht, § 16 III, S. 214; *Gromann*, Gleichordnungskonzerne, S. 37; *Grunewald* in G/H/E/K, § 341 Rdz.3; *Heidenhain*, NJW 1995, S. 2873, 2874 li. Sp.; *Hüffer*, § 293 Rdz.26; KK/*Kraft*, § 341 Rdz.4; *Lutter* in Lutter, § 6 Rdz.3; *ders.*, Die Rechte der Gesellschafter, S. 26f.; *Priester* in Lutter, § 126 Rdz.11; Scholz[7]/*Priester*, Anh. Umw. § 21 KapErhG Rdz.11; GK[3]/*Schilling*, § 341 Anm.9; Hachenburg[7]-*Schilling/Zutt*, § 77 Anh. II § 21 VerschmG Rdz.28; *Stratz* in Schmitt/Hörtnagl/Stratz, § 6 Rdz.3; *Timm*, Die Aktiengesellschaft als Konzernspitze, S. 111ff.; *Volhard* in: Semler/Volhard (Hrsg.), Unternehmensübernahmen, § 17 Rdz.180; *Windbichler*, Die AG 1981, S. 169, 171 re. Sp. („rechtlich untrennbarer Zusammenhang"); s. auch *Lutter/Hommelhoff*[13], Anh Verschmelzung § 21 KapErhG Rdz.12 (Einbeziehung „aller Nebenabreden und aller Vereinbarungen, ohne die mindestens ein Partner den Vertrag nicht abgeschlossen hätte").

648 *Emmerich* in Emmerich/Habersack, § 293 Rdz.22; *Emmerich/Sonnenschein/Habersack*, Konzernrecht, § 16 III, S. 214; KK/*Koppensteiner*, § 293 Rdz.32.

649 *Heidenhain*, NJW 1995, S. 2873, 2874 li. Sp.; *Lutter* in Lutter, § 6 Rdz.3; *ders.*, Die Rechte der Gesellschafter, S. 26f.; *Priester* in Lutter, § 126 Rdz.11; Hachenburg[7]-*Schilling/Zutt*, § 77 Anh. II § 21 VerschmG Rdz.28; *Stratz* in Schmitt/Hörtnagl/Stratz, § 6 Rdz.3; *Timm*, Die Aktiengesellschaft als Konzernspitze, S. 111; Kallmeyer/*Zimmermann*, § 6 Rdz.7.

650 *Windbichler*, Die AG 1981, S. 169, 171 re. Sp., 172 li. Sp..

bb) Abweichende Auffassungen

Für eine Begrenzung der Formpflicht bei hauptversammlungspflichtigen Verträgen auf den „notwendigen Vertragsinhalt“ sprechen sich demgegenüber jene Stimmen aus, die (auch) die Auslegungs- und Übersendungspflichten der Verwaltung und die Zustimmungskompetenz der Hauptversammlung, namentlich im Interesse einer möglichst eindeutigen Abgrenzung der Organkompetenzen, entsprechend restriktiv bestimmen wollen. Vertreten wird in diesem Zusammenhang, die Formpflicht erstrecke sich allein auf den „notwendigen Inhalt“ eines zustimmungspflichtigen Vertrages[651]. In dieselbe Richtung geht die Auffassung, maßgebend für die Bestimmung des beurkundungspflichtigen Vertragsinhalts sei der nach Maßgabe der Vorstellungen der vertragschließenden Vorstände zu ermittelnde Parteiwille, soweit nicht das Gesetz einen bestimmten notwendigen Mindestinhalt vorschreibe[652]. Danach unterlägen dem Formzwang neben dem gesetzlich vorgeschriebenen Mindestinhalt ausschließlich die Vereinbarungen, die die Vorstände der beteiligten Gesellschaften in den der Hauptversammlung zur Beschlussfassung vorgelegten Vertrag oder Vertragsentwurf aufgenommen hätten. Notwendiger Inhalt eines Verschmelzungsvertrages sei dabei die Vereinbarung der Übertragung des Vermögens der einen Gesellschaft als ganzes ohne Abwicklung auf die andere Gesellschaft gegen Gewährung von Aktien dieser Gesellschaft sowie die Festlegung des Umtauschverhältnisses. Bei einem Vermögensübertragungsvertrag rechneten zum notwendigen Mindestinhalt die Übertragungsverpflichtung sowie die dafür vereinbarte Gegenleistung[653].

cc) Eigene Auffassung

(1) § 139 BGB

Ein Rückgriff auf die Regelung des § 139 BGB zur Bestimmung der Formpflicht bei Vermögensübertragungs-, Unternehmens-, Verschmelzungs- und Spaltungsverträgen ist abzulehnen. Gegenstand der Vorschrift des § 139 BGB ist die Frage, ob die Nichtigkeit eines Teils eines teilbaren und einheitlichen Rechtsgeschäftes die Gesamtnichtigkeit des Rechtsgeschäfts zur Folge hat. Voraussetzung für die Anwendbarkeit der Vorschrift ist mithin u.a. das Vorhandensein eines einheitlichen Rechtsgeschäfts. Ob ein Rechtsgeschäft ein einheitliches ist, hängt nach ständiger Rechtsprechung von einem „Einheitlichkeitswillen“ der

[651] LG Dortmund Die AG 1977, S. 109, 112 li. Sp..
[652] *Vollmer*, Mitwirkungsrechte, S. 6 li. Sp., 8f..
[653] LG Dortmund Die AG 1977, S. 109, 112 li. Sp.; *Vollmer*, Mitwirkungsrechte, S. 6 re. Sp..

Vertragsparteien ab[654]. Insoweit kommt es darauf an, ob an sich selbständige Vereinbarungen nach den Vorstellungen der Parteien nicht für sich allein gelten, sondern gemeinsam miteinander „stehen und fallen", somit kraft ihrer rechtlichen und nicht nur wirtschaftlichen Verbindung Teile eines Gesamtgeschäfts bilden sollen[655]. Der Sache nach gelten insoweit im Rahmen des § 139 BGB dieselben Kriterien, nach denen sich im Rahmen des § 313 S. 1 BGB a.F. (= § 311b Abs. 1 S. 1 BGB n.F.) der Umfang der Formbedürftigkeit eines aus mehreren selbständigen Verträgen, darunter einem Grundstücksvertrag i.S. des § 313 S. 1 BGB a.F., zusammengesetzten Vertrages bestimmt[656]. Während aber die Regelung des § 313 S. 1 BGB a.F. an das Vorliegen eines Einheitlichkeits- oder Verknüpfungswillens der Vertragsparteien die Formbedürftigkeit aller davon erfassten Vereinbarungen knüpft[657], betrifft die Vorschrift des § 139 BGB die Frage der Gesamtnichtigkeit eines durch einen Einheitlichkeitswillen verbundenen (und teilbaren) Rechtsgeschäfts. Sie beruht dabei auf der Erwägung, dass den Vertragsparteien, die einen einheitlichen umfassenden Rechtserfolg zu verwirklichen bezweckten, eine nur teilweise Verwirklichung dieses Erfolges nicht gegen ihren Willen aufgedrängt werden soll[658]. Da die Regelung des § 139 BGB sich zur Frage der Formpflicht eines Rechtsgeschäftes nicht verhält, erscheint es angesichts des mithin nicht einschlägigen Regelungsgegenstands und -zwecks der Vorschrift nicht sachgerecht[659], zur Bestimmung des Umfangs der Formpflicht bei Vermögensübertragungs-, Unternehmens-, Verschmelzungs- und Spaltungsverträgen auf die Regelung des § 139 BGB zurückzugreifen.

---

[654] BGH NJW 1976, S. 1931, 1932 li. Sp.; BGH NJW 1987, S. 2004, 2007 li. Sp.; MünchKomm BGB/*Mayer-Maly/Busche*, § 139 Rdz.16; Staudinger/*H.Roth*, § 139 Rdz.37.

[655] BGH NJW 1976, S. 1931, 1932 li. Sp. m. Nachw.; BGH NJW 1987, S. 2004, 2007 li. Sp.; BGHZ 112, S. 288, 293; Soergel/*Hefermehl*, § 139 Rdz.17; Palandt/*Heinrichs*, § 139 Rdz.5; MünchKomm BGB/*Mayer-Maly/Busche*, § 139 Rdz.17f.; Staudinger/*H.Roth*, § 139 Rdz.39.

[656] Ein aus mehreren selbständigen Verträgen, darunter einem Grundstücksvertrag i.S. des § 313 S. 1 BGB a.F., zusammengesetzter Vertrag ist insgesamt nach § 313 S. 1 BGB a.F. beurkundungspflichtig, wenn die selbständigen Verträge nach dem Willen der Parteien derart voneinander abhängig sind, dass sie - aus Sicht des beurkundungspflichtigen Grundstücksvertrages (BGH NJW 2000, S. 951, 951f.; BGH NJW 2001, S. 226, 227 li. Sp.; BGH DStR 2002, S. 1680f.; vgl. oben S. 106) - miteinander „stehen und fallen" sollen (BGHZ 76, S. 43, 48f.; BGHZ 101, S. 393, 396; BGH NJW-RR 1989, S. 198, 199 re. Sp.; BGH NJW 2000, S. 951, 951 re. Sp.; Palandt/*Heinrichs*, § 313 Rdz.32; Soergel/*Wolf*, § 313 Rdz.67; Staudinger/*Wufka*, § 313 Rdz.173), wobei der erkennbare, vom anderen Vertragspartner gebilligte oder zumindest hingenommene Wille eines Vertragspartners ausreicht (BGHZ 76, S. 43, 49; Soergel/*Wolf* und Staudinger/*Wufka*, je a.a.O.).

[657] Vgl. Staudinger/*Wufka*, § 313 Rdz.175.

[658] Staudinger/*H.Roth*, § 139 Rdz.1.

[659] Vgl. *Baums*, Festschrift Zöllner, S. 65, 74f..

(2) § 313 BGB a.F.

Eine nach dem Gesagten[660] von Teilen des Schrifttums befürwortete Heranziehung der im Rahmen des § 313 S. 1 BGB a.F. anerkannten Grundsätze zur in Rede stehenden Bestimmung des Umfangs der Formpflicht bei Vermögensübertragungs-, Unternehmens-, Verschmelzungs- und Spaltungsverträgen setzt voraus, daß die Erwägungen, die der weiten Fassung des Formerfordernisses im Rahmen des § 313 S. 1 BGB a.F. mit Blick auf den Normzweck zugrunde liegen, auch bei den in Rede stehenden „Grundlagenverträgen"[661] gelten.
Im Schrifttum[662] wird insoweit ausgeführt, im Rahmen der Regelung des § 313 S. 1 BGB a.F. sei der mit dem Beurkundungserfordernis vor allem bezweckte Schutz des Veräußerers nicht gewährleistet, wenn der Vertrag in die beurkundungspflichtige reine Übertragungsverpflichtung einerseits und formfreie sonstige Abreden andererseits aufgespalten werden könne, weshalb das Formerfordernis den gesamten einheitlichen Grundstücksvertrag erfasse. Bei Vermögensübertragungsverträgen i.S. des § 361 AktG a.F. diene das Formerfordernis zwar weniger dem Schutz der Vertragspartner als vielmehr Beweiszwecken, solle also in erster Linie Zweifel über Art und Umfang der getroffenen Abreden verhindern[663]. Überdies solle der Formzwang die Mitwirkungsrechte der Hauptversammlung dadurch sichern, dass nicht in der vorgeschriebenen Form getroffene Zusatzabreden unwirksam seien. Ebenso wie bei § 313 S. 1 BGB a.F. seien aber auch diese Zwecke wie der dort im Vordergrund stehende Zweck des Schutzes der Vertragspartner nicht erfüllt, wenn die Gesamtvereinbarung in die reine Übertragungsverpflichtung einerseits und übrige Abreden andererseits aufgespalten werden könnte[664].
Es stellt sich die Frage, ob das Erfordernis notarieller Beurkundung[665] von Vermögensübertragungs-, Verschmelzungs- und Spaltungsverträgen tatsächlich den genannten Zwecken zu dienen bestimmt ist, was insoweit mit Blick auf Unternehmensverträge gilt, die (lediglich) der Schriftform bedürfen (vgl. § 293 Abs. 3 AktG), und ob insoweit jeweils eine weite Fassung des Gegenstandes der Formpflicht ebenso geboten ist wie im Rahmen des § 313 S. 1 BGB a.F..

---

[660] Vgl. oben S. 187 mit Nachw. in Fn.649.
[661] BGHZ 82, S. 188, 195 – Hoesch/Hoogovens.
[662] *Lutter*, Die Rechte der Gesellschafter, S. 26f.; ihm folgend *Gromann*, Gleichordnungskonzerne, S. 37.
[663] *Lutter*, Die Rechte der Gesellschafter, S. 26; *Gromann*, Gleichordnungskonzerne, S. 37; ebenso *Vollmer*, Mitwirkungsrechte, S. 8 re. Sp..
[664] *Lutter* und *Gromann*, jeweils a.a.O. (vorige Fn.).
[665] Vgl. oben Fn.598.

(a) Zweck des Formerfordernisses bei Vermögensübertragungs-, Unternehmens-, Verschmelzungs- und Spaltungsverträgen

Das Erfordernis notarieller Beurkundung von Grundstücksverträgen gemäß § 313 S. 1 BGB a.F. dient verschiedenen Zwecken[666]: Schutz der Vertragsparteien vor Übereilung, Hinweis auf die besondere Bedeutung des Vertrages sowie sachkundige Betreuung und Beratung (Warn- und Betreuungsfunktion) sowie Sicherung unzweideutigen Beweises des Inhalts der getroffenen Vereinbarung (Beweisfunktion). Nicht alle diese Zwecke sind in gleicher Weise auch bei formbedürftigen Grundlagenverträgen i.S. des § 83 Abs. 1 S. 2 AktG relevant.
Die Warn- und Betreuungsfunktion des Beurkundungserfordernisses sowie der Schutz vor Übereilung sind bei *Vermögensübertragungs-, Verschmelzungs- und Spaltungsverträgen* zwischen Aktiengesellschaften praktisch insofern kaum von Bedeutung, als die für den Vertragsschluß zuständigen Mitglieder der Vorstände der beteiligten Gesellschaften regelmäßig in Anbetracht ihrer fachlichen Qualifikation und ihrer Geschäftserfahrung weder eines Schutzes vor leichtfertigem Handeln noch der Rechtsberatung durch einen Notar bedürfen[667]. Eines Schutzes vor Übereilung bedarf es im übrigen hier anders als bei Grundstücksverträgen ohnedies nicht, da die Vorstände der Vertragsparteien derartige Verträge ohne Zustimmung der Hauptversammlung nicht wirksam schließen können.
Der Auffassung, das Erfordernis notarieller Beurkundung von Vermögensübertragungs-, Verschmelzungs- und Spaltungsverträgen solle die Hauptversammlung insofern schützen, als damit die wirksame Vereinbarung von Zusatzabreden außerhalb der Urkunde verhindert werde[668], ist nicht zu folgen. Insoweit wird zu Recht darauf hingewiesen, dass dem Formerfordernis, dessen Schutzzweck sonst allein das Verhältnis der Vertragspartner betreffe, damit eine Schutzfunktion im Verhältnis der Organe eines der Vertragspartner zukäme[669].
Die Beurkundungspflicht bei Vermögensübertragungs-, Verschmelzungs- und Spaltungsverträgen dient vielmehr vornehmlich dazu, im Interesse der Rechtssicherheit klarzustellen, dass und mit welchem rechtsverbindlichen Inhalt ein Vertrag geschlossen worden ist, und damit den Beweis über den Inhalt der getroffenen Vereinbarungen zu sichern (Beweisfunktion - Inhaltsklarheit)[670].

---

[666] Vgl. MünchKomm BGB/*Kanzleiter*, § 313 Rdz.1; Soergel/*Wolf*, § 313 Rdz.3; Staudinger/ *Wufka*, § 313 Rdz.3.

[667] *Lutter*, Die Rechte der Gesellschafter, S. 26; *Vollmer*, Mitwirkungsrechte, S. 8 re. Sp..

[668] So *Gromann*, Gleichordnungskonzerne, S. 37; *Lutter*, Die Rechte der Gesellschafter, S. 26; *ders.*, Die AG 1977, S. 113, 115.

[669] *Vollmer*, Mitwirkungsrechte, S. 8 li. Sp..

[670] BGHZ 82, S. 188, 194 – Hoesch/Hoogovens; *Gromann*, Gleichordnungskonzerne, S. 37; *Lutter*, Die Rechte der Gesellschafter, S. 26; *Ch. Teichmann*, ZGR 2002, S. 383, 421; *Vollmer*, Mitwirkungsrechte, S. 8 re. Sp..

Bei *Unternehmensverträgen* soll die insoweit vorgeschriebene Schriftform des Vertrages der Rechtsklarheit dienen[671] und ausweislich der Gesetzesmaterialien[672] eine ausreichende Publizität sichern, die ihrerseits die Grundlage für die Erfüllung der Informationspflichten gemäß §§ 293f Abs. 1 Nr. 1, Abs. 2, 293g Abs. 1 AktG darstellt[673]. Derartige Informationszwecke des Formerfordernisses ließen sich auch im Hinblick auf Vermögensübertragungs-, Verschmelzungs- und Spaltungsverträge anführen, bei denen vergleichbare Offenlegungspflichten bestehen[674]. Ohne Einhaltung der Schriftform läßt sich bei Unternehmensverträgen zudem die mit der Beifügung des Vertrags als Anlage zur Handelsregisteranmeldung (vgl. § 294 Abs. 1 S. 2 AktG) angestrebte Sicherung der Informationsinteressen Dritter, insbesondere von Gläubigern und potentiellen Aktionären der Untergesellschaft, nicht erreichen[675].
Neben der Publikationsfunktion kommt dem Schriftformerfordernis bei Unternehmensverträgen ferner wie nach dem Gesagten dem Beurkundungserfordernis bei Vermögensübertragungs-, Verschmelzungs- und Spaltungsverträgen ersichtlich vor allem auch Beweisfunktion insofern zu, als es im Interesse der Rechtsklarheit[676] die vollständige schriftliche Dokumentation von Art und Inhalt der Vereinbarungen sichern und damit diesbezügliche Zweifel verhindern soll.

(b) Folgerungen

Im Anschluß an die Darstellung der Funktion der Formerfordernisse bei Vermögensübertragungs-, Unternehmens-, Verschmelzungs- und Spaltungsverträgen ist nunmehr vor diesem Hintergrund der Frage nach der Bestimmung des Gegenstands der Formpflicht nachzugehen, der Frage also, ob mit Blick auf die beschriebene Funktion der Formerfordernisse vergleichbar den zu § 313 S. 1 BGB a.F. anerkannten Grundsätzen eine weite Fassung des Gegenstands der Formpflicht geboten ist und welche Kriterien insoweit gelten.

(aa) Erforderlichkeit weiter Fassung des Formerfordernisses

Im Interesse eines Schutzes der Vertragsparteien vor Übereilung bedarf es einer weiten Fassung des Gegenstands des Formerfordernisses nicht, da ein derartiger

---

[671] *Hüffer*, § 293 Rdz.26.
[672] Vgl. *Kropff*, S. 381.
[673] MünchKomm AktG/*Altmeppen*, § 293 Rdz.16; *Emmerich/Sonnenschein*, Konzernrecht, § 13 III, S. 188; *Hüffer*, § 293 Rdz.1, 26; KK/*Koppensteiner*, § 293 Rdz.10.
[674] Vgl. § 179a Abs. 2 AktG, §§ 63 Abs. 1 Nr. 1, Abs. 3, 64 Abs. 1 S. 1, 69 Abs. 2 UmwG.
[675] MünchKomm AktG/*Altmeppen*, § 293 Rdz.16; KK/*Koppensteiner*, § 293 Rdz.10.
[676] *Hüffer*, § 293 Rdz.26.

Übereilungsschutz nach dem Gesagten bei Vermögensübertragungs-, Verschmelzungs- und Spaltungsverträgen nach dem Gesagten praktisch ohne Bedeutung ist.
Zur Sicherung der Mitwirkungsrechte der Hauptversammlung ist eine Erstreckung der Formpflicht auf Nebenabreden zu derartigen Grundlagenverträgen i.S. des § 83 Abs. 1 S. 2 AktG gleichfalls nicht geboten, da das Formerfordernis in den fraglichen Fällen einem solchen Zweck nicht zu dienen bestimmt ist.
Es bleibt damit die Frage, ob es die Beweisfunktion des Formerfordernisses bei Vermögensübertragungs-, Unternehmens-, Verschmelzungs- und Spaltungsverträgen, also dessen Zweck, Zweifel über Art und Umfang der getroffenen Abreden zu verhindern, erfordert, außerhalb des vorgelegten Vertrages, aber mit Rücksicht auf ihn getroffene Vereinbarungen in die Formpflicht einzubeziehen.
Im Schrifttum wird dies teilweise mit der Begründung abgelehnt, soweit die Rechtsprechung auch Nebenabreden formbedürftiger Verträge dem Formzwang unterwerfe, diene dies vor allem dazu, die Schutzfunktion des Formerfordernisses zu gewährleisten, die aber bei Vermögensübertragungs- und Verschmelzungsverträgen ohne Bedeutung sei[677].
Diente die weite Fassung des Gegenstands der Formpflicht namentlich im Rahmen des § 313 S. 1 BGB a.F. tatsächlich allein der Gewährleistung der Schutzfunktion, bestünde bei den hier in Rede stehenden Verträgen in der Tat kein Anlaß für eine weite Fassung des Umfangs des Formerfordernisses, da es insoweit nach dem Gesagten[678] anders als im Rahmen des § 313 S. 1 BGB a.F. kaum um den Schutz der Vertragsparteien vor Übereilung geht, sondern jedenfalls vornehmlich um Beweiszwecke.
Daß der Grundsatz der Beurkundung des gesamten Vertrages im Rahmen des § 313 S. 1 BGB a.F. ausschließlich oder auch nur in erster Linie einen Schutz vor Übereilung gewährleisten solle, nicht aber auch der Erfüllung der anderen Zwecke des Formerfordernisses, namentlich also auch des Beweiszwecks, zu dienen bestimmt sei, ist indes nicht ersichtlich. Der Vollständigkeitsgrundsatz, d.h. der Grundsatz der Formpflichtigkeit sämtlicher Vereinbarungen, die nach dem Parteiwillen einen Teil des Grundstücksvertrages oder mit diesem eine rechtliche Einheit bilden, ist ohne Unterschied der Gewährleistung aller Funktionen des Beurkundungserfordernisses des § 313 S. 1 BGB a.F. zu dienen bestimmt, insbesondere auch dem Beweiszweck insofern, als der Vollständigkeitsgrundsatz sicherstellt, dass der gesamte Inhalt der getroffenen Vereinbarungen, bestimmt durch den Willen der Parteien, aus der Urkunde ersichtlich ist[679]. Erstreckte sich das Formerfordernis nicht auf den gesamten Inhalt der getroffenen

---

[677] *Vollmer*, Mitwirkungsrechte, S. 9 li. Sp..
[678] Vgl. oben S. 191f..
[679] Vgl. Soergel/*Wolf*, § 313 Rdz.64.

Vereinbarungen, wäre nicht gewährleistet, dass Zweifel über Art und Inhalt der Vereinbarungen ausgeschlossen sind. Die Beweisfunktion des Formerfordernisses gebietet von daher auch bei Vermögensübertragungs-, Unternehmens-, Verschmelzungs- und Spaltungsverträgen, die insoweit bestehende Formpflicht auf den gesamten Inhalt des Vereinbarten nach Maßgabe des Parteiwillens zu erstrecken. Nur eine solche weite Fassung des Gegenstands der Formpflicht stellt zudem auch sicher, daß der bei Unternehmensverträgen mit dem Erfordernis der Beifügung des Vertrages zur Handelsregisteranmeldung bezweckte[680] Schutz der Informationsinteressen Dritter, namentlich der Gläubiger und potenziellen Aktionäre der Untergesellschaft, gewährleistet ist.

(bb) Maßgebliche Kriterien zur Bestimmung des Umfangs der Formpflicht

Im folgenden ist nunmehr der Frage nachzugehen, anhand welcher Kriterien zu bestimmen ist, was nach dem Parteiwillen zum Inhalt der getroffenen Vereinbarungen im Rahmen eines Grundlagenvertrages i.S.d. § 83 Abs. 1 S. 2 AktG rechnet.

Eine nach dem Gesagten teilweise vertretene[681] Begrenzung der Formpflicht bei Vermögensübertragungs-, Unternehmens-, Verschmelzungs- und Spaltungsverträgen auf den „notwendigen Mindestinhalt" des Vertrages, mithin auf die für die Natur eines Vertrages an sich konstitutiven essentialia negotii, unter Ausklammerung nicht notwendiger, für die Parteien gleichwohl aber wesentlicher Vertragsvereinbarungen (accidentalia negotii) ist ebenso wie im Rahmen des § 313 S. 1 BGB a.F.[682] abzulehnen, da damit die Beweisfunktion der Formpflicht, ihr Zweck, den gesamten Inhalt des Vereinbarten ersichtlich zu machen, nicht erfüllt wäre.

Bedenklich erscheint ferner auch[683], die Bestimmung desjenigen, was nach dem Parteiwillen zum Inhalt des Vertrages rechnet, den den Vertrag aushandelnden Vorständen der beteiligten Gesellschaften zu überlassen, worauf die Auffassung[684] hinausliefe, formbedürftig sei nur, was der Vorstand mit dem Vertragspartner, genauer dessen Vorstand, zum Inhalt eines zustimmungspflichtigen Vertrages gemacht habe, sofern nicht gesetzlich ein notwendiger Mindestinhalt vorgeschrieben sei. Richtig ist zwar, dass etwa im Rahmen des § 313 S. 1 BGB

---

680 Vgl. oben S. 192.

681 Vgl. oben S. 188 mit Fn.651.

682 RGZ 97, S. 219, 220; Staudinger/*Wufka*, § 313 Rdz.156; s. auch BGH WM 1970, S. 476, 477 li. Sp..

683 Vgl. MünchKomm AktG/*Altmeppen*, § 293 Rdz.56; *Windbichler*, Die AG 1981, S. 169, 172 li. Sp..

684 Vgl. oben S. 188 mit Fn.652.

a.F. die getrennte Beurkundung verschiedener Verträge die widerlegliche Vermutung begründet, dass die Verträge nicht in rechtlichem Zusammenhang stehen sollen, somit also kein insgesamt formbedürftiger zusammengesetzter Vertrag gegeben ist[685]. Indes handelt es sich insoweit eben nur um eine widerlegbare Vermutung; entscheidend bleibt, ob nach dem Parteiwillen ein rechtlicher Zusammenhang der separaten Verträge besteht. Auch im vorliegenden Zusammenhang kann es demgemäß für die Bestimmung des (formpflichtigen) Vertragsinhalts letztlich nicht entscheidend darauf ankommen, welche Vereinbarungen die Vorstände der am Vertrag beteiligten Gesellschaften der Hauptversammlung zur Zustimmung vorlegen, da allein der Umstand, dass diese Vereinbarungen in den vorgelegten Vertrag aufgenommen und damit vom Vorstand für zustimmungspflichtig deklariert, andere hingegen gar nicht oder in einem anderen Vertrag schriftlich niedergelegt werden, keine zwingenden Rückschlüsse darüber zulässt, was Inhalt des Unternehmens-, Vermögensübertragungs-, Verschmelzungs- oder Spaltungsvertrages und damit im Sinne der Beweisfunktion des Formerfordernisses formbedürftig ist[686]. Überdies könnten rechtlich zusammengehörige Vereinbarungen seitens der beteiligten Vorstände willkürlich und sinnwidrig durch Aufspaltung teilweise dem Formzwang entzogen werden, was der Beweisfunktion der Formpflicht, den gesamten Inhalt der Vereinbarung ersichtlich zu machen, zuwiderliefe.

Der Beweisfunktion des Formerfordernisses bei Vermögensübertragungs-, Unternehmens-, Verschmelzungs- und Spaltungsverträgen ist nur dann Rechnung getragen, wenn sich die Formpflicht auf alle Vereinbarungen erstreckt, die nach dem Parteiwillen bei objektivierter Betrachtungsweise tatsächlich rechtlich zum jeweiligen Vertrag gehören, nicht nur darauf, was seitens der beteiligten Vorstände als vollständiger Vertragsinhalt deklariert wird. Bei den in Rede stehenden Grundlagenverträgen i.S. des § 83 Abs. 1 S. 2 AktG erstreckt sich demgemäß, entsprechend der im Rahmen des § 313 S. 1 BGB a.F. geltenden Grundsätze[687], im Falle eines aus mehreren selbständigen Verträgen, darunter einem formpflichtigen (Vermögensübertragungs-, Unternehmens-, Verschmelzungs- oder Spaltungs-)Vertrag, bestehenden zusammengesetzten Vertrag die Formpflicht auf mit dem formpflichtigen Vertrag zusammenhängende, für sich genommen formfreie Verträge, sofern diese nach dem erkennbaren und von der anderen Vertragspartei zumindest hingenommenen Willen eines Vertragspart-

---

685 Soergel/*Wolf*, § 313 Rdz.70; Staudinger/*Wufka*, § 313 Rdz.182; je m. Nachw.; vgl. *Vollmer*, Mitwirkungsrechte, S. 7 re. Sp. mit Fn.46.

686 Vgl. *Windbichler*, Die AG 1981, S. 169, 172 li. Sp..

687 Vgl. dazu bereits oben S. 106, 189 mit Fn.656 sowie Soergel/*Wolf*, § 313 Rdz.59, 67; Staudinger/*Wufka*, § 313 Rdz.155, 173.

ners aus der - allein maßgeblichen - Sicht des formpflichtigen Vertrages[688] mit diesem Vertrag stehen und fallen und demgemäß mit diesem eine rechtliche Einheit bilden sollen. Bestehen neben dem formpflichtigen Vertrag i.S. des § 83 Abs. 1 S. 2 AktG keine weiteren selbständigen Verträge, erstreckt sich die Formpflicht gemäß §§ 311 BGB a.F. (= § 311b Abs. 3 BGB n.F.), 293 Abs. 3 AktG, 6, 125 S. 1 UmwG auf alle rechtsverbindlichen, einen Regelungsgehalt aufweisenden Vereinbarungen, die wenigstens ein Teil zum Vertragsbestandteil machen will, soweit dies für den anderen Teil erkennbar ist und er dies billigt oder wenigstens hinnimmt.

Ausschlaggebend ist insofern freilich nicht die Sicht des jeweiligen Vertragspartners, also der Empfängerhorizont nach Maßgabe der Vorstellungen des Vorstands[689]. Abzustellen ist vielmehr darauf, ob ein für sich genommen formfreier Vertrag mit dem formpflichtigen Vertrag bei objektiver Würdigung[690] aus der Sicht eines verständigen Dritten eine rechtliche Einheit bildet oder eine Regelung sich von diesem Standpunkt aus als Vertragsbestandteil darstellt[691], ob die fraglichen Verträge oder Vereinbarungen also in einem objektiven Sinnzusammenhang miteinander stehen[692]. Insoweit ist folgendes zu sehen.

Die Auslegung von Verschmelzungs- und Spaltungsverträgen hat nach objektiven Gesichtspunkten zu erfolgen, da derartige Verträge nicht nur die schuldrechtlichen Beziehungen der beteiligten Gesellschaften regeln, sondern Grundlage für Strukturänderungen sind und Auswirkungen für eine Vielzahl von Beteiligten (Anteilsinhaber, Gläubiger, Arbeitnehmer) haben[693]. Maßgeblich für die Auslegung derartiger Verträge ist danach, wie ein verständiger Dritter die Vertragsbestimmungen versteht[694]. Entsprechendes gilt wegen ihres gleichfalls or-

---

[688] Vgl. oben S. 106 mit Nachw. in Fn.338.

[689] So aber *Windbichler*, Die AG 1981, S. 169, 171 re. Sp., 172 li.Sp..

[690] *Geßler* in G/H/E/K, § 293 Rdz.41; *Timm*, Die Aktiengesellschaft als Konzernspitze, S. 112f..

[691] Letztlich sind freilich auch Verträge, die mit einem (formpflichtigen) Vertrag eine rechtliche Einheit dergestalt darstellen, daß dieser Vertrag mit ihnen stehen und fallen soll, als dessen Bestandteil anzusehen.

[692] Das Kriterium des „objektiven Sinnzusammenhangs" begegnet im Rahmen des - im vorliegenden Zusammenhang nach dem Gesagten (vgl. oben S. 188f.) nicht einschlägigen - § 139 BGB bei der Ermittlung der Einheitlichkeit eines Geschäfts, wobei teilweise generell darauf abgestellt wird, teilweise jedenfalls dann, wenn ein die Einheitlichkeit betreffender Parteiwille nicht feststellbar ist; vgl. *Larenz/Wolf*, AT, § 45 Rdz.8; MünchKomm BGB/*Mayer-Maly/Busche*, § 139 Rdz.16; Staudinger/*H. Roth*, § 139 Rdz.37.

[693] *Grunewald* in G/H/E/K, § 341 Rdz.5; *Lutter* in Lutter, § 5 Rdz.4; Kallmeyer/*Marsch-Barner*, § 4 Rdz.10; *Priester* in Lutter, § 126 Rdz.12; a.A. Hachenburg[7]-*Schilling/Zutt*, § 77 Anh. II § 21 VerschmG Rdz.2.

[694] *Grunewald* in G/H/E/K, § 341 Rdz.5; *Lutter* in Lutter, § 5 Rdz.4; *Priester* in Lutter, § 126 Rdz.12.

ganisationsrechtlichen Charakters[695] für Unternehmensverträge gemäß § 291 AktG, jedenfalls soweit deren Bestimmungen zu einer Veränderung der Struktur insbesondere der Tochtergesellschaft führen[696]; bei Vermögensübertragungsverträgen dürfte demgegenüber der schuldrechtliche Charakter überwiegen, weshalb es zweifelhaft erscheint, ob das Erfordernis objektivierter Auslegung auch insoweit gilt[697].

Im vorliegenden Zusammenhang geht es zwar nicht um die Auslegung des Vertragsinhaltes, sondern um dessen Ermittlung, d.h. nicht um die Frage, wie einzelne Vereinbarungen, die unzweifelhaft als Vertragsbestandteil zu qualifizieren sind, auszulegen sind, sondern darum, ob bestimmte Abreden überhaupt als Vertragsbestandteil zu qualifizieren sind. Auch diese Frage ist aber nicht nur im Verhältnis der am Vertragsschluß beteiligten Gesellschaften von Bedeutung, sondern betrifft jedenfalls auch die Rechtsstellung ihrer Aktionäre[698]. Vor diesem Hintergrund bedarf es ebenso wie bei der Auslegung bestimmter Vertragsbestimmungen auch bei der Ermittlung des Vertragsinhaltes einer objektivierten Betrachtungsweise. Damit ist gewährleistet, daß eine sinnwidrige Trennung rechtlich zusammengehörender Abreden, die sich ergeben könnte, wenn die beteiligten Vorstände anstreben, den Gegenstand der Formpflicht und damit - bei paralleler Bestimmung[699] - der Beschlusskompetenz der Hauptversammlungen möglichst eng zu begrenzen[700], nicht in Betracht kommt. Aus diesem Grund erscheint eine objektivierte Betrachtungsweise im übrigen nicht nur bei Strukturverträgen mit organisationsrechtlichem Charakter (Verschmelzungs-, Spaltungs- und Unternehmensverträge), sondern auch bei Vermögensübertragungsverträgen als sachgerecht. Rechnet eine Abrede demnach aus Sicht eines verständigen Dritten zum Inhalt eines Vermögens-übertragungs-, Unternehmens-, Verschmelzungs- oder Spaltungsvertrages, bildet namentlich ein an sich formfreier selbständiger Vertrag mit dem formpflichtigen Vertrag danach eine rechtliche Einheit, erstreckt sich die Formpflicht auf die Abrede oder den an sich formfreien Vertrag.

---

695 MünchKomm/*Altmeppen*, Vor § 291 Rdz.4, § 291 Rdz.25; *Emmerich* in Emmerich/Habersack, § 291 Rdz.25; KK/*Koppensteiner*, Vorb. § 291 Rdz.68.
696 MünchKomm AktG/*Altmeppen*, § 291 Rdz.33f.; *Kort*, Bestandsschutz, S. 132.
697 Vgl. *Windbichler*, Die AG 1981, S. 169, 173 Fn.47.
698 Vgl. unten S. 209.
699 Vgl. unten S. 208.
700 Vgl. *Windbichler*, Die AG 1981, S. 169, 172 li. Sp..

b) Gegenstand der Auslegungs- und Übersendungspflichten bei Vermögensübertragungs-, Unternehmens-, Verschmelzungs- und Spaltungsverträgen

Im folgenden ist nunmehr der Frage nach der Bestimmung des Gegenstands der Auslegungs- und Übersendungspflichten der Verwaltung bei zustimmungspflichtigen Verträgen vor dem Hintergrund des Zwecks dieser Pflichten nachzugehen, der Hauptversammlung eine hinreichende Entscheidungsgrundlage zu sichern.

aa) Anliegen des BGH: Sicherung ausreichender Entscheidungsgrundlage der Hauptversammlung

Ausgangspunkt der Überlegungen des Bundesgerichtshofs zur Auslegung des Begriffs „Vertrag" i.S. des § 361 AktG a.F. in der Hoesch/Hoogovens-Entscheidung ist nach dem Gesagten[701] die Feststellung, bei im Außenverhältnis zustimmungspflichtigen Verträgen sei das Schwergewicht der Willensbildung unabdingbar auf die Hauptversammlung verlagert; diese habe an der Willensbildung über den Vertragsschluß maßgeblich mitzuwirken. Dies setzt nach Auffassung des Bundesgerichtshofs voraus, dass sich die Beschlusskompetenz der Hauptversammlung gemäß § 361 Abs. 1 AktG a.F. (= § 179a Abs. 1 AktG n.F.) ebenso wie die Informations-(Auslegungs-, Übersendungs- und Erläuterungs-) Pflichten der Verwaltung nach § 361 Abs. 2 S. 1 bis 4 AktG a.F. (= § 179a Abs. 2 S. 1 bis 4 AktG n.F.) auf sämtliche Vereinbarungen erstrecken, „deren erschöpfende Kenntnis notwendig ist"[702], damit die Hauptversammlung eine sachgerechte Entscheidung treffen kann.
Die zitierte Formulierung legt die Vermutung nahe, dem Bundesgerichtshof sei es in der Entscheidung Hoesch/Hoogovens weniger um eine weite Fassung des Gegenstands der Beschlusskompetenz der Hauptversammlung bei zustimmungspflichtigen Verträgen als vielmehr vornehmlich darum gegangen, der Hauptversammlung eine ausreichende Entscheidungsgrundlage zu sichern und damit zu gewährleisten, daß die Hauptversammlung von ihrer Mitwirkungsbefugnis sinnvoll Gebrauch machen kann[703]. Es stellt sich freilich die Frage, ob es einer weiten Auslegung des Begriffs des auslegungs- und übersendungspflichtigen „Vertrages" auch nach heutiger Rechtslage tatsächlich noch bedarf, um eine ausreichende Information der Hauptversammlung über Nebenabreden zu zustimmungspflichtigen Verträgen sicherzustellen. Dem ist im folgenden mit Blick auf neben den Offenlegungs- und Übersendungs-Pflichten gemäß §§ 179a Abs.

[701] Vgl. oben S. 174.
[702] BGHZ 82, S. 188, 196.
[703] Vgl. *Baums*, Festschrift Zöllner, S. 65, 74.

2 S. 1 bis 3, 293f Abs. 1 Nr. 1, Abs. 2, 293g Abs. 1 AktG, 63 Abs. 1 Nr. 1, Abs. 3, 64 Abs. 1 S. 1, 125 S. 1 UmwG bestehende Informationspflichten der Verwaltung bei im Außenverhältnis hauptversammlungspflichtigen Verträgen sowie im Hinblick auf das allgemeine Auskunftsrecht der Aktionäre gemäß § 131 AktG nachzugehen.

bb) Information der Aktionäre bei im Außenverhältnis hauptversammlungspflichtigen Verträgen nach geltendem Recht

Die Information der Aktionäre im Zusammenhang mit im Außenverhältnis hauptversammlungspflichtigen Verträgen wird nach geltendem Recht im Vorfeld der Hauptversammlung, die über die Zustimmung zu beschließen hat, durch die Bekantmachungspflicht nach § 124 Abs. 2 S. 2 AktG und die Berichtspflichten gemäß §§ 293a Abs. 1 S. 1 AktG, 127 S. 1, 8 Abs. 1 S. 1 UmwG sowie in der Hauptversammlung durch die Erläuterungspflichten gemäß §§ 179a Abs. 2 S. 4, 293g Abs. 2 S. 1 AktG, (125 S. 1 i.V.m.) 64 Abs. 1 S. 2 UmwG und das Auskunftsrecht gemäß § 131 AktG gewährleistet. Im einzelnen:

(1) Bekanntmachungspflicht gemäß § 124 Abs. 2 S. 2 AktG

Nach der Vorschrift des § 124 Abs. 2 S. 2 AktG ist, wenn die Hauptversammlung über einen Vertrag beschließen soll, der nur mit ihrer Zustimmung wirksam wird, in der Bekanntmachung der Tagesordnung der wesentliche Inhalt des Vertrages bekannt zu machen. Ausreichend, aber auch erforderlich ist es insoweit, dass die Bekanntmachung den Aktionären ermöglicht, sich ein ungefähres Bild von den Vorzügen und Nachteilen des Vertrages zu machen[704], und sie damit in den Stand setzt, ihre Rechte sinnvoll auszuüben[705]. Als „wesentlicher Inhalt" eines zustimmungsbedürftigen Vertrages sind insoweit alle Regelungen anzusehen, von denen ein verständiger Aktionär seine Entscheidung abhängig machen würde[706]. Der Inhalt des Vertrages muß so deutlich und vollständig angegeben werden, dass jeder Aktionär ersehen kann, um was es sich bei dem Vertrag handelt und was das Wesen seiner Regelung ausmacht[707]. Bedarf es insoweit zur sinnvollen Ausübung der Zustimmungskompetenz durch die Hauptversammlung der Information der Aktionäre über Regelungen außerhalb des Vertrages, ist diese im Rahmen der Bekanntmachung der Tagesordnung zu erteilen. Steht insbesondere der bekanntzumachende Inhalt eines Vertrages in einem inneren Zu-

---

[704] KK[1]/*Zöllner*, § 124 Rdz.24.
[705] *Hüffer*, § 124 Rdz.10.
[706] *Eckardt* in G/H/E/K, § 124 Rdz.59; MünchHdb AG/*Semler*, § 35 Rdz.50.
[707] GK[3]/*Barz*, § 124 Anm.5; GK/*Werner*, § 124 Rdz.50.

sammenhang mit dem Inhalt eines weiteren Vertrages, so ist auch dessen wesentlicher Inhalt mitzuteilen, wenn anders die Aktionäre die Bedeutung des ihnen zur Beschlussfassung vorgelegten Vertrages nicht zutreffend erfassen könnten[708]. Ist ein zustimmungspflichtiger Vertrag Teil eines Gesamtplans der Verwaltung, ist hierüber gleichfalls in der Einladung zu berichten[709].

(2) Berichtspflicht gemäß §§ 293a Abs. 1 S. 1 AktG, 127 S. 1, 8 Abs. 1 S. 1 UmwG

Im Vorfeld der Beschlussfassung der Hauptversammlung über einen Unternehmens-, Verschmelzungs- oder Spaltungsvertrag haben die Vorstände der beteiligten Gesellschaften einen schriftlichen Bericht zu erstatten, in dem der Abschluß des Unternehmensvertrages, die Verschmelzung oder die Spaltung sowie die entsprechenden Verträge im einzelnen rechtlich und wirtschaftlich erläutert und begründet werden (vgl. §§ 293a Abs. 1 S. 1 AktG, 127 S. 1, 8 Abs. 1 S. 1 UmwG). Der Bericht soll den Aktionären jeweils ermöglichen, sich eine fundierte Meinung zu bilden[710] und sich damit effektiv auf die bevorstehende Beschlussfassung vorzubereiten[711]. Er soll mit anderen Worten die Grundlage für eine sachgerechte Entscheidung der Aktionäre darstellen[712] und zu diesem Zweck den zustimmungspflichtigen Vorgang und seine Hintergründe für die Aktionäre transparent gestalten[713]. Der Bericht hat den Aktionären daher eine umfassende Kenntnis aller entscheidungsrelevanten Umstände zu verschaffen[714]. Dazu muß er alle Angaben enthalten, die ein vernünftig denkender Gesellschafter als Entscheidungsgrundlage für sein Abstimmungsverhalten hinsichtlich der zustimmungspflichtigen Maßnahme für erforderlich halten darf[715]. Geboten ist in diesem Zusammenhang namentlich eine Abwägung des rechtlichen und des unternehmerischen (wirtschaftlichen) Für und Wider der geplanten Maßnahme[716] und eine Erläuterung des rechtlichen und wirtschaftlichen Hintergrunds

---

[708] GK/*Werner*, § 124 Rdz.52.
[709] *Reichert* in: Semler/Volhard (Hrsg.), Unternehmensübernahmen, § 17 Rdz.86 a.E..
[710] *Grunewald* in G/H/E/K, § 340a Rdz.2; *Hommelhoff* in Lutter, § 127 Rdz.16.
[711] KK/*Kraft*, § 340a Rdz.3.
[712] BGH WM 1990, S. 140, 141 re. Sp.; MünchKomm AktG/*Altmeppen*, § 293a Rdz.37; *Lutter* in Lutter, § 8 Rdz.5.
[713] KK/*Kraft*, § 340a Rdz.13.
[714] KK/*Kraft*, § 340a Rdz.12.
[715] *Lutter* in Lutter, § 8 Rdz.14.
[716] MünchKomm AktG/*Altmeppen*, § 293a Rdz.38; *Grunewald* in G/H/E/K, § 340a Rdz.7; *Hüffer*, § 293a Rdz.12; KK/*Kraft* § 340a Rdz.14; MünchHdb AG/*Krieger*, § 70 Rdz.30; *Lutter* in Lutter, § 8 Rdz.15.

des Vertrages[717]. Angesichts des Zwecks der Vorschrift, den Aktionären eine sachgerechte Entscheidung über einen zustimmungspflichtigen Vertrag zu ermöglichen, ist nicht zu bezweifeln, dass die verpflichteten Vorstände in ihrem Bericht über einen derartigen Vertrag auch auf Vereinbarungen und sonstige Umstände einzugehen haben, die im Rahmen eines Gesamtplans der Verwaltung in Zusammenhang mit dem Beschlussgegenstand stehen, soweit die Kenntnis solcher Vereinbarungen und sonstigen Umstände zur sachgerechten Beschlussfassung der Hauptversammlung erforderlich ist[718]. So hat der Vorstand etwa im Rahmen der Berichtspflicht im Zusammenhang mit dem Abschluß eines Unternehmensvertrages nach § 293a Abs. 1 S. 1 AktG das gesamte Konzernierungsvorhaben[719] sowie in einem Bericht nach § 127 S. 1 UmwG das Spaltungsvorhaben in seiner Gesamtheit darzulegen[720].

(3) Erläuterungspflicht gemäß §§ 179a Abs. 2 S. 4, 293g Abs. 2 S. 1 AktG, (125 S. 1 i.V.m.) 64 Abs. 1 S. 2 UmwG

In der Hauptversammlung, die über einen zustimmungspflichtigen Vertrag beschließt, hat der Vorstand den Vertrag oder seinen Entwurf zu erläutern (vgl. §§ 179a Abs. 2 S. 4, 293g Abs. 2 S. 1 AktG, [125 S. 1 i.V.m.] 64 Abs. 1 S. 2 UmwG), d.h. die maßgeblichen Gründe des Vertragsschlusses und die wirtschaftlichen und rechtlichen Folgen des Vertrages zu würdigen[721], um den Aktionären damit alle wesentlichen Kriterien für ihre Entscheidung in die Hand zu geben[722]. Die Erläuterung hat demgemäß auch Vereinbarungen und sonstige Umstände außerhalb des eigentlich zustimmungspflichtigen Vertrages zu berücksichtigen, soweit die Aktionäre hiervon unterrichtet sein müssen, um von ihrer Mitwirkungsbefugnis sinnvoll Gebrauch machen zu können[723]. Hinsichtlich des Abschlusses eines Unternehmensvertrages gemäß § 293 g Abs. 2 S. 1 AktG sind der Hauptversammlung etwa der Zweck des Vertrages sowie sein wesentlicher Inhalt einschließlich aller Nebenabreden[724] und damit sämtliche

---

717 MünchKomm AktG/*Altmeppen*, § 293a Rdz.41.

718 Vgl. *Baums*, Festschrift Zöllner, S. 65, 74f.; *Decher*, Festschrift Lutter, S. 1209, 1223; *Reichert* in: Semler/Volhard (Hrsg.), Unternehmensübernahmen, § 17 Rdz.63, 69.

719 Vgl. *Hommelhoff*, Die Konzernleitungspflicht, S. 334f.; allgemein zur Berichtspflicht des Vorstands hinsichtlich eines Gesamtplans *Baums*, Festschrift Zöllner, S. 65, 74f..

720 *Hommelhoff* in Lutter, § 127 Rdz.17; *Reichert/Schlitt* in: Semler/Volhard (Hrsg.), Arbeitshandbuch Hauptversammlung, Rdz.I B 493.

721 MünchKomm AktG/*Altmeppen*, § 293g Rdz.6.

722 *Grunewald* in Lutter, § 64 Rdz.3; *dies.* in G/H/E/K, § 340d Rdz.14; KK/*Koppensteiner*, § 293 Rdz.22; KK/*Kraft*, § 340d Rdz.14; MünchHdb AG/*Krieger*, § 70 Rdz.41.

723 Vgl. *Vollmer*, Mitwirkungsrechte, S. 9 re. Sp..

724 *Emmerich/Sonnenschein*, Konzernrecht, § 13 VI 7, S. 198.

entscheidungsrelevanten Einzelheiten eines geplanten vertraglichen Konzernverbunds darzulegen[725]. Den Vorstand der Obergesellschaft trifft dabei namentlich die Pflicht, seine konzernpolitische Gesamtkonzeption im einzelnen zu erläutern[726]. Auch bei der Erläuterung eines Vermögensübertragungsvertrages nach § 179a Abs. 2 S. 4 AktG ist auf Nebenabreden einzugehen, die mit dem Hauptvertrag eine Einheit bilden[727]. Entsprechendes gilt mit Blick auf Verschmelzungs- und Spaltungsverträge.

(4) Auskunftsrecht gemäß § 131 AktG

Die vorstehend dargestellten Informationspflichten des Vorstands hinsichtlich im Außenverhältnis hauptversammlungszustimmungspflichtiger Verträge werden ergänzt durch das allgemeine Auskunftsrecht des Aktionärs gemäß § 131 AktG. Danach ist jedem Aktionär vom Vorstand auf Verlangen in der Hauptversammlung Auskunft über Angelegenheiten der Gesellschaft zu geben, soweit sie zur sachgemäßen Beurteilung des Gegenstands der Tagesordnung erforderlich ist[728]. Der Vorstand hat den Aktionären insoweit auf entsprechendes Auskunftsverlangen Kenntnis der entscheidungsrelevanten Fakten zu verschaffen, die sie namentlich zur sachgerechten Wahrnehmung ihres Stimmrechts benötigen[729]. Mit Blick auf einen zustimmungspflichtigen Vertrag muß der Vorstand den Aktionären demgemäß auf Nachfrage den Inhalt und die Umstände des Vertrages, namentlich auch etwaige Nebenabreden, darlegen[730] und ihnen dabei gegebenenfalls (weitere) Informationen über einen Gesamtplan mitteilen, dessen Umsetzung der betreffende Vertrag - als ein Einzelakt innerhalb des Gesamtplans - dient[731].

cc) Erforderlichkeit zusätzlicher Informationspflichten zur Gewährleistung ausreichender Entscheidungsgrundlage der Hauptversammlung

In Anbetracht der vorstehend beschriebenen bestehenden Informationspflichten der Verwaltung bei im Außenverhältnis zustimmungspflichtigen Verträgen stellt sich die Frage, ob es darüber hinaus der Statuierung weitergehender, zusätzli-

---

725 *Hommelhoff*, Die Konzernleitungspflicht, S. 313 zu § 293 Abs. 3 S. 5 AktG a.F..
726 *Hommelhoff*, Die Konzernleitungspflicht, S. 318 zu § 293 Abs. 3 S. 5 AktG a.F..
727 KK/*Kraft*, § 361 Rdz.18; *Rodewig/Schlitt* in: Semler/Volhard (Hrsg.), Arbeitshandbuch Hauptversammlung, Rdz.I E 56.
728 Zu Einzelheiten des Auskunftsrechts bei grenzüberschreitenden Unternehmenszusammenschlüssen vgl. GK/*Decher*, § 131 Rdz.218.
729 KK[1]/*Zöllner*, § 131 Rdz.2.
730 *Eckardt* in G/H/E/K, § 131 Rdz.47; *Lutter*, Die Rechte der Gesellschafter, S. 28 Fn.65.
731 Vgl. *Baums*, Festschrift Zöllner, S. 65, 75.

cher Informations-(Auslegungs- und Übersendungs-)Pflichten bedarf, um der Hauptversammlung eine sachgerechte Beurteilung des Beschlussgegenstands zu ermöglichen. Um die Statuierung solcher zusätzlicher Informations-(Auslegungs- und Übersendungs-)Pflichten ging es dem Bundesgerichtshof nach dem Gesagten[732] offenbar in erster Linie bei der weiten Auslegung des Begriffs „Vertrag" i.S. des § 361 AktG a.F. in der Entscheidung Hoesch/Hoogovens. Die Entscheidung wendet sich insofern gegen die Auffassung, eine ausreichende Entscheidungsgrundlage der Hauptversammlung sei bereits aufgrund der Erläuterungspflicht des Vorstandes gemäß § 361 Abs. 2 S. 4 AktG a.F. gewährleistet, die sich auch auf Nebenabreden beziehe; weiterer Informationspflichten hinsichtlich solcher Nebenabreden, insbesondere nach § 361 Abs. 2 S. 1 bis 3 AktG a.F., bedürfe es darüber hinaus nicht[733], mithin also auch nicht einer weiten Auslegung des Begriffs des auslegungs- und übersendungspflichtigen „Vertrages" i. S. der Vorschrift. Daß allein die mündliche Erläuterung eines zustimmungspflichtigen Vertrages durch den Vorstand in der Hauptversammlung nicht ausreicht, um den Aktionären eine sachgerechte Beurteilung des Gegenstands der Beschlussfassung zu ermöglichen, ist allerdings kaum zu bezweifeln, wie gerade der Fall Hoesch/Hoogovens zeigt[734]. Werden die Aktionäre erst in der Hauptversammlung und nur in mündlicher Form über Zusatzvereinbarungen zu einem ihnen zur Beschlussfassung vorgelegten Vertrag informiert, ist damit eine sachgerechte Mitwirkung der Hauptversammlung an der Willensbildung über den Vertragsschluß insbesondere dann nicht gewährleistet, wenn es sich um umfangreichere, inhaltlich komplexe Zusatzvereinbarungen handelt, was in der Regel der Fall sein wird - im Fall Hoesch/Hoogovens umfasste der Grundvertrag nach dem Vortrag des Klägers wie erwähnt 26 Seiten mit 31 Paragraphen[735]. Insoweit bedarf es einer vorherigen schriftlichen Information der Aktionäre.

Eine derartige schriftliche Vorab-Unterrichtung der Aktionäre über den Inhalt von Zusatzvereinbarungen zu einem im Außenverhältnis hauptversammlungspflichtigen Vertrag war nach der Rechtslage zum Zeitpunkt der Hoesch/Hoogovens-Entscheidung freilich mangels gesetzlicher Berichtspflichten des Vorstands[736] nur insoweit gewährleistet, als die Bekanntmachungspflicht

---

[732] Vgl. oben S. 198.

[733] In diesem Sinne LG Dortmund Die AG 1977, S. 109, 112 re. Sp.; *Vollmer*, Mitwirkungsrechte, S. 9 re. Sp..

[734] Dies gilt zumal dann, wenn die Erläuterungspflicht sich insoweit auf bloße Andeutungen des Vorstands beschränken, das Erfragen von Einzelheiten hingegen Sache der Aktionäre sein soll (so *Vollmer*, Mitwirkungsrechte, S. 9f.).

[735] Vgl. dazu sowie zum Inhalt des Grundvertrages oben S. 170 mit Fn.571.

[736] Die Pflicht zur Erstattung eines Verschmelzungsberichts gemäß § 340a AktG a.F. wurde erst etwa ein Jahr nach der Hoesch/Hoogovens-Entscheidung (vom 16.11.1981) durch das Verschmelzungsrichtlinie-Gesetz vom 25.10.1982 eingeführt (vgl. *Grunewald* in

nach § 124 Abs. 2 S. 2 AktG sowie insbesondere die Auslegungs- und Übersendungs-Pflichten des Vorstands gemäß §§ 293 Abs. 3 S. 2 und 3, 340 Abs. 3 S. 1 und 2, 361 Abs. 2 S. 1 und 2 AktG a.F. ihrem Gegenstand nach weit gefaßt wurden, was eine weite Auslegung des Begriffs des „Vertrages" i.S. der genannten Vorschriften erforderte.

Mittlerweile besteht indes nach dem Gesagten jedenfalls bei Unternehmens-, Verschmelzungs- und Spaltungsverträgen eine gesetzliche Verpflichtung des Vorstands, den Aktionären den zustimmungspflichtigen Vertrag im Vorfeld der Hauptversammlung vor der Beschlussfassung in einem schriftlichen Bericht rechtlich und wirtschaftlich zu erläutern und zu begründen, was nach dem Gesagten[737] die Pflicht zur Aufklärung über etwaige Nebenabreden und sonstige entscheidungsrelevante Umstände einschließt. Insoweit besteht daher keine Notwendigkeit mehr, durch eine weite Auslegung des Begriffs des auslegungs- und übersendungspflichtigen „Vertrages" den Gegenstand der in Rede stehenden Informations-(Auslegungs- und Übersendungs-)Pflichten des Vorstands (jetzt: §§ 179a Abs. 2 S. 1 bis 3, 293f Abs. 1 Nr. 1 und Abs. 2, 293g Abs. 1 AktG, § 63 Abs. 1 Nr. 1 und Abs. 3, 64 Abs. 1 S. 1 UmwG) bei im Außenverhältnis zustimmungspflichtigen Verträgen weit zu fassen. Bei Vermögensübertragungsverträgen i.S. des § 179a AktG n.F. (= § 361 AktG a.F.) ist nach der gesetzlichen Regelung zwar bis heute keine Pflicht des Vorstands zur Erstattung eines schriftlichen Berichts im Vorfeld der Beschlussfassung der Hauptversammlung gegeben. Auch insoweit bedarf es indes im Interesse einer schriftlichen Information der Aktionäre über Zusatzvereinbarungen zu einem zustimmungspflichtigen Vermögensübertragungsvertrag im Vorfeld der Hauptversammlung nicht notwendigerweise einer weiten Auslegung des Begriffs des auslegungs- und übersendungspflichtigen „Vertrages" im Rahmen der in Rede stehenden Vorschriften. Es genügt vielmehr insoweit, wenn die Bekanntmachungspflicht gemäß § 124 Abs. 2 S. 2 AktG entsprechend weit gefaßt wird.

Im Interesse der Rechtssicherheit wäre nach dem Gesagten zur Reduzierung von Anfechtungsrisiken wegen Informationspflichtverletzungen der Verwaltung[738] mithin zu erwägen, den Gegenstand der Auslegungs- und Übersendungspflichten der Verwaltung bei zustimmungspflichtigen Verträgen restriktiv zu bestimmen und etwa auf den gesetzlichen Mindestinhalt[739] zustimmungspflichtiger Verträge zu begrenzen. Dem Informationsinteresse der Aktionäre wäre nach

---

G/H/E/K, § 340a Rdz.1); die Pflicht zur Erstattung eines Unternehmensvertragsberichts gemäß § 293a AktG besteht erst seit dem Inkrafttreten des Umwandlungsrechtsbereinigungsgesetzes am 01.01.1995 (*Emmerich* in Emmerich/Habersack, § 293a Rdz.3).

[737] Vgl. oben S. 200f..

[738] Vgl. oben S. 183ff..

[739] Vgl. dazu mit Blick auf die Beschlußkompetenz der Hauptversammlung sogleich unter c).

dem Gesagten gleichwohl aufgrund anderweitiger Informationspflichten der Verwaltung Rechnung getragen. Hierauf ist zurückzukommen[740].

c) Gegenstand der Beschlußkompetenz der Hauptversammlung bei Vermögensübertragungs-, Unternehmens-, Verschmelzungs- und Spaltungsverträgen

Die vorstehenden Ausführungen betrafen die Frage der Bestimmung des Gegenstands der Formpflicht sowie der Auslegungs- und Übersendungspflichten bei zustimmungspflichtigen Verträgen. Im folgenden ist nunmehr der Frage nach dem Gegenstand der diesbezüglichen Beschlußkompetenz der Hauptversammlung nachzugehen. Insoweit war oben festgestellt worden[741], daß angesichts des verschiedenen Schutzzwecks der Formpflicht von Verträgen i.S. des § 83 Abs. 1 S. 2 AktG, ihrer Auslegungs- und Übersendungspflichtigkeit sowie ihrer Zustimmungspflichtigkeit eine einheitliche Bestimmung des Gegenstands des formpflichtigen, auslegungs- und übersendungspflichtigen sowie zustimmungspflichtigen „Vertrages" nicht zwingend erscheint. Erwägenswert wäre insofern, den Gegenstand der Beschlusskompetenz der Hauptversammlung im Interesse einer klaren Abgrenzung der Organkompetenzen und damit im Interesse der Rechtssicherheit[742] enger und durch Rückgriff auf eher formale, starre Kriterien bestimmter zu fassen als den nach dem oben Gesagten weiten und je nach konkretem Vertrag gegebenenfalls unterschiedlichen Gegenstand der Formpflicht, nämlich mit einer teilweise vertretenen Auffassung[743] auf für die Natur eines Vertrages konstitutive, „notwendige Vertragsbestandteile" (essentialia negotii) zu begrenzen. Eine - theoretisch ebenfalls denkbare - Unterscheidung zwischen (zustimmungspflichtigen) „wesentlichen" oder „wichtigen" Vertragsbestandteilen und (zustimmungsfreien) sonstigen Vertragsbestandteilen verspräche demgegenüber keinen Zugewinn an Rechtssicherheit, da eine derartige Unterscheidung sich abstrakt kaum treffen ließe[744].

Der Wortlaut der Vorschriften der §§ 179a Abs. 1 S. 1, 293 Abs. 1 S. 1, Abs. 2 S. 1 AktG, 13 Abs. 1 S. 1 UmwG stünde einer Begrenzung der Zustimmungspflicht auf „notwendige Vertragsbestandteile" nicht entgegen, geböte sie freilich auch nicht geradezu. § 179a Abs. 1 S. 1 AktG (vgl. § 361 Abs. 1 S. 1 AktG a.F.) bezieht die Zustimmungskompetenz auf einen „Vertrag, durch den sich eine Aktiengesellschaft zur Übertragung des ganzen Gesellschaftsvermögens ver-

---

[740] Vgl. unten S. 209.
[741] Vgl. oben S. 186.
[742] Vgl. oben S. 181.
[743] Vgl. oben S. 172 mit Fn.577; s. auch S. 179f..
[744] Vgl. zu § 313 BGB a.F. MünchKomm BGB/*Kanzleiter*, § 313 Rdz.50.

pflichtet, ohne daß die Übertragung unter die Vorschriften des Umwandlungsgesetzes fällt". Hieraus lässt sich nicht folgern, die Zustimmungskompetenz der Hauptversammlung betreffe nach dem Wortlaut der Regelung allein die Verpflichtung zur Vermögensübertragung, da die Hauptversammlung nicht einer bestimmten Verpflichtung, sondern einem Vertrag zuzustimmen hat, der dadurch charakterisiert ist, daß er - jedenfalls - eine Verpflichtung zur Vermögensübertragung enthält. Entsprechendes gilt im Hinblick auf die Regelungen des § 293 Abs. 1 S. 1 und Abs. 2 S. 1 AktG i.V.m. den Legaldefinitionen der Begriffe „Unternehmensvertrag" und „Beherrschungs-/Gewinnabführungsvertrag" durch §§ 291 Abs. 1, 292 Abs. 1 AktG sowie den Regelungen der §§ 304 Abs. 1, 2 und 305 Abs. 1, 2 AktG. § 13 Abs. 1 S. 1 UmwG schließlich bezieht die Beschlußkompetenz der Hauptversammlung ohnedies allgemein nur auf einen „Verschmelzungsvertrag", ohne dessen Inhalt näher zu charakterisieren.
Zur Abgrenzung „notwendiger" Vertragsbestandteile von sonstigen Vertragsbestandteilen käme ein Rückgriff auf den gesetzlich geregelten „Mindestinhalt" zustimmungspflichtiger Verträge (vgl. §§ 291 Abs. 1, 292 Abs. 1, 304 Abs. 1 und 2, 305 Abs. 1 und 2 AktG, 5 Abs. 1, § 126 Abs. 1 UmwG) in Betracht. Bei Vermögensübertragungsverträgen und bei anderen Unternehmensverträgen i.S. des § 292 Abs. 1 AktG beschränkt sich die gesetzliche Regelung (vgl. § 179a Abs. 1 S. 1 AktG, § 292 Abs. 1 AktG) freilich auf die Beschreibung der Leistungspflicht der vermögensübertragenden oder eine Verpflichtung gemäß § 292 Abs. 1 AktG eingehenden Gesellschaft[745], die zur Bestimmung des „Mindestvertragsinhalts" jedenfalls um etwaige Regelungen über die Gegenleistung zu ergänzen wären[746], da kaum zweifelhaft sein kann, daß die Zustimmungskompetenz der Hauptversammlung angesichts der ihr gesetzlich zugewiesenen materiellen Mitwirkungsbefugnis hinsichtlich der Entscheidung über den Vertragsschluß nicht auf die Zustimmung zu den Leistungspflichten nur der einen Vertragspartei, konkret nur der eigenen Gesellschaft (vgl. §§ 179a Abs. 1 S. 1; 293 Abs. 1 S. 1 i.V.m. § 292 Abs. 1 AktG), beschränkt ist.
Eine Begrenzung der Beschlußkompetenz auf den vorstehend beschriebenen notwendigen Mindestinhalt zustimmungspflichtiger Verträge (essentialia negotii) hätte zweifelsohne den Vorzug einer klaren Abgrenzung der Organkompetenzen anhand eindeutig zu bestimmender, vom Einzelfall abstrahierter Kriterien und diente insofern der Rechtssicherheit[747]. Die gesetzlich vorgesehene Mitwir-

---

[745] *Timm*, BB 1980, S. 1655, 1656 Fn.18 (zu § 361 AktG a.F. = § 179a AktG n.F.).

[746] *Vollmer*, Mitwirkungsrechte, S. 6 re. Sp. (zu § 361 AktG a.F. = § 179a AktG n.F.).

[747] Mit einer engeren Fassung des Gegenstandes der Zustimmungspflicht gegenüber dem Gegenstand der Formpflicht wäre freilich insofern nur ein begrenzter Zugewinn an Rechtssicherheit verbunden, als ungeachtet der Vollständigkeit des Zustimmungsbeschlusses der Hauptversammlung (zu „notwendigen Vertragsbestandteilen") der zustimmungspflichtige

kung der Hauptversammlung an der Entscheidung über den Abschluß eines die Grundlagen der Gesellschaft berührenden (Vermögensübertragungs-, Unternehmens-, Verschmelzungs- oder Spaltungs-)Vertrages wäre, so ließe sich argumentieren, auch im Falle einer derartigen restriktiven Bestimmung des Gegenstands der Beschlußkompetenz insofern gewährleistet, als die Hauptversammlung nach dem Gesagten über den gesamten Vertrag und etwaige damit in Sachzusammenhang stehende weitere Akte eines Gesamtplans der Verwaltung zu informieren wäre und diese Information bei der Entscheidung über die Zustimmung zu den „notwendigen Vertragsbestandteilen" berücksichtigen könnte. Eine Begrenzung der Beschlußkompetenz der Hauptversammlung auf die essentialia negotii eines (Vermögensübertragungs-, Unternehmens-, Verschmelzungs- oder Spaltungs-)Vertrages würde indes dem Schutzzweck der Vorschriften über die Zustimmungspflichtigkeit derartiger Verträge kaum gerecht. Insoweit ist zu sehen, daß die gesetzlich angeordnete ausnahmsweise Durchbrechung des Grundsatzes unbeschränkter Vertretungsmacht des Vorstands (vgl. § 82 Abs. 1 AktG) bezweckt, die Wirksamkeit eines die Grundlagen der Gesellschaft und der Mitgliedschaft berührenden Vertrages[748] in seiner Gesamtheit von der Zustimmung der Hauptversammlung abhängig zu machen[749] und der Hauptversammlung dazu das Letztentscheidungsrecht einzuräumen, „ob und mit welchem Inhalt der Vertrag wirksam werden soll"[750]. Hiermit wäre es schwerlich zu vereinbaren, Abreden mit substantieller Bedeutung im Rahmen eines konkreten Vertrages aus der Beschlußkompetenz der Hauptversammlung auszuklammern, nur weil sie nach der gesetzlichen Regelung nicht zum notwendigen, konstituierenden Vertrags(mindest)inhalt rechnen[751]. Der Zustimmungsbeschluß der Hauptversammlung hat sich daher nach dem Zweck der Vorschriften über die Beschlußkompetenz der Hauptversammlung bei Verträgen i.S. des § 83 Abs. 1 S. 2 AktG auf den gesamten, vollständigen Vertrag zu beziehen[752]. Die Erstreckung der Beschlussfassung der Hauptversammlung auf den vollständigen Vertrag, nicht nur auf dessen „notwendige Bestandteile", resultiert mithin aus einer am Schutzzweck der Beschlusskompetenz orientierten Auslegung des Be-

---

Vertrag nichtig wäre (§ 125 S. 1 BGB), wenn und weil nur hinsichtlich der „notwendigen Vertragsbestandteile", nicht aber auch weiterhin hinsichtlich darüber hinausgehender vertraglicher Regelungen die Formpflicht gewahrt wäre.

[748] Vgl. KK/*Mertens*, § 83 Rdz.3.

[749] Vgl. BGHZ 82, S. 188, 195f. – Hoesch/Hoogovens.

[750] BGHZ 82, S. 188, 195 – Hoesch/Hoogovens; *Barz*, Die AG 1972, S. 1, 5 li. Sp..

[751] Vgl. *Timm*, BB 1980, S. 1655, 1656 Fn.18.

[752] Vgl. MünchKomm AktG/*Altmeppen*, § 293 Rdz.56; *Grunewald* in G/H/E/K, § 340 Rdz.32, § 340c Rdz.4; *Hüffer*, § 293 Rdz.4; KK/*Koppensteiner*, § 293 Rdz.32; *Kropff* in G/H/E/K, § 361 Rdz.20; *Stratz* in Schmitt/Hörtnagl/Stratz, § 13 Rdz.14; *Windbichler*, Die AG 1981, S. 169, 171 re. Sp.; Kallmeyer/*Zimmermann*, § 13 Rdz.7, § 65 Rdz.4.

griffs des „Vertrages“ i.S. der §§ 179a Abs. 1 S. 1, 293 Abs. 1 S. 1, Abs. 2 S. 1 AktG, 13 Abs. 1 S. 1 UmwG und stellt sich insofern als eine Konkretisierung, nicht aber als eine Ausdehnung der gesetzlich vorgesehenen Mitwirkungsbefugnis der Hauptversammlung - im Sinne der Statuierung ungeschriebener Mitwirkungsrechte - dar.

Im Ergebnis ist damit der Gegenstand der Beschlußkompetenz der Hauptversammlung bei zustimmungspflichtigen Verträgen in derselben Weise zu bestimmen wie der Gegenstand der Formpflicht, und zwar namentlich auch anhand derselben Kriterien[753]. Dies entspricht im übrigen nach dem oben Gesagten der einhelligen Auffassung in Schrifttum und Rechtsprechung, wonach formpflichtiger Vertragsinhalt und Gegenstand des Zustimmungsbeschlusses sich lückenlos decken müssen, der Umfang der Formpflicht und der Beschlusskompetenz sich mithin zu entsprechen haben[754]. Auch die Stimmen in Rechtsprechung und Schrifttum, die sich entgegen der h.M. nach dem Gesagten für eine restriktive Bestimmung des Gegenstands der Beschlusskompetenz der Hauptversammlung bei im Außenverhältnis zustimmungspflichtigen Verträgen aussprechen, gehen implizit von einem Gleichlauf von Form- und Zustimmungspflicht aus[755] und bestimmen demgemäß neben dem Gegenstand der Zustimmungskompetenz der Hauptversammlung in paralleler Weise auch den Umfang der Formpflicht restriktiv[756].

Ein „Gleichlauf“ der Form-, der Auslegungs- und Übersendungspflicht sowie der Zustimmungspflicht ist allerdings nach dem Gesagten nicht durch den - divergierenden - Zweck der einzelnen Pflichten geboten. Immerhin lassen sich aber für einen solchen „Gleichlauf“ Wortlaut- und systematische Erwägungen dergestalt anführen, daß der Begriff des (form-, auslegungs- und übersendungs- sowie zustimmungspflichtigen) „Vertrages“ im Rahmen einer systematisch zusammenhängenden gesetzlichen Regelung und zumal innerhalb desselben Paragraphen (vgl. namentlich §§ 179a Abs. 1 S. 1, Abs. 2 S. 1 bis 3, 293 Abs. 1 S. 1, Abs. 2 S. 1 und Abs. 3 AktG) kaum unterschiedlich bestimmt werden könne[757].

---

[753] Vgl. oben S. 194ff..

[754] BGHZ 82, S. 188, 194; *Emmerich* in Emmerich/Habersack, § 293 Rdz.22, 26; *Emmerich/ Sonnenschein/Habersack*, Konzernrecht, § 16 IV 2, S. 216; GK[3]/*Schilling*, § 341 Anm.9.

[755] Vgl. zu §§ 341, 361 AktG a.F. LG Dortmund Die AG 1977, S. 109, 111 li. Sp. unter bb (zum Gegenstand der Beschlusskompetenz), 111 re. Sp. unter bb (zum Umfang der Beurkundungspflicht); *Vollmer*, Mitwirkungsrechte, S. 6 re. Sp., 7 li. Sp., 9, 10 li. Sp. („Inhalt des zustimmungs-[und beurkundungs-]pflichtigen Vertrags“), 9 li. Sp. („beurkundungs- und damit zustimmungspflichtige(r) Inhalt von Verschmelzungs- und Vermögensübertragungsverträgen“).

[756] Vgl. oben S. 188.

[757] Vgl. zu § 361 AktG a.F. *Lutter*, Die Rechte der Gesellschafter, S. 27f.; *Gromann*, Gleichordnungskonzerne, S. 37; *Timm*, Aktiengesellschaft als Konzernspitze, S. 111. – Für die

Dies spricht letztlich im übrigen auch dafür, den Gegenstand des auslegungs- und übersendungspflichtigen „Vertrages" in derselben Weise (weit) zu bestimmen wie den Gegenstand des form- und zustimmungspflichtigen „Vertrages". Nach dem Gesagten gelten die obigen Ausführungen[758] zu den Kriterien, nach denen sich der Gegenstand des formpflichtigen „Vertrages" bestimmt, entsprechend hinsichtlich der Bestimmung des Gegenstandes des zustimmungspflichtigen „Vertrages". Im Hinblick auf die Bestimmung des (formpflichtigen) Vertragsinhaltes war oben[759] ausgeführt worden, die Formpflicht erstrecke sich auf alle Vereinbarungen, die nach dem Parteiwillen bei objektivierter Betrachtungsweise aus der Sicht eines verständigen Dritten, mithin unbeschadet der Sicht der Vorstände als Vertreter der Vertragsparteien, rechtlich zu dem jeweiligen Vertrag gehören. In diesem Zusammenhang war darauf hingewiesen worden, daß die Ermittlung des Vertragsinhalts (auch) die Rechtsstellung der Aktionäre betrifft. Dies gilt insofern, als von dieser Bestimmung des Vertragsinhalts zugleich der Gegenstand der Zustimmungskompetenz der Hauptversammlung und damit die Abgrenzung der Organkompetenzen von Vorstand und Hauptversammlung abhängt, die bereits aus Gründen der Rechtssicherheit nicht von der subjektiven Sichtweise der am Vertragsschluß beteiligten Leitungsorgane abhängen kann. Mit einer derartigen Bestimmung des Vertragsinhalts ist gewährleistet, daß eine sinnwidrige Trennung rechtlich zusammengehöriger Abreden, die sich ergeben könnte, wenn die beteiligten Vorstände anstreben, den Gegenstand der Beschlusskompetenz der Hauptversammlung möglichst eng zu begrenzen[760], nicht in Betracht kommt. Eine missbräuchliche Umgehung der Zustimmungskompetenz der Hauptversammlung durch willkürliche Aufteilung einer einheitlichen Materie seitens der am Vertragsschluß beteiligten Vorstände[761] scheidet damit aus. Beiläufig sei in diesem Zusammenhang angemerkt, daß die angesprochene Problematik der Aufteilung eines einheitlichen Beschlussgegenstandes etwa auch im Verfassungsrecht bei Gesetzen begegnet, die der Zu-

---

Pflicht des Vorstands zur mündlichen Erläuterung eines zustimmungspflichtigen Vertrages in der Hauptversammlung (vgl. §§ 179a Abs. 2 S. 4, 293g Abs. 2 S. 1 AktG, 64 Abs. 1 S. 2 UmwG) gilt diese Erwägung insofern nicht, als die Erläuterungspflicht anders als die Form-, Auslegungs- und Übersendungs- sowie Zustimmungspflicht ihrem Gegenstand nach nicht notwendigerweise auf den „Vertrag" beschränkt ist, sondern darüber hinausreichen kann, soweit es der Zweck der Erläuterungspflicht, der Hauptversammlung eine sachgemäße Beurteilung des ihr zur Beschlussfassung vorliegenden Vertrages zu ermöglichen, erfordert (vgl. LG Dortmund Die AG 1977, S. 109, 112 re. Sp.; zum Gegenstand der Erläuterungspflicht s. oben S. 201f.).

[758] Vgl. oben S. 194ff..

[759] Vgl. oben S. 195ff..

[760] Vgl. *Windbichler*, Die AG 1981, S. 169, 172 li. Sp..

[761] Vgl. *Baums*, Festschrift Zöllner, S. 65, 75.

stimmung des Bundesrates bedürfen. Die willkürliche Aufspaltung eines einheitlichen Gesetzesvorhabens in einen zustimmungsbedürftigen und einen nicht zustimmungsbedürftigen Teil zur missbräuchlichen Umgehung der Rechte des Bundesrates stößt insoweit auf verfassungsrechtliche Bedenken[762].

II. Rechtsfolgen unvollständiger Information/Zustimmung

Im Anschluß an die vorstehende Erörterung des Gegenstands der Form-, Offenlegungs- und Zustimmungspflicht bei Vermögensübertragungs-, Unternehmens-, Verschmelzungs- und Spaltungsverträgen ist nunmehr der Frage nach den Rechtsfolgen nachzugehen, die sich bei unvollständiger Information und/oder Unvollständigkeit des Zustimmungsbeschlusses der Hauptversammlung zum einen für den Beschluß selbst sowie zum anderen für den im Außenverhältnis hauptversammlungszustimmungspflichtigen Vertrag ergeben.

1. Für den Zustimmungsbeschluß

Von einer im Schrifttum teilweise angenommenen[763] Nichtigkeit eines unvollständigen und/oder auf unvollständiger Information der Aktionäre beruhenden Zustimmungsbeschlusses ist mit der ganz h.M.[764] nicht auszugehen, da die Nichtigkeitsgründe für Hauptversammlungsbeschlüsse im Aktiengesetz abschließend aufgezählt sind[765]. Unvollständige Information/Beschlussfassung der Hauptversammlung über Vertragsbestandteile stellen aber Gesetzesverletzungen dar, aufgrund derer der Beschluß gemäß § 243 Abs. 1 AktG u.U. angefochten werden kann[766]. Bei Rüge der Unvollständigkeit der Beschlussfassung und/oder der mangelhaften, weil unvollständigen Erfüllung der Auslegungs- und Übersendungspflichten (vgl. §§ 179a Abs. 2 S. 1 bis 3, 293f Abs. 1 Nr. 1, Abs. 2, 293g Abs. 1 AktG, [§ 125 S. 1 i.V.m.] 63 Abs. 1 Nr. 1, Abs. 3, 64 Abs. 1 S. 1 UmwG) war eine Anfechtbarkeit des Beschlusses nach der bisherigen Rechtsprechung

---

[762] *Bryde* in: von Münch/Kunig, GG, Art. 77 Rdz.23 m. Nachw..

[763] *Timm*, Die Aktiengesellschaft als Konzernspitze, S. 114; unklar *Vollmer*, Mitwirkungsrechte, S. 9 li. Sp. („[schlechthin] unwirksam und nicht nur anfechtbar").

[764] BGHZ 82, S. 188, 199 – Hoesch/Hoogovens; OLG Hamm Die AG 1981, S. 198 re. Sp.; *Grunewald* in G/H/E/K, § 340 Rdz.34; *Lutter*, Die Rechte der Gesellschafter, S. 31; *Windbichler*, Die AG 1981, S. 169, 171 li. Sp., 173; vgl. auch KK/*Koppensteiner*, § 293 Rdz.51.

[765] *Hüffer*, § 241 Rdz.1; *ders.* in G/H/E/K, § 241 Rdz.4; MünchKomm AktG/*Hüffer*, § 241 Rdz.7, 52f.; MünchHdb AG/*Semler*, § 41 Rdz.25; a.A. GK/*Karsten Schmidt*, § 241 Rdz.111.

[766] Vgl. die Nachw. in Fn.632.

bei (potentieller) Kausalität des Verfahrensfehlers für das Beschlussergebnis[767] gegeben, wenn also bei Offenlegung/Übersendung des vollständigen Vertrages und/oder Einbeziehung aller Bestandteile des zustimmungspflichtigen Vertrages in den Zustimmungsbeschluß ein anderes Abstimmungsergebnis denkbar wäre[768]. Bei Informationsmängeln kam es insoweit nach der Rechtsprechung insbesondere darauf an, ob ein objektiv urteilender Aktionär bei ordnungsgemäßer Information anders abgestimmt hätte als dies tatsächlich geschehen ist[769]. Bei (nur) unvollständiger Beschlussfassung wird eine (potentielle) Kausalität des Fehlers für das konkrete Beschlussergebnis in der Regel zu verneinen sein, wenn und weil die nicht in die Beschlussfassung einbezogenen Vertragsbestandteile gleichwohl im Vorfeld der Hauptversammlung auslagen und der Hauptversammlung im Wortlaut vorlagen[770]. Die jüngste Rechtsprechung des Bundesgerichtshofs zur Anfechtbarkeit von Hauptversammlungsbeschlüssen wegen Verfahrensfehlern stellt demgegenüber nunmehr (offen) auf die Relevanz des Verfahrensfehlers, nämlich darauf ab, „ob es - bei wertender Betrachtungsweise - möglich oder ausgeschlossen ist, daß sich der Verfahrensfehler auf das Beschlussergebnis ausgewirkt hat“[771]. Dies führt indes für die hier in Rede stehende Frage nicht zu einem abweichenden Ergebnis.

2. Für den Vertrag

Im Hinblick auf den zustimmungspflichtigen Vertrag hat ein nicht vollständiger Zustimmungsbeschluß der Hauptversammlung nach zutreffender Auffassung[772] nicht allein die Unwirksamkeit der nicht in die Beschlussfassung einbezogenen Vertragsbestandteile zur Folge, sondern stets die Unwirksamkeit des gesamten Vertrages, also auch der Teile, denen die Hauptversammlung zugestimmt hat.

---

767 Vgl. zum Erfordernis einer (potentiellen) Kausalität des Gesetz- oder Satzungsverstoßes für das konkrete Beschlussergebnis bei Verfahrensfehlern nach der bisherigen Rechtsprechung *Baums*, Gutachten, S. F 77; GK/*Decher*, § 131 Rdz.384; *Hüffer*, § 243 Rdz.12 m. Nachw.; MünchKomm AktG/*Hüffer*, § 243 Rdz.28 m. Nachw. in Fn.70; GK/*Karsten Schmidt*, § 243 Rdz.22 m. Nachw. in Fn.34.

768 *Windbichler*, Die AG 1981, S. 169, 173 re. Sp..

769 Vgl. *Baums*, Gutachten, S. F 133 m. Nachw. in Fn.350; *Hüffer*, § 243 Rdz.17 m. Nachw.; MünchKomm AktG/*Hüffer*, § 243 Rdz.28 m. Nachw. in Fn.72; GK/*Karsten Schmidt*, § 243 Rdz.23 m. Nachw. in Fn.37, Rdz.36 m. Nachw. in Fn.80.

770 *Windbichler*, Die AG 1981, S. 169, 173 re. Sp..

771 BGH ZIP 2002, S. 172, 174 re. Sp.; vgl. dazu *Henze*, BB 2002, S. 893, 900f.; *Tröger*, NZG 2002, S. 211, 212.

772 BGHZ 82, S. 188, 199 – Hoesch/Hoogovens; *Emmerich* in Emmerich/Habersack, § 293 Rdz.26f.; *Grunewald* in G/H/E/K, § 340c Rdz.7; *Lutter*, Die Rechte der Gesellschafter, S. 31; *Stratz* in Schmitt/Hörtnagl/Stratz, § 13 Rdz.14; *Volhard* in: Semler/Volhard (Hrsg.), Unternehmensübernahmen, § 17 Rdz.222 a.E.; *Vollmer*, Mitwirkungsrechte, S. 5 Fn.22.

Abzulehnen ist demgegenüber die Ansicht[773], die Wirksamkeit der in die Beschlussfassung der Hauptversammlung einbezogenen Vertragsbestandteile richte sich in diesem Fall nach § 139 BGB, wonach diese Vertragsbestandteile nur im Zweifel unwirksam wären, wenn nicht anzunehmen wäre, daß sie auch für sich genommen, ohne die mangels Zustimmung der Hauptversammlung unwirksam gebliebenen Vertragsbestandteile wirksam sein sollen. Gegen die Anwendung der Regelung des § 139 BGB zur Bestimmung der Folgen eines unvollständigen Zustimmungsbeschlusses für die Wirksamkeit des Vertrages spricht, daß der Umfang des zustimmungspflichtigen Vertrages damit letztlich doch wieder von den Vorständen der beteiligten Gesellschaften bestimmt werden könnte[774]. Hat die Hauptversammlung nach der gesetzlichen Regelung über den gesamten Inhalt des zustimmungspflichtigen Vertrages zu beschließen, muß Rechtsfolge einer unvollständigen Zustimmung stets (schwebende) Unwirksamkeit des Vertrages im Ganzen sein. Gegebenenfalls muß die Hauptversammlung erneut beschließen, und zwar über den gesamten Vertrag.

E. Folgerungen im Hinblick auf Beschlusskompetenzen der Hauptversammlung und Informationspflichten der Verwaltung bei Gesamtplänen

Die vorstehenden Ausführungen betrafen den Gegenstand der Informationspflichten der Verwaltung sowie der Beschlusskompetenz der Hauptversammlung bei Vermögensübertragungs-, Unternehmens-, Verschmelzungs- und Spaltungsverträgen. Im folgenden soll zunächst noch einmal kurz herausgestellt werden, welche Kriterien insoweit maßgeblich sind (I. 1.), bevor anschließend (I. 2.) der Frage nachzugehen ist, ob die erörterten Grundsätze auch in Fällen gelten, in denen ein im Außenverhältnis hauptversammlungspflichtiger Vertrag nicht mit weiteren *Vereinbarungen* in Zusammenhang steht, sondern mit *anderen Maßnahmen* der Verwaltung, bei denen es sich nicht um Vereinbarungen handelt. Im Anschluß daran soll ferner untersucht werden (II.), ob die zur Bestimmung des Gegenstands der Informationspflichten der Verwaltung sowie der Beschlusskompetenz der Hauptversammlung bei zustimmungspflichtigen Verträgen geltenden Grundsätze auf andere im Außenverhältnis zustimmungspflichtige Strukturmaßnahmen zu übertragen sind. Schließlich ist (III.) die Frage nach dem Zeitpunkt der Beschlussfassung der Hauptversammlung über zustimmungspflichtige Maßnahmen als Bestandteil eines Gesamtplans der Verwaltung zu beleuchten sowie, damit zusammenhängend, die Frage nach dem Zeitpunkt der Information der Aktionäre über einen derartigen Gesamtplan.

---

[773] MünchKomm AktG/*Altmeppen*, § 293 Rdz.56; *Geßler* in G/H/E/K, § 293 Rdz.38; *Hüffer*, § 293 Rdz.5, 12; KK/*Koppensteiner*, § 293 Rdz.33.

[774] *Windbichler*, Die AG 1981, S. 169, 173 li. Sp..

I. Gegenstand der Beschlusskompetenz der Hauptversammlung bei zustimmungspflichtigen Verträgen als Bestandteil eines Gesamtplans der Verwaltung

1. Vereinbarungen in rechtlichem Zusammenhang mit zustimmungspflichtigem Vertrag

Bei einem form- und zustimmungspflichtigen (Vermögensübertragungs-, Unternehmens-, Verschmelzungs- oder Spaltungs-)Vertrag als Bestandteil eines Gesamtplans der Verwaltung sind der Gegenstand der Formpflicht, der Informations-(Auslegungs- und Übersendungs-) Pflichten der Verwaltung sowie der Beschlusskompetenz der Hauptversammlung nach dem oben Gesagten[775] parallel zu bestimmen. Maßgeblich für die Bestimmung des Gegenstands der Formpflicht, der Auslegungs- und Übersendungspflichten sowie der Zustimmungspflicht sind nach hier vertretener Auffassung die im Rahmen des § 313 S. 1 BGB a.F. geltenden Grundsätze, die sich freilich jedenfalls bei zusammengesetzten Verträgen mit den Kriterien decken, nach denen sich im Rahmen der namentlich vom Bundesgerichtshof in der Hoesch/Hoogovens-Entscheidung angeführten Regelung des § 139 BGB das Vorliegen eines einheitlichen Rechtsgeschäftes beurteilt[776]. Ob man freilich zur Bestimmung des Umfangs der Form-, Offenlegungs- und Zustimmungspflicht bei Grundlagenverträgen i.S. des § 83 Abs. 1 S. 2 AktG auf die Grundsätze zu § 313 S. 1 BGB a.F. oder zu § 139 BGB abstellt oder aber diese Bestimmung ohne Rückgriff auf die genannten Vorschriften vornimmt, im Ergebnis besteht, was an dieser Stelle nochmals hervorgehoben werden soll, in Rechtsprechung und Schrifttum Einigkeit, dass nicht alles in irgendeiner Weise mit einem zustimmungspflichtigen Vertrag Zusammenhängende der Form-, Offenlegungs- und Zustimmungspflicht unterfällt. Die Form-, Offenlegungs- und Zustimmungspflicht bei Grundlagenverträgen i.S. des § 83 Abs. 1 S. 2 AktG erstreckt sich vielmehr nach einer auf einen Vermögensübertragungsvertrag i.S. des § 361 AktG a.F. (= § 179a AktG n.F.) bezogenen Formulierung des Bundesgerichtshofs in der Entscheidung Hoesch/Hoogovens nur auf mit dem Vertrag „rechtlich zusammenhängende“[777] und mit ihm eine „rechtliche Einheit“[778] bildende Abreden, „die rechtsverbindlich die Beziehungen der Vertragschließenden bestimmen sollen“[779]. Nicht erfasst sind demnach zum einen - ebenso wie im Rahmen des § 313 S. 1 BGB a.F. - alle Abreden, die

---

[775] Vgl. oben S. 208f..
[776] Vgl. oben S. 189 mit Fn.656.
[777] BGHZ 82, S. 188, 196.
[778] BGHZ 82, S. 188, 199.
[779] BGHZ 82, S. 188, 196.

keine Regelung enthalten, also keine Rechtswirkungen erzeugen sollen[780], mithin nicht den Rang einer Verbindlichkeit erreichen[781]. Dazu rechnen etwa Erläuterungen, Motive, Vorstufen oder Absichtserklärungen[782]. Nicht erfasst sind ferner mit einem form- und zustimmungspflichtigen Vertrag zusammenhängende Verträge, die mit dem form- und zustimmungspflichtigen Vertrag aus dessen Sicht[783] nicht stehen und fallen sollen, mit dem Vertrag also keine *rechtliche*, sondern allenfalls eine *wirtschaftliche* Einheit bilden[784], sowie Nebenabreden, die nicht nach dem erkennbaren Willen auch nur einer Vertragspartei Vertragsbestandteil sein sollen.

2. Andere Akte im Sachzusammenhang mit zustimmungspflichtigem Vertrag

Von der bislang behandelten Frage des Umfangs der Form-, Offenlegungs- und Zustimmungspflicht von *Vereinbarungen* in rechtlichem Zusammenhang mit einem Grundlagenvertrag i.S. des § 83 Abs. 1 S. 2 AktG zu trennen ist die Frage nach dem Umfang der Informationspflichten der Verwaltung sowie der Beschlusskompetenz der Hauptversammlung in den Fällen, in denen ein derartiger Vertrag im Rahmen eines Gesamtplans der Verwaltung in Sachzusammenhang mit einem anderen - zustimmungspflichtigen oder insbesondere (für sich genommen) zustimmungsfreien - Einzelakt des Gesamtplans steht, bei dem es sich nicht um eine Vereinbarung, insbesondere nicht um einen selbständigen Vertrag, handelt. Insoweit stellt sich die Frage, ob derartige, mit einem Grundlagenvertrag i.S. des § 83 Abs. 1 S. 2 AktG im Rahmen eines Gesamtplans der Verwaltung in Sachzusammenhang stehende Akte in die Beschlussfassung der Hauptversammlung über den zustimmungspflichtigen Vertrag einzubeziehen sind, und zwar namentlich auch dann, wenn sie für sich genommen im Außenverhältnis nicht der Zustimmung der Hauptversammlung bedürfen.
Um eine derartige Konstellation handelt es sich etwa bei dem oben angeführten Beispiel 4[785] eines Gesamtplans der Verwaltung, bei dem eine Erwerbergesellschaft M zur Herbeiführung eines Unternehmenszusammenschlusses mit einer Zielgesellschaft Z eine Tochter T gründet, in welche aufgrund eines mit den

---

780 Vgl. zu § 313 BGB a.F. BGHZ 85, S. 315, 317 m. Nachw.; Palandt/*Heinrichs*, § 313 Rdz.25; Soergel/*Wolf*, § 313 Rdz.59; Staudinger/*Wufka*, § 313 Rdz.154.

781 *Windbichler*, Die AG 1981, S. 169, 171 re. Sp..

782 *Windbichler*, Die AG 1981, S. 169, 171 re. Sp.; zu § 313 BGB a.F. vgl. BGH NJW 1979, S. 1498; Palandt/*Heinrichs*, § 313 Rdz.25; Staudinger/*Wufka*, § 313 Rdz.157.

783 Vgl. oben S. 106f..

784 Vgl. zu § 139 BGB BGH NJW 1976, S. 1931, 1932 li. Sp.; NJW 1987, S. 2004, 2007 li. Sp.; Staudinger/*H.Roth*, § 139 Rdz.39; zu § 313 BGB a.F. vgl. BGHZ 76, S. 43, 48; Soergel/*Wolf*, § 313 Rdz.67; Staudinger/*Wufka*, § 313 Rdz.177.

785 Vgl. oben S. 166f..

Stimmen der Alleinaktionärin M, vertreten durch den Vorstand, herbeigeführten Hauptversammlungsbeschlusses im Zuge einer Sachkapitalerhöhung mit Bezugsrechtsausschluß die Aktien der Zielgesellschaft als Sacheinlage gegen Gewährung von T-Aktien eingebracht werden sollen. Vor Durchführung der Sachkapitalerhöhung in der T soll die M-Hauptversammlung über die Verschmelzung der M auf die T beschließen. Insoweit stellt sich die Frage, ob die vom M-Vorstand als Vertreter der M in der T-Hauptversammlung beschlossene oder zu beschließende Sachkapitalerhöhung in der T in die Beschlussfassung der M-Hauptversammlung über den Verschmelzungsvertrag zwischen M und T aufzunehmen ist[786].

Denkbar ist des weiteren etwa die Konstellation (vgl. oben Beispiel 3[787]), daß der Vorstand einer Gesellschaft A die Ausgliederung eines Teils des Gesellschaftsvermögens gemäß § 123 Abs. 3 Nr. 1 UmwG auf eine Tochtergesellschaft T anstrebt, welche sodann mit einer dritten Gesellschaft verschmolzen werden soll oder in die im Wege der Sachkapitalerhöhung mit Bezugsrechtsausschluß neue Aktionäre aufgenommen werden sollen. Die insoweit erforderlichen Hauptversammlungsbeschlüsse würde der A-Vorstand wiederum als Vertreter der Alleinaktionärin A der T in der T-Hauptversammlung fassen. Hier stellt sich die Frage, ob die Verschmelzung der T oder die Sachkapitalerhöhung in der T in die Beschlussfassung der A-Hauptversammlung (§§ 125 S. 1, 13, 65 UmwG) über den Spaltungs- und Übernahmevertrag zwischen A und T einzubeziehen sind.

Ein weiteres Beispiel für die hier in Rede stehende Konstellation ist das Daimler/Chrysler-Modell (vgl. oben Beispiel 6[788]). Der Vorstand einer Gesellschaft A veranlasst gemeinsam mit der Verwaltung einer Gesellschaft B zum Zwecke eines Unternehmenszusammenschlusses von A und B eine von einer Bank gegründete NewCo zur Abgabe eines Umtauschangebotes an die A-Aktionäre (sowie möglicherweise auch an die B-Aktionäre). Im Anschluß an die Durchführung des Umtauschangebotes soll sodann die A (sowie möglicherweise auch die B) auf die NewCo verschmolzen werden. Insoweit ist zu erwägen, ob die Mitwirkung des A-Vorstands bei der Abgabe und Durchführung des Umtauschangebotes der NewCo in die Beschlussfassung der A-Hauptversammlung über den Verschmelzungsvertrag zwischen der A und der NewCo einzubeziehen ist.

---

[786] Die Sachkapitalerhöhung in der T ließe sich etwa dadurch in den Verschmelzungsbeschluß der M-Hauptversammlung einbeziehen, daß die Sachkapitalerhöhung in der T in den Verschmelzungsvertrag zwischen M und T aufgenommen würde; vgl. *Baums*, Festschrift Zöllner, S. 65, 77.

[787] Vgl. oben S. 166.

[788] Vgl. oben S. 167.

Die Hoesch/Hoogovens-Entscheidung des Bundesgerichtshofes sowie das Schrifttum zur Frage des Gegenstands der Form-, Offenlegungs- und Zustimmungspflicht bei Vermögensübertragungs-, Unternehmens-, Verschmelzungs- und Spaltungsverträgen verhalten sich nicht zu der angesprochenen Problematik des Gegenstands der Beschlusskompetenz der Hauptversammlung bei zustimmungspflichtigen Verträgen, die im Rahmen eines Gesamtplans der Verwaltung in Sachzusammenhang mit anderen, insbesondere für sich genommen jedenfalls im Außenverhältnis nicht zustimmungspflichtigen Einzelakten der Verwaltung stehen, bei denen es sich *nicht um Vereinbarungen*, namentlich nicht um selbständige Verträge, handelt. Die Erwägung, Vereinbarungen in rechtlichem Zusammenhang mit einem zustimmungspflichtigen Vertrag seien Bestandteil dieses Vertrages und insofern in die Beschlussfassung der Hauptversammlung einzubeziehen, greift insoweit nicht. Aus dem Grundsatz, wonach Vereinbarungen, die in rechtlichem Zusammenhang mit einem zustimmungspflichtigen Vertrag stehen, als Bestandteil des Vertrages in die Beschlussfassung der Hauptversammlung über den betreffenden Vertrag einzubeziehen sind, könnte indes zu folgern sein, daß auch - namentlich isoliert betrachtet nicht zustimmungspflichtige - Einzelakte, die im Rahmen eines Gesamtplans der Verwaltung mit einem zustimmungspflichtigen Vertrag in Sachzusammenhang dergestalt stehen, daß der Vertrag nicht ohne Durchführung vorangehender für sich genommen zustimmungsfreier Einzelakte durchgeführt werden soll, in die Beschlussfassung über den Vertrag einzubeziehen sind[789]. Dies liefe gegebenen-

[789] Damit wäre etwa im Fall Daimler/Chrysler von einer Erstreckung der Beschlußkompetenz der Daimler-Benz-Hauptversammlung hinsichtlich des Verschmelzungsvertrages auf das vorangehende Tauschverfahren auszugehen gewesen, da der Verschmelzungsvertrag nicht ohne vorherige Durchführung des Tauschverfahrens vollzogen werden sollte (vgl. oben Fn.445). - *Reichert* in: Semler/Volhard (Hrsg.), Unternehmensübernahmen, § 17 Rdz.60 mit Fn.102, Rdz.63f., stellt dagegen umgekehrt darauf ab, ob für sich genommen zustimmungsfreie Einzelakte nur im Hinblick und mit Rücksicht auf einen zustimmungspflichtigen Vertrag verwirklicht werden sollen (zur Kritik an dieser Auffassung vgl. oben Fn.445). Im Fall Daimler/Chrysler war die Durchführung des Tauschverfahrens auf der ersten Stufe des Zusammenschlusses auch für sich genommen, ohne die nachfolgend vorgesehene Verschmelzung der Daimler-Benz AG auf die DaimlerChrysler AG, sinnvoll. Da mithin die beiden Vorgänge *insoweit* nicht untrennbar miteinander verbunden waren, wäre nach *Reichert* (a.a.O., Rdz.63) eine Einbeziehung der Mitwirkung des Daimler-Benz-Vorstands bei der Durchführung des Umtauschangebotes der DaimlerChrysler AG in die Beschlussfassung über die Verschmelzung nicht erforderlich gewesen. - *Reichert* geht a.a.O. im übrigen davon aus, es liege ein nach den Grundsätzen von § 139 BGB zu beurteilendes einheitliches Geschäft vor, „auf das sich das Zustimmungserfordernis nach Hoesch/Hoogovens' (BGHZ 82, S. 188, 196) zu beziehen hat“, wenn isoliert betrachtet nicht zustimmungspflichtige Maßnahmen „wesentliches Bestandteil des Gesamtkonzepts sind und nur im Hinblick auf die vorgesehene Verschmelzung verwirklicht werden“, weil

falls auf eine Zustimmungspflichtigkeit auch für sich genommen zustimmungsfreier Einzelakte eines Gesamtplans und damit auf eine Zustimmungspflichtigkeit des Gesamtplans als solchem hinaus. Es wäre eine Hauptversammlungszuständigkeit kraft Sachzusammenhangs gegeben, die oben[790] abgelehnt wurde[791]. Gegen die Erstreckung der Beschlusskompetenz der Hauptversammlung bei Vermögensübertragungs-, Unternehmens-, Verschmelzungs- und Spaltungsverträgen auf Einzelakte der Verwaltung, bei denen es sich nicht um Vereinbarungen in rechtlichem Zusammenhang mit dem zustimmungspflichtigen Vertrag, sondern um andere Einzelakte der Verwaltung handelt, die im Rahmen eines Gesamtplans der Verwaltung in Sachzusammenhang mit einem zustimmungspflichtigen Vertrag stehen, spricht freilich, daß es zur Wahrung der Mitwirkungsrechte der Hauptversammlung einer Erstreckung der Beschlusskompetenz der Hauptversammlung auf Zusatz-Vereinbarungen nicht zwingend bedürfte, da die Aktionäre nach dem oben Gesagten[792] über solche Vereinbarungen im Zusammenhang mit der Beschlussfassung über einen zustimmungspflichtigen Vertrag zu informieren sind und damit die Möglichkeit einer sachgerechten Beurteilung des Vertrages unter Berücksichtigung etwaiger Zusatzabreden gewährleistet ist[793]. Entsprechendes gilt im vorliegenden Zusammenhang. Der Vorstand hat die Aktionäre im Zusammenhang mit der Beschlussfassung über einen zustimmungspflichtigen Akt, der Bestandteil eines Gesamtplans der Verwaltung ist, über weitere Einzelakte zu informieren, die in Sachzusammenhang mit dem zustimmungspflichtigen Akt stehen[794]. Die Hauptversammlung vermag sodann im

---

etwa ein Tauschverfahren. und eine Verschmelzung „notwendigerweise miteinander verbunden werden sollen." Ein derartiges Zustimmungserfordernis lässt sich der Hoesch/ Hoogovens-Entscheidung indes nach dem Gesagten allein im Hinblick auf *Vereinbarungen* entnehmen, die in rechtlichem Zusammenhang mit einem zustimmungspflichtigen Vertrag stehen (vgl. den Text oben S. 216).

790 Vgl. oben S. 130f..

791 Gegen die Annahme einer Hauptversammlungskompetenz kraft Sachzusammenhangs *Baums*, Festschrift Zöllner, S. 65, 74, 77; *Decher*, Festschrift Lutter, S. 1209, 1222.

792 Vgl. oben S. 199ff..

793 Daß die Beschlußkompetenz der Hauptversammlung sich gleichwohl namentlich auf andere Verträge erstreckt, die mit einem zustimmungspflichtigen Vertrag aus dessen Sicht eine rechtliche Einheit bilden, findet seinen Grund in der gesetzlichen Anordnung einer materiellen Mitwirkung der Hauptversammlung an der Entscheidung über den Abschluß und damit namentlich den Inhalt eines Vertrages, der die Grundlagen der Gesellschaft berührt; vgl. oben S. 207.

794 So hätte der M-Vorstand in dem oben (S. 166f.) beschriebenen Beispiel 4 den M-Aktionären im Vorfeld der Beschlussfassung der M-Hauptversammlung über die Verschmelzung von M und T schriftlich über die Sachkapitalerhöhung in der T zu berichten, dabei insbesondere die für die Beurteilung der sachlichen Rechtfertigung des Bezugsrechtsausschlusses notwendigen Tatsachen mitzuteilen und den Ausgabebetrag der den Z-

Zuge der Beschlussfassung über den zustimmungspflichtigen Akt mittelbar zugleich über den Gesamtplan der Verwaltung zu beschließen, ohne daß der Gesamtplan als solcher der Beschlusskompetenz der Hauptversammlung unterfiele[795]. Für eine Einbeziehung von Einzelakten eines Gesamtplans, die mit einem zustimmungspflichtigen Akt in Sachzusammenhang stehen, ist von daher kein Bedarf ersichtlich. Eine andere Frage ist, ob die Beschlussfassung der Hauptversammlung über einen zustimmungspflichtigen Vertrag als Einzelakt eines Gesamtplans der Verwaltung vor Beginn der Umsetzung des Gesamtplans zu erfolgen hat, sofern dies nicht ohnehin erforderlich ist, wenn und weil der zustimmungspflichtige Vertrag den ersten Akt eines Gesamtplans darstellt. Darauf ist zurückzukommen[796].

II. Gegenstand der Beschlusskompetenz der Hauptversammlung bei anderen im Außenverhältnis zustimmungspflichtigen Strukturmaßnahmen als Bestandteil eines Gesamtplanes der Verwaltung

Neben zustimmungspflichtigen (Vermögensübertragungs-, Unternehmens-, Verschmelzungs- und Spaltungs-)Verträgen kommen naturgemäß auch andere im Außenverhältnis zustimmungspflichtige Strukturmaßnahmen als Bestandteil eines Gesamtplans der Verwaltung in Betracht, so etwa eine Sachkapitalerhöhung mit Bezugsrechtsausschluß auf der ersten Stufe einer „zweistufigen" Konzernverschmelzung[797]. Es stellt sich die Frage, ob die zur Bestimmung des Umfangs der Beschlusskompetenz der Hauptversammlung bei zustimmungspflichtigen Verträgen geltenden Grundsätze auf derartige Strukturmaßnahmen zu übertragen sind. Dies kommt freilich bereits insofern nicht in Betracht, als die Bestimmung des Gegenstands der Beschlusskompetenz der Hauptversammlung danach, welche Vereinbarungen mit solchen Strukturmaßnahmen ein rechtlich einheitliches Ganzes bilden, ausscheidet, weil ein Vertrag als Gegenstand der Be-

---

Aktionären zu gewährenden jungen T-Aktien zu begründen; *Baums*, Festschrift Zöllner, S. 65, 77. Zu Informationspflichten im Zusammenhang mit einem Gesamtplan der Verwaltung s. auch *Reichert* in: Semler/Volhard (Hrsg.), Unternehmensübernahmen, § 17 Rdz.63, 69, 86 a.E..

795 Vgl. *Baums*, Festschrift Zöllner, S. 65, 74; *Vollmer*, Mitwirkungsrechte, S. 6 li. Sp.; a.A. *Hommelhoff*, Die Konzernleitungspflicht, S. 320f. zu § 293 Abs. 2 AktG: Der Zustimmungsbeschluß gemäß § 293 Abs. 2 AktG umfasse „den gesamten Vorgang, der darauf angelegt ist, einen bestimmten Vertragskonzern zu bilden", also „das *Konzernierungsvorhaben* der Verwaltungsorgane insgesamt."

796 Vgl. unten S. 221ff..

797 Vgl. dazu oben S. 165.

schlusskompetenz der Hauptversammlung, dem weitere Vereinbarungen rechtlich zugehörig sein könnten, nicht gegeben ist[798].
Bei einer *Sachkapitalerhöhung* mit Bezugsrechtsausschluß hat die Hauptversammlung etwa über den Betrag der Kapitalerhöhung, den Gegenstand der Sacheinlage, die Person des Einlegers, den Nennbetrag oder - bei Stückaktien - die Zahl der zu gewährenden Aktien sowie den Ausschluß des Bezugsrechts zu beschließen und darüber hinaus alle wesentlichen Einzelheiten zu regeln. Gegenstand der Beschlussfassung ist hingegen nicht der gesamte Einbringungsvertrag[799]. Ausreichend, freilich auch erforderlich, ist es, daß dessen wesentliche Bestandteile in den Kapitalerhöhungsbeschluß aufgenommen und von der Hauptversammlung gebilligt werden[800]. Dies gilt allerdings auch für Nebenabsprachen, soweit sie für den Wert einzubringender Gegenstände oder ihre Identität oder ihren Umfang Bedeutung haben[801]. Bei einer *Mehrheitseingliederung* (§ 320 AktG) hat die Hauptversammlung der einzugliedernden Gesellschaft allein über die Eingliederung in die Hauptgesellschaft als korporationsrechtlichen Vorgang zu beschließen, nicht aber auch über einen Eingliederungsvertrag, der im Gesetz nicht vorgesehen ist[802]. Dasselbe gilt hinsichtlich des Zustimmungsbeschlusses der Hauptgesellschaft (§§ 320 Abs. 1 S. 3, 319 Abs. 2 AktG). Bei einem *Formwechsel* einer Kapitalgesellschaft bezieht sich der Zustimmungsbeschluß der Hauptversammlung gemäß § 193 Abs. 1 UmwG gleichfalls nicht auf einen Vertrag, der beim Formwechsel mangels Beteiligung eines weiteren Rechtsträgers nicht in Betracht kommt[803], sondern auf den Formwechsel als solchen.
Wie bei zustimmungspflichtigen Verträgen ist freilich auch hinsichtlich anderer zustimmungspflichtiger Strukturmaßnahmen eine Erstreckung der Beschlusskompetenz der Hauptversammlung auf - zustimmungspflichtige oder für sich

---

[798] Ebenso *Aha*, BB 2001, S. 2225, 2232 li. Sp. zur Sachkapitalerhöhung.

[799] Vgl. zum Inhalt des Einbringungsvertrages MünchHdb AG/*Hoffmann-Becking*, § 4 Rdz.6.

[800] GK/*Wiedemann*, § 183 Rdz.50; vgl. allgemein zum Beschlussinhalt KK/*Lutter*, § 182 Rdz.16ff., § 183 Rdz.46, § 186 Rdz.53; GK/*Wiedemann*, § 182 Rdz.55ff., § 183 Rdz.50, § 186 Rdz.108ff..

[801] Daß derartige Nebenabsprachen gemäß § 27 Abs. 1 S. 1 AktG bei Sacheinlagen im Rahmen der Gründung in die Satzung aufzunehmen sind, entspricht h.M.; vgl. *Hüffer*, § 27 Rdz.16a; KK/*Kraft*, § 27 Rdz.57; MünchKomm AktG/*Pentz*, § 27 Rdz.69; GK/*Röhricht*, § 27 Rdz.135; a.A. *Eckardt* in G/H/E/K, § 27 Rdz.49. Entsprechendes muß gemäß § 183 Abs. 1 S. 1 AktG im Hinblick auf eine (Sach-)Kapitalerhöhung gelten, bei der es sich (*Hefermehl/Bungeroth* in G/H/E/K, § 182 Rdz.2; GK/*Wiedemann*, § 182 Rdz.3f.) der Sache nach um eine Teil-Neugründung handelt.

[802] Vgl. *Emmerich/Sonnenschein/Habersack*, Konzernrecht, § 10 II 2, S. 132; *Hüffer*, § 319 Rdz.2f., § 320 Rdz.2; KK/*Koppensteiner*, Vorb. § 319 Rdz.12; GK^3/*Würdinger*, § 319 Anm.9.

[803] *Decher* in Lutter, § 194 Rdz.1.

genommen zustimmungsfreie - weitere Akte zu erwägen, die als Bestandteil eines Gesamtplans der Verwaltung in Sachzusammenhang mit der betreffenden Strukturmaßnahme stehen dergestalt, daß diese Strukturmaßnahme nicht ohne an sich zustimmungsfreie Einzelakte durchgeführt werden soll. Insoweit gilt indes wiederum, daß es nach dem Gesagten einer solchen Erstreckung der Beschlusskompetenz der Hauptversammlung bereits bei zustimmungspflichtigen Verträgen nicht bedarf, um eine sachgerechte Mitwirkung der Hauptversammlung zu gewährleisten, da die Aktionäre im Zusammenhang mit der Beschlussfassung über einen zustimmungspflichtigen Vertrag über damit in Sachzusammenhang stehende weitere Einzelakte eines Gesamtplanes und damit praktisch über den Gesamtplan als solchen zu informieren sind[804]. Entsprechendes gilt im Hinblick auf hier in Rede stehende andere im Außenverhältnis hauptversammlungspflichtige Strukturmaßnahmen als Bestandteile eines Gesamtplanes der Verwaltung.
So ist der Hauptversammlung vor der Beschlussfassung über eine *(Sach-) Kapitalerhöhung* mit Bezugsrechtsausschluß gemäß § 186 Abs. 4 S. 2 AktG ein schriftlicher Bericht über den Grund des Bezugsrechtsausschlusses vorzulegen, um ihr eine sachgerechte Entscheidung zu ermöglichen[805]. Das setzt, stellt die Maßnahme einen Bestandteil innerhalb eines vom Vorstand verfolgten Gesamtplans dar, innerhalb dessen sie nicht ohne die Durchführung auch anderer, u.U. nicht zustimmungspflichtiger Maßnahmen vollzogen werden soll, voraus, dass die Hauptversammlung auch über diese Maßnahmen und damit praktisch über den Gesamtplan im ganzen unterrichtet wird[806]. Bei der „zweistufigen" Konzernverschmelzung[807] hat der Vorstand demgemäß im Bericht über den Ausschluß des Bezugsrechts über den Gesamtplan zu berichten, dessen Umsetzung die Sachkapitalerhöhung dient[808], also auch über die im Anschluß an die Sachkapitalerhöhung mit Bezugsrechtsausschluß geplante Verschmelzung der Gesellschaft, deren Aktien im Rahmen der Sachkapitalerhöhung eingebracht werden, auf die kapitalerhöhende Gesellschaft. Entsprechendes gilt für den Fall der *Mehrheitseingliederung*. Hier sind sowohl die Aktionäre der Hauptgesellschaft als auch jene der einzugliedernden Gesellschaft insbesondere in Form eines Ein-

---

[804] Vgl. oben S. 199ff..

[805] BGHZ 83, S. 319, 326 - Holzmann; *Hefermehl/Bungeroth* in G/H/E/K, § 186 Rdz.97; *Hüffer*, § 186 Rdz.23; MünchHdb AG/*Krieger*, § 56 Rdz.81; KK/*Lutter*, § 186 Rdz.56; GK/*Wiedemann*, § 186 Rdz.117.

[806] Ebenso *Hommelhoff*, Die Konzernleitungspflicht, S. 322f.: „Der Vorstand hat das Gesamtvorhaben, dessen Durchführung die Kapitalerhöhung mit Bezugsrechtsausschluß dienen soll, der Hauptversammlung zur Kenntnis zu geben und es dort zur Entscheidung zu stellen."; vgl. *Baums*, Festschrift Zöllner, S. 65, 74f..

[807] Vgl. dazu oben S. 165.

[808] Vgl. GK/*Wiedemann*, § 183 Rdz.61.

gliederungsberichts des Vorstands der Hauptgesellschaft zu informieren (vgl. §§ 320 Abs. 4, 319 Abs. 3 S. 1 Nr. 3 AktG). Der Eingliederungsbericht hat den Aktionären die Risiken und Vorteile der Eingliederung darzulegen und dabei u.a. die mit der Eingliederung angestrebten wirtschaftlichen Ziele offenzulegen[809], was bei einem Gesamtplan dessen Erläuterung voraussetzt. Hinsichtlich des *Formwechsels* einer Kapitalgesellschaft ist auf die Pflicht des Vorstands zur Erstattung eines Umwandlungsberichts gemäß § 192 UmwG zu verweisen. Da der Umwandlungsbericht es den Aktionären ermöglichen soll, sich eine fundierte Meinung über die zustimmungspflichtige Maßnahme zu bilden, und er ihnen dazu die Kenntnis aller entscheidungsrelevanten Umstände zu vermitteln hat[810], muß der Bericht gegebenenfalls auch auf einen Gesamtplan eingehen, dessen Umsetzung der Formwechsel zu dienen bestimmt ist.
Eine Erstreckung der Beschlusskompetenz der Hauptversammlung auf Bestandteile eines Gesamtplans der Verwaltung, die mit einer im Außenverhältnis zustimmungspflichtigen Strukturmaßnahme in Sachzusammenhang stehen, erweist sich mithin auch bei anderen Strukturmaßnahmen als zustimmungspflichtigen Strukturverträgen zur Wahrung der Aktionärsrechte nicht als erforderlich, da die Aktionäre anlässlich der Beschlußfassung über die zustimmungspflichtige Maßnahme über einen Gesamtplan zu informieren sind, dessen Umsetzung sie als ein Einzelakt dieses Gesamtplans zu dienen bestimmt ist. Damit vermag die Hauptversammlung mit der Beschlußfassung über die Strukturmaßnahme zugleich mittelbar über den Gesamtplan zu entscheiden[811]. Einer Erstreckung des Gegenstands der Beschlußfassung auf den Gesamtplan oder eines gesonderten Hauptversammlungsbeschlusses über den Gesamtplan bedarf es daher zum Schutz der Aktionärsrechte nicht.

III. Zeitpunkt der Beschlussfassung der Hauptversammlung über zustimmungspflichtige Strukturmaßnahme(n) als Bestandteil eines mehraktigen Gesamtplans der Verwaltung

Eine Erstreckung der Beschlusskompetenz der Hauptversammlung bei im Außenverhältnis zustimmungspflichtigen Strukturmaßnahmen auf - zustimmungspflichtige oder für sich genommen zustimmungsfreie - Einzelakte, die als Bestandteil eines mehraktigen Gesamtplanes der Verwaltung in Sachzusammenhang mit einer zustimmungspflichtigen Strukturmaßnahme stehen, kommt nach hier vertretener Auffassung nach dem Gesagten nicht in Betracht. Einer derarti-

[809] MünchKomm AktG/*Grunewald*, § 319 Rdz.14; *Hüffer*, § 319 Rdz.11; MünchHdb AG/*Krieger*, § 73 Rdz.12.
[810] *Decher* in Lutter, § 192 Rdz.9f.; Kallmeyer/*Meister/Klöcker*, § 192 Rdz.2.
[811] Vgl. GK/*Wiedemann*, § 183 Rdz.61 a.E. zur „zweistufigen" Konzernverschmelzung.

gen weiten Fassung der Beschlusskompetenz der Hauptversammlung bei zustimmungspflichtigen Strukturmaßnahmen bedarf es namentlich zur Wahrung der Mitwirkungsrechte der Hauptversammlung nicht, weil die Aktionäre im Zusammenhang mit der Beschlussfassung der Hauptversammlung gegebenenfalls über einen Gesamtplan zu informieren sind, dessen Umsetzung die zur Beschlussfassung anstehende Maßnahme zu dienen bestimmt ist.
Bei zustimmungspflichtigen Verträgen erstreckt sich die Beschlusskompetenz der Hauptversammlung allerdings auf sämtliche Vereinbarungen, die mit dem zustimmungspflichtigen Vertrag bei objektiver Betrachtung eine rechtliche Einheit bilden[812].
Von der Frage des Gegenstands der Beschlusskompetenz der Hauptversammlung bei zustimmungspflichtigen Strukturmaßnahmen als Bestandteil eines Gesamtplanes der Verwaltung zu trennen ist die Frage nach dem Zeitpunkt der Beschlussfassung der Hauptversammlung in derartigen Fällen. Dem ist im folgenden nachzugehen. Es geht insoweit um die Frage, zu welchem Zeitpunkt die Verwaltung zustimmungspflichtige Bestandteile eines Gesamtplanes der Hauptversammlung zur Zustimmung vorzulegen hat. Insoweit ist danach zu unterscheiden, ob die Beschlusskompetenz der Hauptversammlung bereits den ersten Bestandteil eines mehraktigen Gesamtplans der Verwaltung betrifft oder nicht.

1. Beschlusskompetenz der Hauptversammlung betrifft ersten Bestandteil eines mehraktigen Gesamtplanes

Denkbar ist zum einen, daß die Beschlusskompetenz der Hauptversammlung bereits den ersten Bestandteil (Einzelakt) eines mehraktigen Gesamtplanes betrifft. Beispiele für derartige Gesamtpläne sind etwa die „zweistufige" Konzernverschmelzung[813], die übertragende Auflösung[814] oder ein Unternehmenszusammenschluß nach dem Modell Hoesch/Hoogovens[815]. Die Zustimmung der Hauptversammlung zu dem betreffenden Akt ist in diesen Fällen zwangsläufig vor Beginn der Umsetzung des Gesamtplanes einzuholen.
Handelt es sich bei dem zustimmungspflichtigen Bestandteil des Gesamtplanes um einen Vermögensübertragungs-, Unternehmens-, Verschmelzungs- oder Spaltungsvertrag, sind mit diesem Vertrag in rechtlichem Zusammenhang stehende Vereinbarungen nach dem Gesagten[816] in die Beschlussfassung über den zustimmungspflichtigen Vertrag einzubeziehen. Andere Akte (insbesondere

[812] Vgl. oben S. 205ff..
[813] Vgl. oben S. 165 (Beispiel 1).
[814] Vgl. oben S. 165f. (Beispiel 2).
[815] Vgl. oben S. 167 (Beispiel 7).
[816] Vgl. oben S. 205ff..

Nicht-Vereinbarungen), die als Bestandteile eines Gesamtplanes mit einem zustimmungspflichtigen Vertrag (lediglich) in Sachzusammenhang stehen, unterfallen der Beschlusskompetenz der Hauptversammlung nach dem Gesagten ebenso wenig wie allgemein alle Akte in Sachzusammenhang mit einer zustimmungspflichtigen Strukturmaßnahme, bei der es sich nicht um einen zustimmungspflichtigen Vertrag handelt[817]. Allerdings bedarf es, wie gleichfalls bereits ausgeführt[818], in jedem Fall einer Information der Aktionäre über derartige nachfolgende Bestandteile eines Gesamtplanes und damit praktisch einer Erläuterung des Gesamtplanes im ganzen im Vorfeld der Hauptversammlung, die über den zustimmungspflichtigen ersten Akt des Gesamtplans zu entscheiden hat.
Handelt es sich bei dem/den auf den ersten - zustimmungspflichtigen - Bestandteil eines Gesamtplanes folgenden Einzelakt(en) selbst um - bereits für sich genommen - im Außenverhältnis zustimmungspflichtige Akte, so stellt sich die Frage, ob der Vorstand nicht nur die Aktionäre im Vorfeld der Beschlussfassung der Hauptversammlung über den ersten Bestandteil des Gesamtplanes über diese weiteren Akte zu informieren hat, sondern er überdies auch die entsprechende Beschlussfassung der Hauptversammlung bereits vor Beginn der Umsetzung des Gesamtplanes, konkret mithin in derselben Hauptversammlung einzuholen hat, die auch über den ersten Akt des Gesamtplans beschließt[819]. Rechtlich geboten erscheint dies jedenfalls dann, wenn eine Umsetzung nur des ersten Aktes des Gesamtplanes für die Gesellschaft mit nicht unerheblichen wirtschaftlichen Nachteilen verbunden wäre. Abgesehen davon wird es aus Sicht der Verwaltung jedenfalls aus Zweckmäßigkeitserwägungen in der Regel nahe liegen, die Beschlussfassung der Hauptversammlung über den zustimmungspflichtigen ersten Akt eines Gesamtplans wenn möglich - schon zur Vermeidung des Aufwandes einer ansonsten gegebenenfalls erforderlichen Einberufung einer außerordentlichen Hauptversammlung - mit der Beschlussfassung über nachfolgend geplante weitere zustimmungspflichtige Akte zu verbinden, um damit das Scheitern eines mehraktigen Gesamtplanes „auf halbem Wege“ zu vermeiden[820].

---

[817] Vgl. oben S. 214ff..
[818] Vgl. oben S. 199ff., 220f..
[819] Vgl. LG Karlsruhe ZIP 1998, S. 385, 386 li. Sp. – Badenwerk.
[820] Im Fall Hoesch/Hoogovens (vgl. dazu oben S. 168ff.) holte die Verwaltung der Hoesch AG gleichzeitig die - jeweils gemäß § 361 Abs. 1 AktG a.F. (= § 179a Abs. 1 AktG n.F.) erforderliche - Zustimmung der Hauptversammlung zur Übertragung des gesamten Gesellschaftsvermögens zunächst auf die Arbeitsgesellschaft Hoesch Werke AG und sodann auf die gemeinsam mit der Hoogovens N.V. zu gründende Zwischenholding Estel N.V. ein (vgl. BGHZ 82, S. 188, 190 – Hoesch/Hoogovens).

2. Beschlusskompetenz der Hauptversammlung betrifft nicht ersten Bestandteil eines mehraktigen Gesamtplanes

Betrifft die Beschlusskompetenz der Hauptversammlung nicht bereits den ersten Bestandteil eines mehraktigen Gesamtplanes der Verwaltung, sondern einen späteren Bestandteil des Gesamtplans, stellt sich die Frage, ob der Vorstand in einem solchen Fall die Beschlussfassung der Hauptversammlung, in deren Vorfeld die Aktionäre über den Gesamtplan als solchen zu informieren sind, vor Beginn der Umsetzung des Gesamtplans einzuholen hat, er die Beschlussfassung der Hauptversammlung gewissermaßen also „vor die Klammer" des Gesamtplanes zu ziehen hat. Insoweit ist zu unterscheiden, ob es sich bei dem späteren zustimmungspflichtigen Bestandteil des Gesamtplans um einen zustimmungspflichtigen Vertrag oder um eine andere im Außenverhältnis zustimmungspflichtige Strukturmaßnahme handelt und welcher Art die der zustimmungspflichtigen Strukturmaßnahme vorangehenden Einzelakte des Gesamtplans sind. Handelt es sich bei dem späteren Bestandteil eines Gesamtplans um einen zustimmungspflichtigen Vertrag, so hat die Hauptversammlung vor Beginn der Umsetzung des Gesamtplans zu entscheiden, wenn und weil der zustimmungspflichtige Vertrag aus dessen Sicht[821] in untrennbarem rechtlichem Zusammenhang mit Vereinbarungen steht, diese daher der Beschlusskompetenz der Hauptversammlung unterfallen und (mindestens teilweise) vor Umsetzung des zustimmungspflichtigen Vertrages, genauer seiner übrigen Bestandteile, durchgeführt werden sollen. So lag es etwa im Fall Daimler/Chrysler, wenn man, wie hier vertreten[822], von einem rechtlichen Zusammenhang zwischen dem Verschmelzungsvertrag zwischen der Daimler-Benz AG und der DaimlerChrysler AG und der *Best Efforts*-Klausel des *Business Combination Agreement*, die bereits die erste Stufe des Zusammenschlusses und mithin die Mitwirkung des Daimler-Benz-Vorstands bei der Abgabe und Durchführung des Umtauschangebotes durch die DaimlerChrysler AG betraf, ausgeht[823].

Steht hingegen ein zustimmungspflichtiger Vertrag mit vorangehenden, für sich genommen zustimmungsfreien Akten eines Gesamtplanes in (Sach-) Zusammenhang, bei denen es sich nicht um Vereinbarungen in rechtlichem Zusammenhang mit dem zustimmungspflichtigen Vertrag handelt, oder steht eine andere zustimmungspflichtige Strukturmaßnahme mit einem vorangehenden Akt eines Gesamtplanes (auch Vereinbarungen) in (Sach-)Zusammenhang, unterfallen diese vorangehenden Akte nicht der Beschlusskompetenz der Hauptver-

---

[821] Vgl. oben S. 106f..

[822] Vgl. oben S. 107f..

[823] Vgl. *Horn*, Festschrift Lutter, S. 113, 1124; *Rosengarten*, Liber Amicorum Buxbaum, S. 445, 459 Fn.49.

sammlung. Ein Beispiel für eine derartige Konstellation stellt ein Unternehmenszusammenschluß nach dem Daimler/Chrysler-Modell dar, bei dem der Vorstand einer Gesellschaft A gemeinsam mit dem Vorstand einer Gesellschaft B eine als Transaktionsvehikel fungierende NewCo zur Abgabe eines Umtauschangebotes auf die A veranlasst, nach dessen Durchführung sowie der Umsetzung weiterer Einzelakte die A auf die NewCo verschmolzen werden soll[824]. Insoweit wurde oben ausgeführt, daß eine Einbeziehung der Mitwirkung des A-Vorstands bei der Abgabe und Durchführung des Umtauschangebotes der NewCo in die Beschlusskompetenz der A-Hauptversammlung hinsichtlich des Verschmelzungsvertrages zwischen A und NewCo nicht in Betracht kommt[825]. Eine andere Frage ist, worauf in diesem Zusammenhang bereits oben hingewiesen wurde, zu welchem Zeitpunkt die Hauptversammlung über einen zustimmungspflichtigen Bestandteil eines Gesamtplans zu beschließen hat, der nur unter der Voraussetzung der - und damit erst nach - Durchführung zustimmungsfreier Einzelakte umgesetzt werden soll. Insoweit stellt sich die Frage, ob es u.U. einer Vorziehung der Beschlußfassung der Hauptversammlung vor den Beginn der Umsetzung des Gesamtplans und damit auch vor den Beginn der Umsetzung dessen zustimmungsfreier Einzelakte bedarf.

Dies wird jedenfalls dann anzunehmen sein, wenn die Umsetzung der zustimmungsfreien Einzelakte vor der zustimmungspflichtigen Strukturmaßnahme für sich genommen nicht sinnvoll und mit nicht unbeträchtlichen wirtschaftlichen Nachteilen für die Gesellschaft dergestalt verbunden wäre, daß die Entschließungsfreiheit der Hauptversammlung in unzulässiger Weise beeinträchtigt, insbesondere ihre Entscheidung faktisch präjudiziert wäre[826]. Aber auch sofern dies nicht der Fall ist[827], wird sich aus Sicht des Vorstands in den in Rede stehenden

---

824 Vgl. oben S. 167 (Beispiel 6).

825 Vgl. oben S. 130f., s. auch S. 217.

826 Vgl. zum Gedanken einer Vorverlagerung der Hauptversammlungskompetenz aufgrund faktischer Präjudizierung ihrer Entscheidung im Zusammenhang mit dem Abschluß eines *Business Combination Agreement* oben S. 96ff.. Hier geht es allerdings nicht um eine Vorverlagerung der Hauptversammlungskompetenz - mit der Folge einer entsprechenden Beschränkung der Vertretungsmacht des Vorstands -, sondern (lediglich) um eine Pflicht der Verwaltung, den Zeitpunkt der Beschlussfassung der Hauptversammlung vorzuverlagern.

827 Im Fall Daimler/Chrysler erfolgte die Beschlussfassung der Hauptversammlung über die auf der zweiten Stufe des Zusammenschlusses vorgesehene Verschmelzung der Daimler-Benz AG auf die DaimlerChrysler AG vor Beginn der Umsetzung des Gesamtplanes. Rechtlich geboten war dies jedenfalls wegen des Sachzusammenhangs zwischen der Verschmelzung und der Mitwirkung des Daimler-Benz-Vorstands bei der Abgabe und Durchführung des Umtauschangebotes der DaimlerChrysler AG auf der ersten Stufe des Zusammenschlusses (zur Frage der Vorziehung der Beschlussfassung wegen rechtlichen Zusammenhangs zwischen dem Verschmelzungsvertrag und der *Best Efforts*-Klausel des

Fällen ein Vorziehen der Beschlussfassung der Hauptversammlung vor den Beginn der Umsetzung des Gesamtplanes insofern empfehlen, als er andernfalls das Risiko des Scheitern des Gesamtplans nach dessen Teilumsetzung in Kauf nähme[828].

F. Ergebnis

Die Gestaltung des Zusammenschlusses Daimler/Chrysler auf der Grundlage eines mehraktigen, in einem Vertrag über den Unternehmenszusammenschluß (*Business Combination Agreement*) im einzelnen festgelegten Gesamtplanes wirft die grundsätzliche Frage nach Beschlusskompetenzen der Hauptversammlung und Informationspflichten der Verwaltung bei der Durchführung mehraktiger Gesamtpläne der Verwaltung auf. Insoweit ist zu unterscheiden zwischen Gesamtplänen, zu deren Durchführung der Vorstand im Außenverhältnis der Zustimmung der Hauptversammlung nicht bedarf, die indes bei einer Gesamtbetrachtung der insoweit in (engem) zeitlichem und sachlichem Zusammenhang stehenden Einzelakte u.U. der *internen* Zustimmung der Hauptversammlung nach den Grundsätzen der Holzmüller-Doktrin bedürfen, und Gesamtplänen, die zumindest einen Bestandteil enthalten, dessen Durchführung nicht ohne Zustimmung der Hauptversammlung im Außenverhältnis möglich ist. Die vorstehenden Ausführungen befassen sich allein mit der letztgenannten Konstellation.

Nach dem Hoesch/Hoogovens-Urteil des Bundesgerichtshofes erstrecken sich Beschlußkompetenz der Hauptversammlung sowie Informations-(Auslegungs-, Übersendungs- und Erläuterungs-)Pflichten der Verwaltung bei - im Außenverhältnis zustimmungspflichtigen - Vermögensübertragungs-, Unternehmens-, Verschmelzungs- und Spaltungsverträgen auf sämtliche im Hinblick auf den zustimmungspflichtigen Vertrag getroffenen Vereinbarungen, „die rechtsverbindlich die Beziehungen der Vertragschließenden bestimmen sollen, von denen die eine nicht ohne die andere gelten soll und die daher ein einheitliches Ganzes im Sinne des § 139 BGB bilden“[829]. Die h.L. teilt diesen Standpunkt, wobei teilweise zur Bestimmung des Gegenstands der Beschlusskompetenz der Hauptversammlung sowie der Offenlegungspflichten der Verwaltung auf die zur Be-

---

BCA vgl. oben S. 103ff.) nach dem im Text Gesagten insofern nicht, als die Durchführung der ersten Stufe des Zusammmenschlusses auch ohne die nachfolgende Verschmelzung sinnvoll gewesen wäre (vgl. oben S. 107 und Fn.789). Die Daimler-Benz AG hätte in diesem Fall als Tochter der neuen Konzernobergesellschaft DaimlerChrysler fortbestanden (vgl. *Wenger*, JITE 155 [1999], S. 128, 131).

[828] Vgl. *Baums*, Festschrift Zöllner, S. 65, 75.

[829] BGHZ 82, S. 188, 196 – Hoesch/Hoogovens.

stimmung des Umfangs der Formpflicht bei Grundstücksverträgen gemäß § 313 S. 1 BGB a.F. (= § 311b Abs. 1 S. 1 BGB n.F.) anerkannten Grundsätze zurückgegriffen wird[830].

Der h.M. ist zu folgen.
Eine Bestimmung des Gegenstands des form-, auslegungs- und übersendungs- sowie zustimmungspflichtigen „Vertrages" nach dem jeweiligen Schutzzweck der Form-, Auslegungs- und Übersendungs- sowie Zustimmungspflicht ergibt, dass sich die Formpflicht auf an sich formfreie selbständige Verträge erstreckt, die aus Sicht des formpflichtigen Vertrages mit diesem stehen und fallen sollen, sowie ferner auf alle Vereinbarungen, die nach dem erkennbaren Willen auch nur einer Vertragspartei Bestandteil des Vertrages sein sollen, wobei insoweit jeweils eine objektive Würdigung aus Sicht eines verständigen Dritten zu erfolgen hat[831]. Entsprechendes gilt im Hinblick auf die Bestimmung des Gegenstands der Auslegungs- und Übersendungspflicht sowie der Zustimmungspflicht (Beschlusskompetenz der Hauptversammlung)[832].

Die Formpflicht, die Offenlegungspflichten der Verwaltung und die Beschlusskompetenz der Hauptversammlung erfassen bei im Außenverhältnis zustimmungspflichtigen Verträgen ausschließlich rechtlich verbindliche Vereinbarungen, also nur Abreden mit Regelungscharakter, nicht aber bloße rechtlich unverbindliche Motive oder Absichten, die in Sachzusammenhang mit einem zustimmungspflichtigen Vertrag stehen. Nicht in die Beschlusskompetenz der Hauptversammlung fallen überdies sonstige Akte im Zusammenhang mit zustimmungspflichtigen Verträgen, bei denen es sich nicht um Vereinbarungen handelt, also etwa eine Kapitalerhöhung[833].

Die Grundsätze zur Bestimmung des Gegenstands der Beschlusskompetenz der Hauptversammlung und der Informationspflichten der Verwaltung bei zustimmungspflichtigen Verträgen lassen sich auf andere im Außenverhältnis zustimmungspflichtige Strukturmaßnahmen, wie etwa eine Sachkapitalerhöhung mit Bezugsrechtsausschluß, als Bestandteil eines Gesamtplans der Verwaltung nicht übertragen. Insoweit gilt, daß - insbesondere für sich genommen zustimmungsfreie - Einzelakte eines Gesamtplans der Verwaltung nicht (gewissermaßen kraft

[830] Vgl. oben S. 176ff..
[831] Vgl. oben S. 187ff..
[832] Vgl. oben S. 198ff..
[833] Vgl. oben S. 213ff..

Sachzusammenhangs) in die Beschlusskompetenz der Hauptversammlung hinsichtlich derartiger Strukturmaßnahmen fallen[834].

Hinsichtlich des Zeitpunktes, in dem die Verwaltung die Beschlussfassung der Hauptversammlung über zustimmungspflichtige Bestandteile des Gesamtplans einzuholen hat, ist danach zu differenzieren, ob bereits der erste Einzelakt im Rahmen eines mehraktigen Gesamtplanes der Zustimmung der Hauptversammlung bedarf oder aber eine Beschlusskompetenz der Hauptversammlung erst im Hinblick auf einen späteren Einzelakt innerhalb eines Gesamtplanes gegeben ist[835].
Im ersten Fall hat die Hauptversammlung zwangsläufig vor Beginn der Umsetzung des Gesamtplanes zu beschließen, wobei sie aufgrund der durch die Verwaltung zu erteilenden Informationen zu dem Gesamtplan mittelbar auch über den Gesamtplan als solchen zu entscheiden vermag. Sollen dem ersten - zustimmungspflichtigen - Akt eines Gesamtplanes weitere zustimmungspflichtige Akte folgen, hat die Verwaltung die diesbezügliche Zustimmung der Hauptversammlung gleichfalls noch vor Beginn der Umsetzung des Gesamtplanes einzuholen, wenn eine Umsetzung nur des ersten Aktes nicht sinnvoll und für die Gesellschaft mit nicht unbeträchtlichen wirtschaftlichen Nachteilen verbunden wäre.
Betrifft die Beschlusskompetenz der Hauptversammlung nicht den ersten Akt eines Gesamtplans, sondern erst einen späteren Akt, so ist zu unterscheiden, ob es sich insoweit um einen zustimmungspflichtigen Vertrag oder um eine andere zustimmungspflichtige Strukturmaßnahme handelt und welcher Art die dem zustimmungspflichtigen Akt vorangehenden Akte sind.
Handelt es sich um einen zustimmungspflichtigen Vertrag, mit dem Vereinbarungen in rechtlichem Zusammenhang stehen und damit der Beschlusskompetenz der Hauptversammlung hinsichtlich des Vertrages unterfallen, die (zumindest teilweise) vor dem zustimmungspflichtigen Vertrag durchgeführt werden sollen, so ist die Zustimmung der Hauptversammlung vor Beginn der Umsetzung des Gesamtplans einzuholen.
Handelt es sich bei dem einem zustimmungspflichtigen Vertrag vorangehenden Einzelakt eines Gesamtplans nicht um mit diesem in rechtlichem Zusammenhang stehende Vereinbarungen oder handelt es sich bei der zustimmungspflichtigen Maßnahme nicht um einen zustimmungspflichtigen Vertrag, so hat die Verwaltung die Beschlussfassung der Hauptversammlung dann vor Beginn der Umsetzung des Gesamtplans einzuholen, wenn die Durchführung nur der zustimmungsfreien Bestandteile des Gesamtplans nicht sinnvoll und für die Ge-

---

[834] Vgl. oben S. 218ff..
[835] Vgl. oben S. 221ff..

sellschaft mit nicht unbeträchtlichen wirtschaftlichen Nachteilen verbunden wäre, so daß die Entschließungsfreiheit der Hauptversammlung zum Zeitpunkt einer erst nach Durchführung dieser zustimmungsfreien Akte erfolgenden Beschlussfassung beeinträchtigt wäre.

§ 7 „Verschmelzungen übers Dreieck" mithilfe von Tochtergesellschaften (*triangular mergers*) nach einzelstaatlichem US-amerikanischem, niederländischem, schweizerischem und deutschem Recht

Im Rahmen der Darstellung des Zusammenschlusses Daimler/Chrysler sowie der Erörterung denkbarer Alternativen für die Gestaltung dieses Zusammenschlusses ist bereits die Rede gewesen von einer in den USA gebräuchlichen Form der Übernahme einer Ziel- durch eine Erwerbergesellschaft, dem *reverse triangular merger*, dessen oben[836] beschriebene „Grundform" im Fall Daimler/Chrysler, wie gleichfalls oben[837] näher ausgeführt, nicht gestaltbar war, der aber gleichwohl in modifizierter Form zur Durchführung des Zusammenschlusses verwendet wurde. Im folgenden soll im Anschluß an die obigen Ausführungen die Übernahmeform des *triangular merger* einer näheren Betrachtung unterzogen werden, insbesondere auch im Hinblick auf ihre Gestaltbarkeit nach deutschem Aktien- und Umwandlungsrecht. Den Überlegungen zum deutschen Recht (Gestaltbarkeit *de lege lata* [D.], Alternative Gestaltungsmöglichkeiten [E.] sowie Erwägungen *de lege ferenda* [F.]) geht eine Darstellung der einschlägigen Regelungen des einzelstaatlichen US-amerikanischen Rechts (A.) sowie ferner des niederländischen (B.) und des (künftigen) schweizerischen Rechts (C.) voraus.

A. *Triangular mergers* nach einzelstaatlichem US-amerikanischem Recht

I. Darstellung

Triangular mergers nach einzelstaatlichem US-amerikanischem Gesellschaftsrecht kommen in zwei Varianten vor, die sich allerdings nur in der Gestaltung, nicht aber im wirtschaftlichen Ergebnis unterscheiden[838].

1. Ausgangsszenario

Das Ausgangsszenario ist bei beiden Varianten dasselbe. Eine Erwerbergesellschaft (M) gründet zunächst eigens zum Zwecke der Durchführung der folgen-

---

[836] Vgl. oben S. 48f..
[837] Vgl. oben S. 72ff..
[838] Zum folgenden vgl. die Nachw. oben Fn.79.

den Transaktion[839] eine Tochter (T), eine *shell company* ohne eigene Geschäftstätigkeit[840], um mithilfe dieser Tochter anschließend eine Zielgesellschaft (Z) zu übernehmen. M stattet die T bei Gründung mit eigenen (M-)Aktien aus und erhält im Gegenzug sämtliche T-Aktien. Die M ist also Alleinaktionärin der T, die ihrerseits einen Teil der M-Aktien hält. T, deren Gesellschaftsvermögen ausschließlich in den M-Aktien besteht[841], wird anschließend zur Übernahme der Z durch die M benutzt, wobei die M-Aktien, mit denen die T bei Gründung durch die M ausgestattet wurde, als Akquisitionswährung dienen[842]. Diese Übernahme der Z durch die M mithilfe der T kann dabei auf unterschiedliche Weise erfolgen, nämlich entweder dadurch, daß die Z auf die T verschmolzen wird oder umgekehrt die T auf die Z. Im ersten Fall spricht man von einem *forward triangular merger*, im zweiten Fall von einem *reverse triangular merger*. Die Bezeichnung *triangular merger* („Dreiecksverschmelzung") erklärt sich aus der Anordnung der beteiligten Gesellschaften im Dreieck in graphischen Darstellungen des Vorgangs[843].

2. Forward triangular merger

Beim *forward triangular merger*[844] wird nach dem Gesagten die Z auf die T verschmolzen. Die Besonderheit besteht nun darin, dass die Z-Aktionäre als Gegen-

---

839 *Hamilton*, The Law of Corporations, S. 543f..

840 *Clark*, Corporate Law, S. 430; *Canellos* in: Brown (Hrsg.), International Mergers and Acquisitions, S. 122 („*dummy corporation*").

841 *Merkt*, US-amerikanisches Gesellschaftsrecht Rdz.938.

842 In Betracht kommt auch, daß den Aktionären der Zielgesellschaft anstelle von oder in Ergänzung zu Aktien der Erwerbergesellschaft eine Barabfindung gewährt wird (zur Zulässigkeit dieser Art der Gegenleistung vgl. etwa § 251 (b) (5) Delaware General Corporation Law; Sec. 902 (a) (3) New York Business Corporation Law [jeweils unten Fn.847, 853]). Die Erwerbergesellschaft stattet in diesem Fall die T bei deren Gründung auch oder aussschließlich mit Bargeld aus; vgl. *Hamilton*, The Law of Corporations, S. 542f.; *Sutter* in: Turcon/Zimmer (Hrsg.), Grundlagen des US-amerikanischen Gesellschafts-, Wirtschafts-, Steuer- und Fremdenrechts, S. 31, 43. - Eine ergänzende Barabfindung der Z-Aktionäre erfolgte im Fall Deutsche Telekom/VoiceStream, eine ausschließliche Barabfindung im Fall Deutsche Bank/Bankers Trust. Abgesehen davon entsprach die Gestaltung des Zusammenschlusses bei beiden genannten Transaktionen, im Fall Deutsche Telekom/VoiceStream - vergleichbar dem Fall Daimler/Chrysler - modifiziert durch Zwischenschaltung eines US-*exchange agent*, der eines im Text unten (vgl. S. 234ff.) beschriebenen *reverse triangular merger* (näher zu den Zusammenschlüssen Deutsche Telekom/Voicestream und Deutsche Bank/Bankers Trust unten S. 367ff.).

843 *Clark*, Corporate Law, S. 430.

844 Teilweise auch bezeichnet als *direct subsidiary acquisiton* (*Clark*, Corporate Law, S. 430), *forward subsidiary merger* (*Sutter*, a.a.O. [Fn.842]) oder *conventional triangular merger* (*Cary/Eisenberg*, Cases and Materials on Corporations, S. 1175).

leistung gemäß dreiseitigem Verschmelzungsvertrag zwischen M, T und Z nicht Aktien der aufnehmenden Gesellschaft (T), sondern Aktien einer dritten Gesellschaft, nämlich die M-Aktien erhalten, mit denen die M zuvor die T ausgestattet hatte[845]. Alternativ können die Z-Aktionäre u.U. von einem Barabfindungsrecht (*appraisal right*) Gebrauch machen[846]. Im Ergebnis hat die Durchführung eines *forward triangular merger* mithin zur Folge, daß zum einen die ehemaligen Z-Aktionäre jetzt an der M beteiligt sind und zum anderen die M nunmehr eine 100%ige Tochtergesellschaft hat, bei deren Gesellschaftsvermögen es sich um das der Zielgesellschaft handelt, die mithin wirtschaftlich betrachtet die erloschene Zielgesellschaft darstellt.

Daß den Aktionären einer übertragenden Gesellschaft bei einer Verschmelzung durch Aufnahme anstelle von Aktien der aufnehmenden Gesellschaft Aktien einer dritten Gesellschaft gewährt werden können, verstand sich auch nach dem vergleichsweise flexiblen Gesellschaftsrecht der US-Bundesstaaten nicht von selbst. Es bedurfte in dieser Hinsicht einer entsprechenden gesetzlichen Regelung, welche mittlerweile in den meisten bedeutsamen Inkorporationsstaaten erfolgt ist[847].

---

845 Alternativ kommt in Betracht, daß den Aktionären der übertragenden (Ziel-)Gesellschaft im Verschmelzungsvertrag Aktienverschaffungsansprüche gegenüber der Erwerbergesellschaft eingeräumt werden (zur Zulässigkeit dieser Art der Gegenleistung vgl. etwa § 251 (b) (5) Delaware General Corporation Law; Sec. 902 (a) (3) New York Business Corporation Law [jeweils unten Fn.847, 853]), die diese dann durch Ausgabe junger (M-) Aktien an die ehemaligen Aktionäre der Zielgesellschaft erfüllt; vgl. zu dieser Gestaltung *Kingstone/Land*, PLC Magazine IX (1998), S. 17, 18, 20. Zur entsprechenden Gestaltung bei einem *reverse triangular merger* vgl. unten Fn.850.

846 *Merkt*, US-amerikanisches Gesellschaftsrecht Rdz.985; zu den Voraussetzungen eines *appraisal right* nach einzelstaatlichem US-amerikanischem Recht s. etwa § 262 Delaware General Corporation Law.

847 *Cary/Eisenberg*, Cases and Materials on Corporations, S. 1175; *Clark*, Corporate Law, S. 430; *Gilson/Black*, The Law and Finance of Corporate Acquisitions, S. 668; *Merkt*, US-amerikanisches Gesellschaftsrecht Rdz.939. - Vgl. etwa § 251 (b) (5) Delaware General Corporation Law: „The agreement shall state the manner of converting the shares of each of the constituent corporations into shares or other securities of the corporation surviving or resulting from the merger or consolidation and, if any shares of any of the constituent corporations are not to be converted solely into shares or other securities of the surviving or resulting corporation, the cash, property, rights or *securities of any other corporation* (Hervorhebung d. Verf.) or entity which the holders of such shares are to receive in exchange for, or upon conversion of such shares (...)"; Sec. 902 (a) (3) New York Business Corporation Law: „The board of each corporation proposing to participate in a merger (...) shall adopt a plan of merger (...) setting forth: The terms and conditions of the proposed merger (...), including the manner and basis of converting the shares of each constituent corporation into shares, bonds or other securities of the surviving (...) corporation, or the cash *or other consideration* (Hervorhebung d. Verf.) to be paid or

3. Reverse triangular merger

Beim *reverse triangular merger* erfolgt die Verschmelzung von T und Z nach dem Gesagten in umgekehrter Richtung: T wird auf Z verschmolzen. Aus dieser Eigentümlichkeit, daß nicht, wie man es bei einer Übernahme eigentlich erwarten würde, die zu übernehmende (Ziel-) Gesellschaft (Z) auf die Tochter T der Erwerbergesellschaft, sondern umgekehrt die T auf die zu übernehmende Z verschmolzen wird, erklärt sich die Bezeichnung *reverse triangular merger*[848]. Der Verschmelzungsvertrag zwischen den drei beteiligten Gesellschaften enthält folgende Bestimmungen[849]: Aktien, welche die Zielgesellschaft an sich selbst

---

or the cash *or other consideration* (Hervorhebung d. Verf.) to be paid or delivered in exchange for shares of each constituent corporation, or a combination thereof."

[848] *Clark*, Corporate Law, S. 431.

[849] Vgl. etwa die entsprechenden Bestimmungen des *Merger Agreement* vom 14.12.1996, Section 2.1, zwischen Boeing Co., West Acquisition Corp. (Verschmelzungsvehikel-Tochter) und McDonnell Douglas Corp., des *Agrrement and Plan of Merger* vom 11.08.1998, Article 1.3, zwischen The British Petroleum Company (BP) plc, Eagle Holdings (Verschmelzungsvehikel-Tochter) und Amoco Corp., des *Merger Agreement* vom 01.12.1998, Section 1.02, zwischen Exxon Corp., Lion Acquisition Subsidiary Corp. (Verschmelzungsvehikel-Tochter) und Mobil Corp., des *Agreement and Plan of Merger* vom 15.01.1999, Article 1.3, zwischen Vodafone Group plc, Apollo Merger Sub, Inc. (Verschmelzungsvehikel-Tochter) und AirTouch Communications, Inc., des *Agreement and Plan of Merger* vom 22.10.2000, Article I, Section 1.2 zwischen General Electric Co. und Honeywell Inc. und des *Agreement and Plan of Reorganization* vom 04.09.2001, Art. 1.6, zwischen Hewlett Packard Co., Heloise Merger Corp. (Verschmelzungsvehikel-Tochter) und Compaq Computer Corp.. Das *Merger Agreement* Boeing/Mc Donnell Douglas ist im Internet einsehbar als Annex I des Boeing Co. and McDonnell Douglas Corp. Joint *Proxy Statement/Prospectus* vom 20.06.1997, im Internet abrufbar unter http://www.sec.gov/Archives/edgar/data/12927/0000950123-97-005169.txt. Das *Agreement and Plan of Merger* BP/Amoco ist im Internet einsehbar unter Part II, Item 6, Exhibit 2 (b) des Form 10-Q Report der Amoco Corp. vom 13.08.1998, im Internet abrufbar unter http://www.sec.gov/Archives/edgar/data/93397/0000093397-98-000011.txt. Das *Merger Agreement* Exxon/Mobil ist im Internet einsehbar als Exhibit 2.1 zu dem Form 8-K Report der Exxon Corp. vom 27.11.1998, im Internet abrufbar unter http://www.sec.gov/Archives/edgar/data/34088/0000950103-98-001038.txt. Das *Agreement and Plan of Merger* Vodafone/AirTouch ist im Internet einsehbar als Exhibit 2.1 zu dem Form 8-K Report der Airtouch Communications Inc. vom 19.01.1999, im Internet abrufbar unter http://www.sec.gov/Archives/edgar/data/904255/0001047469-99-001395.txt. Das *Agreement and Plan of Merger* General Electric/Honeywell ist im Internet einsehbar als Annex A zu dem Form S-4 Registration Statement der General Electric Co. vom 09.11.2000, im Internet abrufbar unter http://www.sec.gov/Archives/edgar/data/40545/000091205700048400/a2029915zs-4.txt. Das *Agreement and Plan of Reorganization* Hewlett Packard/Compaq ist im Internet ein-

hält oder welche die Erwerbergesellschaft oder eine ihrer Tochtergesellschaften an der Zielgesellschaft halten, „erlöschen" entschädigungslos („shall automatically be canceled and retired and shall cease to exist, and no consideration shall be delivered in exchange therefore"). Die ausstehenden Aktien der Zielgesellschaft „erlöschen" gleichfalls („shall automatically be canceled and retired and shall cease to exist") und werden „umgewandelt" („shall be converted into") in Aktien der Erwerbergesellschaft M, nämlich in jene M-Aktien, mit denen die M die T ausgestattet hatte[850]. Die T-Aktien werden ebenfalls umgewandelt, und zwar in (sämtliche) Aktien der Zielgesellschaft („shall be converted into and become one share of common stock of the Surviving Corporation and shall constitute the only outstanding shares of capital stock of the Surviving Corporation"). Die M als Alleinaktionärin der T erhält also im Zuge der Verschmelzung der T auf die Z nicht lediglich einen Teil der Z-Aktien, sondern der Sache nach *sämtliche* Z-Aktien[851].

---

sehbar als Exhibit 2.1 zu dem Form 8-K Report der Hewlett Packard Co. vom 31.08.2001, im Internet abrufbar unter http://www.sec.gov/edgar/data/47217/000091205701531193/0000912057-01-531193.txt.

850 Vgl. oben S. 232. - Alternativ kommt die „Umwandlung" der Aktien der Zielgesellschaft in Aktienverschaffungsansprüche gegenüber der Erwerbergesellschaft in Betracht (vgl. dazu *Kingstone/Land*, PLC Magazine IX [1998], S. 17, 22). Entgegen *Scholz*, ZIP 2001, S. 1341, 1342 Fn.7 handelt es sich bei dieser Gestaltung (Einräumung von Aktienverschaffungsansprüchen zugunsten der Z-Aktionäre) lediglich um eine Variante, nicht aber um die einzige Form des *reverse triangular merger*. Die in Rede stehende Gestaltung (Einräumung von Aktienverschaffungsansprüchen zugunsten der Aktionäre der Zielgesellschaft gegenüber der Erwerbergesellschaft) wurde etwa bei den Zusammenschlüssen BP/Amoco, Exxon/Mobil Oil, Vodafone/AirTouch und Hewlett Packard/Compaq gewählt (vgl. Article 1.3.2 *Agreement and Plan of Merger* BP/Amoco, Sec. 1.02.(a) (iii) *Merger Agreement* Exxon/Mobil, Article 1.3.2 *Agreement and Plan of Merger* Vodafone/AirTouch, Article 1.6 (a) *Agreement and Plan of Reorganization* Hewlett Packard/Compaq) und war ferner auch für den letztlich gescheiterten Zusammenschluß General Electric/Honeywell vorgesehen (vgl. Article I Section 1.2 (a) (iii) *Agreement and Plan of Merger* General Electric/Honeywell). Nach deutschem Umwandlungsrecht würde eine derartige Gestaltung die individuelle Zustimmung jedes betroffenen Z-Aktionärs voraussetzen (vgl. § 364 Abs. 1 BGB); die *verschmelzungsvertragliche* Einräumung von Aktienverschaffungsansprüchen als Gegenleistung anstelle der gesetzlich vorgesehenen Gewährung von Aktien der aufnehmenden Gesellschaft (vgl. § 20 Abs. 1 Nr. 3 UmwG) kommt nicht in Betracht; vgl. unten S. 246, 293f..

851 Insofern unterscheidet sich der *reverse triangular merger* von einem sog. *reverse merger* (*reverse IPO)*, bei dem die Tochter einer nicht börsennotierten Gesellschaft (Private Corp.) auf eine bereits börsennotierte Gesellschaft (Stock Corp.) verschmolzen wird (vgl. dazu *Seppelfricke/Seppelfricke*, Finanz Betrieb 2001, S. 581, 586 li. Sp.; *dies.*, BB 2002, S. 365, 366 re. Sp.). Die Private Corp. erwirbt in diesem Fall lediglich - als Aktionärin der übertragenden Gesellschaft - einen (Groß-)Teil der Aktien der börsennotierten Zielgesellschaft (und damit eine „mittelbare" Börsennotierung), in der deren bisherige Aktionäre

All diese Rechtsfolgen treten mit Wirksamwerden der Verschmelzung ipso iure ein. Eine derartige eigentümlich anmutende Gestaltung[852] ist nach neueren einzelstaatlichen US-amerikanischen Gesellschaftsrechten möglich[853]. Im Ergebnis hält die M sämtliche Z-Aktien und die Z-Aktionäre sind Aktionäre der M geworden, sofern sie sich nicht von einem etwaigen Barabfindungsrecht[854] Gebrauch gemacht haben. Das Resultat eines *reverse triangular merger* ist mithin dasselbe wie bei einem gedachten vollständig erfolgreichen Umtauschangebot der M auf sämtliche Z-Aktien[855]. Letztlich handelt es sich bei der Gestaltung um einen Tausch eigener Aktien der Erwerbergesellschaft M an sich selbst gegen alle Aktien der Zielgesellschaft[856]; deren Aktionäre „verkaufen" ihre Aktien gegen „Zahlung" eigener Aktien durch die Erwerbergesellschaft[857]. Wirtschaftlich entspricht das Ergebnis der Gestaltung dem eines *forward triangular merger*: Die Z-Aktionäre werden zu Aktionären der Erwerbergesellschaft, und die Erwerbergesellschaft erlangt die vollständige Kontrolle über das Gesellschaftsvermögen der Zielgesellschaft, die hier freilich anders als beim *forward triangular merger* fortbesteht.

---

verbleiben. Beim *reverse triangular merger*, bei dem sämtliche bisherigen Aktionäre aus der Zielgesellschaft ausscheiden (vgl. den Text), erwirbt die Erwerbergesellschaft hingegen *sämtliche* Aktien der Zielgesellschaft.

852 Vgl. *Hamilton*, The Law of Corporations, S. 543: „(…) one commentator has stated that the 'procedure is a magical one' and those who claim to understand it fully 'are under an illusion."

853 *Clark*, Corporate Law, S. 431; vgl. § 251 (b) (5) Delaware General Corporation Law: „The agreement shall state the manner of converting the shares of each of the constituent corporations into shares or other securities of the corporation surviving or resulting from the merger or consolidation and, if any shares *of any of the constituent corporations* are not to be converted solely into shares or other securities of the surviving or resulting corporation, the cash, property, rights or *securities of any other corporation* or entity which the holders of such shares are to receive in exchange for, or upon conversion of such shares (…)"; Sec. 902 (a) (3) New York Business Corporation Law: „The board of each corporation proposing to participate in a merger (…) shall adopt a plan of merger (…) setting forth: The terms and conditions of the proposed merger (…), including the manner and basis of converting the shares of each constituent corporation into shares, bonds or other securities of the surviving (…) corporation, or the cash *or other consideration* to be paid or delivered in exchange for shares *of each constituent corporation*, or a combination thereof" (Hervorhebungen d. Verf.). Bei einem *merger* können danach nicht nur die Aktien einer übertragenden Gesellschaft umgetauscht werden, sondern die Aktien *jeder* der beteiligten Gesellschaften („any of the constituent corporations"), mithin auch die Aktien der aufnehmenden Gesellschaft, und zwar (auch) in Aktien einer dritten Gesellschaft.

854 Vgl. *Merkt*, US-amerikanisches Gesellschaftsrecht Rdz.986.

855 *Clark*, Corporate Law, S. 431.

856 *Baums*, Festschrift Zöllner, S. 65, 72f..

857 *Watter*, Unternehmensübernahmen, Rdz.655.

II. Gestaltungsgründe

Im Anschluß an die Darstellung des (*forward/reverse*) *triangular merger* sollen im folgenden zum einen die Vorzüge des *triangular merger* im Vergleich mit alternativ denkbaren Formen der Übernahme einer Zielgesellschaft (dazu 1.) sowie zum anderen die Vorzüge des *reverse triangular merger* gegenüber dem *forward triangular merger* (dazu 2.) beleuchtet werden.

1. Vergleich des triangular merger *mit anderen Übernahmeformen*

Die Übernahme einer Zielgesellschaft im Wege des *triangular merger* bietet im Vergleich zu anderen denkbaren Gestaltungsmöglichkeiten, insbesondere etwa einer Verschmelzung der Ziel- mit der Erwerbergesellschaft selbst oder einem Umtauschangebot der Erwerbergesellschaft auf die Aktien der Zielgesellschaft, verschiedene Vorzüge.

a) Verschmelzung der Ziel- auf die Erwerbergesellschaft

Im Unterschied zu einer Verschmelzung der Ziel- auf die Erwerbergesellschaft bleibt das Gesellschaftsvermögen der Zielgesellschaft beim *triangular merger* getrennt vom Gesellschaftsvermögen der Erwerbergesellschaft M in einer Tochtergesellschaft der M. Die M vermeidet auf diese Weise eine Haftung für - im Vorfeld der Übernahme u.U. nur schwer abzuschätzende - Verbindlichkeiten der Z, wie sie bei einer Verschmelzung der Z auf die M einträte[858]. Da sich die Verschmelzung - formal betrachtet - zwischen der Zielgesellschaft und einer Tochter der Erwerbergesellschaft vollzieht, steht den Aktionären der Erwerbergesellschaft bei einer solchen Gestaltung zudem in der Regel kein Barabfindungsrecht (*appraisal right*) zu, wie dies bei einer Verschmelzung der Ziel- auf die Erwerbergesellschaft u.U. der Fall wäre[859]. Außerdem bedarf ein *triangular merger* grundsätzlich nicht der Zustimmung der M-Hauptversammlung[860], da die Verschmelzung sich zwischen T und Z vollzieht; die insoweit erforderliche Zustimmung der T-Hauptversammlung wird vom *Board* der M als Vertreter der

---

[858] *Cary/Eisenberg*, Cases and Materials on Corporations, S. 1175; *Clark*, Corporate Law, S. 432f.; *Gilson/Black*, The Law and Finance of Corporate Acquisitions, S. 669; *Hamilton*, The Law of Corporations, S. 543; *Merkt*, US-amerikanisches Gesellschaftsrecht Rdz.938 a.E., 941.

[859] *Gilson/Black*, The Law and Finance of Corporate Acquisitions, S. 669; *Merkt*, US-amerikanisches Gesellschaftsrecht Rdz.985; vgl. *Horn*, Liber Amicorum Buxbaum, S. 315, 329.

[860] *Clark*, Corporate Law, S. 433; *Gilson/Black*, The Law and Finance of Corporate Acquisitions, S. 669; *Merkt*, US-amerikanisches Gesellschaftsrecht Rdz.938, 941.

Alleinaktionärin M der T erteilt. Der *Board* der M kann überdies die als Akquisitionswährung im Rahmen des *triangular merger* benötigten jungen M-Aktien im Rahmen eines *authorized capital* grundsätzlich ohne Zustimmung der M-Aktionäre ausgeben[861]. Allerdings statuieren einige einzelstaatliche US-amerikanische Gesellschaftsrechte ein Zustimmungserfordernis zugunsten der Hauptversammlung der Erwerbergesellschaft, teilweise abhängig vom Umfang der Aktienemission[862]. Überdies sieht das Regelwerk der *New York Stock Exchange* vor, daß die Aktionäre gelisteter Gesellschaften der Ausgabe von *common stock* bei größeren Transaktionen zustimmen müssen[863], woraus sich im Ergebnis eine

---

861 Vgl. dazu etwa § 161 Delaware General Corporation Law.

862 *Cary/Eisenberg*, Cases and Materials on Corporations, S. 1176; *Eisenberg*, The Structure of the Corporation, S. 305 mit Fn.81; *Merkt*, US-amerikanisches Gesellschaftsrecht Rdz.938; vgl. Sec. 1201 (a) California Corporations Code: „The principal terms of a reorganization shall be approved by the outstanding shares (...) of each class of each corporation the approval of whose board is required under Section 1200 (...)“ i.V.m. Sec. 1200 (e): „A reorganization (...) shall be approved by the board of the corporation in control of any constituent (...) corporation (...) and whose equity securities are issued, transferred or exchanged in the reorganization (a 'parent party')“; § 14A:10-12 New Jersey Statutes: „Shareholders of a corporation which proposes to acquire, directly or through a subsidiary, in exchange for its shares (...), some or all of the outstanding shares of another corporation or some or all of the assets of a corporation (...) shall have the same rights, if any, as they would if they were shareholders of a surviving corporation in a merger (a) To notice of the proposed acquisition; (b) To vote on the proposed transaction; and (c) To dissent from the proposed acquisition and be paid the fair value of their shares, if: (i) the number of voting shares outstanding immediately after the transaction (...) will exceed by more than 40% the total number of voting shares of the corporation outstanding immediately before the transaction; or (ii) the number of participating shares outstanding immediately after the transaction (...) will exceed by more than 40% the total number of participating shares of the corporation outstanding immediately before the transaction" (40 percent test; s. *Eisenberg*, a.a.O., S. 237); § 1701.83 (A) i.V.m. § 1701.01 (Q) - (S) Ohio General Corporation Law: Zustimmungskompetenz der Aktionäre der Erwerbergesellschaft im Falle der „issuance or transfer by the acquiring corporation (i.e. the corporation „whose voting shares are issued or transferred by it or its subsidiary or subsidiaries to the transferor corporation or corporations or the shareholders of the transferor corporation or corporations", § 1701.01 (S); Anm.d.Verf.) of such number of its shares as entitle the holders to exercise one-sixth or more of the voting power of such corporation in the election of directors immediately after the consummation of such transaction (...)".

863 Sec. 312.03 (c) New York Stock Exchange Listed Company Manual (im Internet abrufbar unter http://www.nyse.com): „Shareholder approval is required prior to the issuance of common stock (...) in any transaction or series of related transactions if: (1) the common stock has, or will have upon issuance, voting power equal to or in excess of 20 percent of the voting power outstanding before the issuance of such stock (...); or (2) the number of shares of common stock to be issued is, or will be upon issuance, equal to or in excess of

Zustimmungskompetenz der M-Hauptversammlung hinsichtlich eines *triangular merger* ergeben kann[864]. Zudem wird im US-amerikanischen Schrifttum zur Verhinderung einer Umgehung von gesetzlichen Zustimmungskompetenzen der M-Hanuptversammlung sowie von etwaigen Abfindungsrechten der M-Aktionäre eine Zustimmung der M-Hauptversammlung zu einem *triangular merger* teilweise auch bei Fehlen einer diesbezüglichen gesetzlichen Regelung für erforderlich gehalten[865].

b) Umtauschangebot auf die Aktien der Zielgesellschaft

Der Vorzug insbesondere des *reverse triangular merger* gegenüber einem Umtauschangebot der M auf die Z-Aktien liegt darin, dass die Gestaltung das vollständige „Einsammeln" aller Aktien der Zielgesellschaft gegen Gewährung von Aktien der Erwerbergesellschaft ermöglicht, ohne dass dazu die Zustimmung aller Z-Aktionäre erforderlich wäre, die bei börsennotierten Gesellschaften praktisch nicht in Betracht kommt. Vielmehr genügt die Zustimmung der (einfachen[866] oder qualifizierten[867]) Mehrheit des in der Z-Hauptversammlung vertretenen Kapitals zur Verschmelzung mit der Tochtergesellschaft T der M[868]. Wird diese Zustimmung erteilt, kann die Erwerbergesellschaft davon ausgehen, tatsächlich alle Z-Aktien „einsammeln" zu können, muß also nicht wie bei einem Übernahmeangebot den Verbleib von Minderheitsaktionären in der Zielgesellschaft befürchten[869]. Minderheitsaktionäre in der Zielgesellschaft können mit anderen Worten auch gegen ihren Willen aus der Gesellschaft hinausgedrängt

---

20 percent of the number of shares of common stock outstanding before issuance of the common stock (...)"; vgl. *Eisenberg*, The Structure of the Corporation, S. 237.

864 Vgl. *Eisenberg*, The Structure of the Corporation, S. 305 mit Fn.82.

865 Vgl. *Cary/Eisenberg*, Cases and Materials on Corporations, S. 1176; *Eisenberg*, The Structure of the Corporation, S. 305f..

866 Vgl. etwa § 216 (1) Delaware General Corporation Law; Sec. 602 (a) California Corporations Code.

867 Vgl. etwa Sec. 903 (a) (2) (ii) New York Business Corporation Law.

868 Vgl. zum Mehrheitserfordernis hinsichtlich der Zustimmung der Hauptversammlung zu einem *merger* nach dem einzelstaatlichen Recht der US-Bundesstaaten *Choper/Coffee/ Gilson*, Cases and Materials on Corporations, S. 551; *Gilson/Black*, The Law and Finance of Corprate Acquisitions, S. 642f.; *Horn*, ZIP 2000, S. 473, 478 re. Sp.; *ders.*, Liber Amicorum Bixbaum, S. 315, 328; *ders.*, Festschrift Lutter, S. 1113, 1121; *Junius* in: Semler/Volhard (Hrsg.), Unternehmensübernahmen, § 36 Rdz.39.

869 *Clark*, Corporate Law, S. 432; *Gilson/Black*, The Law and Finance of Corporate Acquisitions, S. 670f.; *Merkt*, US-amerikanisches Gesellschaftsrecht Rdz.941.

werden[870]. Insofern stellt die Gestaltung (u.U.) letztlich eine Form des *freeze out*[871] dar[872].

2. Vergleich reverse triangular merger/forward triangular merger

Vorstehend war von den Vorzügen des *triangular merger* gegenüber alternativ denkbaren Formen der Übernahme einer Zielgesellschaft die Rede. Im folgenden geht es um Vorteile des *reverse triangular merger* gegenüber dem *forward triangular merger*.

Der wesentliche Vorzug des *reverse triangular merger* liegt insoweit darin, daß die Zielgesellschaft nach dem *merger* mit der Tochter der Erwerbergesellschaft fortbesteht, was mit Blick auf ihren Goodwill, aber auch aus verschiedenen anderen Gründen erwünscht sein kann. Zum einen mag die Zielgesellschaft über bestimmte vertragliche Rechtspositionen (etwa Rechte aus Lizenz-, Leasing- oder Franchiseverträgen) verfügen, die bei ihrer Verschmelzung auf eine andere Gesellschaft ohne Zustimmung des Vertragspartners nicht mit übergingen[873]. Zum anderen mag an einem Fortbestand der Zielgesellschaft auch unter steuerlichen Gesichtspunkten ein Interesse bestehen. Die Möglichkeit, Verluste der Zielgesellschaft nach der Übernahme buchungstechnisch zurückzutragen und steuerlich mit Gewinnen aus der Zeit vor der Übernahme zu verrechnen, ist nach US-amerikanischem Steuerrecht nur dann (zweifelsfrei) gegeben, wenn die Zielgesellschaft nach der Übernahme fortbesteht[874].

Wegen der genannten Vorteile wird der *reverse triangular merger* in der Praxis dem *forward triangular merger* vorgezogen; er stellt in den USA eine in der Praxis gängige Gestaltungsform bei Übernahmen dar[875]. So wurden etwa die Zusammenschlüsse Boeing/McDonnell Douglas, BP/Amoco, Exxon/Mobil, Vodafone/AirTouch und Hewlett Packard/Compaq mithilfe eines *reverse triangular merger* vollzogen[876]. Eine entsprechende Gestaltung war überdies auch für den

---

[870] *Clark*, Corporate Law, S. 432; *Gilson/Black*, The Law and Finance of Corporate Acquisitions, S. 670; *Merkt*, US-amerikanisches Gesellschaftsrecht Rdz.938, 941.

[871] Vgl. zum Begriff des *freeze out* in Abgrenzung zum *squeeze out* etwa *Merkt*, US-amerikanisches Gesellschaftsrecht Rdz.1028f.; ferner oben Fn.244.

[872] Vgl. dazu unten S. 268ff..

[873] Vgl. *Cary/Eisenberg*, Cases and Materials on Corporations, S. 1175; *Hamilton*, The Law of Corporations, S. 543; *Lawes* in: Horn (Hrsg.), Cross-Border Mergers and Acquisitions and the Law, S. 115, 122; *Watter*, Unternehmensübernahmen, Rdz.654.

[874] *Clark*, Corporate Law, S. 433; *Merkt*, US-amerikanisches Gesellschaftsrecht Rdz.941.

[875] Bericht (Fn.46), S. 37 re. Sp.; *Clark*, Corporate Law, S. 431.

[876] Vgl. oben Fn.849; s. *Lawes* in: Horn (Hrsg.), Cross-Border Mergers and Acquisitions and the Law, S. 115, 122, 125ff. (BP/Amoco); *Stengel* in: Semler/Volhard (Hrsg.), Unternehmensübernahmen, § 17 Rdz.360.

- am Veto der EU-Kommission aus wettbewerbsrechtlichen Gründen gescheiterten[877] - Zusammenschluß General Electric/Honeywell vorgesehen[878].

B. Dreiecksverschmelzung (*Driehoeksfusie*) nach niederländischem Recht

Eine dem *forward triangular merger* vergleichbare Gestaltung zur Übernahme einer Zielgesellschaft mithilfe einer Tochtergesellschaft sieht das niederländische Recht mit der *Driehoeksfusie*[879] nach Art. 334 des Zweiten Buches des Niederländischen Bürgerlichen Gesetzbuches[880] vor.
Wie beim *forward triangular merger* werden die Anteilseigner der übertragenden (Ziel-) Gesellschaft dabei im Zuge der Verschmelzung ihrer Gesellschaft auf eine andere Gesellschaft nicht Anteilseigner der übernehmenden Gesellschaft, sondern erhalten als Gegenleistung Anteile an einer dritten Gesellschaft, nämlich an einer „Konzerngesellschaft"[881], die „allein oder zusammen mit einer anderen Konzerngesellschaft das gesamte gezeichnete Kapital der übernehmenden Gesellschaft hält."[882] In Betracht kommt mithin insbesondere entsprechend dem *forward triangular merger* des US-amerikanischen Rechts die Verschmelzung einer Zielgesellschaft auf eine 100%ige Tochter der Erwerbergesellschaft unter Gewährung von Anteilen an der Erwerbergesellschaft an die Anteilseigner der übertragenden (Ziel-)Gesellschaft[883].
Die gesetzlichen Regelungen zur Beschlussfassung der Hauptversammlung einer übernehmenden Gesellschaft bei einer Verschmelzung gelten hinsichtlich der Erwerbergesellschaft bei der *Driehoeksfusie* entsprechend[884]. Die Hauptversammlung der Erwerbergesellschaft muß danach einer *Driehoeksfusie* ebenso wie die Hauptversammlung der übernehmenden Gesellschaft einer Verschmel-

---

[877] FAZ Nr.152 vom 04.07.2001, S. 17.

[878] Vgl. oben Fn.849.

[879] Begriff bei *Dumoulin* in: Nieuwenhuis/Stolker/Valk/Timmerman, Ondernemingsrecht, S. 416.

[880] Übersetzungen: *Lange/Nieper/Westerdijk*, Das niederländische Gesellschaftsrecht; *Warendorf/Thomas*, Companies and other Legal Persons. - Artikel ohne Gesetzesangabe sind im folgenden solche des Zweiten Buches des Niederländischen Bürgerlichen Gesetzbuches.

[881] Art. 334 Abs. 1; vgl. Art. 311 Abs. 2. Der Begriff „Konzerngesellschaft" ist legaldefiniert in Art. 24b: „Ein Konzern ist eine wirtschaftliche Einheit, in der juristische Personen und Gesellschaften organisatorisch verbunden sind. Konzerngesellschaften sind juristische Personen und Gesellschaften, die miteinander in einem Konzern verbunden sind."

[882] Art. 334 Abs. 2 S. 1.

[883] Voraussetzung für die Durchführung einer *Driehoeksfusie* ist, daß es sich bei den beteiligten Rechtsträgern um Aktiengesellschaften oder Gesellschaften mit beschränkter Haftung handelt; vgl. Art. 324.

[884] Vgl. Art. 334 Abs. 2 S. 2.

zung unter Beteiligung von Aktiengesellschaften oder Gesellschaften mit beschränkter Haftung[885] - wenn weniger als die Hälfte des gezeichneten Kapitals vertreten ist, mit einer Mehrheit von mindestens zwei Dritteln des in der Hauptversammlung vertretenen Kapitals[886] - zustimmen, sofern die Satzung dies vorsieht[887] oder eine Minderheit von Aktionären, die zusammen mindestens 5 Prozent des gezeichneten Kapitals halten, eine Beschlussfassung der Hauptversammlung verlangt[888,889].

Im übrigen gilt die Erwerbergesellschaft (Konzerngesellschaft), deren Anteile den Anteilsinhabern der übertragenden Gesellschaft im Rahmen der *Driehoeksfusie* als Gegenleistung gewährt werden, neben der übernehmenden (Tochter-) Gesellschaft „als verschmelzende juristische Person“[890]. Ihr obliegen daher grundsätzlich sämtliche Verpflichtungen, die eine aufnehmende Gesellschaft im Rahmen einer Verschmelzung zu erfüllen hat[891]. So hat der Vorstand der Erwerbergesellschaft (Konzerngesellschaft) etwa einen Verschmelzungsbericht zu erstatten[892] und das vorgesehene Umtauschverhältnis zu erläutern[893]. Den Inhabern von Sonderrechten gegenüber der übertragenden (Ziel-)Gesellschaft sind gleichwertige Rechte gegenüber der Erwerbergesellschaft (Konzerngesellschaft) oder eine Entschädigung zu gewähren[894]. Zur Leistung von Sicherheiten an die Gläubiger der beteiligten Gesellschaften ist die Erwerbergesellschaft hingegen, anders als eine übernehmende Gesellschaft im Rahmen einer Verschmelzung, nicht verpflichtet[895].

---

885 Vgl. Art. 324.

886 Art. 334 Abs. 2 S. 2 i.V.m. Art. 330 Abs. 1.

887 Vgl. Art. 334 Abs. 2 S. 2 i.V.m. Art. 331 Abs. 1.

888 Art. 334 Abs. 2 S. 2 i.V.m. Art. 331 Abs. 3.

889 Andernfalls genügt ein Beschluß des Vorstandes der Erwerbergesellschaft (Konzerngesellschaft), wenn die Absicht einer solchen Beschlussfassung zuvor bekanntgemacht worden ist; Art 334 Abs. 2 S. 2 i.V.m. Art. 331.

890 Art. 334 Abs. 3 S. 1.

891 Art. 334 Abs. 3 S. 2.

892 Art. 334 Abs. 3 S. 2 i.V.m. Art. 313 Abs. 1.

893 Art. 334 Abs. 3 S. 2 i.V.m. Art. 327.

894 Art. 334 Abs. 3 S. 2 i.V.m. Art. 320 Abs. 1.

895 Art. 334 Abs. 3 S. 2 nimmt die Regelung des Art. 316, welche die Leistung von Sicherheiten gegenüber den Gläubigern verschmelzender Rechtsträger betrifft, von der Verweisung auf Pflichten der übernehmenden Gesellschaft bei einer Verschmelzung aus, welche die Konzerngesellschaft bei einer *Driehoeksfusie* entsprechend treffen.

C. *Dreiecksfusion* nach (künftigem) schweizerischem Recht

Auch nach schweizerischem Recht wird die Übernahme einer Zielgesellschaft künftig voraussichtlich nach dem Vorbild des US-amerikanischen *forward triangular merger* gestaltbar sein.
Nach geltendem schweizerischem Recht ist eine solche Gestaltung allerdings ebenso wenig möglich wie nach deutschem Recht[896]. Art. 748 Ziff. 8 des schweizerischen Obligationenrechts bestimmt, daß bei einer Fusion von Aktiengesellschaften „die zur Abfindung bestimmten Aktien *der übernehmenden Gesellschaft* (Hervorhebung d. Verf.) den Aktionären der aufgelösten Gesellschaft nach Maßgabe des Fusionsvertrages ausgehändigt werden." Daraus wird im schweizerischen Schrifttum überwiegend der Schluß gezogen, daß den Aktionären einer übertragenden Gesellschaft bei der Fusion auf eine andere Aktiengesellschaft zwingend Aktien der übernehmenden Gesellschaft als Gegenleistung zu gewähren sind[897].
Der am 21.03.2001 vom Ständerat unter nur geringfügigen Änderungen, die nicht die Regelung des Art. 8 (dazu sogleich) betreffen[898], angenommene[899] Entwurf eines schweizerischen Bundesgesetzes über Fusion, Spaltung, Umwandlung und Vermögensübertragung (Fusionsgesetz)[900] stellt den an einer Fusion beteiligten Gesellschaften[901] nunmehr in Art. 8 Abs. 2 frei, im Fusionsvertrag vorzusehen, daß den Gesellschaftern einer übertragenden Gesellschaft anstelle von Anteilen an der aufnehmenden Gesellschaft ausschließlich eine Abfindung gewährt wird[902]. Im Fusionsbericht ist in diesem Fall die Höhe der Ab-

---

896 Vgl. dazu unten S. 246f..

897 Vgl. *Watter*, Unternehmensübernahmen, Rdz.645 m. Nachw. in Fn.945. *Watter* selbst (a.a.O., Rdz.646ff.) hält hingegen bereits nach geltendem schweizerischem Obligationenrecht auch eine andere Art der Abfindung, etwa in Bargeld oder in Aktien der Mutter einer aufnehmenden Gesellschaft, für zulässig.

898 Auskunft des Bundesamtes für Justiz.

899 Vgl. die Mitteilung unter http://www.bj.admin.ch/d/index.html; Stichwort „Fusionsgesetz".

900 Im Internet als pdf-Datei abrufbar unter http://www.bj.admin.ch/themen/fusion/bot-ent-d.pdf. Artikel ohne Gesetzesangabe sind im folgenden solche des Entwurfs eines schweizerischen Fusionsgesetzes.

901 „Gesellschaften" sind in Art. 2 lit. b legaldefiniert als „Kapitalgesellschaften, Kollektiv- und Kommanditgesellschaften, Vereine und Genossenschaften, sofern es sich nicht um Vorsorgeeinrichtungen gemäß Buchstabe i handelt." „Kapitalgesellschaften" sind gemäß Art. 2 lit. c „Aktiengesellschaften, Kommanditaktiengesellschaften und Gesellschaften mit beschränkter Haftung".

902 „Art. 7 Wahrung der Anteils- und Mitgliedschaftsrechte
[1] Gesellschafterinnen und Gesellschafter der übertragenden Gesellschaft haben Anspruch auf Anteils- oder Mitgliedschaftsrechte an der übernehmenden Gesellschaft (...).

findung zu erläutern und zu begründen; ferner sind die Gründe darzulegen, weshalb anstelle von Anteils- und Mitgliedschaftsrechten der aufnehmenden Gesellschaft eine Abfindung gewährt werden soll[903]. Überdies hat der Prüfungsbericht darzulegen, ob die Abfindung vertretbar ist[904]. Der Fusionsbeschluß in der übertragenden Gesellschaft bedarf in diesem Fall der Zustimmung von mindestens 90 Prozent der stimmberechtigten Gesellschafter[905]. Eine Zustimmungskompetenz der Gesellschafterversammlung einer Gesellschaft, etwa einer Mutter der aufnehmenden Gesellschaft, deren Anteile den Gesellschaftern der übertragenden Gesellschaft nach der Regelung des Art. 8 Abs. 2 als Abfindung gewährt werden können (dazu sogleich), ist im Entwurf des Fusionsgesetzes (vgl. Art. 18 „Fusionsbeschluß“) nicht vorgesehen[906].
Nach der vorstehend dargestellten Regelung des Art. 8 Abs. 2 des Fusionsgesetz-Entwurfes, die den an einer Fusion beteiligten Gesellschaften freistellt, im Fusionsvertrag, also nicht etwa im Wege individueller schuldrechtlicher Vereinbarung mit den Gesellschaftern einer übertragenden Gesellschaft, anstelle der Gewährung von Anteilen an der aufnehmenden Gesellschaft ausschließlich eine Abfindung für die Gesellschafter der übertragenden Gesellschaft vorzusehen, kommt als Gegenleistung insbesondere etwa eine reine Barabfindung[907] sowie, im vorliegenden Zusammenhang von besonderem Interesse, die Gewährung von Anteilen an dritten Gesellschaften, etwa von Anteilen an der Mutter der aufnehmenden Gesellschaft, in Betracht. Damit wird bei Inkrafttreten dieser Regelung auch nach schweizerischem Recht die Gestaltung der Übernahme einer Zielgesellschaft nach dem Vorbild des US-amerikanischen *forward triangular*

(...)
Art. 8 Abfindung
[1] Die an der Fusion beteiligten Gesellschaften können im Fusionsvertrag vorsehen, daß die Gesellschafterinnen und Gesellschafter zwischen Anteils- oder Mitgliedschaftsrechten und einer Abfindung wählen können.
[2] *Die an der Fusion beteiligten Gesellschaften können im Fusionsvertrag auch vorsehen, daß nur eine Abfindung ausgerichtet wird.*“ (Hervorhebung d. Verf.).
Die Regelungen betreffen, vgl. die Überschrift des zweiten Kapitels des Entwurfs des Fusionsgesetzes, die „Fusion von Gesellschaften“. Zum Begriff „Gesellschaften“ i.S.d. Fusionsgesetz-Entwurfes vgl. oben Fn.901.

903 Art. 14 Abs. 3 lit. d.

904 Art. 15 Abs. 4 lit. b.

905 Art. 18 Abs. 5.

906 *Watter*, Unternehmensübernahmen, Rdz.655, hält einen Zustimmungsbeschluß der Hauptversammlung der Erwerbergesellschaft zu einem *triangular merger* nach schweizerischem Recht gleichfalls nicht für erforderlich, ohne diese Frage freilich zu problematisieren.

907 Zu baren *Zu*zahlungen vgl. Art. 7 Abs. 2.

merger möglich sein, wie die Begründung zu Art. 8 Abs. 2 des Entwurfes (S. 4403)[908] ausdrücklich betont:
„Artikel 8 enthält keine Angaben über die Art der Abfindung. Sie kann in einer Geldleistung[909] oder einer anderen Vermögenszuwendung bestehen. Keine Abfindung darstellen können Anteils- oder Mitgliedschaftsrechte an der übernehmenden Gesellschaft; *es ist aber möglich, die Gesellschafterinnen und Gesellschafter der übertragenden Gesellschaft mit Anteilen an einer dritten Gesellschaft abzufinden und auf diese Weise eine Art ‚Dreiecksfusion' (‚triangular merger') zu verwirklichen. Eine entsprechende Ausgestaltung der Fusion kann etwa dazu dienen, bei der Übernahme einer Gesellschaft durch eine in einen Konzern eingebundene Tochtergesellschaft den Gesellschafterinnen und Gesellschaftern der übertragenden Gesellschaft Anteile der Muttergesellschaft zuzuweisen*" (Hervorhebung d. Verf.).

D. Gestaltbarkeit von *triangular mergers* nach deutschem Recht

De lege lata lassen sich Verschmelzungen „übers Dreieck" mithilfe von Tochtergesellschaften entsprechend dem *triangular merger* des (einzelstaatlichen) US-amerikanischen Rechts, der *Driehoeksfusie* des niederländischen Rechts oder der *Dreiecksfusion* des (künftigen) schweizerischen Rechts nach deutschem Recht nicht gestalten.

---

908 Die Begründung zum Entwurf eines schweizerischen Fusionsgesetzes vom 13.06.2000 ist im Internet als pdf-Datei abrufbar unter http://www.bj.admin.ch/themen/fusion/bot-ber-d.pdf.

909 Zur Vereinbarkeit einer ausschließlichen Barabfindung mit europarechtlichen Vorgaben der Fusionsrichtlinie s. unten Fn.968. Die Begründung des Entwurfes eines schweizerischen Fusionsgesetzes (s. vorige Fn.) führt insoweit aus (S. 4419), dass die Regelung des Art. 8 Abs. 2 i.V.m. Art. 18 Abs. 5, wonach bei Zustimmung von 90 Prozent der Gesellschafter der übertragenden Gesellschaft zum Fusionsbeschluß (vgl. oben S. 244) sämtlichen Gesellschaftern einer übertragenden Gesellschaft anstelle von Anteilen an der aufnehmenden Gesellschaft ausschließlich eine Abfindung gewährt werden kann, „den Anforderungen des [für die Schweiz als Nicht-EU-Mitgliedstaat allerdings unmaßgeblichen; d. Verf.] EU-Rechts nicht entsprechen dürfte, da dieses die Möglichkeit der Abfindung nicht vorsieht und sich deren Zulässigkeit allenfalls mit der Zustimmung aller Betroffenen rechtfertigen ließe." Dem ist zuzustimmen, soweit eine ausschließliche Barabfindung in Rede steht (vgl. näher unten S. 262 mit Fn.968). Gegen die Zulassung einer verschmelzungsvertraglichen Regelung, wonach den Anteilsinhabern einer übertragenden Gesellschaft Anteile an einer Mutter der aufnehmenden Gesellschaft gewährt werden, bestehen hingegen aus gemeinschaftsrechtlicher Sicht keine Bedenken, sofern der Schutz der Anteilsinhaber der beteiligten Gesellschaften sowie deren Gläubiger gewährleistet ist; vgl. dazu näher unten S. 267ff., 307ff..

I. Forward Triangular Merger/Driehoeksfusie/Dreiecksfusion

1. § 2 UmwG

Nach geltendem deutschem Umwandlungsrecht ist es nicht möglich, den Aktionären einer übertragenden Gesellschaft bei einer Verschmelzung ohne ihre individuelle Zustimmung (vgl. § 364 Abs. 1 BGB) als Gegenleistung anstelle von Aktien der aufnehmenden Gesellschaft Aktien einer dritten Gesellschaft zu gewähren. § 2 UmwG ist zu entnehmen, daß die Aktionäre einer übertragenden Gesellschaft Aktien der aufnehmenden Gesellschaft erhalten müssen (vgl. auch § 20 Abs. 1 Nr. 3 UmwG). Daneben sind nach § 68 Abs. 3 UmwG in begrenztem Umfang bare Zuzahlungen möglich. Die *verschmelzungsvertraglich* vorgesehene Gegenleistung für die Aktionäre einer übertragenden Gesellschaft darf aber nicht in Aktien einer dritten Gesellschaft, d.h. einer anderen als der aufnehmenden Gesellschaft, bestehen[910]. Dies gilt auch dann[911], wenn diese dritte Gesellschaft dem Anteilserwerb zugestimmt hat und ebenfalls am Verschmelzungsvertrag beteiligt ist. Auch auf die Zustimmung der Hauptversammlung der übertragenden Gesellschaft kommt es insoweit nicht an. Eine Erweiterung der kraft gesetzlicher Anordnung (ausschließlich) zulässigen Arten der Gegenleistung für die Aktionäre einer übertragenden Gesellschaft im Wege *verschmelzungsvertraglicher* Vereinbarung kommt nicht in Betracht, da der Anwendungsbereich des gesetzlichen Erwerbs vom Gesetzgeber bestimmt wird.
Möglich ist allenfalls ein Verzicht der berechtigten Anteilsinhaber auf diesen Erwerb[912] sowie - an Erfüllungs Statt (§ 364 BGB) - die Einräumung eines *schuldrechtlichen* Anspruchs auf Mitgliedschaften in einem anderen als dem übernehmenden Rechtsträger durch den Verschmelzungsvertrag[913]. Einer solchen Gestaltung werden indes jedenfalls dann nicht sämtliche Anteilsinhaber der übertragenden Gesellschaft zustimmen, wenn es sich bei dieser Gesellschaft um eine Publikumsgesellschaft handelt. Den Anteilsinhabern der übertragenden Gesellschaft, die zu einem Verzicht auf ihren gesetzlichen Anspruch auf Gewährung von Anteilen an der aufnehmenden Gesellschaft nicht bereit sind, müssen Anteile an der aufnehmenden Gesellschaft gewährt werden. Damit würde das mit einem *triangular merger* seitens der Erwerbergesellschaft nach dem Gesag-

---

910 *Baums*, Festschrift Zöllner, S. 65, 71f.; *Lutter* in Lutter, § 2 Rdz.22; Kallmeyer/*Marsch-Barner*, § 2 Rdz.12; *Stratz* in Schmitt/Hörtnagl/Stratz, § 2 Rdz.15; *Weber-Rey/Schütz*, Die AG 2001, S. 325, 326 re. Sp.; ebenso zu § 339 AktG a.F. KK/*Kraft*, § 339 Rdz.49.

911 Vgl. zum folgenden *Grunewald* in Lutter, § 20 Rdz.56.

912 Zur Zulässigkeit eines Verzichts auf den Erwerb von Anteilen an der aufnehmenden Gesellschaft vgl. unten S. 293 mit Fn.1063.

913 Ebenso zum österreichischen Recht *Karollus/Geist*, NZG 2000, S. 1145, 1149 re. Sp..

ten[914] verfolgte Ziel, sämtliche Anteile an der zu übernehmenden Zielgesellschaft „einzusammeln", nicht erreicht.

2. §§ 71ff. AktG

Abgesehen von den genannten umwandlungsrechtlichen Hindernissen würde die Ausstattung der im Rahmen eines *triangular merger* als Übernahmevehikel benutzten Tochter mit den als Gegenleistung an die Aktionäre der Zielgesellschaft zu gewährenden Aktien der Erwerbergesellschaft nach deutschem Recht u.U. auf Schwierigkeiten stoßen[915].
Eine Tochtergesellschaft darf nach deutschem Recht keine Aktien ihrer Mutter zeichnen (§ 56 Abs. 2 S. 1 AktG). Der derivative Erwerb von Aktien der Mutter ist ihr hingegen gestattet, allerdings nur dann, wenn die Voraussetzungen für den Rückerwerb eigener Aktien bei der Mutter gegeben sind[916] und nur im Umfang von höchstens zehn Prozent des Grundkapitals der Mutter (§§ 71d S. 2, 71 Abs. 1 Nr. 8 S. 1, Abs. 2 S. 1 AktG). Diese Regelung gilt nach h.M. auch für ausländische Tochtergesellschaften[917].
In Betracht käme der Erwerb von Mutter-Aktien durch eine Tochter zur „Finanzierung" der Verschmelzung einer dritten Gesellschaft auf die Tochter dann, wenn die Hauptversammlung der Mutter einen Ermächtigungsbeschluß nach § 71 Abs. 1 Nr. 8 S. 1 AktG gefaßt hätte, der einen solchen Erwerb, insbesondere auch zu diesem Zweck, gestattete. Die Erwerbergesellschaft könnte in diesem Fall eigene Aktien an sich selbst bei Gründung der Tochter als Sacheinlage in diese einbringen und im Gegenzug sämtliche Tochter-Aktien übernehmen[918]. Das Erwerbsvolumen dürfte allerdings die 10%-Grenze der §§ 71d S. 2, 71

---

[914] Vgl. oben S. 239.

[915] Vgl. zu diesem Problem bereits oben S. 73ff..

[916] Erwirbt eine Tochter Mutter-Aktien von der Mutter selbst, wie es bei der im folgenden Text beschriebenen Konstellation der Fall ist, in der die Mutter eigene Aktien bei Gründung der Tochter als Sacheinlage in diese einbringt, unterliegt dieser - „innerbetriebliche" - Erwerb allerdings nicht (nochmals) den Voraussetzungen der §§ 71ff. AktG (vgl. oben Fn.193). Freilich sind auch insoweit stets die Erwerbs- und Bestandsgrenzen gemäß § 71 Abs. 1 Nr. 8 S. 1, Abs. 2 S. 1 AktG zu beachten.

[917] Vgl. zur Anwendbarkeit des § 71d S. 2 AktG auf Auslandstöchter *Benckendorff*, Erwerb eigener Aktien, S. 277f.; *Hirte* in: Handbuch der Konzernfinanzierung, Rdz.35.28; KK/*Lutter*, § 71d Rdz.84; MünchKomm AktG/*Oechsler*, § 71 Rdz.59; abweichend *Huber*, Festschrift Duden, S. 137, 148ff..

[918] Alternativ käme in Betracht, daß die Mutter die Tochter bei Gründung mit den erforderlichen Barmitteln zum Erwerb von Mutter-Aktien (von dritter Seite, also nicht auf „innerbetrieblichem" Wege) ausstattet (vgl. oben S. 73f.). Dieser Erwerb von Mutter-Aktien unterläge uneingeschränkt den Voraussetzungen der §§ 71ff. AktG (zum „innerbetrieblichen" Erwerb vgl. oben Fn.193).

Abs. 1 Nr. 8 S. 1 AktG nicht überschreiten, und auch dieses Volumen könnte gemäß § 71 Abs. 2 S. 1 AktG nur dann ausgeschöpft werden, wenn zum Zeitpunkt des Rückerwerbs weder die Gesellschaft selbst eigene Aktien noch Tochtergesellschaften oder ein Dritter i.S. des § 71d S. 1 AktG Aktien der Gesellschaft hielten (vgl. § 71d S. 3 AktG)[919]. Die 10%-Bestandsgrenze nach §§ 71d S. 2, Abs. 2 S. 1 AktG dürfte auch nicht kurzfristig und vorübergehend überschritten werden[920]; die Tochter könnte also auch bei Vorliegen einer entsprechenden Ermächtigung nach (§ 71d S. 2), § 71 Abs. 1 Nr. 8 AktG allenfalls Aktien der Mutter im Umfang von höchstens zehn Prozent des Grundkapitals der Mutter erwerben. Je nach Wert der Zielgesellschaft würde dieses Aktienvolumen zur „Finanzierung" eines *forward triangular merger* u.U. nicht genügen.
Selbst wenn also das Umwandlungsrecht die Gewährung von Anteilen einer dritten Gesellschaft als Gegenleistung an die Anteilsinhaber einer übertragenden Gesellschaft im Rahmen einer Verschmelzung durch Aufnahme zuließe, könnte die Durchführung der Verschmelzung von Verschmelzungsvehikel-Tochter und Zielgesellschaft gleichwohl daran scheitern, daß eine Ausstattung der Tochter mit den als Akquisitionswährung benötigten Aktien der Erwerbergesellschaft nicht im erforderlichen Umfang möglich wäre[921].

II. Reverse triangular merger

1. Umwandlungsrechtliche Grundsätze

Ebensowenig wie ein *forward triangular merger* läßt sich nach geltendem deutschem Umwandlungsrecht ein *reverse triangular merger* gestalten. Das Umwandlungsgesetz sieht nicht vor, daß die Anteilsinhaber einer aufnehmenden Gesellschaft aufgrund entsprechender verschmelzungsvertraglicher Bestimmung ihre Anteile im Zuge einer Verschmelzung gegen Anteile an einer dritten Ge-

---

919 Zur Unterscheidung zwischen der (absoluten) volumenmäßigen Erwerbsgrenze gemäß § 71 Abs. 1 Nr. 8 S. 1 AktG und der (relativen) volumenmäßigen Bestandsgrenze gemäß § 71 Abs. 2 S. 1 AktG vgl. oben Fn.199.

920 Die §§ 71ff. AktG erfassen auch den nur vorübergehenden Erwerb eigener Aktien oder von Mutter-Aktien; *Hefermehl/Bungeroth* in G/H/E/K, § 71d Rdz.12, § 71 Rdz.17; *Hüffer*, § 71 Rdz.4; KK/*Lutter*, § 71 Rdz.18; s. auch MünchKomm AktG/*Oechsler*, § 71 Rdz.68.

921 Zur Frage, inwieweit eine Beschaffung der als Gegenleistung erforderlichen Aktien der Erwerbergesellschaft statt über einen Rückerwerb eigener Aktien durch die Erwerbergesellschaft oder über einen Erwerb von Mutter-Aktien durch die Verschmelzungsvehikel-Tochter im Wege einer (Sach-)Kapitalerhöhung in der Erwerbergesellschaft in Betracht käme, vgl. unten S. 292ff..

sellschaft eintauschen und damit aus ihrer Gesellschaft ausscheiden (können)[922]. Die Beteiligung der Anteilsinhaber an der aufnehmenden Gesellschaft besteht nach deutschem Umwandlungsrecht nach einer Verschmelzung fort und bleibt insofern von dieser unberührt. Eine Gegenleistung ist ausschließlich für die Anteilsinhaber übertragender Gesellschaften vorgesehen.

2. §§ 71ff. AktG

Abgesehen von diesen umwandlungsrechtlichen Hindernissen ergäben sich wiederum aus der Regelung der §§ 71ff. AktG, insbesondere aus den Erwerbs- und Bestandsgrenzen gemäß §§ 71d S. 2, 71 Abs. 1 Nr. 8 S. 1, Abs. 2 S. 1 AktG, praktische Schwierigkeiten bei der Ausstattung der Verschmelzungsvehikel-Tochter mit den im Rahmen des *reverse triangular merger* als Akquisitionswährung benötigten Aktien der Erwerbergesellschaft[923]. Anders als beim *forward triangular merger* wäre dieses Problem freilich hier insofern nicht allzu gravierend, als die als Gegenleistung benötigten Aktien bei einem *reverse triangular merger*, bei dem sämtliche Aktien der Zielgesellschaft auf die Erwerbergesellschaft übergingen[924], durch eine Sachkapitalerhöhung mit Bezugsrechtsausschluss in der Erwerbergesellschaft geschaffen werden könnten[925].

E. Alternative Gestaltungsmöglichkeiten nach deutschem Recht

Nach dem vorstehend Gesagten lässt sich nach geltendem Umwandlungsrecht weder ein *forward triangular merger* noch ein *reverse triangular merger* gestalten. Im folgenden soll untersucht werden, ob insoweit möglicherweise alternative Gestaltungen zur Verfügung stehen, die auf anderem Wege zum selben Ergebnis führen. Dabei stellt sich gegebenenfalls insbesondere auch die Frage nach etwaigen Vorzügen oder Nachteilen denkbarer Ersatzlösungen gegenüber der Gestaltung des *triangular merger*.

---

[922] *Baums*, Festschrift Zöllner, S. 65, 72. - Nach einzelstaatlichem US-amerikanischem Recht können demgegenüber die Aktien *jeder* der an einer Verschmelzung beteiligten Gesellschaften („any of the constituant corporations") in eine Gegenleistung umgetauscht werden, und zwar etwa auch in Aktien einer dritten Gesellschaft; vgl. oben Fn.853.

[923] Vgl. dazu oben S. 247f..

[924] Vgl. den Gesetzgebungsvorschlag unten S. 311.

[925] Vgl. unten S. 295f..

I. Forward triangular merger/Driehoeksfusie/Dreiecksfusion

Um das Ergebnis eines *forward triangular merger* (Übertragung des Gesellschaftsvermögens der Zielgesellschaft auf eine Tochter der Erwerbergesellschaft; „Wechsel“ der Anteilsinhaber der Zielgesellschaft in die Erwerbergesellschaft) auf andere Weise herbeizuführen, kommen verschiedene Ersatzgestaltungen in Betracht: Einbringung des Unternehmens der Zielgesellschaft als Sacheinlage in die Erwerbergesellschaft durch Übertragung auf eine Tochter der Erwerbergesellschaft (dazu 1.); Verschmelzung der Zielgesellschaft auf eine Tochter der Erwerbergesellschaft mit nachfolgender Eingliederung der Tochter in die Erwerbergesellschaft (dazu 2.); Übertragung des Gesellschaftsvermögens der Zielgesellschaft auf eine Tochter der Erwerbergesellschaft gegen Gewährung von Aktien der Erwerbergesellschaft mit nachfolgender Auflösung der Zielgesellschaft Z und Verteilung des Gesellschaftsvermögens, das nur noch in Aktien der Erwerbergesellschaft besteht, an die Z-Aktionäre (dazu 3.); Übertragung des Gesellschaftsvermögens der Zielgesellschaft auf eine Z-Tochter mit nachfolgender Einbringung sämtlicher Tochter-Aktien als Sacheinlage in die Erwerbergesellschaft M gegen Gewährung von M-Aktien an die einbringende Z, sodann Auflösung der Z und Verteilung des Z-Gesellschaftsvermögens, das nur noch in M-Aktien besteht, an die Aktionäre (dazu 4.). Das Ergebnis all dieser Gestaltungen entspräche jeweils dem eines *forward triangular merger.* Im einzelnen ist zu den angesprochenen Alternativgestaltungen folgendes zu bemerken.

1. Einbringung des Unternehmens der Zielgesellschaft als Sacheinlage in die Erwerbergesellschaft durch Übertragung auf eine Tochter der Erwerbergesellschaft

Eine Ersatzgestaltung anstelle eines *forward triangular merger* in der Form, dass die zu übernehmende (Ziel-)Gesellschaft ihr Unternehmen im Wege einer Sachkapitalerhöhung in der Erwerbergesellschaft auf eine Tochter der Erwerbergesellschaft überträgt und dafür als Gegenleistung junge Aktien der Erwerbergesellschaft erhält, die sie gegebenenfalls im Rahmen einer anschließenden Auflösung und nachfolgenden Liquidation an ihre Aktionäre verteilen könnte, scheidet aus. Dieser Weg ist bereits deshalb nicht gangbar, weil die Einbringung eines Unternehmens in eine Tochtergesellschaft keine Sacheinlage i.S. der §§ 27 Abs. 1, 183 AktG in die Mutter darstellt[926]. Als Sacheinlage kann nur eingebracht werden, was aus dem Vermögen des Einlegers unterscheidbar ausgeson-

[926] *Baums*, Festschrift Zöllner, S. 65, 71.

dert werden und in die Dispositionsmöglichkeit des Vorstandes der kapitalerhöhenden Gesellschaft übergehen, dem Vorstand also verfügbar sein kann[927]. Ein Unternehmen kann mithin nicht dadurch als Sacheinlage in eine Gesellschaft eingebracht werden, daß es auf eine Tochter dieser Gesellschaft übertragen wird, da der Vorstand einer Muttergesellschaft nicht über das Gesellschaftsvermögen der Tochter verfügen kann.

2. Verschmelzung der Zielgesellschaft auf eine Tochter der Erwerbergesellschaft mit nachfolgender Eingliederung der Tochter in die Erwerbergesellschaft

Als weitere denkbare Ersatzlösung kommt nach dem oben Gesagten in Betracht, die Zielgesellschaft Z auf eine Tochter T der Erwerbergesellschaft zu verschmelzen und anschließend die T durch Mehrheitsbeschluß gemäß § 320 AktG in die Erwerbergesellschaft einzugliedern[928]. Hält die Erwerbergesellschaft bereits die für eine Mehrheitseingliederung erforderliche Mehrheit an der Zielgesellschaft (95 Prozent des Grundkapitals, § 320 Abs. 1 S. 1 AktG), kann die Eingliederung auch sogleich erfolgen, d.h. ohne vorherige Verschmelzung der Z auf die T.

Wie ein *forward triangular merger* führte eine Mehrheitseingliederung dazu (vgl. § 320b Abs. 1 S. 2 AktG), daß sämtliche Minderheitsaktionäre aus der Ziel-/Tochtergesellschaft hinausgedrängt und zu Aktionären der Erwerber-/Hauptgesellschaft würden, während die Erwerber-/Hauptgesellschaft sämtliche Aktien der Ziel-/Tochtergesellschaft erwürbe. Eine Eingliederung durch Mehrheitsbeschluß setzte freilich nach § 320 Abs. 1 S. 1 AktG voraus, daß die Erwerbergesellschaft von vornherein über eine Beteiligung von mindestens 95 Prozent des Grundkapitals der Z oder nach der Verschmelzung von Z auf T über eine entsprechende Beteiligung an der T verfügt, was nur ausnahmsweise und jedenfalls dann nicht der Fall sein wird, wenn es sich bei der T vor der Verschmelzung mit der Zielgesellschaft um eine bloße *shell company* ohne eigenen Geschäftsbetrieb und mit nur geringfügigem Gesellschaftsvermögen handelt.

Zum Hinausdrängen von Minderheitsaktionären genügt bei der Mehrheitseingliederung mithin anders als beim *forward triangular merger* nach einzelstaatlichem US-amerikanischem Recht gerade nicht die Zustimmung der (einfachen[929] oder qualifizierten[930]) Mehrheit des in der Z-Hauptversammlung vertretenen

---

[927] KK/*Lutter*, § 183 Rdz.12; GK/*Wiedemann*, § 183 Rdz.32 m. Nachw. in Fn.65.

[928] *Baums*, Festschrift Zöllner, S. 65, 72.

[929] Vgl. etwa § 216 (1) Delaware General Corporation Law; Sec. 602 (a) California Corporations Code.

[930] Vgl. etwa Sec. 903 (a) (2) (ii) New York Business Corporation Law.

Kapitals[931]. Damit fehlt der Mehrheitseingliederung ein wesentliches Merkmal des *forward triangular merger*, nämlich die Möglichkeit des vollständigen Hinausdrängens von Minderheitsaktionären aus der Zielgesellschaft bereits durch die für die Zustimmung zu einer Verschmelzung erforderliche Mehrheit in der Hauptversammlung der Zielgesellschaft. Hinzu kommt, dass eine Mehrheitseingliederung nach § 322 AktG nur um den Preis der Haftung der Erwerber-/Hauptgesellschaft für die Verbindlichkeiten der Ziel-/Tochtergesellschaft möglich wäre[932], was zu vermeiden nach dem Gesagten gerade einen der wesentlichen Zwecke eines *triangular merger* darstellt[933].

3. Übertragung des Gesellschaftsvermögens der Zielgesellschaft auf Tochter der Erwerbergesellschaft mit anschließender Auflösung der Zielgesellschaft

Als Ersatzgestaltung anstelle eines *forward triangular merger* kommt weiterhin in Betracht, dass die Zielgesellschaft Z ihr Gesellschaftsvermögen im Wege der Einzelrechtsnachfolge auf eine Tochter T der Erwerbergesellschaft M gegen Gewährung von M-Aktien überträgt, mit denen die M die T zuvor ausgestattet oder die die T selbst von dritter Seite erworben hatte, die Zielgesellschaft anschließend aufgelöst und ihr - nur noch in M-Aktien bestehendes - Gesellschaftsvermögen unter den Aktionären verteilt wird (vgl. § 179a Abs. 3 AktG). Damit wäre das Ergebnis eines *forward triangular merger* (Übertragung des Gesellschaftsvermögens der Zielgesellschaft auf eine Tochter der Erwerbergesellschaft; „Wechsel" der Aktionäre der Zielgesellschaft in die Erwerbergesellschaft) herbeigeführt. Wie beim *forward triangular merger* bedürfte es dazu nicht der Zustimmung jedes einzelnen Aktionärs der Zielgesellschaft; ausreichend wäre vielmehr die Zustimmmung einer Mehrheit von mindestens drei Vierteln des bei der Beschlussfassung vertretenen Grundkapitals der Zielgesellschaft zur Übertragung des Gesellschaftsvermögens der Z auf die T (§ 179a Abs. 1 i.V.m. § 179 Abs. 2 S. 1 AktG) sowie zur Auflösung der Z (§ 262 Abs. 1 Nr. 2 AktG). Der Nachteil dieser Ersatzgestaltung liegt zum einen in der Notwendigkeit einer - aufwendigen - Einzelübertragung aller Aktiva und Passiva der Z auf die T. Hinzu kommt, dass sich bei einer solchen Gestaltung wiederum das Problem ergeben kann, dass das Volumen von Aktien der Muttergesellschaft, welches diese selbst sowie eine Tochter nach geltendem Recht höchstens erwerben darf, bei entsprechender Größe der Zielgesellschaft als Akquisitionswährung u.U. nicht ausreicht[934]. Überdies wäre eine Auflösung und Liquidation

---

[931] Vgl. zum Mehrheitserfordernis die Nachw. oben in Fn.868.

[932] *Baums*, Festschrift Zöllner, S. 65, 72.

[933] Vgl. oben S. 237.

[934] Vgl. oben S. 247f..

der Zielgesellschaft u.U. mit (insbesondere steuerlichen[935]) Nachteilen verbunden[936].

4. *Übertragung des Z-Gesellschaftsvermögens auf Z-Tochter, Einbringung der Tochter-Aktien in Erwerbergesellschaft M gegen M-Aktien, Auflösung der Z*

In Betracht käme schließlich noch eine Ersatzgestaltung anstelle eines *forward triangular merger* nach dem Modell des deutsch-österreichischen Unternehmenszusammenschlusses HypoVereinsbank/Bank Austria[937]. Dabei würde zunächst das Gesellschaftsvermögen der Zielgesellschaft Z (im konkreten Fall: Bank Austria AG) auf eine Z-Tochtergesellschaft übertragen. Anschließend brächte die zur Holding gewordene Zielgesellschaft ihre Tochter-Aktien als Sacheinlage gegen Gewährung junger Aktien, insbesondere aus einer genehmigten Sachkapitalerhöhung mit Bezugsrechtsausschluß, in die Erwerbergesellschaft ein[938]. Schließlich würde die Zielgesellschaft aufgelöst und ihr Gesellschaftsvermögen, das ausschließlich noch in den als Gegenleistung empfangenen jungen Aktien der Erwerbergesellschaft bestünde, unter den Z-Aktionären verteilt[939]. Im Ergebnis hielte also die Erwerbergesellschaft sämtliche Aktien an

---

[935] Vgl. die Liquidationsbesteuerung gemäß § 11 KStG.

[936] Vgl. *Weber-Rey/Schütz*, Die AG 2001, S. 325, 327 li. Sp..

[937] Vgl. dazu unten S. 373ff.; s. FAZ Nr.169 vom 24.07.2000, S. 20; Börsen-Zeitung Nr.141 vom 25.07.2000, S. 6; Entscheidung der österreichischen Übernahmekommission in der Sache HypoVereinsbank/Bank Austria, NZG 2001, S. 282, 283f.; *Karollus/Geist*, NZG 2000, S. 1145; *Stengel* in: Semler/Volhard (Hrsg.), Unternehmensübernahmen, § 17 Rdz.361; *Weber-Rey/Schütz*, Die AG 2001, S. 325ff.; *Kleindiek*, ZGR 2002, S. 546, 566.

[938] Diese Vorgehensweise war im Grundsatz auch für den schließlich nicht zustande gekommenen Zusammenschluß Deutsche Börse AG/London Stock Exchange plc auf deutscher Seite vorgesehen (dazu bereits oben Fn.565). Die Deutsche Börse AG sollte den Großteil ihres Gesellschaftsvermögens auf eine Tochter übertragen und deren Aktien anschließend in eine neue britische Holding iX plc gegen Gewährung von 50 Prozent der iX-Aktien einbringen; vgl. *Kümpel/Hammen*, WM-Sonderbeilage Nr. 3/2000, S. 3, 4 li. Sp.; *Schwark*, WM 2000, S. 2517.

[939] Abweichend von der im Text beschriebenen Gestaltung wurde beim Zusammenschluß HypoVereinsbank/Bank Austria die Bank Austria entgegen anders lautenden Presseberichten (vgl. FAZ Nr.169 vom 24.07.2000, S. 20; Börsen-Zeitung Nr.141 vom 25.07.2000, S. 6) nach Empfang der jungen HypoVereinsbank-Aktien nicht aufgelöst, sondern auf ihre ehemalige Tochtergesellschaft und nunmehrige Enkelgesellschaft verschmolzen, wobei die Bank Austria-Aktionäre als Gegenleistung anstelle von Aktien der Enkelgesellschaft die im Gesellschaftsvermögen der Bank Austria befindlichen im Zuge der genehmigten Kapitalerhöhung in der Erwerbergesellschaft HypoVereinsbank ausgegebenen HypoVereinsbank-Aktien erhielten (vgl. Entscheidung der österreichischen Übernahmekommission in der Sache HypoVereinsbank/Bank Austria, NZG 2001, S. 282, 283; *Stengel* in: Semler/Volhard (Hrsg.), Unternehmensübernahmen, § 17 Rdz.361; *Weber-Rey/Schütz*,

einer Tochter, deren Gesellschaftsvermögen dem Gesellschaftsvermögen der (ursprünglichen) Zielgesellschaft entspräche, und sämtliche Aktionäre der Zielgesellschaft wären zu Aktionären der Erwerbergesellschaft geworden.
Die Gestaltung gliche aber nicht nur in diesem Ergebnis einem *forward triangular merger*. Ebenso wie bei dieser Übernahmeform erwürbe auch hier - bei wirtschaftlicher Betrachtungsweise - die Erwerbergesellschaft sämtliche Aktien der Zielgesellschaft und würden sämtliche Aktionäre der Zielgesellschaft zu Aktionären der Erwerbergesellschaft, ohne daß es dazu der Zustimmung jedes einzelnen Aktionärs der Zielgesellschaft bedürfte. Wie beim *forward triangular merger* genügte vielmehr die Zustimmung der - allerdings qualifizierten[940], mindestens Dreiviertel- - Mehrheit des in der Hauptversammlung der Zielgesellschaft vertretenen Grundkapitals. Nach deutschem Recht wären insoweit drei Beschlüsse der Hauptversammlung der Zielgesellschaft erforderlich, nämlich die Zustimmung zur Übertragung des Gesellschaftsvermögens der Zielgesellschaft auf ihre Tochter (gemäß § 179a Abs. 1 i.V.m. § 179 Abs. 2 S. 1 AktG oder gemäß §§ 125 S. 1, 13, 65 Abs. 1 UmwG), zur Einbringung der Aktien dieser Tochter als Sacheinlage in die Erwerbergesellschaft (gemäß § 179a Abs. 1 i.V.m. § 179 Abs. 2 S. 1 AktG) und zur Auflösung der Zielgesellschaft (gemäß § 262 Abs. 1 Nr. 2 AktG). Ein Vorzug dieser Gestaltung bestünde aus Sicht der Verwaltung der Erwerbergesellschaft darin, daß es bei Vorhandensein eines ausreichend umfangreichen genehmigten Kapitals eines gesonderten Hauptversammlungsbeschlusses in der Erwerbergesellschaft hinsichtlich der Übernahme der Zielgesellschaft jedenfalls nach gesetzlicher Regelung nicht bedürfte.
Freilich handelt es sich um eine relativ aufwendige Form der Übernahme einer Zielgesellschaft. Zu berücksichtigen ist auch, daß die beschriebene Gestaltung nur in solchen Fällen Anwendung finden kann, in denen der Umfang des zur Verfügung stehenden genehmigten Kapitals, der gemäß § 202 Abs. 3 S. 1 AktG auf die Hälfte des Grundkapitals, das zur Zeit der Ermächtigung vorhanden ist, beschränkt ist, zur Finanzierung der Übernahme ausreicht, sofern nicht eine Ergänzung durch eine Barkomponente in Betracht kommt. Und schließlich ergäben sich wiederum - namentlich steuerliche - Probleme, wenn und weil die Zielgesellschaft Z abschließend aufgelöst und liquidiert werden müsste/sollte, um

---

Die AG 2001, S. 325 li. Sp., 326 li. Sp.; vgl. näher dazu und zur Gestaltbarkeit nach deutschem Umwandlungsrecht unten S. 373ff.).

940 Für die Durchführung eines *forward triangular merger* genügt nach dem oben Gesagten (vgl. S. 239) je nach einzelstaatlichem Gesellschaftsrecht der US-Bundesstaaten teilweise bereits die Zustimmung der einfachen Mehrheit des in der Hauptversammlung der Zielgesellschaft vertretenen Kapitals zu der Verschmelzung der Z auf die T.

die in ihrem Gesellschaftsvermögen befindlichen Aktien der Erwerbergesellschaft an die Z-Aktionäre zu verteilen[941].

II. Reverse triangular merger

Im Anschluß an die vorstehende Betrachtung denkbarer Ersatzgestaltungen anstelle eines *forward triangular merger* sollen im folgenden nunmehr Alternativgestaltungen anstelle eines *reverse triangular merger* beleuchtet werden. Als Alternative zum vollständigen „Einsammeln" aller Aktien einer Zielgesellschaft im Tausch gegen Aktien der Erwerbergesellschaft mithilfe eines *reverse triangular merger* kommt nach deutschem Recht insbesondere ein Umtauschangebot der Erwerbergesellschaft auf die Aktien der Zielgesellschaft mit nachfolgendem Hinausdrängen verbliebener Minderheitsaktionäre aus der Zielgesellschaft im Wege der Mehrheitseingliederung (dazu 1.), der übertragenden Auflösung (dazu 2.) oder nunmehr auch durch einen *freeze out* nach §§ 327a ff. AktG n.F. (dazu 3.) in Betracht.

1. Umtauschangebot der Erwerbergesellschaft auf die Aktien der Zielgesellschaft mit anschließender Eingliederung der Ziel- in die Erwerbergesellschaft

Die Kombination eines Umtauschangebotes der Erwerbergesellschaft auf die Aktien der Zielgesellschaft mit einer nachfolgenden Eingliederung der Ziel- in die Erwerbergesellschaft durch Mehrheitsbeschluß setzte nach § 320 Abs. 1 S. 1 AktG voraus, dass die Erwerbergesellschaft nach Vollzug des Aktientausches im Rahmen des Umtauschangebotes die erforderliche Mehrheit von 95 Prozent des Grundkapitals der Zielgesellschaft innehätte. Ob es tatsächlich im Zuge des Umtauschangebotes zum Erwerb einer insoweit ausreichenden Mehrheitsbeteiligung an der Zielgesellschaft käme, wäre ex ante ungewiß. Die Erwerbergesellschaft liefe daher Gefahr, die Zielgesellschaft nach Durchführung des freiwilligen Aktientausches bei Verfehlen der für das Erreichen der 95%igen Beteiligung erforderlichen Umtauschquote als Konzerngesellschaft mit außenstehenden Aktionären führen zu müssen.

Diese Gefahr besteht bei einem *reverse triangular merger* nicht. Stimmt die Hauptversammlung der Zielgesellschaft dem *merger* zu, steht fest, dass alle Aktien der Zielgesellschaft unter vollständiger Eliminierung von Minderheitsbeteiligungen „eingesammelt" werden können. Ein weiterer Nachteil der in Rede stehenden Ersatzgestaltung besteht wiederum darin, dass eine Eingliederung der Ziel- in die Erwerbergesellschaft nach § 322 AktG nur möglich ist um den Preis

---

941 Vgl. *Weber-Rey/Schütz*, Die AG 2001, S. 325, 327 li. Sp..

der Haftung der Erwerbergesellschaft für die Verbindlichkeiten der Zielgesellschaft.

2. Umtauschangebot der Erwerbergesellschaft auf die Aktien der Zielgesellschaft mit anschließender übertragender Auflösung der Zielgesellschaft

In Betracht kommt des weiteren, nach einem Tauschverfahren aufgrund eines Umtauschangebotes der Erwerbergesellschaft auf die Aktien der Zielgesellschaft dort verbliebene Minderheitsaktionäre mithilfe einer - auch nach Inkrafttreten der *freeze out*-Regelung der §§ 327a ff. AktG n.F. am 01.01.2002 weiterhin zulässigen[942] - übertragenden Auflösung[943] aus ihrer Gesellschaft hinauszudrängen. Hierzu müsste die Erwerbergesellschaft M mit ihren Stimmen in der Hauptversammlung der Zielgesellschaft die Übertragung des gesamten Gesellschaftsvermögens der Zielgesellschaft auf eine (andere) M-Tochtergesellschaft sowie überdies die Auflösung der Zielgesellschaft beschließen. Im Rahmen der Liquidation würde das allein noch in der Gegenleistung der Erwerbergesellschaft bestehende Gesellschaftsvermögen der Zielgesellschaft unter deren Aktionären verteilt.
Diese Gestaltung wäre angesichts der Notwendigkeit einer Einzelübertragung aller Aktiva und Passiva des Gesellschaftsvermögens der Zielgesellschaft mit einem nicht unerheblichen Aufwand verbunden. Überdies ist rechtlich ungesichert, ob die Zustimmung der Hauptversammlung der Zielgesellschaft zur Übertragung des Gesellschaftsvermögens sowie zur Auflösung der Gesellschaft abweichend von der gesetzlichen Regelung einer Mehrheit nicht nur von mindestens drei Vierteln des bei der Beschlussfassung vertretenen Grundkapitals bedürfte (§ 179a Abs. 1 i.V.m. §§ 179 Abs. 2 S. 1, 262 Abs. 1 Nr. 2 AktG), sondern - ebenso wie eine Mehrheitseingliederung - einer Mehrheit von 95 Prozent des Grundkapitals[944]. Ob dieses Quorum erreicht würde, ließe sich wiederum ex ante nicht absehen.

3. Umtauschangebot der Erwerbergesellschaft auf die Aktien der Zielgesellschaft mit anschließendem freeze out *nach §§ 327a ff. AktG n.F.*

Durch Art. 7 des am 01.01.2002 in Kraft getretenen Gesetzes zur Regelung von öffentlichen Angeboten zum Erwerb von Wertpapeieren und von Unterneh-

---

[942] *Henze*, Festschrift Wiedemann, S. 935, 949; *Rühland*, WM 2002, S. 1957, 1958; *Martin Wolf*, ZIP 2002, S. 153, 154.
[943] Vgl. oben S. 165f..
[944] Vgl. unten S. 279ff..

mensübernahmen[945] ist mit der Regelung eines *freeze out*[946] gemäß §§ 327a ff. AktG n.F. neben der Mehrheitseingliederung eine weitere Möglichkeit zum Hinausdrängen von Minderheitsaktionären aus ihrer Gesellschaft gegen Abfindung geschaffen worden[947]. Dabei werden die ausscheidenden Aktionäre, anders als regelmäßig im Fall der Mehrheitseingliederung (vgl. § 320b Abs. 1 S. 2 AktG), nicht in Form von Aktien des Hauptaktionärs, sondern in bar abgefunden (vgl. § 327a Abs. 1 S. 1 AktG n.F.). Ebenso wie die Mehrheitseingliederung setzt freilich auch diese Gestaltung voraus, dass der Hauptaktionär über eine Mehrheit von 95 Prozent des Grundkapitals verfügt (§ 327a Abs. 1 S. 1 AktG n.F.). Ob ein vorgeschaltetes Umtauschangebot der Erwerbergesellschaft tatsächlich diese Mehrheit verschaffte, ließe sich wiederum ex ante nicht absehen, so dass auch hier die Gefahr des Verbleibens von Restbeteiligungen in der Zielgesellschaft bestünde, die bei einem vollständigen „Einsammeln" der Aktien einer Zielgesellschaft mithilfe eines *reverse triangular merger* nicht gegeben wäre.

III. Fazit

Zusammenfassend ist festzuhalten, dass nach deutschem Recht denkbare Ersatzgestaltungen anstelle eines *triangular merger* nach einzelstaatlichem US-amerikanischem Recht dieser Form der Übernahme einer Zielgesellschaft mithilfe einer Tochter der Erwerbergesellschaft nicht gleichwertig sind, weshalb gesetzliche Änderungen wünschenswert erscheinen, um eine derartige Gestaltung auch nach deutschem Recht zu ermöglichen[948].

Dies gilt namentlich auch im Hinblick auf eine Verbesserung der Gestaltungsmöglichkeiten bei grenzüberschreitenden Unternehmenszusammenschlüssen unter Beteiligung deutscher (Ziel-)Gesellschaften. Mithilfe eines *triangular merger* ließe sich ohne den Umweg über vergleichsweise komplizierte mehraktige Ersatzgestaltungen[949] wie im Fall Daimler/Chrysler eine derzeit aufgrund

---

[945] BGBl. I 2001, S. 3822ff..

[946] Zum Begriff vgl. oben Fn.244.

[947] Vgl. dazu *Halm*, NZG 2000, S. 1162, 1164f.; *Vetter*, ZIP 2000, S. 1817, 1818ff.; *Ph. Baums*, WM 2001, S. 1843ff.; *ders.*, Ausschluß von Minderheitsaktionären, S. 121ff.; *Ehricke/Roth*, DStR 2001, S. 1120ff.; *Schwichtenberg*, DStR 2001, S. 2075, 2081f.; *Kiem* in: Henze/Hoffmann-Becking (Hrsg.), Gesellschaftsrecht 2001, S. 329ff.; *Habersack*, ZIP 2001, S. 1230, 1231ff.; *Wenger/Kaserer/Hecker*, ZBB 2001, S. 317, 330ff.; *Grunewald*, ZIP 2002, S. 18ff.; *Krieger*, BB 2002, S. 53, 54ff.; *Sieger/Hasselbach*, ZGR 2002, S. 120ff.; *Neye* in: Hirte (Hrsg.), WpÜG, S. 25ff..

[948] Vgl. *Baums* (Hrsg.), Bericht der Regierungskommission Corporate Governance, Rdz.243.

[949] Dazu näher unten S. 357ff..

der bestehenden Rechtsunsicherheit[950] bei einem Zusammenschluß von Großunternehmen nicht gestaltbare technische grenzüberschreitende technische Verschmelzung durch eine wirtschaftliche Verschmelzung ersetzen. Zu verweisen ist in diesem Zusammenhang auf grenzüberschreitende Unternehmenszusammenschlüsse unter Beteiligung US-amerikanischer Zielgesellschaften, die mithilfe eines *reverse triangular merger* vollzogen wurden. Neben dem Fall Daimler/Chrysler sind insoweit namentlich etwa der gleichfalls deutsch-US-amerikanische Zusammenschluß Deutsche Telekom/VoiceStream Wireless[951] sowie die britisch-US-amerikanischen Zusammenschlüsse BP/Amoco und Vodafone/Airtouch[952] zu nennen. In diesen Fällen wurde jeweils eine US-amerikanische Zielgesellschaft von einer ausländischen Erwerbergesellschaft vollständig übernommen und damit eine grenzüberschreitende wirtschaftliche Verschmelzung herbeigeführt.
Die Einführung gesetzlicher Regelungen, welche die Gestaltung eines *triangular merger* und damit die vollständige Übernahme einer inländischen Zielgesellschaft durch eine (insbesondere auch ausländische) Erwerbergesellschaft auf diesem Wege auch nach deutschem Recht ermöglichten, wäre vor diesem Hintergrund ein Beitrag des deutschen Gesetzgebers zur Erweiterung der Gestaltungsmöglichkeiten nicht nur bei nationalen, sondern gerade auch bei grenzüberschreitenden Unternehmenszusammenschlüssen. Diesbezüglicher Flexibilisierungsbedarf lässt sich nicht mit dem Hinweis auf ein neben dem Inkrafttreten der Verordnung über das Statut der SE im Jahre 2004[953] mittelfristig zu erwartendes Inkrafttreten auch der Richtlinie zur grenzüberschreitenden Verschmelzung[954] in Abrede stellen, da sich hinsichtlich der Gestaltungsmöglichkeiten für grenzüberschreitende Unternehmenszusammenschlüsse unter Beteiligung von Gesellschaften aus Nicht-EU-Staaten insoweit keine Verbesserungen ergäben.

F. Überlegungen *de lege ferenda*

Die vorstehenden Ausführungen haben ergeben, daß die Gestaltung des *triangular merger* nach einzelstaatlichem US-amerikanischem, niederländischem und (künftigem) schweizerischem Recht nach geltendem deutschem Recht nicht in Betracht kommt, gleichwertige Ersatzgestaltungen aber nicht zur Verfügung

---

950 Vgl. oben S. 67ff. und unten S. 326ff..
951 Vgl. dazu unten S. 367ff..
952 Vgl. oben Fn.192 und 849, S. 240 sowie *Kingstone/Land*, PLC Magazine IX (1998), S. 17ff.; *Lawes* in: Horn (Hrsg.), Cross-Border Mergers and Acquisitions and the Law, S. 115, 122.
953 Vgl. unten S. 425ff..
954 Vgl. unten S. 421ff..

stehen und insofern mithin Flexibilisierungsbedarf gegeben ist. Im folgenden ist daher nunmehr in dieser Hinsicht ein Regelungsprogramm *de lege ferenda* zu entwickeln. Die nachstehenden Ausführungen befassen sich dabei allein mit *triangular mergers* unter Beteiligung von Aktiengesellschaften, da insoweit vordringlicher Flexibilisierungsbedarf besteht[955]. Ausgangspunkt ist insoweit die oben getroffene Feststellung, daß die Gestaltung eines *triangular merger* nach geltendem Recht auf umwandlungsrechtliche sowie aktienrechtliche Hindernisse stößt. Demgemäß bedürfte es zum einen einer Änderung des Umwandlungsgesetzes (dazu I.) und zum anderen einer Änderung des Aktiengesetzes (dazu II.), um diese Form der Übernahme einer Zielgesellschaft mithilfe einer Tochter der Erwerbergesellschaft zu ermöglichen. Den damit verbundenen Fragen ist im folgenden nachzugehen.

I. Änderung des Umwandlungsgesetzes

Hinsichtlich der im Umwandlungsrecht erforderlichen Änderungen ist zu unterscheiden zwischen der Gestaltung eines *forward triangular merger* (entsprechend einer *Driehoeksfusie* nach niederländischem Recht sowie einer *Dreiecksfusion* nach [künftigem] schweizerischem Recht) einerseits (dazu 1.) und der Gestaltung eines *reverse triangular merger* andererseits (dazu 2.).

1. Forward triangular merger/Driehoeksfusie/Dreiecksfusion*:*
Aktien einer anderen als der aufnehmenden Gesellschaft
als Gegenleistung bei einer Verschmelzung

Die Gestaltbarkeit eines *forward triangular merger* nach deutschem Recht scheitert nach dem Gesagten[956] daran, daß den Aktionären einer übertragenden Gesellschaft nach den Regelungen des Umwandlungsgesetzes aufgrund verschmelzungsvertraglicher Vereinbarung ausschließlich Aktien der aufnehmenden Gesellschaft sowie - in begrenztem Umfang (vgl. § 68 Abs. 3 UmwG) - bare Zuzahlungen gewährt werden dürfen, nicht aber auch Aktien einer anderen als der aufnehmenden Gesellschaft (vgl. §§ 2, 20 Abs. 1 Nr. 3 UmwG)[957]. Um einen *forward triangular merger* nach deutschem Recht zu ermöglichen, bedürfte es also einer Erweiterung der zulässigen Arten der verschmelzungsvertraglichen Gegenleistung für die Aktionäre einer übertragenden Gesellschaft um Aktien einer dritten Gesellschaft zumindest für den Fall, daß es sich bei der aufneh-

---

[955] Vgl. unten S. 309.
[956] Vgl. oben S. 246f..
[957] Vgl. die Nachw. oben in Fn.910.

menden Gesellschaft um eine 100%ige Tochter dieser dritten Gesellschaft handelt.
Der Einführung einer entsprechenden Regelung im deutschen Recht könnten freilich von vornherein europarechtliche Vorgaben entgegenstehen. Dies ist im folgenden näher zu beleuchten.

a) Europarechtliche Vorgaben

Die Dritte gesellschaftsrechtliche Richtlinie (Fusionsrichtlinie)[958], welche für die Regelung der Verschmelzung von Aktiengesellschaften in den mitgliedstaatlichen Rechtsordnungen maßgeblich ist[959], definiert eine Verschmelzung durch Aufnahme als einen „Vorgang, durch den eine oder mehrere Gesellschaften ihr gesamtes Aktiv- und Passivvermögen im Wege der Auflösung ohne Abwicklung auf eine andere Gesellschaft übertragen, und zwar gegen Gewährung von Aktien der *übernehmenden* Gesellschaft (Hervorhebung d. Verf.) an die Aktionäre der übertragenden Gesellschaft oder Gesellschaften und gegebenenfalls einer baren Zuzahlung (...).“[960] Die Gewährung von Aktien einer anderen als der übernehmenden Gesellschaft an die Aktionäre der übertragenden Gesellschaft(en) ist mithin in der Fusionsrichtlinie nicht vorgesehen. Es stellt sich daher die Frage, ob die Nichtregelung dieser Gestaltung in der Richtlinie als diesbezügliches Verbot aufzufassen ist oder aber die Vorgabe der Richtlinie hinsichtlich der Art der im Rahmen einer Verschmelzung durch Aufnahme zu gewährenden Gegenleistung lediglich einen EU-weit verbindlichen Mindeststandard festlegt, den die Mitgliedstaaten durch ihre nationale Gesetzgebung erhöhen oder (hier:) ergänzen können[961]. Nur im letzteren Fall käme hinsichtlich der Verschmelzung von

---

958 Abgedruckt bei *Habersack*, Europäisches Gesellschaftsrecht Rdz.258; *Lutter*, Europäisches Unternehmensrecht, S. 131ff.; *Schwarz*, Textsammlung Europäisches Gesellschaftsrecht, Signatur 3. – Artikel ohne Gesetzesangabe sind im folgenden solche der Fusionsrichtlinie.

959 Vgl. Art. 1 Abs. 1.

960 Art. 3 Abs. 1, s. auch Art. 5 Abs. 2 lit. c, Art. 19 Abs. 1 („Die Verschmelzung bewirkt ipso iure gleichzeitig folgendes: [...] b) die Aktionäre der übertragenden Gesellschaft werden Aktionäre der übernehmenden Gesellschaft; [...]“).

961 Vgl. allgemein zur Frage, ob die auf dem Gebiet des Gesellschaftsrechts ergangenen Richtlinien lediglich Mindest- oder zugleich auch Höchstregelungen enthalten, ob es den Mitgliedstaaten also freisteht, strengere (oder zusätzliche [ergänzende]) Vorschriften zu erlassen, *Habersack*, Europäisches Gesellschaftsrecht Rdz.40ff.; *Lutter*, Europäisches Unternehmensrecht, S. 24ff.; *ders.*, Festschrift Everling, S. 765ff.; *Schwarz*, Europäisches Gesellschaftsrecht Rdz.238ff.. Der Schwerpunkt der Diskussion betrifft dabei die Frage der Zulässigkeit von im Vergleich zur Vorgabe der Richtlinie strengeren mitgliedstaatlicher Vorschriften. Im vorliegenden Zusammenhang geht es weniger um eine Verschär-

Aktiengesellschaften die Einführung einer Regelung im nationalen Umwandlungsrecht in Betracht, wonach den Aktionären einer übertragenden Gesellschaft als Gegenleistung Aktien einer anderen als der übernehmenden Gesellschaft gewährt werden können.

Maßgeblich sind insoweit vor allem Schutzzweck und Regelungsziel der Richtlinie[962]. Die Fusionsrichtlinie bezweckt zum einen, die mitgliedstaatlichen Vorschriften zur Verschmelzung von Aktiengesellschaften im Interesse eines EU-weit gleichwertigen Schutzes der Interessen der Gesellschafter und Dritter, namentlich der Gläubiger, zu harmonisieren, und zum anderen, solche Mitgliedstaaten, welche bis zum Erlaß der Richtlinie die förmliche Verschmelzung von Aktiengesellschaften nicht kannten, zur Einführung dieses Rechtsinstituts im nationalen Recht zu verpflichten[963]. Art. 2 schreibt den Mitgliedstaaten insoweit vor, für die Gesellschaften, die ihrem Recht unterliegen, die Verschmelzung durch Aufnahme einer oder mehrerer Gesellschaften durch eine andere und die Verschmelzung durch Neugründung zu regeln. Artt. 3 und 4 definieren sodann diese Rechtsinstitute, und Artt. 5ff. geben den Mitgliedstaaten das diesbezügliche Regelungsprogramm im einzelnen vor.

Bei den Vorgaben der Richtlinie handelt es sich vor diesem Hintergrund um Mindeststandards, hinter denen die Mitgliedstaaten in ihrer nationalen Gesetzgebung nicht zurückbleiben dürfen. Soweit sich nicht aus der Richtlinie selbst ausdrücklich etwas anderes ergibt[964], was im vorliegenden Zusammenhang nicht der Fall ist, und soweit nicht das oben genannte Ziel der Richtlinie unterlaufen wird, EU-weit gleichwertige Schutzstandards für Gesellschafter und Dritte bei der Verschmelzung von Aktiengesellschaften zu schaffen, bestehen gegen eine von den Vorgaben der Richtlinie nicht vorgesehene einzelstaatliche Regelung, welche diese Vorgaben lediglich ergänzt, aber nicht hinter ihnen zurückbleibt, keine Bedenken. Das Ziel der Richtlinie, eine Harmonisierung der einzelstaatlichen Regelungen zur Verschmelzung von Aktiengesellschaften zu gewährleisten, wird durch ein solches Verständnis nicht in Frage gestellt, da die Richtlinie eben nur - im Rahmen ihrer Vorgaben - eine Harmonisierung der einzelstaatli-

---

fung der Richtlinienvorgaben durch strengere einzelstaatliche Vorschriften als um deren Ergänzung durch zusätzliche Gestaltungsmöglichkeiten.

[962] Vgl. *Habersack*, Europäisches Gesellschaftsrecht Rdz.42; *Schwarz*, Europäisches Gesellschaftsrecht Rdz.241 a.E..

[963] Präambel der Fusionsrichtlinie, Erwägungsgrund 3; *Habersack*, Europäisches Gesellschaftsrecht Rdz.207; *Schwarz*, Europäisches Gesellschaftsrecht Rdz.637.

[964] Vgl. zu diesem Aspekt *Habersack*, Europäisches Gesellschaftsrecht Rdz.41; *Lutter*, Europäisches Unternehmensrecht, S. 25; *ders.*, Festschrift Everling, S. 765, 767f.; *Schwarz*, Europäisches Gesellschaftsrecht Rdz.239.

chen Vorschriften i.S. einer Rechtsangleichung, nicht aber eine Rechtsvereinheitlichung verlangt[965].

Gegen eine Regelung, wonach den Aktionären einer übertragenden Gesellschaft im Rahmen einer Verschmelzung durch Aufnahme anstelle von Aktien der aufnehmenden Gesellschaft auch Aktien einer dritten Gesellschaft gewährt werden können, bestehen demgemäß mangels entgegenstehender Bestimmung der Fusionsrichtlinie jedenfalls dann keine Bedenken, wenn der Schutz der Interessen der Gesellschafter und Dritter, insbesondere der Gläubiger, nicht hinter den Vorgaben der Richtlinie zurückbleibt[966], was durch eine entsprechende Ausgestaltung der Regelung sicherzustellen wäre, auf die noch einzugehen ist[967].

Unzulässig wäre hingegen etwa eine einzelstaatliche Regelung, wonach den Aktionären der übertragenden Gesellschaft ohne ihre individuelle Zustimmung aufgrund verschmelzungsvertraglicher Regelung eine Abfindung ausschließlich in Geld gewährt werden kann, da Artt. 3 Abs. 1, 4 Abs. 1, 30 eine Barabfindung als Gegenleistung ausdrücklich nur in Form einer baren *Zu*zahlung, also als Ergänzung zur Gewährung von Aktien, vorsehen[968].

---

[965] Vgl. *Habersack*, Europäisches Gesellschaftsrecht Rdz.29; *Lutter*, Europäisches Unternehmensrecht, S. 24; *ders.*, Festschrift Everling, S. 765, 771.

[966] A.A. *Weber-Rey/Schütz*, Die AG 2001, S. 325, 326 re. Sp..

[967] Vgl. unten S. 267ff., 307ff..

[968] Vgl. *Habersack*, Europäisches Gesellschaftsrecht Rdz.218; *Schwarz*, Europäisches Gesellschaftsrecht Rdz.668; *Weber-Rey/Schütz*, Die AG 2001, S. 325, 326 re. Sp.; abweichend *Kalss*, JBl. 1995, S. 420, 423ff.. - Dem Umwandlungsgesetz ist folgerichtig zu entnehmen (vgl. §§ 54 Abs. 4, 68 Abs. 3 UmwG), daß außerhalb des § 29 UmwG bei der Verschmelzung als Gegenleistung grundsätzlich Anteile des aufnehmenden oder des neuen Rechtsträgers gewährt werden müssen, eine verschmelzungsvertragliche Abfindung ausschließlich in bar hingegen nicht in Betracht kommt, vielmehr lediglich bare *Zuzahlungen*, *ergänzend* zu einer Gewährung von Anteilen, erfolgen dürfen, um einen Wertausgleich für Spitzenbeträge herbeizuführen, auf die keine vollen Anteile entfallen (Kallmeyer/*Kallmeyer*, § 54 Rdz.12; Kallmeyer/*Marsch-Barner*, § 2 Rdz.12f., § 5 Rdz.9, § 68 Rdz.17; s. auch *Ihrig*, ZHR 160 (1996), S. 317, 319). Eine reine Barabfindung ohne individuelle Zustimmung der Anteilsinhaber des oder der übertragenden Rechtsträger(s) kommt demgemäß im Grundsatz nicht in Betracht (*Kallmeyer*, a.a.O.). In der Literatur wird eine Ausnahme vom Grundsatz der Unzulässigkeit zwangsweiser Barabfindung bei der Verschmelzung allenfalls im Hinblick auf die Inhaber von Kleinstbeteiligungen befürwortet, auf die kein neuer Anteil des aufnehmenden oder neuen Rechtsträgers entfällt (vgl. *Grunewald* in G/H/E/K, § 344 Rdz.16; *Habersack*, Europäisches Gesellschaftsrecht Rdz.218 Fn.18; Kallmeyer/*Marsch-Barner*, § 5 Rdz.9f., § 68 Rdz.19; *M. Winter*, Festschrift Lutter, S. 1279, 1289f.; *ders.* in Lutter, § 54 Rdz.37). – Bedenklich erschiene vor dem Hintergrund der im Text genannten europarechtlichen Vorgaben eine mitgliedstaatliche Regelung wie in Art. 8 Abs. 2 des Entwurfs eines schweizerischen Fusionsgesetzes (vgl. oben Fn.902) - welches sich freilich mangels EU-Mitgliedschaft der Schweiz nicht nach europarechtlichen Vorgaben richten muss -, wonach die an einer Fusion beteiligten Gesellschaften, zu

b) Inhaltliche Ausgestaltung der Regelung

Gegen die Einführung einer Vorschrift, wonach den Aktionären einer übertragenden Gesellschaft aufgrund verschmelzungsvertraglicher Regelung Aktien einer anderen als der aufnehmenden Gesellschaft gewährt werden können, bestehen nach dem vorstehend Gesagten aus europarechtlicher Sicht bei Gewährleistung des durch die Fusionsrichtlinie vorgeschriebenen Schutzes der Interessen der Aktionäre der beteiligten Gesellschaften und Dritter, insbesondere der Gläubiger, keine Bedenken.

Um die Gestaltung des *forward triangular merger* zu ermöglichen - bei der nach dem Gesagten die Zielgesellschaft auf eine 100%ige Tochter der Erwerbergesellschaft verschmolzen wird -, genügte es, die Möglichkeit der Gewährung von Aktien einer anderen als der aufnehmenden Gesellschaft für den Fall vorzusehen, daß es sich bei der aufnehmenden Gesellschaft um eine 100%ige Tochtergesellschaft dieser anderen Gesellschaft handelt. Einer generellen Zulassung von Aktien dritter, an der Verschmelzung nicht (unmittelbar) beteiligter Gesellschaften als Gegenleistung für die Aktionäre einer übertragenden Gesellschaft[969] bedürfte es hingegen nicht. Dies wäre gleichwohl erwägenswert, um neue Umstrukturierungsmöglichkeiten zu eröffnen. Insoweit ist allerdings zu sehen, daß im letztgenannten Fall ein vergleichsweise stärkerer Eingriff in die Rechtsstellung der Aktionäre der (übertragenden) Zielgesellschaft gegeben wäre. In der hier in Rede stehenden Konstellation des *forward triangular merger*, also bei der Verschmelzung einer Zielgesellschaft auf eine 100%ige Tochter der Erwerbergesellschaft gegen Gewährung von Aktien der Erwerbergesellschaft, bleiben die (ehemaligen) Aktionäre der Zielgesellschaft über die ihnen als Gegenleistung gewährte Beteiligung an der Erwerbergesellschaft, die ihrerseits wirtschaft-

---

denen auch Aktiengesellschaften rechnen (Artt. 2 lit. b, c des Entwurfs), im Fusionsvertrag vorsehen können, „daß [bei Zustimmung von 90 Prozent der stimmberechtigten Gesellschafter der übertragenden Gesellschaft zum Fusionsbeschluß, Art. 18 S. 5 des Entwurfs, Anm.d.Verf.; vgl. oben S. 244] nur eine Abfindung ausgerichtet wird“ (vgl. dazu bereits oben Fn.909). Jedenfalls eine zwangsweise, ohne individuelle Zustimmung erfolgende Abfindung der Anteilsinhaber einer übertragenden Gesellschaft ausschließlich in Geld wäre mit den Vorgaben der Richtlinie nicht zu vereinbaren (vgl. dazu auch die Begründung des Entwurfs eines schweizerischen Fusionsgesetzes zu Art. 18 Abs. 5 [oben Fn.909]).

[969] Diesen Weg geht nach dem Gesagten (vgl. den Text oben S. 243ff.) Art. 8 Abs. 2 des Entwurfs eines schweizerischen Fusionsgesetzes, wonach im Fusionsvertrag vorgesehen werden kann, daß den Gesellschaftern einer übertragenden Gesellschaft anstelle von Anteils- oder Mitgliedschaftsrechten der aufnehmenden Gesellschaft ausschließlich eine Abfindung gewährt wird. Die Art der Abfindung ist in Art. 8 Abs. 2 nicht näher vorgegeben; sie kann nach der Begründung des Fusionsgesetzes (vgl. oben S. 245) insbesondere in Anteilen einer dritten Gesellschaft bestehen, bei der es sich um die Muttergesellschaft der aufnehmenden Gesellschaft handeln kann, aber nicht muß.

lich Eigentümerin des Vermögens der Zielgesellschaft wird, immerhin zumindest mittelbar an der Vermögenssubstanz ihrer früheren Gesellschaft beteiligt[970], was bei Zulassung der Gewährung von Aktien einer beliebigen dritten Gesellschaft an die Aktionäre einer übertragenden Gesellschaft nicht gewährleistet wäre. Das niederländische Recht gestattet im übrigen nach dem Gesagten[971] die Gewährung von Anteilen einer anderen als der aufnehmenden Gesellschaft an die Anteilsinhaber einer übertragenden Gesellschaft im Rahmen der *Driehoeksfusie* nur für den Fall, daß es sich bei dieser anderen Gesellschaft um eine Muttergesellschaft der aufnehmenden Gesellschaft handelt. Indes bestünden auch gegen eine Regelung, wonach den Aktionären einer übertragenden Gesellschaft auch Aktien dritter, an der Verschmelzung nicht (unmittelbar) beteiligter Gesellschaften gewährt werden können, jedenfalls dann keine durchgreifenden Bedenken, wenn insoweit analog der Regelung des § 29 UmwG vorgesehen würde, dass jeder Aktionär der übertragenden Gesellschaft dem Verschmelzungsbeschluß widersprechen und gegebenenfalls gegen Barabfindung ausscheiden kann. Im vorliegenden Zusammenhang genügte freilich nach dem Gesagten eine Regelung, wonach den Aktionären einer übertragenden Gesellschaft Aktien einer dritten Gesellschaft gewährt werden können, sofern es sich bei der aufnehmenden Gesellschaft um eine 100%ige Tochtergesellschaft dieser dritten Gesellschaft handelt, um die Gestaltung des *forward triangular merger* auch nach deutschem Umwandlungsrecht zu ermöglichen. Nur diese Gestaltung wird daher der folgenden Untersuchung zugrundegelegt.
Als problematisch könnte sich die in Rede stehende vorgenannte Regelung namentlich unter verfassungsrechtlichem Aspckt im Hinblick auf den Gleichheitsgrundsatz des Art. 3 GG und die Eigentumsgarantie des Art. 14 GG erweisen[972]. Insbesondere die Frage, ob aus verfassungsrechtlichen Gründen für den Zustimmungsbeschluß in der Hauptversammlung der Zielgesellschaft eine größere Mehrheit als die normalerweise für die Zustimmung zu einem Verschmelzungsvertrag genügende Dreiviertel-Mehrheit des in der Hauptversammlung vertretenen Grundkapitals (§§ 13, 65 Abs. 1 UmwG) erforderlich wäre, wird in diesem Zusammenhang noch näher zu beleuchten sein[973].

---

970 Vgl. BGH WM 1974, S. 713, 716 re. Sp. zur Mehrheitseingliederung gemäß § 320 AktG; vgl. unten S. 274, 282 mit Fn.1036, 285.
971 Vgl. oben S. 241.
972 Vgl. dazu unten S. 271ff..
973 Vgl. unten S. 278ff..

2. Reverse triangular merger*: Ausscheiden der Aktionäre einer aufnehmenden Gesellschaft; gesetzlicher Eigentumsübergang*

Die Gestaltung eines *reverse triangular merger* kommt nach deutschem Umwandlungsrecht nach dem Gesagten[974] insofern nicht in Betracht, als dieses nicht vorsieht, daß die Aktionäre einer aufnehmenden (Ziel-)Gesellschaft bei einer Verschmelzung aus ihrer Gesellschaft ausscheiden und dafür eine Gegenleistung erhalten. Eben dies geschieht beim *reverse triangular merger*[975] nach einzelstaatlichem US-amerikanischem Recht. Die Aktien einer Zielgesellschaft werden mit Vollzug der Verschmelzung einer Tochter der Erwerbergesellschaft auf die Zielgesellschaft ungültig, und die Aktionäre der Zielgesellschaft erhalten als Gegenleistung Aktien der Erwerbergesellschaft. Im folgenden ist der Frage nachzugehen, auf welche Weise die Gestaltung eines *reverse triangular merger* nach deutschem Umwandlungsrecht ermöglicht werden könnte. Auch insoweit stellt sich indes zunächst wiederum die Frage, ob einer entsprechenden Regelung bei Beteiligung von Aktiengesellschaften europarechtliche Vorgaben der Fusionsrichtlinie entgegenstünden.

a) Europarechtliche Vorgaben

Die Fusionsrichtlinie sieht nicht vor, daß bei einer Verschmelzung durch Aufnahme die Aktien der aufnehmenden Gesellschaft auf eine dritte Gesellschaft übergehen und die ausscheidenden Aktionäre als Gegenleistung Aktien dieser Gesellschaft erhalten. Dies spricht indes nach dem oben Gesagten[976] nicht zwingend gegen die Zulässigkeit einer dahingehenden mitgliedstaatlichen Regelung. Auch insoweit gilt, daß es sich lediglich um eine die Mindeststandards der Richtlinie ergänzende Regelung handelte, gegen die mangels entgegenstehender ausdrücklicher Bestimmung der Richtlinie keine Bedenken bestünden, soweit durch eine entsprechende inhaltliche Ausgestaltung der Regelung sichergestellt wäre, daß der Schutz der Interessen der Aktionäre der beteiligten Gesellschaften und Dritter, namentlich der Gläubiger, nicht hinter den Vorgaben der Richtlinie zurückbleibt. Hierauf wird zurückzukommen sein[977].

---

[974] Vgl. oben S. 248f..

[975] Vgl. oben S. 234ff..

[976] Vgl. oben S. 260ff..

[977] Vgl. unten S. 267ff., 307ff..

b) Inhaltliche Ausgestaltung der Regelung

Eine verschmelzungsvertragliche Vereinbarung, wonach die Aktien einer aufnehmenden (Ziel-)Gesellschaft Z mit Vollzug der Verschmelzung einer Tochter T einer dritten Gesellschaft M auf die Z unwirksam werden und durch die Aktien der erlöschenden übertragenden Gesellschaft T ersetzt werden, kommt nach deutschem Recht nicht in Betracht. Mit Vollzug einer Verschmelzung gegen-standslos werdende Aktien, welche eine dritte Gesellschaft an der untergehenden übertragenden Gesellschaft T hält, können nicht kraft verschmelzungsvertraglicher Vereinbarung mit Wirksamwerden der Verschmelzung in Aktien der aufnehmenden Gesellschaft Z „umgewandelt" werden. Soll das Eigentum an den Aktien der Zielgesellschaft auf die Erwerbergesellschaft M übergehen, müsste daher jede Aktie gesondert von den Aktionären der Zielgesellschaft auf die Erwerbergesellschaft übertragen werden. Es bedürfte mithin insoweit der Mitwirkung jedes einzelnen Z-Aktionärs, damit alle Z-Aktien auf die M übergehen. Demgegenüber bezweckt die Gestaltung des *reverse triangular merger* nach einzelstaatlichem US-amerikanischem Recht gerade, den Erwerb sämtlicher Aktien einer Zielgesellschaft zu ermöglichen, *ohne* daß es dazu der Zustimmung und Mitwirkung aller Z-Aktionäre bedürfte.

Diese Möglichkeit ließe sich im deutschen Recht durch gesetzliche Anordnung des Übergangs des Eigentums an den Z-Aktien auf die M mit Wirksamwerden der Verschmelzung der T auf die Z nach dem Regelungsmodell des für eine Mehrheitseingliederung geltenden § 320a S. 1 AktG sowie des für den Ausschluß von Minderheitsaktionären gegen Barabfindung einschlägigen § 327e Abs. 3 S. 1 AktG n.F.[978] schaffen. Nach den genannten Vorschriften gehen mit Eintragung einer Mehrheitseingliederung sowie mit Eintragung eines Übertragungsbeschlusses gemäß § 327a Abs. 1 AktG n.F. alle Aktien der (einzugliedernden) Gesellschaft, die sich nicht in der Hand der Hauptgesellschaft oder des Hauptaktionärs befinden, auf die Hauptgesellschaft oder den Hauptaktionär über. Entsprechend wäre für den Fall eines *reverse triangular merger* sinngemäß vorzusehen, dass bei entsprechender Vereinbarung im Verschmelzungsvertrag mit Eintragung der Verschmelzung einer Tochter der Erwerbergesellschaft auf die Zielgesellschaft alle Aktien an der Zielgesellschaft auf die Erwerbergesellschaft übergehen, soweit sie sich nicht bereits in ihrer Hand befinden. Der Übergang des Eigentums an sämtlichen Aktien der Zielgesellschaft träte in diesem Fall auch gegen den Willen von Minderheitsaktionären in der Zielgesell-

[978] § 327a ff. AktG wurden mit Inkrafttreten des Gesetzes zur Regelung von öffentlichen Angeboten zum Erwerb von Wertpapieren und von Unternehmensübernahmen (BGBl. I 2001, S. 3822ff.) am 01.01.2002 in das Aktiengesetz eingefügt.

schaft ein. Als Ausgleich wäre eine Pflicht der Erwerbergesellschaft zur Gewährung eigener Aktien an die Aktionäre der Zielgesellschaft vorzusehen[979].
Der Sache nach brächten bei der vorstehend beschriebenen Gestaltung die Aktionäre der Zielgesellschaft ihre Aktien als Sacheinlage in die Erwerbergesellschaft ein und erhielten im Gegenzug eigene Aktien der Erwerbergesellschaft. Der Vorgang ähnelte insofern einer Sachkapitalerhöhung mit Bezugsrechtsausschluß in der Erwerbergesellschaft M. Insofern liegt die Frage nahe, ob es hierfür überhaupt der Einschaltung einer dritten Gesellschaft, der Verschmelzungsvehikel-Tochter T der M, bedarf. Die Frage ist indes deshalb zu bejahen, weil nur dann ein vollständiges „Einsammeln" sämtlicher Aktien der Zielgesellschaft Z gewährleistet ist, wenn nicht sämtliche Z-Aktionäre zustimmen müssen, was wiederum voraussetzt, dass das „Einsammeln" Resultat eines Hauptversammlungsbeschlusses ist, der lediglich der Zustimmung der Mehrheit des in der Hauptversammlung vertretenen Kapitals bedarf. Ein solcher Hauptversammlungsbeschluss muss sich indes auf die Verschmelzung der Zielgesellschaft Z auf eine dritte Gesellschaft (T) beziehen, da eine Verschmelzung von Ziel- und Erwerbergesellschaft mit einem *triangular merger* nach dem Gesagten, insbesondere zur Vermeidung einer Haftung der M für Verbindlichkeiten der Z, gerade vermieden werden soll.

3. Schutz der Aktionäre der Zielgesellschaft bei einem triangular merger

Bei Einführung der vorstehend skizzierten Regelungen zur Ermöglichung der Übernahmeform des *(forward/reverse) triangular merger* nach deutschem Umwandlungsrecht stellte sich die Frage nach dem Schutz der Aktionäre sowohl der Erwerber- wie auch der Zielgesellschaft vor einer möglichen Beeinträchtigung ihrer Mitgliedsrechte. Diese Thematik soll im folgenden zunächst mit Blick auf die Aktionäre der Zielgesellschaft beleuchtet werden[980]. Da es insoweit im Rahmen eines *triangular merger* zu einem Hinausdrängen von Minderheitsaktionären gegen ihren Willen kommen kann (dazu a)), sind in diesem Zusammenhang insbesondere verfassungsrechtliche Anforderungen an *freeze out*-Regelungen (dazu b)) zu beachten (dazu c)).

---

[979] Näher zur Art der Gegenleistung unten S. 284f..

[980] Zur Frage des Schutzes der Aktionäre der Erwerbergesellschaft durch Statuierung einer gesetzlichen Zustimmungskompetenz der Hauptversammlung der Erwerbergesellschaft hinsichtlich der Verschmelzung der Verschmelzungsvehikel-Tochter mit der Zielgesellschaft vgl. unten S. 286ff..

a) Triangular merger *als* freeze out-*Gestaltung*

Für die Aktionäre der Zielgesellschaft ist ein *triangular merger* mit dem Verlust ihrer Mitgliedschaft verbunden, die durch Art. 14 GG geschützt ist[981]. Die Zielgesellschaft selbst besteht fort, und zwar letztlich bei beiden Varianten des *triangular merger*. Im Fall des *forward triangular merger* erlischt sie zwar formal betrachtet mit Wirksamwerden der Verschmelzung auf die Verschmelzungsvehikel-Tochter T der Erwerbergesellschaft. Bei wirtschaftlicher Betrachtungsweise besteht sie freilich auch hier ebenso wie bei einem *reverse triangular merger* als selbständige rechtliche Einheit fort, wenn und weil es sich bei der aufnehmenden Gesellschaft T um eine *shell company* handelt. Die „überlebende" Gesellschaft eines *forward triangular merger* ist in diesem Fall wirtschaftlich betrachtet die mit ihrer Verschmelzung auf die T formal erloschene Zielgesellschaft. Das Resultat beider Formen des *triangular merger* ist mithin zum einen der Verlust der Mitgliedschaft für die Aktionäre der Zielgesellschaft, die zum Ausgleich Aktien der Erwerbergesellschaft erhalten, und zum anderen - im Fall des *forward triangular merger* jedenfalls wirtschaftlich betrachtet - der Fortbestand der Zielgesellschaft als 100%ige Tochter der Erwerbergesellschaft.

Je nachdem, in welchem Umfang die Erwerbergesellschaft zum Zeitpunkt eines *triangular merger* bereits an der Zielgesellschaft beteiligt wäre, könnte der Vollzug des *merger* zu einem zwangsweisen Hinausdrängen von Minderheitsaktionären aus der Zielgesellschaft (*freeze out*) führen. Im einzelnen:

Denkbar ist zum einen, daß die Erwerbergesellschaft bei Vollzug der Verschmelzung von T und Z an der Zielgesellschaft nicht beteiligt wäre. In diesem Fall verlören wie bei einer Verschmelzung, bei der den Aktionären der übertragenden Gesellschaft als Gegenleistung Aktien der aufnehmenden Gesellschaft gewährt werden, sämtliche Z-Aktionäre ihre Mitgliedschaft und würden zu Aktionären der Erwerbergesellschaft. Kein Aktionär der Zielgesellschaft würde durch einen oder mehrere Mitaktionäre, die in der - mindestens wirtschaftlich fortbestehenden - Gesellschaft verblieben, aus der Zielgesellschaft hinausgedrängt. Eine ungleiche Behandlung der Aktionäre der Zielgesellschaft wäre insofern nicht gegeben[982]. Der in Rede stehende Fall ist nach seinem Ergebnis der Ausgliederung des gesamten Gesellschaftsvermögens einer Gesellschaft auf eine Tochtergesellschaft vergleichbar, an der keiner der Aktionäre der Obergesellschaft beteiligt ist. Alle Aktionäre der ausgliedernden Gesellschaft (oder der Zielgesellschaft bei der in Rede stehenden Konstellation eines *triangular merger*) verlören ihre unmittelbare Beteiligung an der Vermögenssubstanz der Ge-

---

981 BVerfGE 14, S. 263, 276f. - Feldmühle; BVerfGE 100, S. 289, 301 - DAT/Altana; BVerfG ZIP 2000, S. 1670, 1671 li. Sp. - Moto Meter.

982 Vgl. KK/*Koppensteiner*, Vorb. § 319 Rdz.7.

sellschaft und wären fortan auf eine bloß mittelbare Beteiligung daran beschränkt.
Hielte die Erwerbergesellschaft demgegenüber bei Beschlussfassung der Z-Hauptversammlung über die Verschmelzung bereits eine Beteiligung an der Zielgesellschaft, käme es bei Durchführung der Verschmelzung zu einer Ungleichbehandlung der Z-Aktionäre insofern, als die Erwerbergesellschaft - im Fall des *forward triangular merger* zumindest wirtschaftlich betrachtet - Aktionärin der Zielgesellschaft bliebe, während die anderen Z-Aktionäre ausschieden und mit Aktien der Erwerbergesellschaft abgefunden würden. Ein zwangsweises Hinausdrängen der ausscheidenden Z-Aktionäre aus ihrer Gesellschaft durch die Erwerbergesellschaft (*freeze out*) wäre in diesem Fall dann gegeben, wenn die Erwerbergesellschaft im Zeitpunkt der Beschlußfassung der Z-Hauptversammlung über die Verschmelzung über eine Mehrheit von drei Vierteln des bei der Beschlussfassung in der Hauptversammlung der Zielgesellschaft vertretenen Grundkapitals verfügte und somit den Verschmelzungsbeschluß auch ohne Zustimmung der übrigen Z-Aktionäre herbeiführen konnte. In diesem Fall käme es dazu, daß die anderen Aktionäre aus der Zielgesellschaft durch einen einzelnen, in der Zielgesellschaft - im Fall des *forward triangular merger* zumindest wirtschaftlich betrachtet - verbleibenden Aktionär, die Erwerbergesellschaft, hinausgedrängt würden. Damit wäre infolge der Stimmrechtsausübung der Erwerbergesellschaft als Mehrheitsaktionärin in der Z-Hauptversammlung eine Ungleichbehandlung der anderen Z-Aktionäre im Vergleich zu ihr gegeben. Während die Erwerbergesellschaft über ihre 100%ige Beteiligung an der „überlebenden" Gesellschaft des *triangular merger* am Z-Gesellschaftsvermögen unmittelbar beteiligt bliebe, verlören die übrigen Z-Aktionäre ihre Beteiligung an der fortbestehenden Zielgesellschaft und wären fortan auf eine nur noch mittelbare Beteiligung an deren Gesellschaftsvermögen verwiesen.
Die vorstehend erörterte Konstellation eines *triangular merger* wäre einer Mehrheitseingliederung nach § 320 AktG insofern vergleichbar, als es dabei gleichfalls zu einem Ausschluß von Minderheitsaktionären aus ihrer - fortbestehenden - Gesellschaft unter Verbleib des Hauptaktionärs in der Gesellschaft kommt[983] und den ausscheidenden Gesellschaftern - jedenfalls in der Regel (vgl. § 320b Abs. 1 S. 2 AktG) - als Gegenleistung Aktien der Hauptgesellschaft gewährt werden. Während indes eine Mehrheitseingliederung eine Beteiligung der Hauptgesellschaft an der einzugliedernden Gesellschaft in Höhe von 95 Prozent der Grundkapitals voraussetzt (§ 320 Abs. 1 S. 1 AktG), bedürfte die Erwerbergesellschaft für einen *triangular merger* lediglich einer Mehrheit von drei Vierteln des in der Hauptversammlung der Zielgesellschaft vertretenen Grundkapi-

---

[983] *Emmerich/Sonnenschein/Habersack*, Konzernrecht, § 10 III 3, S. 140.

tals (§§ 13, 65 Abs. 1 UmwG), um die übrigen Aktionäre aus der Gesellschaft hinauszudrängen. Bei einer durchschnittlichen Hauptversammlungspräsenz von etwa 60 Prozent[984] genügte insoweit bereits eine Beteiligung von unter 50 Prozent an der Zielgesellschaft, bei im Einzelfall wesentlich geringerer Präsenz[985] sogar eine Beteiligung von unter 40 Prozent.
Ob eine gesetzliche Regelung, die unter derart vergleichsweise erleichterten Voraussetzungen ein Hinausdrängen von Minderheitsaktionären aus einer (Ziel-)Gesellschaft ermöglichen würde, noch verfassungsrechtlichen Anforderungen (Artt. 3, 14 GG) genügte, erscheint nicht unzweifelhaft. Immerhin liegt der Grund dafür, daß eine Mehrheitseingliederung eine Mehrheit von 95 Prozent des Grundkapitals der einzugliedernden Gesellschaft in der Hand der Hauptgesellschaft erfordert, gerade in der Ungleichbehandlung der aus der einzugliedernden Gesellschaft ausscheidenden Aktionäre gegenüber der in der Gesellschaft verbleibenden und zur Alleinaktionärin „aufsteigenden" Hauptgesellschaft[986]. Vor diesem Hintergrund stellt sich die Frage, ob für die Durchführung eines *triangular merger* bereits die Zustimmung von drei Vierteln des bei der Beschlussfassung in der Hauptversammlung der Zielgesellschaft vertretenen Grundkapitals genügen kann.
Dies ist im folgenden auf der Grundlage einschlägiger, insbesondere verfassungsgerichtlicher Rechtsprechung zur Verfassungsmäßigkeit von *freeze out*-Gestaltungen, d.h. von Regelungen zur Hinausdrängung von Minderheitsaktionären aus ihrer Gesellschaft, zu untersuchen. In diesem Zusammenhang ist überdies allgemein den verfassungsrechtlichen Anforderungen an den Schutz von Minderheitsaktionären bei Gestaltungen nachzugehen, durch die sie aus ihrer Gesellschaft hinausgedrängt werden. Derartige *freeze out*-Gestaltungen stellen neben der vorstehend angesprochenen *Mehrheitseingliederung* gemäß § 320 AktG die sog. *übertragende Auflösung* sowie die *Mehrheitsumwandlung* nach früherem Umwandlungsrecht dar.

---

984 Vgl. *Benner-Heinacher*, DB 1997, S. 2521f..
985 Vgl. *Claussen*, Die AG 2001, S. 161, 163 re. Sp.. Auf der Hauptversammlung 2001 der DaimlerChrysler AG waren etwa lediglich 36,9 Prozent des Grundkapitals vertreten; FAZ Nr. 87 vom 12.04.2001, S. 16.
986 KK/*Koppensteiner*, Vorb. § 319 Rdz.7.

b) Rechtsprechung zu verfassungsrechtlichen Anforderungen an freeze out-*Gestaltungen*

aa) Mehrheitsumwandlung gemäß § 15 UmwG 1956 (BVerfGE 14, S. 263ff. – Feldmühle)

Die Leitentscheidung zur Verfassungsmäßigkeit einer Regelung, die es dem Mehrheitsaktionär erlaubt, Minderheitsaktionäre aus ihrer Gesellschaft gegen Abfindung hinauszudrängen, ist das Feldmühle-Urteil des Bundesverfassungsgerichts zur Verfassungsmäßigkeit der Umwandlung durch Mehrheitsbeschluß nach § 15 UmwG 1956[987].

Gemäß § 15 Abs. 1 i.V.m. § 9 Abs. 1 UmwG 1956 konnte die Hauptversammlung einer Aktiengesellschaft die Übertragung des Vermögens der Gesellschaft im Wege der Gesamtrechtsnachfolge[988] auf den Hauptaktionär beschließen, wenn sich mehr als drei Viertel des Grundkapitals in der Hand des Hauptaktionärs befanden. Die Minderheitsaktionäre hatten in diesem Fall gemäß § 15 Abs. 1 i.V.m. § 12 Abs. 1 UmwG 1956 (lediglich) Anspruch auf „angemessene Abfindung" in Gestalt einer Barzahlung[989]; ein Anspruch auf Gewährung von Anteilen an dem Hauptaktionär (sofern es sich bei diesem um eine juristische Person handelte) stand ihnen hingegen nicht zu[990].

---

[987] Gesetz über die Umwandlung von Kapitalgesellschaften und bergrechtlichen Gewerkschaften, BGBl. I 1956, S. 844ff..

[988] § 15 Abs. 1 i.V.m. § 9 Abs. 2 i.V.m. § 5 UmwG 1956.

[989] Vgl. *Veith/Börnstein*, §§ 12 - 13 UmwG Rdz.1.

[990] Vgl. BVerfGE 14, S. 263, 265. – Eine Änderung des § 15 Abs. 1 UmwG 1956 erfolgte durch das EGAktG 1965 (§ 39 Ziff.6; abgedruckt bei *Kropff*, S. 563). Eine Umwandlung durch Mehrheitsbeschluß auf den Hauptaktionär einer Aktiengesellschaft kam danach (§ 15 Abs. 1 S. 1 UmwG) im Interesse eines „verstärkten Schutzes der Minderheitsaktionäre" (Begr. RegE zu § 39 EGAktG, abgedruckt bei *Kropff*, S. 566) nicht mehr bereits dann in Betracht, wenn sich mehr als drei Viertel des Grundkapitals in der Hand des Mehrheitsaktionärs befanden, sondern erst dann, wenn der Hauptaktionär mehr als 90 Prozent des Grundkapitals der übertragenden Gesellschaft hielt. Zudem hatte nach § 15 Abs. 1 S. 2 UmwG i.d.F. des EGAktG, wenn es sich bei dem Hauptaktionär um eine AG oder KGaA handelte, diese den ausscheidenden Aktionären anstelle der Barabfindung nach § 15 Abs. 1 S. 1 i.V.m. § 12 Abs. 1 UmwG die Gewährung eigener Aktien anzubieten. Die Gesetzesbegründung (abgedruckt bei *Kropff*, S. 568f.) betont insoweit, den ausscheidenden Aktionären solle „nach Möglichkeit ihre gesellschaftsrechtliche Beteiligung der Substanz nach erhalten bleiben" (a.a.O., S. 568). - § 15 UmwG wurde sodann durch Art. 4 des Verschmelzungsrichtliniegesetzes vom 25.10.1982 (BGBl. I 1982, S. 1425ff., 1431) in seinem Anwendungsbereich insofern erheblich eingeschränkt (vgl. *Priester*, NJW 1983, S. 1459, 1466 li. Sp.), als nach der Neufassung des § 1 Abs. 2 S. 2 Nr. 1 UmwG die (Mehrheits-)Umwandlung einer AG, KGaA oder GmbH auf einen Aktionär oder Gesellschafter, bei dem es sich um eine juristische Person handelte, nicht mehr zulässig war,

Ebenso wie es bei einem *triangular merger* nach dem Gesagten[991] u.U. zu einer Ungleichbehandlung der Aktionäre der Zielgesellschaft kommen kann und es bei einer Mehrheitseingliederung stets zu einer Ungleichbehandlung der Aktionäre der einzugliedernden Gesellschaft kommt, brachte mithin eine Mehrheitsumwandlung gemäß § 15 UmwG 1956 eine Ungleichbehandlung der Aktionäre der übertragenden Gesellschaft mit sich. Während die Minderheitsaktionäre der Gesellschaft ihren durch die Aktie vermittelten Anteil am Gesellschaftsvermögen und damit an der Unternehmenssubstanz verloren, wuchs dieser Anteil dem Mehrheitsaktionär zu, auf den das Gesellschaftsvermögen im Wege der Gesamtrechtsnachfolge insgesamt überging[992].

Das Bundesverfassungsgericht erklärte die fragliche Regelung der Mehrheitsumwandlung gemäß § 15 UmwG 1956 in der Feldmühle-Entscheidung für vereinbar mit Artt. 3, 14 GG. Das in der Aktie verkörperte gesellschaftsrechtliche Eigentum sei in seinem Bestand gegen Beschlüsse der Mehrheit nicht unbedingt gesichert[993]. Der Gesetzgeber habe „dem Interesse der Allgemeinheit an einer

---

wenn dieser die Rechtsform einer AG, einer KGaA oder einer GmbH hatte. Die auf diese Weise aus dem Anwendungsbereich des § 15 UmwG ausgeschiedenen Gestaltungen wurden damit ausschließlich anderweitigen gesetzlichen Regelungen (für die AG vgl. §§ 339ff. AktG a.F.) unterworfen, wodurch hinsichtlich der Aktiengesellschaft den Anforderungen der EU-Fusionsrichtlinie Rechnung getragen wurde (vgl. *Priester*, a.a.O.). § 15 Abs. 1 S. 2 UmwG, der nach dem Gesagten bis dahin eine AG oder KGaA (sowie über die Verweisung in § 24 Abs. 1 UmwG auch eine GmbH) verpflichtete, bei einer Mehrheitsumwandlung ausscheidenden Gesellschaftern der übertragenden Gesellschaft statt einer Barabfindung eigene Anteile zu gewähren, wurde damit obsolet und daher aufgehoben (vgl. Begr. RegE Verschmelzungsrichtliniegesetz, BT-Drucks. 9/1065, S. 27); die ausscheidenden Gesellschafter bei einer Mehrheitsumwandlung waren nunmehr also wiederum stets auf eine Barabfindung verwiesen, § 15 Abs. 1 S. 1 i.V.m. § 12 Abs. 1 UmwG. - Durch das Gesetz zur Bereinigung des Umwandlungsrechts vom 28.10.1994 (BGBl. I 1994, S. 3210ff.) wurde die Möglichkeit der Mehrheitsumwandlung auf den Hauptgesellschafter unter zwangsweisem Ausscheiden der Minderheitsgesellschafter gegen Barabfindung schließlich vollends beseitigt. § 120 Abs. 1 UmwG n.F. läßt nur noch eine Verschmelzung einer Kapitalgesellschaft auf eine natürliche Person (vgl. Kallmeyer/*Marsch-Barner*, § 120 Rdz.3) als Alleingesellschafter zu; eine Verschmelzung auf einen Mehrheitsgesellschafter ist hingegen nicht (mehr) vorgesehen (vgl. *Karollus* in Lutter, § 120 Rdz.1f.). In der diesbezüglichen Gesetzesbegründung wird insoweit folgendes ausgeführt: „Soweit es nach den §§ 1, 15, 23, 24 UmwG bisher möglich war, außenstehende Anteilsinhaber gegen eine Abfindung, aber ohne ihre Zustimmung aus der Gesellschaft hinauszudrängen, soll dies entfallen; denn es entspricht nicht den Grundsätzen des Minderheiten- und des Anlegerschutzes, eine solche Möglichkeit zuzulassen." (Begr. RegE UmwBerG, BR-Drucks. 75/94, S. 114 re. Sp.; zustimmend *Karollus*, a.a.O., § 120 Rdz.2).

991 Vgl. oben S. 268f..

992 BVerfGE 14, S. 263, 276.

993 BVerfGE 14, S. 263, 278.

freien Entfaltung der unternehmerischen Initiative im Konzern" den Vorrang geben dürfen vor dem Schutz des Eigentums der Minderheitsaktionäre[994]. Voraussetzung für die Verfassungsmäßigkeit einer diesem Interesse Rechnung tragenden Regelung zum Ausschluß von Minderheitsaktionären aus ihrer Gesellschaft sei aber, daß die berechtigten Interessen der zum Ausscheiden gezwungenen Minderheit gewahrt blieben. Erforderlich sei insoweit zum einen, daß den Minderheitsaktionären wirksame Rechtsbehelfe gegen einen Mißbrauch der wirtschaftlichen Macht durch den Mehrheitsaktionär zur Verfügung stünden. Außerdem müsse Vorsorge getroffen sein, daß sie für den Verlust ihrer Rechtsposition wirtschaftlich voll entschädigt würden[995]. Diese Voraussetzungen seien hinsichtlich der Mehrheitsumwandlung gemäß § 15 UmwG 1956 in Anbetracht des Schutzes durch Anfechtungs- und Nichtigkeitsklage gegen den Übertragungsbeschluß sowie des Anspruchs auf angemessene Abfindung nach § 12 UmwG 1956 gegeben[996]. Zu berücksichtigen sei überdies, daß es für eine Mehrheitsumwandlung auf den Hauptaktionär der Zustimmung einer qualifizierten Mehrheit des Grundkapitals, nicht etwa einer qualifizierten Mehrheit des bei der Beschlussfassung vertretenen Grundkapitals, bedürfe[997]. Dieses Quorum stehe nicht (eindeutig) außer Verhältnis zur Intensität des Eingriffs in die Mitgliedschaft der ausscheidenden Minderheitsaktionäre der übertragenden Gesellschaft, sondern „mag (...) gerade noch innerhalb der Grenzen des Zulässigen bleiben."[998]

bb) Mehrheitseingliederung gemäß § 320 AktG

(1) BGH WM 1974, S. 713ff.

Eine weitere *freeze out*-Gestaltung zum Hinausdrängen von Minderheitsaktionären aus ihrer Gesellschaft neben der Mehrheitsumwandlung auf den Hauptaktionär nach früherem Umwandlungsrecht stellt nach dem oben Gesagten die Mehrheitseingliederung gemäß § 320 AktG dar. Die Verfassungsmäßigkeit dieser Regelung wurde vom Bundesgerichtshof unter Zugrundelegung der Maßstäbe des Feldmühle-Urteils des Bundesverfassungsgerichts mit der Erwägung bejaht, der Entzug der bisherigen Beteiligung der ausscheidenden Minderheitsaktionäre der einzugliedernden Gesellschaft im Wege der Mehrheitseingliederung setze nach § 320 Abs. 1 AktG eine noch erheblich größere Mehrheit voraus als nach

[994] BVerfGE 14, S. 263, 282.
[995] BVerfGE 14, S. 263, 283.
[996] BVerfGE 14, S. 263, 283f..
[997] BVerfGE 14, S. 263, 275f., 280.
[998] BVerfGE 14, S. 263, 280.

der Regelung des § 15 UmwG 1956 für eine Mehrheitsumwandlung auf den Hauptaktionär erforderlich gewesen sei. Überdies erhalte der aus der einzugliedernden Gesellschaft ausscheidende Aktionär bei der Mehrheitseingliederung nicht lediglich - wie nach § 15 Abs. 1 i.V.m. § 12 Abs. 1 UmwG 1956 vorgesehen - eine Barabfindung, sondern - im Fall des § 320 Abs. 5 S. 3 AktG a.F. (= § 320b Abs. 1 S. 3 AktG n.F.) wahlweise - wiederum eine aktienrechtliche Beteiligung (an der Hauptgesellschaft), die der früheren gemäß § 320 Abs. 5 S. 4 AktG a.F. (= § 320b Abs. 1 S. 4 AktG n.F.) wirtschaftlich gleichwertig sein müsse. Dabei habe der Gesetzgeber davon ausgehen können, daß auf diese Weise dem Interesse des abzufindenden Aktionärs jedenfalls im Normalfall besser gedient sei, als wenn er auf eine Barabfindung verwiesen würde, weil dabei immerhin die von ihm gewählte Art der Vermögensanlage gewahrt und er überdies wirtschaftlich am Vermögen der eingegliederten Gesellschaft beteiligt bleibe[999].

(2) BVerfGE 100, S. 289ff. – DAT/Altana

Auch das Bundesverfassungsgericht hat unlängst die Verfassungsmäßigkeit der Regelung des § 320 AktG über die Mehrheitseingliederung bestätigt[1000]. Ein beachtenswertes unternehmerisches Interesse an Konzernierungs- und Strukturmaßnahmen bestehe mittlerweile in noch stärkerem Maße als zur Zeit des Feldmühle-Urteils[1001]. Mit der Möglichkeit, Anfechtungsklage gegen den Eingliederungsbeschluß zu erheben, hätten die Minderheitsaktionäre der einzugliedernden Gesellschaft einen wirksamen Rechtsbehelf gegen einen denkbaren Mißbrauch wirtschaftlicher Macht durch den Mehrheitsaktionär. Außerdem hätten sie nach § 320b AktG einen materiellrechtlichen Anspruch auf angemessene Abfindung, der durch die Möglichkeit, ein Spruchstellenverfahren nach § 320b AktG zu betreiben, verfahrensrechtlich abgesichert sei[1002].

---

[999] BGH WM 1974, S. 713, 716 re. Sp.; vgl. dazu auch OLG Celle (Vorinstanz) WM 1972, S. 1004, 1011 li. Sp..

[1000] BVerfGE 100, S. 289, 302ff. – DAT/Altana. - Das Bundesverfassungsgericht geht dabei davon aus, daß es sich bei der Mehrheitseingliederung nach § 320 AktG um dieselbe Gestaltung handele, die auch das Feldmühle-Urteil betraf (a.a.O., S. 303). Anders als bei der Mehrheitseingliederung nach § 320 AktG, bei der die ausscheidenden Aktionäre regelmäßig nicht in bar, sondern durch Gewährung von Aktien der Hauptgesellschaft abgefunden werden (vgl. 320b Abs. 1 S. 2 AktG), betraf die Feldmühle-Entscheidung allerdings nach dem Gesagten (vgl. den Text oben S. 271ff.) mit der Mehrheitsumwandlung auf den Hauptaktionär nach früherem Umwandlungsrecht den Fall des Hinausdrängens von Minderheitsaktionären aus ihrer Gesellschaft gegen Barabfindung.

[1001] BVerfGE 100, S. 289, 303.

[1002] BVerfGE 100, S. 289, 304.

cc) Übertragende Auflösung

Neben der Mehrheitseingliederung kommt als weitere Möglichkeit zum Hinausdrängen von Minderheitsaktionären aus ihrer Gesellschaft nach dem oben Gesagten eine - auch nach Inkrafttreten der *freeze out*-Regelung der §§ 327a ff. AktG n.F. am 01.01.2002 weiterhin zulässige[1003] - sog. übertragende Auflösung[1004] in Betracht[1005], bei der das gesamte Vermögen einer Gesellschaft nach § 179a AktG auf den Mehrheitsaktionär der Gesellschaft - oder auf eine Tochter des Mehrheitsaktionärs - übertragen und die Gesellschaft zugleich aufgelöst (§ 262 Abs. 1 Nr. 2 AktG) sowie sodann unter Verteilung ihres allein noch aus der empfangenen Gegenleistung bestehenden Vermögens unter den Aktionären liquidiert wird (vgl. § 179a Abs. 3 AktG). Zur Frage der Verfassungsmäßigkeit einer solchen Gestaltung haben bekanntlich sowohl das Bayerische Oberste Landgericht als auch das Bundesverfassungsgericht in jüngerer Zeit Stellung bezogen.

(1) BayObLG ZIP 1998, S. 2002ff. – Magna Media

Das Bayerische Oberste Landgericht sieht die Interessen der Minderheitsaktionäre im Falle der übertragenden Auflösung durch die Möglichkeit der Anfechtung des Vermögensübertragungsbeschlusses (§ 179a AktG) nach § 243 Abs. 2 AktG wegen Verfolgung von Sondervorteilen durch den Mehrheitsaktionär gewährleistet[1006]. Zudem bestehe ein weiterer Schutz gegen einen missbräuchlich niedrigen Kaufpreis in Schadenersatzansprüchen der Gesellschaft sowie gegebenenfalls auch der Minderheitsaktionäre selbst[1007]. Damit sei dem verfassungs-

---

[1003] *Henze*, Festschrift Wiedemann, S. 935, 949; *Rühland*, WM 2002, S. 1957, 1958; *Martin Wolf*, ZIP 2002, S. 153, 154.

[1004] Begriff von *Lutter/Drygala*, Festschrift Kropff, S. 191, 193; vgl. dazu bereits oben S. 165f.. Zu Gestaltungsformen der übertragenden Auflösung s. *Henze*, Festschrift Peltzer, S. 181, 182f.. - Zur Frage der (analogen) Anwendung umwandlungsrechtlicher Vorschriften auf eine übertragende Auflösung vgl. *Ph. Baums*, Ausschluß von Minderheitsaktionären, S. 67ff.; *Henze*, a.a.O., S. 193f.; *Kallmeyer*, Festschrift Lutter, S. 1245, 1251ff.; *Lutter/Drygala*, a.a.O., S. 191ff.; *Lutter/Leinekugel*, ZIP 1999, S. 261, 264ff; *Martens*, Festschrift Peltzer, S. 279, 296ff..

[1005] Vgl. *Kallmeyer*, Festschrift Lutter, S. 1245, 1247; *Kossmann*, NZG 1999, S. 1198, 1200; *Halm*, NZG 2000, S. 1162, 1164; *Land/Hasselbach*, DB 2000, S. 557, 560; *Habersack*, ZIP 2001, S. 1230, 1231 li. Sp.; *Schwichtenberg*, DStR 2001, S. 2075, 2077f.; *Krieger*, BB 2002, S. 53, 54 li. Sp..

[1006] BayObLG ZIP 1998, S. 2002, 2005 li. Sp. – Magna Media; vgl. zu dieser Entscheidung *Lutter/Leinekugel*, ZIP 1999, S. 261ff.; *Peters*, BB 1999, S. 801, 803ff.; *Wiedemann*, ZGR 1999, S. 857ff.; s. auch *Martin Wolf*, ZIP 2002, S. 153, 158f..

[1007] BayObLG ZIP 1998, S. 2002, 2005 re. Sp. – Magna Media.

rechtlichen Erfordernis, daß dem Minderheitsaktionär wirksame Rechtsbehelfe gegen einen Missbrauch wirtschaftlicher Macht durch die Mehrheit zur Verfügung stehen müssen und er überdies für den Verlust seiner Rechtsposition wirtschaftlich voll entschädigt werden muß, Genüge getan. Auf die Frage, ob bei einer übertragenden Auflösung der Übertragungs- sowie der Auflösungsbeschluß in der übertragenden Gesellschaft möglicherweise einer größeren Mehrheit als der gesetzlich vorgeschriebenen Mehrheit von drei Vierteln des bei der Beschlußfassung vertretenen Grundkapitals (vgl. § 179a Abs. 1 i.V.m. § 179 Abs. 2 S. 1 AktG; § 262 Abs. 1 Nr. 2 AktG) bedürfen[1008], ging das Bayerische Oberste Landgericht nicht ein[1009].

(2) BVerfG ZIP 2000, S. 1670ff. - Moto Meter

Das Bundesverfassungsgericht stellt zur Frage der Verfassungsmäßigkeit der übertragenden Auflösung (erneut) fest, Art. 14 Abs. 1 S. 1 GG schließe es nicht grundsätzlich aus, eine Aktionärsminderheit gegen ihren Willen aus einer Aktiengesellschaft zu drängen[1010], weshalb aus verfassungsrechtlicher Sicht prinzipiell keine Bedenken gegen eine übertragende Auflösung bestünden[1011]. Die Grenzen zulässiger Inhalts- und Schrankenbestimmung des Eigentums gemäß Art. 14 Abs. 1 S. 2 GG seien gewahrt, wenn der Minderheit neben einem wirksamen Schutz gegen einen Missbrauch wirtschaftlicher Macht eine Entschädigung für den Verlust der Rechtsposition gewährt werde[1012]. Bei einer übertragenden Auflösung unter Verkauf des Gesellschaftsvermögens an den Mehrheitsaktionär sei daher, etwa im Rahmen der Anfechtungsklage gegen den Vermögens-übertragungsbeschluß, ähnlich wie im Rahmen eines aktienrechtlichen Spruchverfahrens gemäß § 306 AktG gerichtlich zu prüfen, ob der Mehrheitsaktionär für das Gesellschaftsvermögen einen Preis zahle, der dem Wert der Beteiligung der Aktionäre entspreche[1013]. Auch das Bundesverfassungsgericht problematisiert die Frage eines über die gesetzlich vorgesehene Mehrheit hinausgehenden (qualifizierten) Mehrheitserfordernisses für den Übertragungs-

---

[1008] So *Lutter/Drygala*, Festschrift Kropff, S. 191, 220f.; *Lutter* in Lutter, Einl. Rdz.39; *Leinekugel*, Ausstrahlungswirkungen, S. 29f.; vgl. *Lutter/Leinekugel*, ZIP 1999, S. 261, 263; s. dazu unten S. 256ff..

[1009] Hierzu bestand freilich nach dem Sachverhalt auch kein Anlaß, da die Mehrheitsaktionärin eine Beteiligung von mehr als 97 Prozent des Grundkapitals der übertragenden Gesellschaft hielt; vgl. BayObLG ZIP 1998, S. 2202; *Lutter/Leinekugel*, ZIP 1999, S. 261, 263 re. Sp..

[1010] BVerfG ZIP 2000, S. 1670, 1671; vgl. dazu *Fleischer*, DNotZ 2000, S. 876ff..

[1011] BVerfG ZIP 2000, S. 1670, 1672 li. Sp., 1673 li. Sp..

[1012] BVerfG ZIP 2000, S. 1670, 1672 li. Sp..

[1013] BVerfG ZIP 2000, S. 1670, 1672f..

sowie den Auflösungsbeschluß nicht[1014]. Jedenfalls begegne es verfassungsrechtlich keinen Bedenken, wenn es über § 179a AktG einem Mehrheitsaktionär, „der wie hier über 99 % der Aktien besitzt", ermöglicht werde, die Minderheitsaktionäre aus der übertragenden Gesellschaft zu drängen[1015].

dd) Zusammenfassung und Fazit

Mit Blick auf die hier in Rede stehende Frage nach dem verfassungsrechtlich gebotenen Schutz der (Minderheits-)Aktionäre einer Zielgesellschaft vor einer Beeinträchtigung ihrer Mitgliedsrechte im Rahmen einer künftigen Regelung der Übernahmeform der „Dreiecksverschmelzung" (*triangular merger*) im deutschen Umwandlungsrecht ist damit folgendes festzuhalten.

Zum einen gestattet die Rechtsprechung insbesondere des Bundesverfassungsgerichts dem Gesetzgeber, einem Mehrheitsaktionär die Möglichkeit einzuräumen, Minderheitsaktionäre zwecks Durchführung konzerninterner Umstrukturierungsmaßnahmen aus ihrer Gesellschaft gegen Abfindung hinauszudrängen und sich auf diese Weise deren unmittelbare Beteiligung an der Vermögenssubstanz der Gesellschaft „anzueignen". Dem Gestaltungsspielraum des Gesetzgebers sind dabei freilich Grenzen gesetzt.

Nach dem Gesagten ist zum einen zu gewährleisten, daß der Minderheit wirksamer Rechtsschutz gegen einen Machtmißbrauch seitens des Mehrheitsaktionärs zur Verfügung steht und sie überdies für den Verlust ihrer Mitgliedschaft voll entschädigt wird. Darüber hinaus ist der vorstehend wiedergegebenen Rechtsprechung zur Verfassungsmäßigkeit von *freeze out*-Gestaltungen zu ent-

---

[1014] Wie im Fall BayObLG ZIP 1998, S. 2002 (Magna Media) bestand freilich auch hier nach dem Sachverhalt wiederum kein Anlaß, die Frage zu problematisieren, da die Mehrheitsaktionärin eine Beteiligung von knapp 99 Prozent des Grundkapitals der übertragenden Gesellschaft hielt; vgl. BVerfG ZIP 2000, S. 1670 li. Sp.. Das Schweigen des Gerichts zur Frage des Mehrheitserfordernisses lässt daher nicht notwendigerweise den Schluß zu, eine übertragende Auflösung sei auch dann verfassungsrechtlich zu billigen, wenn der Mehrheitsaktionär eine wesentlich geringere Beteiligung an der übertragenden Gesellschaft hielte (vgl. zur Magna Media-Entscheidung des BayObLG *Lutter/Leinekugel*, ZIP 1999, S. 261, 263 re. Sp.). *Henze*, Festschrift Peltzer, S. 181, 189 vertritt demgegenüber die Auffassung, das Bundesverfassungsgericht gestatte ein Hinausdrängen von Minderheitsaktionären im Zuge einer auflösenden Übertragung „ganz offensichtlich" nur beschränkt „auf pauschal 5 %." Dies dürfte sich der im Text wiedergegebenen Formulierung der Moto Meter-Entscheidung des Bundesverfassungsgerichts indes nicht zwingend entnehmen lassen. In Festschrift Wiedemann, S. 935, 952f. geht *Henze* nunmehr offenbar davon aus, dass auch einem Ausschluss einer Minderheit von bis zu 25 % im Wege der übertragenden Auflösung nichts entgegensteht.

[1015] BVerfG ZIP 2000, S. 1670, 1672 li. Sp..

nehmen, daß neben den genannten Kriterien insoweit auch das für die Durchführung eines *freeze out* erforderliche Quorum sowie die Art der den ausscheidenden Minderheitsaktionären zu gewährenden Abfindung von Bedeutung sind.

c) Folgerungen im Hinblick auf eine künftige Regelung von „Dreiecksverschmelzungen" im deutschen Umwandlungsrecht

Auf der Grundlage der vorstehenden Darstellung verfassungsrechtlicher Anforderungen an den Schutz von Minderheitsaktionären, die mithilfe einer *freeze out*-Gestaltung aus ihrer Gesellschaft hinausgedrängt werden sollen, ist im folgenden der Frage nachzugehen, welche Folgerungen sich daraus für eine künftige Regelung der Übernahmeform der „Dreiecksverschmelzung" im deutschem Umwandlungsrecht ergäben.

aa) Mehrheitserfordernis beim Verschmelzungsbeschluß in der Hauptversammlung der Zielgesellschaft

Zunächst stellt sich insoweit die bereits oben[1016] angedeutete Frage, ob zur Durchführung einer u.U. mit dem Ausschluß von Minderheitsaktionären aus der zu übernehmenden Zielgesellschaft zugunsten der Erwerbergesellschaft verbundenen Dreiecksverschmelzung die Zustimmung von drei Vierteln des bei der Beschlussfassung in der Z-Hauptversammlung vertretenen Grundkapitals (vgl. §§ 13, 65 Abs. 1 UmwG) genügte oder ob insoweit ein größeres Quorum, etwa von 75 oder 95 Prozent des Grundkapitals der Zielgesellschaft, erforderlich wäre.

Eine Regelung, wonach für die Zustimmung der Hauptversammlung der Zielgesellschaft zu einer Dreiecksverschmelzung ebenso wie für die Zustimmung zu einer Verschmelzung durch Aufnahme, bei der den Aktionären der übertragenden Gesellschaft als Gegenleistung Aktien der aufnehmenden Gesellschaft gewährt werden, die Zustimmung von *drei Vierteln des bei der Beschlussfassung vertretenen Grundkapitals* genügte (§§ 13, 65 Abs. 1 UmwG), würde dem Umstand nicht gerecht, daß eine Dreiecksverschmelzung von der Erwerbergesellschaft vergleichbar einer Mehrheitseingliederung, die der Zustimmung von 95 Prozent des Grundkapitals der einzugliedernden Gesellschaft bedarf, oder einer Mehrheitsumwandlung nach früherem Umwandlungsrecht, die der Zustimmung von 75 Prozent, nach Inkrafttreten des EGAktG 1965[1017] der Zustimmung von 90 Prozent des Grundkapitals der übertragenden Gesellschaft bedurfte, zum zwangsweisen Ausschluß von (Minderheits-)Aktionären aus ihrer Gesellschaft

---

[1016] Vgl. oben S. 264.

[1017] Vgl. oben Fn.990.

genutzt werden kann. Während bei einer Verschmelzung durch Aufnahme sämtliche Aktionäre der übertragenden Gesellschaft ihre Mitgliedschaft infolge Erlöschens der übertragenden Gesellschaft verlieren, eine Ungleichbehandlung der Aktionäre der übertragenden Gesellschaft also schon aus technischen Gründen nicht in Betracht kommt[1018], könnte es bei einer Dreiecksverschmelzung insofern u.U. zu einer solchen Ungleichbehandlung der Aktionäre der Zielgesellschaft kommen[1019]. Bereits dieser Unterschied spricht dafür, für die Zustimmung der Hauptversammlung der Zielgesellschaft zu einer Dreiecksverschmelzung ein Quorum von 75 Prozent des bei der Beschlussfassung vertretenen Grundkapitals nicht genügen zu lassen. Überdies ist zu sehen, daß selbst ein Quorum von 75 Prozent des Grundkapitals der übertragenden Gesellschaft bei einer Mehrheitsumwandlung nach § 15 UmwG 1965 vom Bundesverfassungsgericht in der Feldmühle-Entscheidung nach dem Gesagten als „gerade noch" zulässig erachtet wurde[1020]. Der Ausschluß von Minderheitsaktionären aus einer Zielgesellschaft mithilfe einer Dreiecksverschmelzung aufgrund der Zustimmung von drei Vierteln des bei der Beschlussfassung in der Z-Hauptversammlung vertretenen Grundkapitals, die u.U. je nach Hauptversammlungspräsenz deutlich unter 50 Prozent des Grundkapitals repräsentierten[1021], kommt vor diesem Hintergrund nicht in Betracht.

Freeze out-Gestaltungen nach früherem, geltendem und künftigem Recht verlangen nach dem Gesagten für einen Ausschluß von Minderheitsaktionären gegen Abfindung aus ihrer Gesellschaft vielmehr Quoren zwischen 75 Prozent (Mehrheitsumwandlung gemäß § 15 UmwG 1956), 90 Prozent (Mehrheitsumwandlung gemäß § 15 UmwG i.d.F. des EGAktG 1965[1022]) und 95 Prozent (Mehrheitseingliederung nach § 320 AktG; Ausschluß von Minderheitsaktionären gegen Barabfindung gemäß §§ 327a ff. AktG n.F.[1023]) des Grundkapitals der Gesellschaft, aus der Minderheitsaktionäre hinausgedrängt werden sollen. Der Zustimmung von 95 Prozent des Grundkapitals der übertragenden Gesellschaft soll nach im Schrifttum vertretener Auffassung überdies stets auch eine übertragende Auflösung als weitere *freeze out*-Gestaltung nach geltendem Recht bedürfen. Eine übertragende Auflösung sei nur dann zulässig, wenn sie von einer 95%igen Mehrheit der Aktionäre der übertragenden Gesellschaft getragen werde, insbesondere also ein Mehrheitsaktionär über 95 Prozent der Aktien der Ge-

---

[1018] KK/*Koppensteiner*, Vorb. § 319 Rdz.7.
[1019] Vgl. oben S. 268f..
[1020] Vgl. oben S. 273.
[1021] Vgl. oben S. 270.
[1022] Vgl. oben Fn.990.
[1023] Vgl. oben S. 85f..

sellschaft halte[1024]. Zu berücksichtigen ist weiterhin, daß das Bundesverfassungsgericht in der Feldmühle-Entscheidung hinsichtlich der Mehrheitsumwandlung gemäß § 15 UmwG 1956 schon ein Quorum von 75 Prozent des Grundkapitals der übertragenden Gesellschaft als „gerade noch" zulässig erachtete. Ein Quorum von unter 75 Prozent des Grundkapitals für den Verschmelzungsbeschluß in der Zielgesellschaft bei einer Dreiecksverschmelzung kommt vor diesem Hintergrund nicht in Betracht.
Fraglich kann allenfalls sein, ob es insoweit möglicherweise eines höheren Quorums, namentlich in Höhe von *95 Prozent des Grundkapitals* der Zielgesellschaft, bedürfte.
Hierfür könnte der Umstand sprechen, daß die Gestaltung des *triangular merger* nach dem oben Gesagten[1025] u.U. einer Mehrheitseingliederung ähnelte, die gemäß § 320 Abs. 1 S. 1 AktG die Zustimmung von 95 Prozent des Grundkapitals der einzugliedernden Gesellschaft voraussetzt. Ebenso wie eine Mehrheitseingliederung es der Hauptgesellschaft ermöglicht, sämtliche außenstehenden Minderheitsaktionäre aus der einzugliedernden Gesellschaft gegen (regelmäßig, vgl. § 320b Abs. 1 S. 2 AktG) Gewährung von Aktien der Hauptgesellschaft hinauszudrängen, könnte eine Erwerbergesellschaft bei bereits bestehender Beteiligung an der Zielgesellschaft eine Dreiecksverschmelzung u.U. nutzen, um Minderheitsaktionäre aus der Zielgesellschaft auszuschließen.
Die Rechtsfolgen eines *triangular merger*, namentlich eines *reverse triangular merger*, bei dem die Zielgesellschaft - ebenso wie bei der Eingliederung die einzugliedernde Gesellschaft - und damit insbesondere deren Goodwill erhalten bleibt[1026], entsprächen in diesem Fall denen einer Mehrheitseingliederung indes nur insofern, als die Aktionäre der Zielgesellschaft zu Aktionären der Erwerbergesellschaft würden und die Erwerbergesellschaft sämtliche noch nicht in ihrer Hand befindlichen Aktien der Zielgesellschaft erwürbe. Anders als eine Mehrheitseingliederung, die der Hauptgesellschaft in weitem Umfang die Erteilung von Weisungen gegenüber der eingegliederten Gesellschaft (vgl. § 323 Abs. 1 S. 1 AktG) und einen Zugriff auf deren Vermögen ermöglicht (vgl. § 323 Abs. 2

[1024] *Leinekugel*, Ausstrahlungswirkungen, S. 29f.; *Lutter/Drygala*, Festschrift Kropff, S. 191, 220f.; *Lutter* in Lutter, Einl. Rdz.39; *Rühland*, WM 2002, S. 1957, 1961ff.; vgl. *Lutter/Leinekugel*, ZIP 1999, S. 261, 263; ablehnend *Martin Wolf*, ZIP 2002, S. 153, 156f., nach dessen Auffassung eine Mehrheit von mindestens 75 Prozent des Grundkapitals für die Durchführung einer übertragenden Auflösung genügt; s. auch *Ph. Baums*, Ausschluß von Minderheitsaktionären, S. 66.

[1025] Vgl. oben S. 268f..

[1026] Hierin liegt einer der Vorzüge der Eingliederung (MünchKomm AktG/*Grunewald*, vor § 319 Rdz.4; KK/*Koppensteiner*, Vorb. § 319 Rdz.3; MünchHdb AG/*Krieger*, § 73 Rdz.1; GK^3/*Würdinger*, Einleitung § 320) ebenso wie des *reverse triangular merger* (vgl. oben S. 240).

AktG), begründete ein *triangular merger* indes kein derartiges besonderes Herrschaftsverhältnis zwischen Erwerber- und Zielgesellschaft. Dieser Unterschied spricht dafür, hinsichtlich des Zustimmungsbeschlusses in der Zielgesellschaft zu einer Dreiecksverschmelzung nicht (notwendigerweise) dasselbe Quorum (in Höhe von 95 Prozent des Grundkapitals) zu verlangen wie für den Eingliederungsbeschluß in der einzugliedernden Gesellschaft bei einer Mehrheitseingliederung.

Im Schrifttum wird - namentlich mit Blick auf eine übertragende Auflösung - allerdings, wie bereits erwähnt, die Auffassung vertreten, die Rechtsordnung lasse einen Ausschluß von Minderheitsaktionären, zu dem es bei einer Dreiecksverschmelzung u.U. käme, höchstens bis zu einer Grenze von 5 Prozent des Grundkapitals der Gesellschaft zu, aus der die Aktionäre ausgeschlossen werden sollen; demgemäß wäre auch für den Zustimmungsbeschluß zu einer Dreiecksverschmelzung in der Hauptversammlung der Zielgesellschaft eine Mehrheit von 95 Prozent des Grundkapitals erforderlich. Mit Aufhebung der §§ 11 Nr. 2, 24 Abs. 2 Nr. 2 UmwG 1969[1027] über die Mehrheitsumwandlung im Zuge des Umwandlungsbereinigungsgesetzes seien, so heißt es in diesem Zusammenhang, die letzten Möglichkeiten beseitigt worden, im Zuge einer Umstrukturierung widersprechende Gesellschafter gegen ihren Willen aus der mitgliedschaftlichen Beteiligung zu verdrängen und auf einen Geldzahlungsanspruch zu verweisen[1028]. Hierin zeige sich eine kritische Grundeinstellung des Gesetzgebers gegenüber Möglichkeiten des Hinausdrängens außenstehender Anteilsinhaber[1029]. Ein *freeze out* von Minderheitsaktionären im Wege der übertragenden Auflösung zugunsten des Mehrheitsaktionärs komme vor diesem Hintergrund, wie auch eine Parallelwertung zur Mehrheitseingliederung nach § 320 Abs. 1 AktG ergebe, nur dann in Betracht, wenn die außenstehenden Aktionäre lediglich eine verschwindend kleine und aus Gesellschaftssicht eher unbedeutende Beteiligung an der Gesellschaft hielten, was bei einer Beteiligung von bis zu fünf Prozent

---

[1027] BGBl. I 1969, S. 2081ff.. - Gemeint ist ersichtlich die Beseitigung der Möglichkeit der Mehrheitsumwandlung einer AG, KGaA oder GmbH auf den Hauptgesellschafter unter Ausscheiden der Minderheitsgesellschafter gegen Barabfindung (vgl. dazu oben S. 271ff.). Nach §§ 15 Abs. 1 S. 1, 11 Nr. 2; 24 Abs. 2 Nr. 2 b) UmwG 1969 konnte ein Beschluß über die Umwandlung einer AG oder einer GmbH durch Übertragung des Vermögens auf den Mehrheitsgesellschafter nur gefaßt werden, wenn zuvor ein Abfindungsangebot allen Aktionären oder Gesellschaftern schriftlich mitgeteilt oder bekanntgemacht worden war.

[1028] *Lutter/Drygala*, Festschrift Kropff, S. 191, 200f.; *Lutter* in Lutter, Einl. Rdz.39.

[1029] *Leinekugel*, Ausstrahlungswirkungen, S. 67; *Lutter/Leinekugel*, ZIP 1999, S. 261, 263 re. Sp..

anzunehmen sei[1030]. Der zwangsweise Ausschluß einer größeren Minderheit stelle hingegen „nach den heutigen Standards des Minderheitenschutzes einen Anachronismus“ dar[1031]; die Rechtsordnung erkenne ein Interesse der Mehrheit, sich von der Minderheit zu trennen, insoweit nicht an[1032].

Die vorstehenden Erwägungen zur Begründung der Unzulässigkeit eines Ausschlusses von Minderheitsaktionären gegen Abfindung oberhalb einer Grenze von 5 Prozent des Grundkapitals betreffen die Konstellation eines Ausschlusses gegen *Barabfindung*, also gegen Gewährung eines Geldzahlungsanspruches. Allein diese Variante des *freeze out* von Minderheitsaktionären war Gegenstand der durch das Umwandlungsrechtsbereinigungsgesetz unter Hinweis auf ihre Nichtvereinbarkeit mit „Grundsätzen des Minderheiten- und Anlegerschutzes“[1033] beseitigten Mehrheitsumwandlung auf den Hauptgesellschafter nach früherem Umwandlungsrecht[1034]. Diese Gestaltung (Ausschluß gegen Barabfindung) steht überdies auch bei der übertragenden Auflösung im Vordergrund, bei der die übertragende Gesellschaft in der Regel als Gegenleistung für die Übertragung ihres Gesellschaftsvermögens auf den Mehrheitsaktionär (oder auf eine Tochter des Mehrheitsaktionärs) Bargeld erhält und damit auch die Aktionäre der übertragenden Gesellschaft im Regelfall bei anschließender Abwicklung ihrer Gesellschaft als „Abfindung“ Bargeld empfangen[1035].

Im Falle einer Dreiecksverschmelzung wären aus der Zielgesellschaft hinausgedrängte Minderheitsaktionäre demgegenüber gerade nicht auf einen (bloßen) Geldzahlungsanspruch verwiesen. Sie erhielten vielmehr als Gegenleistung für den Verlust ihrer Mitgliedschaft Aktien der Erwerbergesellschaft, blieben insofern zumindest wirtschaftlich am Gesellschaftsvermögen ihrer früheren Gesellschaft beteiligt[1036] und wären insofern in ihrem Eigentumsrecht aus Art. 14 GG weniger schwerwiegend berührt als Aktionäre, die für den Verlust ihrer Mitgliedschaft (lediglich) eine Barabfindung erhalten.

[1030] *Leinekugel*, Ausstrahlungswirkungen, S. 30; *Lutter/Drygala*, Festschrift Kropff, S. 191, 219ff.; *Lutter* in Lutter, Einl. Rdz.39; *Rühland*, WM 2002, S. 1957, 1961ff.; ablehnend *Martin Wolf*, ZIP 2002, S. 153, 156f..

[1031] *Lutter/Leinekugel*, ZIP 1999, S. 261, 263 re. Sp.; *Leinekugel*, Ausstrahlungswirkungen, S. 67.

[1032] *Leinekugel*, Ausstrahlungswirkungen, S. 30; *Lutter* in Lutter, Einl. Rdz.39.

[1033] Vgl. oben Fn.990.

[1034] Vgl. oben S. 271ff..

[1035] Vgl. zu praktischen Fällen *Henze*, Festschrift Peltzer, S. 181, 190f.; *Peters*, BB 1999, S. 801, 802f..

[1036] Vgl. (jeweils zur Mehrheitseingliederung) BGH WM 1974, S. 713, 716 re. Sp.; *Vetter*, ZIP 2000, S. 1817, 1819 li. Sp.; *Wenger/Kaserer/Hecker*, ZBB 2001, S. 317, 325f.; GK^3/*Würdinger*, § 320 Anm.3; *Würdinger*, Die AG 1972, S. 13, 15 re. Sp..

Die Erwägungen, aufgrund derer nach dem Gesagten im Schrifttum ein Ausschluß von Minderheitsaktionären nur bis zu einer Grenze von 5 Prozent des Grundkapitals der Gesellschaft, aus der die Aktionäre hinausgedrängt werden sollen, als zulässig erachtet wird, lassen sich mithin auf die hier in Rede stehende Konstellation eines Ausschlusses von Minderheitsaktionären aus einer Zielgesellschaft im Wege der Dreiecksverschmelzung nicht übertragen. Gegen ein geringeres Quorum als 95 Prozent des Grundkapitals für den Zustimmungsbeschluß zu einer Dreiecksverschmelzung in der Hauptversammlung der Zielgesellschaft bestehen daher auch insoweit keine durchgreifenden Bedenken.
Zusammenfassend ist festzuhalten, daß bei Einführung der Übernahmeform der Dreiecksverschmelzung (*triangular merger*) im deutschen Umwandlungsrecht für den Verschmelzungsbeschluß in der Hauptversammlung der Zielgesellschaft angesichts des mit einer Dreiecksverschmelzung bei bestehender Mehrheitsbeteiligung der Erwerber- an der Zielgesellschaft u.U. verbundenen Eingriffs in das Eigentumsrecht der Minderheitsaktionäre durch die Erwerbergesellschaft ein Quorum in Höhe von drei Vierteln des bei der Beschlussfassung vertretenen Grundkapitals nicht genügte, sondern insoweit die Zustimmung von mindestens drei Vierteln des Grundkapitals der Zielgesellschaft zu verlangen wäre.

bb) Schutz der Minderheit gegen Missbrauch wirtschaftlicher Macht und Gewährleistung voller wirtschaftlicher Entschädigung

Die Verfassungsmäßigkeit einer Regelung, aufgrund derer ein Mehrheitsaktionär Minderheitsaktionäre aus ihrer Gesellschaft hinausdrängen kann, setzt nach der Rechtsprechung des Bundesverfassungsgerichts nach dem Gesagten neben einem qualifizierten Quorum für den Zustimmungsbeschluß der Hauptversammlung der betreffenden Gesellschaft weitere Vorkehrungen zum Schutz der Minderheit voraus. Minderheitsaktionären der Zielgesellschaft, die mithilfe einer Dreiecksverschmelzung aus der Zielgesellschaft hinausgedrängt werden sollen, müssten danach zum einen wirksame Rechtsbehelfe gegen einen möglichen Mißbrauch wirtschaftlicher Macht durch die Mehrheit zur Verfügung stehen. Zum anderen müßte Vorsorge getroffen sein, daß sie im Falle eines Verlustes ihrer Mitgliedschaft infolge einer Dreiecksverschmelzung wirtschaftlich voll entschädigt werden[1037].

[1037] Vgl. BVerfGE 14, S. 263, 283 - Feldmühle; BVerfGE 100, S. 289, 303 - DAT/Altana.

(1) Rechtsschutz

Ein wirksamer Rechtsbehelf gegen einen etwaigen Mißbrauch wirtschaftlicher Macht durch die Mehrheit, insbesondere durch die an der Zielgesellschaft vor der Dreiecksverschmelzung bereits mehrheitlich beteiligte Erwerbergesellschaft, stünde den Minderheitsaktionären der Zielgesellschaft in Gestalt der Anfechtungsklage gegen den Verschmelzungsbeschluß der Hauptversammlung der Zielgesellschaft zur Verfügung, mit der freilich im Fall des *forward triangular merger*, in dem nach dem Gesagten die Zielgesellschaft auf eine Tochter der Erwerbergesellschaft verschmolzen würde, die Unangemessenheit des Umtauschverhältnisses beim Umtausch der Aktien der Zielgesellschaft in Aktien der Erwerbergesellschaft gemäß § 14 Abs. 2 UmwG nicht gerügt werden könnte. Insoweit könnte aber stattdessen ein Spruchverfahren gemäß §§ 15, 305ff. UmwG durchgeführt werden.

(2) Entschädigung für den Verlust der Mitgliedschaft

Die gebotene wirtschaftliche Entschädigung bei einer Dreiecksverschmelzung aus der Zielgesellschaft ausscheidender (Minderheits-)Aktionäre wäre im Rahmen einer künftigen Regelung dieser Übernahmeform im deutschen Umwandlungsrecht durch eine der Bestimmung des § 320b Abs. 1 S. 4 AktG vergleichbare Vorschrift zu gewährleisten. Nach dieser Regelung ist bei der Mehrheitseingliederung in dem Fall, daß den aus der eingegliederten Gesellschaft ausscheidenden Aktionären als Abfindung - wie regelmäßig (vgl. § 320b Abs. 1 S. 2 AktG) - Aktien der Hauptgesellschaft gewährt werden, die Abfindung dann als angemessen anzusehen, wenn die Aktien der Hauptgesellschaft in dem Verhältnis gewährt werden, in dem bei einer Verschmelzung auf eine Aktie der eingegliederten Gesellschaft Aktien der Hauptgesellschaft zu gewähren wären, wobei Spitzenbeträge durch bare Zuzahlungen ausgeglichen werden können. Diese Regelung ließe sich auf die Dreiecksverschmelzung insofern übertragen, als vergleichbar der beschriebenen Situation bei der Mehrheitseingliederung den ausscheidenden außenstehenden (Minderheits-)Aktionären der Zielgesellschaft dabei Aktien der Erwerbergesellschaft gewährt würden, die ihrerseits sämtliche außenstehenden Aktien der Zielgesellschaft erwürbe. Die in Rede stehende Regelung des § 320b Abs. 1 S. 4 AktG trägt dem Umstand Rechnung, daß eine Mehrheitseingliederung einer Verschmelzung von Hauptgesellschaft und eingegliederter Gesellschaft nahekommt[1038]. Die Hauptgesellschaft erlangt mit dem Erwerb sämtlicher ausstehender Aktien der eingegliederten Gesellschaft die

---

[1038] Vgl. MünchKomm AktG/*Grunewald*, Vor § 319 Rdz.3; *Habersack* in Emmerich/Habersack, § 319 Rdz.3; MünchHdb AG/*Krieger*, § 73 Rdz.1.

vollständige Kontrolle über deren Gesellschaftsvermögen, und die außenstehenden Aktionäre der eingegliederten Gesellschaft werden im Gegenzug zu Aktionären der Hauptgesellschaft. Entsprechende Rechtsfolgen träten infolge einer Dreiecksverschmelzung im Verhältnis Erwerber-/Zielgesellschaft ein.

Eine der Vorschrift des § 320b Abs. 1 S. 4 AktG entsprechende Regelung für den *triangular merger* hätte vorzusehen, daß den Aktionären der Zielgesellschaft, beim *forward triangular merger* also den Aktionären der übertragenden, beim *reverse triangular merger* den Aktionären der aufnehmenden Gesellschaft, Aktien der Mutter der aufnehmenden oder übertragenden Gesellschaft in dem Verhältnis zu gewähren sind, in dem bei einer Verschmelzung der Zielgesellschaft mit der Mutter auf eine Aktie der Zielgesellschaft Aktien der Mutter der aufnehmenden oder übertragenden Gesellschaft zu gewähren wären[1039]. Vergleichbar der Situation bei einer Mehrheitseingliederung, bei der die aus der eingegliederten Gesellschaft ausscheidenden Aktionäre Aktien der Hauptgesellschaft erhalten und damit mittelbar am Gesellschaftsvermögen der eingegliederten Gesellschaft beteiligt bleiben[1040], würde sich der Wert der Beteiligung der aus der Zielgesellschaft infolge einer Dreiecksverschmelzung ausscheidenden Aktionäre an der Vermögenssubstanz der Zielgesellschaft in diesem Fall nicht verringern. Der materiellrechtliche Abfindungsanspruch der aus der Zielgesellschaft ausscheidenden Aktionäre wäre nach dem oben Gesagten verfahrensrechtlich durch die Möglichkeit der Anfechtung des Zustimmungsbeschlusses der Hauptversammlung der Zielgesellschaft wegen Unangemessenheit des Umtauschverhältnisses (beim *reverse triangular merger*) sowie der Möglichkeit der Durchführung eines Spruchverfahrens (beim *forward triangular merger*) abgesichert. Dem Gebot voller wirtschaftlicher Entschädigung der aus der Zielgesellschaft ausscheidenden Aktionäre für den Verlust ihrer Mitgliedschaft wäre damit Rechnung getragen.

Bei Beachtung der vorstehend erörterten Anforderungen an den Schutz der (Minderheits-) Aktionäre der Zielgesellschaft, welche die Erwerbergesellschaft bei bestehender Mehrheitsbeteiligung an der Zielgesellschaft u.U. aus ihrer Gesellschaft hinausdrängen könnte, bestünden aus verfassungsrechtlicher Sicht keine Bedenken gegen die Einführung der Übernahmeform des *triangular merger* im deutschen Umwandlungsrecht.

[1039] Auszunehmen von der Abfindungsregelung wäre die Mutter der aufnehmenden bzw. übertragenden Gesellschaft selbst, soweit sie Aktien der Zielgesellschaft hielte (vgl. §§ 20 Abs. 1 Nr. 3 S. 1 2. Halbs., 68 Abs. 1 S. 1 UmwG).

[1040] BGH WM 1974, S. 713, 716 re. Sp.; *Vetter*, ZIP 2000, S. 1817, 1819 li. Sp.; *Wenger/ Kaserer/Hecker*, ZBB 2001, S. 317, 325f.; GK[3]/*Würdinger*, § 320 Anm.3; *Würdinger*, Die AG 1972, S. 13, 15 re. Sp..

4. Schutz der Aktionäre der Erwerbergesellschaft bei einer Dreiecksverschmelzung: Beschlusskompetenz der Hauptversammlung der Erwerbergesellschaft hinsichtlich Verschmelzung von Tochter der Erwerbergesellschaft und Zielgesellschaft

Die vorstehenden Ausführungen betrafen die Frage des Schutzes infolge einer Dreiecksverschmelzung aus der Zielgesellschaft ausscheidender (Minderheits-) Aktionäre vor einer Beeinträchtigung ihrer Interessen. Ein derartiger Schutz wäre nach dem Gesagten u.a. bereits insofern gegeben, als eine Dreiecksverschmelzung der Zustimmung der Hauptversammlung der Zielgesellschaft bedürfte (§§ 13, 65 UmwG) und mithin eine Anfechtung dieses Zustimmungsbeschlusses - oder (bei einem *forward triangular merger*) eine Überprüfung des Umtauschverhältnisses im Rahmen eines Spruchverfahrens - möglich wäre.
Fraglich erscheint hingegen, ob eine Dreiecksverschmelzung neben der Zustimmung der Hauptversammlung der Zielgesellschaft Z (sowie der Zustimmung der Hauptversammlung der Verschmelzungsvehikel-Tochter T) nach §§ 13, 65 UmwG auch der Zustimmung der Hauptversammlung der Erwerbergesellschaft bedürfte. § 13 Abs. 1 S. 1 UmwG bestimmt, daß der Verschmelzungsvertrag nur wirksam wird, „wenn die Anteilsinhaber *der beteiligten Rechtsträger* ihm durch Beschluß (...) zustimmen" (Hervorhebung d. Verf.).
Mit Blick auf eine Dreiecksverschmelzung ließe sich argumentieren, zwar sei die Erwerbergesellschaft formal an der Verschmelzung von T und Z weder als übertragender noch als aufnehmender Rechtsträger beteiligt. In Anbetracht des Umstandes, daß eine Dreiecksverschmelzung wirtschaftlich betrachtet zu einer Verschmelzung der Ziel- auf die Erwerbergesellschaft insofern führe, als die Erwerbergesellschaft alle Aktien der Zielgesellschaft erwerbe[1041] und die Aktionäre der Zielgesellschaft als Gegenleistung Aktien der Erwerbergesellschaft erhielten, handele es sich wirtschaftlich betrachtet bei der Erwerbergesellschaft - bei beiden Varianten des *triangular merger* - um den aufnehmenden und insofern um einen an der Verschmelzung beteiligten Rechtsträger, weshalb gemäß §§ 13, 65 UmwG eine Zustimmungskompetenz (auch) der Hauptversammlung der Erwerbergesellschaft hinsichtlich der Verschmelzung von T und Z gegeben sei. Dies gelte zumal dann, wenn und weil der Dreiecksverschmelzung ein dreiseitiger Verschmelzungsvertrag zwischen Erwerbergesellschaft, Verschmelzungsvehikel-Tochter und Zielgesellschaft zugrundeliege[1042], die Erwerbergesellschaft mithin (wenn auch formal nicht ein an der Verschmelzung - von Z und

---

[1041] Bei einem *forward triangular merger* gilt dies jedenfalls bei wirtschaftlicher Betrachtungsweise; vgl. oben S. 268.

[1042] Vgl. die entsprechende US-amerikanische Praxis; Nachw. zu entsprechenden dreiseitigen Verschmelzungsverträgen oben Fn.849.

T -, so doch) ein an dem Verschmelzungsvertrag beteiligter Rechtsträger sei (vgl. den Wortlaut des § 13 Abs. 1 S. 1 UmwG; s. auch § 4 Abs. 1 S. 1 UmwG). Ob eine Dreiecksverschmelzung der Zustimmung der Hauptversammlung der Erwerbergesellschaft bedarf, sollte freilich nicht von einer teleologischen Auslegung der Vorschrift des § 13 Abs. 1 S. 1 UmwG abhängen, sondern im Falle der Einführung der Dreiecksverschmelzung im deutschen Umwandlungsrecht gegebenenfalls gesetzlich klargestellt werden. Insoweit stellt sich daher die Frage, ob im Interesse des Schutzes der Aktionäre der Erwerbergesellschaft vor einer Beeinträchtigung ihrer Interessen durch eine Dreiecksverschmelzung im Rahmen einer künftigen Regelung der Dreiecksverschmelzung im Umwandlungsgesetz eine Zustimmungskompetenz der Hauptversammlung der Erwerbergesellschaft hinsichtlich der Verschmelzung von Verschmelzungsvehikel-Tochter und Zielgesellschaft vorzusehen wäre. Dem ist im folgenden nachzugehen.

a) Problematik

Im wirtschaftlichen Ergebnis kommt eine Dreiecksverschmelzung einer Verschmelzung der Ziel- auf die Erwerbergesellschaft nahe[1043]. Die Erwerbergesellschaft erlangt sowohl beim *forward* als auch beim *reverse triangular merger* die vollständige Kontrolle über das Gesellschaftsvermögen der Zielgesellschaft, und die Aktionäre der Zielgesellschaft werden wie bei einer Verschmelzung der Ziel- auf die Erwerbergesellschaft Aktionäre der Erwerbergesellschaft. Ein Unterschied besteht lediglich insofern, als beim *triangular merger* das Gesellschaftsvermögen der Zielgesellschaft in einer Tochter der Erwerbergesellschaft und damit in einer separaten rechtlichen Einheit verbleibt, während bei der Verschmelzung von Ziel- und Erwerbergesellschaft die Gesellschaftsvermögen vereinigt würden. Insbesondere der *reverse triangular merger* ähnelt im übrigen insofern der Sache nach einer Sachkapitalerhöhung mit Bezugsrechtsausschluß in der Erwerbergesellschaft, als hier sämtliche Aktien der Zielgesellschaft Z auf die Erwerbergesellschaft M übergehen, und die Z-Aktionäre im Gegenzug M-Aktien erhalten.
Einer technischen Verschmelzung der Erwerbergesellschaft mit der Zielgesellschaft müßte die Hauptversammlung der Erwerbergesellschaft gemäß §§ 13, 65 UmwG zweifelsfrei ebenso zustimmen wie gemäß §§ 182ff. oder §§ 202ff. AktG einer Sachkapitalerhöhung mit Bezugsrechtsausschluß. Der Grund für diese dem Schutz der Aktionäre dienenden Beschlußkompetenzen der Hauptversammlung liegt darin, daß die Verschmelzung ebenso wie die Sachkapitalerhö-

[1043] Vgl. dazu bereits den vorstehenden Text.

hung mit Bezugsrechtsausschluß eine Grundlagenentscheidung von erheblicher Tragweite darstellt[1044]. Die Aktionäre der aufnehmenden Gesellschaft sollen über die Verschmelzung ebenso wie die Aktionäre der kapitalerhöhenden Gesellschaft bei der Sachkapitalerhöhung mit Bezugsrechtsausschluß insbesondere deshalb beschließen können, weil es jeweils zur Aufnahme neuer Aktionäre kommt und sich damit die Beteiligungsquote der Altaktionäre verschiebt[1045] sowie darüber hinaus die Gefahr einer Verwässerung des inneren Wertes der Aktien der Altaktionäre besteht[1046]. Hinsichtlich einer Verschmelzung zweier Gesellschaften T und Z, an der eine dritte (Erwerber-)Gesellschaft M als Mutter der T zwar nicht unmittelbar beteiligt ist, die für sie und namentlich für ihre Aktionäre infolge der Gewährung von M-Aktien an die Z-Aktionäre aber vergleichbare Folgen hat wie eine Verschmelzung der Z auf die M und die der Sache nach einer Sachkapitalerhöhung mit Bezugsrechtsausschluß in der M ähnelt, könnte gleichfalls die Statuierung einer Beschlusskompetenz der M-Hauptversammlung geboten sein.

b) Regelung im einzelstaatlichen US-amerikanischen Recht, im niederländischen Recht sowie im (künftigen) schweizerischen Recht

Rechtsvergleichend ist hierzu zunächst folgendes zu bemerken. Nach niederländischem Recht gelten bei einer *Driehoeksfusie* nach dem oben Gesagten für die Beschlusskompetenz der Hauptversammlung der Erwerbergesellschaft die Bestimmungen über die Zustimmungskompetenz der Hauptversammlung der aufnehmenden Gesellschaft bei einer Verschmelzung durch Aufnahme entsprechend[1047]. Vergleichbar sehen einige einzelstaatliche US-amerikanische Rechte eine - unmittelbare oder doch mittelbare - Beschlusskompetenz der Hauptversammlung der Erwerbergesellschaft hinsichtlich eines *triangular merger* vor[1048]. In der US-amerikanischen Literatur wird zum Teil überdies die Auffassung vertreten, auch ohne dahingehende gesetzliche Regelung bedürfe ein *triangular merger* der Zustimmung der Hauptversammlung der Erwerbergesellschaft[1049]. Der Entwurf eines schweizerischen Fusionsgesetzes, welches ausweislich der Begründung zu Art. 8 Abs. 2 des Entwurfes künftig die Durchführung eines

---

[1044] *Lutter* in Lutter, § 13 Rdz.4; Kallmeyer/*Zimmermann*, § 13 Rdz.2.

[1045] KK/*Lutter*, § 186 Rdz.7 (zur Kapitalerhöhung mit Bezugsrechtsausschluß); *Grunewald* in G/H/E/K, § 340c Rdz.2 (zur Verschmelzung); vgl. *Leinekugel*, Ausstrahlungswirkungen, S. 112f..

[1046] KK/*Lutter*, § 186 Rdz.7 (zur Kapitalerhöhung mit Bezugsrechtsausschluß); *Pfeifer*, Schutzmechanismen, Rdz.164 (zur Verschmelzung).

[1047] Vgl. oben S. 241f..

[1048] Vgl. oben S. 238f..

[1049] Vgl. oben S. 239 mit Nachw. in Fn.865.

(forward) triangular merger ermöglichen soll[1050], sieht hingegen für den Fall, daß den Gesellschaftern einer übertragenden Gesellschaft als Abfindung anstelle von Anteilen der aufnehmenden Gesellschaft Anteile an einer dritten Gesellschaft gewährt werden, eine Zustimmungskompetenz der Hauptversammlung dieser dritten Gesellschaft nicht vor[1051].

c) Erforderlichkeit einer Beschlusskompetenz der Hauptversammlung der Erwerbergesellschaft bei Dreiecksverschmelzung

Die gesetzliche Statuierung einer Beschlußkompetenz der Hauptversammlung der Erwerbergesellschaft M hinsichtlich einer Dreiecksverschmelzung erschiene ungeachtet entsprechender Regelungen in ausländischen Rechtsordnungen und ungeachtet der den Folgen einer Verschmelzung durch Aufnahme vergleichbaren Auswirkungen einer Dreiecksverschmelzung auf die Rechtsstellung der Aktionäre der Erwerbergesellschaft gleichwohl nur dann geboten, wenn die Aktionäre der Erwerbergesellschaft tatsächlich schutzbedürftig (dazu bereits oben a)) sowie nachfolgend aa)) und ungeachtet etwa bestehender Beschlusskompetenzen der M-Hauptversammlung im Zusammenhang mit einer Dreiecksverschmelzung (dazu bb)) nur in diesem Fall ausreichend geschützt wären (dazu cc)).

aa) Beeinträchtigung der Mitgliedsrechte der Aktionäre der Erwerbergesellschaft durch eine Dreiecksverschmelzung

Daß eine Dreiecksverschmelzung eine Beeinträchtigung der Aktionäre der Erwerbergesellschaft in ihren Mitgliedsrechten mit sich bringt, ergibt sich aus einem diesbezüglichen Vergleich einer Dreiecksverschmelzung - als wirtschaftlicher Verschmelzung der Ziel- auf die Erwerbergesellschaft - mit einer technischen Verschmelzung der Ziel- auf die Erwerbergesellschaft sowie mit einer Sachkapitalerhöhung unter Bezugsrechtsausschluß in der Erwerbergesellschaft.

(1) Schutzinteressen der Aktionäre der aufnehmenden Gesellschaft bei einer Verschmelzung

Von einer technischen Verschmelzung durch Aufnahme sind die Grundlagen der aufnehmenden Gesellschaft insofern berührt, als es zu einer Veränderung des Gesellschaftsvermögens sowie zu einer Veränderung in der Zusammensetzung des Aktionärskreises kommt. Der Sache nach kommt eine Verschmelzung durch

[1050] Vgl. oben S. 245.
[1051] Vgl. oben S. 244.

Aufnahme der Einbringung des Unternehmens der übertragenden Gesellschaft als Sacheinlage in die aufnehmende Gesellschaft gegen Gewährung von Aktien gleich[1052], bei denen es sich nicht notwendig um junge Aktien handeln muß, sondern auch um eigene Aktien aus dem Besitz der aufnehmenden Gesellschaft handeln kann (vgl. § 68 Abs. 1 S. 2 Nr. 1 UmwG)[1053]. Für die Aktionäre der beteiligten Gesellschaften von entscheidender Bedeutung ist daher die Gleichwertigkeit von Sacheinlage und Gegenleistung in Form von Anteilen an der aufnehmenden Gesellschaft, mithin die Ermittlung eines angemessenen Umtauschverhältnisses. Bei einer gemessen am Wert der Sacheinlage zu hohen Gegenleistung wird die Rechtsstellung der Aktionäre der aufnehmenden Gesellschaft insofern beeinträchtigt, als ihr relativer Anteil an der Summe der verschmolzenen Vermögensmassen nicht dem Wert ihrer Beteiligung an der aufnehmenden Gesellschaft vor der Verschmelzung entspricht[1054]. Überdies führt die Ausgabe von Aktien der aufnehmenden Gesellschaft an die Aktionäre der übertragenden Gesellschaft stets zu einer Verringerung der Beteiligungsquote der Altaktionäre. Es macht insoweit keinen Unterschied, ob die den Aktionären der übertragenden Gesellschaft gewährten Aktien der aufnehmenden Gesellschaft aus einer Kapitalerhöhung stammen oder es sich dabei um rückerworbene eigene Aktien im Besitz der Gesellschaft handelt. Auch in letzterem Fall kommt es insofern zu einer Verringerung der Beteiligungsquote der Altaktionäre der aufnehmenden Gesellschaft, als bei Wiederausgabe rückerworbener eigener Aktien das gemäß § 71b AktG ruhende Stimmrecht aus diesen Aktien wiederauflebt[1055]. Überdies besteht auch hier für die Aktionäre der aufnehmenden Gesellschaft die Gefahr einer Verwässerung des inneren Wertes ihrer Aktien infolge unangemessen hoher Gegenleistung an die Aktionäre der übertragenden Gesellschaft.
Das Gesetz gewährt den Aktionären der aufnehmenden Gesellschaft in Anbetracht der mit einer Verschmelzung durch Aufnahme u.U. verbundenen Verwässerung des Wertes ihrer Aktien sowie der stets eintretenden Verringerung ihrer Beteiligungsquote ein Mitspracherecht dergestalt, daß es die Wirksamkeit des Verschmelzungsvertrages im Außenverhältnis von der Zustimmung der Haupt-

---

[1052] KG GmbHR 1998, S. 1230, 1231 li. Sp.; *Baums*, Festschrift Zöllner, S. 65, 81; *ders.*, Gutachten, S. F 124. - Sacheinleger ist die übertragende Gesellschaft, die Gegenleistung erhalten deren Anteilsinhaber; vgl. *Philipp*, Die AG 1998, S. 264, 266; GK[3]/*Schilling*, § 339 Anm. 9; Hachenburg[7]-*Schilling/Zutt*, § 77 Anh. II § 21 VerschmG Rdz.13; *M. Winter* in Lutter, § 55 Rdz.2.

[1053] Vgl. Kallmeyer/*Marsch-Barner*, § 68 Rdz.12; *M. Winter* in Lutter, § 54 Rdz.12.

[1054] Vgl. *Lutter* in Lutter, § 5 Rdz.18; *Pfeifer*, Schutzmechanismen, Rdz.164; Scholz[7]/ *Priester*, Anh. Umw. § 21 KapErhG Rdz.13, 17; s. auch *Habersack*, Europäisches Gesellschaftsrecht Rdz.221.

[1055] *T. Bezzenberger*, Erwerb eigener Aktien, Rdz.153 mit Fn.326; *Pfeifer*, Schutzmechanismen, Rdz.165.

versammlung abhängig macht und damit den Aktionären insbesondere die Möglichkeit einräumt, eine Verschmelzung unter Zugrundelegung eines zu ihrem Nachteil unangemessen hohen Umtauschverhältnisses zu verhindern.
Die vorstehenden Ausführungen gelten entsprechend im Hinblick auf die (Gefahr einer) Beeinträchtigung der Rechtsstellung der Aktionäre infolge einer Sachkapitalerhöhung mit Bezugsrechtsausschluss. Auch insoweit gilt, dass die Stimmrechtsquote der Altaktionäre sinkt und die Gefahr einer Verwässerung des Wertes ihrer Aktien gegeben ist[1056].

(2) Schutzinteressen der Aktionäre der Erwerbergesellschaft bei einer Dreiecksverschmelzung

Das Ergebnis eines *triangular merger* entspricht nach dem Gesagten[1057] wirtschaftlich betrachtet dem einer Verschmelzung der Ziel- auf die Erwerbergesellschaft sowie - insbesondere beim *reverse triangular merger* - einer Einbringung sämtlicher Aktien der Zielgesellschaft als Sacheinlage in die Erwerbergesellschaft unter Ausschluss des Bezugsrechts der Altaktionäre. Die Einbringung des Unternehmens der Zielgesellschaft Z in eine 100%ige Tochter der Erwerbergesellschaft bei einem *forward triangular merger* sowie der Übergang sämtlicher ausstehender Z-Aktien auf die Erwerbergesellschaft bei einem *reverse triangular merger* kommen im wirtschaftlichen Ergebnis der Einbringung des Unternehmens der Z oder sämtlicher Z-Aktien als Sacheinlage in die Erwerbergesellschaft M gleich, und die Z-Aktionäre erhalten ebenso wie bei einer Verschmelzung von Z auf M als Gegenleistung M-Aktien. Aus Sicht der M-Aktionäre kommt es mithin bei einer Dreiecksverschmelzung ebenso wie bei einer Verschmelzung von Z auf M zu einer Verschiebung ihrer Beteiligungsquote, und kann es überdies zu einer vermögensmäßigen Verwässerung des Wertes ihrer Beteiligung kommen, wenn der Wert der den Z-Aktionären als Gegenleistung gewährten M-Aktien im Verhältnis zum Wert des Unternehmens der Zielgesellschaft unangemessen hoch ist.
Zum Schutz der M-Aktionäre vor einer Beeinträchtigung ihrer Rechtsstellung wäre mithin im Hinblick auf die Verschmelzung zwischen der Verschmelzungsvehikel-Tochter der M und der Zielgesellschaft bei einer Dreiecksverschmelzung eine Beschlusskompetenz der M-Hauptversammlung vorzusehen, es sei denn, der erforderliche Schutz der M-Aktionäre wäre bereits anderweitig gewährleistet. Dies könnte im Hinblick auf nach geltendem Recht im Rahmen einer Dreiecksverschmelzung ohnedies bestehende Beschlußkompetenzen der M-

---

[1056] KK/*Lutter*, § 186 Rdz.7.
[1057] Vgl. bereits oben S. 287.

Hauptversammlung der Fall sein. Solchen Beschlußkompetenzen ist im folgenden nachzugehen.

bb) Bestehende Beschlusskompetenzen der Hauptversammlung der Erwerbergesellschaft im Zusammenhang mit einer Dreiecksverschmelzung

Inwieweit Beschlusskompetenzen der Hauptversammlung der Erwerbergesellschaft im Zusammenhang mit einer Dreiecksverschmelzung bestünden, hängt davon ab, auf welche Weise den Aktionären der Zielgesellschaft die als Akquisitionswährung benötigten Aktien der Erwerbergesellschaft verschafft würden.

(1) Im Hinblick auf die (Be-)schaffung und Weiterleitung der Akquisitionswährung

(a) Gestaltungsvarianten: Gewährung rückerworbener eigener Aktien oder junger Aktien

Insoweit kommen zwei Gestaltungsvarianten in Betracht.
Denkbar wäre zum einen, daß es sich bei den an die Aktionäre der Zielgesellschaft zu gewährenden Aktien um *rückerworbene ausstehende Aktien* der Erwerbergesellschaft handelte. Dazu könnte die Erwerbergesellschaft bei Gründung der Verschmelzungsvehikel-Tochter T von ihr selbst rückerworbene eigene Aktien als Sacheinlage in die Tochter einbringen (Fall des „innerbetrieblichen" Erwerbs); die Tochter würde diese Aktien sodann im Rahmen der Dreiecksverschmelzung den Aktionären der Zielgesellschaft Z gewähren. Alternativ könnte die Erwerbergesellschaft M die Tochter mit den zum Erwerb von M-Aktien erforderlichen Barmitteln ausstatten; die Tochter könnte sodann die als Akquisitionswährung benötigten M-Aktien von dritter Seite erwerben und wiederum den Z-Aktionären als Gegenleistung gewähren.
Zum anderen wäre denkbar, daß es sich bei den an die Aktionäre der Zielgesellschaft zu gewährenden Aktien um *junge Aktien* der Erwerbergesellschaft M aus einer Sachkapitalerhöhung mit Bezugsrechtsausschluss in der M handelte. Dies würde allerdings die Einbringung einer Sacheinlage in die M voraussetzen. Beim *forward triangular merger* fehlte es hieran; der mit Verschmelzung der Z auf die Verschmelzungsvehikel-Tochter T der M eintretende Übergang des Vermögens der Z auf die T stellte nach dem Gesagten mangels Verfügungsbefugnis des M-Vorstands über das T-Gesellschaftsvermögen keine Sacheinlage in die M dar[1058]. Die Aktien der Zielgesellschaft würden mit deren Verschmelzung

---

[1058] Vgl. oben S. 250f..

auf die Tochter der Erwerbergesellschaft gegenstandslos und könnten somit nicht mehr als Sacheinlage in die Erwerbergesellschaft eingebracht werden.
Damit die als Akquisitionswährung erforderlichen M-Aktien gleichwohl durch eine Sachkapitalerhöhung in der Erwerbergesellschaft M geschaffen werden könnten, bedürfte es beim *forward triangular merger* einer komplizierten Umweggestaltung dergestalt, daß den Aktionären der Zielgesellschaft mit Wirksamwerden der Verschmelzung nicht (automatisch) Aktien der Erwerbergesellschaft gewährt würden, sondern - wie im Fall Daimler/Chrysler auf US-amerikanischer Seite den Chrysler-Aktionären im Rahmen des *reverse triangular merger* des US-Treuhänders mit der Chrysler Corp.[1059] - (lediglich) Aktienverschaffungsansprüche gegenüber der Erwerbergesellschaft, sodann ein *exchange agent* als Treuhänder, der anstelle der „eigentlichen" Erwerbergesellschaft den *triangular merger* mit der Zielgesellschaft vollzöge, die dadurch „eingesammelten" Aktien der Zielgesellschaft als Sacheinlage in die Erwerbergesellschaft M einbrächte und schließlich die als Gegenleistung empfangenen jungen M-Aktien an die Aktionäre der Zielgesellschaft weiterleitete.
Insoweit ist indes zu sehen, daß den Z-Aktionären Aktienverschaffungsansprüche als Gegenleistung für den Verlust ihrer Aktien anstelle der *de lege ferenda* gesetzlich vorzusehenden, auf eine Perpetuierung der Mitgliedschaft zielenden und nicht zur Disposition der Mehrheitsentscheidung stehenden[1060] Gegenleistung in Gestalt von Aktien der Erwerbergesellschaft[1061] nicht verschmelzungsvertraglich - und damit ohne Rücksicht auf individuelle Zustimmung jedes Z-Aktionärs -, sondern nur schuldrechtlich, d.h. unter individueller Zustimmung (vgl. § 364 Abs. 1 BGB) jeweils jedes einzelnen Aktionärs der Zielgesellschaft eingeräumt werden könnten[1062]. Möglich wäre mithin allenfalls ein individueller Verzicht[1063] der einzelnen Aktionäre der Zielgesellschaft auf einen gesetzlichen

---

[1059] Vgl. oben S. 49f..
[1060] Vgl. *Ihrig*, ZHR 160 (1996), S. 317, 339.
[1061] Vgl. den Vorschlag für einen § 20 Abs. 1 Nr. 3 S. 1 und 3 UmwG n.F.; unten S. 312.
[1062] Vgl. oben S. 246.
[1063] Zur Zulässigkeit eines (ersatzlosen) Verzichts der Anteilsinhaber einer übertragenden Gesellschaft auf den Erwerb von Anteilen an der aufnehmenden Gesellschaft, anders gewendet zur Frage einer Kapitalerhöhungspflicht betreffend den aufnehmenden Rechtsträger vgl. *Grunewald* in G/H/E/K, § 344 Rdz.13; *dies.* in Lutter, § 20 Rdz.62; *Ihrig*, ZHR 160 (1996), S. 317, 322ff.; Kallmeyer/*Kallmeyer*, § 54 Rdz.10; *Lutter* in Lutter, § 5 Rdz.9; Kallmeyer/*Marsch-Barner*, § 68 Rdz.15; *Petersen*, Der Gläubigerschutz im Umwandlungsrecht, S. 189ff.; *Sagasser/Ködderitzsch* in Sagasser/Bula/Brünger, Umwandlungen, Rdz.J 159; *Volhard* in: Semler/Volhard (Hrsg.), Unternehmensübernahmen, § 17 Rdz.226 mit Fn.532; *M. Winter*, Festschrift Lutter, S. 1279, 1280ff.; *ders.* in Lutter, § 54 Rdz.16ff.. Nach h.L. bestehen gegen einen ersatzlosen Verzicht der Anteilsinhaber eines übertragenden Rechtsträgers auf Gewährung von Anteilen des aufnehmenden Rechtsträgers insbesondere im Fall der (Konzern-)Verschmelzung von Schwestergesellschaften mit

Erwerb von Aktien der Erwerbergesellschaft (hier: des Treuhänders) mit Wirksamwerden der Verschmelzung der Verschmelzungsvehikel-Tochter T des Treuhänders mit der Zielgesellschaft sowie die verschmelzungsvertragliche Einräumung eines schuldrechtlichen Aktienverschaffungsanspruchs gegenüber der „eigentlichen" Erwerbergesellschaft M[1064].
Die Zustimmung der Hauptversammlung der Zielgesellschaft Z zu einem hier in Rede stehenden (insbesondere *forward*) *triangular merger* der Zielgesellschaft mit einem Treuhänder setzte mithin voraus, daß zumindest der insoweit erforderlichen Mehrheit der Z-Aktionäre, die nach hier vertretener Auffassung mindestens drei Viertel des Z-Grundkapitals repräsentieren sollte[1065], in dem Verschmelzungsvertrag ein schuldrechtlicher Anspruch auf Verschaffung von M-Aktien eingeräumt würde, da die Z-Aktionäre an einem Erwerb von Aktien des formal als Erwerbergesellschaft im Rahmen des *triangular merger* fungierenden Treuhänders zumal dann nicht interessiert sein werden, wenn der Treuhänder die mithilfe des *triangular merger* „eingesammelten" Aktien ihrer ehemaligen Gesellschaft im Anschluß an den *merger* in eine andere (vierte) Gesellschaft einbrächte, womit eine weitere „Mediatisierung" ihrer bereits nach dem *merger* nur noch mittelbaren Beteiligung am Gesellschaftsvermögen ihrer ehemaligen Zielgesellschaft verbunden wäre. Handelte es sich bei der Zielgesellschaft, wie nach

identischem Anteilseignerkreis keine Bedenken; namentlich bedürfe es einer Kapitalerhöhung in der aufnehmenden Gesellschaft nicht im Interesse ihrer Gläubiger (vgl. *Grunewald*, *Ihrig*, *Marsch-Barner*, *Volhard* und *M. Winter*, jeweils a.a.O.). Die Rechtsprechung zu dieser Frage ist uneinheitlich (für die Zulässigkeit eines ersatzlosen Verzichts auf Anteilsgewährung LG München I GmbHR 1999, S. 35, 36; dagegen KG GmbHR 1998, S. 1230, 1231; OLG Frankfurt/M. ZIP 1998, S. 1191, 1192 re. Sp.; ebenso zum alten Recht OLG Hamm WM 1988, S. 1125, 1126; BayObLG WM 1989, S. 1930, 1933f.).

1064 Vgl. *Grunewald* in Lutter, § 20 Rdz.56, 62. Nach Auffassung *Grunewalds* (a.a.O.) ist bei einer Verschmelzung durch Aufnahme ein Verzicht der Anteilsinhaber eines übertragenden Rechtsträgers sowie die Einräumung eines schuldrechtlichen Anspruchs auf Mitgliedschaften in einem anderen Rechtsträger durch den Verschmelzungsvertrag möglich. Auch ein ersatzloser Verzicht der Anteilsinhaber eines übertragenden Rechtsträgers auf den Erwerb von Anteilen des aufnehmenden Rechtsträgers ist nach h.L. zulässig (vgl. die Nachw. in der vorigen Fn.). Entsprechendes müßte gelten, wenn, wie hier *de lege ferenda* vorgeschlagen (vgl. unten S. 311f.), den Aktionären einer übertragenden oder aufnehmenden Gesellschaft im Rahmen eines (*forward* oder *reverse*) *triangular merger* Aktien einer dritten Gesellschaft als Gegenleistung gewährt werden könnten, die berechtigten Aktionäre der übertragenden oder aufnehmenden Gesellschaft aber auf diesen Erwerb verzichteten und sich stattdessen durch den Verschmelzungsvertrag schuldrechtliche Aktienverschaffungsansprüche gegenüber einer anderen (vierten) Gesellschaft (der „eigentlichen" Erwerbergesellschaft) gewähren ließen. Hierin läge ein minus gegenüber einem ersatzlosen Verzicht auf die gesetzlich vorgesehene Gegenleistung.

1065 Vgl. oben S. 278ff..

hier vertretener Auffassung vorgesehen werden sollte[1066], um eine börsennotierte Aktiengesellschaft, und befänden sich ihre Aktien überwiegend im Streubesitz, käme die Einräumung eines schuldrechtlichen Anspruchs auf Lieferung von Aktien der „eigentlichen" Erwerbergesellschaft, die die individuelle Zustimmung der berechtigten Z-Aktionäre voraussetzte, gegenüber Aktionären, deren Aktienbesitz insgesamt mindestens drei Viertel des Z-Grundkapitals repräsentierte, und damit letztlich auch die in Rede stehende Gestaltung als solche praktisch in der Regel kaum in Betracht.
Die (Be-)Schaffung der zur Durchführung jedenfalls eines *forward triangular merger* erforderlichen Aktien der Erwerbergesellschaft mithilfe einer Sachkapitalerhöhung in der Erwerbergesellschaft stellte nach alldem keine praktisch gangbare Alternative zu einem Rückerwerb ausstehender Aktien der Erwerbergesellschaft dar.
Beim *reverse triangular merger* in der hier für das deutsche Umwandlungsrecht *de lege ferenda* vorgeschlagenen Form könnten hingegen die Aktien der Zielgesellschaft als Sacheinlage gegen Gewährung junger Aktien in die Erwerbergesellschaft eingebracht werden. Nach dem vorgeschlagenen Regelungsmodell sollte insoweit vorgesehen werden, dass die Aktien der Zielgesellschaft mit Vollzug der Verschmelzung der Verschmelzungsvehikel-Tochter T der Erwerbergesellschaft M ex lege auf die Erwerbergesellschaft übergehen, analog bestehender Regelungen für die Mehrheitseingliederung (§ 320a S. 1 AktG) und für den *freeze out* (§ 327e Abs. 3 S. 1 AktG).
Dass die Z-Aktien somit kraft Gesetzes, nicht im Wege der rechtsgeschäftlichen Übereignung, auf die Erwerbergesellschaft M übergingen, stünde einer wirksamen Einbringung der Aktien als Sacheinlage in die M nicht entgegen. Für die Mehrheitseingliederung ist anerkannt, dass die den außenstehenden Aktionären der eingegliederten Gesellschaft gemäß § 320b S. 2 AktG als Gegenleistung zu gewährenden eigenen Aktien der Hauptgesellschaft dort durch bedingte Sachkapitalerhöhung (§§ 192 Abs. 2 Nr. 2, 194 AktG) oder auch durch genehmigte Sachkapitalerhöhung (§ 205 AktG) geschaffen werden können[1067]. Dass die ausstehenden Aktien kraft Gesetzes auf die Hauptgesellschaft übergehen, steht einer wirksamen Einbringung als Sacheinlage insoweit nicht entgegen[1068]. Dafür spricht insbesondere die Regelung des § 69 UmwG über eine Kapitalerhöhung der aufnehmenden Gesellschaft bei der Verschmelzung durch Aufnahme[1069], die

---

[1066] Vgl. unten S. 309.
[1067] GK/*Frey*, § 192 Rdz.87; MünchKomm AktG/*Grunewald*, § 320b Rdz.9; *Hüffer*, § 192 Rdz.14, § 320b Rdz.3; *Kowalski*, Die AG 2000, S. 555ff.; KK/*Lutter*, § 192 Rdz.13.
[1068] So ausdrücklich *Kowalski*, Die AG 2000, S. 555, 556f..
[1069] Vgl. *Hüffer*, § 320b Rdz.4; *Kowalski*, Die AG 2000, S. 555, 557 li. Sp..

eine qualifizierte Sachkapitalerhöhung darstellt[1070]: Die Sacheinlage, das Vermögen der übertragenden Gesellschaft, wird durch dieselbe erbracht, Empfänger der Gegenleistung sind die Anteilsinhaber der übertragenden Gesellschaft. Dass die übertragende Gesellschaft kraft Gesetzes auf die übernehmende Gesellschaft übergeht (§ 20 Abs. 1 Nr. 1 UmwG), steht der Annahme einer Sacheinlage im Rahmen einer Sachkapitalerhöhung in der aufnehmenden Gesellschaft dabei nicht entgegen, wie sich aus der Regelung des § 69 UmwG ergibt. Entsprechendes gilt für andere Fälle, in denen ein Gegenstand nicht aufgrund rechtsgeschäftlicher Übereignung, sondern aufgrund gesetzlicher Regelung übergeht, insbesondere nach dem Gesagten mit Blick auf den gesetzlichen Übergang der ausstehenden Aktien der eingegliederten Gesellschaft auf die Hauptaktionärin bei der Mehrheitseingliederung. Entsprechendes würde also auch im Falle des gesetzlichen Übergangs der Aktien der Zielgesellschaft auf die Erwerbergesellschaft bei einem *reverse triangular merger* in der hier *de lege ferenda* vorgeschlagenen Form gelten.

(b) Beschlusskompetenzen bei Gewährung junger Aktien
(reverse triangular merger)

Würden den Aktionären der Erwerbergesellschaft als Gegenleistung im Rahmen eines *reverse triangular merger*, wie er hier *de lege ferenda* für das deutsche Umwandlungsrecht vorgeschlagen wird, junge Aktien gewährt, so setzte dies in jedem Fall einen Beschluß der Hauptversammlung der Erwerbergesellschaft voraus. In Betracht käme neben einem Beschluß über eine ordentliche Sachkapitalerhöhung mit Bezugsrechtsausschluß (§§ 182ff. AktG) ein Beschluß über eine bedingte Sachkapitalerhöhung (§§ 192 Abs. 2 Nr. 2, 194 AktG) sowie die Schaffung eines genehmigten Sachkapitals unter (Ermächtigung zum) Ausschluß des Bezugsrechts der Aktionäre (§§ 202ff. AktG). Bei der ordentlichen und bedingten Kapitalerhöhung, denen angesichts bestehender Anfechtungsrisiken freilich geringe praktische Bedeutung zukommen dürfte, wäre gewährleistet, dass die Hauptversammlung über Einzelheiten einer geplanten Dreiecksverschmelzung und insoweit namentlich über das vorgesehene Umtauschverhältnis informiert wäre. Der Beschluss könnte damit insbesondere analog § 255 Abs. 2 AktG wegen unangemessen hoher Bewertung der Sacheinlage angefochten werden. Ein Beschluss über eine ordentliche Kapitalerhöhung mit Bezugsrechtsausschluss wäre zudem nach Kali & Salz - Grundsätzen[1071] gerichtlich auf Eignung, Erforderlichkeit und Verhältnismäßigkeit zu überprüfen. Bei der praktisch bedeutsameren Schaffung eines genehmigten Kapitals mit (Ermächtigung zum) Bezugs-

---

[1070] Vgl. die Nachw. in Fn.1052.
[1071] BGHZ 71, S. 40, 43ff. - Kali & Salz.

rechtsausschluss würde die Hauptversammlung demgegenüber in der Regel ihren Beschluss aufgrund abstrakt-genereller Angaben fassen und damit insbesondere nicht in Kenntnis eines konkreten Umtauschverhältnisses. Eine Anfechtung des Hauptversammlungsbeschlusses wegen unangemessen hoher Bewertung der Sacheinlage analog § 255 Abs. 2 AktG käme in diesem Fall ebenso wenig in Betracht wie eine Überprüfung des Beschlusses auf Erforderlichkeit und Verhältnismäßigkeit[1071a].

(c) Beschlusskompetenzen bei Gewährung rückerworbener eigener Aktien

Während die an die Aktionäre der Zielgesellschaft bei einem *triangular merger* als Gegenleistung zu gewährenden Aktien im Falle des *reverse triangular merger* nach dem Gesagten durch eine (ordentliche, bedingte oder genehmigte) Sachkapitalerhöhung mit Bezugsrechtsausschluss in der Erwerbergesellschaft M geschaffen werden könnten, käme dies bei einem *forward triangular merger* nach dem Gesagten nicht Betracht, da die Aktien der Zielgesellschaft hier mit Vollzug der Verschmelzung der Zielgesellschaft auf die Verschmelzungsvehikel-Tochter T der Erwerbergesellschaft gegenstandslos würden[1072]. Auch eine oben beschriebene Umweggestaltung mithilfe eines Treuhänders, der die Aktien der Zielgesellschaft anstelle der „eigentlichen" Erwerbergesellschaft im Rahmen einer Dreiecksverschmelzung einsammelte und sodann als Sacheinlage in die Erwerbergesellschaft einbrächte, kommt praktisch kaum in Betracht. Die erforderlichen M-Aktien könnten mithin bei einem *forward triangular merger* regelmäßig nicht durch eine Sachkapitalerhöhung in der M geschaffen werden, sondern müssten durch Rückerwerb ausstehender Aktien beschafft werden. Demgemäß konzentrieren sich die folgenden, primär auf den *forward triangular merger* bezogenen, aber auch für den *reverse triangular merger* geltenden Ausführungen auf die Frage, ob und inwieweit bei Beschaffung der als Akquisitionswährung erforderlichen M-Aktien durch Rückerwerb ausstehender M-Aktien Beschlusskompetenzen der Hauptversammlung der Erwerbergesellschaft bestünden[1073].

(aa) Rückerwerb ausstehender Aktien der Erwerbergesellschaft

Erwürbe die M selbst ausstehende eigene Aktien, um diese Aktien bei Gründung der Verschmelzungsvehikel-Tochter T in die T als Sacheinlage einzubringen,

---

[1071a] Vgl. dazu unten S. 380ff..
[1072] Vgl. oben S. 292f..
[1073] Zu Beschlusskompetenzen bei Gewährung junger Aktien der Erwerbergesellschaft vgl. vorstehend S. 296.

bedürfte dieser Aktienerwerb gemäß § 71 Abs. 1 Nr. 8 S. 1 AktG eines Ermächtigungsbeschlusses der M-Hauptversammlung[1074].
Stattete die M die T nicht mit rückerworbenen eigenen Aktien, sondern mit Bargeld zum Erwerb von M-Aktien von dritter Seite aus[1075], bedürfte die Übertragung des Bargeldes u.U. der internen Zustimmung der M-Hauptversammlung nach Holzmüller-Grundsätzen. Überdies bedürfte der mit dem Bargeld finanzierte Erwerb von M-Aktien durch die T von dritter Seite zum Zwecke der Durchführung einer Dreiecksverschmelzung nach § 71d S. 2 i.V.m. § 71 Abs. 1 Nr. 8 S. 1 AktG ebenso einer Ermächtigung der M-Hauptversammlung wie der Rückerwerb von M-Aktien durch die M selbst.

(bb) Veräußerung von Mutter-Aktien gemäß § 71d S. 2 i.V.m. § 71 Abs. 1 Nr. 8 AktG

Überdies wäre eine Beschlussfassung der M-Hauptversammlung - unabhängig davon, ob die T die M-Aktien „innerbetrieblich" von der M selbst oder von dritter Seite erworben hätte[1076] - möglicherweise auch gemäß § 71d S. 2 i.V.m. § 71 Abs. 1 Nr. 8 S. 5 1. Halbs. AktG hinsichtlich der Gewährung der M-Aktien an die Z-Aktionäre im Rahmen der Verschmelzung der Zielgesellschaft mit der Verschmelzungsvehikel-Tochter erforderlich[1077]. Dies wäre dann der Fall, wenn die Verweisung des § 71d S. 2 AktG auf die Regelung des § 71 Abs. 1 Nr. 8 AktG sich auch auf die Vorschrift des § 71 Abs. 1 Nr. 8 S. 5 1. Halbs. AktG bezöge (dazu nachfolgend (α)) und wenn es sich überdies bei der Gewährung im Gesellschaftsvermögen der T befindlicher, aufgrund eines Hauptversammlungsbeschlusses gemäß (§ 71d S. 2 i.V.m.) § 71 Abs. 1 Nr. 8 S. 1 AktG erworbener

---

[1074] Der Erwerb von der M-Verwaltung aufgrund einer solchen Ermächtigung rückerworbener Aktien durch die Verschmelzungsvehikel-Tochter bei Einbringung der M-Aktien als Sacheinlage in die Tochter unterläge als „innerbetrieblicher" Erwerb hingegen nicht (nochmals) den Voraussetzungen der §§ 71ff. AktG; vgl. *Hefermehl/Bungeroth* in G/H/E/K, § 71d Rdz.13; KK/*Lutter*, § 71d Rdz.13.

[1075] Vgl. oben S. 73f. und Fn.918.

[1076] Zwar unterläge ein „innerbetrieblicher" Erwerb von M-Aktien durch die T nicht (nochmals) den Voraussetzungen der §§ 71ff. AktG, weil diese bereits bei dem vorangehenden Rückerwerb der Aktien durch die M selbst vorliegen mussten (vgl. oben Fn.193). Eine Veräußerung „innerbetrieblicher" erworbener M-Aktien durch die T unterläge hingegen - bei Anwendbarkeit des § 71d S. 2 AktG auf diesen Fall (vgl. den folgenden Text) - den Voraussetzungen gemäß § 71d S. 2 i.V.m. § 71 Abs. 1 Nr. 8 S. 5 1. Halbs. AktG.

[1077] Die mit der Einbringung der M-Aktien in die T verbundene Veräußerung eigener Aktien durch die M unterläge insofern keinen Bedenken hinsichtlich des Gleichbehandlungsgebotes (vgl. § 71 Abs. 1 Nr. 8 S. 5 1. Halbs. AktG), als die Aktien zwar nicht an die M-Aktionäre, sondern an die T veräußert würden, es sich dabei aber um eine 100%ige Tochter der M handelte, die Aktien also im Ergebnis mittelbar im Vermögen der M verblieben.

M-Aktien an die Z-Aktionäre im Rahmen einer Dreiecksverschmelzung um eine „andere Veräußerung" i.S.d. § 71 Abs. 1 Nr. 8 S. 5 1. Halbs. AktG handelte (dazu unten (β)).

(α) Verweisung des § 71d S. 2 AktG auf § 71 Abs. 1 Nr. 8 S. 5 AktG

Nach § 71d S. 2 i.V.m. S. 1 AktG darf ein abhängiges Unternehmen (vgl. § 17 AktG) Aktien eines herrschenden Unternehmens „nur *erwerben oder besitzen*, soweit dies der Gesellschaft nach § 71 Abs. 1 Nr. 1 bis 5, 7 und 8 und Abs. 2 gestattet wäre" (Hervorhebung d. Verf.). Der Wortlaut der Vorschrift deutet darauf hin, die Verweisung auf die Regelung des § 71 Abs. 1 Nr. 8 AktG erfasse lediglich den Fall des Erwerbs (und Besitzes) von Mutter-Aktien durch eine Tochtergesellschaft aufgrund Hauptversammlungsbeschlusses, nicht aber auch die in § 71 Abs. 1 Nr. 8 AktG ebenfalls geregelte *Veräußerung* aufgrund Hauptversammlungsbeschlusses erworbener Mutter-Aktien.
Ein solches Verständnis der Vorschrift des § 71d S. 2 AktG würde indes dem Regelungszweck, eine Umgehung der Beschränkungen des § 71 AktG hinsichtlich des Erwerbs eigener Aktien durch ein herrschendes Unternehmen zu verhindern und dabei etwa sicherzustellen, daß der Vorstand einer Gesellschaft nicht mittelbar auf dem Weg über ein Tochterunternehmen Einfluß auf die Zusammensetzung des Aktionärskreises der Gesellschaft nimmt[1078], nicht gerecht. Es leuchtete nicht ein, wenn eine Tochter Aktien der Mutter aufgrund Hauptversammlungsbeschlusses nur insoweit erwerben dürfte, wie dies auch der Mutter selbst gestattet wäre, hinsichtlich der Veräußerung auf diese Weise erworbener Mutter-Aktien aber nicht denselben Bindungen unterläge wie die Mutter selbst.
Über ihren zu engen Wortlaut hinaus ist die Regelung des § 71 d S. 2 i.V.m. S. 1 AktG daher sinngemäß dahingehend zu ergänzen, daß ein abhängiges Unternehmen Aktien der Gesellschaft nur erwerben, besitzen *oder veräußern* darf, soweit dies dem herrschenden Unternehmen nach § 71 Abs. 1 Nr. 1 bis 5, 7 und 8 und Abs. 2 AktG gestattet wäre.

(β) Anwendbarkeit des § 71 Abs. 1 Nr. 8 S. 5 1. Halbs. AktG bei Aktienübertragung kraft Gesetzes

Da die Verweisung des § 71d S. 2 AktG auf die Regelung des § 71 Abs. 1 Nr. 8 AktG nach dem Gesagten nicht nur den Erwerb (oder den Besitz) von Aktien einer Gesellschaft durch ein abhängiges Unternehmen aufgrund Hauptversammlungsbeschlusses betrifft, sondern auch die Veräußerung auf dieser Grundlage

[1078] Vgl. *Hefermehl/Bungeroth* in G/H/E/K, § 71d Rdz.10; KK/*Lutter*, § 71d Rdz.7.

erworbener Aktien, darf eine Tochtergesellschaft Aktien der Mutter ebenso wie die Mutter selbst nur aufgrund einer Ermächtigung der Hauptversammlung der Mutter veräußern, wenn es sich bei dieser Veräußerung um eine „andere Veräußerung" i.S.d. § 71 Abs. 1 Nr. 8 S. 5 1. Halbs. AktG handelt. Im vorliegenden Zusammenhang stellt sich damit die Frage, ob die Übertragung im Gesellschaftsvermögen der Verschmelzungsvehikel-Tochter T befindlicher, aufgrund eines Hauptversammlungsbeschlusses der Erwerbergesellschaft M erworbener M-Aktien auf die Aktionäre der Zielgesellschaft eine „andere Veräußerung" i.S.d. § 71 Abs. 1 Nr. 8 S. 5 1. Halbs. AktG darstellte, d.h. eine Veräußerung, die nicht jedem M-Aktionär eine Erwerbsmöglichkeit unter Beachtung des Gleichbehandlungsgrundsatzes einräumte[1079].
Dagegen spricht, daß bei einer Übertragung der M-Aktien auf die Z-Aktionäre im Rahmen der Verschmelzung von T und Z zwar der Gleichbehandlungsgrundsatz insofern berührt wäre, als die M-Aktionäre von einem Erwerb dieser Aktien ausgeschlossen wären, die Übertragung der Aktien im Rahmen einer Verschmelzung durch Aufnahme aber (vgl. § 20 Abs. 1 Nr. 3 1. Halbs. UmwG) ex lege, ohne Mitwirkung der T sowie der Z-Aktionäre erfolgte[1080], während eine „Veräußerung" von Aktien nach allgemeinen Grundsätzen als Übereignung oder Übertragung eines Rechts[1081] einen dinglichen Vertrag voraussetzt (vgl. §§ 413, 398 BGB [Namensaktien], § 929 S. 1 BGB [Inhaberaktien][1082]). Dem Wortlaut der Vorschrift des § 71 Abs. 1 Nr. 8 S. 5 1. Halbs. AktG nach wäre ihre Anwendbarkeit auf die Übertragung der M-Aktien von der T auf die Z-Aktionäre in der in Rede stehenden Konstellation damit zumindest zweifelhaft. Der Schutzzweck der Regelung könnte allerdings ihre (analoge) Anwednung gebieten. Hierzu ist folgendes zu bemerken.
Daß die Veräußerung eigener Aktien ebenso wie nach dem oben Gesagten die Veräußerung von Aktien der Gesellschaft durch eine Tochter nach § 71 Abs. 1 Nr. 8 S. 5 1. Halbs. AktG abgesehen vom Fall der börslichen Veräußerung (vgl. § 71 Abs. 1 Nr. 8 S. 4 AktG) eines Hauptversammlungsbeschlusses bedarf, auf den überdies nach § 71 Abs. 1 Nr. 8 S. 5 2. Halbs. AktG die Regelungen des § 186 Abs. 3 und 4 AktG entsprechend anzuwenden sind, erklärt sich aus den den Folgen einer Kapitalerhöhung mit Bezugsrechtsausschluß entsprechen-

---

[1079] Vgl. *T. Bezzenberger*, Erwerb eigener Aktien, Rdz.151, 154; *Kiem*, Die AG 2000, S. 209, 215 re. Sp..
[1080] Vgl. *Grunewald* in Lutter, § 20 Rdz.55; Kallmeyer/*Marsch-Barner*, § 20 Rdz.29.
[1081] Zum Begriff der „Veräußerung" s. etwa Palandt/*Heinrichs*, Überblick vor § 104 Rdz.16.
[1082] Vgl. *Karsten Schmidt*, Gesellschaftsrecht, § 26 IV 1 b), S. 777.

den[1083] Wirkungen, die die Veräußerung eigener Aktien ebenso wie die Veräußerung von Aktien der Gesellschaft durch eine Tochter für die Aktionäre der (Mutter-)Gesellschaft hat oder haben kann, wenn nicht jedem Aktionär unter Beachtung des Gleichbehandlungsgrundsatzes eine Erwerbsmöglichkeit eingeräumt wird.

Werden rückerworbene Aktien der Gesellschaft durch diese selbst oder durch eine Tochter entgeltlich veräußert, bringt der Erwerber dabei wirtschaftlich betrachtet eine Einlage in die veräußernde Gesellschaft ein und erhält im Gegenzug Aktien der (Mutter-)Gesellschaft. Werden die Aktien an Nicht-Aktionäre veräußert und entspricht der Wert der „Einlage" nicht dem Wert der dafür gewährten Aktien, so kommt es wie im Fall der Kapitalerhöhung mit Bezugsrechtsausschluß[1084] zu einer Verwässerung des Wertes der Aktien der Altaktionäre. Überdies führt die Veräußerung rückerworbener eigener oder Mutter-Aktien an Nicht-Aktionäre der (Mutter-)Gesellschaft, gleichfalls ebenso wie eine Kapitalerhöhung mit Bezugsrechtsausschluß[1085], stets zu einem Absinken der Stimmrechtsquote der Altaktionäre der (Mutter-) Gesellschaft insofern, als alle Rechte aus den veräußerten Aktien, die nach (§ 71d S. 4 i.V.m.) § 71b AktG ruhten, während die Aktien sich in der Hand der Gesellschaft oder der Tochter befanden, in der Hand der Erwerber wieder aufleben[1086]. Bei der Veräußerung eigener Aktien sowie bei der Veräußerung von Mutter-Aktien durch eine Tochter drohen den Aktionären der (Mutter-)Gesellschaft mithin dieselben Gefahren wie bei einer Kapitalerhöhung mit Bezugsrechtsausschluß.

Diese Gefahren drohen den Aktionären unabhängig davon, ob die Aktien an Dritte „veräußert" werden, wie es der Wortlaut des § 71 Abs. 1 Nr. 8 S. 5 1. Halbs. AktG voraussetzt, oder ob sie kraft Gesetzes auf Dritte übergehen, wie es bei einer Verschmelzung nach § 20 Abs. 1 Nr. 3 1. Halbs. UmwG der Fall ist. Die Wirkung der Übertragung der Aktien ist dieselbe, mag die Art und Weise, in der sie rechtstechnisch vor sich geht, auch verschieden sein. Aus diesem Grunde erscheint eine analoge Anwendung des § 71 Abs. 1 Nr. 8 S. 5 AktG zum Schutz der Aktionäre der Erwerbergesellschaft M in der fraglichen Konstellation geboten. Die Übertragung der im Gesellschaftsvermögen der T befindlichen, aufgrund eines Beschlusses der Hauptversammlung der Erwerbergesellschaft M erworbenen M-Aktien auf Aktionäre einer Zielgesellschaft im Rahmen eines

[1083] Vgl. Begr. RegE KonTraG, BT-Drucks. 13/9712, S. 14; *T. Bezzenberger*, Erwerb eigener Aktien, Rdz.153; *Hüffer*, § 71 Rdz.191; *Kiem*, Die AG 2000, S. 209, 214 re. Sp.; *Reichert/Harbarth*, ZIP 2001, S. 1441, 1442.

[1084] Vgl. *Habersack*, Europäisches Gesellschaftsrecht Rdz.196; *Hüffer*, § 186 Rdz.2; MünchHdb AG/*Krieger*, § 56 Rdz.57; KK/*Lutter*, § 186 Rdz.7.

[1085] Vgl. *Habersack*, *Hüffer*, *Krieger* und *Lutter*, jeweils a.a.O. (vorige Fn.).

[1086] *Kiem*, Die AG 2000, S. 209, 214 re. Sp.; *Reichert/Harbarth*, ZIP 2001, S. 1441, 1442.

triangular merger bedürfte mithin entsprechend §§ 71d S. 2, § 71 Abs. 1 Nr. 8 S. 5 1. Halbs. AktG der Zustimmung der M-Hauptversammlung, die entsprechend §§ 71d S. 2, § 71 Abs. 1 Nr. 8 S. 5 2. Halbs. i.V.m. § 186 Abs. 3 S. 2 AktG eine Mehrheit von mindestens drei Vierteln des bei der Beschlußfassung vertretenen Grundkapitals erforderte.
Die geplante Gewährung der M-Aktien an Aktionäre einer Zielgesellschaft im Rahmen einer Dreiecksverschmelzung müßte zudem in der Einberufung der M-Haupt-versammlung ausdrücklich und ordnungsgemäß nach § 124 Abs. 1 AktG bekanntgemacht werden, §§ 71d S. 2, § 71 Abs. 1 Nr. 8 S. 5 2. Halbs. analog i.V.m. § 186 Abs. 4 S. 1 AktG, und der M-Vorstand hätte der Hauptversammlung einen schriftlichen Bericht über den Grund für die geplante Übertragung der Aktien an Aktionäre einer Zielgesellschaft vorzulegen, §§ 71d S. 2, § 71 Abs. 1 Nr. 8 S. 5 2. Halbs. analog i.V.m. § 186 Abs. 4 S. 2 AktG.
Außerdem bedürfte die Zustimmung der M-Hauptversammlung zur Gewährung der M-Aktien an Aktionäre einer Zielgesellschaft im Rahmen einer Dreiecksverschmelzung wegen der Abweichung vom Gleichbehandlungsgrundsatz derselben sachlichen Rechtfertigung wie ein Ausschluß des Bezugsrechts der M-Aktionäre bei einer Kapitalerhöhung[1087]. Die diesbezügliche Begründung im Bericht des Vorstands müsste allerdings nicht notwendigerweise in konkreter Form erfolgen. Wäre im Zeitpunkt der Beschlußfassung der M-Hauptversammlung noch ungewiß, ob, wann und in welchem Umfang die rückerworbenen Aktien auf die Aktionäre einer Zielgesellschaft übertragen werden, und würde der Vorstand daher durch die Hauptversammlung ermächtigt, über Umfang, Zeitpunkt und Modalitäten der Wiederausgabe der rückerworbenen Aktien zu entscheiden[1088], so würden im Hinblick auf den Umfang der erforderlichen Information der Hauptversammlung und die Anforderungen an die sachliche Rechtfertigung dieselben Maßstäbe gelten wie nach der Siemens/Nold-Entscheidung des Bundesgerichtshofs[1089] hinsichtlich der Beschlußfassung der Hauptversammlung über ein genehmigtes Kapital mit Bezugsrechtsausschluß[1090]. Es genügte damit insbesondere, daß den Aktionären die geplante Maßnahme, d.h. im vorliegenden

[1087] Vgl. Begr. RegE KonTraG, BT-Drucks. 13/9712, S. 14; *T. Bezzenberger*, Erwerb eigener Aktien, Rdz.151 a.E.; *Huber*, Festschrift Kropff, S. 101, 118; *Kessler/Suchan*, BB 2000, S. 2529, 2530 re. Sp.; *Kiem*, Die AG 2000, S. 209, 215 re. Sp.; *Reichert/Harbarth*, ZIP 2001, S. 1441, 1442 re. Sp.; *Volhard* in: Semler/Volhard (Hrsg.), Arbeitshandbuch Hauptversammlung, Rdz.II Q 10.

[1088] Zur Zulässigkeit einer derartigen Ermächtigung *T. Bezzenberger*, Erwerb eigener Aktien, Rdz.154; *Huber*, Festschrift Kropff, S. 101, 119; *Schumann*, Bezugsrecht, S. 231.

[1089] BGHZ 136, S. 133ff.; dazu näher unten S. 380ff..

[1090] Vgl. *Kessler/Suchan*, BB 2000, S. 2529, 2530 Fn.19; *Kiem*, Die AG 2000, S. 209, 215 re. Sp.; *J. Kirchner/Sailer*, NZG 2002, S. 305, 313 li. Sp.; *Reichert/Harbarth*, ZIP 2001, S. 1441, 1447 li. Sp..

Zusammenhang die in Aussicht genommene Übertragung der Aktien an die Aktionäre einer Zielgesellschaft im Rahmen der Übernahme einer Zielgesellschaft mithilfe einer Dreiecksverschmelzung, in abstrakter und allgemeiner Form bekanntgegeben würde. Dies würde jedenfalls dann gelten, wenn der Vorstand im Zeitpunkt der Beschlussfassung der Hauptversammlung noch keine konkreten Pläne verfolgte. Eine konkrete Information der Hauptversammlung könnte, wie noch näher auszuführen sein wird[1091], aber auch dann unterbleiben, wenn bereits konkrete Planungen des Vorstands bestünden, soweit deren Preisgabe dem Geheimhaltungsinteresse der Gesellschaft zuwiderliefe.

(2) Holzmüller-Zuständigkeit

Neben den vorstehend erörterten - geschriebenen - Beschlusskompetenzen der M-Hauptversammlung im Zusammenhang mit einer Dreiecksverschmelzung im Hinblick auf die (Be-)Schaffung und Weiterleitung der als Akquisitionswährung benötigten Aktien der Erwerbergesellschaft käme im Hinblick auf die Verschmelzung einer Tochter der Erwerbergesellschaft mit der Zielgesellschaft weiterhin eine ungeschriebene interne Beschlusskompetenz der M-Hauptversammlung nach Holzmüller-Grundsätzen in Betracht[1092]. Eine Holzmüller-Kompetenz der M-Hauptversammlung ließe sich im vorliegenden Zusammenhang, namentlich mit Blick auf einen *forward triangular merger*, bei dem die Zielgesellschaft auf eine Tochter der Erwerbergesellschaft verschmolzen würde, freilich nicht mit der Erwägung begründen, die Verschmelzung einer dritten Gesellschaft auf eine Tochtergesellschaft sei als qualifizierte Sachkapitalerhöhung in der aufnehmenden Tochtergesellschaft[1093] mit der Aufnahme fremder Aktionäre verbunden und begründe insofern bei Unangemessenheit des Umtauschverhältnisses die Gefahr konkreter Vermögensverluste für die Aktionäre der Obergesellschaft[1094]. Zu einer Veränderung des Aktionärskreises der Tochter käme es bei einem *forward triangular merger* gerade nicht, da den Aktionären der übertragenden (Ziel-) Gesellschaft als Gegenleistung anstelle von T-Aktien Aktien der Erwerbergesellschaft gewährt würden. Die Verschmelzung der Verschmelzungsvehikel-Tochter mit der Zielgesellschaft beim *triangular merger* wirkte sich demgemäß auf die Mitgliedsrechte der Aktionäre der Obergesellschaft M - anders als eine Verschmelzung einer dritten Gesellschaft auf

[1091] Vgl. unten S. 381ff..

[1092] Vgl. zur Holzmüller-Zuständigkeit der Hauptversammlung einer Obergesellschaft hinsichtlich umwandlungsrechtlicher Vorgänge auf der Ebene von Tochtergesellschaften *Habersack* in Emmerich/Habersack, Vor § 311 Rdz.21 a.E. mit Nachw. in Fn.85.

[1093] Vgl. oben S. 290 mit Fn.1052.

[1094] Vgl. zu diesem Aspekt BGHZ 83, S. 122, 137 – Holzmüller.

eine M-Tochter T, bei der den Aktionären der übertragenden Gesellschaft als Gegenleistung T-Aktien gewährt würden - nicht nur mittelbar, sondern unmittelbar aus. Da den Z-Aktionären als Gegenleistung Aktien der Erwerbergesellschaft gewährt würden, stellte eine Dreiecksverschmelzung nicht eine strukturändernde Maßnahme auf der Ebene der Untergesellschaft T dar, die lediglich als Vehikel zur Durchführung einer wirtschaftlichen Verschmelzung von Erwerber- und Zielgesellschaft[1095] diente, sondern eine strukturändernde Maßnahme auf der Ebene der Obergesellschaft (Erwerbergesellschaft) M selbst. Da die Schutzinteressen der Aktionäre der Erwerbergesellschaft hierbei nach dem Gesagten in vergleichbarer Weise berührt wären wie bei einer technischen Verschmelzung der Ziel- auf die Erwerbergesellschaft[1096], insofern also, das Überschreiten der Bagatellschwelle unterstellt[1097], ein i.S. der Holzmüller-Doktrin relevanter Eingriff in ihre Mitgliedsrechte gegeben wäre, hätte der Vorstand der Erwerbergesellschaft M vor Erteilung der Zustimmung zu der Verschmelzung von T und Z in der T-Hauptversammlung im Innenverhältnis die Entscheidung der M-Hauptversammlung einzuholen.

cc) Verbleibendes Schutzbedürfnis der Aktionäre der Erwerbergesellschaft

Da es zur Durchführung einer Dreiecksverschmelzung nach dem vorstehend Gesagten ohnedies einer Beschlussfassung der Hauptversammlung der Erwerbergesellschaft bedürfte - sei es für eine ordentliche, bedingte oder genehmigte Sachkapitalerhöhung mit Bezugsrechtsausschluss, sei es für den Rückerwerb und die Wiederveräußerung eigener Aktien -, könnte die in Rede stehende Statuierung einer gesetzlichen Beschlusskompetenz der Hauptversammlung der Erwerbergesellschaft M hinsichtlich der Verschmelzung der Verschmelzungsvehikel-Tochter T der M mit der Zielgesellschaft Z entbehrlich sein.

(1) *Reverse triangular merger*

Im Zusammenhang mit einem *reverse triangular merger* hätte die Hauptversammlung der Erwerbergesellschaft insofern ein Mitentscheidungsrecht, als sie

---

[1095] Zur Qualifizierung eines *triangular merger* als wirtschaftliche Verschmelzung der Ziel- auf die Erwerbergesellschaft vgl. oben S. 287, 291.

[1096] Vgl. oben S. 291.

[1097] Vgl. zur umstrittenen Bestimmung der Wesentlichkeit einer Strukturmaßnahme im Rahmen der Holzmüller-Doktrin *Habersack* in Emmerich/Habersack, Vor § 311 Rdz.19; MünchHdb AG/*Krieger*, § 69 Rdz.8; *Mertens*, Die AG 2000, S. 157, 162 Fn.23; *Reichert/Schlitt* in: Semler/Volhard (Hrsg.), Arbeitshandbuch Hauptversammlung, Rdz.I B 525; *Rosengarten*, Liber Amicorum Buxbaum, S. 445, 453f.; jeweils m. Nachw..

über eine (ordentliche, bedingte oder genehmigte) Sachkapitalerhöhung mit Bezugsrechtsausschluss zur Schaffung der als Akquisitionswährung erforderlichen jungen Aktien der Erwerbergesellschaft zu beschließen hätte. In der Praxis wären die Aktionäre freilich vor einer Verwässerung ihrer Beteiligung an der Erwerbergesellschaft infolge einer unangemessen hohen Bewertung der im Zuge des *reverse triangular merger* als Sacheinlage in die Erwerbergesellschaft eingebrachten Aktien der Zielgesellschaft nicht geschützt, wenn und weil die jungen Aktien durch eine genehmigte Sachkapitalerhöhung unter Ausschluss des Brzugsrechts der Aktionäre geschaffen würden und der Vorstand hierzu durch einen Hauptversammlungsbeschluss ermächtigt wurde, der auf einer abstrakt-generellen Umschreibung der Gründe für den Bezugsrechtsaussschluss beruhte[1098] und sich nicht zu dem Umtauschverhältnis verhielte. Eine Anfechtung des Hauptversammlungsbeschlusses analog § 255 Abs. 2 AktG wegen zu hoher Bewertung der Sacheinlage käme in diesem Fall, wie bereits angesprochen, ebenso wenig in Betracht wie eine Überprüfung des Beschlusses auf Erforderlichkeit und Verhältnismäßigkeit[1099].

(2) *Forward triangular merger*

Eine Beschlusskompetenz der M-Hauptversammlung im Zusammenhang mit einem *forward triangular merger* wäre nach dem oben Gesagten u.a. hinsichtlich der Übertragung der im Gesellschaftsvermögen der T befindlichen, aufgrund einer Ermächtigung durch die M-Hauptversammlung erworbenen M-Aktien auf die Z-Aktionäre mit Wirksamwerden der Verschmelzung von T und Z gegeben. Ein entsprechender Ermächtigungsbeschluß könnte nach dem Gesagten mit der Rüge mangelnder sachlicher Rechtfertigung angefochten werden. Die Erfolgsaussichten wären insoweit allerdings gering, wenn und weil die Hauptversammlung der Erwerbergesellschaft vom Vorstand über einen geplanten *forward triangular merger* nur abstrakt informiert würde, es mithin insbesondere an einer konkreten Information über die Zielgesellschaft fehlte, deren Übernahme mithilfe eines *forward triangular merger* die Ermächtigung zur Übertragung der M-Aktien an Nicht-Aktionäre dienen soll[1100]. Einer solchen kon-

---

[1098] Zu den inhaltlichen Anforderungen an den Vorstandsbericht über die Gründe für einen erbetenen Bezugsrechtsausschluss nach der Siemens/Nold-Entscheidung des Bundesgerichtshofs vgl. unten S. 380ff..

[1099] Vgl. oben S. 297. - Zur verringerten Beschlusskontrolldichte nach der Siemens/Nold-Entscheidung des Bundesgerichtshofs vgl. unten S. 380f..

[1100] Zu den Erfolgsaussichten einer Anfechtungsklage gegen einen Hauptversammlungsbeschluß über die Schaffung eines genehmigten Kapitals nach der Siemens/Nold-Entscheidung des Bundesgerichtshofs vgl. unten S. 380f..

kreten Information bedürfte es nach dem Gesagten dann nicht, wenn entweder der Vorstand zum Zeitpunkt der Beschlußfassung der Hauptversammlung noch keine konkreten Planungen verfolgte oder eine Offenlegung konkreter Planungen dem Geheimhaltungsinteresse der Gesellschaft zuwiderliefe. Ein effektiver Rechtsschutz der M-Aktionäre gegen eine Beeinträchtigung ihrer Interessen durch einen *forward triangular merger*, namentlich infolge Unangemessenheit des Umtauschverhältnisses beim Umtausch der Z-Aktien in M-Aktien, wäre in diesem Fall daher nicht gegeben.
Denkbar erschiene überdies angesichts der Vergleichbarkeit der Veräußerung eigener Aktien an Nicht-Aktionäre mit einer Kapitalerhöhung mit Bezugsrechtsausschluß[1101] auch eine Anfechtung analog § 255 Abs. 2 S. 1 AktG wegen unangemessen niedrigen Wertes der „Sacheinlage" (Unternehmen der Z beim *forward triangular merger*) im Verhältnis zum Wert der dafür gewährten Aktien[1102], die allerdings die Festsetzung der Zielgesellschaft Z und die Zahl der den Z-Aktionären zu gewährenden M-Aktien im Ermächtigungsbeschluß selbst voraussetzte, da nur in diesem Fall der Hauptversammlungsbeschluß selbst unter Verstoß gegen § 255 Abs. 2 AktG analog gegebenenfalls eine zu hohe Bewertung der Sacheinlage anordnete[1103]. Eine derartige Festsetzung käme nach dem Gesagten wiederum nicht in Betracht, wenn entweder der Vorstand zum Zeitpunkt der Beschlußfassung der Hauptversammlung noch keine konkreten Planungen verfolgte oder eine Offenlegung konkreter Planungen dem Geheimhaltungsinteresse der Gesellschaft zuwiderliefe.

(3) Ergebnis

Ein ausreichender Schutz der Aktionäre der Erwerbergesellschaft vor einer Beeinträchtigung ihrer Mitgliedsrechte, namentlich vor einer Verwässerung des Wertes ihrer Aktien, durch eine Dreiecksverschmelzung wäre somit durch bestehende Beschlusskompetenzen im Hinblick auf die (Be-)Schaffung und Weiterleitung der als Akquisitionswährung benötigten Aktien der Erwerbergesell-

---

[1101] Vgl. oben S. 300f..

[1102] Genau genommen handelte es sich insoweit um eine doppelt analoge Anwendung der Vorschrift des § 255 Abs. 2 S. 1 AktG, die ihrem Wortlaut nach, der einen bei einer Sachkapitalerhöhung nicht vorhandenen Ausgabebetrag der jungen Aktien voraussetzt, nur den Fall der Barkapitalerhöhung betrifft, auf eine Sachkapitalerhöung allerdings analog anzuwenden ist (vgl. oben S. 78 mit Fn.211). Die zweite Analogie wäre sodann von einer Sachkapitalerhöhung zu einer hier in Rede stehenden Übertragung eigener Aktien auf Dritte gegen „Sacheinlage" aufgrund Hauptversammlungsermächtigung zu bilden.

[1103] Vgl. MünchKomm AktG/*Hüffer*, § 255 Rdz.13; *Hüffer*, § 255 Rdz.8 a.E.; GK/*Karsten Schmidt*, § 255 Rdz.4 a.E.; jeweils zur genehmigten *Bar*kapitalerhöhung; s. auch *Schumann*, Bezugsrecht, S. 97.

schaft bei beiden Varianten der Dreiecksverschmelzung (*reverse* und *forward triangular merger*) nicht gewährleistet.
Dasselbe gilt auch mit Blick auf eine etwaige Holzmüller-Zuständigkeit der M-Hauptversammlung hinsichtlich einer Dreiecksverschmelzung. Durch eine solche lediglich interne Beschlußkompetenz wäre ein ausreichender Schutz der Aktionäre der Erwerbergesellschaft, namentlich vor einer Unangemessenheit des Umtauschverhältnisses beim Umtausch der Z-Aktien in M-Aktien, gleichfalls nicht gewährleistet.

dd) Folgerungen

Da der Schutz der Aktionäre der Erwerbergesellschaft M vor einer Beeinträchtigung ihrer Mitgliedsrechte infolge einer Dreiecksverschmelzung durch bestehende Beschlusskompetenzen der M-Hauptversammlung im Zusammenhang mit einer Dreiecksverschmelzung nicht in ausreichendem Maße gewährleistet wäre, sollte im Rahmen einer künftigen Regelung dieser Übernahmeform im Umwandlungsgesetz eine gesetzliche Beschlußkompetenz der M-Hauptversammlung im Hinblick auf die Verschmelzung zwischen Verschmelzungsvehikel-Tochter und Zielgesellschaft vorgesehen werden. Überdies sollte der Vorstand der Erwerbergesellschaft verpflichtet werden, einen Verschmelzungsbericht gemäß § 8 UmwG zu erstatten. Zu diesem Zweck sollte durch gesetzliche Regelung sinngemäß festgelegt werden, daß bei einer Dreiecksverschmelzung auch die Erwerbergesellschaft als an der Verschmelzung von Verschmelzungsvehikel-Tochter und Zielgesellschaft beteiligter Rechtsträger gilt. Damit fänden zugleich auch die Prüfungs-, Offenlegungs- und Erläuterungspflichten gemäß §§ 60ff. UmwG auf die Erwerbergesellschaft Anwendung.

5. Schutz der Gläubiger von Ziel- und Erwerbergesellschaft sowie der Inhaber von Sonderrechten

Zu klären bleiben noch die Frage nach dem Schutz der Gläubiger der Ziel- sowie der Erwerbergesellschaft bei einer Dreiecksverschmelzung sowie die Frage nach dem Schutz der Inhaber von Sonderrechten i.S. des § 23 UmwG in diesem Fall.

a) Gläubigerschutz

Da die Zielgesellschaft unmittelbar an der Verschmelzung im Rahmen des *triangular merger* beteiligt wäre, würden insoweit die allgemeinen Regeln gelten (§ 22 UmwG).

Bei der Erwerbergesellschaft handelte es sich demgegenüber zumindest formal nicht um einen an der Verschmelzung beteiligten Rechtsträger i.S. des § 22 Abs. 1 S. 1 UmwG. Wirtschaftlich betrachtet wäre die Erwerbergesellschaft hingegen - bei beiden Varianten des *triangular merger* - die aufnehmende Gesellschaft, weshalb sie insofern (möglicherweise) auch ohne ausdrückliche gesetzliche Regelung neben der Verschmelzungsvehikel-Tochter und der Zielgesellschaft ebenfalls als an der Verschmelzung beteiligter Rechtsträger qualifiziert werden könnte[1104]. Dessen ungeachtet ist zu erwägen, ob bei Einführung der Übernahmeform der Dreiecksverschmelzung ausdrücklich eine Sicherheitsleistung für die Gläubiger der (wirtschaftlich betrachtet aufnehmenden) Erwerbergesellschaft vorgesehen werden sollte.

Dagegen spricht, daß den Gläubigern des übernehmenden Rechtsträgers nach § 22 UmwG Sicherheit zu leisten ist, weil ihre Forderungen durch das Hinzutreten der Gläubiger des übertragenden Rechtsträgers gefährdet sein können[1105], bei der Dreiecksverschmelzung indes zu den vorhandenen Gläubigern der Erwerbergesellschaft keine neuen Gläubiger hinzuträten, da es dabei nicht zu einer technischen Verschmelzung der Ziel- auf die Erwerbergesellschaft und damit nicht zu einer Vereinigung der Gesellschaftsvermögen von Ziel- und Erwerbergesellschaft käme. Eines Schutzes der Gläubiger der Erwerbergesellschaft durch Sicherheitsleistung gemäß § 22 UmwG bedürfte es mithin hier nicht, weshalb von der vorstehend vorgeschlagenen Regelung, wonach im Falle der Dreiecksverschmelzung auch die Erwerbergesellschaft als an der Verschmelzung von Verschmelzungsvehikel-Tochter und Zielgesellschaft beteiligte Gesellschaft gelten sollte, hinsichtlich der Regelung des § 22 UmwG eine Ausnahme vorzusehen wäre[1106].

b) Schutz der Inhaber von Sonderrechten

Den Inhabern von Sonderrechten, etwa Wandel- und Gewinnschuldverschreibungen, in einem übernehmenden Rechtsträger sind nach § 23 UmwG gleichwertige Rechte in dem übernehmenden Rechtsträger zu gewähren. Die Regelung bezweckt den Schutz der Inhaber von Sonderrechten in dem übertragenden Rechtsträger vor einer Veränderung (Verwässerung) ihrer Rechtsposition[1107].

[1104] Vgl. oben S. 286.

[1105] *Grunewald* in Lutter, § 22 Rdz.4; Kallmeyer/*Marsch-Barner*, § 22 Rdz.1.

[1106] Dies entspräche der Regelung des niederländischen Rechts, das die Erwerbergesellschaft im Rahmen einer *Driehoeksfusie* zwar neben der übernehmenden (Tochter-)Gesellschaft als verschmelzende juristische Person qualifiziert, aber nicht zur Sicherheitsleistung an Gläubiger verpflichtet (vgl. oben S. 242).

[1107] *Grunewald* in Lutter, § 23 Rdz.2, 6; Kallmeyer/*Marsch-Barner*, § 23 Rdz.2.

Mit Blick auf eine Dreiecksverschmelzung ist zu sehen, daß übernehmender Rechtsträger sowohl beim *forward* als auch beim *reverse triangular merger* bei wirtschaftlicher Betrachtungsweise nach dem Gesagten[1108] jeweils die Erwerbergesellschaft wäre. Diesem Umstand wäre dadurch Rechnung zu tragen, daß den Inhabern von Sonderrechten in einem übertragenden Rechtsträger bei einer Dreiecksverschmelzung gleichwertige Rechte nicht in dem formal übernehmenden Rechtsträger, also in der Verschmelzungsvehikel-Tochter T der Erwerbergesellschaft beim *forward triangular merger* sowie in der Zielgesellschaft beim *reverse triangular merger*, sondern jeweils in der Erwerbergesellschaft M zu gewähren wären[1109].

6. Gesetzgebungsvorschlag

a) Vorbemerkung

Die vorstehenden Überlegungen führen zu dem nachfolgenden Gesetzgebungsvorschlag für eine künftige Regelung von Dreiecksverschmelzungen (*triangular mergers*) im Umwandlungsgesetz. Der Vorschlag beschränkt sich auf Regelungen zur Dreiecksverschmelzung von börsennotierten Aktiengesellschaften. Insoweit ist zu sehen, daß die Übernahmeform der Dreiecksverschmelzung (*triangular merger*) nach dem Gesagten[1110] der vollständigen Eliminierung von Restbeteiligungen in einer Zielgesellschaft dient. Das Problem der Restbeteiligungen ergibt sich bei breiter Streuung des Anteilsbesitzes, die namentlich bei börsennotierten Aktiengesellschaften gegeben ist[1111]. Daher muß es sich nach dem Vorschlag bei der Zielgesellschaft um eine i.S.d. § 3 Abs. 2 AktG börsennotierte Gesellschaft handeln. Dasselbe sollte für die Erwerbergesellschaft gelten, da die Aktionäre der Zielgesellschaft andernfalls für ihre börsennotierten Aktien u.U. nicht börsennotierte und damit weniger fungible Aktien erhielten.
Rechtsvergleichend ist in diesem Zusammenhang darauf hinzuweisen, daß die *Driehoksfusie* nach niederländischem Recht lediglich Gesellschaften mit be-

---

1108 Vgl. oben S. 286.

1109 Beim *reverse triangular merger* (Verschmelzung der Verschmelzungsvehikel-Tocher T auf die Zielgesellschaft) würde diese Frage freilich in der Regel kaum praktisch werden, wenn und weil es sich bei der übertragenden Gesellschaft T um eine *shell company* handelte und (daher) keine Sonderrechte in dieser Gesellschaft bestünden.

1110 Vgl. oben S. 239f..

1111 Vgl. kritisch gegenüber der Einbeziehung nichtbörsennotierter, namentlich personalistisch geprägter Aktiengesellschaften in die *freeze out*-Regelung der §§ 327a ff. AktG n.F. *Bolte*, DB 2001, S. 2587, 2587f., 2590f.; *Habersack*, ZIP 2001, S. 1230, 1234f.; dagegen wiederum *Sieger/Hasselbach*, ZGR 2002, S. 120, 132.

schränkter Haftung und Aktiengesellschaften zugänglich ist[1112]. Die *Dreiecksfusion* nach künftigem schweizerischem Recht soll demgegenüber weitergehend Aktiengesellschaften, Kommanditaktiengesellschaften, Gesellschaften mit beschränkter Haftung, Kollektiv- und Kommanditgesellschaften, Vereinen und Genossenschaften offenstehen[1113].

Mit dem nachfolgenden Gesetzgebungsvorschlag dürfte insbesondere auch den Vorgaben der Fusionsrichtlinie hinsichtlich des Schutzes der Interessen der Aktionäre an einer Verschmelzung beteiligter Gesellschaften und Dritter, insbesondere der Gläubiger, Rechnung getragen sein. Insoweit war oben festgestellt worden[1114], daß gegen Änderungen des Umwandlungsgesetzes, deren es bedürfte, um Dreiecksverschmelzungen nach deutschem Recht zu ermöglichen, ungeachtet des Umstandes, daß die Fusionsrichtlinie derartige Gestaltungen nicht vorsieht, keine Bedenken bestünden, soweit dabei der durch die Richtlinie geforderte Mindestschutz der Aktionäre und Dritter gewahrt bliebe. Hinzuweisen ist in diesem Zusammenhang insbesondere auf die aus der vorgeschlagenen gesetzlichen Qualifizierung der Erwerbergesellschaft als an der Verschmelzung beteiligter Rechtsträger resultierende Statuierung einer gesetzlichen Beschlußkompetenz der Hauptversammlung der Erwerbergesellschaft im Hinblick auf die Verschmelzung zwischen Verschmelzungsvehikel-Tochter und Zielgesellschaft, ferner auf die daraus gleichfalls folgende Erstreckung der Berichts-, Prüfungs-, Offenlegungs- und Erläuterungspflichten gemäß §§ 8, 60ff. UmwG auf die Erwerbergesellschaft, auf das qualifizierte Mehrheitserfordernis für den Verschmelzungsbeschluß der Hauptversammlung der Zielgesellschaft sowie auf den Schutz der Inhaber von Sonderrechten in der übertragenden Gesellschaft. Der Schutz der Aktionäre von Erwerber- und Zielgesellschaft sowie der Gläubiger gemäß den Vorgaben der Fusionsrichtlinie wäre überdies durch die allgemeinen Regeln (Sicherheitsleistung nach § 22 UmwG; Möglichkeit der Anfechtung des Verschmelzungsbeschlusses; Möglichkeit der Durchführung eines Spruchverfahrens nach §§ 15, 305ff. UmwG) gewährleistet[1115].

[1112] Vgl. oben Fn.883.

[1113] Vgl. oben S. 243 mit Fn.901.

[1114] Vgl. oben S. 262, 265.

[1115] Vgl. oben S. 284, 307.

b) Wortlaut

aa) Vor § 60 UmwG wird ein neuer § 59a UmwG eingefügt:

§ 59a Dreiecksverschmelzung
(1) [1]Bei einer Verschmelzung von Aktiengesellschaften im Wege der Aufnahme gemäß § 2 Nr. 1 können den Aktionären der übertragenden Gesellschaft abweichend von § 2 auch Aktien einer anderen Gesellschaft (Erwerbergesellschaft) als der übernehmenden Gesellschaft gewährt werden, sofern die Erwerbergesellschaft alle Aktien der übernehmenden Gesellschaft innehat[1116]. [2]Dies gilt nicht, soweit die Erwerbergesellschaft Aktien der übertragenden Gesellschaft innehat. [3]Die übertragende Gesellschaft und die Erwerbergesellschaft müssen börsennotiert i.S.d. § 3 Abs. 2 AktG sein.
(2) [1]Bei einer Verschmelzung von Aktiengesellschaften im Wege der Aufnahme gemäß § 2 Nr. 1 kann im Verschmelzungsvertrag vereinbart werden, daß alle Aktien der übernehmenden Gesellschaft mit Eintragung der Verschmelzung in das Register des Sitzes der übernehmenden Gesellschaft auf eine andere Gesellschaft (Erwerbergesellschaft) übergehen, sofern die Erwerbergesellschaft alle Aktien der übertragenden Gesellschaft innehat. [2]Mit der Eintragung der Verschmelzung in das Register des Sitzes der übernehmenden Gesellschaft gehen in diesem Fall alle Aktien der übernehmenden Gesellschaft, die sich nicht in der Hand der Erwerbergesellschaft befinden, auf diese über[1117]. [3]Den Aktionären der übernehmenden Gesellschaft sind Aktien der Erwerbergesellschaft zu gewähren. [4]Dies gilt nicht, soweit die Erwerbergesellschaft Aktien der übernehmenden Gesellschaft innehat. [5]Die übertragende Gesellschaft und die Erwerbergesellschaft müssen börsennotiert i.S.d. § 3 Abs. 2 AktG sein.
(3) Die Erwerbergesellschaft im Sinne des Absatzes 1 und des Absatzes 2 gilt jeweils neben der übertragenden und der übernehmenden Gesellschaft als an der Verschmelzung beteiligter Rechtsträger. Dies gilt nicht im Hinblick auf § 22[1118].
(4) Für die Bemessung der Abfindung in den Fällen des Absatzes 1 und des Absatzes 2 gilt jeweils § 320b Abs. 1 S. 4 AktG entsprechend[1119].

[1116] Vgl. oben S. 259f., 263f..
[1117] Vgl. oben S. 266.
[1118] Vgl. oben S. 308.
[1119] Vgl. oben S. 284f..

bb) Der jetzige § 20 Abs. 1 Nr. 3 UmwG wird wie folgt geändert und um zwei neue Sätze 3 und 4 erweitert:

§ 20 Wirkungen der Eintragung
(1) Die Eintragung der Verschmelzung in das Register des Sitzes des übernehmenden Rechtsträgers hat folgende Wirkungen:
(...)
3. [1]Die Anteilsinhaber der übertragenden Rechtsträger werden Anteilsinhaber des übernehmenden *oder im Fall des § 59a Abs. 1 eines anderen* Rechtsträgers; dies gilt nicht, soweit der übernehmende *oder im Fall des § 59a Abs. 1 der andere* Rechtsträger oder ein Dritter, der im eigenen Namen, jedoch für Rechnung dieses Rechtsträgers handelt, Anteilsinhaber des übertragenden Rechtsträgers ist oder der übertragende Rechtsträger eigene Anteile innehat oder ein Dritter, der im eigenen Namen, jedoch für Rechnung dieses Rechtsträgers handelt, dessen Anteilsinhaber ist. [2]Rechte Dritter an den Anteilen oder Mitgliedschaften der übertragenden Rechtsträger bestehen an den an ihre Stelle tretenden Anteilen oder Mitgliedschaften des übernehmenden Rechtsträgers *oder im Fall des § 59a Abs. 1 an den Anteilen des anderen* Rechtsträgers weiter. *[3]Im Fall des § 59a Abs. 2 werden die Anteilsinhaber des übernehmenden Rechtsträgers Anteilsinhaber eines anderen Rechtsträgers; dies gilt nicht, soweit der andere Rechtsträger oder ein Dritter, der im eigenen Namen, jedoch für Rechnung dieses Rechtsträgers handelt, Anteilsinhaber des übernehmenden Rechtsträgers ist oder der übernehmende Rechtsträger eigene Anteile innehat oder ein Dritter, der im eigenen Namen, jedoch für Rechnung dieses Rechtsträgers handelt, dessen Anteilsinhaber ist. [4]Satz 2 gilt in diesem Fall entsprechend*[1120]. (...)

cc) § 23 UmwG wird wie folgt geändert:

§ 23 Schutz der Inhaber von Sonderrechten
Den Inhabern von Rechten in einem übertragenden Rechtsträger, die kein Stimmrecht gewähren, insbesondere den Inhabern von Anteilen ohne Stimmrecht, von Wandelschuldverschreibungen, von Gewinnschuldverschreibungen

[1120] Übertragender Rechtsträger wäre beim *reverse triangular merger* (= Fall des § 59a Abs. 2 UmwG n.F.) formal die Tochter T der Erwerbergesellschaft, wirtschaftlich betrachtet jedoch die formal aufnehmende Zielgesellschaft. Handelte es sich bei der T um eine *shell company*, wäre die durch die Vorschrift des § 20 Abs. 1 Nr. 3 S. 4 UmwG n.F. geregelte Frage des Fortbestands von Rechten Dritter an den T-Aktien ohne Bedeutung. Relevant wäre die in Rede stehende Vorschrift mithin vor allem für den durch sie gleichfalls geregelten Fortbestand von Rechten Dritter an den Aktien der Zielgesellschaft im Fall des § 59a Abs. 2 UmwG n.F..

und von Genussrechten, sind gleichwertige Rechte in dem übernehmenden Rechtsträger, *in den Fällen des § 59a Abs. 1 und 2 in dem anderen Rechtsträger,* zu gewähren.

dd) In § 65 Abs. 1 UmwG wird ein neuer Satz 2 eingefügt; der bisherige Satz 2 wird geändert und Satz 3. § 65 Abs. 1 UmwG n.F. lautet:

§ 65 Beschluß der Hauptversammlung
(1) [1]Der Verschmelzungsbeschluß der Hauptversammlung bedarf einer Mehrheit, die mindestens drei Viertel des bei der Beschlussfassung vertretenen Grundkapitals umfasst. [2]*Im Falle des § 59a Abs. 1 bedarf der Verschmelzungsbeschluß der Hauptversammlung der übertragenden Gesellschaft, im Falle des § 59a Abs. 2 der Verschmelzungsbeschluß der Hauptversammlung der übernehmenden Gesellschaft einer Mehrheit von mindestens drei Vierteln des Grundkapitals*[1121]. [3]Die Satzung kann *jeweils* eine größere Kapitalmehrheit und weitere Erfordernisse vorsehen.

ee) § 73 UmwG wird wie folgt geändert:
§ 73 Anzuwendende Vorschriften
Auf die Verschmelzung durch Neugründung sind die Vorschriften des Ersten Unterabschnitts mit Ausnahme der §§ *59a,* 66, 67, 68 Abs. 1 und 2 und des § 69 entsprechend anzuwenden.

II. Änderung der §§ 71ff. AktG

Gegenstand der vorstehenden Ausführungen waren Überlegungen hinsichtlich eines umwandlungsrechtlichen Regelungsprogramms zur Ermöglichung eines Zusammenschlusses von (börsennotierten) Aktiengesellschaften im Wege einer „Verschmelzung übers Dreieck" nach dem Vorbild des US-amerikanischen *triangular merger.* Der Gestaltung eines *(forward) triangular merger* stehen nach geltendem Recht nach dem oben Gesagten[1122] indes nicht allein umwandlungsrechtliche, sondern auch aktienrechtliche Hindernisse entgegen, und zwar in Gestalt der 10%-Erwerbs- und Bestandsgrenze für den Rückerwerb eigener Aktien sowie für den Erwerb von Mutter-Aktien durch eine Tochtergesellschaft aufgrund Hauptversammlungsbeschlusses ([§ 71d S. 2,] § 71 Abs. 1 Nr. 8 S. 1, Abs. 2 S. 1 AktG). Zwar darf eine Gesellschaft eigene Aktien sowie eine Tochtergesellschaft Aktien der Mutter (vgl. § 71d S. 2 AktG) aufgrund eines Ermächtigungsbeschlusses der (Mutter-)Hauptversammlung gemäß § 71 Abs. 1 Nr. 8 S.

[1121] Vgl. oben S. 278ff..
[1122] Vgl. oben S. 247f..

1 AktG seit dem KonTraG zu jedem beliebigen Zweck[1123], abgesehen vom Handel in diesen Aktien, vgl. § 71 Abs. 1 Nr. 8 S. 2 AktG, erwerben, jedoch gemäß § 71 Abs. 1 Nr. 8 S. 1 AktG nur im Umfang von bis zu zehn Prozent des Grundkapitals, wobei zudem die Bestandsgrenze von zehn Prozent des Grundkapitals gemäß § 71 Abs. 2 S. 1 AktG zu beachten ist. Die als Akquisitionswährung zur Finanzierung der Übernahme einer Zielgesellschaft mithilfe eines *(forward) triangular merger* erforderlichen Aktien der Erwerbergesellschaft ließen sich je nach Wert der Zielgesellschaft wegen dieser Höchstgrenzen u.U. nicht in ausreichendem Umfang beschaffen. Insoweit wäre daher im Zuge der oben vorgeschlagenen Einführung der Übernahmeform der Dreiecksverschmelzung im Umwandlungsgesetz ergänzend eine Lockerung der 10%-Erwerbs- und Bestandsgrenze beim Aktienrückerwerb aufgrund Hauptversammlungsermächtigung zu erwägen (dazu 2.), soweit dies mit europarechtlichen Vorgaben der Kapitalrichtlinie vereinbar wäre (dazu 1.). Regelungsbedarf besteht in dieser Hinsicht vornehmlich mit Blick auf die Variante des *forward triangular merger*, da insoweit die als Akquisitionswährung benötigten Aktien der Erwerbergesellschaft M anders als im Fall des *reverse triangular merger* regelmäßig nicht über eine Sachkapitalerhöhung mit Bezugsrechtsausschluss in der M geschaffen werden könnten, sondern durch Rückerwerb eigener (M-)Aktien beschafft werden müssten[1124].

1. Europarechtliche Vorgaben

a) Zweite gesellschaftsrechtliche Richtlinie (Kapitalrichtlinie)

Art. 19 Abs. 1 lit. b der Zweiten gesellschaftsrechtlichen Richtlinie (Kapitalrichtlinie)[1125] sieht vor, daß der Nennbetrag oder der rechnerische Wert aufgrund Ermächtigungsbeschlusses der Hauptversammlung rückerworbener Aktien - einschließlich der Aktien, welche die Gesellschaft früher erworben hat und noch hält[1126] - zehn Prozent des gezeichneten Kapitals nicht übersteigen darf[1127]. Der

---

[1123] Begr. RegE KonTraG, BT-Drucks. 13/9712, S. 13; *T. Bezzenberger*, Erwerb eigener Aktien, Rdz.42; *Hüffer*, § 71 Rdz.19g; *Kindl*, DStR 1999, S. 1276, 1278 re. Sp.; *Kessler/ Suchan*, BB 2000, S. 2529, 2531 li. Sp.; MünchKomm AktG/*Oechsler*, § 71 Rdz.183.

[1124] Vgl. oben S. 292ff..

[1125] Abgedruckt bei *Habersack*, Europäisches Gesellschaftsrecht Rdz.206; *Lutter*, Europäisches Unternehmensrecht, S. 114ff.; *Schwarz*, Textsammlung Europäisches Gesellschaftsrecht, Signatur 2. – Artikel ohne Gesetzesangabe sind im folgenden solche der Kapitalrichtlinie.

[1126] Vgl. diesbezüglich die 10%-Bestandsgrenze gemäß § 71 Abs. 2 S. 1 AktG.

[1127] Vgl. diesbezüglich die 10%-Erwerbsgrenze gemäß § 71 Abs. 1 Nr. 8 S. 1 AktG. – Zur Unterscheidung zwischen Erwerbs- und Bestandsgrenze vgl. oben Fn.199.

Erwerb von Aktien der Mutter durch eine Tochtergesellschaft steht dem Erwerb durch die (Mutter-)Gesellschaft selbst nach Art. 24a Abs. 1 lit. a gleich[1128]. Die Erwerbs- und Bestandsgrenze für den Rückerwerb eigener Aktien sowie für den Erwerb von Mutter-Aktien durch eine Tochter aufgrund Hauptversammlungsbeschlusses nach (§ 71d S. 2,) § 71 Abs. 1 Nr. 8 S. 1, Abs. 2 S. 1 AktG ist also derzeit europarechtlich festgeschrieben[1129]. Eine Lockerung der Grenze von zehn Prozent des Grundkapitals, bis zu der eigene Aktien (oder Mutter-Aktien bei Erwerb durch eine Tochter) nach (§ 71d S. 2,) § 71 Abs. 1 Nr. 8 S. 1 AktG höchstens erworben werden dürfen, sowie der zusätzlich zu beachtenden Bestandsgrenze nach (§ 71d S. 2,) § 71 Abs. 2 S. 1 AktG durch mitgliedstaatliche gesetzliche Regelung kommt demnach gegenwärtig nicht in Betracht.

b) SLIM-Vorschläge

Insoweit zeichnet sich allerdings derzeit möglicherweise eine Deregulierung der europarechtlichen Vorgaben ab. Eine der Empfehlungen einer von der EU-Kommission im Rahmen ihrer SLIM[1130]-Initiative zur Durchsicht und Überprüfung geltenden Gemeinschaftsrechts eingesetzten Arbeitsgruppe[1131] geht dahin, die vorstehend wiedergegebene Regelung in Art. 19 Abs. 1 lit. b, die den Erwerb eigener Aktien aufgrund Hauptversammlungsbeschlusses auf zehn Prozent des gezeichneten Kapitals begrenzt, zu streichen und den Erwerb eigener Aktien künftig lediglich noch auf das nach Art. 15 Abs. 1 lit. a verteilbare Nettoaktivvermögen[1132], das bereits derzeit nach Art. 19 Abs. 1 lit. c (neben der 10%-

---

1128 *Schwarz*, Europäisches Gesellschaftsrecht Rdz.612.

1129 *Kallmeyer*, Die AG 2001, S. 406, 408 li. Sp.; *Schwarz*, Europäisches Gesellschaftsrecht Rdz.606; vgl. *Drygala*, Die AG 2001, S. 291, 293 li. Sp.. - Art. 20 Abs. 1 gestattet den Mitgliedstaaten freilich, in bestimmten, im einzelnen bezeichneten Fällen von den Vorgaben des Art. 19 abzuweichen, so daß insoweit ein Erwerb eigener Aktien ohne Hauptversammlungsbeschluß und ohne betragsmäßige Beschränkung zulässig ist (*Habersack*, Europäisches Gesellschaftsrecht Rdz.184; *Schwarz*, a.a.O., Rdz.607). Zu beachten ist insoweit allerdings die Regelung des Art. 20 Abs. 2, wonach die nach Art. 20 Abs. 1 lit. b) bis g) erworbenen eigenen Aktien binnen höchstens drei Jahren nach ihrem Erwerb veräußert werden müssen, soweit ihr Nennbetrag oder rechnerischer Wert 10 Prozent des gezeichneten Kapitals übersteigt. Der Erwerb eigener Aktien zur Gewährung an die Aktionäre einer Zielgesellschaft im Rahmen eines *triangular merger* wäre indes von keinem der Ausnahmetatbestände des Art. 20 Abs. 1, insbesondere nicht von Art. 20 Abs. 1 lit. d) oder f), gedeckt, weshalb eine dahingehende aktienrechtliche Bestimmung, namentlich in Gestalt einer Ergänzung des § 71 Abs. 1 Nr. 3 AktG, nicht in Betracht kommt.

1130 *S*impler *L*egislation for the *I*nternal *M*arket.

1131 Abdruck der Empfehlungen der Arbeitsgruppe in ZIP 1999, S. 1944ff.; dazu *Drygala*, Die AG 2001, S. 291ff.; *Kallmeyer*, Die AG 2001, S. 406ff..

1132 Vgl. dazu *Drygala*, Die AG 2001, S. 291, 295 Fn.43.

Schranke) eine (weitere) Grenze für den Erwerb eigener Aktien darstellt[1133], zu beschränken[1134]. Abgesehen davon soll es den Mitgliedstaaten nach diesem Vorschlag künftig freigestellt werden, ob sie den Erwerb eigener Aktien aufgrund Hauptversammlungsbeschlusses auf einen bestimmten Prozentsatz des gezeichneten Kapitals beschränken[1135]. Die Kommission hat in ihrer Stellungnahme erklärt, sie unterstütze diese Empfehlung und werde geeignete Vorschläge vorlegen[1136]. Auch die *Winter*-Gruppe folgt in ihrem Abschlussbericht grundsätzlich dem vorstehend dargestellten SLIM-Vorschlag[1137].

Sollte der in Rede stehende (SLIM-)Vorschlag zur Änderung des Art. 19 der Kapitalrichtlinie umgesetzt werden und der nationale Gesetzgeber die dadurch geschaffene Möglichkeit einer Deregulierung nutzen, um die derzeitige starre (Erwerbs- und Bestands-)Grenze von zehn Prozent des Grundkapitals aufzugeben und nur noch eine bewegliche (äußerste) Grenze des zur Verteilung zur Verfügung stehenden Nettoaktivvermögens vorzusehen[1138], erübrigten sich weitere Überlegungen zu einer Lockerung der Erwerbs- und Bestandsgrenze. Die nachfolgenden Ausführungen gehen hingegen davon aus, die 10%-Grenze des geltenden Rechts werde auch künftig, ungeachtet einer etwaigen gemeinschaftsrechtlichen Deregulierung, Bestand haben. In diesem Falle stellte sich die Frage, ob zumindest eine punktuelle Lockerung dieser Grenze in Betracht käme und wie eine solche Lockerung ausgestaltet werden könnte. Dem ist im folgenden nachzugehen.

[1133] *Drygala*, Die AG 2001, S. 291, 295 re. Sp.; *Schwarz*, Europäisches Gesellschaftsrecht Rdz.606.

[1134] ZIP 1999, S. 1947 re. Sp.; Bericht der Kommission an das Europäische Parlament und den Rat – Ergebnisse der Vierten Phase der SLIM-Initiative, vom 04.02.2000 (KOM (2000) 56 endgültig; im Internet als pdf-Datei abrufbar unter http://europa.eu.int/comm/internal_market/en/update/slim/slim4de.pdf; im folgenden: Bericht der Kommission), Anhang 1, 2.4, S. 15; kritisch zu diesem Vorschlag *Drygala*, Die AG 2001, S. 291, 296f.; s. auch *Kallmeyer*, Die AG 2001, S. 406, 408 li. Sp.; *Lutter*, Die AG 2001, S. 300 re. Sp..

[1135] ZIP 1999, S. 1947f.; Bericht der Kommission, Anhang 1, 2.4, S. 15.

[1136] Bericht der Kommission, S. 6.

[1137] Vgl. Abschlussbericht der High Level Group of Company Law Experts (sog. *Winter*-Gruppe) on A Modern Regulatory Framework for Company Law in Europe vom 04.11.2002 (im Internet abrufbar unter http://europa.eu.int/comm/internal_market/en/company/company/modern/), S. 84f..

[1138] Diese sog. Kapitalgrenze ist durch § 71 Abs. 2 S. 2 AktG festgeschrieben. Die Regelung stellt sicher, daß eigene Aktien nicht zu Lasten des durch Gesetz und Satzung gebundenen Gesellschaftsvermögens, sondern nur mit freien Mitteln erworben werden können; *Hefermehl/Bungeroth* in G/H/E/K, § 71 Rdz.32; KK/*Lutter*, § 71 Rdz.57; *Schwarz*, Europäisches Gesellschaftsrecht Rdz.606.

2. Lockerung der 10%-Erwerbs- und Bestandsgrenze beim Aktienrückerwerb gemäß (§ 71d S. 2,) § 71 Abs. 1 Nr. 8 S. 1, Abs. 2 S. 1 AktG

Eine Öffnung der volumenmäßigen Begrenzung des Erwerbs eigener Aktien setzte voraus, daß eine solche Deregulierung nicht den Schutzzweck der 10%-Erwerbs- und Bestandsgrenze unterliefe. Zunächst ist daher dieser Schutzzweck näher zu beleuchten.

a) Schutzzwecke der Höchstgrenzen

Die Vorschriften der (§ 71d S. 2,) § 71 Abs. 1 Nr. 8 S. 1, Abs. 2 S. 1 AktG, welche die Möglichkeit zum Rückerwerb eigener Aktien sowie zum Erwerb von Mutter-Aktien durch eine Tochtergesellschaft volumenmäßig begrenzen, verfolgen dieselben Schutzzwecke wie die Regelungen der §§ 71ff. AktG insgesamt. Die §§ 71ff. AktG gehen von einem grundsätzlichen Verbot des Aktienrückerwerbs aus und sehen Ausnahmen hiervon nur in engen Grenzen vor. Der Gesetzgeber trägt, indem er den Erwerb eigener Aktien danach sowohl in seinen Voraussetzungen als auch in seinem Volumen Restriktionen unterwirft, Gefahren Rechnung, die mit dem Rückerwerb eigener Aktien ebenso wie mit dem Erwerb von Mutter-Aktien durch eine Tochtergesellschaft verbunden sind[1139].

Der entgeltliche Rückerwerb eigener Aktien ist, wie sich mittelbar aus der Vorschrift des § 57 Abs. 1 S. 2 AktG ergibt, wonach als Rückgewähr von Einlagen nicht die Zahlung des Erwerbspreises beim zulässigen Erwerb eigener Aktien gilt, zum einen mit einer Rückgewähr von Einlagen an die veräußernden Aktionäre verbunden, was dem Prinzip der Erhaltung des Grundkapitals zuwiderläuft. Entsprechendes gilt auch beim Erwerb von Mutter-Aktien durch eine Tochtergesellschaft insofern, als der Erwerbspreis aus dem Vermögen einer Gesellschaft stammt, an der die Muttergesellschaft mindestens mehrheitlich beteiligt ist (vgl. §§ 71d S. 2, 16 Abs. 1, 17 AktG), und damit wirtschaftlich betrachtet in Höhe der Beteiligungsquote (auch) aus dem Gesellschaftsvermögen der Mutter abfließt[1140].

Überdies vermag der Vorstand einer Gesellschaft durch den Rückerwerb eigener Aktien oder durch den - vermittels seines Einflusses als Repräsentant des (Al-

---

[1139] Vgl. zum folgenden GK³/*Barz*, § 71 Anm.1; *Cahn*, WM 2001, S. 1929ff.; *Hefermehl/ Bungeroth* in G/H/E/K, § 71 Rdz.3ff., § 71d Rdz.9f.; *Hüffer*, § 71 Rdz.1; *Hirte* in: Handbuch der Konzernfinanzierung, Rdz.35.25; *Huber*, Festschrift Duden, S. 137, 138ff.; KK/*Lutter*, § 71 Rdz.10ff., § 71d Rdz.7; MünchKomm AktG/*Oechsler*, § 71 Rdz.18ff.; s. auch *T. Bezzenberger*, Erwerb eigener Aktien, Rdz.54ff..

[1140] *Cahn*, WM 2001, S. 1929 li. Sp.; KK/*Lutter*, § 71d Rdz.7; *Hefermehl/Bungeroth* in G/H/E/K, § 71d Rdz.9; vgl. *dies.*, a.a.O., § 57 Rdz.53f..

lein- oder Mehrheits-) Aktionärs auf den Vorstand der Untergesellschaft gesteuerten - Erwerb von Aktien durch eine Tochter[1141] Einfluß auf die Zusammensetzung des Aktionärskreises der von ihm geleiteten Gesellschaft zu nehmen. Darüber hinaus sind eigene Aktien in der Hand der Gesellschaft ebenso wie Mutter-Aktien in der Hand einer Tochtergesellschaft insofern „neutralisiert"[1142], als der Gesellschaft (oder der Tochter) aus den betreffenden Aktien nach (§ 71d S. 4,) § 71b AktG keine Rechte zustehen, namentlich also weder Stimmrecht noch Anfechtungsbefugnis[1143]. Insofern führt der Rückerwerb eigener Aktien ebenso wie der Erwerb von Mutter-Aktien durch eine Tochtergesellschaft zu einer partiellen Emanzipation des Vorstands von einer Kontrolle durch außenstehende Aktionäre und den Kapitalmarkt[1144].

b) Anforderungen an eine Lockerung der Erwerbs- und Bestandsgrenze zum Zwecke der Durchführung einer Dreiecksverschmelzung

Eine Öffnung der 10%-Erwerbs- und Bestandsgrenze für den Rückerwerb eigener Aktien aufgrund Hauptversammlungsermächtigung sowie für den Erwerb von Mutter-Aktien durch eine Tochter käme nur unter der Voraussetzung in Betracht, daß insoweit den vorstehend beschriebenen mit einem Aktienrückerwerb verbundenen Gefahren in der gebotenen Weise Rechnung getragen würde.
Eine Öffnung der Erwerbs- und Bestandsgrenze wäre dazu ausdrücklich auf den Erwerb zum Zwecke der Durchführung einer Dreiecksverschmelzung zu beschränken. In diesem Zusammenhang wäre sinngemäß vorzusehen, daß ein Erwerb eigener Aktien aufgrund Hauptversammlungsermächtigung gemäß § 71 Abs. 1 Nr. 8 AktG über die 10%-Erwerbs- und Bestandsgrenze hinaus (nur) zum Zwecke der Durchführung einer Dreiecksverschmelzung gemäß § 59a Abs. 1 und 2 UmwG n.F.[1145] zulässig ist. Ein derartiger Erwerb setzte damit - ebenso wie ein Aktienerwerb nach § 71 Abs. 1 Nr. 2 und 3 AktG - eine zweckentsprechende Verwendungsabsicht des Vorstandes voraus. Damit wäre gewährleistet, daß nur ein zeitnaher Aktienerwerb in Betracht käme, da es insoweit - ebenso wie im Rahmen des § 71 Abs. 1 Nr. 2 und 3 AktG - der ernsthaften, festen und begründeten Absicht[1146] des Vorstands bedürfte, die rückerworbenen Aktien zu dem fraglichen Zweck zu verwenden, was einen angemessenen zeitlichen Zu-

---

[1141] Vgl. *Cahn*, WM 2001, S. 1929 li. Sp., 1930 li. Sp..
[1142] *Kiem*, ZIP 2000, S. 214 re. Sp..
[1143] *Hüffer*, § 71b Rdz.4.
[1144] *Huber*, Festschrift Duden, S. 137, 141.
[1145] Vgl. oben S. 311.
[1146] GK³/*Barz*, § 71 Anm.10, 16; *Hefermehl/Bungeroth* in G/H/E/K, § 71 Rdz.73ff., 99ff.; *Hüffer*, § 71 Rdz.13f.; KK/*Lutter*, § 71 Rdz.35, 51.

sammenhang zwischen dem Erwerb und der vorgesehenen Verwendung der Aktien voraussetzte[1147].

Im Zuge einer Öffnung der Erwerbs- und Bestandsgrenze für einen Aktienerwerb zum Zwecke der Durchführung einer Dreiecksverschmelzung gemäß § 59a Abs. 1 und 2 UmwG n.F. wäre überdies nach dem Vorbild der Regelung des § 71 Abs. 3 S. 2 AktG zur Vermeidung von Mißbräuchen sinngemäß vorzusehen, daß zu diesem Zweck erworbene Aktien innerhalb eines bestimmten Zeitraums ihrer bestimmungsgemäßen Verwendung zuzuführen, also im Rahmen einer Dreiecksverschmelzung den Aktionären einer Zielgesellschaft als Gegenleistung für den Verlust ihrer Mitgliedschaft zu gewähren wären. Würde die Verwendungsabsicht aufgegeben oder verstriche die Frist, ohne daß es zur zweckentsprechenden Verwendung der rückerworbenen Aktien gekommen ist, wäre - ebenso wie in den Fällen des § 71 Abs. 1 Nr. 2 und 3 AktG[1148] - analog § 71c Abs. 1 AktG regelmäßig eine Pflicht des Vorstands zur Veräußerung der rückerworbenen Aktien anzunehmen. Auf diese Weise wäre sichergestellt, daß es wie im Rahmen des § 71 Abs. 1 Nr. 2 und 3 AktG nur zu einem Durchgangserwerb[1149] und damit nicht auf Dauer zu einer wesentlichen Vergrößerung der Bestände an eigenen Aktien oder Mutter-Aktien käme.

Mithilfe der vorstehend skizzierten Regelungen ließe sich den Gefahren Rechnung tragen, die nach dem Gesagten generell mit einem Rückerwerb eigener Aktien verbunden sind sowie insbesondere mit einer Öffnung der vor diesem Hintergrund zu sehenden 10%-Erwerbs- und Bestandsgrenze für den Aktienerwerb aufgrund Hauptversammlungsermächtigung verbunden wären. Ein volumenmäßig unbegrenzter Aktienerwerb gemäß (§ 71d S. 2,) § 71 Abs. 1 Nr. 8 AktG aufgrund Hauptversammlungsermächtigung käme nur zwecks Durchführung einer Dreiecksverschmelzung nach § 59a Abs. 1 und 2 UmwG in Betracht. Die Rückgewähr von Einlagen an die Aktionäre der Erwerbergesellschaft M, die mit dem Aktienerwerb verbunden wäre, würde zeitnah dadurch kompensiert, daß die M gegen Gewährung der rückerworbenen Aktien an die Aktionäre der Zielgesellschaft wirtschaftlich betrachtet das Gesellschaftsvermögen der Zielgesellschaft erwürbe. Darüber hinaus käme es nur vorübergehend zu einer „Neutralisierung“ der rückerworbenen Aktien und damit zu einer partiellen Emanzipation des M-Vorstands von einer Kontrolle durch außenstehende Aktionäre und Kapitalmarkt.

[1147] Vgl. GK³/*Barz*, § 71 Anm.14, 16; *Hefermehl/Bungeroth* in G/H/E/K, § 71 Rdz.100.

[1148] Vgl. *Hüffer*, § 71 Rdz.13, 23; KK/*Lutter*, § 71 Rdz.46, 48; MünchHdb AG/*Wiesner*, § 15 Rdz.13; ähnlich *Hefermehl/Bungeroth* in G/H/E/K, § 71 Rdz.91; abweichend GK³/*Barz*, § 71 Anm.14, 16.

[1149] Vgl. GK³/*Barz*, § 71 Anm.15; KK/*Lutter*, § 71 Rdz.36, 48; MünchKomm AktG/*Oechsler*, § 71 Rdz.122, 133.

c) Gesetzgebungsvorschlag

aa) Vorbemerkung

Die vorstehenden Überlegungen führen zu folgendem Gesetzgebungsvorschlag, der nach dem Gesagten voraussetzt, daß künftig einerseits entsprechend dem dahingehenden SLIM-Vorschlag die europarechtliche Erwerbs- und Bestandsgrenze von zehn Prozent des gezeichneten Kapitals bei einem Aktienerwerb aufgrund Hauptversammlungsbeschlusses entfällt, der nationale Gesetzgeber jedoch an der 10%-Erwerbs- und Bestandsgrenze gemäß (§ 71d S. 2,) § 71 Abs. 1 Nr. 8 S. 1, Abs. 2 S. 1 AktG festhält.

bb) Wortlaut

In § 71 Abs. 1 Nr. 8 AktG wird ein neuer Satz 2 eingefügt; die jetzigen Sätze 2 bis 6 werden Sätze 3 bis 7. In § 71 Abs. 2 AktG wird ein neuer Satz 2 eingefügt; die bisherigen Sätze 2 und 3 werden Sätze 3 und 4. § 71 Abs. 3 S. 2 AktG wird geändert. § 71 AktG n.F. lautet:

§ 71 Erwerb eigener Aktien
(1) Die Gesellschaft darf eigene Aktien nur erwerben,
(...)
8. aufgrund einer höchstens 18 Monate geltenden Ermächtigung der Hauptversammlung, die den niedrigsten und höchsten Gegenwert sowie den Anteil am Grundkapital, der zehn vom Hundert nicht übersteigen darf, festlegt. [2]*Wenn der Erwerb geschehen soll, um die Aktien Aktionären einer anderen Gesellschaft in Erfüllung einer Verpflichtung gemäß § 59a Abs. 1 S. 1 und Abs. 2 S. 3 UmwG zu gewähren, darf die Ermächtigung einen höheren Anteil am Grundkapital festlegen.* (...)
(2) [1]Auf die zu den Zwecken nach Absatz 1 Nr. 1 bis 3, 7 und 8 erworbenen Aktien dürfen zusammen mit anderen Aktien der Gesellschaft, welche die Gesellschaft bereits erworben hat und noch besitzt, nicht mehr als zehn vom Hundert des Grundkapitals entfallen. [2]*Dies gilt nicht im Falle des Absatzes 1 Nr. 8 S. 2.* (...)
(3) (...) [2]Im Falle des Absatzes 1 Nr. 2 sind die Aktien innerhalb eines Jahres nach ihrem Erwerb an die Arbeitnehmer auszugeben, *im Falle des Absatzes 1 Nr. 8 S. 2 innerhalb von drei Monaten nach ihrem Erwerb den berechtigten Aktionären zu gewähren.* (...)

G. Zusammenfassung und Ergebnis

Ein Bestandteil des mehraktigen Gesamtplanes zur Herbeiführung des Zusammenschlusses Daimler/Chrysler war das „Einsammeln“ sämtlicher Aktien der Chrysler Corp. durch einen US-amerikanischen Treuhänder (*exchange agent*), der die „eingesammelten“ Chrysler-Aktien sodann im Rahmen einer (Sach-) Kapitalerhöhung mit Bezugsrechtsausschluß als Sacheinlage in die DaimlerChrysler AG einbrachte und die als Gegenleistung erhaltenen jungen DaimlerChrysler-Aktien an die ehemaligen Chrysler-Aktionäre weiterleitete. Das „Einsammeln“ der Chrysler-Aktien durch den US-Treuhänder erfolgte mithilfe eines *reverse triangular merger.*

Bei einem *reverse triangular merger* handelt es sich um eine nach einzelstaatlichem US-amerikanischem Recht mögliche Form der Übernahme einer Zielgesellschaft durch eine Erwerbergesellschaft mithilfe einer eigens zu diesem Zweck gegründeten Tochter T der Erwerbergesellschaft. Die Erwerbergesellschaft stattet dabei ihre Tochter zunächst mit eigenen Aktien als Akquisitionswährung aus. Sodann wird die T auf die zu übernehmende Zielgesellschaft verschmolzen. Mit Wirksamwerden der Verschmelzung werden, vereinfacht gesprochen, sämtliche Aktien der Zielgesellschaft Z - mit Ausnahme der von der Erwerbergesellschaft sowie von der Zielgesellschaft selbst gehaltenen Z-Aktien - ipso iure in die im T-Gesellschaftsvermögen befindlichen Aktien der Erwerbergesellschaft umgetauscht. Anstelle von Aktien der Erwerbergesellschaft M werden den Aktionären der Zielgesellschaft bisweilen auch Ansprüche auf Lieferung von M-Aktien gewährt.

Die Aktionäre der Zielgesellschaft werden im Ergebnis zu Aktionären der Erwerbergesellschaft, die ihrerseits sämtliche Aktien der Zielgesellschaft erwirbt.

Wirtschaftlich betrachtet dasselbe Ergebnis ergibt sich bei einer dem *reverse triangular merger* verwandten Übernahmeform, dem *forward triangular merger*, bei dem die Zielgesellschaft auf eine Tochter der Erwerbergesellschaft verschmolzen wird und die Aktionäre der Zielgesellschaft als Gegenleistung Aktien der Erwerbergesellschaft erhalten.

Weder der *forward* noch der *reverse triangular merger* ist nach geltendem deutschem Umwandlungsrecht gestaltbar. Gleichwertige Ersatzgestaltungen stehen nicht zur Verfügung. Eine entsprechende Ergänzung der bestehenden umwandlungsrechtlichen Gestaltungsmöglichkeiten erscheint, namentlich auch zur Erleichterung grenzüberschreitender Unternehmenszusammenschlüsse unter Beteiligung deutscher (Ziel-)Gesellschaften im Wege wirtschaftlicher Verschmelzung, wünschenswert.

Im europäischen Ausland ist jedenfalls die Übernahmeform des *forward triangular merger* nicht unbekannt. Das niederländische Recht enthält eine Regelung

einer derartigen Dreiecksverschmelzung (*Driehoeksfusie*); der vorliegende Entwurf eines schweizerischen Fusionsgesetzes will sie ermöglichen.
Gegen die Einführung von umwandlungsrechtlichen Regelungen zur Ermöglichung beider Formen der Dreiecksverschmelzung (*forward* und *reverse triangular merger*) bestünden, wenngleich die Fusionsrichtlinie derartige Gestaltungen nicht vorsieht, aus europarechtlicher Sicht keine durchgreifenden Bedenken, wenn und weil der durch die Richtlinie gebotene Schutz der Aktionäre der beteiligten Gesellschaften und Dritter, namentlich der Gläubiger, gewährleistet wäre. Aus verfassungsrechtlicher Sicht wären zudem die Anforderungen an Regelungen zum Hinausdrängen von Minderheitsaktionären aus ihrer Gesellschaft (wirksamer Rechtsschutz, volle wirtschaftliche Entschädigung) zu beachten.
Zum Schutz der Aktionäre der Zielgesellschaft sollte für den Verschmelzungsbeschluß in der Zielgesellschaft ein qualifiziertes Quorum von mindestens drei Vierteln des Grundkapitals erforderlich sein. Die Erwerbergesellschaft sollte kraft gesetzlicher Regelung grundsätzlich als an der Verschmelzung beteiligter Rechtsträger gelten. Damit wäre insbesondere gewährleistet, daß der Verschmelzungsvertrag über die Verschmelzung von Verschmelzungsvehikel-Tochter T der Erwerbergesellschaft und Zielgesellschaft bei beiden Formen der Dreiecksverschmelzung zu seiner Wirksamkeit (auch) der Zustimmung der Hauptversammlung der Erwerbergesellschaft bedürfte, bei der es sich wirtschaftlich betrachtet jeweils um die aufnehmende Gesellschaft handelt. Die Statuierung einer solchen Zustimmungskompetenz wäre erforderlich, um die Interessen der Aktionäre der Erwerbergesellschaft M zu wahren, die durch bestehende Beschlußkompetenzen der M-Hauptversammlung im Zusammenhang mit einer Dreiecksverschmelzung nicht ausreichend geschützt wären.
Um die Übernahmeform der Dreiecksverschmelzung (*triangular merger*) nach deutschem Recht nicht nur umwandlungsrechtlich zu ermöglichen, sondern zugleich auch die insoweit gegebenen praktischen Gestaltungsmöglichkeiten zu verbessern, würde sich darüber hinaus eine geeignete Deregulierung der Vorschriften über den Erwerb eigener Aktien empfehlen.
Der Erwerb eigener Aktien sowie der Erwerb von Mutter-Aktien durch eine Tochtergesellschaft zur Gewährung an die Aktionäre einer Zielgesellschaft ist nach geltendem Recht zwar aufgrund eines Ermächtigungsbeschlusses gemäß (§ 71d S. 2,) § 71 Abs. 1 Nr. 8 AktG möglich, aber nach §§ 71d S. 2, 71 Abs. 1 Nr. 8 S. 1 AktG nur im Umfang von bis zu zehn Prozent des Grundkapitals. Zudem darf der Bestand auf diese Weise rückerworbener Aktien zusammen mit den zu anderen Zwecken rückerworbenen Aktien sowie bereits im Gesellschaftsvermögen vorhandener eigener (oder Mutter-)Aktien gemäß (§ 71d S. 2,) § 71 Abs. 2 S. 1 AktG die Grenze von zehn Prozent des Grundkapitals nicht übersteigen. Die 10%-Erwerbs- und Bestandsgrenze für einen Aktienerwerb

aufgrund Hauptversammlungsermächtigung sollte für einen Erwerb zum Zwecke der Durchführung einer Dreiecksverschmelzung nach künftigem Umwandlungsrecht geöffnet werden. Derzeit sind die in Rede stehenden Grenzen allerdings europarechtlich durch die Kapitalrichtlinie festgeschrieben. Insoweit zeichnet sich im Rahmen des SLIM-Prozesses jedoch möglicherweise eine Deregulierung ab.

§ 8 Derzeitige Gestaltungsmöglichkeiten für grenzüberschreitende Unternehmenszusammenschlüsse

Die bisherigen Ausführungen zu Rechtsfragen grenzüberschreitender Unternehmenszusammenschlüsse betrafen vornehmlich den Fall Daimler/Chrysler. Diese Bemerkungen sind im folgenden in zwei Richtungen zu ergänzen.
Die obigen Überlegungen zu Gestaltungsalternativen im Fall Daimler/Chrysler[1150] sollen zunächst vertieft werden durch eine eingehendere Betrachtung der Möglichkeiten, die deutschen Aktiengesellschaften zur Gestaltung eines grenzüberschreitenden Unternehmenszusammenschlusses nach geltendem Recht zur Verfügung stehen und künftig (innerhalb der EU) zur Verfügung stehen werden. Gegenstand der diesbezüglichen Ausführungen ist neben der in diesem Paragraphen (§ 8) behandelten Frage der Gestaltbarkeit grenzüberschreitender technischer Verschmelzungen sowie denkbarer Ersatzgestaltungen, jeweils insbesondere vor dem Hintergrund des *Centros*-Urteils und der *Überseering*-Entscheidung des Europäischen Gerichtshofs, der Stand gemeinschaftsrechtlicher Rechtsetzungsvorhaben zur grenzüberschreitenden Sitzverlegung und Verschmelzung von Kapitalgesellschaften sowie zur Europäischen (Aktien-) Gesellschaft (dazu § 9).
Im folgenden sind zunächst nach geltendem Recht bestehende Gestaltungsmöglichkeiten für grenzüberschreitende Unternehmenszusammenschlüsse unter Beteiligung deutscher Kapitalgesellschaften auszuloten. Dabei geht es zunächst um die Gestaltbarkeit grenzüberschreitender technischer Verschmelzungen (unten B.) und sodann um denkbare Ersatzgestaltungen (unten C.). Vorweg ist der Begriff des (grenzüberschreitenden) Unternehmenszusammenschlusses zu klären (A.).

A. Zum Begriff des (grenzüberschreitenden) Unternehmenszusammenschlusses

Kennzeichnend für einen Unternehmenszusammenschluß ist nach hier vertretener Auffassung die Zusammenführung der beteiligten Gesellschaften unter einheitlicher Leitung[1151]. Bei der „neuen" Konzernobergesellschaft kann es sich dabei theoretisch entweder um eine der beteiligten (Ausgangs-) Gesellschaften handeln[1152] oder aber um eine dritte, insbesondere im Zusammenhang mit dem

---

[1150] Vgl. oben S. 67ff..
[1151] Ebenso *Horn*, ZIP 2000, S. 473, 475 li. Sp.; *ders.*, Festschrift Lutter, S. 1113, 1114.
[1152] So etwa im Fall Hoechst/Rhône-Poulenc (vgl. unten S. 372f.).

Zusammenschluß und zum Zwecke seiner Durchführung neu gegründete Gesellschaft (NewCo)[1153].
Nicht zwingend erforderlich ist nach hier vertretener Auffassung hingegen eine Zusammenführung der Aktionäre der beteiligten (Ausgangs-)Gesellschaften in der „neuen" Obergesellschaft[1154]. Insoweit kommt namentlich auch in Betracht, daß die Aktionäre einer der beteiligten Gesellschaften für die Hingabe ihrer Aktien eine Barabfindung erhalten[1155] oder aber mit Aktien einer dritten Gesellschaft abgefunden werden. Zumindest auf der Ebene der Gesellschaften kommt es auch in derartigen Fällen insofern zu einem Zusammenschluß, als die beteiligten Ausgangsgesellschaften künftig unter einheitlicher Leitung stehen.
Bei einem Unternehmenszusammenschluß „unter Gleichen" (*Merger of Equals*)[1156] werden hingegen typischerweise nicht nur die beteiligten Gesellschaften einheitlicher Leitung unterstellt, sondern darüber hinaus auch die Aktionäre der Ausgangsgesellschaften in der „neuen" Konzernobergesellschaft zusammengeführt[1157]. Die folgenden Ausführungen betreffen vornehmlich diese letztgenannte Form des Unternehmenszusammenschlusses. Grenzüberschreitend ist ein so gekennzeichneter Unternehmenszusammenschluß dann, wenn die an ihm beteiligten Gesellschaften unterschiedlichen nationalen Rechtsordnungen unterstehen[1158] und demzufolge bei der Gestaltung des Zusammenschlusses verschiedene Gesellschaftsstatute zu beachten sind.

B. Gestaltbarkeit grenzüberschreitender technischer Verschmelzungen

Im folgenden ist zunächst der Gestaltbarkeit grenzüberschreitender technischer Verschmelzungen von Kapitalgesellschaften nach geltendem deutschem Recht nachzugehen. Insoweit ist zu unterscheiden zwischen der kollisionsrechtlichen Ebene (dazu I.) und der sachrechtlichen Ebene (dazu II.)[1159].

I. Kollisionsrecht

Auf der kollisionsrechtlichen Ebene stellt sich zunächst die Frage, nach welchen Rechtsvorschriften sich eine grenzüberschreitende Verschmelzung vollzieht, da

---

[1153] So etwa im Fall Daimler/Chrysler (vgl. oben S. 40ff.).
[1154] So wohl auch *Horn*, ZIP 2000, S. 473, 475 li. Sp.; vgl. *ders.*, Liber Amicorum Buxbaum, S. 315, 316.
[1155] So etwa im Fall Deutsche Bank/Bankers Trust (vgl. unten S. 370f.).
[1156] Zum Begriff vgl. oben S. 63ff..
[1157] *Horn*, ZIP 2000, S. 473, 475 li. Sp.; so etwa in den Fällen Hoechst/Rhône-Poulenc (vgl. unten S. 372f.) und Daimler/Chrysler (vgl. oben S. 40ff.).
[1158] *Horn*, ZIP 2000, S. 473, 475 li. Sp..
[1159] Hachenburg-*Behrens*, Allg. Einl. B Rdz.173.

die beteiligten Gesellschaften unterschiedlichen Gesellschaftsstatuten unterliegen. Nach heute allgemeiner Auffassung sind bei einer grenzüberschreitenden Verschmelzung die Rechte aller beteiligten Gesellschaften zu berücksichtigen (Vereinigungstheorie)[1160]. Dabei richten sich die Voraussetzungen und das Verfahren der Verschmelzung grundsätzlich für den inländischen Rechtsträger nach der inländischen und für den ausländischen Rechtsträger nach der ausländischen Rechtsordnung. Im Hinblick auf die Wirkungen der Verschmelzung, insbesondere für die Fragen des Vermögensübergangs und der Gläubigersicherung, sind die beteiligten Gesellschaftsstatute zu kumulieren[1161]. Für den Bereich gemeinsamer Erfordernisse setzt sich jeweils die strengste Rechtsordnung durch[1162]. Soweit die Regelungen der unterschiedlichen Gesellschaftsstatute, namentlich etwa hinsichtlich der Art des Vermögensübergangs und der Gläubigersicherung, sich nicht entsprechen, sind nach im Schrifttum verbreiteter Auffassung im Wege der sog. Anpassung besondere auf die grenzüberschreitende Verschmelzung zugeschnittene Sachnormen zu formulieren[1163].

II. Sachrecht

Die kollisionsrechtliche Behandlung grenzüberscheitender Verschmelzungen bereitet nach dem vorstehend Gesagten keine unüberwindlichen Schwierigkeiten. Hindernisse für derartige Vorgänge bestehen (allein) auf sachrechtlicher Ebene, d.h. auf der Ebene der nationalen materiellen Umwandlungsrechte[1164].

1160 Vgl. *Beitzke*, Festschrift Hallstein, S. 14, 20ff.; MünchKomm BGB²/*Ebenroth*, Nach Art. 10 EGBGB Rdz.486; Staudinger/*Großfeld*, IntGesR Rdz.683; MünchKomm BGB/ *Kindler*, IntGesR Rdz.661.

1161 GK/*Assmann*, Einl. Rdz.655; Hachenburg-*Behrens*, Allg. Einl. Rdz.174; *Beitzke*, Festschrift Hallstein, S. 14, 20ff.; MünchKomm BGB/*Kindler*, IntGesR Rdz.664ff.; *Leible* in: Michalski, GmbHG, Syst. Darst. 2 Rdz.151ff..

1162 MünchKomm BGB²/*Ebenroth*, Nach Art. 10 EGBGB Rdz.486; Staudinger/*Großfeld*, IntGesR Rdz.683; MünchKomm BGB/*Kindler*, IntGesR Rdz.661, 668; Soergel/*Lüderitz*, Anh. Art. 10 EGBGB Rdz.53; *Wiedemann*, Gesellschaftsrecht I, S. 873. - Verlangt also etwa die eine Rechtsordnung notarielle Beurkundung des Verschmelzungsvertrages, während die andere Rechtsordnung insoweit einfache Schriftform ausreichen läßt, muß der Vertrag notariell beurkundet werden (*Beitzke*, Festschrift Hallstein, S. 14, 23; MünchKomm BGB/*Kindler*, IntGesR Rdz.670).

1163 GK/*Assmann*, Einl. Rdz.655; *Beitzke*, Festschrift Hallstein, passim; MünchKomm BGB²/*Ebenroth*, Nach Art.10 EGBGB Rdz.500; Staudinger/*Großfeld*, IntGesR Rdz.683; *Großfeld/Jasper*, RabelsZ 53 (1989), S. 52, 64ff.; MünchKomm BGB/*Kindler*, IntGesR Rdz.675; Soergel/*Lüderitz*, Anh. Art. 10 EGBGB Rdz.53.

1164 Hachenburg-*Behrens*, Allg. Einl. B Rdz.175; *Behrens*, ZGR 1994, S. 1, 13, 23; *Bungert*, Die AG 1995, S. 489, 502 li. Sp.; MünchKomm BGB²/*Ebenroth*, Nach Art. 10 EGBGB Rdz.501; Staudinger/*Großfeld*, IntGesR Rdz.689; *Hoffmann*, NZG 1999, S. 1077, 1078.

Die sachrechtliche Zulässigkeit grenzüberschreitender Verschmelzungen nach deutschem Recht, die stets umstritten war[1165], ist seit Inkrafttreten des Umwandlungsgesetzes 1995 am 01.01.1995 noch fraglicher geworden, da nach § 1 Abs. 1 Nr. 1 UmwG (nur) „Rechtsträger mit Sitz im Inland" durch Verschmelzung i.S. des Umwandlungsgesetzes umgewandelt werden können. Ob sich dieser Regelung ein Verbot grenzüberschreitender technischer Verschmelzungen entnehmen lässt, ist im Schrifttum umstritten. Auf diese Streitfrage, die im folgenden zunächst ausgeklammert bleiben soll, wird zurückzukommen sein (unten 2.).

1. Konsequenzen grenzüberschreitender Verschmelzungen für stakeholder *der inländischen Gesellschaft*

Aus der Perspektive des inländischen Sachrechts ist bei einer grenzüberschreitenden Verschmelzung vor allem die Frage von Bedeutung, ob der Schutz der Anteilseigner, der Gläubiger und der Arbeitnehmer der beteiligten deutschen Gesellschaft gewährleistet ist. Insoweit ist zu unterscheiden zwischen der Herein-Verschmelzung einer ausländischen (Kapital-) Gesellschaft und der Hinaus-Verschmelzung einer inländischen (Kapital-)Gesellschaft.

a) Herein-Verschmelzung

Im Fall einer Herein-Verschmelzung wären inländische Schutzinteressen grundsätzlich nicht stärker berührt als bei einer nationalen Verschmelzung. Ein derartiger Vorgang erschiene demgemäß aus Sicht des inländischen Sachrechts grundsätzlich unbedenklich, sofern eine ordnungsgemäße Bewertung der ausländischen Gesellschaft nach Maßstäben sichergestellt wäre, die den inländischen Vorschriften entsprechen, und sofern dabei insbesondere die Verbindlichkeiten angemessen sicher ermittelt werden[1166]. Im Schrifttum wird vor diesem Hintergrund zum Teil die Auffassung vertreten, der Herein-Verschmelzung einer ausländischen (Kapital-)Gesellschaft stehe sachrechtlich nichts entgegen[1167]. Tatsächlich ist in der Praxis die Hereinverschmelzung einer ausländischen (Kapi-

[1165] Überblick zum Meinungsstand vor Inkrafttreten des Umwandlungsgesetzes 1995 bei *Steiger*, Grenzüberschreitende Fusion und Sitzverlegung, S. 35ff..

[1166] Staudinger/*Großfeld*, IntGesR Rdz.697; *Picot/Land*, DB 1998, S. 1601, 1607; *Wiedemann*, Gesellschaftsrecht I, S. 874; s. auch *Beitzke*, Festschrift Hallstein, S. 14, 24f..

[1167] Vgl. - freilich teilweise vor Inkrafttreten des § 1 Abs. 1 UmwG 1995 - MünchKomm BGB²/*Ebenroth*, Nach Art.10 EGBGB Rdz.502; *Kallmeyer*, DB 2002, S. 568, 571f.; KK/*Kraft*, § 339 Rdz.40; *Picot/Land*, DB 1998, S. 1601, 1606f.; GK³/*Schilling*, § 339 Anm.15.

tal-)Gesellschaft in zumindest einem Fall geglückt[1168], allerdings vor Inkrafttreten des § 1 Abs. 1 UmwG 1995.

b) Hinaus-Verschmelzung

Im Gegensatz zu einer Herein-Verschmelzung beeinträchtigte die Hinaus-Verschmelzung einer inländischen (Kapital-)Gesellschaft die Interessen ihrer Anteilseigner, Gläubiger und Arbeitnehmer.
Die Interessen der *Anteilseigner* der inländischen hinausverschmelzenden Gesellschaft wären insofern nachteilig berührt, als das Gesellschaftsstatut der aufnehmenden ausländischen Gesellschaft ihnen möglicherweise weniger oder schlechter gesicherte Rechte gewährte als das deutsche Sachrecht und überdies die Rechtsverfolgung im Ausland mit größeren Schwierigkeiten und höherem Aufwand verbunden sein könnte als im Inland[1169]. Dem soll nach im Schrifttum vertretener Auffassung jedoch dadurch Rechnung getragen werden können, daß eine Hinaus-Verschmelzung entweder von der Zustimmung aller Anteilseigner der inländischen Gesellschaft abhängig gemacht oder dissentierenden Anteilseignern ein Austrittsrecht gegen angemessene Abfindung eingeräumt werde[1170].
Für die *Gläubiger* der hinausverschmelzenden inländischen Gesellschaft könnten sich Nachteile aus einem schwächeren Gläubigerschutz im Recht der aufnehmenden ausländischen Gesellschaft sowie aus der Notwendigkeit der Rechtsverfolgung im Ausland ergeben[1171]. Diesbezüglichen Beeinträchtigungen

---

1168 Vgl. *Rixen/Böttcher*, GmbHR 1993, S. 572ff. (Verschmelzung einer französischen S.A. auf ihre deutsche Mutter-GmbH).

1169 *Beitzke*, Festschrift Hallstein, S. 14, 25; MünchKomm BGB^2/*Ebenroth*, Nach Art. 10 EGBGB Rdz.504; *Koppensteiner*, Internationale Unternehmen, S. 258; KK/*Kraft*, § 339 Rdz.41.

1170 *Beitzke*, Festschrift Hallstein, S. 14, 25; MünchKomm BGB^2/*Ebenroth*, Nach Art. 10 EGBGB Rdz.504; Staudinger/*Großfeld*, IntGesR Rdz.694; *Lutter* in Lutter, § 1 Rdz.15 mit Fn.46, § 2 Rdz.36; ebenso für eine grenzüberschreitende Sitzverlegung ins Ausland nach Maßgabe des Vorentwurfs einer Richtlinie zur grenzüberschreitenden Sitzverlegung (vgl. unten S. 421ff.) *Karsten Schmidt*, ZGR 1999, S. 20, 30; *Priester*, ZGR 1999, S. 36, 43; *Hoffmann*, ZHR 164 (2000), S. 43, 63f.. - Vgl. in diesem Zusammenhang Art. 24 Abs. 2 der Verordnung über das Statut der Europäischen Gesellschaft (SE) vom 08.10.2001 (unten Fn.1572). Danach kann für den Fall der Gründung einer SE durch grenzüberschreitende Verschmelzung nationaler Aktiengesellschaften jeder Mitgliedstaat „in Bezug auf die sich verschmelzenden Gesellschaften, die seinem Recht unterliegen, Vorschriften erlassen, um einen angemessenen Schutz der Minderheitsaktionäre, die sich gegen die Verschmelzung ausgesprochen haben, zu gewährleisten."

1171 *Beitzke*, Festschrift Hallstein, S. 14, 30; MünchKomm BGB^2/*Ebenroth*, Nach Art. 10 EGBGB Rdz.510; Staudinger/*Großfeld*, IntGesR Rdz.694; *Koppensteiner*, Internationale Unternehmen, S. 259.

soll nach im Schrifttum vertretener Auffassung allerdings dadurch begegnet werden können, daß den Gläubigern ein Anspruch auf vollständige Befriedigung oder Sicherheitsleistung vor Übergang des Vermögens von der übertragenden auf die aufnehmende Gesellschaft oder ein Widerspruchsrecht eingeräumt werde[1172].

Besonders nachteilig wäre die Hinaus-Verschmelzung einer inländischen (Kapital-)Gesellschaft aus Sicht der *Arbeitnehmer* der Gesellschaft, wenn die hinausverschmelzende Gesellschaft der unternehmerischen Mitbestimmung unterläge. In Anbetracht der internationalen Ausnahmestellung des deutschen Modells der unternehmerischen Mitbestimmung[1173] hätte die Hinaus-Verschmelzung einer inländischen mitbestimmten (Kapital-) Gesellschaft je nach dem Mitbestimmungsmodell des „Zuzugsstaates" für die Arbeitnehmer der inländischen Gesellschaft einen mehr oder weniger großen Verlust von Mitbestimmungsrechten zur Folge[1174]. In der Literatur wird zwar teilweise die Auffassung vertreten, insoweit seien Vereinbarungslösungen denkbar[1175]. Nach herkömmlicher Auffassung ist jedoch wegen der Gefahr einer „Flucht aus der Mitbestimmung" die Hinaus-Verschmelzung einer deutschen Kapitalgesellschaft ins Ausland nicht zulässig[1176]. Ein entsprechender Beschluß wird demgemäß als Auflösungsbeschluß gewertet[1177].

[1172] *Beitzke*, Festschrift Hallstein, S. 14, 30; MünchKomm BGB²/*Ebenroth*, Nach Art. 10 EGBGB Rdz.511; vgl. kritisch Staudinger/*Großfeld*, IntGesR Rdz.695. - Vgl. dazu Art. 24 Abs. 1 lit. a) der Verordnung über das Statut der Europäischen Aktiengesellschaft vom 01.02.2001 (unten Fn.1572), der wegen des Schutzes der Gläubiger der sich verschmelzenden Gesellschaften bei Gründung einer SE durch grenzüberschreitende Verschmelzung auf das Gesellschaftsstatut der beteiligten Gesellschaften verweist.

[1173] Rechtsvergleichende Überblicke über nationale Mitbestimmungsmodelle bei *Figge*, Mitbestimmung auf Unternehmensebene, S. 74ff.; GK/*Oetker*, MitbestG, Vorbem.Rdz.22ff.; *Schwarz*, Europäisches Gesellschaftsrecht Rdz.551ff.; s. auch *Heinze*, ZGR 1999, S. 54, 60f..

[1174] *Wiedemann*, Gesellschaftsrecht I, S. 874.

[1175] MünchKomm BGB²/*Ebenroth*, Nach Art.10 EGBGB Rdz.517; *Heinze*, ZGR 1994, S. 47, 63; *Bungert*, Die AG 1995, S. 489, 502 re. Sp.; *Kallmeyer*, ZIP 1996, S. 535, 537 re. Sp.; Soergel/*Lüderitz*, Anh. Art. 10 EGBGB Rdz.53 Fn.64; skeptisch Staudinger/*Großfeld*, IntGesR Rdz.696.

[1176] Staudinger/*Großfeld*, IntGesR Rdz.696, 699; *Wiedemann*, Gesellschaftsrecht I, S. 874; vgl. *Hoffmann*, NZG 1999, S. 1077, 1079 li. Sp., *Leible* in: Michalski, GmbHG, Syst. Darst. 2 Rdz.157. - Unzulässigkeit meint insoweit nicht ein gesellschaftsrechtliches Verbot, sondern die Nichtverfügbarkeit einer rechtlichen Gestaltungsmöglichkeit: Da die „verziehende" inländische Gesellschaft bereits vor Wirksamwerden der Verschmelzung auf eine ausländische Gesellschaft aufgelöst ist (vgl. den Text), wäre eine theoretisch gleichwohl denkbare (vgl. zur Verschmelzungsfähigkeit aufgelöster Rechtsträger § 3 Abs. 3 UmwG; dazu *Lutter* in Lutter, § 3 Rdz.12ff.) Hinaus-Verschmelzung zwar rechtlich möglich (vorbehaltlich eines etwaigen Verbots grenzüberschreitender Verschmelzun-

Die Gegenauffassung gibt zu bedenken, daß das Mitbestimmungsrecht kein Auflösungsverbot für mitbestimmte Gesellschaften kenne, weshalb das Ergebnis einer (technischen) Hinaus-Verschmelzung durch eine Ersatzgestaltung, nämlich im Zuge wirtschaftlicher Hinaus-Verschmelzung einer inländischen mitbestimmten Kapitalgesellschaft durch Betriebsübertragung[1178] (Einbringung des Gesellschaftsvermögens einer inländischen Gesellschaft als Sacheinlage in eine ausländische Gesellschaft gegen Gewährung junger Aktien mit anschließender Auflösung der inländischen Gesellschaft und Verteilung der in deren Gesellschaftsvermögen befindlichen Aktien der ausländischen Gesellschaft unter den Aktionären) erreicht werden könne[1179].

2. Sachrechtliche Unzulässigkeit grenzüberschreitender Verschmelzungen gemäß § 1 Abs. 1 UmwG?

Der bereits angesprochenen Regelung des § 1 Abs. 1 Nr. 1 UmwG 1995, wonach „Rechtsträger mit Sitz im Inland“ durch Verschmelzung i.S. der §§ 2ff. UmwG umgewandelt werden können, ist möglicherweise eine Antwort auf die nach dem vorstehend Gesagten umstrittene Frage der sachrechtlichen Zulässigkeit grenzüberschreitender Verschmelzungen, insbesondere grenzüberschreitender Hinaus-Verschmelzungen, zu entnehmen. Dem ist im folgenden nachzugehen.

a) Meinungsstand

Die Bedeutung der Regelung wird in der Literatur unterschiedlich beurteilt.
Ein Teil des Schrifttums folgert aus der Vorschrift des § 1 Abs. 1 Nr. 1 UmwG, grenzüberschreitende Verschmelzungen unter Beteiligung inländischer Gesellschaften seien nach geltendem Umwandlungsrecht unzulässig und damit ausgeschlossen[1180]. Nach anderer Auffassung lässt sich der Regelung dagegen ledig-

---

gen nach § 1 Abs. 1 UmwG, dazu sogleich im Text unter 2.), aber nur um den Preis der mit der Auflösung verbundenen Aufdeckung und Versteuerung stiller Reserven der übertragenden Gesellschaft (vgl. die Liquidationsbesteuerung nach § 11 KStG). Wegen dieser nachteiligen Folgen kommt eine technische Hinaus-Verschmelzung unbeschadet ihrer rechtlichen Zulässigkeit zumindest praktisch nicht in Betracht; vgl. zur ähnlichen Problematik bei der grenzüberschreitenden Sitzverlegung *Behrens*, ZGR 1994, S. 1, 12.

[1177] Vgl. *Lutter* in Lutter, § 1 Rdz.5, § 2 Rdz.36 m. Nachw..

[1178] Vgl. zu dieser Gestaltung unten S. 360f..

[1179] *Behrens*, ZGR 1994, S. 1, 14; *Lutter*, ZGR 1994, S. 87, 90; *Bungert*, Die AG 1995, S. 489, 502 re. Sp.; *v. Halen*, Gesellschaftsstatut, S. 191.

[1180] *Großfeld*, Die AG 1996, S. 302 li. Sp.; *ders.*, The International Lawyer 34 (2000), S. 963, 990; Staudinger/*Großfeld*, IntGesR Rdz.699 (hinsichtlich Hinaus-Verschmelzung); *Hoff-*

lich entnehmen, daß das Umwandlungsgesetz grenzüberschreitende Umwandlungen nicht regele, sie also aus seinem Anwendungsbereich vollständig ausklammere[1181]. Vertreten wird schließlich auch, das Gesetz bringe mit der Formulierung „Rechtsträger mit Sitz in Inland" allein zum Ausdruck, daß die Regelungen des Umwandlungsgesetzes keine Geltung für ausländische Gesellschaften beanspruchten, die an einer grenzüberschreitenden Umwandlung mit Inlandsbezug beteiligt seien[1182]. Die Vorschriften des Umwandlungsgesetzes seien demgemäß bei grenzüberschreitenden Verschmelzungen jedenfalls insoweit anwendbar, als es um die inländischen Tatbestandsteile einer solchen Verschmelzung, d.h. die Voraussetzungen und das Verfahren der Verschmelzung, gehe. Hinsichtlich der Wirkungen der Verschmelzung seien die Vorschriften des Umwandlungsgesetzes und die Vorschriften im Gesellschaftsstatut der beteiligten ausländischen Gesellschaft zu kumulieren[1183].

b) Stellungnahme

Ein sachrechtliches Verbot grenzüberschreitender Verschmelzungen unter Beteiligung inländischer Rechtsträger ist der Regelung des § 1 Abs. 1 Nr. 1 UmwG

---

mann, NZG 1999, S. 1077, 1079 li. Sp.; MünchKomm BGB/*Kindler*, IntGesR Rdz.681ff.; *Leible* in: Michalski, GmbHG, Syst. Darst. 2 Rdz. 156; *Raiser*, Recht der Kapitalgesellschaften, § 58 Rdz.23; *Rosener* in: Semler/Volhard (Hrsg.), Unternehmensübernahmen, § 35 Rdz.163; *Schaumburg*, GmbHR 1996, S. 501, 502; *Steiger*, Grenzüberschreitende Fusion und Sitzverlegung, S. 41; *Stratz* in Schmitt/ Hörtnagl/Stratz, § 1 Rdz.3.

1181 *Bungert*, Die AG 1995, S. 489, 502 li. Sp.; *Decher* in Lutter, vor § 190 Rdz.46; *Kruse*, Sitzverlegung von Kapitalgesellschaften, S. 138; *Lennerz*, Die internationale Verschmelzung und Spaltung, S. 40ff.; *Lutter* in Lutter, § 1 Rdz.6, § 2 Rdz.34; *Reichert*, ZGR 2001, S. 554, 558 Fn.16; *Sagasser* in Sagasser/Bula/Brünger, Umwandlungen, Rdz. B 27; *Stengel* in: Semler/Volhard (Hrsg.), Unternehmensübernahmen, § 17 Rdz.251, 254; vgl. *Baums*, TVVS 1998, S. 217f.; *ders.*, JITE 155 (1999), S. 119, 122f.; *Horn*, ZIP 2000, S. 473, 477 li. Sp.; *ders.*, Liber Amicorum Buxbaum, S. 315, 322f.; *ders.*, Festschrift Lutter, S. 1113, 1116f.; *ders.*, Gedächtnisschrift Lüderitz, S. 303, 315f.; kritisch dazu aus gemeinschaftsrechtlicher Sicht *v. Halen*, Gesellschaftsstatut, S.184ff..

1182 *Kronke*, ZGR 1994, S.26, 35f.; *Kallmeyer*, ZIP 1996, S. 535ff.; s. auch *ders.*, DB 2002, S. 568, 571f..

1183 *Kallmeyer*, ZIP 1996, S. 535ff.; Kallmeyer/*Kallmeyer*, § 1 Rdz.12f.; *Lawall*, IStR 1998, S. 345, 349ff.; i.E. auch *Behrens* in: Ferrarini/Hopt/Wymeersch (Hrsg.), Capital Markets in the Age of the Euro, S. 503, 522ff.; *v. Halen*, Gesellschaftsstatut, S. 222f.; differenzierend *Lutter* in Lutter, § 2 Rdz.35f.: Bei der Herein-Verschmelzung seien die Vorschriften des Umwandlungsgesetzes auf den (inländischen) aufnehmenden Rechtsträger anwendbar. Bei der Hinaus-Verschmelzung hingegen sei das Umwandlungsgesetz auf den beteiligten deutschen Rechtsträger nicht anwendbar, dafür gälten insoweit die Regeln der EU-Fusionsrichtlinie entsprechend (kritisch dazu *Lawall*, a.a.O., S. 348f.), wobei die Anteilseigner der hinausverschmelzenden Gesellschaft ein Austrittsrecht erhalten müssten.

nicht zu entnehmen. Daß danach „Rechtsträger mit Sitz im Inland" durch Verschmelzung i.S. der §§ 2ff. UmwG umgewandelt werden können, läßt sich als - allerdings entbehrliche - „autolimitierende" Bestimmung des Anwendungsbereiches des Umwandlungsgesetzes verstehen, durch die lediglich die Selbstverständlichkeit zum Ausdruck gebracht wird, daß das inländische Sachrecht auf den ausländischen Tatbestandsteil einer grenzüberschreitenden Umwandlung keine Anwendung findet[1184].

Nicht zu folgen ist allerdings der Auffassung, die Vorschriften des Umwandlungsgesetzes seien auf den inländischen Tatbestandsteil einer grenzüberschreitenden Verschmelzung anwendbar. Dagegen spricht bereits der Wille des Gesetzgebers, der grenzüberschreitende Umwandlungen bewußt aus dem Anwendungsbereich des Umwandlungsgesetzes ausklammern und sich auf die Regelung innerstaatlicher Sachverhalte beschränken wollte[1185]. Dieser gesetzgeberische Wille findet seinen Ausdruck in verschiedenen Regelungen des Umwandlungsgesetzes, etwa in der Vorschrift des § 19 Abs. 1 UmwG[1186], die eine Eintragung der Verschmelzung in das Register aller beteiligten Gesellschaften verlangt und damit ein Erfordernis statuiert, das bei einer grenzüberschreitenden Verschmelzung u.U. nicht zu erfüllen wäre, wenn und weil das Recht der beteiligten ausländischen Gesellschaft derartige Registereintragungen nicht kennt[1187], oder auch in der Regelung des § 3 UmwG, wonach (nur) Rechtsträger inländischer Rechtsform als übertragende, übernehmende und neue Rechtsträger an Verschmelzungen i.S. der §§ 2ff. UmwG beteiligt sein können[1188].

1184 *Kronke*, ZGR 1994, S. 26, 35f.; *Lutter* in Lutter, § 1 Rdz.6, § 2 Rdz.34.

1185 Vgl. Begr. RegE UmwG 1995, BR-Drucks. 75/94, S. 71, 80; *Neye*, ZIP 1994, S. 917, 919f..

1186 *Baums*, TVVS 1998, S. 217 re. Sp.; *ders.*, JITE 155 (1999), S. 119, 122.

1187 Vgl. *Beitzke*, Festschrift Hallstein, S. 14, 23f.; a.A. *Behrens* in: Ferrarini/Hopt/Wymeersch (Hrsg.), Capital Markets in the Age of the Euro, S. 503, 523. S. in diesem Zusammenhang Art. 18 Abs. 1 Fusionsrichtlinie (abgedruckt bei *Schwarz*, Textsammlung Europäisches Gesellschaftsrecht, Signatur 3) i.V.m. Art. 3 Abs. 1 und 2 Publizitätsrichtlinie (abgedruckt bei *Schwarz*, a.a.O., Signatur 1), wonach eine Offenlegung der Verschmelzung nach mitgliedstaatlichem Recht entweder durch Hinterlegung der entsprechenden Urkunden und Angaben in einer bei einem zentralen Register oder bei einem Handels- oder Gesellschaftsregister für jede der dort eingetragenen Gesellschaften angelegten Akte oder durch Eintragung in das Register erfolgen kann (vgl. *Schwarz*, Europäisches Gesellschaftsrecht Rdz.315, 654).

1188 MünchKomm BGB/*Kindler*, IntGesR Rdz.683; *Schaumburg*, GmbHR 1996, S. 501, 502; kritisch *Behrens* in: Ferrarini/Hopt/Wymeersch (Hrsg.), Capital Markets in the Age of the Euro, S. 503, 522 („rather formalistic approach").

3. Mangelnde Abstimmung nationaler Umwandlungsrechte

Die vorstehenden Bemerkungen weisen bereits auf das Hindernis hin, das der Durchführung grenzüberschreitender technischer Verschmelzungen neben der oben angesprochenen Mitbestimmungsproblematik bislang entscheidend im Wege steht, nämlich die fehlende Abstimmung der nationalen Umwandlungsrechte aufeinander[1189], ohne die eine grenzüberschreitende technische Verschmelzung, namentlich bei divergierenden Regelungen der beteiligten Gesellschaftsstatute hinsichtlich der Wirkung der Verschmelzung, insbesondere des Vermögenserwerbs und der Gläubigersicherung, nicht in Betracht kommt[1190]. Zur Vermeidung etwaiger Normwidersprüche bedürfte es einer Koordinierung der mitgliedstaatlichen Sachrechte im Wege einer Richtlinie[1191], auf deren Grundlage sodann besondere, aufeinander abgestimmte nationale Umwandlungsvorschriften zu schaffen wären[1192]. Der aus dem Jahre 1985 datierende Vorschlag einer internationalen Fusionsrichtlinie[1193] ist bislang wegen der ungelösten Mitbestimmungsproblematik[1194] nicht in Kraft getreten[1195]. Ohne eine gemeinschaftsrechtliche Regelung grenzüberschreitender Verschmelzungen fehlt aber das „Scharnier", welches für das Zusammenwirken verschiedener nationaler Rechtsordnungen bei einer grenzüberschreitenden Verschmelzung im Interesse der Rechtssicherheit erforderlich ist[1196].

1189 Vgl. dazu *Behrens*, ZGR 1994, S. 1, 14; Hachenburg-*Behrens*, Allg. Einl. B Rdz.175; Scholz/*H.P. Westermann*, Einl. Rdz.122.

1190 *Leible* in: Michalski, GmbHG, Syst. Darst. 2 Rdz.153; *Behrens*, ZGR 1994, S. 1, 14; abweichend aber *ders.* in: Ferrarini/Hopt/Wymeersch (Hrsg.), Capital Markets in the Age of the Euro, S. 503, 523; vgl. *Neye* in: Lutter (Hrsg.), Verschmelzung - Spaltung - Formwechsel, S. 1, 7.

1191 *Kreuzer*, EuZW 1994, S. 73, 76 re. Sp..

1192 *Neye* in: Lutter (Hrsg.), Verschmelzung - Spaltung - Formwechsel, S. 1, 7; *Stengel* in: Semler/Volhard (Hrsg.), Unternehmensübernahmen, § 17 Rdz.257.

1193 Abgedruckt bei *Lutter*, Europäisches Unternehmensrecht, S. 261ff.; *Schwarz*, Textsammlung Europäisches Gesellschaftsrecht, Signatur 10; vgl. dazu Hachenburg-*Behrens*, Allg. Einl. B Rdz.234f.; *Figge*, Mitbestimmung auf Unternehmensebene, S. 154ff.; *Ganske*, DB 1985, S. 581ff..

1194 Vgl. dazu unten S. 421f..

1195 Im Gefolge der Richtlinie zur Mitbestimmung in der SE steht nunmehr freilich mittelfristig auch das Inkrafttreten einer Richtlinie zur grenzüberschreitenden Verschmelzung zu erwarten; vgl. unten S. 422.

1196 *Neye*, EWiR 1999, S. 259, 260; vgl. *ders.*, ZGR 1999, S. 13 zur Parallelproblematik bei der grenzüberschreitenden Sitzverlegung.

III. Fazit

Grenzüberschreitende technische Verschmelzungen von (Kapital-)Gesellschaften unter Beteiligung inländischer Gesellschaften lassen sich nach geltendem deutschem Umwandlungsrecht nicht transaktionssicher durchführen und kommen insofern zur Gestaltung grenzüberschreitender Zusammenschlüsse insbesondere börsennotierter Unternehmen praktisch derzeit nicht in Betracht[1197]. Unbeschadet des Problems mangelnder Abstimmung der nationalen Umwandlungsrechte aufeinander steht einer Hinaus-Verschmelzung gegenwärtig insbesondere die Gefahr einer „Flucht aus der Mitbestimmung" entgegen. Das Gelingen einer Herein-Verschmelzung hängt vom Wohlwollen des Registerrichters ab[1198].

IV. Zulässigkeit grenzüberschreitender Verschmelzungen innerhalb der EU, insbesondere nach der Centros-*Entscheidung und dem* Überseering-*Urteil des EuGH?*

Die sachrechtliche Zulässigkeit grenzüberschreitender Verschmelzungen unter Beteiligung inländischer (Kapital-)Gesellschaften wird im Schrifttum nach dem Gesagten, insbesondere mit Blick auf die Regelung des § 1 Abs. 1 Nr. 1 UmwG, unterschiedlich beurteilt. Nach teilweise vertretener Auffassung sind grenzüberschreitende Verschmelzungen sachrechtlich unzulässig[1199]. Grenzüberschreitende Verschmelzungen *innerhalb der EU* sind allerdings möglicherweise ungeachtet einer etwaigen entgegenstehenden Regelung des inländischen Sachrechts aufgrund vorrangigen Gemeinschaftsrechts zulässig. Sollte die Regelung des § 1 Abs. 1 Nr. 1 UmwG mit anderen Worten ein Verbot grenzüberschreitender Verschmelzungen statuieren, liefe die Vorschrift möglicherweise höherrangigem europäischem Recht zuwider und würde von diesem verdrängt, soweit Verschmelzungen unter Beteiligung von Gesellschaften aus Mitgliedstaaten der EU in Rede stünden. Dem ist im folgenden, insbesondere vor dem Hintergrund des *Centros*-Urteils und der *Überseering*-Entscheidung des Europäischen Gerichtshofes, näher nachzugehen.

[1197] *Baums*, TVVS 1998, S. 217 re. Sp.; *ders.*, JITE 155 (1999), S. 119, 122; *Picot/Land*, DB 1998, S. 1601, 1607; *Hoffmann*, NZG 1999, S. 1077, 1079 li. Sp.; *Horn*, ZIP 2000, S. 473, 477 li. Sp.; *Decher*, Festschrift Lutter, S. 1209, 1212; *Horn*, Liber Amicorum Buxbaum, S. 315, 327; *ders.* in: Horn (Hrsg.), Cross-Border Mergers and Acquisitions and the Law, S. 3, 11; *Merkt*, Internationaler Unternehmenskauf, Rdz.366, 383; *Rosener* in: Semler/Volhard (Hrsg.), Unternehmensübernahmen, § 35 Rdz.163, 165f.; vgl. Kallmeyer/*Kallmeyer*, § 1 Rdz.13; *Lutter* in Lutter, § 1 Rdz.8.

[1198] Vgl. *Lutter* in Lutter, § 1 Rdz.8.

[1199] Vgl. die Nachw. in Fn.1180.

1. Grenzüberschreitende Verschmelzung als verdeckte Sitzverlegung

Von Teilen des Schrifttums wird die Auffassung vertreten, eine Verschmelzung stelle insofern eine verdeckte Sitzverlegung dar, als sie in aller Regel mit einer Ortsveränderung verbunden sei. Bei der grenzüberschreitenden Verschmelzung verziehe der übertragende Rechtsträger in den Sitzstaat des aufnehmenden Rechtsträgers. Die Möglichkeit grenzüberschreitender Verschmelzungen innerhalb der EU sei daher - ebenso wie die Möglichkeit grenzüberschreitender rechtsfähigkeitswahrender Sitzverlegungen innerhalb der EU - europarechtlich durch die Niederlassungsfreiheit gemäß Artt. 52, 58 EGV a.F. (= Artt. 43, 48 EGV n.F.) garantiert[1200].

Eine Ortsveränderung im eigentlichen Sinne fände bei der grenzüberschreitenden Verschmelzung freilich anders als bei der grenzüberschreitenden Sitzverlegung ebensowenig statt wie ein Statutenwechsel, da die hinausverschmolzene Gesellschaft im „Zuzugsstaat", d.h. im Sitzstaat der aufnehmenden Gesellschaft, mit Wirksamkeit der Verschmelzung erlöschen würde[1201]. Die Schwierigkeiten, denen eine grenzüberschreitende technische Verschmelzung begegnet, resultieren daher auch anders als jene, die bei einer grenzüberschreitenden Sitzverlegung auftreten[1202], nicht aus der Sitztheorie[1203]. Die Frage eines Statutenwechsels mit seinen denkbaren Konsequenzen auf der Ebene des Sachrechts - Auflösung bei Wegzug oder Zwang zur Neugründung als inländische (Kapital-) Ge-

---

[1200] *v. Halen*, Gesellschaftsstatut, S. 184ff.; *Lutter* in Lutter, § 1 Rdz.9; *Volhard* in: Semler/ Volhard (Hrsg.), Unternehmensübernahmen, § 17 Fn.213; wohl auch *Horn*, ZIP 2000, S. 473, 477 li. Sp.. - Insoweit wird nicht unterschieden zwischen einer grenzüberschreitenden Verlegung nur des Verwaltungssitzes oder aber des Satzungs- und des Verwaltungssitzes („Ausflaggen"). Die Bezugnahme (vgl. *Lutter*, a.a.O., § 1 Fn.32) auf die *Daily Mail*-Entscheidung des EuGH (vgl. unten S. 335f.) deutet darauf hin, daß eine gemeinschaftsrechtliche Garantie grenzüberschreitender Verschmelzungen jedenfalls auch aus einer (behaupteten) gemeinschaftsrechtlichen Garantie der grenzüberschreitenden Verlegung nur des Verwaltungssitzes gefolgert wird. Gegen eine Gleichsetzung der grenzüberschreitenden Verlegung nur des Verwaltungssitzes mit einer grenzüberschreitenden Verschmelzung - als verdeckte Sitzverlegung - ließe sich einwenden, daß die „verziehende" Gesellschaft bei isolierter Verlegung des Verwaltungssitzes anders bei einer Hinaus-Verschmelzung teilweise - mit dem Satzungssitz - im Heimatstaat verbleibt. Allerdings verlässt sie dessen ungeachtet aus Sicht der Sitztheorie ebenso wie im Falle einer grenzüberschreitenden Hinaus-Verschmelzung den Geltungsbereich des Heimatrechts, womit jeweils vergleichbare Nachteile für die stakeholder verbunden sein können (vgl. den folgenden Text).

[1201] *Behrens*, ZGR 1994, S. 1, 13; Hachenburg-*Behrens*, Allg. Einl. B Rdz.174; *Sonnenberger/Großerichter*, RIW 1999, S. 721, 728 re. Sp..

[1202] Vgl. dazu oben S. 70ff. und unten S. 400ff..

[1203] A.A. *Horn*, Liber Amicorum Buxbaum, S. 315, 323; *ders.*, ZIP 2000, S. 473, 477 li. Sp..

sellschaft bei Zuzug - stellt sich bei einer grenzüberschreitenden Verschmelzung nicht, weil die übertragende Gesellschaft im Zuzugsstaat nicht fortbesteht[1204]. Gleichwohl hat die Parallele zwischen grenzüberschreitender Verschmelzung und grenzüberschreitender Sitzverlegung ihre Berechtigung[1205]. Sowohl bei der Verlegung des Verwaltungssitzes ins Ausland als auch bei der Hinaus-Verschmelzung verläßt eine inländische Gesellschaft - aus Sicht der Sitztheorie - den Geltungsbereich inländischen Rechts, was jeweils die Frage nach dem Schutz ihrer Anteilseigner, Gläubiger und Arbeitnehmer aufwirft[1206].

2. Zulässigkeit grenzüberschreitender Verschmelzungen gemäß Artt. 43,48 EGV n.F.

Wenngleich die in der Literatur gezogene Parallele zwischen grenzüberschreitender Sitzverlegung und grenzüberschreitender Verschmelzung mithin ihre Berechtigung hat, ist fraglich, ob auch die Schlußfolgerung zutrifft, die (primäre) Niederlassungsfreiheit gemäß Artt. 43 Abs. 1 S. 1, 48 EGV n.F. (= Artt. 52 Abs. 1 S. 1, 58 EGV a.F.) gewährleiste grenzüberschreitende Sitzverlegungen von Gesellschaften i.S. des Art. 48 EGV n.F. (= Art. 58 EGV a.F.) innerhalb der EU ebenso wie grenzüberschreitende Verschmelzungen unter Beteiligung solcher Gesellschaften.

a) Das Daily Mail-*Urteil des EuGH*

In der *Daily Mail*-Entscheidung des EuGH[1207] aus dem Jahr 1988, welche die Vereinbarkeit einer steuerrechtlichen Wegzugsschranke, also einer Behinderung der Sitzverlegung durch den Wegzugsstaat, mit der Niederlassungsfreiheit be-

---

1204 *Behrens*, ZGR 1994, S. 1, 13; Hachenburg-*Behrens*, Allg. Einl. B Rdz.174; *Raiser*, Recht der Kapitalgesellschaften, § 58 Rdz.22; *Sonnenberger/Großerichter*, RIW 1999, S. 721, 728 re. Sp..

1205 A.A. MünchKomm BGB/*Kindler*, IntGesR Rdz. 651, 688; *Stengel* in: Semler/Volhard (Hrsg.), Unternehmensübernahmen, § 17 Rdz.253.

1206 *Beitzke*, Festschrift Hallstein, S. 14, 25; Staudinger/*Großfeld*, IntGesR Rdz.692. Richtig ist freilich, daß grenzüberschreitende Hinaus-Verschmelzung und grenzüberschreitende Sitzverlegung ins Ausland sich insofern unterscheiden, als die hinausverschmelzende Gesellschaft erlösche, die verziehende Gesellschaft hingegen fortbestünde (vgl. den Text); vgl. *Behrens*, ZGR 1994, S. 1, 13; *Beitzke*, a.a.O.; MünchKomm BGB/*Kindler*, IntGesR Rdz.651, 688; *Stengel* in: Semler/Volhard (Hrsg.), Unternehmensübernahmen, § 17 Rdz.253. Dies ändert jedoch nichts an der vergleichbaren Interessenlage in beiden Fällen; vgl. den Text sowie *Beitzke* und *Großfeld*, jeweils a.a.O..

1207 EuGH NJW 1989, S. 2186ff.; vgl. dazu etwa *v. Halen*, Gesellschaftsstatut, S. 50ff.; MünchKomm BGB/*Kindler*, IntGesR Rdz.363; *Zimmer*, Internationales Gesellschaftsrecht, S. 204f..

traf, heißt es, Artt. 52, 58 EGV a.F. (= Artt. 43, 48 EGV n.F.) gewährten „den Gesellschaften nationalen Rechts kein Recht, den Sitz ihrer Geschäftsleitung unter Bewahrung ihrer Eigenschaft als Gesellschaften des Mitgliedstaats ihrer Gründung“, mithin unter Wahrung ihrer im Heimatstaat erworbenen Rechtsfähigkeit, „in einen anderen Mitgliedstaat zu verlegen.“[1208] Vor diesem Hintergrund war in der Vergangenheit trotz anderslautender Stimmen im Schrifttum[1209] aus der Garantie der Niederlassungsfreiheit für Gesellschaften i.S. des Art. 48 EGV n.F. (= Art. 58 EGV a.F.) innerhalb der EU ebensowenig ein Recht auf identitätswahrende grenzüberschreitende Verlegung des Verwaltungssitzes wie ein Recht auf verdeckte Sitzverlegung in Form grenzüberschreitender Verschmelzung abzuleiten[1210].

b) Das Centros-*Urteil des EuGH*

Etwas anderes ergab sich allerdings möglicherweise bereits aus dem im März 1999 ergangenen und bekanntlich sehr kontrovers diskutierten *Centros*-Urteil[1211] des EuGH (zur *Überseering*-Entscheidung des EuGH vom 05.11.2002 unten f)), welches freilich im Unterschied zu der *Daily Mail*-Entscheidung nicht das Recht auf rechtsfähigkeitswahrende[1212] grenzüberschreitende Verlegung des Verwaltungssitzes, sondern das Recht auf grenzüberschreitende Errichtung und Registereintragung der Zweigniederlassung einer Gesellschaft i.S. des Art. 48 EGV

1208 EuGH NJW 1989, S. 2186, 2188 li. Sp.. - Im konkreten Fall ging es um die grenzüberschreitende Verlegung der Geschäftsleitung einer englischen Gesellschaft in die Niederlande, welche seinerzeit der Genehmigung des Treasury Department bedurfte.

1209 *Lutter* in Lutter, § 1 Rdz.9.

1210 MünchKomm BGB/*Kindler*, IntGesR Rdz.688.

1211 ZIP 1999, S. 438ff. = NJW 1999, S. 2027ff..

1212 Rechtsfähigkeitswahrende (= identitätswahrende) Sitzverlegung meint insoweit im folgenden die Verlegung allein des *Verwaltungssitzes* über die Grenze unter Beibehaltung des Satzungssitzes und der nach dem Heimatrecht erworbenen Rechtsfähigkeit, mithin unter Fortbestand der Rechtsfähigkeit als Kapitalgesellschaft des Heimatrechts (Beispiel: Verlegung des Verwaltungssitzes einer Aktiengesellschaft von Frankfurt/Main nach London unter Fortbestand als Aktiengesellschaft deutschen Rechts). Hiervon zu unterscheiden ist die rechtsfähigkeitswahrende (= identitätswahrende) grenzüberschreitende Verlegung des *Satzungs- und des Verwaltungssitzes*, d.h. der grenzüberschreitende Wechsel des Rechtskleides (Statutenwechsel) ohne zwischenzeitlichen Verlust der Rechtsfähigkeit als Kapitalgesellschaft („Ausflaggen“; Beispiel: Verlegung des Satzungs- und Verwaltungssitzes einer Aktiengesellschaft deutschen Rechts von Frankfurt/Main nach London unter dortigem Fortbestand als private limited company englischen Rechts); vgl. dazu unten S. 400ff..

n.F. (= Art. 58 EGV a.F.) betraf[1213] und überdies insoweit auch nicht eine Behinderung durch den Wegzugsstaat, sondern durch den Zuzugsstaat zum Gegenstand hatte.

In dem der *Centros*-Entscheidung zugrundeliegenden Sachverhalt[1214] hatte ein dänisches Ehepaar in England eine private limited company (Centros plc) gegründet. Die Geschäftstätigkeit der Gesellschaft sollte ausschließlich über eine Zweigniederlassung in Dänemark abgewickelt werden; in England befand sich von vornherein lediglich eine Postadresse. Die Gesellschafter bezweckten damit nach eigenen Angaben die Umgehung der dänischen Kapitalaufbringungsvorschriften.

Obwohl die Centros plc ihren Verwaltungssitz von vornherein nicht im Gründungsstaat England hatte, war die Gesellschaft nach englischem Recht rechtsfähig[1215]. England folgt der Gründungstheorie[1216] und macht daher die Verleihung der Rechtsfähigkeit als Kapitalgesellschaft englischen Rechts lediglich von einem inländischen (englischen) Satzungssitz abhängig; ein inländischer Verwaltungssitz ist daneben nicht erforderlich.

1213 *Kieninger*, ZGR 1999, S. 724, 738; *G.H. Roth*, ZIP 1999, S. 861, 862 li. Sp.; *Zimmer*, ZHR 164 (2000), S. 23, 33; *Thorn*, IPRax 2001, S. 102, 104f.. Dies dürfte auch der Grund dafür sein, daß der EuGH in der *Centros*-Entscheidung auf das *Daily Mail*-Urteil mit keinem Wort eingeht; vgl. *Ebke*, JZ 1999, S. 656, 658 re. Sp.; *Kieninger*, a.a.O.; *Kindler* in: VGR (Hrsg.), Gesellschaftsrecht in der Diskussion 1999, S. 87, 102, 109; *Koppensteiner* in: VGR (Hrsg.), Gesellschaftsrecht in der Diskussion 1999, S. 151, 153; *Sonnenberger/ Großerichter*, RIW 1999, S. 721, 731 li. Sp.; *Thorn*, a.a.O.; *Wymeersch*, Liber Amicorum Buxbaum, S. 629, 652.

1214 Vgl. dazu EuGH ZIP 1999, S. 438, 438f. (Tz.2ff.).

1215 *Ebke*, JZ 1999, S. 656, 658; *Freitag*, EuZW 1999, S. 267 re. Sp..

1216 Nach der Gründungstheorie bestimmen sich die gesellschaftsrechtlichen Beziehungen einer Gesellschaft nach der Rechtsordnung, nach der die Gesellschaft gegründet ist. Eine Variante der Gründungstheorie ist die Lehre von der Maßgeblichkeit des Satzungssitzes, die zur Ermittlung des auf die Gesellschaft anwendbaren Rechts (Gesellschaftsstatut) auf den von den Gründern im Gesellschaftsvertrag angegebenen Sitz der Gesellschaft abstellt. Im Ergebnis beruft die Anknüpfung an den Satzungssitz dieselbe Rechtsordnung zur Anwendung wie die Anknüpfung an das Gründungsrecht, wenn und weil die Gründungsrechtsordnung die Verleihung der Rechtsfähigkeit von einem inländischen Satzungssitz abhängig macht, wie es die Gesellschaftsrechte nahezu aller Länder tun; vgl. *Grothe*, Die „ausländische Kapitalgesellschaft & Co.“, S. 29f.; *Koppensteiner* in: VGR (Hrsg.), Gesellschaftsrecht in der Diskussion 1999, S. 151, 160; *Kruse*, Sitzverlegung von Kapitalgesellschaften, S. 8; Scholz/*H.P. Westermann*, Einl. Rdz.84 a.E.. Die Sitztheorie knüpft demgegenüber an den tatsächlichen Sitz der Hauptverwaltung der Gesellschaft, den effektiven Verwaltungssitz an; vgl. zum Ganzen etwa *Grothe*, a.a.O., S. 28ff.; MünchKomm BGB/*Kindler*, IntGesR Rdz.263; *Kruse*, a.a.O., S. 6ff.; Scholz/*H.P. Westermann*, Einl. Rdz.83f.; *Zimmer*, Internationales Gesellschaftsrecht, S. 28.

Das dänische Recht erkannte die Rechtsfähigkeit der Centros plc als Kapitalgesellschaft englischen Rechts zwar an[1217]. Dänemark folgt, jedenfalls hinsichtlich der Anknüpfung des Statuts von Kapitalgesellschaften, ebenfalls der Gründungstheorie[1218], weshalb aus Sicht des dänischen Kollisionsrechts für die Beurteilung der Rechtsfähigkeit einer Kapitalgesellschaft das Recht des (Gründungs-)Staates maßgeblich ist, in dem sich der Satzungssitz befindet, unabhängig davon, ob im Gründungsstaat auch ein Verwaltungssitz besteht. Ungeachtet der Anerkennung der Rechtsfähigkeit der Centros plc als Kapitalgesellschaft englischen Rechts lehnte der zuständige *Erhvervsog Selskabsstyrelsen* (Zentralverwaltung für Handel und Gesellschaften) die beantragte Eintragung einer dänischen Zweigniederlassung der Centros plc wegen Umgehung der dänischen Gründungsvorschriften ab.
Der EuGH sah in der Ablehnung der Eintragung einer dänischen Zweigniederlassung der Centros plc einen Verstoß gegen die Niederlassungsfreiheit: „Ein Mitgliedstaat, der die Eintragung der Zweigniederlassung einer Gesellschaft verweigert, die in einem anderen Mitgliedstaat, in dem sie ihren Sitz hat, rechtmäßig errichtet worden ist, aber keine Geschäftstätigkeit entfaltet, verstößt gegen die Art. 52 und 58 EGV[1219], wenn die Zweigniederlassung es der Gesellschaft ermöglichen soll, ihre gesamte Geschäftstätigkeit in dem Staat auszuüben, in dem diese Zweigniederlassung errichtet wird, ohne dort eine Gesellschaft zu errichten und damit das dortige Recht über die Errichtung von Gesellschaften zu umgehen, das höhere Anforderungen an die Einzahlung des Mindestgesellschaftkapitals stellt."[1220]

c) *Errichtung deutscher Zweigniederlassung einer ausländischen Kapitalgesellschaft*

Daß im Ausland gegründete Kapitalgesellschaften ohne ausländischen Verwaltungssitz im Inland keine Zweigniederlassung eintragen lassen können, entsprach bis zum *Centros*-Urteil h.M., insbesondere der Auffassung der Rechtsprechung[1221].

[1217] Vgl. EuGH ZIP 1999, S. 438 re. Sp. (Tz.4).

[1218] *Ebke*, JZ 1999, S. 656, 658 li. Sp. m. Nachw. in Fn.27; *Kieninger*, ZGR 1999, S. 724, 726f.; *G.H. Roth*, ZIP 1999, S. 861, 862 li. Sp.; *Werlauff*, ZIP 1999, S. 867, 874 re. Sp.; *Kieninger*, NZG 2000, S. 39, 40 re. Sp.; MünchKomm BGB/*Kindler*, IntGesR Rdz.382 Fn.803.

[1219] Artt. 43, 48 EGV n.F..

[1220] EuGH ZIP 1999, S. 438 li. Sp. (Urteilsausspruch).

[1221] Vgl. BayObLG DB 1998, S. 2318f. (dazu *Haack*, EWiR 1999, S. 563f.); *Hammen*, WM 1999, S. 2487, 2490f.; *Kindler*, NJW 1999, S. 1993f.; *Lange*, DNotZ 1999, S. 599, 600.

Die Eintragung der inländischen Zweigniederlassung einer Kapitalgesellschaft mit Sitz im Ausland setzt nach § 13e Abs. 2 S. 2 HGB den Nachweis des „Bestehen(s) der Gesellschaft als solcher", mithin den Nachweis ihrer Rechtsfähigkeit als Kapitalgesellschaft ausländischen Rechts voraus, was wiederum die Anwendbarkeit des ausländischen Heimatrechts (Sachrechts) der Gesellschaft bedingt, die der Gesellschaft Rechtsfähigkeit verliehen hat. Das ausländische Heimatrecht der Gesellschaft war nach bis zur *Centros*-Entscheidung h.M. zum deutschen Kollisionsrecht, insbesondere nach Auffassung der Rechtsprechung, die das Gesellschaftsstatut nach dem effektiven Verwaltungssitz bestimmt(e)[1222], nur dann berufen, wenn sich der Verwaltungssitz im ausländischen Gründungsstaat der Gesellschaft befand. Dies hatte eine ausländische Kapitalgesellschaft vor Eintragung einer inländischen Zweigniederlassung nachzuweisen[1223]. Fehlte es an einem solchen Nachweis, erkannte das deutsche (Sach-)Recht die Gesellschaft nicht als rechtsfähige ausländische Kapitalgesellschaft an. Mangels Nachweises des Bestehens der Gesellschaft als solcher gemäß § 13e Abs. 2 S. 2 HGB kam in diesem Fall demgemäß nach h.M. die Eintragung einer inländischen Zweigniederlassung einer nach ausländischem Recht gegründeten und fortbestehenden Kapitalgesellschaft nicht in Betracht.

d) Bewertung der Centros-*Entscheidung im Schrifttum*

Die nach dem vorstehend Gesagten bis *Centros* der h.M. entsprechende Nichtanerkennung von Kapitalgesellschaften ausländischen Rechts i.S. des Art. 48 EGV n.F. (= Art. 58 EGV a.F.) ohne nachgewiesenen ausländischen Verwaltungssitz zum Zwecke der Errichtung und Eintragung einer inländischen Zweigniederlassung verstieß bereits nach der *Centros*-Entscheidung möglicherweise gegen höherrangiges Gemeinschaftsrecht; nach der *Überseering*-Entscheidung des EuGH vom 05.11.2002 (dazu unten f)) lässt sich dies nicht mehr bezweifeln. Die Eintragung der inländischen Zweigniederlassung einer nach dem Recht eines Mitgliedstaates gegründeten und nach diesem als juristische Person ihres Gründungsrechts fortbestehenden Kapitalgesellschaft mit Sitz im Inland darf nicht mehr mangels Anerkennung des „Bestehen(s) der Gesellschaft als solcher" nach § 13e Abs. 2 S. 2 HGB verweigert werden. Ungeachtet eines inländischen Verwaltungssitzes ist vielmehr die Rechtsfähigkeit der Gesellschaft als Kapitalgesellschaft ausländischen Rechts anzuerkennen.

[1222] Vgl. nur BGHZ 97, S. 269, 271; BGH ZIP 2000, S. 967 re. Sp.; MünchKomm BGB/*Kindler*, IntGesR Rdz.312ff..

[1223] MünchKomm HGB/*Bokelmann*, § 13e Rdz.4; MünchKomm BGB/*Kindler*, IntGesR Rdz.340; *Kindler*, NJW 1999, S. 1993, 1994 li. Sp.; *Lange*, DNotZ 1999, S. 599, 600.

Nach der *Centros*-Entscheidung waren allerdings die Auffassungen im Schrifttum zu der angesprochenen Frage ebenso geteilt wie die Ansichten zu der weiteren, hiervon zu trennenden Frage, ob sich aus der Entscheidung Rückschlüsse auf eine mögliche gemeinschaftsrechtliche Garantie der rechtsfähigkeitswahrenden grenzüberschreitenden Verlegung des Verwaltungssitzes innerhalb der EU ziehen ließen[1224].

Ein Teil des Schrifttums sprach der *Centros*-Entscheidung für „Sitztheorie-Staaten" jede Relevanz ab[1225]. Da das dänische Recht das für die Beurteilung der Rechtsfähigkeit einer Kapitalgesellschaft anwendbare Recht kollisionsrechtlich nach der Gründungstheorie bestimme und demgemäß die nach dem Sachrecht des Gründungsstaates ungeachtet Nichtbestehens eines inländischen Verwaltungssitzes gegebene Rechtsfähigkeit der Centros plc als Kapitalgesellschaft englischen Rechts gerade anerkannt habe, habe sich die Frage nicht gestellt und sei daher auch vom EuGH nicht entschieden worden, ob die Nichtanerkennung der Rechtsfähigkeit ausländischer Kapitalgesellschaften i.S. des Art. 48 EGV n.F. mangels (nachgewiesenem) Verwaltungssitz im ausländischen Gründungsstaat zum Zwecke der Eintragung einer inländischen Zweigniederlassung gemeinschaftsrechtswidrig sei.

Die *Centros*-Entscheidung bringe, so wurde in der Literatur im übrigen verschiedentlich betont, in der Sache gegenüber dem *Segers*-Urteil des EuGH[1226]

[1224] Eingehende Nachw. zum umfangreichen Schrifttum zur *Centros*-Entscheidung bei Palandt/*Heldrich*, Anh. zu Art.12 EGBGB Rdz.2; *Mülbert/Schmolke*, ZVglRWiss 100 (2001), S. 233, 234 Fn.9; *Klinke*, ZGR 2002, S. 163, 167 Fn.13. Überblick über den Meinungsstand (vor der *Überseering*-Entscheidung des EuGH) bei *Frowein*, Sitzverlegung, S. 177ff.; *Leible* in: Michalski, GmbHG, Syst. Darst. 2 Rdz.21; *v. Halen*, Gesellschaftsstatut, S. 60ff.; *Zimmer*, ZHR 164 (2000), S. 23, 28ff..

[1225] *Ebke*, JZ 1999, S. 656, 660, 661 re. Sp.; *Görk*, GmbHR 1999, S. 793, 796, 797 re. Sp.; *Kindler*, NJW 1999, S. 1993, 1996ff.; *Lange*, DNotZ 1999, S. 599, 606; *Sonnenberger/ Großerichter*, RIW 1999, S. 721, 726; *Hoffmann*, ZHR 164 (2000), S. 43, 49; *W.-H. Roth*, ZGR 2000, S. 311, 327; Palandt/*Heldrich*, Anh. zu Art. 12 EGBGB Rdz.2, 21; MünchKomm BGB/*Kindler*, IntGesR Rdz.368; *Kindler* in: VGR (Hrsg.), Gesellschaftsrecht in der Diskussion 1999, S. 87, 108f., 110; vgl. *Baumbach/Hueck/Fastrich*, § 12 Rdz.8; *Schwarz*, Europäisches Gesellschaftsrecht Rdz.180; *Walden*, Kollisionsrecht der Personengesellschaften, S. 221ff..

[1226] EuGH Slg. 1986, S. 2375ff.; teilweise abgedruckt in NJW 1987, S. 571f.; vgl. dazu *Ebenroth/Eyles*, DB 1989, S. 363, 370f.; *Grothe*, Die „ausländische Kapitalgesellschaft & Co.", S. 137f.; *v. Halen*, Gesellschaftsstatut, S. 47ff.; MünchKomm BGB/*Kindler*, IntGesR Rdz.362; *W.-H. Roth*, ZGR 2000, S. 311, 314ff.; *Zimmer*, ZHR 164 (2000), S. 23, 38f..

aus dem Jahre 1986 nichts grundlegend Neues[1227]. Freilich könne dem Tenor der *Centros*-Entscheidung eine erheblich weittragendere Bedeutung zugewiesen werden als dem Tenor des *Segers*-Urteils[1228].
Andere Stellungnahmen gingen davon aus, daß nach *Centros* auch „Sitztheorie-Staaten" ausländische Kapitalgesellschaften, die in einem Mitgliedstaat wirksam gegründet sind und nach ihrem Heimatrecht (Sachrecht) weiterhin Rechtsfähigkeit besitzen, jedenfalls für Zwecke der Eintragung einer inländischen Zweigniederlassung als rechtsfähige Kapitalgesellschaften ausländischen Rechts anerkennen müssten, wenn die Gesellschaft zwar nicht im Gründungsstaat, wohl aber in einem anderen Mitgliedstaat der EU ihren Verwaltungssitz hat[1229]. In diesem Sinne entschied der österreichische OGH in einem dem *Centros*-Fall vergleichbaren Sachverhalt[1230], allerdings ausgehend von der unzutreffenden[1231] Annahme, Dänemark folge wie Österreich kollisionsrechtlich der Sitztheorie[1232]. Nach teilweise vertretener Auffassung sollte der *Centros*-Entscheidung überdies zu entnehmen sein, daß Gesellschaften i.S. des Art. 48 EGV n.F. die Möglichkeit grenzüberschreitender Verlegung des Verwaltungssitzes innerhalb der EU

[1227] *Sonnenberger/Großerichter*, RIW 1999, S. 721, 726 re. Sp.; *W.-H. Roth*, ZGR 2000, S. 311, 317; *Zimmer*, ZHR 164 (2000), S. 23, 39; *Koppensteiner* in: VGR (Hrsg.), Gesellschaftsrecht in der Diskussion 1999, S. 151, 154.

[1228] *W.-H. Roth*, ZGR 2000, S. 311, 321.

[1229] *Behrens*, IPRax 1999, S. 323, 325f.; *ders.* in: Ferrarini/Hopt/Wymeersch (Hrsg.), Capital Markets in the Age of the Euro, S. 503, 511; *Bungert*, DB 1999, S. 1841, 1843 li. Sp.; *Freitag*, EuZW 1999, S. 267, 268; *Göttsche*, DStR 1999, S. 1403, 1405f.; *Hammen*, WM 1999, S. 2487, 2491ff.; *Kieninger*, ZGR 1999, S. 724, 739; *Leible*, NZG 1999, S. 300, 301; *Meilicke*, DB 1999, S. 627; *Neye*, EWiR 1999, S. 259, 260; *Sedemund/Hausmann*, BB 1999, S. 810 re. Sp.; *Behrens*, IPRax 2000, S. 384, 385 re. Sp.; *Forsthoff*, DB 2000, S. 1109, 1112 li. Sp.; *Hoor*, NZG 2000, S. 984, 985f.; *Lutter*, Europarättslig Tidskrift 2000, S. 60, 69; *Zimmer*, ZHR 164 (2000), S. 23, 36; *Thorn*, IPRax 2001, S. 102, 105; *v. Halen*, Gesellschaftsstatut, S. 105ff.; *Hüffer*, § 1 Rdz.25a; Anh § 45, § 13d HGB Rdz.2; *Koppensteiner* in: VGR (Hrsg.), Gesellschaftsrecht in der Diskussion 1999, S. 151, 169f., 175; *Lutter/Hommelhoff*, § 12 Rdz.15; *Lutter* in Lutter, § 1 Rdz.7 mit Fn.26; Scholz/*M. Winter*, § 12 Rdz.40; *Wymeersch*, Liber Amicorum Buxbaum, S. 629, 635f.; wohl auch MünchKomm AktG/*Heider*, Einl. Rdz.128; *Horn*, Gedächtnisschrift Lüderitz, S. 303, 307f.; Scholz/*H.P. Westermann*, Einl. Rdz.85b; *G.H. Roth*, ZIP 1999, S. 861, 862 li. Sp.; vgl. auch *Ulmer*, JZ 1999, S. 662 li. Sp.; s. ferner *Klinke*, ZGR 2002, S. 163, 167ff..

[1230] OGH NZG 2000, S. 36ff. m. Anm. *Kieninger*, S. 39ff. = JZ 2000, S. 199ff. m. Anm. *Mäsch*, S. 201f.; vgl. dazu auch *Behrens*, IPRax 2000, S. 384, 386f.; *Höfling*, EuZW 2000, S. 145ff..

[1231] *Kieninger*, NZG 2000, S. 39, 40 re. Sp.; *Mäsch*, JZ 2000, S. 201, 202 li. Sp.; vgl. oben S. 310 mit Fn.1201.

[1232] OGH NZG 2000, S. 36, 37; vgl. die Kritik bei *Kiesinger*, NZG 2000, S. 39, 40f.; *Mäsch*, JZ 2000, S. 201, 202 li. Sp.; *Lurger*, IPRax 2001, S. 346, 347f.; zustimmend dagegen *Behrens*, IPRax 2000, S. 384, 387 li. Sp..

unter Beibehaltung des Satzungssitzes gemeinschaftsrechtlich garantiert sei, sofern der Wegzugsstaat die verziehende Kapitalgesellschaft nicht zur Auflösung zwinge[1233].

e) Stellungnahme

Die besseren Gründe sprachen bereits vor der *Überseering*-Entscheidung des EuGH vom 05.11.2002 (dazu nachfolgend f)), nach der zuziehenden Kapitalgesellschaften eines Mitgliedstaates vom Sachrecht des Zuzugs-Mitgliedstaates nicht die nach ihrem Heimatrecht erworbene und fortbestehende Rechtsfähigkeit aberkannt werden darf, für die Auffassung, daß nach dem *Centros*-Urteil auch „Sitztheorie-Staaten" eine EU-ausländische Kapitalgesellschaft i.S. des Art. 48 EGV n.F., die nach dem Recht ihres Gründungsstaates Rechtsfähigkeit besitzt, jedenfalls für Zwecke der Eintragung einer inländischen Zweigniederlassung als rechtsfähige Kapitalgesellschaft ausländischen Rechts anerkennen müssen, wenn die Gesellschaft zwar nicht im Gründungsstaat, wohl aber in einem anderen Mitgliedstaat der EU ihren Verwaltungssitz hat. Nach dem *Überseering*-Urteil bestehen insoweit keine Zweifel mehr.
Für die hier vertretene Auffassung sprach zum einen, daß es in der Sache keinen Unterschied macht, ob die Eintragung einer inländischen Zweigniederlassung einer nach ihrem Heimatrecht rechtsfähigen EU-ausländischen Kapitalgesellschaft wie im Fall *Centros* mit der Begründung verweigert wird, zwar sei die Rechtsfähigkeit der Gesellschaft nach ihrem Gründungsrecht anzuerkennen, indes sei den Erfordernissen inländischen Sachrechts in Gestalt von Kapitalaufbringungsvorschriften nicht Genüge getan, oder aber die Eintragung verweigert wird, weil bereits die Rechtsfähigkeit nach ausländischem Gründungsrecht nicht

---

[1233] *Behrens*, IPRax 1999, S. 323, 330 re. Sp.; *ders.*, IPRax 2000, S. 384, 385f.; *ders.*, EuZW 2000, S. 385; *ders.* in: Ferrarini/Hopt/Wymeersch (Hrsg.), Capital Markets in the Age of the Euro, S. 503, 517; *Forsthoff*, DB 2000, S. 1109, 1113 li. Sp.; *Freitag*, EuZW 1999, S. 267, 269 li. Sp.; *v. Halen*, Gesellschaftsstatut, S. 159; *Koppensteiner* in: VGR (Hrsg.), Gesell-schaftsrecht in der Diskussion 1999, S. 151, 182f.; *ders.*, Festschrift Lutter, S. 141, 142ff.; *Lutter*, Europarättslig Tidskrift 2000, S. 60, 70; *ders.*, ZGR 2000, S. 1, 13f.; *Lutter/Hommelhoff*, § 4a Rdz.14 a.E.; *Sandrock*, BB 1999, S. 1337, 1340f.; *Wymeersch*, Liber Amicorum Buxbaum, S. 629, 649; vgl. *Bungert*, DB 1999, S. 1841, 1843; *Leible*, NZG 1999, S. 300, 301f.; *Sonnenberger/Großerichter*, RIW 1999, S. 721, 731f.; *Höfling*, EuZW 2000, S. 145, 147; *Deckert*, RabelsZ 64 (2000), S. 478, 491; ablehnend *Ebke*, JZ 1999, S. 656, 658, 660; *Hammen*, WM 1999, S. 2487, 2489f.; *W.-H. Roth*, ZGR 2000, S. 311, 314.

anerkannt wird[1234]. Insoweit ist zu sehen, daß der aus der Nichtanerkennung der Rechtsfähigkeit ausländischer Kapitalgesellschaften mit inländischem Verwaltungssitz durch das Sachrecht von „Sitztheorie-Staaten“ resultierende Zwang zur Neugründung im Inland der Durchsetzung inländischen Sachrechts, namentlich etwa inländischer Kapitalaufbringungsvorschriften, zu dienen bestimmt ist[1235]. Eine Beschränkung der sekundären Niederlassungsfreiheit nach ihrem Heimatrecht rechtsfähiger EU-ausländischer Kapitalgesellschaften zum Zwecke der Durchsetzung inländischer Kapitalerhaltungsvorschriften war einem Mitgliedstaat nach dem *Centros*-Urteil aber gemeinschaftsrechtlich gerade nicht (mehr) gestattet.

Abgesehen davon liess auch die Formulierung des Tenors des *Centros*-Urteils keinen Raum für eine Differenzierung danach, ob der Staat, in dem eine ausländische Gesellschaft i.S. des Art. 48 EGV n.F. eine Zweigniederlassung zu errichten beabsichtigt, das auf die ausländische Gesellschaft anwendbare Sachrecht nach der Sitztheorie oder nach der Gründungstheorie bestimmt[1236]. Eine derartige Differenzierung leuchtete auch in der Sache insofern kaum ein, als sie eine nicht nachvollziehbare Schlechterstellung von „Gründungstheorie-Staaten“ gegenüber „Sitztheorie-Staaten“ mit sich gebracht hätte. Wären nur „Gründungstheorie-Staaten“ zur Eintragung inländischer Zweigniederlassungen von Scheinauslandsgesellschaften verpflichtet gewesen, wäre dies auf eine Benachteiligung gerade der Mitgliedstaaten hinausgelaufen, welche die Mobilität von Gesellschaften begünstigen, indem sie an die Verlegung des Verwaltungssitzes keinen Wechsel des Gesellschaftsstatuts knüpfen[1237]. Es war daher kaum anzunehmen, der EuGH habe gerade die Mitgliedstaaten, die der Sitztheorie folgen und deren Sachrecht Scheinauslandsgesellschaften (bislang) letztlich u.a. gerade aus den Gründen (Umgehung inländischer Kapitalaufbringungsvorschriften) nicht als rechtsfähige Kapitalgesellschaften ausländischen Rechts anerkannte, aus denen die dänische *Erhvervsog Selskabsstyrelsen* (Zentralverwaltung für Handel und Gesellschaften) die Eintragung der Zweigniederlassung der Centros plc ablehnte, von der im *Centros*-Urteil ausgesprochenen gemeinschaftsrechtli-

---

1234 *Behrens*, IPRax 2000, S. 384, 387 li. Sp.; vgl. *ders.* in: Ferrarini/Hopt/Wymeersch (Hrsg.), Capital Markets in the Age of the Euro, S. 503, 511; *Lurger*, IPRax 2001, S. 346, 350f..

1235 Vgl. OLG München NJW 1986, S. 2197, 2198 re. Sp.; *Ebenroth/Eyles*, DB-Beilage Nr.2/1988, S. 9 li. Sp.; *Göttsche*, DStR 1999, S. 1403, 1404 li. Sp.; *Grothe*, Die „ausländische Kapitalgesellschaft & Co.“, S. 112; Staudinger/*Großfeld*, IntGesR Rdz.60; *Rehbinder*, IPRax 1985, S. 324, 324 re. Sp.; *Zimmer*, BB 2000, S. 1361, 1364 li. Sp..

1236 *Borges*, RIW 2000, S. 167, 176; *v. Halen*, Gesellschaftsstatut, S. 108; *Horn*, Gedächtnisschrift Lüderitz, S. 303, 307; *Zimmer*, ZHR 164 (2000), S. 23, 32.

1237 Vgl. *Mäsch*, JZ 2000, S. 201, 202 re. Sp.; *Leible*, NZG 2001, S. 460, 461 re. Sp..

chen Pflicht zur Eintragung inländischer Zweigniederlassungen von Scheinauslandsgesellschaften ausnehmen wollen[1238].
Hatten nach dem Gesagten nach *Centros* auch deutsche Registergerichte inländische Zweigniederlassungen von nach EU-ausländischem Recht gegründeten Scheinauslandsgesellschaften mit inländischem Verwaltungssitz einzutragen, so lief dies jedenfalls der Sache nach für solche Konstellationen bereits nach der *Centros*-Entscheidung auf einen (partiellen) Abschied von der Sitztheorie hinaus, der unlängst durch die *Überseering*-Entscheidung bekräftigt und erweitert wurde. Zwar besagt die Sitztheorie nichts über die inländische Anerkennung der Rechtsfähigkeit nach ausländischem Recht gegründeter Kapitalgesellschaften. Dies ist keine kollisionsrechtliche, sondern eine gesellschaftsrechtliche (sachrechtliche) Frage[1239]. Vom inländischen Sachrecht wurde sie bislang bei ausländischen Gesellschaften mit inländischem Verwaltungssitz nach dem Gesagten indes aus denselben Gründen verneint, wegen derer die Sitztheorie in diesem Fall die Anwendbarkeit inländischen Sachrechts anordnet, nämlich um Druck auf Gesellschaften mit Tätigkeitsschwerpunkt im Inland auszuüben, sich zwecks inländischer Anerkennung als rechtsfähige Kapitalgesellschaft mit beschränkter Gesellschafterhaftung im Inland insbesondere unter Beachtung inländischer Kapitalaufbringungsvorschriften neu zu gründen. Von daher hing die sachrechtliche Nichtanerkennung der Rechtsfähigkeit ausländischer Kapitalgesellschaften mit inländischem Verwaltungssitz jedenfalls mittelbar doch mit der Sitztheorie und den ihr zugrundeliegenden Erwägungen zusammen. Insofern hatte es nach *Centros* auch seine Berechtigung, den gemeinschaftsrechtlich begründeten Zwang zur Anerkennung der Rechtsfähigkeit ausländischer Kapitalgesellschaften mit inländischem Verwaltungssitz für Zwecke der Eintragung einer inländischen Zweigniederlassung, der nach hier vertretener und durch die *Überseering*-

---

[1238] Vgl. *Zimmer*, ZHR 164 (2000), S. 23, 32; *Leible*, NZG 2001, S. 460, 461 re. Sp.; *Thorn*, IPRax 2001, S. 102, 104 re. Sp.; s. auch *Sonnenberger/Großerichter*, RIW 1999, S. 721, 727 li. Sp., die zwar davon ausgehen, die *Centros*-Entscheidung habe für „Sitztheorie-Staaten" keine unmittelbare Geltung (a.a.O., S. 726), die daraus resultierende Konsequenz einer Benachteiligung der „Gründungstheorie-Staaten" aber als „reichlich merkwürdig" bezeichnen: „Der liberale Gesetzgeber wird bestraft, der reglementierende dagegen belohnt."

[1239] *W.-H. Roth*, ZGR 2000, S. 311, 330f.; s. außerdem die Nachw. unten Fn.1480. - Freilich stellt sich die Frage der Anerkennung der Rechtsfähigkeit als Kapitalgesellschaft ausländischen Rechts auf der Ebene des inländischen Gesellschaftsrechts (Sachrechts) von vornherein nicht, wenn das nationale Kollisionsrecht der Gründungstheorie folgt und daher die Anwendbarkeit des ausländischen Sachrechts (Gründungsrechts) anordnet, nach dem die Gesellschaft Rechtsfähigkeit besitzt; vgl. *Hoffmann*, ZHR 164 (2000), S. 43, 47; *Hoor*, NZG 2000, S. 984, 985 re. Sp.; *Jaeger*, NZG 2000, S. 918, 920 li. Sp.; s. auch *Eidenmüller*, ZIP 2002, S. 82, 83 re. Sp.; *ders.*, ZIP 2002, S. 2233, 2240 li. Sp..

Entscheidung bestätigter Auffassung aus der *Centros*-Entscheidung auch für „Sitztheorie-Staaten" folgte, als Zwang zur (partiellen) Aufgabe der Sitztheorie zu bezeichnen. Für eine darüber hinausgehende, generelle Absage an die Sitztheorie hingegen ließ sich dem *Centros*-Urteil - und lässt sich im übrigen auch der *Überseering*-Entscheidung (unten f)) - entgegen anderslautenden Stellungnahmen in der Literatur[1240] weder mittelbar noch unmittelbar etwas entnehmen. Über die Frage der Vereinbarkeit der Sitztheorie mit dem Gemeinschaftsrecht hatte der EuGH in beiden Fällen nicht zu entscheiden und hat dies insbesondere im *Centros*-Urteil auch insofern nicht getan, als Dänemark bei der Bestimmung des Gesellschaftsstatuts von Kapitalgesellschaften nach dem Gesagten der Gründungstheorie folgt und die Rechtsfähigkeit der Centros plc nach ihrem insofern maßgeblichen englischen Heimatrecht anerkannte[1241].

Ob aus der *Centros*-Entscheidung folgte, daß die rechtsfähigkeitswahrende Verlegung des Verwaltungssitzes einer nach dem Recht eines EU-Mitgliedstaates gegründeten und fortbestehenden ausländischen Kapitalgesellschaft i.S. des Art. 48 EGV n.F. ins Inland unter Beibehaltung des ausländischen Satzungssitzes gemeinschaftsrechtlich garantiert ist, erschien fraglich. Streitgegenstand im Fall *Centros* war - anders als im Fall *Überseering* - nicht das Recht auf rechtsfähigkeitswahrende grenzüberschreitende Verlegung des Verwaltungssitzes, sondern das Recht auf grenzüberschreitende Errichtung und Registereintragung einer Zweigniederlassung[1242]. Es ging mit anderen Worten in der *Centros*-Entscheidung - jedenfalls aus Sicht des EuGH - um die sekundäre (Artt. 43 Abs. 1 S. 2, 48 EGV n.F.), nicht um die primäre Niederlassungsfreiheit (Artt. 43 Abs. 1 S. 1, 48 EGV n.F.)[1243]. Der Sache nach handelt es sich bei Errichtung einer

---

[1240] *Freitag*, EuZW 1999, S. 267, 269 re. Sp.; *Meilicke*, DB 1999, S. 627f.; *Sandrock*, BB 1999, S. 1337, 1341 li. Sp.; *Schaumburg/Schloßmacher*, Festschrift Peltzer, S. 389, 396; *Sedemund/Hausmann*, BB 1999, S. 810 re. Sp.; *Werlauff*, ZIP 1999, S. 867, 874f.; *Koppensteiner* in: VGR (Hrsg.), Gesellschaftsrecht in der Diskussion 1999, S. 151, 169, 184; *Forsthoff*, DB 2002, S. 2471, 2474f..

[1241] *Bungert*, DB 1999, S. 1841, 1842; *Ebke*, JZ 1999, S. 656, 658, 660 li. Sp.; *Görk*, GmbHR 1999, S. 793, 796; *Sonnenberger/Großerichter*, RIW 1999, S. 721, 726; *W.-H. Roth*, ZGR 2000, S. 311, 327; Palandt/*Heldrich*, Anh. zu Art. 12 EGBGB Rdz.2; *Lutter* in Lutter, § 1 Rdz.7 mit Fn.25, § 1 Rdz.9 mit Fn.32; *Stengel* in: Semler/Volhard (Hrsg.), Unternehmensübernahmen, § 17 Rdz.273.

[1242] *Ebke*, JZ 1999, S. 656, 658; *Göttsche*, DStR 1999, S. 1403, 1406 li. Sp.; *G.H. Roth*, ZIP 1999, S. 861, 862; *Wymeersch*, Liber Amicorum Buxbaum, S. 629, 648.

[1243] *Ebke*, JZ 1999, S. 656, 658; *ders.*, 50 Jahre Bundesgerichtshof, Festgabe aus der Wissenschaft, S. 799, 818; *Kieninger*, ZGR 1999, S. 724, 735f.; *Zimmer*, ZHR 164 (2000), S. 23, 33; *Schwarz*, NZG 2001, S. 613, 614; *Kindler* in: VGR (Hrsg.), Gesellschaftsrecht in der Diskussion 1999, S. 87, 98, 109; kritisch dazu *Freitag*, EuZW 1999, S. 267, 268 re. Sp.;

Zweigniederlassung, die wie im Fall *Centros*[1244] faktisch von vornherein als Verwaltungssitz fungiert, allerdings um ein Problem der primären Niederlassungsfreiheit[1245]. Von daher stellte sich bereits nach *Centros* in der Tat die Frage, ob die - im Fall *Centros* nicht gegebene - grenzüberschreitende Verlegung des ursprünglich im Gründungsstaat befindlichen Verwaltungssitzes, namentlich auch in Form nachträglicher „Aufwertung" einer Zweigniederlassung zur Hauptniederlassung/Hauptverwaltung im Sinne einer „Sitzverlegung durch die Hintertür"[1246], gemeinschaftsrechtlich anders zu bewerten sein konnte als die im Fall *Centros* streitgegenständliche grenzüberschreitende Gründung[1247] durch Errichtung einer von Anfang an als Hauptniederlassung/Verwaltungssitz fungierenden Zweigniederlassung[1248]. Nach der *Überseering*-Entscheidung des EuGH (dazu nachfolgend f)) ist dies jetzt eindeutig zu verneinen.
Wenn man eine grenzüberschreitende Verlegung des Verwaltungssitzes bereits nach der *Centros*-Entscheidung ebenso als gemeinschaftsrechtlich garantiert ansah wie eine grenzüberschreitende Gründung durch Errichtung einer als Verwaltungssitz fungierenden Zweigniederlassung, was freilich nicht zwingend erschien, da der EuGH eben nicht über einen Fall der grenzüberschreitenden Verlegung des Verwaltungssitzes entschieden hatte[1249], nach der *Überseering*-Entscheidung aber nunmehr unzweifelhaft ist, kam eine grenzüberschreitende rechtsfähigkeitswahrende Verlegung des Verwaltungssitzes von Gesellschaften

---

Kieninger, ZGR 1999, S. 724, 728ff.; *Leible*, NZG 1999, S. 300, 301 re. Sp.; *Lurger*, IPRax 2001, S. 346, 350 li. Sp.; *Thorn*, IPRax 2001, S. 102, 105 li. Sp..

1244 BGH ZIP 2000, S. 967, 969 li. Sp.; *Behrens*, IPRax 2000, S. 384, 385 re. Sp.; *v. Halen*, Gesellschaftsstatut, S. 81; *Kieninger*, NZG 2001, S. 610, 611 li. Sp.; *Koppensteiner* in: VGR (Hrsg.), Gesellschaftsrecht in der Diskussion 1999, S. 151, 173; *Schwarz*, NZG 2001, S. 613, 614; *Thorn*, IPRax 2001, S. 102, 105 li. Sp..

1245 *Freitag*, EuZW 1999, S. 267, 268 re. Sp.; *Leible*, NZG 1999, S. 300, 301f.; *Sonnenberger/Großerichter*, RIW 1999, S. 721, 731 re. Sp.; *Kindler* in: VGR (Hrsg.), Gesellschaftsrecht in der Diskussion 1999, S. 87, 100; vgl. *Zimmer*, ZHR 164 (2000), S. 23, 41.

1246 Vgl. *Leible*, NZG 1999, S. 300, 301 re. Sp.; *Sonnenberger/Großerichter*, RIW 1999, S. 721, 729, 731 li. Sp..

1247 *Forsthoff*, DB 2000, S. 1109, 1112.

1248 Vgl. *Bungert*, DB 1999, S. 1841, 1843 re. Sp.; *Göttsche*, DStR 1999, S. 1403, 1406 li. Sp.; *Kieninger*, ZGR 1999, S. 724, 746; *Leible*, NZG 1999, S. 300, 301 re. Sp.; *Sonnenberger/Großerichter*, RIW 1999, S. 721, 731 li. Sp.; *Behrens*, IPRax 2000, S. 384, 385f.; *Hoor*, NZG 2000, S. 984, 985 re. Sp.; *Lutter*, Europarättslig Tidskrift 2000, S. 60, 70; *Leible*, NZG 2001, S. 460, 461 li. Sp.; *Koppensteiner* in: VGR (Hrsg.), Gesellschaftsrecht in der Diskussion 1999, S. 151, 179; *Randelzhofer/Forsthoff* in: Grabitz/Hilf, Das Recht der Europäischen Union, Art. 48 EGV Rdz.62ff..

1249 Vgl. *Bungert*, DB 1999, S. 1841, 1843 re. Sp.; *Ebke*, 50 Jahre Bundesgerichtshof, Festgabe aus der Wissenschaft, S. 799, 818; *Kieninger*, ZGR 1999, S. 724, 746; *W.-H. Roth*, ZGR 2000, S. 311, 314; *Zimmer*, ZHR 164 (2000), S. 23, 33, 41; *Wymeersch*, Liber Amicorum Buxbaum, S. 629, 652.

i.S. des Art. 48 EGV n.F. gleichwohl nur dann in Betracht, wenn das (Sach-) Recht des Wegzugsstaates die verziehende Gesellschaft nicht, wie etwa das deutsche Sachrecht[1250], zur Auflösung zwingt. Daß eine derartige Reaktion des Sachrechts des Wegzugsstaates gegen Artt. 43, 48 EGV n.F. verstöße, läßt sich weder der *Centros*-Entscheidung noch der *Überseering*-Entscheidung, die sich beide allein zu den gemeinschaftsrechtlichen Pflichten des Staates verhalten, in dem sich der eigentliche Geschäftssitz befinden soll, also die Perspektive des Zuzugsstaates, nicht aber die des Wegzugsstaates betrifft, nicht entnehmen[1251]. Demgemäß sahen sich zwei Oberlandesgerichte durch das *Centros*-Urteil des EuGH zu Recht nicht gehindert, i.S. der bislang h.M.[1252] anzunehmen, daß die grenzüberschreitende Verlegung des statutarischen Sitzes und des effektiven Verwaltungssitzes einer im Inland gegründeten GmbH zur Auflösung der Gesellschaft führe[1253].

1250 Vgl. unten S. 403 m. Nachw. in Fn.1477.

1251 *Behrens*, IPRax 1999, S. 323, 330 li. Sp.; *Göttsche*, DStR 1999, S. 1403, 1405; *Leible*, NZG 1999, S. 300, 301 re. Sp.; *Forsthoff*, DB 2000, S. 1109, 1111 li. Sp.; *Randelzhofer/Forsthoff* in: Grabitz/Hilf, Das Recht der Europäischen Union, Art. 48 EGV Rdz.57ff.; vgl. *Freitag*, EuZW 1999, S. 267, 269 re. Sp.; *Behrens*, IPRax 2000, S. 384, 385 re. Sp.; *ders.*, EuZW 2000, S. 385; *ders.* in: Ferrarini/Hopt/Wymeersch (Hrsg.), Capital Markets in the Age of the Euro, S. 503, 516; *Mülbert/Schmolke*, ZVglRWiss 100 (2001), S. 233, 257; *Leible* in: Michalski, GmbHG, Syst. Darst. 2 Rdz.28; zur *Überseering*-Entscheidung *Eidenmüller*, ZIP 2002, S. 2233, 2242f.; *Forsthoff*, DB 2002, S. 2471, 2474 li. Sp.; *Kallmeyer*, DB 2002, S. 2521, 2522 li. Sp.; *Leible/Hoffmann*, RIW 2002, S. 925, 927f., 930 re. Sp., 932 re. Sp.; *Wernicke*, EuZW 2002, S. 754, 760 li. Sp.; a.A. *v. Halen*, Gesellschaftsstatut, S. 161ff.; *Kieninger*, NZG 2001, S. 610, 611 li. Sp.; *Koppensteiner* in: VGR (Hrsg.), Gesellschaftsrecht in der Diskussion 1999, S. 151, 180; *ders.*, Festschrift Lutter, S. 141, 144; *Lutter/Hommelhoff*, § 4a Rdz.13 a.E.; zur *Überseering*-Entscheidung *Schnitger*, IStR 2002, S. 818, 824 li. Sp.; *Schulz/Sester*, EWS 2002, S. 545, 550 li. Sp..

1252 Vgl. die Nachw. unten in Fn.1477.

1253 OLG Hamm ZIP 2001, S. 791ff. (dazu Anm. *Schwarz*, NZG 2001, S. 613ff.); OLG Düsseldorf ZIP 2001, S.790f. = BB 2001, S. 901f. m. Anm. *Emde* (dazu auch Anm. *Kieninger*, NZG 2001, S. 610ff.); *W.-H. Roth* in Koller/Roth/Morck, § 13h Rdz.4. - Die Frage, ob die rechtsfähigkeitswahrende grenzüberschreitende Verlegung des Satzungs- und Verwaltungssitzes einer deutschen GmbH nach Spanien durch Artt. 43, 48 EGV n.F. gewährleistet ist, war Gegenstand eines Vorlagebeschlusses des AG Heidelberg ZIP 2000, S. 1617ff. (vgl. dazu *Behrens*, EuZW 2000, S. 385; *ders.*, IPRax 2000, S. 384, 388ff.; *Jaeger*, NZG 2000, S. 918, 920 li.Sp.; *W.-H. Roth*, ZIP 2000, S. 1597ff.; *Zimmer*, BB 2000, S. 1361ff.; *v. Halen*, Gesellschaftsstatut, S. 178ff.), hinsichtlich dessen der EuGH seine Zuständigkeit verneint und demgemäß die Unzulässigkeit der Vorlage festgestellt hat (EuGH NJW 2001, S. 3179f.; vgl. *Klinke*, ZGR 2002, S. 163, 172).

f) Die Überseering-*Entscheidung des EuGH*

Dem EuGH wurde zur Klärung der durch die *Centros*-Entscheidung aufgeworfenen Zweifelsfragen von dem für Baurechtsfragen zuständigen VII. Senat des Bundesgerichtshofes im Verfahren „Überseering" ein Vorlagebeschluß zur Reichweite der *Centros*-Entscheidung vorgelegt[1254].

Der Vorlagebeschluß[1255] betraf die Frage, ob die Bestimmung der Rechts- und Parteifähigkeit einer nach dem Recht eines Mitgliedstaates wirksam gegründeten und fortbestehenden Gesellschaft i.S. des Art. 48 EGV n.F. nach dem Recht des Staates, in den die Gesellschaft ihren Verwaltungssitz verlegt hat, mit der Niederlassungsfreiheit gemäß Artt. 43, 48 EGV n.F. vereinbar ist, wenn die Gesellschaft in diesem Fall vertraglich begründete Ansprüche im Sitzstaat nicht mehr gerichtlich geltend machen kann, oder ob es die Niederlassungsfreiheit gemäß Artt. 43, 48 EGV n.F. gebietet, die Rechtsfähigkeit und die Parteifähigkeit nach dem Recht des Gründungsstaates zu beurteilen. In dem zugrundeliegenden Sachverhalt ging es um die Parteifähigkeit einer nach niederländischem Recht gegründeten, einer deutschen GmbH vergleichbaren B.V., deren Verwaltungssitz sich nach Gründung - unter Fortbestand ihrer Rechtsfähigkeit als B.V. nach ihrem Heimatrecht - nach Deutschland verlagert hatte. Der vorlegende Senat war der Auffassung, nach dem - wegen des inländischen Verwaltungssitzes anwendbaren - deutschen Sachrecht fehle es dem klagenden Gebilde mangels Neugründung im Inland als Kapitalgesellschaft deutschen Rechts an der Rechtsfähigkeit und damit an der Parteifähigkeit, zweifelte aber angesichts der *Centros*-Entscheidung, ob sich dieses Ergebnis mit der Garantie der Niederlassungsfreiheit gemäß Artt. 43 und 48 EGV vertrage[1256].

[1254] Ein weiterer Vorlagebeschluss des AG Heidelberg (ZIP 2000, S. 1617ff.; dazu oben Fn.1253) ist vom EuGH als unzulässig verworfen worden (EuGH NJW 2001, S. 3179f.). - Zum Vorlagebeschluss des Landesgerichts Salzburg (ZIP 2001, S. 460ff. = NZG 2001, S. 459f. m. Anm. *Leible*, S. 460f.) vgl. *Lurger*, IPRax 2001, S. 346ff..

[1255] BGH ZIP 2000, S. 967ff.; vgl. dazu *Altmeppen*, DStR 2000, S. 1061ff.; *Behrens*, EuZW 2000, S. 385; *ders.*, IPRax 2000, S. 384, 387f.; *Forsthoff*, DB 2000, S. 1109ff.; *Henze*, BB 2000, S. 2053, 2053f.; *Jaeger*, NZG 2000, S. 918, 919f.; *Kindler*, RIW 2000, S. 649ff.; *Meilicke*, GmbHR 2000, S. 693ff.; *W.-H. Roth*, ZIP 2000, S. 1597, 1599ff.; *ders.*, EWiR 2000, S. 793f.; *Zimmer*, BB 2000, S. 1361, 1363ff.; *Bechtel*, NZG 2001, S. 21ff.; *Walden*, EWS 2001, S. 256, 257ff.; *v. Halen*, Gesellschaftsstatut, S. 148ff..

[1256] Zur Kritik an dem Vorlagebeschluss, insbesondere zur Frage seiner Erforderlichkeit vgl. ablehnend *Altmeppen*, DStR 2000, S. 1061, 1063; *Behrens*, IPRax 2000, S. 384, 388 li. Sp.; *Forsthoff*, DB 2000, S. 1109, 1109f.; *Goette*, DStR 2002, S. 1679f.; *Hirte*, NJW 2000, S. 3321, 3323 re. Sp.; *W.-H. Roth*, ZIP 2000, S. 1597, 1600ff.; *Zimmer*, BB 2000, S. 1361, 1363f.; *Bechtel*, NZG 2001, S. 21, 22; *Kieninger*, NZG 2001, S. 610, 612; *W. Müller*, EWiR 2001, S. 67, 68; *Eidenmüller*, ZIP 2002, S. 82, 84 li. Sp.; zustimmend *Hen-*

Zwei Urteile des Gesellschaftsrechtssenats des Bundesgerichtshofs änderten in der Zeit zwischen dem genannten Vorlagebeschluss des Baurechtssenats vom 30.03.2000 und der über zweieinhalb Jahre später am 05.11.2002 ergangenen Entscheidung des EuGH die Prämissen des Vorlagebeschlusses entscheidend. Zunächst anerkannte der Gesellschaftsrechtssenat mit Urteil vom 29.01.2001 die Rechtsfähigkeit der GbR[1257]. Sodann urteilte er am 01.07.2002, dass eine ausländische Kapitalgesellschaft, die nach Gründung ihren Verwaltungssitz ins Inland verlege, hier als Personengesellschaft zu behandeln und damit - insbesondere unter Berücksichtigung der Anerkennung der Rechtsfähigkeit der GbR - rechts- und parteifähig sei[1258]. Auf den Gang des Vorlageverfahrens vor dem EuGH[1259] hatte diese innerdeutsche Rechtsentwicklung indes keinen Einfluss.
In der auf die Vorlage des Bundesgerichtshofs am 05.11.2002 ergangenen *Überseering*-Entscheidung hat der EuGH geurteilt, dass ein Mitgliedstaat einer nach dem Recht eines anderen Mitgliedstaates gegründeten und nach ihrem Heimatrecht als juristische Person fortbestehenden Kapitalgesellschaft nicht aufgrund einer vom „Zuzugsstaat" angenommenen Verlegung des tatsächlichen Verwaltungssitzes ins Inland die Rechtsfähigkeit und damit Parteifähigkeit aberkennen dürfe[1260]. Eine solche Maßnahme komme nämlich der Negierung der den Gesellschaften in Artt. 43, 48 EGV zuerkannten Niederlassungsfreiheit gleich[1261].
Der EuGH äußert sich in der *Überseering*-Entscheidung nicht ausdrücklich zu der Frage, ob den Anforderungen der Artt. 43, 48 EGV auch dann Genüge getan ist, wenn einer zuziehenden Gesellschaft zwar nach dem Recht des Zuzugsstaates Rechts- und Parteifähigkeit zuerkannt wird, jedoch nicht als juristische Person des Gründungsrechts, sondern als Personengesellschaft des Sachrechts des Zuzugsstaates. Dieser wie gesagt unlängst vom Gesellschaftsrechtssenat des Bundesgerichtshofes beschrittene „Ausweg", den der EuGH allerdings insofern keinen Anlass hatte zu thematisieren, als er im Einklang mit dem Vorlagebeschluss des Bundesgerichtshofs Nicht-Rechtsfähigkeit der Überseering N.V.

---

ze, BB 2000, S. 2053, 2054; *v. Halen*, Gesellschaftsstatut, S. 157f.; *ders.*, EWS 2002, S. 107, 114 li. Sp.; *Kindler*, RIW 2000, S. 649, 650f.; *Walden*, EWS 2001, S. 256, 260ff..

1257 BGHZ 146, S. 341ff.; vgl. dazu im Zusammenhang mit dem *Überseering*-Vorlagebeschluss *Kieninger*, NZG 2001, S. 610, 612 li. Sp.; *Walden*, EWS 2001, S. 256, 261 li. Sp..

1258 Vgl. BGH ZIP 2002, S. 1763, 1764; dazu *Emde*, EWiR 2002, S. 971f.; *Gronstedt*, BB 2002, S. 2033f.; *Haack*, MDR 2002, S. 1383ff.; *Leible/Hoffmann*, DB 2002, S. 2203ff..

1259 S. dazu Schlussanträge des Generalanwalts *Colomer*, teilweise abgedruckt in DB 2001, S. 2642ff.; ZIP 2002, S. 75ff. m. Anm. *Eidenmüller*; vgl. dazu *Behrens*, EuZW 2002, S. 129; *Forsthoff*, BB 2002, S. 318, 319ff.; *von Halen*, EWS 2002, S. 107ff.; s. auch *Brandi/Morshäuser*, FAZ Nr. 289 vom 12.12.2001, S. 25.

1260 EuGH ZIP 2002, S. 2037, 2045 li. Sp., Tz.93f. - Überseering.

1261 EuGH ZIP 2002, S. 2037, 2045 li. Sp., Tz.94 - Überseering.

nach deutschem Sachrecht annimmt[1262], ist indes versperrt. Der EuGH geht in der *Überseering*-Entscheidung davon aus, dass die Niederlassungsfreiheit in einem Mitgliedstaat gegründeten und nach ihrem Heimatrecht als juristische Person fortbestehenden Kapitalgesellschaften gewährleistet, ihren Verwaltungssitz in einen anderen Mitgliedstaat verlegen zu können, ohne dass sich an ihrer Rechtsfähigkeit nach dem Gründungsrecht etwas ändert[1263]. Der Zuzugsstaat ist nach Auffassung des EuGH gemäß Artt. 43, 48 EGV verpflichtet, „die Rechtsfähigkeit und damit die Parteifähigkeit zu achten, die diese [zuziehende] Gesellschaft *nach dem Recht ihres Gründungsstaats* besitzt."[1264] Eine zuziehende Kapitalgesellschaft hat demnach Anspruch auf Anerkennung ihrer Rechtsfähigkeit nach Maßgabe des Gründungsstatuts[1265]. Der Zuzugsstaat muss seine Interessen - zwingende Gründe des Gemeinwohls, wie der Schutz der Interessen der Gläubiger, der Minderheitsgesellschafter, der Arbeitnehmer oder des Fiskus, die nach der *Überseering*-Entscheidung durchaus „unter bestimmten Umständen und unter Beachtung bestimmter Voraussetzungen" Beschränkungen der Niederlassungsfreiheit rechtfertigen können[1266] - nach alldem künftig durch mildere Sanktionen als durch die Aberkennung der Rechtsfähigkeit zuziehender ausländischer Kapitalgesellschaften als juristische Personen ihres Heimatrechts zur Geltung bringen. Denkbar ist insoweit eine Sonderanknüpfung inländischer Vorschriften zum Schutz von Minderheitsgesellschaftern, Gläubigern und Arbeitnehmern[1267]. Insbesondere stellt sich die Frage der Ergänzung des Gründungsstatuts aus EU-Mitgliedstaaten zuziehender Kapitalgesellschaften durch deutsches Mitbestim-

---

[1262] EuGH ZIP 2002, S. 2037, 2038 li. Sp., Tz.5 - Überseering.

[1263] *Behrens*, EuZW 2002, S. 737; *Eidenmüller*, ZIP 2002, S. 2233, 2238 re. Sp.; *Forsthoff*, DB 2002, S. 2471, 2474f.; *Heidenhain*, NZG 2002, S. 1141, 1143; *Leible/Hoffmann*, RIW 2002, S. 925, 927ff.; *Schulz/Sester*, EWS 2002, S. 545, 545; *Wernicke*, EuZW 2002, S. 758, 759 re. Sp..

[1264] EuGH ZIP 2002, S. 2037, 2037 re. Sp. (Urteilsausspruch, 2.), 2045 re. Sp., Tz.95 - Überseering (Hervorhebung nicht im Original).

[1265] Ebenso vor der *Überseering*-Entscheidung *Koppensteiner* in: VGR (Hrsg.), Gesellschaftsrecht in der Diskussion 1999, S. 151, 182f.; *Leible* in: Michalski, GmbHG, Syst. Darst. 2 Rdz.29.

[1266] EuGH ZIP 2002, S. 2037, 2045 li. Sp., Tz.92 - Überseering.

[1267] Vgl. dazu *Ulmer*, JZ 1999, S. 662ff.; *Bayer*, BB 2002, S. 2289, 2291 re. Sp.; *Eidenmüller*, ZIP 2002, S. 2233, 2242; *Forsthoff*, DB 2002, S. 2471, 2476f.; *Leible/Hoffmann*, DB 2002, S. 2203, 2207; *dies.*, RIW 2002, S. 925, 929f., 935 re. Sp.; *Leible* in: Michalski, GmbHG, Syst. Darst. 2 Rdz.29; *Randelzhofer/Forsthoff* in: Grabitz/Hilf, Das Recht der Europäischen Union, Art. 48 EGV Rdz.77; *Schnitger*, IStR 2002, S. 818, 818; Scholz/*H.P. Westermann*, Einleitung Rdz.85c; s. auch den Abschlussbericht der High Level Group of Company Law Experts (sog. *Winter*-Gruppe) on A Modern Regulatory Framework for Company Law in Europe vom 04.11.2002 (im Internet abrufbar unter http://europa.eu.int/comm/internal_market/en/company/company/modern/), S. 103ff..

mungsrecht. Verstieße eine Überlagerung des Gründungsstatuts durch deutsches Mitbestimmungsrecht gegen Artt. 52, 58 EGV, könnte ein Zusammenschluss wie Daimler/Chrysler künftig zur Vermeidung einer unternehmerischen Mitbestimmung der Arbeitnehmer in der neuen Konzernobergesellschaft theoretisch statt über eine deutsche Aktiengesellschaft (Oppenheim AG im Fall Daimler/Chrysler) über eine niederländische N.V. vollzogen werden, deren Verwaltungssitz anschließend nach Deutschland verlegt würde[1268].

Ein generelles Verdikt über die Sitztheorie ist der *Überseering*-Entscheidung nicht zu entnehmen[1269]. Zwar ist die Rechtsfähigkeit aus einem EU-Mitgliedstaat zuziehender Kapitalgesellschaften i.S. des Art. 48 EGV künftig nicht mehr nach dem Sachrecht des Staates zu beurteilen, in dem sich der tatsächliche Verwaltungssitz befindet, sondern nach dem Gründungsrecht. Das Gesellschaftsstatut darf in diesen Fällen insoweit, wohl aber auch abgesehen von der in der *Überseering*-Entscheidung allerdings allein streitgegenständlichen[1270] Frage der Rechtsfähigkeit, insbesondere also etwa hinsichtlich der damit zusammenhängenden Frage der Gesellschafterhaftung, nicht mehr nach der Sitztheorie bestimmt werden[1271]. Unberührt bleibt die Anwendung der Sitztheorie dagegen beim Zuzug von Gesellschaften aus Drittstaaten; deren Gesellschaftsstatut darf weiterhin durch Anknüpfung an den (inländischen) Verwaltungssitz bestimmt werden[1272]. Dem Gründungsrechtsstaat ist es überdies weiterhin unbenommen, die Anwendbarkeit seines Sachrechts von einem inländischen Verwaltungssitz abhängig zu machen und demgemäß an die Verlegung des Verwaltungssitzes einer nach inländischem Sachrecht gegründeten Kapitalgesellschaft ins Ausland einen Statutenwechsel zu knüpfen, der nach inländischem Sachrecht überdies weiterhin den Verlust der Rechtsfähigkeit als Kapitalgesellschaft des Sachrechts des Wegzugsstaates zur Folge haben dürfte[1273].

1268 Zur Freistellung internationaler Konzernobergesellschaften von der Mitbestimmung nach niederländischem Recht vgl. *Hopt*, Festschrift Everling, S. 475, 477; *H. P. Westermann*, RabelsZ (48) 1984, S. 123, 159.

1269 *Neye*, EWiR 2002, S. 1003, 1004; a.A. *Sedemund*, IStR 2002, S. 816f..

1270 *Wernicke*, EuZW 2002, S. 758, 759 re. Sp..

1271 *Eidenmüller*, ZIP 2002, S. 2233, 2241f.; *Forsthoff*, DB 2002, S. 2471, 2474f.; *Kallmeyer*, DB 2002, S. 2521, 2521; *Leible/Hoff-mann*, RIW 2002, S. 925, 928f.; *Schnitger*, IStR 2002, S. 818, 818; a.A. *Großfeld*, RIW 12/2002, Die erste Seite; zurückhaltend auch *Hirte*, EWS 2002, S. 573, 573 re. Sp.; *Wernicke*, EuZW 2002, S. 758, 759f..

1272 *Eidenmüller*, ZIP 2002, S. 2233, 2244 li. Sp.; *Leible/Hoffmann*, RIW 2002, S. 925, 933 li. Sp.; *Sedemund*, IStR 2002, S. 816, 817 re. Sp..

1273 *Eidenmüller*, ZIP 2002, S. 2233, 2242f.; *Forsthoff*, DB 2002, S. 2471, 2474 li. Sp., 2475 re. Sp.; *Kallmeyer*, DB 2002, S. 2521, 2522 li. Sp.; *Leible/Hoffmann*, RIW 2002, S. 925, 932 re. Sp.; a.A. *Schnitger*, IStR 2002, S. 818, 824 li. Sp..

Mit der *Überseering*-Entscheidung ist der Sitztheorie, die bislang aus denselben Gründen die Anwendbarkeit deutschen Sachrechts auf zuziehende Kapitalgesellschaften anordnet(e), aus denen das inländische Sachrecht solchen Gesellschaften bislang die Rechtsfähigkeit als Kapitalgesellschaft absprach, um nämlich zuziehende ausländische Kapitalgesellschaften zur Neugründung im Inland zu veranlassen[1274], allerdings ihre insoweit „abschreckende" Funktion genommen[1275].

g) Auswirkungen der Centros-*Entscheidung und des* Überseering-*Urteils auf die Zulässigkeit grenzüberschreitender Verschmelzungen innerhalb der EU*

Mit Blick auf die oben angesprochene Parallele zwischen grenzüberschreitender Sitzverlegung und grenzüberschreitender Verschmelzung (als verdeckte Sitzverlegung)[1276] lassen sich aus dem *Centros*-Urteil und der *Überseering*-Entscheidung möglicherweise auch Rückschlüsse im Hinblick auf die Frage einer gemeinschaftsrechtlichen Gewährleistung der Möglichkeit grenzüberschreitender technischer Verschmelzungen innerhalb der EU ziehen[1277].
Ob sich aus dem *Centros*-Urteil, welches formal allein zur Reichweite der sekundären Niederlassungsfreiheit in Gestalt grenzüberschreitender Errichtung einer Zweigniederlassung Stellung nimmt, wegen der Vergleichbarkeit der im *Centros*-Fall streitgegenständlichen grenzüberschreitenden Gründung mit einer grenzüberschreitenden Verlegung des Verwaltungssitzes Folgerungen für die Reichweite der primären Niederlassungsfreiheit in Gestalt grenzüberschreitender Verlegung des Verwaltungssitzes von Kapitalgesellschaften gemäß Art. 48 EGV n.F. innerhalb der EU ergaben, war nach dem oben Gesagten nicht unzweifelhaft. Nach der *Überseering*-Entscheidung besteht nunmehr indes kein Zweifel mehr, dass die primäre Niederlassungsfreiheit in einem Mitgliedstaat gegründeten und nach ihrem Heimatrecht trotz grenzüberschreitender Verlegung des Verwaltungssitzes fortbestehenden Kapitalgesellschaften das Recht garantiert, ihren Verwaltungssitz unter Beibehaltung ihrer Rechtsfähigkeit als juristische Person ihres Heimatrechts in einen anderen Mitgliedstaat zu verlegen.

[1274] *Forsthoff*, DB 2002, S. 2471, 2476 li. Sp.; *Leible* in: Michalski, GmbHG, Syst. Darst. 2 Rdz.5.

[1275] *Forsthoff*, DB 2002, S. 2471, 2476 li. Sp.; *Großfeld*, RIW 12/2002, Die erste Seite.

[1276] Vgl. oben S. 336f..

[1277] Vgl. *Horn*, Liber Amicorum Buxbaum, S. 315, 323f.; *ders.*, Festschrift Lutter, S. 1113, 1117; *ders.*, Gedächtnisschrift Lüderitz, S. 303, 316; *ders.* in: Horn (Hrsg.), Cross-Border Mergers and Acquisitions and the Law, S. 3, 10f.; *Leible* in: Michalski, GmbHG, Syst. Darst. 2 Rdz.156; ablehnend *Hoffmann*, NZG 1999, S. 1077, 1083 li. Sp..

Selbst wenn man aber diese gemeinschaftsrechtliche Garantie auf eine grenzüberschreitende Verschmelzung als verdeckte Sitzverlegung erstreckte - wogegen sich immerhin einwenden ließe[1278], daß eine grenzüberschreitende Verschmelzung allenfalls einer grenzüberschreitenden Verlegung nicht nur des Verwaltungssitzes, sondern zugleich auch des Satzungssitzes ähnelt, zu der sich das *Centros*-Urteil ebensowenig verhält[1279] wie die *Überseering*-Entscheidung -, bezöge sich eine solche gemeinschaftsrechtliche Garantie, da sowohl das *Centros*-Urteil wie insbesondere auch die *Überseering*-Entscheidung nach dem Gesagten allein die Perspektive des Zuzugsstaates betreffen, allenfalls auf die *Herein*-Verschmelzung einer ausländischen Gesellschaft i.S.d. Art. 48 EGV, deren Heimatrecht die Gesellschaft anlässlich der Hinaus-Verschmelzung nicht zur Auflösung zwingt. Insoweit ist freilich zu sehen, daß sich bei der Herein-Verschmelzung einer ausländischen Kapitalgesellschaft anders als bei einer Verlegung des Verwaltungssitzes einer ausländischen Kapitalgesellschaft ins Inland die Frage nach der Anerkennung der „zuziehenden" Gesellschaft als rechtsfähige Kapitalgesellschaft ausländischen Rechts, die Gegenstand der *Überseering*-Entscheidung war, nicht stellte, da die „zuziehende" Gesellschaft bei der Herein-Verschmelzung im Inland mit Vollzug der Verschmelzung aufgelöst würde. Die Hindernisse, die einer Herein-Verschmelzung entgegenstehen, beruhen denn auch nicht auf mangelnder Anerkennung der Rechtsfähigkeit der „zuziehenden" ausländischen Gesellschaft, sondern, wie bereits ausgeführt wurde[1280], vor allem auf mangelnder gesetzlicher Regelung grenzüberschreitender Umwandlungen in den nationalen Umwandlungsrechten[1281].

Demgegenüber läßt sich weder aus dem *Centros*-Urteil noch aus der *Überseering*-Entscheidung folgern, es sei nunmehr gemeinschaftsrechtlich geboten, inländischen Kapitalgesellschaften eine *Hinaus*-Verschmelzung zu ermöglichen, sie mit anderen Worten anlässlich der Hinaus-Verschmelzung nicht mehr zur Auflösung zu zwingen[1282]. Der Gründungsstaat ist nach dem Gesagten auch nach *Centros* und *Überseering* nicht gehindert, inländische Kapitalgesellschaften bei einer Sitzverlegung ins Ausland zur Auflösung zu zwingen[1283]. Nichts

[1278] Vgl. oben Fn.1200.

[1279] Vgl. unten S. 416 m. Nachw. in Fn.1530.

[1280] Vgl. oben S. 334.

[1281] *Sonnenberger/Großerichter*, RIW 1999, S. 721, 728f..

[1282] Vgl. zur Auflösung einer hinausverschmelzenden inländischen Kapitalgesellschaft nach deutschem Sachrecht oben S. 330.

[1283] OLG Düsseldorf ZIP 2001, S. 790f.; OLG Hamm ZIP 2001, S. 791ff.; *Behrens*, IPRax 1999, S. 325, 330 li. Sp.; *Leible* in: Michalski, GmbHG, Syst. Darst. 2 Rdz.28; *Randelzhofer/Forsthoff* in: Grabitz/Hilf, Das Recht der Europäischen Union, Art. 48 EGV Rdz.57ff.; zur *Überseering*-Entscheidung *Eidenmüller*, ZIP 2002, S. 2233, 2242f.; *Forsthoff*, DB 2002, S. 2471, 2474 li. Sp.; *Kallmeyer*, DB 2002, S. 2521, 2522 li. Sp.;

anderes kann für eine Hinaus-Verschmelzung gelten[1284], bei der die Interessen der Anteilseigner, Gläubiger und Arbeitnehmer der „verziehenden" inländischen Gesellschaft in vergleichbarer Weise berührt sind wie bei einer grenzüberschreitenden Sitzverlegung[1285].
Im übrigen wären auch dann, wenn sowohl grenzüberschreitende Herein- als auch Hinaus-Verschmelzungen zweifelsfrei unter die primäre Niederlassungsfreiheit gemäß Artt. 43 Abs. 1 S. 1, 48 EGV fielen und nationales Sachrecht daher grenzüberschreitende Verschmelzungen nicht behindern dürfte, die praktischen Probleme hinsichtlich der Durchführung grenzüberschreitender Umwandlungen nicht beseitigt, die sich aus der oben angesprochenen[1286] mangelnden Koordination der nationalen materiellen Umwandlungsrechte ergeben, weshalb die Frage einer gemeinschaftsrechtlichen Garantie grenzüberschreitender Verschmelzungen nach dem *Centros*-Urteil und der *Überseering*-Entscheidung letztlich vornehmlich theoretischer Natur ist. Insofern besteht weiterhin ein unabweisbares Bedürfnis, durch eine Richtlinie zur grenzüberschreitenden Verschmelzung die Voraussetzungen für eine Abstimmung der nationalen Umwandlungsrechte aufeinander zu schaffen[1287].

h) Ergebnis

Insgesamt ist festzuhalten, daß das *Centros*-Urteil und die *Überseering*-Entscheidung, die ohnedies nur die Mobilität von Gesellschaften i.S. des Art. 48 EGV innerhalb der EU betreffen, an der mangelnden Gestaltbarkeit grenzüberschreitender technischer Verschmelzungen nach geltendem Recht[1288] im Ergebnis nichts ändern.
Die Urteile lassen allenfalls den Schluß zu, die grenzüberschreitende Herein-Verschmelzung einer Gesellschaft i.S. des Art. 48 EGV, welche anlässlich der

---

Leible/Hoffmann, RIW 2002, S. 925, 927f., 930 re. Sp., 932 re. Sp.; *Wernicke*, EuZW 2002, S. 754, 760 li. Sp.; a.A. *v. Halen*, Gesellschaftsstatut, S. 161ff.; *Kieninger*, NZG 2001, S. 610, 611 li. Sp.; *Koppensteiner* in: VGR (Hrsg.), Gesellschaftsrecht in der Diskussion 1999, S. 151, 180; *ders.*, Festschrift Lutter, S. 141, 144; *Lutter/Hommelhoff*, § 4a Rdz.13 a.E.; zur *Überseering*-Entscheidung *Schnitger*, IStR 2002, S. 818, 824 li. Sp.; *Schulz/Sester*, EWS 2002, S. 545, 550 li. Sp..

1284 A.A. *Horn*, ZIP 2000, S. 473, 477 li. Sp.; *ders.*, Gedächtnisschrift Lüderitz, S. 303, 316; *ders.* in: Horn (Hrsg.), Cross-Border Mergers and Acquisitions and the Law, S. 3, 11.

1285 Vgl. oben S. 337 mit Fn.1206.

1286 Vgl. oben S. 334.

1287 Vgl. zur Parallelproblematik bei der grenzüberschreitenden Sitzverlegung *Behrens*, IPRax 1999, S. 323, 329f..; *ders.*, IPRax 2000, S. 384, 390 li. Sp.; *ders.* in: Ferrarini/Hopt/Wymeersch (Hrsg.), Capital Markets in the Age of the Euro, S. 503, 515f., 518.

1288 Vgl. dazu oben S. 326ff..

(aus der Perspektive des Gründungsstaates) Hinaus-Verschmelzung von ihrem Heimatrecht nicht zur Auflösung gezwungen wird, sei innerhalb der EU gemeinschaftsrechtlich durch die (primäre) Niederlassungsfreiheit gemäß Artt. 43 Abs. 1 S. 1, 48 EGV ebenso garantiert wie eine grenzüberschreitende Verlegung des Verwaltungssitzes einer solchen Gesellschaft ins Inland und dürfe daher durch das Sachrecht des „Zuzugsstaates" nicht vereitelt werden. Daß das Sachrecht eines Mitgliedstaates eine hinausverschmelzende Gesellschaft nicht zur Auflösung zwingen dürfe, lässt sich den Urteilen hingegen nicht entnehmen. Abgesehen davon lassen die Urteile ein wesentliches Hindernis für die Gestaltung grenzüberschreitender Verschmelzungen, die mangelnde Abstimmung der nationalen Umwandlungsrechte und das Fehlen mitgliedstaatlicher Spezialvorschriften für grenzüberschreitende Umwandlungen, unberührt.

C. Ersatzgestaltungen

In Anbetracht der praktisch nicht gegebenen Gestaltbarkeit grenzüberschreitender technischer Verschmelzungen unter Beteiligung deutscher Kapitalgesellschaften nach gegenwärtigem deutschem Sachrecht stellt sich die Frage nach denkbaren Ersatzgestaltungen[1289]. Dem ist im folgenden nachzugehen.
Ausgeklammert bleiben insoweit Gestaltungen, die lediglich zu einer mehr oder weniger engen grenzüberschreitenden Verbindung von Unternehmen ohne Änderung ihres Anteilseignerkreises, nicht aber zu einem grenzüberschreitenden Unternehmenszusammenschluß in Gestalt einer Zusammenführung der beteiligten Unternehmen unter einheitlicher Leitung sowie zu einer Zusammenführung der Anteilseigner der Ausgangsgesellschaften in einer Gesellschaft, sei es in einer der Ausgangsgesellschaften, sei es in einer (neugegründeten) dritten Gesellschaft (NewCo), führen[1290], namentlich grenzüberschreitende Unternehmensverbindungen über eine Zwischenholding[1291] oder durch Überkreuzverflechtun-

---

[1289] Begriff bei Staudinger/*Großfeld*, IntGesR Rdz.701; *Rosener* in: Semler/Volhard (Hrsg.), Unternehmensübernahmen, § 35 Rdz.166; vgl. dazu *v. Schenck* in: Semler/Volhard (Hrsg.), Unternehmensübernahmen, § 8 Rdz.60ff.; *Stengel* in: Semler/Volhard (Hrsg.), Unternehmensübernahmen, § 17 Rdz.320ff..

[1290] Zum Begriff des grenzüberschreitenden Unternehmenszusammenschlusses vgl. oben S. 325f..

[1291] Vgl. die (ehemaligen) deutsch-niederländischen Verbindungen Vereinigte Flugtechnische Werke GmbH (VFW)/Fokker N.V. und Hoesch AG/Hoogovens N.V. sowie die schwedisch-schweizerische Verbindung Asea AS/BBC Brown Boveri AG (Nachw. in Fn.1). - Bei Bildung einer Zwischenholding zur Herbeiführung eines grenzüberschreitenden Unternehmenszusammenschlusses von Aktiengesellschaften bleiben die Aktionäre der beteiligten Gesellschaften ebenso wie im Falle einer Überkreuzverflechtung weiterhin an ihrer Gesellschaft beteiligt. Zu einem Tausch der bisherigen Beteiligung gegen eine Beteili-

gen[1292] unter Fortbestand der Ausgangsgesellschaften ohne Änderung ihres Aktionärskreises („dual-headed"-Strukturen)[1293].
Als Ersatzgestaltung anstelle einer grenzüberschreitenden technischen Verschmelzung kommt zum einen und insbesondere eine grenzüberschreitende wirtschaftliche Verschmelzung durch Betriebs- oder Anteilsübertragung (*asset deal* oder *share deal*) in Betracht (Übertragungs-Modelle; dazu nachfolgend I.). Das Ergebnis einer grenzüberschreitenden technischen Hinaus-Verschmelzung lässt sich darüber hinaus möglicherweise unter Nutzung des personen(handels)gesellschaftsrechtlichen Instituts der Anwachsung (vgl. §§ 161 Abs. 2, 105 Abs. 3 HGB, 738 Abs. 1 S. 1 BGB) herbeiführen (Anwachsungs-Modelle; dazu unten II.[1294]). Denkbar ist schließlich auch, daß eine der Ausgangsgesellschaften eines beabsichtigten grenzüberschreitenden Unternehmenszusammenschlusses zunächst durch Sitzverlegung in das Gesellschaftsstatut der anderen Ausgangsgesellschaft wechselt, mit anderen Worten ihren rechtlichen „Heimathafen" wechselt, „ausflaggt"[1295], und sodann eine technische Verschmelzung beider - nunmehr demselben Statut unterstehender - Gesellschaften

---

gung an einer ausländischen Gesellschaft kommt es nicht, was insofern von Vorteil sein kann, als auf diese Weise eine Änderung in der Aktionärsstruktur vermieden wird, die in der Praxis regelmäßig im Gefolge grenzüberschreitender Unternehmenszusammenschlüsse zu beobachten ist, bei denen die Aktionäre einer der Ausgangsgesellschaften ihre Aktien in Aktien einer ausländischen Gesellschaft, sei es der Partnergesellschaft (Fall Hoechst/Rhône-Poulenc; dazu unten S. 372f.), sei es einer NewCo (Fall Daimler/Chrysler; dazu oben S. 40ff.), eintauschen (vgl. dazu oben S. 62f.). Ein wesentlicher Nachteil eines Zusammenschlusses über eine Zwischenholding besteht darin, daß diese nicht direkt an den Kapitalmärkten auftritt, die Eigenkapitalaufnahme der Zwischenholding also auf dem Umweg über die Ausgangsgesellschaften erfolgen muß; *Müller-Berghoff* in: Hoffmann (Hrsg.), Konzernhandbuch, S. 501, 521 (zum Fall Asea/Brown Boveri). Mangels Börsennotierung der Aktie der Zwischenholding fehlt es im übrigen an einer einzigen, einheitlichen Akquisitionswährung; *Stengel* in: Semler/Volhard (Hrsg.), Unternehmensübernahmen, § 17 Rdz.355, 383. Überdies unterliegt die Verwaltung der Zwischenholding nicht der direkten Kontrolle durch die Aktionäre der Ausgangsgesellschaften und von diesen gewählte Aufsichtsorgane; *Stengel*, a.a.O., Rdz.352.

1292 Vgl. die (ehemalige) deutsch-belgische Verbindung Agfa AG/Gevaert N.V. (Nachw. in Fn.1).

1293 Vgl. *Lawes* in: Horn (Hrsg.), Cross-Border Mergers and Acquisitions and the Law, S. 115, 119, 124f.; *v. Schenck* in: Semler/Volhard (Hrsg.), Unternehmensübernahmen, § 8 Rdz.69ff.; *Stengel* in: Semler/Volhard (Hrsg.), Unternehmensübernahmen, § 17 Rdz.321ff.; *Wymeersch* in: Horn (Hrsg.), Cross-Border Mergers and Acquisitions and the Law, S. 63, 65ff. („bi-national horizontal groups"); s. in diesem Zusammenhang neben den in Fn. genannten Fällen auch die Gleichordnungskonzerne Shell und Unilever (Nachw. in Fn.1).

1294 Vgl. unten S. 390ff..

1295 Vgl. *G.H. Roth*, ZIP 1999, S. 861, 863 re. Sp..

nach einheitlichem Umwandlungsrecht des „Zuzugsstaates“ erfolgt (dazu unten III.[1296]).

I. Übertragungs-Modelle

Im folgenden sind zunächst Übertragungs-Modelle[1297] als Ersatzgestaltung anstelle einer nach geltendem deutschem Recht praktisch nicht gestaltbaren grenzüberschreitenden technischen Verschmelzung näher zu beleuchten. Zu unterscheiden ist insoweit nach dem Gegen-stand der Übertragung. Denkbar ist zum einen eine grenzüberschreitende wirtschaftliche Verschmelzung durch Betriebsübertragung (dazu a)), zum anderen eine grenzüberschreitende wirtschaftliche Verschmelzung durch Anteilsübertragung[1298] (dazu b)).

[1296] Vgl. unten S. 400ff..

[1297] Begriff bei *Lutter* in Lutter, § 1 Rdz.19. - *Martens*, Festschrift Peltzer, S. 279, 282, 287 bezeichnet als „Übertragungsmodell“ u.a. die Einbringung des gesamten Gesellschaftsvermögens in eine NewCo, die Übertragung des gesamten Gesellschaftsvermögens auf eine andere Ausgangsgesellschaft hingegen als „Beitrittsmodell“; beide Konstellationen entsprechen jeweils der ersten Stufe der Verschmelzung durch Betriebsübertragung (vgl. den folgenden Text; s. folgende Fn.).

[1298] Begriffe bei *Herzig/Förster*, DB 1994, S. 1, 2f.; *Herzig*, Spaltung und Verschmelzung, S. 187, 214; *Schaumburg*, GmbHR 1996, S. 501, 507ff.. – Eine abweichende Terminologie verwendet *Martens*, Festschrift Peltzer, S. 279, 282ff., der als „Übertragungsmodell“ (a.a.O., S. 282) allein den Fall der Übertragung des Gesellschaftsvermögens der Ausgangsgesellschaften eines Unternehmenszusammenschlusses als Sacheinlage auf eine neu gegründete dritte Gesellschaft (NewCo) gegen Gewährung von Aktien bezeichnet (entsprechend der ersten Stufe des idealtypischen Modells der wirtschaftlichen Verschmelzung durch Betriebsübertragung; vgl. den folgenden Text), für die Übertragung des Gesellschaftsvermögens einer Ausgangsgesellschaft eines Unternehmenszusammenschlusses als Sacheinlage auf eine andere, bereits bestehende Ausgangsgesellschaft gegen Gewährung von Aktien (entsprechend der ersten Stufe des idealtypischen Modells der wirtschaftlichen Verschmelzung durch Betriebsübertragung; vgl. den folgenden Text) sowie für die Einbringung der Aktien einer Ausgangsgesellschaft als Sacheinlage in eine andere Ausgangsgesellschaft gegen Gewährung von Aktien (entsprechend der ersten Stufe des idealtypischen Modells der wirtschaftlichen Verschmelzung durch Anteilsübertragung; vgl. den Text unten S. 361f.) hingegen den Begriff „Beitrittsmodell“ verwendet (a.a.O., S. 287) und die Einbringung der Aktien der Ausgangsgsellschaften als Sacheinlage in eine neu gegründete Gesellschaft (NewCo) gegen Gewährung von Aktien (entsprechend der ersten Stufe des idealtypischen Modells der wirtschaftlichen Verschmelzung durch Anteilsübertragung; vgl. den Text unten S. 361f.) als „Aktientauschmodell“ bezeichnet (a.a.O., S. 280).

1. Darstellung

a) Grenzüberschreitende wirtschaftliche Verschmelzung durch Betriebsübertragung

Bei der wirtschaftlichen Verschmelzung durch Betriebsübertragung[1299] bringt zunächst die übertragende Gesellschaft ihr Unternehmen als Sacheinlage in die aufnehmende Gesellschaft gegen Gewährung von Aktien[1300] ein (*asset deal*). Unter den Voraussetzungen des § 23 Abs. 1 bis 3 UmwStG ist dieser erste Schritt einer grenzüberschreitenden wirtschaftlichen Verschmelzung durch Betriebsübertragung, die Einbringung eines Betriebs (oder eines Teilbetriebs) gegen Gewährung von Gesellschaftsrechten, in der Europäischen Union steuerneutral möglich[1301]. Anschließend wird die übertragende Gesellschaft im idealtypischen Modellfall aufgelöst und liquidiert, wobei ihr nur noch in Aktien der aufnehmenden Gesellschaft bestehendes Gesellschaftsvermögen unter den Aktionären verteilt wird.
Das Ergebnis dieser Ersatzgestaltung entspricht dem einer (gedachten) grenzüberschreitenden technischen Verschmelzung von Aktiengesellschaften. Das Gesellschaftsvermögen der übertragenden Gesellschaft ist auf die übernehmende Gesellschaft übergegangen, die übertragende Gesellschaft ist erloschen, und die Aktionäre der übertragenden Gesellschaft sind zu Aktionären der aufnehmenden Gesellschaft geworden.
Der Nachteil einer derartigen Gestaltung gegenüber einer (gedachten) grenzüberschreitenden technischen Verschmelzung besteht zum einen in der Notwendigkeit einer Einzelübertragung sämtlicher Aktiva und Passiva der übertragenden Gesellschaft auf die übernehmende Gesellschaft. Eine Gesamtrechtsnach-

---

[1299] Darstellung bei *Herzig/Förster*, DB 1994, S. 1, 2f.; *Herzig*, Spaltung und Verschmelzung, S. 187, 214f.; *Schaumburg*, GmbHR 1996, S. 501, 507ff.; *ders.*, Festschrift Widmann, S. 505, 521ff.; *Wiedemann*, Gesellschaftsrecht I, S. 879; s. auch *Lutter* in Lutter, § 1 Rdz.17, 19; *Lutter*, ZGR 1994, S. 87, 90; *Schnorbus*, Gestaltungsfreiheit, S. 31f.. Zur Kombination einer grenzüberschreitenden wirtschaftlichen Verschmelzung durch Betriebsübertragung mit anschließender Gründung einer Zweigniederlassung im „Wegzugsstaat" vgl. *v. Halen*, Gesellschaftsstatut, S. 136f..

[1300] Denkbar ist auch, daß die übertragende Gesellschaft als Sacheinlegerin entweder zusätzlich zu jungen Aktien der aufnehmenden Gesellschaft (= gemischte Sacheinlage; vgl. dazu etwa *Hüffer*, § 27 Rdz.8) oder ausschließlich Bargeld erhält. Im letzteren Fall werden die Aktionäre der übertragenden Gesellschaft bei anschließender Auflösung und Liquidation der Gesellschaft (vgl. den folgenden Text) nicht Aktionäre der aufnehmenden Gesellschaft, weshalb das Ergebnis der Gestaltung insoweit nicht dem einer (grenzüberschreitenden) technischen Verschmelzung der beteiligten Gesellschaften entspricht.

[1301] Vgl. dazu *Sagasser* in Sagasser/Bula/Brünger, Umwandlungen, Rdz.H 17f.; *Schaumburg* in Lutter, Einl. Rdz.67f..

folge findet im Gegensatz zu einer technischen Verschmelzung (vgl. § 20 Abs. 1 Nr. 1 UmwG) nicht statt. Zum anderen kann eine Auflösung und Liquidation der übertragenden Gesellschaft, an der hier anders als bei einer wirtschaftlichen Verschmelzung durch Anteilsübertragung (dazu sogleich b)) kein Weg vorbeiführt, wenn und weil deren Aktionäre an Aktien der mit der Übertragung ihres Unternehmens zur Holdinggesellschaft gewordenen übertragenden Gesellschaft nicht interessiert sind[1302], zu einer nachteiligen Aufdeckung und Besteuerung stiller Reserven führen (vgl. im deutschen Recht die Liquidationsbesteuerung gemäß § 11 KStG)[1303]. Überdies darf das Vermögen einer aufgelösten Gesellschaft nach deutschem Recht (§ 272 Abs. 1 AktG) erst ein Jahr nach dem ersten Aufruf an die Gläubiger, ihre Forderungen anzumelden, unter den Aktionären verteilt werden[1304]. Bedarf es im Falle der Herein-Verschmelzung durch Betriebsübertragung in der inländischen aufnehmenden Aktiengesellschaft einer ordentlichen Sachkapitalerhöhung, kommen, wenn sich in dieser Gesellschaft außenstehende Aktionäre befinden, die oben[1305] angesprochenen Anfechtungsrisiken hinzu (es sei denn, dass die Sachkapitalerhöhung in einer Tochter stattfindet, die dann auf die Mutter verschmolzen wird).

b) Grenzüberschreitende wirtschaftliche Verschmelzung durch Anteilsübertragung

aa) Grundmodell

Neben einer grenzüberschreitenden wirtschaftlichen Verschmelzung durch Betriebsübertragung kommt als Ersatzgestaltung anstelle einer grenzüberschreitenden technischen Verschmelzung von Kapitalgesellschaften weiterhin eine grenzüberschreitende wirtschaftliche Verschmelzung durch Anteilsübertragung (*share deal*) in Betracht[1306]. Dabei bringen im idealtypischen Fall zunächst sämt-

---

[1302] Bei der wirtschaftlichen Verschmelzung durch Anteilsübertragung (vgl. den folgenden Text) erhalten die Aktionäre der „übertragenden" Gesellschaft sogleich Aktien an der aufnehmenden Gesellschaft. Einer anschließenden Auflösung und Liquidation der „übertragenden" Gesellschaft bedarf es daher anders als bei der wirtschaftlichen Verschmelzung durch Betriebsübertragung nicht, um deren Aktionären Aktien der aufnehmenden Gesellschaft zu verschaffen; vgl. unten Fn.1311.

[1303] Vgl. *Herzig/Förster*, DB 1994, S. 1, 4 li. Sp.; *Schaumburg*, GmbHR 1996, S. 501, 508 li. Sp.; *Hoffmann*, NZG 1999, S. 1077, 1081 li. Sp.; *Rosener* in: Semler/Volhard (Hrsg.), Unternehmensübernahmen, § 35 Rdz.167.

[1304] *Hoffmann*, NZG 1999, S. 1077, 1081 li. Sp..

[1305] Vgl. oben S. 78f..

[1306] Darstellung bei *Herzig/Förster*, DB 1994, S. 1, 2f.; *Herzig*, Spaltung und Verschmelzung, S. 187, 214f.; *Schaumburg*, GmbHR 1996, S. 501, 507ff.; *ders.*, Festschrift Widmann, S.

liche Aktionäre der „übertragenden" Gesellschaft[1307], gegebenenfalls unter Zwischenschaltung eines Treuhänders als *exchange agent*, ihre Aktien als Sacheinlage in die übernehmende Gesellschaft gegen Gewährung von Aktien[1308] ein[1309]. Unter den Voraussetzungen des § 23 Abs. 4 UmwStG ist ein solcher Anteilstausch in der Europäischen Union steuerneutral möglich[1310]. Insbesondere bei Zwischenschaltung eines *exchange agent* ist diese Gestaltung mit weniger Aufwand verbunden als eine wirtschaftliche Verschmelzung durch Betriebsübertragung, für die es nach dem Gesagten der Einzelübertragung aller Aktiva und Passiva der übertragenden Gesellschaft auf die übernehmende Gesellschaft bedarf. Die „übertragende" Gesellschaft wird sodann im idealtypischen Modellfall der Verschmelzung durch Anteilsübertragung aufgelöst und liquidiert, wobei ihr Gesellschaftsvermögen auf die übernehmende Gesellschaft als nunmehrige Alleinaktionärin übergeht[1311]. Auch hier entspricht das Ergebnis der Gestaltung einer (gedachten) grenzüberschreitenden technischen Verschmelzung.

505, 521ff.; *Schnorbus*, Gestaltungsfreiheit, S. 32; *Wiedemann*, Gesellschaftsrecht I, S. 879.

1307 Anders als bei der wirtschaftlichen Verschmelzung durch Betriebsübertragung bringen bei der wirtschaftlichen Verschmelzung durch Anteilsübertragung die Aktionäre der – insofern nur in einem wirtschaftlichen Sinne – „übertragenden" Gesellschaft eine Sacheinlage (in Gestalt ihrer Aktien) in die aufnehmende Gesellschaft ein.

1308 In Betracht kommt wiederum auch (vgl. oben S. 326), daß die Aktionäre der „übertragenden" Gesellschaft als Gegenleistung entweder zusätzlich zu Aktien der aufnehmenden Gesellschaft (= gemischte Sacheinlage) oder ausschließlich eine Barzahlung erhalten. In letzterem Fall handelt es sich eher um eine Übernahme als um einen Unternehmenszusammenschluß, bei dem die Aktionäre der Ausgangsgesellschaften in einer Gesellschaft zusammengeführt werden (vgl. zum Begriff des Unternehmenszusammenschlusses oben S. 325f.); vgl. etwa den Kauf der Aktien der Bankers Trust Corp. durch die Deutsche Bank AG zu einem Preis von umgerechnet 17,1 Mrd. DM (vgl. FAZ Nr. 273 vom 24.11.1998, S. 21; FAZ Nr. 279 vom 01.12.1998, S. 21; *Horn*, Liber Amicorum Buxbaum, S. 315, 330 Fn.73; *ders.* in: Horn (Hrsg.), Cross-Border Mergers and Acquisitions and the Law, S. 3, 12; dazu näher unten S. 370ff.) oder das Bar-Übernahmeangebot der E.ON AG an die Aktionäre der britischen Powergen plc im Umfang von 8,2 Mrd. Euro (vgl. FAZ Nr.85 vom 10.04.2001, S. 17).

1309 *Feuring* in: Karsten Schmidt/Riegger (Hrsg.), Gesellschaftsrecht 1999, S. 153, 155f. bezeichnet diese erste Stufe des idealtypischen Modells der wirtschaftlichen Verschmelzung durch Anteilsübertragung als „Übernahmemodell".

1310 Vgl. dazu *Sagasser* in Sagasser/Bula/Brünger, Umwandlungen, Rdz.H 19ff.; *Schaumburg* in Lutter, Einl. Rdz.69f.; *Schimmelschmidt* in: Semler/Volhard (Hrsg.), Unternehmensübernahmen, § 26 Rdz.392ff.. - Zu steuerlichen Fragen des Anteilstausches beim grenzüberschreitenden Unternehmenszusammenschluß im Wege der wirtschaftlichen Verschmelzung durch Anteilsübertragung vgl. *Bogenschütz*, IStR 2000, S. 609, 612ff.; *Rödder*, Festschrift Widmann, S. 495ff.; *Dautel*, Finanz Betrieb 2002, S. 427, 431.

1311 Zwingend ist eine Auflösung und Liquidation der „übertragenden" Gesellschaft zur Vollendung des Zusammenschlusses freilich nicht. Bringen alle Aktionäre der „übertra-

Das „Einsammeln" sämtlicher Aktien der „übertragenden" Gesellschaft im Rahmen einer wirtschaftlichen Verschmelzung durch Anteilsübertragung kommt allerdings nur dann in Betracht, wenn es sich bei der „übertragenden" Gesellschaft um eine geschlossene Gesellschaft ohne außenstehende Aktionäre handelt. Befinden sich die Aktien der „übertragenden" Gesellschaft hingegen (teilweise) im Streubesitz, ist ein restloses „Einsammeln" sämtlicher Aktien auf diese Weise nicht möglich[1312]. In der Praxis werden in diesem Fall stets Minderheitsaktionäre in der „übertragenden" Gesellschaft verbleiben[1313], welche freilich u.U. anschließend aus der Gesellschaft hinausgedrängt werden können (dazu unten bb)).

Eine grenzüberschreitende wirtschaftliche Verschmelzung durch Anteilsübertragung stellt, wie etwa der Zusammenschluß Hoechst/Rhône-Poulenc[1314] belegt, bei dem die Aktionäre der Hoechst AG ihre Aktien als Sacheinlage gegen Gewährung junger Aktien in die Rhône-Poulenc S.A. einbrachten, gleichwohl auch dann, wenn es sich bei der „übertragenden" Gesellschaft um eine Publikumsgesellschaft handelt, eine praktisch gangbare Ersatzgestaltung anstelle einer grenzüberschreitenden technischen Verschmelzung dar. Als problematisch erweisen sich mit Blick auf eine wirtschaftliche Herein-Verschmelzung einer ausländischen Aktiengesellschaft durch Anteilsübertragung auf eine inländische Aktien-

---

genden" Gesellschaft - oder ein *exchange agent* an ihrer Stelle - ihre Aktien als Sacheinlage gegen Gewährung von Aktien in die übernehmende Gesellschaft ein, kommt das Ergebnis wirtschaftlich betrachtet bereits einer Verschmelzung durch Aufnahme nahe. Die Aktionäre der „übertragenden" Gesellschaft sind bereits zu Aktionären der aufnehmenden Gesellschaft geworden, die ihrerseits die vollständige Kontrolle über das gesamte Gesellschaftsvermögen der „übertragenden" Gesellschaft gewonnen hat. Für eine Auflösung und Liquidation der „übertragenden" Gesellschaft, die u.U. mit der Aufdeckung und Besteuerung stiller Reserven verbunden wäre (vgl. im deutschen Recht die Liquidationsbesteuerung nach § 11 KStG; s. *Herzig/Förster*, DB 1994, S. 1, 4 li. Sp.; *Schaumburg*, GmbHR 1996, S. 501, 509 li. Sp.) besteht insofern keine Notwendigkeit mehr.

1312 Zum Problem der Restbeteiligungen vgl. die Nachw. oben in Fn.82.

1313 Etwas anderes gilt nur dann, wenn nach dem Heimatrecht der „übertragenden" Gesellschaft Z die Möglichkeit besteht, sämtliche Z-Aktien im Rahmen eines Umwandlungsvorgangs, der lediglich der Zustimmung der (einfachen oder qualifizierten) Mehrheit des in der Z-Hauptversammlung vertretenen Grundkapitals bedarf, nicht aber der Zustimmung aller Z-Aktionäre, vor Einbringung als Sacheinlage in die aufnehmende Gesellschaft „einzusammeln" - wie etwa nach einzelstaatlichem US-amerikanischem Recht mithilfe eines *triangular merger* (vgl. oben S. 231ff.) - oder nach Einbringung der Mehrheit der Z-Aktien in die aufnehmende Gesellschaft in der Z verbliebene Minderheitsaktionäre aus der Gesellschaft zwangsweise gegen Abfindung hinauszudrängen (*freeze out*); vgl. dazu näher mit Blick auf grenzüberschreitende wirtschaftliche Hinaus-Verschmelzungen durch Anteilsübertragung sogleich S. 364ff..

1314 Vgl. dazu unten S. 372f..

gesellschaft mit außenstehenden Aktionären freilich wiederum die oben[1315] angesprochenen Anfechtungsrisiken im Zusammenhang mit einer Sachkapitalerhöhung mit Bezugsrechtsausschluß in der aufnehmenden Gesellschaft. Zur Vermeidung derartiger Transaktionsrisiken empfiehlt sich die Gründung einer in- oder ausländischen NewCo ohne außenstehende Aktionäre, die dann die Aktien beider Ausgangsgesellschaften gegen Gewährung von NewCo-Aktien aufnimmt[1316]. Je nachdem, ob die NewCo demselben Recht untersteht wie eine der Ausgangsgesellschaften, kann sie anschließend mit dieser verschmolzen werden[1317] (so im Fall Daimler/Chrysler[1318]).

bb) Kombination einer wirtschaftlichen Hinaus-Verschmelzung durch Anteilsübertragung mit Gestaltungen zur Hinausdrängung von Minderheitsaktionären nach deutschem Recht

Das „restlose" Einsammeln aller Aktien einer „übertragenden" Gesellschaft mithilfe des vorstehend beschriebenen Grundmodells der wirtschaftlichen (grenzüberschreitenden) Verschmelzung durch Anteilsübertragung kommt nach dem Gesagten nicht in Betracht, wenn es sich bei der „übertragenden" Gesellschaft um eine Publikumsgesellschaft handelt, deren Aktien sich (teilweise) im Streubesitz befinden. An einer Beseitigung von Minderheitsbeteiligungen in einer „übertragenden" deutschen Gesellschaft besteht allerdings aus Sicht der aufnehmenden ausländischen Gesellschaft etwa angesichts von Anfechtungsrisiken und Haftungsrisiken gegenüber außenstehenden Aktionären im faktischen Konzern (§ 317 Abs. 1 S. 2 AktG)[1319] ein erhebliches Interesse[1320]. Vor diesem Hintergrund stellt sich die Frage, welche Möglichkeiten mit Blick auf eine deutsche „übertragende" Aktiengesellschaft nach deutschem Recht bestehen, um dem in Rede stehenden Mangel des Grundmodells einer wirtschaftlichen (Hinaus-) Verschmelzung durch Anteilsübertragung abzuhelfen.
Das vollständige „Einsammeln" sämtlicher Aktien einer „übertragenden" (Publikums-)Gesellschaft Z vor Einbringung als Sacheinlage in die aufnehmende Gesellschaft durch einen Umwandlungsvorgang nach dem Modell des US-amerikanischen *triangular merger*, der nicht der Zustimmung aller Z-Aktionäre

---

1315 Vgl. oben S. 78f..

1316 Zu dieser NewCo-Lösung vgl. oben S. 80f. mit Nachw. in Fn.223.

1317 *Feuring* in: Karsten Schmidt/Riegger (Hrsg.), Gesellschaftsrecht 1999, S. 153, 154f. bezeichnet die Gestaltung als „NewCo-Modell".

1318 Vgl. oben S. 54f..

1319 Ein herrschendes Unternehmen unterliegt den §§ 311ff. AktG auch dann, wenn es seinen Sitz im Ausland hat; *Habersack* in Emmerich/Habersack, § 311 Rdz.21; *Hüffer*, § 311 Rdz.12; KK/*Koppensteiner*, Vorb. § 311 Rdz.31; MünchHdb AG/*Krieger*, § 69 Rdz.58.

1320 Vgl. *Hoffmann*, NZG 1999, S. 1077, 1081f..

bedarf, kommt nach geltendem deutschen Recht nach dem Gesagten nicht in Betracht[1321]. Denkbar ist hingegen möglicherweise, in einer inländischen „übertragenden" Aktiengesellschaft nach einem Tauschverfahren verbliebene Minderheitsaktionäre aus ihrer Gesellschaft hinauszudrängen. In diesem Fall könnte etwa ein Umtauschangebot einer ausländischen Bietergesellschaft auf eine inländische Publikumsgesellschaft kombiniert werden mit einem anschließenden Hinausdrängen dort verbliebener Minderheitsaktionäre. Beispiele für ein derartiges Szenario - Umtauschangebot einer ausländischen Bietergesellschaft auf eine inländische Publikumsgesellschaft - sind etwa die Fälle Vodafone Airtouch plc/Mannesmann AG und Rhône-Poulenc S.A./Hoechst AG[1322].
Ein Hinausdrängen von Minderheitsaktionären aus ihrer Gesellschaft ist nach geltendem Recht auf verschiedene Weise möglich[1323]. Neben einer Mehrheitseingliederung oder einer übertragenden Auflösung (dazu (1)) kommt seit Inkrafttreten des Gesetzes zur Regelung von öffentlichen Angeboten zum Erwerb von Wertpapeieren und von Unternehmensübernahmen am 01.01.2002 insbesondere ein rechtlicher Ausschluss (*freeze out*) von Minderheitsaktionären gegen Barabfindung in Betracht (dazu (2)).

(1) Mehrheitseingliederung; übertragende Auflösung

Der Weg einer Eingliederung durch Mehrheitsbeschluß gemäß § 320 AktG, um nach einem Aktientausch in der inländischen „übertragenden" Gesellschaft verbliebene Minderheitsaktionäre hinauszudrängen, ist bei grenzüberschreitenden Unternehmenszusammenschlüssen nicht gangbar[1324]. § 320 Abs. 1 S. 1 AktG ermöglicht bereits seinem Wortlaut nach lediglich die Eingliederung einer Aktiengesellschaft (mit Sitz im Inland[1325]) „in eine andere Aktiengesellschaft mit Sitz im Inland". Abgesehen davon stellte diese Gestaltung ohnehin keine attraktive Lösung dar, weil die Eingliederung nur um den Preis der Haftung der Hauptgesellschaft für bestehende Verbindlichkeiten der eingegliederten Gesellschaft gemäß § 322 AktG möglich wäre[1326].

[1321] Vgl. oben S. 245ff..
[1322] Vgl. dazu unten S. 372f..
[1323] Vgl. *Ph. Baums*, Ausschluß von Minderheitsaktionären, S. 35ff.; dazu bereits oben S. 255ff..
[1324] Vgl. *Pötzsch/Möller*, WM-Sonderbeilage Nr. 2/2000, S. 30 li. Sp.; *Sieger/Hasselbach*, ZGR 2002, S. 120, 124, 133; *Than*, Festschrift Claussen, S. 405, 421; *Vetter*, ZIP 2000, S. 1817, 1818 li. Sp.; *Neye* in: Hirte (Hrsg.), WpÜG, S. 25, 25f..
[1325] Vgl. oben S. 84 mit Fn.242.
[1326] Vgl. *Neye* in: Hirte (Hrsg.), WpÜG, S. 25, 26.

In Betracht kommt hingegen, in der „übertragenden" inländischen Gesellschaft verbliebene Minderheitsaktionäre mithilfe einer übertragenden Auflösung[1327] aus ihrer Gesellschaft hinauszudrängen. Diese Möglichkeit besteht unabhängig davon, ob die die übertragende Auflösung betreibende Mehrheitsaktionärin der Zielgesellschaft im Inland oder im Ausland ansässig ist. Die Gestaltung ist freilich angesichts der Notwendigkeit einer Einzelübertragung aller Aktiva und Passiva des Gesellschaftsvermögens der Zielgesellschaft auf die Mehrheitsaktionärin oder eine Tochtergesellschaft der Mehrheitsaktionärin mit erheblichem Aufwand verbunden.

(2) Freeze out *gemäß §§ 327a ff. AktG n.F.*

Ein Ausschluss von Minderheitsaktionären gegen Barabfindung (*freeze out*[1328]) ist auf Grund der am 01.01.2002 in Kraft getretenen §§ 327a ff. AktG n.F. möglich[1329]. Nach § 327a Abs. 1 S. 1 AktG n.F. kann die Hauptversammlung einer Aktiengesellschaft auf Verlangen eines Aktionärs, dem Aktien der Gesellschaft im Umfang von 95 Prozent des Grundkapitals gehören (Hauptaktionär), die Übertragung der Aktien der übrigen Aktionäre (Minderheitsaktionäre) auf den Hauptaktionär gegen Gewährung einer angemessenen Barabfindung beschließen. Mit Eintragung des Übertragungsbeschlusses in das Handelsregister gehen in diesem Fall gemäß § 327e Abs. 3 S. 1 AktG n.F. alle Aktien der Minderheitsaktionäre auf den Hauptaktionär über.
Diese Gestaltung läßt sich im Gegensatz zu einer Mehrheitseingliederung (auch) im Rahmen grenzüberschreitender Unternehmenszusammenschlüsse nutzen, da der Hauptaktionär i.S. der §§ 327a Abs. 1 S. 1 AktG n.F., zu dessen Gunsten die Minderheitsaktionäre ausscheiden würden, nicht im Inland ansässig sein muß[1330]. Im Anschluß an einen Aktientausch aufgrund eines Umtauschangebotes einer ausländischen Erwerbergesellschaft auf eine inländische Aktiengesellschaft können mithin dort verbliebene Minderheitsaktionäre im Wege des *freeze out* nach §§ 327a ff. AktG n.F. aus der Gesellschaft hinausgedrängt werden[1331].

[1327] Vgl. oben S. 165f., 256, 275ff..
[1328] Zum Begriff oben Fn.244.
[1329] Vgl. zum Diskussionsentwurf des Gesetzes zur Regelung von öffentlichen Angeboten zum Erwerb von Wertpapieren und von Unternehmensübernahmen diesbezüglich *Vetter*, ZIP 2000, S. 1817ff.; *Pötzsch/Möller*, WM-Sonderbeilage Nr. 2/2000, S. 29f.; ferner *Halm*, NZG 2000, S. 1162, 1164f.; *Habersack*, ZIP 2001, S. 1230ff..
[1330] Vgl. *Vetter*, ZIP 2000, S. 1817, 1824 re. Sp.; *Sieger/Hasselbach*, ZGR 2002, S. 120, 133f.; *Grzimek* in: Geibel/Süßmann, WpÜG, Art. 7 Rdz.35; *Steinmeyer/Häger*, WpÜG, § 327a AktG Rdz.16; KK WpÜG/*Hasselbach*, § 327a AktG Rdz.24f..
[1331] Nach Presseberichten plant etwa die aus dem Zusammenschluß der Hoechst AG mit der Rhône-Poulenc S.A. (vgl. dazu unten S. 372f.) hervorgegangene Aventis S.A., in der

c) Beispiele aus der Praxis

Vor dem Hintergrund der vorstehenden Darstellung denkbarer Gestaltungsmöglichkeiten, um einen grenzüberschreitenden Unternehmenszusammenschluss im Wege der wirtschaftlichen Verschmelzung durch Betriebs- oder Anteilsübertragung herbeizuführen, sollen im folgenden einige prominente Beispiele grenzüberschreitender Zusammenschlüsse der jüngeren Vergangenheit unter Beteiligung deutscher Unternehmen betrachtet werden, nämlich neben dem Fall Daimler/Chrysler (aa)) die deutsch-US-amerikanischen Zusammenschlüsse Deutsche Telekom/VoiceStream Wireless und Deutsche Bank/Bankers Trust (bb)), der französisch-deutsche Zusammenschluß Rhône-Poulenc/Hoechst (cc)) sowie der deutsch-österreichische Zusammenschluß HypoVereinsbank/Bank Austria (dd)).

aa) Daimler/Chrysler

Betrachtet man beim Fall Daimler/Chrysler allein den grenzüberschreitenden Aspekt des Zusammenschlusses, d.h. die Einbringung der Chrysler-Aktien als Sacheinlage in die DaimlerChrysler AG, handelte es sich insoweit um eine wirtschaftliche Verschmelzung durch Anteilsübertragung. Bei der aufnehmenden Gesellschaft handelte es sich um neu gegründete dritte Gesellschaft mit Sitz in Deutschland (NewCo). Der idealtypische zweite Schritt des Modells der wirtschaftlichen Verschmelzung durch Anteilsübertragung, die Auflösung und Liquidation der „übertragenden" Gesellschaft (Chrysler Corp.) unter Übergang des Gesellschaftsvermögens auf die übernehmende Gesellschaft (DaimlerChrysler AG) als nunmehrige Alleinaktionärin unterblieb; die ehemalige Chrysler Corp. besteht nach dem Gesagten als DaimlerChrysler Corp. fort[1332].

bb) Deutsche Telekom/VoiceStream Wireless – Deutsche Bank/Bankers Trust

(1) Deutsche Telekom/VoiceStream Wireless

Eine wirtschaftliche (Herein-)Verschmelzung durch Anteilsübertragung erfolgte auch im Fall des Zusammenschlusses der Deutsche Telekom AG mit der US-amerikanischen VoiceStream Wireless Corp..

Hoechst AG verbliebene Minderheitsaktionäre nach §§ 327a ff. AktG n.F. hinauszudrängen; Börsen-Zeitung Nr.129 vom 07.07.2001, S. 1.

[1332] Vgl. oben S. 61f..

Die Gestaltung des Zusammenschlusses[1333] entsprach im wesentlichen der Gestaltung des Zusammenschlusses Daimler/Chrysler auf US-amerikanischer Seite: ;„Einsammeln“ der Aktien der US-amerikanischen Zielgesellschaft (hier: VoiceStream Wireless Corp.) durch einen US-Treuhänder mittels *reverse triangular merger*, Einbringen der „eingesammelten“ VoiceStream-Aktien durch den Treuhänder als Sacheinlage in die deutsche Erwerbergesellschaft, Weiterleiten der als Gegenleistung gewährten jungen Aktien der Erwerbergesellschaft durch den Treuhänder an die (ehemaligen) VoiceStream-Aktionäre[1334].
Anders als im Fall Daimler/Chrysler konnten die Aktionäre der US-amerikanischen Zielgesellschaft VoiceStream jedoch als Gegenleistung, neben einem ausschließlichen Empfang von Aktien der Erwerbergesellschaft alternativ, zweitens, eine Gegenleistung in Form von Aktien nebst einer Barzahlung (= gemischte Sacheinlage[1335]) oder, drittens, ausschließlich eine Barzahlung wählen. Die VoiceStream-Aktien wurden überdies nicht in eine inländische NewCo, sondern in die Deutsche Telekom AG eingebracht, und zwar im Wege einer genehmigten Sachkapitalerhöhung mit Bezugsrechtsausschluß. Die Transaktion ist insofern ein Beleg für die erweiterten Gestaltungsmöglichkeiten bei (nationalen und grenzüberschreitenden) Unternehmenszusammenschlüssen infolge der Zulassung von Vorratsermächtigungen durch die Siemens/Nold-Entscheidung des Bundesgerichtshofs[1336].
Das *Agreement and Plan of Merger* sah vor, daß die Deutsche Telekom AG eine 100%ige Tochtergesellschaft („Merger Sub“) nach dem Recht des US-Bundesstaates Delaware gründete[1337]. Die Aktien dieser Tochter wurden sodann später unmittelbar vor Beginn der Transaktion von einem US-amerikanischen Treuhänder („Escrow Agent“) übernommen[1338]. Anschließend wurde Merger Sub auf

---

1333 Vgl. dazu den Form 8-K Report der VoiceStream Wireless Corp. vom 28.07.2000, im Internet abrufbar unter http://www.sec.gov/Archives/edgar/data/1097609/0000898822-00-000528.txt. Das *Agreement and Plan of Merger* zwischen Deutsche Telekom AG und VoiceStream Wireless Corp. vom 23.07.2000 ist a.a.O. einsehbar als Exhibit 2.1.

1334 Auf dieselbe Weise erfolgte offenbar auch die Übernahme des US-amerikanischen Technologieunternehmens GPC Biotech Inc. durch die deutsche GPC Biotech AG; s. Verkaufsprospekt der GPC Biotech AG vom 30.05.2000, im Internet als pdf-Datei abrufbar unter http://www.gpc-ag.com/investoren/images/GPC-Verkaufsprospekt.pdf, S. 79f..

1335 Vgl. dazu *Hüffer*, § 27 Rdz.8; KK/*Kraft*, § 27 Rdz.51; MünchKomm AktG/*Pentz*, § 27 Rdz.67f.; GK/*Röhricht*, § 27 Rdz.106ff..

1336 Vgl. dazu unten S. 380ff..

1337 Sec. 1.01 (a) *Agreement and Plan of Merger* Deutsche Telekom/VoiceStream Wireless.

1338 Vgl. Sec. 1.01 (b) *Agreement and Plan of Merger* Deutsche Telekom/VoiceStream Wireless: „(...) one day prior to the Effective Time DT (scil. Deutsche Telekom AG) shall cause the Escrow Agent to be registered, as DT's fiduciary (for the period prior to the Effective Time) as the record holder of all of the issued and outstanding shares of common stock (...) of Merger Sub (...)”.

die VoiceStream Wireless Corp. verschmolzen[1339]. Als Folge davon verwandelten sich die ausstehenden Aktien der VoiceStream Wireless Corp. in Abfindungsansprüche gegen die Erwerbergesellschaft Deutsche Telekom AG, gerichtet - je nach Wahl der berechtigten Voicestream-Aktionäre - auf die ausschließliche Gewährung von Aktien der Erwerbergesellschaft („stock consideration"), auf die Gewährung von Aktien in Kombination mit einer Barabfindung („mixed consideration"; gemischte Sacheinlage) oder auf die Gewährung einer Abfindung ausschließlich in bar („cash consideration")[1340]. Der Treuhänder brachte die Aktien der VoiceStream Wireless Corp., die er infolge des *merger* seiner Tochter Merger Sub mit der VoiceStream Wireless Corp. nunmehr innehatte, da die Aktien der früheren Merger Sub nach Vollzug des *merger* als VoiceStream-Aktien weitergalten, für Rechnung der ehemaligen VoiceStream-Aktionäre als Sacheinlage im Rahmen einer genehmigten Sachkapitalerhöhung mit Bezugsrechtsausschluß[1341] in die Deutsche Telekom AG ein und leitete die als Gegenleistung empfangenen jungen Telekom-Aktien an die ehemaligen VoiceStream-Aktionäre weiter[1342]. Mit Eintragung der Sachkapitalerhöhung in das Handelsregister der Deutsche Telekom AG am 31.05.2001[1343] wurde die Voicestream Wireless Corp. zu einer 100%igen Tochtergesellschaft der Deutsche Telekom AG. Die ehemaligen VoiceStream-Aktionäre hielten nach Abschluß der Transaktion eine Beteiligung von insgesamt rund 25 Prozent an der Deutsche Telekom AG[1344].

[1339] Vgl. Sec. 1.02 (b) *Agreement and Plan of Merger* Deutsche Telekom/VoiceStream Wireless.

[1340] Sec. 1.05 (b) *Agreement and Plan of Merger* Deutsche Telekom/VoiceStream Wireless. - Zur Zulässigkeit einer solchen Gestaltung, insbesondere auch zur Art der Gegenleistung, vgl. § 251 (b) (5) Delaware General Corporation Law; Sec. 902 (a) (3) New York Business Corporation Law (s. jeweils oben Fn.853).

[1341] Vgl. auch Börsen-Zeitung Nr. 104 vom 01.06.2001, S. 9; FAZ Nr. 126 vom 01.06.2001, S. 18; *Aha*, BB 2001, S. 2225, 2226 li. Sp. mit Fn.9. - Im Zuge der Erhöhung des Grundkapitals von € 7,75 Mrd. auf € 10,75 Mrd. wurden dabei 1,16 Mrd. junge Telekom-Aktien ausgegeben.

[1342] Vgl. Sec. 1.04 (a) *Agreement and Plan of Merger* Deutsche Telekom/VoiceStream Wireless (Fn.1333).

[1343] FAZ Nr. 126 vom 01.06.2001, S. 18.

[1344] Börsen-Zeitung Nr. 104 vom 01.06.2001, S. 9; zum Problem des Aktienrückflusses s. oben S. 62f..

(2) Deutsche Bank/Bankers Trust

Der Zusammenschluß Deutsche Bank/Bankers Trust[1345] wurde im Unterschied zu den Zusammenschlüssen Daimler/Chrysler und Deutsche Telekom/Voice-Stream Wireless nicht im Wege wirtschaftlicher (Herein-)Verschmelzung durch Anteilsübertragung (Anteilstausch) vollzogen. Die Aktien der US-amerikanischen Zielgesellschaft Bankers Trust Corp. wurden nicht als Sacheinlage gegen Gewährung junger Aktien in die Erwerbergesellschaft Deutsche Bank AG eingebracht, sondern gingen der Sache nach gegen Barzahlung auf die Deutsche Bank AG über. Dem Übergang der Bankers Trust-Aktien auf die Deutsche Bank AG lagen allerdings nicht individuelle Verträge zwischen der Erwerbergesellschaft und den Aktionären der Zielgesellschaft zugrunde. Vielmehr gingen die Aktien infolge eines einem *reverse triangular merger*[1346] ähnlichen Umwandlungsvorgangs auf die Deutsche Bank AG über, nämlich infolge der Verschmelzung einer eigens zu diesem Zweck gegründeten 100%igen US-amerikanischen Tochtergesellschaft der Deutsche Bank AG („Circle Acquisition Corp.“) auf die Zielgesellschaft Bankers Trust Corp., bei der die Aktien der Tochtergesellschaft zu (sämtlichen) Aktien der Bankers Trust Corp. wurden[1347] und die ausstehenden Aktien der Bankers Trust Corp. in Barabfindungsansprüche gegen die Erwerbergesellschaft Deutsche Bank AG umgewandelt wurden[1348].
Die Gestaltung entsprach mithin bis auf die Art der Gegenleistung für die Aktionäre der aufnehmenden (Ziel-)Gesellschaft Bankers Trust Corp., denen nicht

---

[1345] S. dazu das *Proxy Statement* der Bankers Trust Corp. vom 23.03.1999, im Internet abrufbar unter http://www.sec.gov/Archives/edgar/data/9749/0000950117-99-000563.txt. Das *Agreement and Plan of Merger* zwischen Deutsche Bank AG, Circle Acquisition Corp. (vgl. den folgenden Text) und Bankers Trust Corp. vom 30.11.1998 ist a.a.O. als Appendix A einsehbar. S. zu diesem Zusammenschluß FAZ Nr. 273 vom 24.11.1998, S. 21; FAZ Nr. 279 vom 01.12.1998, S. 21; *Horn*, Liber Amicorum Buxbaum, S. 315, 330 Fn.73; *ders.* in: Horn (Hrsg.), Cross-Border Mergers and Acquisitions and the Law, S. 3, 12; *Norton* in: Horn (Hrsg.), Cross-Border Mergers and Acquisitions and the Law, S. 29, 31.

[1346] Vgl. oben S. 48f., 234ff..

[1347] Art. 1.4 (b) *Agreement and Plan of Merger* Deutsche Bank AG, Circle Acquisition Corp. und Bankers Trust Corp.: „The shares of stock of any class or series of Merger Sub (scil. Circle Acquistion Corp.) issued and outstanding immediately prior to the Effective Time shall become shares of stock of the Surviving Corporation (scil. Bankers Trust Corp.) at the Effective Time (…) and shall thereafter constitute all of the issued and outstanding stock of the Surviving Corporation."

[1348] Art. 1.4 (a) *Agreement and Plan of Merger* Deutsche Bank AG, Circle Acquisition Corp. und Bankers Trust Corp.: „Each share of the common stock (…) of the Company (scil. Bankers Trust Corp.) (…) issued and outstanding immediately prior to the Effective Time (…) shall become and be converted into the right to receive $ 93.00 in cash (…)."

Aktien der Erwerbergesellschaft Deutsche Bank AG oder entsprechende Aktienlieferungsansprüche[1349], sondern ausschließlich Barabfindungsansprüche gewährt wurden, der eines *reverse triangular merger*. Das „Einsammeln" sämtlicher Aktien der Zielgesellschaft Bankers Trust Corp. war demgemäß im Wege eines Umwandlungsvorgangs möglich, zu dessen Durchführung es nicht der Zustimmung jedes einzelnen Aktionärs der Bankers Trust Corp. bedurfte.
Anders als in den Fällen Daimler/Chrysler und Deutsche Telekom/VoiceStream wurden die Aktien der US-amerikanischen Zielgesellschaft bei dieser Gestaltung nicht als Sacheinlage in die deutsche Erwerbergesellschaft eingebracht, sondern gingen mit Vollzug des *merger* zwischen der US-amerikanischen Tochtergesellschaft der Deutsche Bank AG und der Bankers Trust Corp. insofern auf die Erwerbergesellschaft über, als die Aktien der US-Tochter der Deutsche Bank AG von diesem Zeitpunkt an sämtliche Aktien der Zielgesellschaft Bankers Trust Corp. verkörperten.
Da den Aktionären der US-amerikanischen Zielgesellschaft als Gegenleistung nicht Aktien der Erwerbergesellschaft gewährt wurden, sondern sie vielmehr ausschließlich eine Barabfindung erhielten, bedurfte es hier, anders als in den Fällen Daimler/Chrysler und Deutsche Telekom/VoiceStream Wireless, nicht der Zwischenschaltung eines US-Treuhänders zum „Einsammeln" der Aktien der Zielgesellschaft und zum Einbringen derselben als Sacheinlage in die Erwerbergesellschaft sowie zum Weiterleiten der empfangenen jungen Aktien an die ehemaligen Aktionäre der Zielgesellschaft[1350].

(3) Gestaltbarkeit nach deutschem Recht

Nach geltendem deutschem Recht kommt die Übernahme einer deutschen Zielgesellschaft im Wege der vorstehend beschriebenen Gestaltungen nicht in Betracht.
Wie oben im Rahmen der Darstellung des *reverse triangular merger*[1351] ausgeführt, sieht das Umwandlungsgesetz nicht vor, daß bei einer Verschmelzung durch Aufnahme die Aktionäre der aufnehmenden Gesellschaft mit Wirksamwerden der Verschmelzung aus ihrer Gesellschaft ausscheiden. Überdies kom-

[1349] Vgl. zur Art der Gegenleistung bei einem *reverse triangular merger* oben S. 236 mit Fn.853.
[1350] Zur Erforderlichkeit der Zwischenschaltung eines Treuhänders, der anstelle der (eigentlichen) deutschen Erwerbergesellschaft den *reverse triangular merger* mit der US-amerikanischen Zielgesellschaft vollzieht, im Hinblick auf die Sachkapitalerhöhungsvorschriften des deutschen Rechts vgl. oben S. 72ff..
[1351] Vgl. oben S. 248f..

men, wie gleichfalls bereits ausgeführt[1352], als Gegenleistung im Rahmen einer Verschmelzung nach dem Umwandlungsgesetz (vgl. §§ 2, 20 Abs. 1 Nr. 3 UmwG) allein Aktien der aufnehmenden Gesellschaft, nicht aber Aktien einer dritten Gesellschaft, sowie (vgl. § 68 Abs. 3 UmwG) in begrenztem Umfang bare *Zu*zahlungen in Betracht. Eine verschmelzungsvertragliche Gegenleistung ausschließlich in bar ist hingegen nicht zulässig[1353]; etwas anderes kommt allenfalls im Hinblick auf die Inhaber von Kleinstbeteiligungen am übertragenden Rechtsträger in Betracht, auf die kein neuer Anteil am aufnehmenden Rechtsträger entfiele[1354]. Schließlich ist es nach deutschem Recht auch nicht möglich, Aktionäre einer übertragenden Gesellschaft verschmelzungsvertraglich, d.h. ohne ihre individuelle Zustimmung (vgl. § 364 Abs. 1 BGB), auf einen bloßen Aktienverschaffungsanspruch zu verweisen. Das gesetzlich vorgesehene Recht auf automatische Gewährung von Aktien der übernehmenden Gesellschaft mit Vollzug der Verschmelzung (vgl. § 20 Abs. 1 Nr. 3 UmwG) ist unentziehbar und steht nicht zur Disposition der Mehrheitsentscheidung[1355].

cc) Hoechst/Rhône-Poulenc

Der französisch-deutsche Zusammenschluß Rhône-Poulenc/Hoechst[1356] erfolgte ebenso wie die transatlantischen Zusammenschlüsse Daimler/Chrysler und Deutsche Telekom/VoiceStream Wireless im Wege wirtschaftlicher Verschmelzung durch Anteilsübertragung (Anteilstausch), allerdings anders als die genannten Zusammenschlüsse in Gestalt einer wirtschaftlichen *Hinaus*-Verschmel-zung der beteiligten deutschen Gesellschaft.

Die französische Rhône-Poulenc S.A. gab in Absprache mit dem Vorstand der Hoechst AG ein Umtauschangebot auf die Aktien der Hoechst AG ab. Die

---

[1352] Vgl. oben S. 246.

[1353] KK/*Kraft*, § 339 Rdz.49; *Stratz* in Schmitt/Hörtnagl/Stratz, § 2 Rdz.15; weitere Nachw. oben in Fn.968. - In den Fällen des § 29 UmwG haben die Anteilsinhaber des übertragenden Rechtsträgers die Wahl, die infolge der Verschmelzung erhaltenen Anteile des übernehmenden Rechtsträgers gegen angemessene Barabfindung an den übernehmenden Rechtsträger zu veräußern (vgl. Kallmeyer/*Marsch-Barner*, § 29 Rdz.24). Ihnen wird mithin gerade nicht - wie den Bankers Trust-Aktionären beim Zusammenschluß Deutsche Bank/Bankers Trust - aufgrund verschmelzungsvertraglicher Vereinbarung, die nicht ihrer individuellen Zustimung bedarf, eine Barabfindung gewährt.

[1354] Vgl. oben Fn.968.

[1355] Vgl. oben S. 246, 293f..

[1356] Vgl. dazu Bericht des Vorstands der Hoechst AG über den Unternehmenszusammenschluß Hoechst/Rhône-Poulenc (Fn.64), S. 62ff.; *v. Halen*, Gesellschaftsstatut, S. 134f.; *Hoffmann*, NZG 1999, S. 1077f.; *Horn*, Liber Amicorum Buxbaum, S. 315, 327, 332; s. auch *Großfeld*, ZVglRWiss 101 (2002), S. 1, 5f..

Hoechst AG wurde infolge des anschließenden Aktientausches zu einer Tochtergesellschaft der Rhône-Poulenc S.A., und die tauschenden Hoechst-Aktionäre wurden zu Aktionären der Rhône-Poulenc S.A.. Bei der neuen Konzernobergesellschaft handelte es sich mithin anders als im Fall Daimler/Chrysler nicht um eine NewCo, sondern um eine der Ausgangsgesellschaften des Zusammenschlusses. Die Rhône-Poulenc S.A. änderte im Zuge des Zusammenschlusses ihre Firma in Aventis S.A.. Überdies verlegte sie ihren Sitz nach Straßburg und wechselte, insoweit dem Gedanken eines Zusammenschlusses „unter Gleichen" Ausdruck verleihend, vom monistischen System der Unternehmensleitung und -kontrolle zum dualistischen (Aufsichtsrats-)System[1357].

dd) HypoVereinsbank/Bank Austria

(1) Darstellung

Auch der deutsch-österreichische Zusammenschluß der HypoVereinsbank AG (HVB) mit der Bank Austria AG (BA)[1358] wurde der Sache nach im Wege wirtschaftlicher (Herein-)Verschmelzung durch Anteilsübertragung vollzogen. Anders als im oben beschriebenen idealtypischen Modell der wirtschaftlichen Verschmelzung durch Anteilsübertragung brachten allerdings nicht die Aktionäre der übertragenden Gesellschaft BA ihre Aktien als Sacheinlage in die aufnehmende Gesellschaft HVB ein. Vielmehr brachte der Sache nach die übertragende Gesellschaft BA selbst die BA-Aktien in die HVB ein.
Der dreistufige Zusammenschluß lief folgendermaßen ab.
Zunächst übertrug die BA ihr gesamtes Gesellschaftsvermögen auf eine bestehende 100%ige Tochtergesellschaft (Sparkasse Stockerau AG; BA neu).
Die Aktien der BA Neu, bei der es sich wirtschaftlich betrachtet mithin um die alte Bank Austria AG handelte, brachte die BA anschließend im Rahmen einer genehmigten Sachkapitalerhöhung mit Bezugsrechtsausschluß als Sacheinlage in die HVB gegen Gewährung junger HVB-Aktien ein[1359]. Wie bei einem *trian-*

[1357] Vgl. Bericht des Vorstands der Hoechst AG über den Zusammenschluß (Fn.64), S. 80; *Hoffmann*, NZG 1999, S. 1077, 1078 li. Sp.; *Horn*, Liber Amicorum Buxbaum, S. 315, 332; *Stengel* in: Semler/Volhard (Hrsg.), Unternehmensübernahmen, § 17 Rdz.296.

[1358] S. bereits oben S. 253f.; vgl. dazu FAZ Nr. 169 vom 24.07.2000, S. 20; Börsen-Zeitung Nr. 141 vom 25.07.2000, S. 6; Entscheidung der österreichischen Übernahmekommission in der Sache HypoVereinsbank/Bank Austria, NZG 2001, S. 282, 283f.; *Karollus/Geist*, NZG 2000, S. 1145; *Stengel* in: Semler/Volhard (Hrsg.), Unternehmensübernahmen, § 17 Rdz.361; *Weber-Rey/Schütz*, Die AG 2001, S. 325ff.; *Kleindiek*, ZGR 2002, S. 546, 566; s. auch *Seibt/Heiser*, ZHR 165 (2001), S. 466, 468f..

[1359] Eine entsprechende Gestaltung war auf deutscher Seite für den schließlich gescheiterten Zusammenschluß Deutsche Börse AG/London Stock Exchange plc vorgesehen (vgl. be-

gular merger[1360] erwarb die HVB damit wirtschaftlich betrachtet alle Aktien der Zielgesellschaft BA, ohne daß es dazu der Zustimmung jedes einzelnen BA-Aktionärs bedurfte. Da die Aktien der BA mithilfe der Ausgliederung des Gesellschaftsvermögens der BA auf eine 100%ige BA-Tochter insofern wirtschaftlich betrachtet von der BA „eingesammelt" worden waren, als die BA Neu-Aktien damit an die Stelle der Aktien der alten BA traten, genügte für die Einbringung der - nunmehr das gesamte Gesellschaftsvermögen der BA darstellenden - BA Neu-Aktien als Sacheinlage in die Erwerbergesellschaft HVB die Zustimmung der Hauptversammlung der BA.
Abschließend wurde die BA auf BA Neu verschmolzen. Den BA-Aktionären wurden dabei als Gegenleistung nicht Aktien der aufnehmenden Gesellschaft BA Neu gewährt, sondern - insoweit ähnlich wie bei einem *forward triangular merger*[1361] nach einzelstaatlichem US-amerikanischem Recht[1362] - Aktien einer dritten Gesellschaft, nämlich die im Gesellschaftsvermögen der BA befindlichen HVB-Aktien, welche die BA als Gegenleistung für die Einbringung der BA Neu-Aktien als Sacheinlage in die HVB erhalten hatte[1363].
Im Ergebnis waren damit sämtliche BA-Aktionäre in die HVB gewechselt, und die ehemalige BA war in Gestalt der BA Neu zu einer 100%igen Tochtergesellschaft der HVB geworden.

(2) Gestaltbarkeit nach deutschem Recht

Der dritte Schritt der vorstehend beschriebenen Gestaltung, die Verschmelzung der BA auf BA neu unter verschmelzungsvertraglicher, d.h. ohne individuelle Zustimmung der berechtigten BA-Aktionäre erfolgender, Gewährung von HVB-Aktien, mithin von Aktien einer anderen als der aufnehmenden Gesellschaft, an die Aktionäre der übertragenden Gesellschaft BA, wäre nach deutschem Recht nicht gestaltbar gewesen. Den Aktionären einer übertragenden Gesellschaft

---

reits oben Fn.565). Die Deutsche Börse AG sollte danach ihr Gesellschaftsvermögen weitgehend auf eine Tochtergesellschaft übertragen und anschließend sämtliche Tochter-Aktien in eine neue britische Holdinggesellschaft iX plc gegen Gewährung einer 50%igen Beteiligung an dieser Holding einbringen; vgl. dazu *Kümpel/Hammen*, WM-Sonderbeilage Nr. 3/2000, S. 3, 4 li. Sp.; *Schwark*, WM 2000, S. 2517.

1360 Vgl. oben S. 231ff..

1361 Vgl. oben S. 232f..

1362 *Stengel* in: Semler/Volhard (Hrsg.), Unternehmensübernahmen, § 17 Rdz.361 mit Fn.790; s. auch *Adolff*, ZGR 2002, S. 579, 586.

1363 Entscheidung der österreichischen Übernahmekommission in der Sache HypoVereinsbank/Bank Austria, NZG 2001, S. 282, 283; *Stengel* in: Semler/Volhard (Hrsg.), Unternehmensübernahmen, § 17 Rdz.361; *Weber-Rey/Schütz*, Die AG 2001, S. 325 li. Sp., 326 li. Sp..

müssen nach dem oben im Zusammenhang der Erörterung des *triangular merger* Gesagten bei einer Verschmelzung als Gegenleistung Aktien der aufnehmenden Gesellschaft gewährt werden; die Gewährung von Aktien einer dritten Gesellschaft ist nur bei individueller Zustimmung der berechtigten Aktionäre der übertragenden Gesellschaft möglich[1364]. Zur Verteilung der von der BA empfangenen jungen HVB-Aktien an die BA-Aktionäre hätte es nach deutschem Recht daher der Auflösung und Liquidation der BA bedurft[1365], die u.U. mit einer Aufdeckung und Besteuerung stiller Reserven (vgl. die Liquidationsbesteuerung gemäß § 11 KStG) verbunden gewesen wäre[1366]. Überdies wäre der Zusammenschluß bei dieser Gestaltung insofern nicht unerheblich verzögert worden, als nach § 272 Abs. 1 AktG das Vermögen der BA erst ein Jahr nach dem ersten Aufruf an die Gläubiger, ihre Forderungen anzumelden, unter den BA-Aktionären hätte verteilt werden dürfen[1367].

Nach österreichischem Recht ist es, so zumindest die - im Schrifttum freilich bestrittene[1368] - Auffassung der beteiligten Gesellschaften[1369], möglich, im Wege einer analogen Anwendung[1370] des § 224 Abs. 3 AktG[1371] den Aktionären einer

---

1364 Vgl. oben S. 246, 293f..

1365 *Weber-Rey/Schütz*, Die AG 2001, S. 325, 327 li. Sp.

1366 *Weber-Rey/Schütz*, Die AG 2001, S. 325, 327 li. Sp..

1367 *Weber-Rey/Schütz*, Die AG 2001, S. 325, 327 li. Sp..

1368 *Weber-Rey/Schütz*, Die AG 2001, S. 325, 326f.; s. ferner *Karollus/Geist*, NZG 2000, S. 1145, 1149 re. Sp. mit Fn.57, nach deren Auffassung die Gewährung von Aktien einer anderen als der aufnehmenden Gesellschaft an die Aktionäre der übertragenden Gesellschaft nach österreichischem Recht zwar möglich ist, aber nur unter der Voraussetzung der individuellen Zustimmung jedes Aktionärs der übertragenden Gesellschaft.; s. insoweit zum deutschen Recht oben S. 246, 293f..

1369 Vgl. auch *Stengel* in: Semler/Volhard (Hrsg.), Unternehmensübernahmen, § 17 Rdz.361.

1370 Vgl. Stellungnahme der österreichischen Übernahmekommission in der Sache Hypo-Vereinsbank/BankAustria, NZG 2001, S. 282, 283; *Weber-Rey/Schütz*, Die AG 2001, S. 325, 326 li. Sp.; *Kleindiek*, ZGR 2002, S. 546, 566 Fn.96.

1371 § 224 Abs. 3 des österreichischen AktG lautet (vgl. *Weber-Rey/Schütz*, Die AG 2001, S. 325, 326 li. Sp.): „Sofern die übertragende Gesellschaft Aktien an der *übernehmenden* Gesellschaft besitzt, sind diese, soweit erforderlich, zur Abfindung der Gesellschafter der übertragenden Gesellschaft zu verwenden" (Hervorhebung nicht im Original). Vgl. im deutschen Recht die Parallelnorm des § 68 Abs. 1 S. 2 Nr. 2 UmwG; danach können voll eingezahlte Aktien der aufnehmenden Gesellschaft im Vermögen der übertragenden Gesellschaft zur Abfindung der Aktionäre der übertragenden Gesellschaft verwendet werden; eine entsprechende Verpflichtung besteht - anders als nach § 224 Abs. 3 öAktG (*Weber-Rey/Schütz*, Die AG 2001, S. 325, 326 Fn.9) - nicht (vgl. dazu *M. Winter* in Lutter, § 54 Rdz.13f.; Kallmeyer/*Marsch-Barner*, § 68 Rdz.13). Aktien einer dritten Gesellschaft im Vermögen der übertragenden Gesellschaft kommen nach geltendem deutschem Umwandlungsrecht (vgl. §§ 2, 20 Abs. 1 Nr. 3 UmwG) als verschmelzungsvertragliche

übertragenden Gesellschaft anstelle von Aktien der aufnehmenden Gesellschaft Aktien der Mutter der aufnehmenden Gesellschaft zu gewähren, die sich im Vermögen der übertragenden Gesellschaft befinden.

d) Zusammenfassung und Fazit

Zusammenfassend ist festzuhalten, dass eine grenzüberschreitende wirtschaftliche Verschmelzung durch Betriebs- oder durch Anteilsübertragung (Anteilstausch) eine gangbare Ersatzgestaltung anstelle einer nach gegenwärtigem deutschem Umwandlungsrecht praktisch nicht gestaltbaren grenzüberschreitenden technischen Verschmelzung darstellt. Angesichts des mit einer Einzelübertragung aller Aktiva und Passiva des Gesellschaftsvermögens einer der Ausgangsgesellschaften eines beabsichtigten Unternehmenszusammenschlusses auf die andere Ausgangsgesellschaft verbundenen Gestaltungsaufwands wird in der Praxis vor allem eine grenzüberschreitende wirtschaftliche Verschmelzung durch Anteilsübertragung (share deal) in Betracht kommen. Handelt es sich bei der „übertragenden" Gesellschaft um eine Publikumsgesellschaft, deren Aktien sich (teilweise) im Streubesitz befinden, kommt ein „Einsammeln" sämtlicher Aktien aufgrund von Verträgen mit jedem einzelnen Aktionär der „übertragenden" Gesellschaft praktisch nicht in Betracht. Zur Eliminierung von Restbeteiligungen empfiehlt sich daher das „Einsammeln" aller Aktien der „übertragenden" Gesellschaft durch einen nicht die Zustimmung jedes einzelnen Aktionärs erfordernden Umwandlungsvorgang vor Übertragung der Aktien auf die übernehmende Gesellschaft, wenn das Statut der „übertragenden" Gesellschaft dies zulässt. Alternativ kommt in Betracht, nach einem Aktientausch mittels eines Übernahmeangebotes in der „übertragenden" Gesellschaft verbliebene Minderheitsaktionäre durch eine geeignete Gestaltung hinauszudrängen. Handelt es sich bei der „übertragenden" Gesellschaft eines grenzüberschreitenden Unternehmenszusammenschlusses im Wege wirtschaftlicher Verschmelzung durch Anteilsübertragung um eine deutsche Gesellschaft, ist ein Hinausdrängen dort verbliebener Minderheitsaktionäre durch übertragende Auflösung der Gesellschaft sowie seit 01.01.2002 vor allem im Wege des *freeze out* gemäß §§ 327a ff. AktG n.F. möglich. Eine Mehrheitseingliederung kommt hingegen nicht in Betracht, weil die Hauptgesellschaft ihren Sitz im Inland haben muß.

Gegenleistung für die Aktionäre der übertragenden Gesellschaft nicht in Betracht (vgl. oben S. 246, 293f.).

2. Anfechtungsrisiken bei genehmigter Sachkapitalerhöhung mit Bezugsrechtsausschluß

Die wirtschaftliche Herein-Verschmelzung einer ausländischen Aktiengesellschaft durch Anteilsübertragung (Anteilstausch) birgt erhebliche Anfechtungsrisiken, wenn und weil es dazu einer ordentlichen Sachkapitalerhöhung mit Bezugsrechtsausschluß in der aufnehmenden deutschen Aktiengesellschaft bedarf und sich in dieser Gesellschaft außenstehende Aktionäre befinden. Nach dem Gesagten[1372] besteht die Gefahr einer Anfechtung des Kapitalerhöhungsbeschlusses analog § 255 Abs. 2 AktG mit der Begründung, der Wert der Sacheinlage sei im Verhältnis zum Wert der ausgegebenen Aktien unangemessen niedrig. Aus Gründen der Transaktionssicherheit kann sich daher die Zusammenführung der Aktionäre beider Ausgangsgesellschaften in einer - regelmäßig neu gegründeten - dritten Gesellschaft (NewCo) ohne außenstehende Aktionäre empfehlen[1373]. Eine derartige NewCo-Lösung ist freilich mit erheblichem, insbesondere auch finanziellem, Aufwand verbunden[1374]. Vorzugswürdig ist unter diesem Aspekt eine wirtschaftliche Herein-Verschmelzung der beteiligten ausländischen Gesellschaft durch Anteilstausch im Rahmen einer im Vergleich zu einer ordentlichen Sachkapitalerhöhung „anfechtungsfesteren" genehmigten Sachkapitalerhöhung mit Bezugsrechtsausschluß in der deutschen Erwerbergesellschaft selbst wie in den vorstehend behandelten Fällen Deutsche Telekom/VoiceStream Wireless und HypoVereinsbank/Bank Austria, die freilich zur Finanzierung einer grenzüberschreitenden wirtschaftlichen Verschmelzung durch Anteilsübertragung nur dann in Betracht kommt, wenn der auf die jungen Aktien entfallende Nennbetrag die Hälfte des zur Zeit der Ermächtigung vorhandenen Grundkapitals nicht übersteigt (vgl. § 202 Abs. 3 S. 1 AktG)[1375].

Im folgenden sind bei einer derartigen Gestaltung bestehende Anfechtungsrisiken näher zu beleuchten, die in besonderem Maße vom Umfang der Informationspflichten der Verwaltung im Zusammenhang mit dem satzungsändernden

---

[1372] Vgl. oben S. 78f..

[1373] Vgl. oben S. 80f..

[1374] Die Kosten für die Zusammenführung der Daimler-Benz AG und der Chrysler Corp. in der NewCo DaimlerChrysler AG beliefen sich auf insgesamt etwa DM 550 Mio. (Bericht über den Zusammenschluß [Fn.46], S. 48 li. Sp.). Bei der zum Hinausdrängen von Minderheitsaktionären aus der Daimler-Benz AG notwendigen Verschmelzung der Gesellschaft auf die DaimlerChrysler AG auf der zweiten Stufe des Zusammenschlusses fiel überdies Grunderwerbsteuer auf die Immobilien im Vermögen der Daimler-Benz AG in Höhe von rund DM 160 Mio. an; Bericht, S. 75 li. Sp.; *Stengel* in: Semler/Volhard (Hrsg.) Unternehmensübernahmen, § 17 Rdz.376, s. auch *Decher* in: Horn (Hrsg.), Cross-Border Mergers and Acquisitions and the Law, S. 105, 114.

[1375] *Decher*, Festschrift Lutter, S. 1209, 1213.

Hauptversammlungsbeschluß (§ 202 Abs. 2 S. 1 AktG) abhängen, welcher den Vorstand zu einer Erhöhung des Grundkapitals ermächtigt und dabei das Bezugsrecht der Aktionäre selbst ausschließt (§ 203 Abs. 1 S. 1 i.V.m. § 186 Abs. 3 und 4 AktG) oder den Vorstand zu einem Bezugsrechtsausschluß ermächtigt (§ 203 Abs. 2 i.V.m. § 186 Abs. 4 AktG). Dem Inhalt der Berichtspflicht des Vorstands nach § 203 Abs. 1 S. 1 oder § 203 Abs. 2 i.V.m. § 186 Abs. 4 S. 2 AktG, der seit der Siemens/Nold-Entscheidung des Bundesgerichtshofes (dazu b)) geringeren Anforderungen unterliegt als nach früherer Holzmann-Rechtsprechung des Bundesgerichtshofes (dazu a)), gilt daher im folgenden besonderes Augenmerk. Dabei ist namentlich auch der Frage nach der Reichweite der Grundsätze der Siemens/Nold-Entscheidung bei konkreten Planungen des Vorstands im Zeitpunkt der Schaffung eines genehmigten Kapitals durch die Hauptversammlung nachzugehen. In diesem Zusammenhang stellt sich überdies die Frage nach einem möglichen Vorrang der ordentlichen Kapitalerhöhung gegenüber der Schaffung eines genehmigten Kapitals. Im einzelnen:

a) Anfechtungsrisiken nach früherer (Holzmann-)Rechtsprechung des Bundesgerichtshofs

Nach der früheren (Holzmann-)Rechtsprechung des Bundesgerichtshofes[1376] hatte der Vorstand die Aktionäre vor der Beschlussfassung der Hauptversammlung über ein genehmigtes Kapital mit Bezugsrechtsausschluß über die Maßnahme, deren Finanzierung das genehmigte Kapital zu dienen bestimmt war, in konkreter Form zu informieren.

Bei Schaffung eines genehmigten Kapitals mit gleichzeitiger Ermächtigung des Vorstands zum Ausschluß des Bezugsrechts (§ 203 Abs. 2 S. 1 AktG) mußte der schriftliche Vorstandsbericht über den Grund für den Ausschluß des Bezugsrechts (§ 203 Abs. 2 S. 2 i.V.m. § 186 Abs. 4 S. 2 AktG) die Maßnahme, deren Finanzierung das genehmigte Kapital mit Bezugsrechtsausschluß dienen sollte, konkret mitteilen. Der Hauptversammlung waren dabei „im Rahmen des Möglichen und im Interesse der Gesellschaft Vertretbaren wenigstens so viele Tatsachen mit den dazu angestellten Überlegungen“ aufzuzeigen, daß sie sich „ein Bild von der Stichhaltigkeit des Wunsches nach einer Ermächtigung gemäß § 203 Abs. 2 AktG machen“[1377], insbesondere also die sachliche Rechtfertigung eines Bezugsrechtsausschlusses, d.h. prüfen konnte, ob der Bezugsrechtsausschluß, erstens, einem Zweck diente, der im Gesellschaftsinteresse lag, und, zweitens, geeignet und erforderlich war, das angestrebte Ziel zu erreichen sowie,

---

[1376] BGHZ 83, S. 319ff. – Holzmann; vgl. dazu etwa *Hüffer*, § 203 Rdz.28; MünchHdb AG/*Krieger*, § 58 Rdz.17; *Schumann*, Bezugsrecht, S. 44ff..

[1377] BGHZ 83, S. 319, 327 – Holzmann.

drittens, bei gebührender Berücksichtigung der Folgen für die ausgeschlossenen Aktionäre und unter Abwägung dieser Folgen mit den für die Gesellschaft zu erwartenden Vorteilen angemessen war[1378]. Eine Ermächtigung des Vorstands zum Ausschluß des Bezugsrechtes war danach nur zulässig, „wenn nach der Lage der Gesellschaft und dem Stand der Pläne für ihre Zukunft konkrete Anhaltspunkte“ dafür gegeben waren, daß sich ein künftiger Bezugsrechtsausschluß durch den Vorstand als sachlich gerechtfertigt erweisen könnte[1379].
Die vorstehenden Grundsätze galten entsprechend für den Fall, daß die Hauptversammlung das Bezugsrecht im Ermächtigungsbeschluß selbst ausschloß (§ 203 Abs. 1 S. 1 i.V.m. § 186 Abs. 3 AktG). Die Gründe für den Bezugsrechtsausschluß mussten auch hier im Beschlusszeitpunkt „so konkret feststehen und offengelegt werden, daß eine endgültige Beurteilung durch die Hauptversammlung möglich ist“[1380].
Ein Hauptversammlungsbeschluß, durch den der Vorstand zur Erhöhung des Grundkapitals ermächtigt und das Bezugsrecht ausgeschlossen oder der Vorstand zu einem Ausschluß des Bezugsrechts ermächtigt wurde, war vor diesem Hintergrund mit einem erheblichen Anfechtungsrisiko behaftet. Die Beschlußanfechtung konnte insbesondere damit begründet werden, der Vorstandsbericht habe keine konkreten Angaben über Vorhaben enthalten, deren Durchführung die genehmigte Kapitalerhöhung mit Bezugsrechtsausschluß dienen solle[1381], es habe mithin, gemessen an den - vagen und unklaren[1382] - Berichtserfordernissen der Rechtsprechung, an einer ausreichenden Information der Hauptversammlung gefehlt[1383]. Die aus Unternehmenssicht erforderliche Transaktionssicherheit war angesichts dieser Anfechtungsrisiken nicht gewährleistet. Das Instrument des genehmigten Kapitals mit Bezugsrechtsausschluß war daher unter der Geltung der früheren Rechtsprechung des Bundesgerichtshofes zu den inhaltlichen Anforderungen an den Vorstandsbericht über den Ausschluß des Bezugsrechts praktisch - insbesondere auch zur Gestaltung von Unternehmenszusammenschlüssen - unbrauchbar[1384].

[1378] Vgl. dazu BGHZ 71, S. 40, 43ff. – Kali und Salz; *Hefermehl/Bungeroth* in G/H/E/K, § 186 Rdz.104ff.; *Hüffer*, § 186 Rdz.25ff.; KK/*Lutter*, § 186 Rdz.59ff..

[1379] BGHZ 83, S. 319 – Holzmann (Leitsatz).

[1380] BGH ZIP 1995, S. 372, 373 re. Sp.; *Hefermehl/Bungeroth* in G/H/E/K, § 203 Rdz.20; KK/*Lutter*, § 203 Rdz.11.

[1381] *Volhard*, Die AG 1998, S. 397.

[1382] *Martens*, ZIP 1992, S. 1677, 1682.

[1383] *Cahn*, ZHR 163 (1999), S. 554, 556, 564f..

[1384] *Volhard*, Die AG 1998, S. 397, 399, 402; MünchHdb AG/*Krieger*, § 58 Rdz.17 a.E.; *Schumann*, Bezugsrecht, S. 46ff..

b) Anfechtungsrisiken nach neuerer Rechtsprechung des Bundesgerichtshofs (Siemens/Nold)

aa) Informationspflichten bei Fehlen konkreter Planungen des Vorstands im Zeitpunkt der Beschlussfassung der Hauptversammlung

Mit der Siemens/Nold-Entscheidung[1385] hat der Bundesgerichtshof die nach der Holzmann-Rechtsprechung bestehenden inhaltlichen Anforderungen an den Vorstandsbericht über den Bezugsrechtsausschluß beim genehmigten Kapital bekanntlich gesenkt[1386].

Der Vorstandsbericht über den Bezugsrechtsausschluß muß nunmehr die Maßnahme, zu deren Finanzierung das genehmigte Kapital mit Bezugsrechtsausschluß geschaffen werden soll, jedenfalls dann nicht mehr konkret bezeichnen, wenn der Vorstand - wie im Fall Siemens/Nold - im Zeitpunkt der Beschlußfassung der Hauptversammlung keine konkreten Planungen verfolgt. In diesem Fall genügt es vielmehr, daß die Maßnahme, zu deren Durchführung der Vorstand ermächtigt werden soll, der Hauptversammlung „allgemein und in abstrakter Form bekannt gegeben wird"[1387]. Der Vorstand genügt somit seiner Informationspflicht etwa dadurch, daß er den „Erwerb von Beteiligungen gegen Überlassung von Aktien in geeigneten Einzelfällen" in Aussicht stellt[1388].

Eine sachliche Rechtfertigung des Bezugsrechtsausschlusses durch die Hauptversammlung selbst oder der Ermächtigung des Vorstands zum Bezugsrechtsausschluß durch die Hauptversammlung setzt anders als nach früherer Rechtsprechung überdies nicht mehr voraus, daß die Maßnahme, zu deren Durchführung das Bezugsrecht ausgeschlossen wird oder durch den Vorstand ausgeschlossen werden kann, nicht nur einem Zweck dient, der im Gesellschaftsinteresse liegt, sondern überdies auch zur Erreichung des Zwecks geeignet und er-

---

[1385] BGHZ 136, S. 133ff..

[1386] Vgl. dazu etwa *Hüffer*, § 203 Rdz.29; MünchHdb AG/*Krieger*, § 58 Rdz.18; *Schumann*, Bezugsrecht, S. 57f., 60ff..

[1387] BGHZ 136, S. 133 (Leitsatz a)). Zum Inhalt der Vorstandsberichte in der Praxis nach Siemens/Nold vgl. *Bungert*, BB 2001, S. 742, 742f.; *Schumann*, Bezugsrecht, S. 79f.; zu den nunmehrigen inhaltlichen Anforderungen an den Vorstandsbericht vgl. LG München I BB 2001, S. 748, 749; OLG München BB 2002, S. 1976, 1978; *Schumann*, Bezugsrecht, S. 81; *Hüffer*, § 203 Rdz.11 a.E.; kritisch dazu *Bungert*, a.a.O., S. 743; s. auch BGHZ 144, S. 290, 294f.; *Schumann*, a.a.O., S. 62ff.; *J. Kirchner/Sailer*, NZG 2002, S. 305, 306.

[1388] So im Fall Siemens/Nold, vgl. BGHZ 136, S. 133, 134; *Hüffer*, § 203 Rdz.11.

forderlich sowie angemessen ist[1389]. Es genügt vielmehr, wenn der Bezugsrechtsausschluß im „wohlverstandenen Interesse“ der Gesellschaft liegt[1390].
Die Siemens/Nold-Entscheidung betrifft sowohl die Konstellation des Bezugsrechtsausschlusses durch die Hauptversammlung selbst als auch den Fall der Ermächtigung des Vorstands zum Ausschluß des Bezugsrechts[1391].
Die Änderung der Rechtsprechung zu den inhaltlichen Anforderungen an den Vorstandsbericht über den Bezugsrechtsausschluß beim genehmigten Kapital hat die Anfechtungsrisiken im Zusammenhang mit der Schaffung eines genehmigten Kapitals mit Bezugsrechtsausschluß wesentlich verringert[1392]. Die Zahl der einschlägigen Anfechtungsklagen ist im Gefolge der Siemens/Nold-Entscheidung erheblich zurückgegangen[1393].

bb) Informationspflichten bei konkreten Planungen des Vorstands im Zeitpunkt der Berichterstattung oder der Beschlussfassung der Hauptversammlung

Aktionäre sowie Hauptversammlung sind allerdings möglicherweise nach wie vor dann in konkreter Form über den Grund des Bezugsrechtsausschlusses bei einem genehmigten Kapital zu informieren, wenn der Vorstand im Zeitpunkt der Berichterstattung über die Gründe des Bezugsrechtsausschlusses (vgl. § 203 Abs. 1 S. 1 oder § 203 Abs. 2 S. 2 i.V.m. § 186 Abs. 4 S. 2 AktG) vor[1394] der Hauptversammlung oder zur Zeit der Beschlußfassung der Hauptversammlung bereits konkrete Planungen im Hinblick auf die Durchführung eines bestimmten Vorhabens verfolgt. Eine Beschlussanfechtung könnte in diesem Fall darauf gestützt werden, die erteilten Informationen seien zur Beurteilung der sachlichen Rechtfertigung des Bezugsrechtsausschlusses unzureichend oder der Bezugsrechtsausschluß sei sachlich nicht gerechtfertigt, liege nämlich nicht im „wohlverstandenen Interesse“ der Gesellschaft.
Dem ist im folgenden nachzugehen.

[1389] GK/*Hirte*, § 203 Rdz.77; *Hüffer*, § 203 Rdz.11; *Kindler*, ZGR 1998, S. 35, 39; *J. Kirchner/Sailer*, NZG 2002, S. 305, 306 li. Sp.; MünchHdb AG/*Krieger*, § 58 Rdz.18; *Raiser*, Recht der Kapitalgesellschaften, § 20 Rdz.44; *Schumann*, Bezugsrecht, S. 64; vgl. *Cahn*, ZHR 163 (1999), S. 554, 572ff..

[1390] BGHZ 136, S. 133 (Leitsatz a)), 139 – Siemens/Nold.

[1391] Vgl. BGHZ 136, S. 133 (Leitsatz a)), S. 139; GK/*Hirte*, § 203 Rdz.67.

[1392] *Volhard*, Die AG 1998, S. 397, 404; *Cahn*, ZHR 163 (1999), S. 554, 556; *Raiser*, Recht der Kapitalgesellschaften, § 20 Rdz.46; *Scholz*, ZIP 2001, S. 1341 re. Sp.; *Schröer* in: Semler/Volhard (Hrsg.), Arbeitshandbuch Hauptversammlung, Rdz.II I 25.

[1393] *Bosse*, ZIP 2001, S. 104 li. Sp..

[1394] *Hüffer*, § 186 Rdz.23 m. Nachw..

(1) Meinungsstand

Die Siemens/Nold-Entscheidung betraf einen Fall, in dem der Vorstand offenbar noch keine konkrete Maßnahme in Aussicht genommen hatte, deren Finanzierung das erbetene genehmigte Kapital mit Bezugsrechtsausschluß dienen sollte. Die Ausführungen des BGH jedenfalls beziehen sich erkennbar auf eine solche Konstellation[1395]. Der Entscheidung lässt sich daher jedenfalls nicht unmittelbar entnehmen, ob der Vorstand die Hauptversammlung bei bereits bestehenden konkreten Planungen in konkreter Form zu unterrichten hat[1396].
Nach Auffassung des Schrifttums trifft den Vorstand auch bei konkreten Planungen zum Zeitpunkt der Beschlußfassung der Hauptversammlung über die Schaffung eines genehmigten Kapitals mit Bezugsrechtsausschluß keine Pflicht zur Bekanntgabe konkreter Informationen, soweit das Gesellschaftsinteresse nach dem unternehmerischen Ermessen des Vorstands noch Geheimhaltung gebietet[1397], weil etwa die Bekanntgabe der Absicht, den Aktionären einer bestimmten Gesellschaft ein Übernahmeangebot zu unterbreiten, dem Erfolg des Angebotes abträglich sein oder die Offenlegung laufender Vertragsverhandlungen den Erfolg eines Vertragsabschlusses gefährden könnte[1398], was namentlich dann der Fall sei, wenn der Erwerb einer Sacheinlage, insbesondere die Beteiligung an einem anderen Unternehmen gegen Ausgabe junger Aktien geplant sei[1399]. Wenn im Zeitpunkt des Hauptversammlungsbeschlusses hingegen die Maßnahme, deren Finanzierung das genehmigte Kapital mit Bezugsrechtsausschluß zu dienen bestimmt ist, bereits in allen Punkten durchverhandelt und entscheidungsreif sei, mithin endgültige konkrete Pläne für die Ausnutzung der Ermächtigung zur Erhöhung des Grundkapitals bestünden und ein Geheimhaltungsbedürfnis nicht (mehr) gegeben sei, müsse der Sachverhalt vollständig of-

---

[1395] Vgl. BGHZ 136, S. 133, 136ff.; *Cahn*, ZHR 163 (1999), S. 554, 559; *Ekkenga*, Die AG 2001, S. 615, 617 re. Sp..

[1396] *Vogel* in: Haarmann/Riehmer/Schüppen (Hrsg.), Öffentliche Übernahmeangebote, § 13 Rdz.63. - In der Praxis wird in den Vorstandsberichten zum Bezugsrechtsausschluß bei Schaffung eines genehmigten Kapitals in der Regel darauf hingewiesen, daß es zur Zeit keine konkreten Akquisitionsvorhaben gebe; *Bungert*, BB 2001, S. 742, 743 li. Sp..

[1397] *Cahn*, ZHR 163 (1999), S. 554, 559; *Bosse*, ZIP 2001, S. 104, 105 re. Sp.; *Ekkenga*, Die AG 2001, S. 615, 617 re. Sp.; *Hüffer*, § 203 Rdz.29; *Schröer* in: Semler/Volhard (Hrsg.), Arbeitshandbuch Hauptversammlung, Rdz.II I 23; *Schumann*, Bezugsrecht, S. 64.

[1398] GK/*Decher*, § 131 Rdz.205 zu § 131 AktG; *Vogel* in: Haarmann/Riehmer/Schüppen (Hrsg.), Öffentliche Übernahmeangebote, § 13 Rdz.63.

[1399] *Cahn*, ZHR 163 (1999), S. 554, 560.

fengelegt werden[1400]. Der Vorstand habe die Aktionäre demgemäß über bereits feststehende wesentliche Bedingungen eines konkreten Erwerbs, zu dessen Durchführung das genehmigte Kapital dienen soll, im Vorstandsbericht über den Bezugsrechtsausschluß (§ 203 Abs. 1 S. 1 oder § 203 Abs. 2 S. 2 i.V.m. § 186 Abs. 4 S. 2 AktG) oder auf Nachfrage in der Hauptversammlung (§ 131 AktG) zu unterrichten. Eine vollständige Offenlegung sei jedenfalls auf Nachfrage in der Hauptversammlung erforderlich, wenn nach Erstattung des Berichts ein Vertragsabschluß erfolgt sei[1401].

(2) Stellungnahme

Die Änderung der Holzmann-Rechtsprechung des Bundesgerichtshofs zu den inhaltlichen Anforderungen an den Vorstandsbericht über einen Bezugsrechtsausschluß beim genehmigten Kapital erfolgte ausweislich der Gründe der Siemens/Nold-Entscheidung u.a. deshalb, weil sich, so der BGH, gezeigt habe, daß es nicht möglich sei, „der Hauptversammlung Einzelheiten aus Vorgängen, die im Interesse der Gesellschaft insgesamt noch geheimhaltungsbedürftig sind, bekannt zu geben, ohne dadurch zumindest die für Konkurrenzunternehmen bedeutsamen Unternehmensstrategien vorzeitig durchschaubar zu machen“[1402]. Der BGH sieht ein Geheimhaltungsbedürfnis dabei ersichtlich insbesondere im Zusammenhang mit Unternehmensakquisitionen. In den Entscheidungsgründen heißt es insoweit, die Funktion des genehmigten Kapitals bestehe u.a. darin, der Aktiengesellschaft die erforderliche Bewegungsfreiheit bei der Verbindung mit anderen Unternehmen zu geben. Hingewiesen wird namentlich auf Unternehmenserweiterungen, die durch einen Unternehmens- oder Beteiligungserwerb erfolgten und nur gegen Ausgabe von Aktien vorgenommen werden könnten, weil die Übertragung von dem Aktienerwerb abhängig gemacht werde[1403].
Auf die Notwendigkeit, bei bestimmten vom Vorstand ins Auge gefaßten Maßnahmen wie etwa einer „Betriebsausweitung durch Neuerwerb oder“ dem „Anschluß an ein anderes Unternehmen (...) die näheren Einzelheiten (...) im Interesse der Gesellschaft zunächst geheimzuhalten (...), um z.B. zu verhindern, daß die Preise für eine in Betracht gezogene Anlage des genehmigten Kapitals spekulativ in die Höhe getrieben werden“, hatte der BGH im übrigen schon in

---

[1400] *Baums*, Festschrift Zöllner, S. 65, 69; *Cahn*, ZHR 163 (1999), S. 554, 561f.; wohl auch *Decher*, Festschrift Lutter, S. 1209, 1214; anders wohl *Schröer* in: Semler/Volhard (Hrsg.), Arbeitshandbuch Hauptversammlung, Rdz.II I 23.
[1401] GK/*Decher*, § 131 Rdz.205.
[1402] BGHZ 136, S. 133, 138 – Siemens/Nold.
[1403] BGHZ 136, S. 133, 137 – Siemens/Nold.

der Holzmann-Entscheidung verwiesen[1404], ohne daraus freilich den - an sich naheliegenden - Schluß zu ziehen, in diesem Fall könne es bei einer abstrakten Umschreibung des in Aussicht genommenen Vorhabens sein Bewenden haben.
Aus den vorstehend wiedergegebenen Erwägungen des Bundesgerichtshofes in der Siemens/Nold-Entscheidung, die der Lockerung der inhaltlichen Anforderungen an den Vorstandsbericht über einen Bezugsrechtsausschluß zugrunde liegen, ist zu folgern, daß es der Vorstand auch im Falle konkreter Planungen im Zeitpunkt der Berichterstattung vor der Hauptversammlung oder zur Zeit der Beschlussfassung der Hauptversammlung bei einer allgemeinen, abstrakten Information der Aktionäre über die Gründe für den Bezugsrechtsausschluß belassen kann, soweit eine Geheimhaltung im Interesse der Gesellschaft liegt, was nach dem Gesagten namentlich bei einem in Aussicht genommenen Unternehmens- oder Beteiligungserwerb gegen Ausgabe junger Aktien in Betracht kommt. Die Offenlegung eines konkret in Aussicht genommenen Vorhabens läuft dabei den Interessen der Gesellschaft insbesondere etwa dann zuwider, wenn sie das Zustandekommen eines in Aussicht genommenen Zusammenschlusses mit einem anderen Unternehmen zu gefährden drohte. Ein Geheimhaltungsinteresse der Gesellschaft wird ferner auch zu bejahen sein, wenn und weil die Bekanntgabe eines beabsichtigten Zusammenschlusses insbesondere vor Fixierung der Unternehmenswerte das Vorhaben voraussichtlich zwar nicht gefährden, aber doch verteuern würde, weil ein vorzeitiges Bekanntwerden eine Steigerung des Unternehmens- oder Beteiligungspreises zur Folge hätte[1405].
Ist ein Vorhaben in allen Punkten durchverhandelt und entscheidungsreif, insbesondere bereits der Vertrag mit dem oder den künftigen Sacheinleger(n) über die Einbringung eines bestimmten Gegenstandes als Sacheinlage geschlossen, der die Festsetzungen enthält, die nach § 183 Abs. 1 S. 1 AktG auch in einem ordentlichen Sachkapitalerhöhungsbeschluß zu treffen wären, besteht hingegen kein Geheimhaltungsinteresse der Gesellschaft mehr, das eine Zurückhaltung konkreter Informationen seitens des Vorstands rechtfertigen könnte. Soweit insofern im Zeitpunkt der Erstattung des Berichts über den Bezugsrechtsauschluß im Vorfeld der Beschlussfassung über ein genehmigtes Kapital oder zur Zeit der Beschlussfassung der Hauptversammlung ein Geheimhaltungsinteresse der Gesellschaft nicht (mehr) gegeben ist, hat der Vorstand die beabsichtigte Maßnahme in konkreter Form mitzuteilen. Er ist demgemäß auch nach der Siemens/Nold-Entscheidung nicht befugt, den Aktionären konkrete Informationen über eine im Zeitpunkt der Berichterstattung oder doch jedenfalls zur Zeit der Beschlussfassung der Hauptversammlung durchverhandelte und entscheidungsreife

---

[1404] BGHZ 83, S. 319, 324 – Holzmann.
[1405] Vgl. BGHZ 83, S. 319, 324 – Holzmann.

Maßnahme, etwa einen Beteiligungs- oder Unternehmenserwerb, vorzuenthalten, woraus entsprechende Anfechtungsrisiken resultieren.
In diesem Fall besteht mithin im Interesse größtmöglicher Transaktionssicherheit bei einer grenzüberschreitenden wirtschaftlichen (Herein-)Verschmelzung durch Anteilsübertragung weiterhin keine Alternative zur - aufwendigen - Durchführung der Sachkapitalerhöhung mit Bezugsrechtsausschluß in einer NewCo ohne außenstehende Aktionäre, die sowohl die Aktionäre der „hereinverschmelzenden" ausländischen Gesellschaft als auch die Aktionäre der beteiligten deutschen Gesellschaft aufnimmt.

cc) Vorrang der ordentlichen (Sach-)Kapitalerhöhung mit Bezugsrechtsausschluß gegenüber genehmigtem Kapital mit Bezugsrechtsausschluß

In Rechtsprechung[1406] und Schrifttum[1407] wird im Gefolge der Siemens/Nold-Entscheidung die Frage eines Vorrangs der ordentlichen Kapitalerhöhung mit Bezugsrechtsausschluß gegenüber der Schaffung eines genehmigten Kapitals mit (Ermächtigung zum) Bezugsrechtsausschluß für den Fall diskutiert, daß statt der Schaffung eines genehmigten Kapitals ohne weiteres eine ordentliche Kapitalerhöhung beschlossen werden könnte - was voraussetzt, dass mit dem oder den (künftigen) Sacheinleger(n) bereits ein Vertrag über die Einbringung eines bestimmten Gegenstandes als Einlage geschlossen ist[1408] und die Festsetzungen nach § 183 Abs. 1 S. 1 AktG (u.a. Gegenstand der Sacheinlage, Person des Inferenten) getroffen werden könnten. In diesem Zusammenhang wird darauf verwiesen, nach der Siemens/Nold-Entscheidung bestehe ein Gefälle hinsichtlich der Informations- und Kontrolldichte und damit hinsichtlich des Aktionärsschutzes beim genehmigten Kapital mit Bezugsrechtsausschluß gegenüber der ordentlichen Kapitalerhöhung mit Bezugsrechtsausschluß[1409]. Dem ist im folgenden, insbesondere auch unter dem Aspekt insoweit möglicherweise drohender Anfechtung eines Hauptversammlungsbeschlusses über die Schaffung eines genehmigten Kapitals mit Bezugsrechtsausschluß, näher nachzugehen.
Nach dem vorstehend Gesagten hat der Vorstand die Aktionäre auch nach der Siemens/Nold-Entscheidung vor der Beschlussfassung über ein genehmigtes

[1406] LG Heidelberg BB 2001, S. 1809, 1811f.; s. auch OLG Karlsruhe NZG 2002, S. 959, 960 re. Sp..
[1407] *Bungert*, BB 2001, S. 1812f.; GK/*Hirte*, § 202 Rdz.192, § 203 Rdz.61; MünchHdb AG/*Krieger*, § 58 Rdz.18 a.E.; *J. Kirchner/Sailer*, NZG 2002, S. 305, 306 re. Sp.; s. auch *Aha*, BB 2001, S. 2225, 2226 Fn.11; *Schumann*, Bezugsrecht, S. 64.
[1408] *Hefermehl/Bungeroth* in G/H/E/K, § 183 Rdz.55; a.A. *Hüffer*, § 183 Rdz.6; GK/*Wiedemann*, § 183 Rdz.71; MünchHdb AG/*Krieger*, § 56 Rdz.42.
[1409] MünchHdb AG/*Krieger*, § 58 Rdz.18 a.E.; vgl. LG Heidelberg BB 2001, S. 1809, 1811 re. Sp..

Kapital mit Bezugsrechtsausschluß in konkreter Form zu informieren, wenn die beabsichtigte Maßnahme feststeht, bereits ein Vertrag mit dem oder den Sacheinleger(n) über die Einbringung eines bestimmten Gegenstandes als Sacheinlage geschlossen ist und das Geheimhaltungsinteresse der Gesellschaft einer Offenlegung der Maßnahme insofern nicht (mehr) entgegensteht. Von daher ist nicht davon auszugehen, daß die Aktionäre nach der Siemens/Nold-Entscheidung im Zusammenhang mit der Beschlussfassung über ein genehmigtes Kapital mit (Ermächtigung zum) Bezugsrechtsausschluß zur Finanzierung eines konkret feststehenden Vorhabens in geringerem Umfang zu informieren wären als bei der in diesem Fall alternativ in Betracht kommenden Fassung eines ordentlichen Kapitalerhöhungsbeschlusses mit Bezugsrechtsausschluß. Ein Gefälle hinsichtlich des Aktionärsschutzes bei beiden Formen der Kapitalerhöhung in Gestalt einer unterschiedlichen Informationsdichte besteht mithin nicht. Von daher stellt sich insoweit auch die in Frage eines Vorrangs der ordentlichen Kapitalerhöhung mit Bezugsrechtsausschluß gegenüber der Schaffung eines genehmigten Kapitals mit Bezugsrechtsausschluß für den Fall, daß statt eines genehmigten Kapitals ohne weiteres eine ordentliche Kapitalerhöhung beschlossen werden könnte, nicht.

Unterschiede bestehen nach der Siemens/Nold-Entscheidung des Bundesgerichtshofs allerdings offenbar hinsichtlich der materiellrechtlichen Kontrolldichte des Hauptversammlungsbeschlusses bei einer ordentlichen Kapitalerhöhung mit Bezugsrechtsausschluß einerseits und bei der Schaffung eines genehmigten Kapitals mit Bezugsrechtsausschluß andererseits. Diesbezüglich gelten für einen Hauptversammlungsbeschluß über ein genehmigtes Kapital mit (Ermächtigung zum) Bezugsrechtsausschluß nach dem oben Gesagten[1410] insofern geringere Anforderungen, als nur noch zu prüfen ist, ob die Maßnahme, deren Finanzierung die genehmigte Kapitalerhöhung mit Bezugsrechtsausschluß zu dienen bestimmt ist, im „wohlverstandenen Gesellschaftsinteresse" liegt, nicht aber weiterhin - wie bei der ordentlichen Kapitalerhöhung[1411] - auch, ob sie den im Gesellschaftsinteresse liegenden Zweck zu erreichen geeignet, erforderlich und verhältnismäßig ist. Dies soll nach Auffassung des Bundesgerichtshofes offenbar auch dann gelten, wenn der Hauptversammlung konkrete Informationen über eine beabsichtigte Maßnahme vorlagen, ihr nämlich „bestimmte Einzelumstände des geplanten Vorhabens bekannt" waren, wenn auch nicht der vollständige Sachverhalt[1412].

Ist der Hauptversammlung hingegen der Sachverhalt vollständig offengelegt, spricht alles dafür, daß der von ihr selbst beschlossene oder dem Vorstand ge-

---

[1410] Vgl. oben S. 380f..

[1411] *Hüffer*, § 186 Rdz.1; *Schumann*, Bezugsrecht, S. 73.

[1412] Vgl. BGHZ 136, S. 133, 139 – Siemens/Nold.

stattete Bezugsrechtsausschluß weiterhin auch auf Eignung, Erforderlichkeit und Verhältnismäßigkeit zu überprüfen ist, da eine dahingehende Prüfung anders als bei einem lediglich abstrakt-generell umschriebenen Vorhaben in diesem Fall ohne weiteres möglich ist. Überdies korrespondiert die Einschränkung der materiellen Beschlusskontrolle durch die Siemens/Nold-Entscheidung ersichtlich der Einschränkung der Berichtspflicht: Bei nur abstrakt-genereller Umschreibung einer Maßnahme kann die Hauptversammlung deren Eignung, Erforderlichkeit und Verhältnismäßigkeit nicht prüfen[1413]. Anderes gilt aber bei Kenntnis der Hauptversammlung von einer konkreten Maßnahme. Bei vollständiger Kenntnis der Hauptversammlung von der Maßnahme, deren Finanzierung die Schaffung eines genehmigten Kapitals mit (Ermächtigung zum) Bezugsrechtsausschluß dienen soll, ist mithin (auch) hinsichtlich der materiellen Beschlusskontrolldichte nicht von einer Verringerung des Aktionärsschutzes gegenüber einer ordentlichen Kapitalerhöhung mit Bezugsrechtsausschluß infolge der Siemens/Nold-Entscheidung auszugehen. Eine vollständige Kenntnis der Hauptversammlung wird aber gerade dann gegeben sein, wenn anstelle eines genehmigten Kapitals mit (Ermächtigung zum) Bezugsrechtsausschluß ohne weiteres auch eine ordentliche Kapitalerhöhung mit Bezugsrechtsausschluß beschlossen werden könnte, weil eine beabsichtigte Maßnahme konkret feststeht, bereits der erforderliche Vertrag über die Einbringung eines bestimmten Gegenstandes mit dem oder den (künftigen) Sacheinleger(n) geschlossen ist, der Offenlegung der Maßnahme (daher) ein Geheimhaltungsinteresse der Gesellschaft nicht (mehr) entgegensteht und sie demgemäß der Hauptversammlung konkret darzulegen ist. Auch mit Blick auf die materielle Beschlußkontrolldichte stellt sich daher die Frage eines Vorrangs der ordentlichen Kapitalerhöhung mit Bezugsrechtsausschluß gegenüber der Schaffung eines genehmigten Kapitals mit Bezugsrechtsausschluß im Hinblick auf ein unterschiedliches Niveau des Aktionärsschutzes nicht.

Zu erwägen ist allerdings[1414], ob die Schaffung eines genehmigten Kapitals schlechthin voraussetzt, daß dem Vorstand noch ein Ermessensspielraum hinsichtlich seiner Ausnutzung verbleibt[1415]. Diese Konstellation entspricht jedenfalls der gesetzgeberischen Intention, da das Institut des genehmigten Kapitals gerade ein flexibles, kurzfristiges Reagieren des Vorstands auf derzeit noch nicht absehbare Entwicklungen ermöglichen soll[1416]. Von daher erschiene die

---

[1413] *Hüffer*, § 203 Rdz.11; vgl. *Bungert*, NJW 1998, S. 488, 490 li. Sp..

[1414] *Decher*, Festschrift Lutter, S. 1209, 1214 mit Fn.11; vgl. GK/*Hirte*, § 202 Rdz.192.

[1415] Vgl. dazu *Hefermehl/Bungeroth* in G/H/E/K, § 202 Rdz.1; *Hüffer*, § 202 Rdz.1, 6; MünchHdb AG/*Krieger*, § 58 Rdz.1; KK/*Lutter*, § 202 Rdz.10.

[1416] BGHZ 83, S. 319, 322 – Holzmann; BGHZ 136, S. 133, 137, 140 – Siemens/Nold; *Bosse*, ZIP 2001, S. 104, 106 re. Sp.; GK/*Hirte*, § 202 Rdz.19; *Hüffer*, § 202 Rdz.2; MünchHdb AG/*Krieger*, § 58 Rdz.1.

Schaffung eines genehmigten Kapitals mit Bezugsrechtsausschluß zur Finanzierung einer durchverhandelten Maßnahme jedenfalls „sachlich verfehlt“[1417], weil in diesem Fall praktisch keine Unsicherheiten über das Ob, das Wann und das Wieviel der Kapitalerhöhung mehr bestünden und die Hauptversammlung daher ebenso gut statt einer Ermächtigung des Vorstands zur Erhöhung des Grundkapitals unter Ausschluß des Bezugsrechts selbst eine ordentliche Sachkapitalerhöhung mit Bezugsrechtsausschluß beschließen könnte[1418]. Fraglich ist aber, ob die Schaffung eines genehmigten Kapitals geradezu voraussetzt, daß dem Vorstand hinsichtlich seiner Ausnutzung ein Ermessenspielraum verbleibt. Dafür ließe sich anführen, daß der Beschluß über eine ordentliche Kapitalerhöhung dem Vorstand nach allgemeiner Auffassung nicht einen unangemessenen eigenen Entscheidungsspielraum belassen darf, indem er den Erhöhungsbetrag oder die Durchführungsfrist in das Ermessen der Verwaltung stellt, da andernfalls die Grenze zum genehmigten Kapital überschritten ist - mit der Folge der Anfechtbarkeit oder u.U. sogar Nichtigkeit des Erhöhungsbeschlusses[1419]. Umgekehrt könnte die Schaffung eines genehmigten Kapitals voraussetzen, daß dem Vorstand überhaupt noch ein eigener Entscheidungsspielraum verbleibt, andernfalls die Grenze zur ordentlichen Kapitalerhöhung überschritten wäre.
Dagegen spricht freilich, dass die Rechte der Aktionäre nicht nachteilig berührt sind, wenn der Vorstand die Hauptversammlung anstelle einer denkbaren ordentlichen Kapitalerhöhung mit Bezugsrechtsausschluß ein genehmigtes Kapital mit (Ermächtigung zum) Bezugsrechtsausschluß beschließen lässt. Das Schutzniveau bei der Schaffung eines genehmigten Kapitals unterscheidet sich nach dem Gesagten in diesem Fall hinsichtlich Information der Aktionäre und materieller Beschlusskontrolldichte nicht vom Schutzniveau bei der ordentlichen Kapitalerhöhung. Im Gegensatz dazu drohen den Aktionären durchaus Gefahren, wenn die Hauptversammlung in einem Beschluß über eine ordentliche Kapitalerhöhung mit Bezugsrechtsausschluß den Erhöhungsbetrag oder die Durchführungsfrist in das Ermessen der Verwaltung stellt und damit der Sache nach dem Vorstand ein genehmigtes Kapital bewilligt. Da der Beschluß in diesem Fall die Grenze zum genehmigten Kapital überschreitet, ohne dies entsprechend deutlich werden zu lassen[1420], mag den Aktionären in diesem Fall nicht bewusst sein, dass sie sich ihrer Entscheidungsmacht (partiell) zugunsten des Vorstands begeben und eine Beschlussanfechtung nicht mehr in Betracht kommt, wenn der Vorstand den Beschluß schließlich - möglicherweise erst erheblich nach Ablauf

---

[1417] *Lutter*, BB 1981, S. 861 re. Sp..
[1418] Vgl. *Lutter*, BB 1981, S. 861 re. Sp..
[1419] *Hefermehl/Bungeroth* in G/H/E/K, § 182 Rdz.56; KK/*Lutter*, § 182 Rdz.17; GK/*Wiedemann*, § 182 Rdz.58.
[1420] KK/*Lutter*, § 182 Rdz.17.

der Anfechtungsfrist und nach einer Änderung der wirtschaftlichen Verhältnisse der Gesellschaft und/oder des wirtschaftlichen Umfeldes[1421] - umsetzt und die Kapitalerhöhung durchführt. Holt der Vorstand hingegen unter vollständiger Offenlegung des Sachverhalts die Zustimmung der Hauptversammlung zu einem genehmigten Kapital mit Bezugsrechtsausschluß ein, obwohl alternativ eine ordentliche Kapitalerhöhung mit Bezugsrechtsausschluß in Betracht käme, besteht diese Gefahr einer „Irreführung" der Aktionäre nicht. Im Ergebnis spricht daher nichts dagegen, dem Vorstand in diesem Fall die Wahl zu lassen, ob er die Hauptversammlung zur Finanzierung eines konkret feststehenden Vorhabens um einen ordentlichen Kapitalerhöhungsbeschluß oder um ein genehmigtes Kapital ersucht.

c) Fazit

Die transaktionssichere Gestaltung grenzüberschreitender Unternehmenszusammenschlüsse im Wege wirtschaftlicher (Herein-)Verschmelzung einer ausländischen Kapitalgesellschaft auf eine deutsche Aktiengesellschaft durch Betriebs- oder Anteilsübertragung (Anteilstausch) ist durch die Siemens/Nold-Entscheidung des Bundesgerichtshofes erleichtert worden. Die Lockerung der inhaltlichen Anforderungen an den Vorstandsbericht über den Bezugsrechtsausschluß beim genehmigten Kapital sowie, damit zusammenhängend und korrespondierend, die Einschränkung der materiellen Beschlusskontrolle haben die Anfechtungsrisiken erheblich verringert und dadurch das Instrument des genehmigten Kapitals mit Bezugsrechtsausschluß zur Gestaltung von Unternehmenszusammenschlüssen wieder verwendbar gemacht.

Wenngleich die Siemens/Nold-Entscheidung zu dieser Frage nicht ausdrücklich Stellung bezogen hat, ist aufgrund ihrer tragenden Erwägungen davon auszugehen, daß der Vorstand sich im Rahmen seines Berichts über die Gründe für den erbetenen Bezugsrechtsausschluß beim genehmigten Kapital oder eine entsprechende Ermächtigung auch dann darauf beschränken kann, die Gründe für den Bezugsrechtsausschluß in abstrakter und allgemeiner Form darzulegen, wenn das genehmigte Kapital mit Bezugsrechtsausschluß der Finanzierung eines bereits konkret in Aussicht genommenen Vorhabens dienen soll, soweit dessen Offenlegung in konkreter Form den Geheimhaltungsinteressen der Gesellschaft zuwiderliefe. Soweit dies nicht (mehr) der Fall ist, weil ein Vorhaben durchverhandelt und entscheidungsreif ist, hat der Vorstand den Sachverhalt hingegen auch nach Siemens/Nold vollständig und in konkreter Form offenzulegen. Die materielle Beschlusskontrolldichte entspricht in diesem Fall der Kontrolldichte

[1421] Vgl. *Netter*, JW 1930, S. 3692, 3695 re. Sp..

bei einem ordentlichen Kapitalerhöhungsbeschluß. Der Beschluß über die Schaffung des genehmigten Kapitals mit Bezugsrechtsausschluß ist im Falle seiner Anfechtung gerichtlich mithin daraufhin zu überprüfen, ob er einen im Gesellschaftsinteresse liegenden Zweck zu erreichen geeignet, erforderlich und verhältnismäßig ist.
Da im vorgenannten Fall statt eines genehmigten Kapitals mit Bezugsrechtsausschluß auch ohne weiteres eine ordentliche Kapitalerhöhung mit Bezugsrechtsausschluß beschlossen werden könnte, stellt sich insoweit die Frage nach einen Vorrang der ordentlichen Kapitalerhöhung. In Anbetracht des Umstands, dass das Schutzniveau (Information der Aktionäre, materielle Beschlusskontrolldichte) hier bei ordentlicher Kapitalerhöhung und Schaffung eines genehmigten Kapitals vergleichbar ist und den Aktionären insofern keine Nachteile drohen, wenn der Vorstand statt um einen ordentlichen Kapitalerhöhungsbeschluss um ein genehmigtes Kapital ersucht, spricht im Ergebnis jedoch nichts dagegen, ihm in diesem Fall die Wahl zu lassen, welchen Weg er zur Finanzierung eines konkret feststehenden Vorhabens beschreitet.

II. Anwachsungs-Modelle

Als Ersatzgestaltung anstelle einer nach geltendem deutschem Recht praktisch nicht gestaltbaren grenzüberschreitenden technischen Hinaus-Verschmelzung einer deutschen Kapitalsgesellschaft kommt neben einer wirtschaftlichen Hinaus-Verschmelzung durch Betriebs- oder Anteilsübertragung (Anteilstausch) des weiteren eine grenzüberschreitende wirtschaftliche Hinaus-Verschmelzung unter Nutzung des personen(handels)gesellschaftsrechtlichen Instituts der Anwachsung (vgl. §§ 161 Abs. 2, 105 Abs. 3 HGB, 738 Abs. 1 S. 1 BGB) in Betracht (sog. Anwachsungsmodell)[1422]. Der Vorzug dieser Gestaltung läge darin, daß es dann, anders als bei einer Hinaus-Verschmelzung durch Betriebsübertragung[1423], weder der Einzelrechtsübertragung aller Aktiva und Passiva des Gesellschaftsvermögens der übertragenden deutschen Gesellschaft auf die aufnehmende ausländische Gesellschaft noch der Auflösung und Liquidation der übertragenden Gesellschaft bedürfte.
In der Literatur wird das Anwachsungsmodell insbesondere als neben dem Umwandlungsgesetz (fort)bestehende[1424] Alternative zur Verschmelzung einer GmbH & Co. KG auf ihre Komplementär-GmbH sowie zu einem Formwechsel

---

[1422] *Orth*, DStR 1999, S. 1053, 1060f..
[1423] Vgl. oben S. 360f..
[1424] Unstreitig; vgl. *Decher* in Lutter, § 190 Rdz.17; Kallmeyer/*Kallmeyer*, § 1 Rdz.22; *Lutter* in Lutter, Einl. Rdz.39, § 1 Rdz.19; Kallmeyer/*Meister/Klöcker*, § 190 Rdz.14; *Orth*, DStR 1999, S. 1011, 1013 li. Sp.; *Karsten Schmidt*, Gesellschaftsrecht, § 13 I 4 a), S. 366.

einer GmbH & Co. KG in eine GmbH nach §§ 190ff. UmwG behandelt[1425]. Das Anwachsungsmodell kommt in zwei im folgenden vorzustellenden Varianten vor, dem sog. einfachen (klassischen) Anwachsungsmodell (dazu 1.) und dem sog. erweiterten (kombinierten) Anwachsungsmodell (dazu 2.). Die folgenden Ausführungen beziehen sich, der üblichen Behandlung des Themas im Schrifttum folgend, auf die GmbH & Co. KG, gelten aber, da es sich bei dieser lediglich um den exemplarischen Fall der Kapitalgesellschaft & Co. handelt[1426], entsprechend insbesondere auch für die AG & Co. KG.

1. Einfaches Anwachsungsmodell

Bei der sog. einfachen Anwachsung[1427], die ursprünglich dazu diente, eine bis 1969 gesetzlich nicht vorgesehene Umwandlung einer Personen(handels)-gesellschaft in eine Kapitalgesellschaft zu ermöglichen[1428], scheiden sämtliche Gesellschafter bis auf einen aus einer GmbH & Co. KG aus. In der Regel handelt es sich bei dem verbleibenden Gesellschafter um die Komplementär-GmbH. Dies ist insbesondere dann der Fall, wenn die Gestaltung Teil eines mehraktigen Vorgangs ist, welcher der Umwandlung einer Personen(handels)-gesellschaft, etwa einer KG, in eine Kapitalgesellschaft dient. Dabei gründen die Gesellschafter der KG zunächst eine Kapitalgesellschaft, etwa eine GmbH, und übernehmen Geschäftsanteile an der GmbH entsprechend ihrer Beteiligung an der KG. Anschließend tritt die GmbH als persönlich haftende Gesellschafterin in die KG ein. Schließlich scheiden sämtliche Kommanditisten aus und vereinbaren dabei, daß das Geschäft der Gesellschaft mit Aktiven und Passiven auf den verbleibenden Gesellschafter, die Komplementär-GmbH, übergehen soll, wobei diese Vereinbarung entweder ad hoc erfolgen (Übernahmevereinbarung) oder bereits im

[1425] Vgl. *Decher* in Lutter, § 190 Rdz.17; *Hennerkes/Binz*, Festschrift Meilicke, S. 31ff.; Kallmeyer/*Meister/Klöcker*, § 190 Rdz.14; Scholz[7]/*Priester*, Anh. Umw. § 46 UmwG Rdz.12ff.; *Karsten Schmidt*, Gesellschaftsrecht, § 12 I 4 d), S. 337.

[1426] *Karsten Schmidt*, Gesellschaftsrecht, § 56 I 1 a), S. 1622.

[1427] Vgl. dazu *Binz*, Die GmbH & Co., § 29 Rdz.20ff.; *Böttcher*, Steuerberater-Jahrbuch 1965/66, S. 175, 190ff.; *Decher* in Lutter, § 190 Rdz.17; *Düll* in Sudhoff, GmbH & Co. KG, § 52 Rdz.72f.; *Hennerkes/Binz*, Festschrift Meilicke, S. 31, 33ff.; *Kallmeyer*, ZIP 1994, S. 1746, 1748 li. Sp.; *Orth*, DStR 1999, S. 1053, 1056; *Schmitt* in Schmitt/Hörtnagl/Stratz, § 20 UmwStG Rdz.198; Scholz[7]/*Priester*, Anh. Umw. § 46 UmwG Rdz.13; *Schaumburg* in Lutter, Anh. § 122 Rdz.2; *Karsten Schmidt*, Gesellschaftsrecht, § 12 I 4 d), S. 337, § 44 III 2 a), S. 1308; *Schnorbus*, Gestaltungsfreiheit, S. 32f..

[1428] *Karsten Schmidt*, Gesellschaftsrecht, § 12 I 4 d), S. 337.

Gesellschaftsvertrag getroffen sein kann (Fortsetzungsklausel)[1429]. Denkbar ist auch, daß als letzter Gesellschafter der GmbH & Co. KG eine nicht eigens zu diesem Zweck gegründete Komplementär-GmbH oder eine vor dem Ausscheiden der restlichen Gesellschafter als Kommandistin beigetretene Kapitalgesellschaft[1430] zurückbleibt[1431].

Mit dem Ausscheiden sämtlicher Gesellschafter bis auf einen aus der KG tritt automatische Vollbeendigung der Gesellschaft ein; eine Liquidation findet nicht statt[1432]. Das bislang der Gesamthand dinglich zugeordnete Gesellschaftsvermögen geht kraft Gesetzes im Wege der Gesamtrechtsnachfolge auf den letzten verbleibenden Gesellschafter über, ohne daß es dazu besonderer Übertragungsakte bedarf[1433] (vgl. §§ 161 Abs. 2, 105 Abs. 3 HGB, 738 Abs. 1 S. 1 BGB). Die Ausgeschiedenen haben gegen den einzigen verbleibenden Gesellschafter einen Anspruch auf Abfindung gemäß §§ 161 Abs. 2, 105 Abs. 3 HGB, 738 Abs. 1 S. 2 BGB[1434]. Eine Abfindung ist freilich aus Sicht der ausgeschiedenen Gesellschafter entbehrlich, wenn sie an dem verbleibenden Gesellschafter im selben Verhältnis beteiligt sind wie zuvor an der Personen(handels)-gesellschaft, wie es bei der vorstehend dargestellten mehraktigen Umwandlung einer KG in eine GmbH der Fall ist; die ausscheidenden Gesellschafter werden unter dieser Voraussetzung auf ihren Abfindungsanspruch verzichten[1435]. Soweit (werthaltige) Abfindungsansprüche zu befriedigen sind, ist das Ausscheiden der Gesellschafter mit einer Sachkapitalerhöhung in der verbleibenden Kapitalgesellschaft, etwa in der Komplementär-GmbH, zu kombinieren. Die ausgeschiedenen Gesellschafter bringen in diesem Fall ihre Abfindungsforderung gegen die GmbH in diese als Sacheinlage ein und erhalten als Gegenleistung junge Geschäftsanteile[1436].

[1429] *Binz*, Die GmbH & Co., § 29 Rdz.20; *Hennerkes/Binz*, Festschrift Meilicke, S. 31, 33; *Hesselmann/Tillmann*, Handbuch der GmbH & Co., Rdz.1479; vgl. MünchKomm BGB/*Ulmer*, § 730 Rdz.53f..

[1430] Zur Kommanditistenfähigkeit einer Kapitalgesellschaft vgl. etwa Baumbach/*Hopt*, § 161 Rdz.4 i.V.m. § 105 Rdz.28.

[1431] Vgl. *Hennerkes/Binz*, Festschrift Meilicke, S. 31, 33.

[1432] *Baumbach/Hopt*, § 131 Rdz.35; MünchKomm BGB/*Ulmer*, Vor § 723 Rdz.9; Staub/*Ulmer*, § 105 Rdz.288.

[1433] *Baumbach/Hopt*, § 105 Rdz.8, § 131 Rdz.35; MünchHdb BGB-G/*Piehler*, § 13 Rdz.27; *Karsten Schmidt*, Gesellschaftsrecht, § 11 V 3 a) aa), S. 309; MünchKomm BGB/*Ulmer*, § 718 Rdz.21, Vor § 723 Rdz.9, 17, § 730 Rdz.10; ebenso BGHZ 113, S. 132, 133 für den Fall, daß in einer zweigliedrigen Gesellschaft ein Gesellschafter den anderen beerbt.

[1434] MünchKomm BGB/*Ulmer*, § 738 Rdz.11.

[1435] Vgl. Scholz[7]/*Priester*, Anh. Umw. § 46 UmwG Rdz.13.

[1436] *Hesselmann/Tillmann*, Handbuch der GmbH & Co., Rdz.1493; zur Einlagefähigkeit von Forderungen gegen die Gesellschaft vgl. *Lutter/Hommelhoff*, § 56 Rdz.9 m. Nachw.. – Bei der im Text beschriebenen Gestaltung handelt es sich nicht um das sog. kombinierte

2. Erweitertes Anwachsungsmodell

Bei der zweiten Variante des Anwachsungsmodells, der sog. erweiterten (kombinierten) Anwachsung[1437], erhält ein Gesellschafter einer Kapitalgesellschaft & Co. KG von allen übrigen Gesellschaftern deren Gesellschaftsanteile übertragen. Denkbar ist etwa, daß alle Kommanditisten einer GmbH & Co. KG ihre Kommanditanteile auf die Komplementär-GmbH übertragen. In Betracht kommt ferner, daß eine als Kommandistin in eine GmbH & Co. KG eingetretene Kapitalgesellschaft von den übrigen Gesellschaftern anschließend deren Gesellschaftsanteile übertragen bekommt. Möglich ist des weiteren auch, daß alle Gesellschafter einer Kapitalgesellschaft & Co. KG ihre Anteile auf einen außenstehenden, dritten Erwerber übertragen[1438]. Die Übertragung der Anteile bedarf dabei zu ihrer Wirksamkeit jeweils der Zustimmung aller Mitgesellschafter[1439]. Die Anteile der übertragenden Gesellschafter werden jeweils im Rahmen einer Sachkapitalerhöhung als Sacheinlage in die verbleibende Kapitalgesellschaft, insbesondere die Komplementär-GmbH, oder in eine dritte, außenstehende Kapitalgesellschaft eingebracht. Die übertragenden Gesellschafter erhalten als Gegenleistung junge Anteile an der aufnehmenden Kapitalgesellschaft.
Die Rechtsfolge der Anteilsübertragung entspricht der des Ausscheidens aller Gesellschafter bis auf einen im Falle des einfachen Anwachsungsmodells. Vereinen sich alle Anteile in der Hand eines Gesellschafters oder eines Dritten, tritt automatische Vollbeendigung der Gesellschaft ohne Liquidation ein, und das bislang der Gesamthand dinglich zugeordnete Gesellschaftsvermögen geht kraft Gesetzes ohne weiteres im Wege der Anwachsung (vgl. §§ 161 Abs, 105 Abs. 3 HGB, 738 Abs. 1 S. 1 BGB) in das Alleineigentum des verbleibenden (ehemaligen) Gesellschafters oder des Dritten über, ohne daß es dazu besonderer Über-

---

oder erweiterte Anwachsungsmodell (dazu sogleich im Text sub 2.); so aber offenbar *Hesselmann/ Tillmann*, a.a.O.; vgl. auch *dies.*, Handbuch der GmbH & Co.[17], Rdz.1466, 1468 Fn.52). Gegenstand der Sacheinlage in die Komplementär-GmbH beim erweiterten Anwachsungsmodell sind nicht Abfindungsansprüche, sondern die Gesellschaftsanteile der Mitgesellschafter (vgl. den folgenden Text).

[1437] Vgl. dazu *Binz*, Die GmbH & Co., § 29 Rdz.62ff.; *Decher* in Lutter, § 190 Rdz.17; *Düll* in Sudhoff, GmbH & Co. KG, § 52 Rdz.74ff.; *Hennerkes/Binz*, Festschrift Meilicke, S. 31, 42f.; *Kallmeyer*, ZIP 1994, S. 1746, 1748 li. Sp.; *Orth*, DStR 1999, S. 1053, 1056f.; Scholz[7]/*Priester*, Anh. Umw. § 46 UmwG Rdz.14; *Schaumburg* in Lutter, Anh. § 122 Rdz.2; *Karsten Schmidt*, Gesellschaftsrecht, § 12 I 4 d), S. 337, § 44 III 2 a), S. 1308; *Schmitt* in Schmitt/Hörtnagl/Stratz, § 20 UmwStG Rdz.199; *Schnorbus*, Gestaltungsfreiheit, S. 32 Fn.58.

[1438] BGHZ 71, S. 296, 299f.; BGH WM 1979, S. 249f.; *Baumbach/Hopt*, § 105 Rdz.69; MünchHdb BGB-G/*Piehler*, § 13 Rdz.60; Staub/*Ulmer*, § 105 Rdz.303.

[1439] *Baumbach/Hopt*, § 105 Rdz.70; MünchHdb BGB-G/*Piehler*, § 13 Rdz.63; MünchKomm BGB/*Ulmer*, § 719 Rdz.21; Staub/*Ulmer*, § 105 Rdz.306.

tragungsakte bedarf[1440]. Die infolge der Anteilsübertragung ausgeschiedenen Gesellschafter werden durch die Beteiligung an der verbleibenden Kapitalgesellschaft oder an der dritten Kapitalgesellschaft entschädigt, die sie im Gegenzug für die Anteilsübertragung erhalten.
Die erweiterte Anwachsung bietet gegenüber der einfachen Anwachsung insofern steuerliche Vorteile, als die aufnehmende Kapitalgesellschaft, insbesondere eine Komplementär-GmbH, nach § 20 Abs. 1 und 2 UmwStG die in sie eingebrachten Gesellschaftsanteile mit ihrem Buchwert ansetzen und damit eine Aufdeckung und Besteuerung stiller Reserven vermeiden kann[1441].

3. Vergleich der Anwachsungs-Modelle

Sowohl bei der einfachen als auch bei der erweiterten Anwachsung kommt es zu einem automatischen Übergang des gesamten Gesellschaftsvermögens einer Kapitalgesellschaft & Co. KG auf einen der Gesellschafter, insbesondere auf die Komplementär-Kapitalgesellschaft, oder auf eine dritte Kapitalgesellschaft im Wege der Gesamtrechtsnachfolge. Die Kapitalgesellschaft & Co. KG als Ausgangsgesellschaft erlischt jeweils ohne Liquidation. Insoweit entsprechen beide Anwachsungs-Modelle in ihren Rechtsfolgen der technischen Verschmelzung einer Kapitalgesellschaft & Co. KG auf eine andere Gesellschaft[1442]. Das weitere Merkmal einer technischen Verschmelzung, die Gewährung von Anteilen des aufnehmenden Rechtsträgers an die Anteilsinhaber des übertragenden Rechtsträgers, ist bei der erweiterten Anwachsung ebenfalls stets gegeben, bei der einfachen Anwachsung nach dem Gesagten hingegen nur dann, wenn die ausgeschiedenen Gesellschafter ihre Abfindungsansprüche als Sacheinlage in die verbleibende Kapitalgesellschaft einbringen.

[1440] BGHZ 71, S. 296, 299f.; BGH WM 1979, S. 249f.; MünchHdb BGB-G/*Piehler*, § 13 Rdz.60; *Karsten Schmidt*, Gesellschaftsrecht, § 11 V 3 a) aa), S. 309; MünchKomm BGB/*Ulmer*, § 719 Rdz.20, vor § 723 Rdz.9.

[1441] *Binz*, Die GmbH & Co., § 29 Rdz.62; *Düll* in Sudhoff, GmbH & Co. KG, § 52 Rdz.72, 75; *Orth*, DStR 1999, S. 1053, 1057 li. Sp.; *Karsten Schmidt*, Gesellschaftsrecht, § 12 I 4 d), S. 337, § 44 III 2 a), S. 1308; *Schmitt* in Schmitt/Hörtnagl/Stratz, § 20 UmwStG Rdz.199.

[1442] Vgl. Kallmeyer/*Kallmeyer*, § 1 Rdz.22; s. auch *Sagasser* in Sagasser/Bula/Brünger, Umwandlungen, Rdz. H 11.

4. Erweitertes Anwachsungsmodell als Ersatzgestaltung anstelle grenzüberschreitender technischer Hinaus-Verschmelzung

a) Denkbare Gestaltungsmöglichkeiten

Nach dem Gesagten entsprechen die Rechtsfolgen einer erweiterten Anwachsung - Gesamtrechtsnachfolge der übernehmenden Kapitalgesellschaft in das Gesellschaftsvermögen einer Kapitalgesellschaft & Co. KG, Vollbeendigung der übertragenden Kapitalgesellschaft & Co. KG ohne Liquidation sowie Gewährung von Anteilen an der übernehmenden Kapitalgesellschaft an die übertragenden Gesellschafter der Kapitalgesellschaft & Co. KG - den Rechtsfolgen einer technischen Verschmelzung der Kapitalgesellschaft & Co. KG auf die übernehmende Gesellschaft. Von daher kommt in Betracht, das erweiterte Anwachsungsmodell anstelle einer nach geltendem deutschem Recht nicht gestaltbaren grenzüberschreitenden technischen Hinaus-Verschmelzung einer deutschen Kapitalgesellschaft zu verwenden[1443].

Bei der deutschen Ausgangsgesellschaft müsste es sich um eine Personen(handels)gesellschaft handeln, da das Anwachsungsprinzip ansonsten nicht gelten würde[1444]. Die wirtschaftliche Hinaus-Verschmelzung einer deutschen Kapitalgesellschaft im Wege der erweiterten Anwachsung setzte mithin die vorherige Umwandlung der Gesellschaft in eine Personen(handels)gesellschaft voraus. Mit Blick auf die erwünschte Beschränkung der persönlichen Haftung der Anteilsinhaber wird insoweit praktisch allein die Umwandlung in eine Kapitalgesellschaft & Co. KG in Betracht kommen.

Bei der ausländischen aufnehmenden Gesellschaft könnte es sich hingegen um eine Kapitalgesellschaft handeln[1445].

Fraglich ist allerdings, ob eine als aufnehmende Gesellschaft in Aussicht genommene ausländische Kapitalgesellschaft Gesellschafterin, insbesondere Komplementärin, einer deutschen Kapitalgesellschaft & Co. als Ausgangsgesellschaft sein könnte. Für die Gestaltbarkeit des erweiterten Anwachsungsmodells kommt es darauf indes insofern nicht entscheidend an, als die Anteile der inländischen Ausgangsgesellschaft dabei nach dem Gesagten statt auf einen Gesellschafter auch auf einen außenstehenden Dritten, einen Nicht-Gesellschafter, et-

---

[1443] *Orth*, DStR 1999, S. 1053, 1060f.; vgl. kritisch Staudinger/*Großfeld*, IntGesR Rdz.545. - Soweit ausländische Rechtsordnungen ebenfalls das Institut der Anwachsung oder der Anwachsung entsprechende Rechtsfolgen kennen, ließe sich das erweiterte Anwachsungsmodell auch als Ersatzgestaltung anstelle einer technischen Herein-Verschmelzung verwenden; *Orth*, a.a.O., S. 1060.

[1444] Vgl. *Orth*, DStR 1999, S. 1011, 1014 re. Sp..

[1445] Vgl. *Orth*, DStR 1999, S. 1011, 1014 re. Sp..

wa eine ausländische Kapitalgesellschaft übertragen werden könnten, die dabei nicht, auch nicht für eine juristische Sekunde, Gesellschafter würde[1446].
Abgesehen davon ist die nach deutschem Recht zu beurteilende Frage, ob eine ausländische Kapitalgesellschaft als Komplementärin an einer deutschen KG beteiligt sein kann, zwar umstritten[1447]. Namentlich die Rechtsprechung[1448] bejaht indes die Komplementärfähigkeit einer ausländischen Kapitalgesellschaft für den Fall, daß die im Ausland erworbene Rechtsfähigkeit der Gesellschaft im Inland anerkannt wird und sie nach ihrem ausländischen Gesellschaftsstatut die besondere Rechtsfähigkeit hat, eine Beteiligung an einer Kommanditgesellschaft oder an einer vergleichbaren Gesellschaft zu erwerben.
Die wirtschaftliche Hinaus-Verschmelzung einer deutschen Kapitalgesellschaft auf eine ausländische Aktiengesellschaft im Wege der erweiterten Anwachsung könnte auf verschiedene Weise gestaltet werden.
In Betracht kommt zum einen, daß sich eine deutsche „hinauszuverschmelzende" Kapitalgesellschaft im Wege des Formwechsels in eine Kapitalgesellschaft & Co. KG umwandelte (§§ 226ff. UmwG), wobei Komplementärin dieser Kommanditgesellschaft uno actu mit dem Formwechsel die ausländische Kapi-

---

[1446] Vgl. *Huber*, Vermögensanteil, Kapitalanteil und Gesellschaftsanteil, S. 407.

[1447] Vgl. *Baumbach/Hopt*, Anh. § 177a Rdz.11; *Ebenroth/Eyles*, DB-Beilage Nr.2/1988, S. 15ff.; MünchKomm BGB/*Kindler*, IntGesR Rdz.439; Scholz/*H.P. Westermann*, Einl. Rdz.118; eingehend *Grothe*, Die „ausländische Kapitalgesellschaft & Co.", S. 207ff.. - Als bedenklich erachtet wird die Beteiligung einer ausländischen Kapitalgesellschaft als Gesellschafterin an einer deutschen Personenhandelsgesellschaft u.a. namentlich im Hinblick darauf, daß damit die Möglichkeit einer Umgehung der Regeln über die grenzüberschreitende Sitzverlegung durch Nutzung des Anwachsungsmodells geschaffen werde (Staudinger/*Großfeld*, IntGesR Rdz.545). Umgangen werden könnten mit dem Anwachsungsmodell allerdings allenfalls die Regeln über die grenzüberschreitende Hinaus-Verschmelzung (Auflösung der hinausverschmelzenden inländischen Gesellschaft vor Eintritt der Verschmelzungswirkungen; vgl. oben S. 330), nicht aber die Regeln über die grenzüberschreitende Sitzverlegung. Denn anders als bei einer Sitzverlegung ins Ausland und ebenso wie bei einer Hinaus-Verschmelzung erlischt die „verziehende" Gesellschaft beim Anwachsungsmodell mit Vereinigung sämtlicher Gesellschaftsanteile in der Hand der ausländischen Kapitalgesellschaft. Dem Umgehungseinwand ist entgegenzuhalten, daß das Umwandlungsgesetz grenzüberschreitende Umwandlungen zwar nicht regelt, aber auch nicht verbietet (vgl. oben S. 332f.), und daß neben dem Umwandlungsgesetz bestehende Gestaltungsmöglichkeiten für eine Umwandlung, namentlich auch durch Anwachsung, weiterhin zulässig sind (Kallmeyer/*Kallmeyer*, § 1 Rdz.22; *Lutter* in Lutter, Einl. Rdz.39, § 1 Rdz.19; *Karsten Schmidt*, Gesellschaftsrecht, § 13 I 4 a), S. 366).

[1448] BayObLG NJW 1986, S. 3029, 3030 re. Sp.; OLG Saarbrücken NJW 1990, S. 647 re. Sp.; OLG Stuttgart WM 1995, S. 928, 930 re. Sp.; ebenso *Happ* in Lutter, § 228 Rdz.9; *Leible* in: Michalski, GmbHG, Syst. Darst. 2 Rdz.146; Staub/*Ulmer*, § 105 Rdz.92; vgl. *von Bar*, IPR II Rdz.638.

talgesellschaft werden könnte[1449], auf die die deutsche Gesellschaft „verschmolzen“ werden soll, die Anteilsinhaber der deutschen Kapitalgesellschaft ihrerseits Kommanditisten der Kapitalgesellschaft & Co. KG würden, sodann ihre Kommanditanteile als Sacheinlage auf die ausländische Komplementär-Kapitalgesellschaft übertrügen und dafür im Gegenzug Anteile an dieser Gesellschaft erhielten.
Alternativ ist nach dem Gesagten denkbar, daß sich die deutsche „hinauszuverschmelzende“ Kapitalgesellschaft im Wege des Formwechsels in eine Kapitalgesellschaft & Co. KG mit *inländischer* Komplementär-Kapitalgesellschaft umwandelte[1450] und sodann Komplementärin und Kommanditisten ihre KG-Anteile als Sacheinlage in die „außenstehende“ aufnehmende ausländische Kapitalgesellschaft einbrächten. Auf diese Weise ließe sich etwaigen rechtlichen Unwägbarkeiten hinsichtlich der nach dem Gesagten nicht unzweifelhaften Komplementärfähigkeit einer ausländischen aufnehmenden Kapitalgesellschaft begegnen.
Die Rechtsfolgen beider vorstehend beschriebener Gestaltungen entsprächen nach dem Gesagten jeweils den Rechtsfolgen einer technischen Hinaus-Verschmelzung der inländischen Kapitalgesellschaft & Co. KG auf die aufnehmende ausländische Kapitalgesellschaft. Die KG würde ohne Liquidation erlöschen, ihr Gesellschaftsvermögen ginge im Wege der Anwachsung vollständig auf die ausländische aufnehmende Gesellschaft über - daß es sich um eine ausländische Gesellschaft handelte, würde am Eintritt der Gesamtrechtsnachfolge nichts ändern[1451] -, und die Anteilsinhaber der ursprünglichen deutschen Kapitalgesellschaft erhielten Anteile an der ausländischen aufnehmenden Gesellschaft.

b) Praktische Gestaltbarkeit

Im folgenden ist der Frage nachzugehen, inwieweit die vorstehend beschriebenen Gestaltungsmöglichkeiten für die wirtschaftliche Hinaus-Verschmelzung

---

[1449] Die Zulässigkeit des Eintritts der Komplementärgesellschaft uno actu mit dem Formwechsel einer Kapitalgesellschaft in eine Kapitalgesellschaft & Co. KG ist umstritten; dafür *Happ* in Lutter, § 228 Rdz.28f.; *Stratz* in Schmitt/Hörtnagl/Stratz, § 226 Rdz.3; dagegen *Decher* in Lutter, § 202 Rdz.14; Kallmeyer/*Meister/Klöcker*, § 194 Rdz.25, § 202 Rdz.30; *Sagasser/Sickinger* in Sagasser/Bula/Brünger, Umwandlungen, Rdz.R 106. Folgt man der Auffassung, die die Zulässigkeit dieser Gestaltung verneint, muß die als Komplementärin der künftigen Kapitalgesellschaft & Co. KG vorgesehene Gesellschaft (hier: die ausländische Kapitalgesellschaft) bereits vor dem Formwechsel Anteilsinhaberin der Ausgangskapitalgesellschaft sein.
[1450] Vgl. vorige Fn..
[1451] *Orth*, DStR 1999, S. 1053, 1060 li. Sp..

einer deutschen Kapitalgesellschaft auf eine ausländische Kapitalgesellschaft im Wege der erweiterten Anwachsung praktisch verwendbar sind.

aa) Umwandlung einer Kapitalgesellschaft in Kapitalgesellschaft & Co. KG

Die wirtschaftliche Hinaus-Verschmelzung einer Kapitalgesellschaft im Wege der erweiterten Anwachsung setzt nach dem Gesagten eine Umwandlung der Gesellschaft in eine Kapitalgesellschaft & Co. KG voraus. Der Umwandlungsbeschluß bedürfte einer Mehrheit von mindestens drei Vierteln der bei der Gesellschafterversammlung einer GmbH abgegebenen Stimmen oder des bei der Beschlussfassung einer Aktiengesellschaft vertretenen Grundkapitals, § 233 Abs. 2 S. 1 UmwG, und müsste, § 234 S. 1 Nr. 2 UmwG, „die Angabe der Kommanditisten" enthalten, d.h. (vgl. §§ 197 S. 1 UmwG, 162 Abs. 1, 106 Abs. 2 Nr. 1 HGB) deren Bezeichnung nach Namen, Vornamen, Geburtsdatum und Wohnort[1452].
Einer Publikumsgesellschaft, deren Aktien sich (teilweise) im Streubesitz befinden, werden ihre Aktionäre regelmäßig nicht sämtlich namentlich bekannt sein. Zur Ermittlung der nach § 234 S. 1 Nr. 2 UmwG erforderlichen Angaben hat die Gesellschaft in diesem Fall nach der Rechtsprechung ihre Aktionäre in der Einladung zu der über den Formwechsel beschließenden Hauptversammlung aufzufordern, ihren Aktienbesitz unter Namensnennung anzuzeigen[1453]. Danach unbekannt bleibende Aktionäre sollen sodann analog §§ 213, 35 UmwG im Umwandlungsbeschluß mit ihrer Aktienurkunde bezeichnet werden können[1454]. Dieser Weg ist freilich insbesondere dann nicht gangbar, wenn der Anspruch der Aktionäre auf Verbriefung ihres Anteils gemäß § 10 Abs. 5 AktG durch Satzungsbestimmung ausgeschlossen ist[1455]. In diesem Fall soll es nach im Schrifttum vertretener Auffassung genügen, im Umwandlungsbeschluß neben der Bezeichnung der bekannten Aktionäre anzugeben, daß eine bestimmte Anzahl von Aktien unbekannten Aktionären gehört[1456]. Ob diese Lösung von den Vorschriften der §§ 213, 35 UmwG noch gedeckt ist, erscheint freilich bei Umwandlung einer Kapitalgesellschaft in eine Personenhandelsgesellschaft mit persönlich (beschränkt) haftenden Gesellschaftern zweifelhaft, da das Interesse der Gläubiger an einer Benennung der Gesellschafter nicht gewahrt wäre[1457].

[1452] *Happ* in Lutter, § 234 Rdz.19.
[1453] BayObLG ZIP 1996, S. 1467, 1468 re. Sp.; Kallmeyer/*Meister/Klöcker*, § 213 Rdz.7; kritisch Kallmeyer/*Marsch-Barner*, § 35 Rdz.4; ablehnend *Happ* in Lutter, § 234 Rdz.21.
[1454] BayObLG ZIP 1996, S. 1467, 1468f.; Kallmeyer/*Meister/Klöcker*, § 213 Rdz.8.
[1455] *Grunewald* in Lutter, § 35 Rdz.9; *Happ* in Lutter, § 234 Rdz.24.
[1456] *Happ* in Lutter, § 234 Rdz.29 a.E..
[1457] Vgl. *Grunewald* in Lutter, § 35 Rdz.9.

bb) Erweiterte Anwachsung

Bereits der zur Vorbereitung der wirtschaftlichen Hinaus-Verschmelzung einer deutschen Kapitalgesellschaft im Wege der erweiterten Anwachsung erforderliche Formwechsel der Gesellschaft in eine Kapitalgesellschaft & Co. KG bereitete nach dem vorstehend Gesagten Schwierigkeiten, wenn es sich bei der Ausgangsgesellschaft um eine Publikumsaktiengesellschaft handelte, deren Aktien sich (teilweise) im Streubesitz befinden. Ließe sich die Umwandlung der deutschen Ausgangs-Kapitalgesellschaft in eine Kapitalgesellschaft & Co. KG im Einzelfall gleichwohl gestalten, bedürfte es nach dem Gesagten für die erweiterte Anwachsung sodann der Übertragung aller Kommanditanteile auf die (ausländische) Komplementär-Kapitalgesellschaft oder der Übertragung aller KG-Anteile auf eine „außenstehende" ausländische Kapitalgesellschaft. Ohne die Mitwirkung aller ehemaligen Aktionäre der Ausgangsgesellschaft und jetzigen Kommanditisten der Kapitalgesellschaft & Co. KG scheiterte die Hinaus-Verschmelzung im Wege der erweiterten Anwachsung, für die nach dem Gesagten die Vereinigung *sämtlicher* Anteile einer Personen(handels)gesellschaft in der Hand der ausländischen aufnehmenden Gesellschaft unerlässlich ist. Die Mitwirkung ausnahmslos aller Aktionäre einer Publikumsaktiengesellschaft an einer wirtschaftlichen Verschmelzung durch erweiterte Anwachsung kommt praktisch jedoch ebensowenig in Betracht wie etwa die Annahme eines Umtauschangebotes durch sämtliche Aktionäre der Zielgesellschaft[1458]. Aus diesem Grunde stellt eine wirtschaftliche Hinaus-Verschmelzung im Wege der erweiterten Anwachsung jedenfalls für Publikumsaktiengesellschaften keine praktisch gangbare Ersatzgestaltung anstelle einer grenzüberschreitenden technischen Hinaus-Verschmelzung dar, die lediglich der Zustimmung von drei Vierteln des bei der Beschlussfassung der Hauptversammlung vertretenen Grundkapitals bedürfte (vgl. §§ 13, 65 Abs. 1 UmwG). Etwas anderes kann im Einzelfall für geschlossene Kapitalgesellschaften oder solche Kapitalgesellschaften gelten, die es z.B. nach einem Übernahmeangebot mit anschließendem *freeze out* (§§ 327a ff. AktG) vermocht haben, die Anzahl der außenstehenden Aktionäre entsprechend zu reduzieren.

c) Fazit

Das erweiterte Anwachsungsmodell stellt theoretisch eine denkbare Ersatzgestaltung anstelle einer nach geltendem deutschem Recht nicht gestaltbaren grenzüberschreitenden technischen Hinaus-Verschmelzung einer deutschen Ka-

---

[1458] Vgl. oben S. 48 mit Fn.82.

pitalgesellschaft dar. Eine deutsche „hinauszuverschmelzende" Kapitalgesellschaft müsste dazu zunächst in eine Kapitalgesellschaft & Co. KG umgewandelt werden. Anschließend müsste die Vereinigung sämtlicher Anteile an der KG in der Hand der ausländischen Erwerbergesellschaft, bei der es sich entweder um die Komplementär-Kapitalgesellschaft oder um eine „außenstehende" dritte Kapitalgesellschaft handeln könnte, herbeigeführt werden. Wegen der insoweit erforderlichen Mitwirkung sämtlicher ehemaliger Anteilsinhaber der Ausgangs-Kapitalgesellschaft und jetzigen Kommanditisten der Kapitalgesellschaft & Co. KG kommt die Gestaltung jedoch jedenfalls für Publikumsaktiengesellschaften, deren Aktien sich (teilweise) im Streubesitz befinden und die daran nichts ändern können, nicht in Betracht.

III. Statutenwechsel einer Ausgangsgesellschaft mit anschließender nationaler Verschmelzung

Als weitere denkbare Ersatzgestaltung anstelle einer grenzüberschreitenden technischen Verschmelzung unter Beteiligung einer deutschen (Kapital-)Gesellschaft kommt der Wechsel einer der Ausgangsgesellschaften eines beabsichtigten Unternehmenszusammenschlusses in das Gesellschaftsstatut der anderen Ausgangsgesellschaft mit anschließender nationaler Verschmelzung der Gesellschaften nach einheitlichem Umwandlungsrecht in Betracht[1459]. Auf diese Weise ließen sich die Hindernisse beseitigen, die der Durchführung einer grenzüberschreitenden technischen Verschmelzung unter Beteiligung zweier unterschiedlicher nationaler Umwandlungsrechte infolge mangelnder Abstimmung der beteiligten Gesellschaftsstatute entgegenstehen. Die in Rede stehende Gestaltung käme freilich praktisch nur dann in Betracht, wenn die „statutenwechselnde" Kapitalgesellschaft im Zuge des Statutenwechsels nicht vorübergehend ihre Rechtsfähigkeit verlöre. Bedürfte es für einen Statutenwechsel der Auflösung der Gesellschaft im Wegzugsstaat und ihrer Neugründung im Zuzugsstaat, führte dies u.U. zur Aufdeckung und Besteuerung stiller Reserven und demgemäß zu möglicherweise erheblichen steuerlichen Nachteilen[1460].
Die Frage, ob eine Kapitalgesellschaft ohne zwischenzeitlichen Verlust der Rechtsfähigkeit, mithin ohne Auflösung im Wegzugsstaat und Neugründung im

---

[1459] Vgl. bereits oben S. 70ff.; *Beitzke*, Festschrift Hallstein, S. 14; *Großfeld*, Die AG 1996, S. 302, 305 re. Sp.; *Hoffmann*, NZG 1999, S. 1077, 1079 re. Sp.; *ders.*, ZHR 164 (2000), S. 43, 65 Fn.95; s. auch *Kallmeyer*, Die AG 1998, S. 88, 89 li. Sp.; *ders.*, DB 2002, S. 568, 572 li. Sp..

[1460] Vgl. für das deutsche Recht die Liquidationsbesteuerung gemäß §§ 12 Abs. 1, 11 KStG bei Verlegung der Geschäftsleitung oder des Sitzes einer unbeschränkt steuerpflichtigen Körperschaft ins Ausland; s. dazu *Hügel*, ZGR 1999, S. 71, 96ff..

Zuzugsstaat, ihr Statut wechseln kann, bestimmt sich nicht nach internationalem Gesellschaftsrecht, das allein für die kollisionsrechtliche Frage des Statutenwechsels als solchen maßgeblich ist, sondern nach dem materiellen Gesellschaftsrecht (Sachrecht) des Wegzugsstaates sowie des Zuzugsstaates[1461]. Ein rechtsfähigkeitswahrender Wechsel des Gesellschaftsstatuts ist nur dann möglich, wenn beide beteiligten nationalen Rechtsordnungen ihn zulassen[1462].
Der Frage, ob das geltende deutsche Sachrecht einen rechtsfähigkeitswahrenden Statutenwechsel ermöglicht, ist im folgenden zum einen mit Blick auf den Wechsel einer deutschen Kapitalgesellschaft in ein ausländisches Gesellschaftsstatut (= Wegzug; dazu 2.) und zum anderen hinsichtlich des Wechsels einer ausländischen Kapitalgesellschaft in die inländische Rechtsordnung (= Zuzug; dazu 3.) nachzugehen. Dazu ist zunächst allgemein zu klären, welche Voraussetzungen in diesen Fällen für einen rechtsfähigkeitswahrenden Statutenwechsel in kollisions- und sachrechtlicher Hinsicht erfüllt sein müßten (nachfolgend 1.).

1. Voraussetzungen rechtsfähigkeitswahrenden Statutenwechsels

a) Wegzug

Eine deutschem Recht unterliegende Kapitalgesellschaft, die in ein ausländisches Gesellschaftsstatut wechseln und dort als Kapitalgesellschaft nach dem Recht des Zuzugsstaates fortbestehen, mithin im Zuge des Statutenwechsels ihre Rechtsfähigkeit bewahren wollte, müsste zu diesem Zweck in jedem Fall ihren Satzungssitz in den Zuzugsstaat verlegen. Dies würde unabhängig davon gelten, ob der Zuzugsstaat für die Bestimmung des auf eine Gesellschaft anwendbaren Rechts auf das Gründungsrecht oder den Satzungssitz der Gesellschaft oder aber auf den Verwaltungssitz abstellt[1463]. Der Satzungssitz begründet die Zuständigkeit des Registers[1464] und ist damit die Grundlage der Registrierung im Zuzugs-

---

[1461] Vgl. *Behrens*, IPRax 1999, S. 323, 329.

[1462] *Behrens*, ZGR 1994, S. 1, 10; Hachenburg-*Behrens*, Allg. Einl. B Rdz.170; MünchKomm BGB/*Kindler*, IntGesR Rdz.389; Soergel/*Lüderitz*, Anh. Art. 10 EGBGB Rdz.47; Scholz/*H.P. Westermann*, Einl. Rdz.121.

[1463] Vgl. zu den angesprochenen Kriterien zur Bestimmung des Gesellschaftsstatuts nach der Gründungs- bzw. Sitztheorie oben Fn.1216.

[1464] Vgl. für das deutsche Recht §§ 14, 36 Abs. 1 AktG, § 7 Abs. 1 GmbHG.

staat[1465], die wiederum Voraussetzung[1466] ist für die Erlangung der Rechtsfähigkeit als Kapitalgesellschaft des Rechts des Zuzugsstaates[1467].
Folgte der Zuzugsstaat der Gründungstheorie, bedürfte es ohnedies aus seiner kollisionsrechtlichen Sicht bereits für einen Statutenwechsel als solchen der Verlegung des Satzungssitzes ins Inland. Folgte der Zuzugsstaat der Sitztheorie, wäre aus seiner kollisionsrechtlichen Sicht für den Statutenwechsel zwar allein die Verlegung des Verwaltungssitzes ins Inland maßgeblich. Die zuziehende Kapitalgesellschaft würde aber bei Verlegung nur des Verwaltungssitzes ins Inland vom Zuzugsstaat nicht als Kapitalgesellschaft inländischen Rechts (= des Zuzugsstaates) anerkannt. Die Anerkennung als Kapitalgesellschaft inländischen Rechts setzt überall, sowohl in „Gründungstheorie-Staaten" als auch in „Sitztheorie-Staaten", die Registrierung der Gesellschaft im Inland voraus[1468], und die Zuständigkeit des Registergerichts bestimmt sich[1469] nach dem Satzungssitz[1470].
Für einen rechtsfähigkeitswahrenden Wechsel des Gesellschaftsstatuts einer deutschen Kapitalgesellschaft bedürfte es mithin in jedem Fall der Verlegung des Satzungssitzes in den Zuzugsstaat. Zusätzlich bedürfte es bei Zuzugsstaaten, die der Sitztheorie folgen, einer Verlegung auch des Verwaltungssitzes dorthin[1471], da die Anwendbarkeit inländischen Sachrechts (= des Zuzugsstaates) und damit zugleich die Anerkennung der zuziehenden Gesellschaft als inländische Kapitalgesellschaft nach der Sitztheorie davon abhinge, daß sich der Verwaltungssitz im Inland befände[1472], weshalb trotz inländischen Satzungssitzes ohne gleichzeitigen inländischen Verwaltungssitz eine - für die Erlangung der Rechtsfähigkeit als inländische Kapitalgesellschaft konstitutive - Registereintragung nicht erfolgte[1473].

1465 Hachenburg-*Behrens*, Allg. Einl. B Rdz.168; *Behrens*, IPRax 1999, S. 323, 330 re. Sp.; *ders.* in: Ferrarini/Hopt/Wymeersch (Hrsg.), Capital Markets in the Age of the Euro, S. 503, 505f..

1466 Vgl. für das deutsche Recht § 41 Abs. 1 S. 1 AktG, § 11 Abs. 1 GmbHG.

1467 *Grothe*, Die „ausländische Kapitalgesellschaft & Co.", S. 41.

1468 *Brödermann/Iversen*, Europäisches Gemeinschaftsrecht und Internationales Privatrecht, Rdz.148f..

1469 Vgl. für das deutsche Recht §§ 14, 36 Abs. 1 AktG, § 7 Abs. 1 GmbHG.

1470 *Behrens*, ZGR 1994, S. 1, 5; *ders.*, IPRax 1999, S. 323, 325 li. Sp..

1471 *Brödermann/Iversen*, Europäisches Gemeinschaftsrecht und Internationales Privatrecht, Rdz.149f. mit Nachw. zur Rechtslage in Deutschland, Frankreich, Luxemburg und Spanien in Fn.290.

1472 Hachenburg-*Behrens*, Allg. Einl. B Rdz.168; *Behrens*, IPRax 1999, S. 323, 325 li. Sp.; MünchKomm BGB/*Kindler*, IntGesR Rdz.312; Scholz/*H.P. Westermann*, Einl. Rdz.83.

1473 MünchKomm BGB/*Kindler*, IntGesR Rdz.386; vgl. Staudinger/*Großfeld*, IntGesR Rdz.86ff.; Scholz/*H.P.Westermann*, Einl. Rdz.83. – Vgl. in diesem Zusammenhang die Regelung des Art. 11 Abs. 2 des Vorentwurfs einer Richtlinie zur grenzüberschreitenden Sitzverlegung (abgedruckt bei *Schwarz*, Textsammlung Europäisches Gesellschaftsrecht,

b) Zuzug

Die vorstehenden, auf den Fall des Wechsels einer deutschen Kapitalgesellschaft in ein ausländisches Gesellschaftsstatut unter Wahrung ihrer Rechtsfähigkeit bezogenen Ausführungen gelten entsprechend für den umgekehrten Fall des Wechsels einer ausländischen Kapitalgesellschaft unter Wahrung ihrer Rechtsfähigkeit in die deutsche Rechtsordnung. Da sich nach bislang h.M. zum deutschen Kollisionsrecht das auf eine Gesellschaft anwendbare Recht - auch nach der *Centros*-Entscheidung des EuGH[1474] - nach dem effektiven Verwaltungssitz der Gesellschaft bestimmt[1475] und der Zuzugsstaat auch nach der *Überseering*-Entscheidung des EuGH frei ist, den Erwerb wie den Fortbestand der Rechtsfähigkeit als Kapitalgesellschaft deutschen Rechts an einen inländischen Verwaltungssitz zu knüpfen[1475a], bedürfte es in diesem Fall nach dem Gesagten einer gleichzeitigen Verlegung sowohl des Satzungs- als auch des Verwaltungssitzes der zuziehenden ausländischen Kapitalgesellschaft ins Inland.

2. Rechtsfähigkeitswahrender Statutenwechsel einer deutschen Kapitalgesellschaft

Ein rechtsfähigkeitswahrender Statutenwechsel einer deutschen Kapitalgesellschaft kommt unbeschadet etwaiger diesbezüglicher Hindernisse im Recht des Zuzugsstaates, das möglicherweise die Registrierung einer zuziehenden ausländischen Kapitalgesellschaft von ihrer Neugründung im Inland abhängig macht, bereits nach geltendem deutschem Sachrecht faktisch nicht in Betracht, da dieses einen Beschluß über die Verlegung des Satzungs- und/oder Verwaltungssitzes ins Ausland ebenso wie eine tatsächliche Verlegung des Verwaltungssitzes ins Ausland vornehmlich im Interesse der Verhinderung einer „Flucht aus der Mitbestimmung“[1476] als zwingende Auflösungsgrunde wertet[1477] und hieran auch

---

Signatur 14, sowie in ZIP 1997, S. 1721ff. und in ZGR 1999, S. 157ff.; dazu noch näher unten S. 421ff.). Danach können die Mitgliedstaaten (gemeint sind namentlich die Mitgliedstaaten, die der Sitztheorie folgen) die Eintragung einer zuziehenden Gesellschaft im Gesellschaftsregister verweigern, wenn sich deren Hauptverwaltung nicht im Mitgliedstaat des neuen Sitzes befindet.

[1474] Vgl. unten S. 450.

[1475] Vgl. die Nachw. in Fn.1696.

[1475a] Vgl. dazu oben S. 353.

[1476] Vgl. *Großfeld*, Internationales und Europäisches Unternehmensrecht, S. 86f.; Staudinger/*Großfeld*, IntGesR Rdz.669.

[1477] Vgl. BayObLG WM 1992, S. 1371, 1372 re. Sp.; OLG Hamm ZIP 1997, S. 1696f.; *Baumbach/Hueck/Fastrich*, § 4a Rdz.10; GK/*Brändel*, § 5 Rdz.28; Staudinger/*Großfeld*, IntGesR Rdz.610, 617, 634ff., 652ff.; *Hausmann* in: Hausmann/van Raad/Raupach/

durch die *Centros*- und insbesondere die *Überseering*-Entscheidung des EuGH nicht gehindert ist[1478]. Eine verziehende Kapitalgesellschaft wäre mithin zu liquidieren, was u.U. zur Aufdeckung und Besteuerung stiller Reserven (vgl. die Liquidationsbesteuerung gemäß §§ 12 Abs. 1, 11 KStG) und damit zu gegebenenfalls erheblichen steuerlichen Belastungen führte[1479]. Eine verziehende deutsche Kapitalgesellschaft müsste im Zuzugsstaat demgemäß auch dann neu gegründet werden, wenn das Sachrecht des Zuzugsstaates eine Neugründung anläßlich des Zuzugs nicht verlangte.

Die vorstehend dargestellte Behinderung eines rechtsfähigkeitswahrenden Statutenwechsels einer deutschen Kapitalgesellschaft resultiert nach dem Gesagten aus dem inländischen Sachrecht, welches eine verziehende Kapitalgesellschaft zur Auflösung zwingt. Sie ist hingegen keine Folge der Sitztheorie, die lediglich bestimmt, wann ein Statutenwechsel eintritt, nicht aber, welche (sach-)rechtlichen Folgen sich aus einem Statutenwechsel ergeben[1480]. Auch ein nachgerade

---

Veelken, Steuergestaltung durch doppelt ansässige Gesellschaften?, S. 13, 29f.; MünchKomm AktG/*Heider*, § 5 Rdz.65; *Hoffmann*, NZG 1999, S. 1077, 1080 li. Sp.; *Hüffer*, § 5 Rdz.12; *Kruse*, Sitzverlegung von Kapitalgesellschaften, S. 32ff., 46f., 49f.; Hachenburg-*Ulmer*, § 3 Rdz.18; Scholz/*H.P. Westermann*, Einl. Rdz.124.

[1478] Vgl. oben S. 353.

[1479] Mit Blick darauf relativieren sich Spekulationen um eine Verlegung des Sitzes der DaimlerChrysler AG in die USA im Herbst 1999 (Börsen-Zeitung Nr. 192 vom 06.10.1999, S. 12; FAZ Nr. 237 vom 12.10.1999, S. 27) vor dem Hintergrund der aus der Nichtaufnahme der DaimlerChrysler-Aktie in den Index Standard & Poor's 500 resultierenden Verringerung der Beteiligungsquote US-amerikanischer Investoren und einer nicht zuletzt damit einhergehenden unbefriedigenden Entwicklung des Börsenkurses (Börsen-Zeitung Nr. 192 vom 06.10.1999, S. 1; vgl. dazu oben S. 32f.). Entscheidend für die Nichtaufnahme der Aktie in den Index war der Umstand, daß der rechtliche Sitz der DaimlerChrysler AG in Deutschland liegt und nicht in den USA (*Brammer* in: von Rosen/Seifert (Hrsg.), Die Namensaktie, S. 399, 408). Aus dem im Text Gesagten ergibt sich, dass eine Verlegung des (Satzungs- und/oder Verwaltungs-)Sitzes der DaimlerChrysler AG in die USA derzeit nicht ohne Auflösung der Gesellschaft im Inland möglich wäre, was aus steuerlichen Gründen kaum in Betracht kommen dürfte (vgl. das Zitat des Finanzvorstands der DaimlerChrysler AG, *M. Gentz*, in der Börsen-Zeitung Nr. 196 vom 12.10.1999, S. 9). Nach Inkrafttreten der EU-Richtlinie zur grenzüberschreitenden Sitzverlegung (vgl. zum Vorentwurf einer Richtlinie zur grenzüberschreitenden Sitzverlegung unten S. 423ff.), deren Erlass nach der Lösung der Mitbestimmungsproblematik für die Europäische Aktiengesellschaft (vgl. unten S. 435ff.) mittelfristig zu erwarten steht, wäre eine rechtsfähigkeitswahrende Sitzverlegung (auch) deutscher Kapitalgesellschaften unter Wechsel des Gesellschaftsstatuts („Ausflaggen") zumindest innerhalb der EU möglich.

[1480] *Behrens*, RIW 1986, S. 590; *Knobbe-Keuk*, DB 1990, S. 2573, 2578 re. Sp.; *dies.*, ZHR 154 (1990), S. 325, 335; *Lutter*, ZGR 1994, S. 87, 88; *Behrens*, ZGR 1994, S. 1, 24; *ders.*, IPRax 1999, S. 323, 329; *ders.* in: Ferrarini/Hopt/Wymeersch (Hrsg.), Capital Markets in the Age of the Euro, S. 503, 513f; *Karsten Schmidt*, ZGR 1999, S. 20, 22f.; *Altmeppen*, DStR 2000, S. 1061, 1062 re. Sp., 1063 li. Sp.; *Hoffmann*, NZG 1999, S. 1077, 1080 li.

zwingender Zusammenhang zwischen kollisionsrechtlicher Anknüpfung an den Verwaltungssitz und Nichtanerkennung nach ausländischem Recht gegründeter und fortbestehender Kapitalgesellschaften ohne inländischen Verwaltungssitz ist nicht gegeben, wie ausländische „Sitztheorie-Rechtsordnungen" zeigen[1481].
Die sachrechtliche Wertung des Beschlusses der Anteilseignerversammmlung einer deutschen Kapitalgesellschaft über die grenzüberschreitende Verlegung des Satzungs- und/oder Verwaltungssitzes sowie einer tatsächlichen Verlegung des Verwaltungssitzes ins Ausland als Auflösungsgrund beruht letztlich auf denselben Erwägungen wie die entsprechende Wertung des Beschlusses über eine Hinaus-Verschmelzung[1482]. Durch den aufgrund der Liquidationsbesteuerung mit negativen Anreizen verbundenen Zwang zur Auflösung soll es inländischen Kapitalgesellschaften jeweils faktisch unmöglich gemacht werden, durch ihr Verschwinden aus dem Geltungsbereich deutschen Rechts die Interessen der Anteilseigner, Gläubiger und Arbeitnehmer zu gefährden. Die Interessen der stakeholder wären bei einer Hinaus-Verschmelzung in derselben Weise (potentiell) nachteilig berührt wie bei einer grenzüberschreitenden Sitzverlegung ins Ausland[1483]. Daß die Gesellschaft nach einer grenzüberschreitenden Sitzverlegung im Ausland fortbestünde, bei einer Hinaus-Verschmelzung hingegen erlöschen würde, machte insoweit keinen Unterschied.
Angesichts der steuerlichen Belastungen, die nach dem Gesagten mit dem Statutenwechsel einer deutschen Kapitalgesellschaft regelmäßig verbunden wären, lässt sich eine grenzüberschreitende Hinaus-Verschmelzung praktisch nicht durch den Wechsel der Gesellschaft in ein ausländisches Gesellschaftsstatut mit anschließender Verschmelzung der Gesellschaft mit einer ausländischen Gesellschaft nach nationalem Verschmelzungsrecht des Zuzugsstaates ersetzen.

Sp.; *ders.*, ZHR 164 (2000), S. 43, 46f.; *Jaeger*, NZG 2000, S. 918, 919f.; *W.-H. Roth*, ZIP 2000, S. 1597, 1599 re. Sp.; *Schwarz*, NZG 2001, S. 613, 613 re. Sp.; *Kindler* in: VGR (Hrsg.), Gesellschaftsrecht in der Diskussion 1999, S. 87, 92; *Kruse*, Sitzverlegung von Kapitalgesellschaften, S. 156; Soergel/*Lüderitz*, Anh. Art. 10 EGBGB Rdz.48.

1481 *Mülbert/Schmolke*, ZVglRWiss 100 (2001), S. 233, 264; *Schwarz*, NZG 2001, S. 613, 613 re. Sp..

1482 Vgl. dazu oben S. 330.

1483 Zur wertungsmäßigen Vergleichbarkeit beider Vorgänge s. *Beitzke*, Festschrift Hallstein, S. 14, 25; Staudinger/*Großfeld*, IntGesR Rdz.692.

3. Rechtsfähigkeitswahrender Statutenwechsel einer ausländischen Kapitalgesellschaft ins Inland

a) H.M.: Neugründung im Inland zwingend

Ein rechtsfähigkeitswahrender Statutenwechsel einer ausländischen Kapitalgesellschaft ins Inland setzte nach dem oben Gesagten[1484] eine Verlegung sowohl des Satzungssitzes als auch des Verwaltungssitzes ins Inland voraus. Nach h.M. zum deutschen Sachrecht, insbesondere nach Auffassung der Rechtsprechung, erfordert das deutsche Gesellschaftsrecht in diesem Fall eine Neugründung der Gesellschaft im Inland[1485]. Mangels Registereintragung wird das zugezogene Gebilde bislang je nach Art der Geschäftstätigkeit als Gesellschaft bürgerlichen Rechts oder offene Handelsgesellschaft behandelt, jeweils mit der Folge persönlicher Haftung der Gesellschafter[1486]. Nach der *Überseering*-Entscheidung des EuGH[1487] haben nunmehr zwar Kapitalgesellschaften, die nach dem Recht eines EU-Mitgliedstaates wirksam gegründet sind und fortbestehen, bei isolierter Verlegung nur des Verwaltungssitzes ins Inland Anspruch auf Anerkennung ihrer Rechtsfähigkeit nach dem ausländischen Gründungsstatut. Zur Frage eines identitätswahrenden Statutenwechsels verhält die Entscheidung sich jedoch nicht. Insoweit ist daher weiterhin eine Neugründung im Inland nötig.
Dadurch, daß zuziehende ausländische Kapitalgesellschaften, die den Schwerpunkt ihrer Geschäftstätigkeit ins Inland verlegen wollen, sich nach inländischem Sachrecht neu gründen müssen, wenn sie im Inland als Kapitalgesellschaften deutschen Rechts tätig sein wollten, wird auf solche Gesellschaften Druck ausgeübt, sich den deutschen Gründungsvorschriften zu unterwerfen, insbesondere den Vorschriften über die Kapitalaufbringung und die innere Verfassung der Gesellschaft, deren Einhaltung anläßlich der Eintragung registergerichtlich überprüft wird (vgl. § 38 Abs. 1 AktG)[1488].

[1484] Vgl. oben S. 403.

[1485] OLG Zweibrücken NJW 1990, S. 3092f.; *Ebenroth/Auer*, RIW-Beilage 1/1992, Rdz. 12 a.E., S. 8; MünchKomm BGB/*Kindler*, IntGesR Rdz.405; vgl. *Kruse*, Sitzverlegung von Kapitalgesellschaften, S. 50f..

[1486] BGH ZIP 2002, S. 1763, 1764; *Eidenmüller/Rehm*, ZGR 1997, S. 89, 90f., 102ff.; *Müller*, ZIP 1997, S. 1049, 1050ff.; *Karsten Schmidt*, ZGR 1999, S. 20, 24f.; *Grothe*, Die „ausländische Kapitalgesellschaft & Co.", S. 118ff.; MünchKomm BGB/*Kindler*, IntGesR Rdz.352f.; *Kruse*, Sitzverlegung von Kapitalgesellschaften, S. 38ff.; Scholz/*H.P. Westermann*, Einl. Rdz.89.

[1487] Vgl. oben S. 350ff..

[1488] Vgl. OLG München NJW 1986, S. 2197, 2198 re. Sp.; *Göttsche*, DStR 1999, S. 1403, 1404 li. Sp.; *Grothe*, Die „ausländische Kapitalgesellschaft & Co.", S. 112; Staudinger/*Großfeld*, IntGesR Rdz.60; *Rehbinder*, IPRax 1985, S. 324, 324 re. Sp..

b) Abweichende Auffassungen

Ein Teil des Schrifttums will allerdings - entgegen der Auffassung namentlich der Rechtsprechung - den rechtsfähigkeitswahrenden Statutenwechsel einer ausländischen Kapitalgesellschaft ins Inland ohne Neugründung der Gesellschaft im Wege der „Umgründung" zulassen. Diskutiert werden insoweit zwei Gestaltungen[1489], die Umgründung im Wege der Anpassung (dazu aa)) und die Umgründung im Wege der formwechselnden Umwandlung (dazu unten bb)).

aa) Umgründung im Wege der Anpassung („Vorgesellschafts-Modell"[1490])

Die Neugründung einer zuziehenden ausländischen Kapitalgesellschaft im Inland soll zum einen dann entbehrlich sein[1491], wenn die Gesellschaft sich vor der Sitzverlegung insofern in eine inländische Vorgesellschaft umgegründet habe, als die Satzung an die Erfordernisse des deutschen Gesellschaftsrechts angepasst und etwa erforderliches zusätzliches Kapital eingezahlt worden sei. Der Registerrichter könne sodann im Rahmen des Eintragungsverfahrens prüfen, ob mit der vorgenommenen Anpassung den Anforderungen des deutschen Gesellschaftsrechts genügt sei, weshalb die Eintragung der zuziehenden Gesellschaft in das inländische Handelsregister in diesem Fall auch ohne Neugründung erfolgen könne.

Die Praktikabilität dieses Modells ist zweifelhaft. Zwar erschiene es denkbar, daß der Registerrichter vor Eintragung einer zuziehenden ausländischen Kapitalgesellschaft in das Handelsregister überprüft, ob die Gesellschaft sich den Erfordernissen des deutschen Sachrechts angepaßt hat[1492]. Jedoch würde die Anpassung als solche insbesondere bei Gesellschaften, die nicht nach dem Recht

---

1489 Vgl. Soergel/*Lüderitz*, Anh. Art. 10 EGBGB Rdz.50; Scholz/*H.P. Westermann*, Einl. Rdz.122; *Mülbert/Schmolke*, ZVglRWiss 100 (2001), S. 233, 266.

1490 Begriff bei *Karsten Schmidt*, ZGR 1999, S. 20, 28.

1491 *Behrens*, RIW 1986, S. 590, 592ff.; *Knobbe-Keuk*, DB 1990, S. 2573, 2578; *dies.*, ZHR 154 (1990), S. 325, 334f.; *Behrens*, ZGR 1994, S. 1, 8f., 10; *Kronke*, ZGR 1994, S. 26, 30; *Karsten Schmidt*, ZGR 1999, S. 20, 28; Hachenburg-*Behrens*, Allg. Einl. B Rdz.170; *Grothe*, Die „ausländische Kapitalgesellschaft & Co.", S. 114ff.; *Leible* in: Michalski, GmbHG, Syst. Darst. 2 Rdz.136; *Lutter/Hommelhoff*, § 4a Rdz.14. – Mitunter wird diese Gestaltung der im Text nachfolgend unter bb) beschriebenen Gestaltung („Formwechsel-Modell") gleichgesetzt; s. Hachenburg-*Behrens*, Allg. Einl. B Rdz.170 a.E.; *Kruse*, Sitzverlegung von Kapitalgesellschaften, S. 131ff..; vgl. *Karsten Schmidt*, ZGR 1999, S. 20, 29 Fn.42; s. dagegen aber Staudinger/*Großfeld*, IntGesR Rdz.644f..

1492 Vgl. *Behrens*, RIW 1986, S. 590, 593 li. Sp..; kritisch *Ebenroth/Auer*, RIW-Beilage 1/1992, Rdz.12 a.E., S. 8; *Ebenroth/Eyles*, DB-Beilage Nr. 2/1988, S. 9 li. Sp.; MünchKomm BGB/*Kindler*, IntGesR Rdz.402; Scholz/*H.P. Westermann*, Einl. Rdz.122.

eines EU-Mitgliedstaates gegründet sind, häufig auf erhebliche Schwierigkeiten stoßen, wenn nicht gar unmöglich sein. In der Praxis ist ein rechtsfähigkeitswahrender Statutenwechsel ins Inland durch Umgründung im Wege der Anpassung bislang jedenfalls nicht geglückt[1493].

bb) Umgründung im Wege der formwechselnden Umwandlung („Formwechsel-Modell"[1494])

Ein rechtsfähigkeitswahrender Statutenwechsel einer ausländischen Kapitalgesellschaft ins Inland durch Verlegung des Satzungs- und Verwaltungssitzes soll nach im Schrifttum vertretener Auffassung des weiteren analog den Bestimmungen des Umwandlungsgesetzes über die formwechselnde Umwandlung (vgl. §§ 190ff. UmwG) erfolgen können[1495]. Im Unterschied zu dem vorstehend beschriebenen „Vorgesellschafts-Modell" entfiele dabei das Durchgangsstadium der Vorgesellschaft vor der Eintragung der zuziehenden Gesellschaft in das inländische Handelsregister. Mit der Registereintragung im Inland wechselte die zuziehende ausländische Gesellschaft in ein deutsches Rechtskleid, bestünde mithin von diesem Zeitpunkt an in neuer, inländischer Rechtsform fort (vgl. die Regelung des § 202 Abs. 1 Nr. 1 UmwG)[1496].
Demgegenüber ist zu sehen, daß die Regelung des § 1 Abs. 1 Nr. 4 UmwG einen identitätswahrenden Formwechsel nach §§ 190ff. UmwG Rechtsträgern „mit Sitz im Inland" vorbehält. Gegen eine analoge Anwendung der Regelungen der §§ 190ff. UmwG auf einen ausländischen Rechtsträger spricht das Analogieverbot nach § 1 Abs. 2 UmwG[1497]. Die formwechselnde Umwandlung einer ausländischen Kapitalgesellschaft in eine inländische Kapitalgesellschaft kommt insofern ohne ausdrückliche umwandlungsgesetzliche Zulassung nicht in Be-

---

1493 Vgl. OLG Zweibrücken NJW 1990, S. 3092f..

1494 Begriff bei *Karsten Schmidt*, ZGR 1999, S. 20, 29.

1495 *Großfeld/Jasper*, RabelsZ 53 (1989), S. 52, 60ff.; *W.-H. Roth*, RabelsZ 55 (1991), S. 623, 650; Staudinger/*Großfeld*, IntGesR Rdz.645f.; vgl. *Behrens*, ZGR 1994, S. 1, 11; *Decher* in Lutter, vor § 190 Rdz.47; *Kroppholler*, IPR, S. 536; *Kruse*, Sitzverlegung von Kapitalgesellschaften, S. 131ff.. – Dieses Regelungskonzept liegt auch dem Vorentwurf einer Richtlinie zur grenzüberschreitenden Sitzverlegung (dazu näher unten S. 423ff.) zugrunde; *Karsten Schmidt*, ZGR 1999, S. 20, 29; *Priester*, ZGR 1999, S. 36, 37; vgl. *Schwarz*, Europäisches Gesellschaftsrecht Rdz.811 mit Fn.1159.

1496 *Karsten Schmidt*, ZGR 1999, S. 20, 29; *Schwarz*, Europäisches Gesellschaftsrecht Rdz.811 mit Fn.1159.

1497 *Decher* in Lutter, vor § 190 Rdz.47; MünchKomm BGB/*Kindler*, IntGesR Rdz.402; *Kruse*, Sitzverlegung von Kapitalgesellschaften, S. 138; vgl. *Großfeld*, Die AG 1996, S. 302, 307 li. Sp..

tracht[1498]. Dies gilt jedenfalls im Hinblick auf eine formwechselnde Umwandlung *während* der Sitzverlegung.
Keine Bedenken bestehen demgegenüber möglicherweise gegen einen identitätswahrenden Formwechsel gemäß §§ 190ff. UmwG einer ausländischen Kapitalgesellschaft *nach* Verlegung des Verwaltungssitzes ins Inland. Nach dem Gesagten wird das zuziehende Gebilde im Inland jedenfalls bislang je nach Geschäftstätigkeit als Gesellschaft bürgerlichen Rechts oder als offene Handelsgesellschaft behandelt; dies dürfte auch nach der *Überseering*-Entscheidung des EuGH[1499] immerhin insoweit zulässig sein, als der zuziehenden Gesellschaft keine Nachteile drohen. Hier wäre die fragliche rechtliche Einordnung der zuziehenden Gesellschaft für diese u.U. insofern vorteilhaft, als im Fall der Qualifizierung als offene Handelsgesellschaft einer - möglicherweise angestrebten - formwechselnden Umwandlung dieser inländischen Personenhandelsgesellschaft in eine inländische Kapitalgesellschaft gemäß den Vorschriften des Umwandlungsgesetzes (vgl. § 191 Abs. 1 Nr. 1 i.V.m. § 3 Abs. 1 Nr. 1 UmwG) nach in der Literatur vertretener Auffassung nichts entgegenstünde[1500].
Diese Auffassung träfe jedoch nur dann zu, wenn der Formwechsel in diesem Fall durch einen Rechtsträger „mit Sitz im Inland“ vollzogen würde (vgl. § 1 Abs. 1 UmwG), was nicht unzweifelhaft ist, wenn und weil die zuziehende Gesellschaft nach Verlegung ihres Verwaltungssitzes ins Inland weiterhin einen ausländischen Satzungssitz hat und in einem ausländischen Register eingetragen ist[1501]. Im Schrifttum ist umstritten, ob „Sitz im Inland“ i.S. des § 1 Abs. 1 UmwG den Verwaltungssitz[1502] oder den Satzungssitz[1503] meint. Daß umwandlungsfähige Rechtsträger nach dem Umwandlungsgesetz namentlich mit Blick auf Kapitalgesellschaften nur solche inländischer Rechtsform sind[1504], die Entstehung einer inländischen Kapitalgesellschaft durch konstitutive Eintragung im Handelsregister aber (primär) einen inländischen Satzungssitz voraussetzt[1505],

---

[1498] Vgl. *Karsten Schmidt*, ZGR 1999, S. 20, 29.
[1499] Dazu oben S. 350ff..
[1500] *Bechtel*, Umzug von Kapitalgesellschaften, S. 36f., 107; *Frowein*, Sitzverlegung, S. 99; *Leible* in: Michalski, GmbHG, Syst. Darst. 2 Rdz.136; *Walden*, Kollisionsrecht der Personengesellschaften, S. 201; *Mülbert/Schmolke*, ZVglRWiss 100 (2001), S. 233, 265; vgl. *W.-H. Roth*, ZGR 2000, S. 311, 325 Fn.69.
[1501] Vgl. *Frowein*, Sitzverlegung, S. 97f..
[1502] *Großfeld*, Die AG 1996, S. 302f.; *Hoffmann*, NZG 1999, S. 1077, 1083 li. Sp. mit Fn.71; Kallmeyer/*Kallmeyer*, § 1 Rdz.14; *Leible* in: Michalski, GmbHG, Syst. Darst. 2 Rdz.136; Fn.366; wohl auch *Stratz* in Schmitt/Hörtnagl/Stratz, § 1 Rdz.5.
[1503] *Bungert*, Die AG 1995, S. 489, 502 Fn.170; MünchKomm BGB/*Kindler*, IntGesR Rdz.685; *Lutter* in Lutter, § 1 Rdz.7; *Schaumburg*, GmbHR 1996, S. 501, 502 Fn.1.
[1504] Vgl. §§ 3 Abs. 1 Nr. 2, 124 Abs. 1, 175, 191 Abs. 1 Nr. 2 UmwG.
[1505] Vgl. oben S. 403.

spricht dafür, daß mit dem „Sitz im Inland“ i.S. des § 1 Abs. 1 UmwG der Satzungssitz bezeichnet ist. Im Schrifttum wird in diesem Zusammenhang überdies darauf hingewiesen, daß unter dem Sitz eines Rechtsträgers in anderen, die gerichtliche Zuständigkeit betreffenden Vorschriften des Umwandlungsgesetzes[1506] stets der Satzungssitz verstanden wird[1507]. Die formwechselnde Umwandlung nach den Vorschriften des Umwandlungsrechts einer im Inland als Personenhandelsgesellschaft qualifizierten ausländischen Kapitalgesellschaft mit inländischem Verwaltungssitz, aber weiterhin ausländischem Satzungssitz kommt daher nicht in Betracht.

c) Insbesondere: Rechtsfähigkeitswahrender Statutenwechsel von Kapitalgesellschaften im Verhältnis USA - Deutschland

Im folgenden ist der mit Blick auf den Fall Daimler/Chrysler im vorliegenden Zusammenhang besonders bedeutsamen Frage nachzugehen, ob möglicherweise im Verhältnis Deutschland - USA abweichend von den allgemeinen Grundsätzen ein rechtsfähigkeitswahrender Statutenwechsel von Kapitalgesellschaften möglich ist.

Insoweit ist die Regelung des Art. XXV Ziff. 5 S. 2 des Freundschafts-, Handels- und Schifffahrtsvertrages zwischen der Bundesrepublik Deutschland und den Vereinigten Staaten[1508] von Bedeutung, die folgendes vorsieht: „Gesellschaften, die gemäß den Gesetzen und sonstigen Vorschriften des einen Vertragsteils in dessen Gebiet errichtet sind, gelten als Gesellschaften dieses Vertragsteils; ihr rechtlicher Status wird in dem Gebiet des anderen Vertragsteils anerkannt.“[1509]

Eine rechtsfähigkeitswahrende Verlegung des Verwaltungssitzes einer deutschen Kapitalgesellschaft in die Vereinigten Staaten kommt auch aufgrund der in Rede stehenden staatsvertraglichen Bestimmung nicht Betracht, da der rechtliche Status von Gesellschaften eines Vertragsteils nach der fraglichen Bestimmung nur nach Maßgabe der Gesetze und sonstigen Vorschriften dieses Vertragsteils in dem Gebiet des anderen Vertragsteils anzuerkennen ist. Die sachrechtlichen Folgen der Verlegung des Verwaltungssitzes einer deutschen Kapitalgesellschaft in die Vereinigten Staaten beurteilten sich demgemäß nach deut-

---

[1506] Etwa §§ 16, 19 Abs. 1, 26 Abs. 1, 206, 306 Abs. 1 UmwG.

[1507] MünchKomm BGB/*Kindler*, IntGesR Rdz.685.

[1508] BGBl. II 1956, S. 488ff..

[1509] „Companies constituted under the applicable laws and regulations within the territories of either Party shall be deemed companies thereof and shall have their juridical status recognized within the territories of the other Party.“

schem Gesellschaftsrecht[1510]. Da das deutsche Gesellschaftsrecht deutsche Kapitalgesellschaften bei Verlegung ihres Verwaltungssitzes zur Auflösung zwingt, sie mithin nicht als Kapitalgesellschaft deutschen Rechts in den Vereinigten Staaten „ankämen", ist eine rechtsfähigkeitswahrende Verlegung des Verwaltungssitzes deutscher Kapitalgesellschaften in die USA (auch) aufgrund der in Rede stehenden staatsvertraglichen Bestimmung nicht möglich.

Die Behandlung nach einzelstaatlichem US-amerikanischem Recht gegründeter Kapitalgesellschaften mit inländischem Verwaltungssitz nach der fraglichen staatsvertraglichen Regelung ist umstritten.

Rechtsprechung[1511] und h.L.[1512] folgern aus der fraglichen Bestimmung, im Verhältnis zu den Vereinigten Staaten sei für die Bestimmung des auf eine Gesellschaft anwendbaren Rechts nach deutschem Kollisionsrecht ausnahmsweise nicht der Verwaltungssitz maßgebend, sondern das Gründungsrecht. Soweit nach einzelstaatlichem US-amerikanischem Recht gegründete Kapitalgesellschaften auch bei deutschem Verwaltungssitz nach ihrem Gründungsrecht (weiterhin) Rechtsfähigkeit besäßen, seien sie ausnahmsweise gemäß dem - nach der Gründungstheorie maßgeblichen - ausländischen Heimatrecht auch in der Bundesrepublik als Kapitalgesellschaften US-amerikanischen Rechts anzuerkennen, wobei freilich nach h.M. ungeachtet des inländischen Verwaltungssitzes weiterhin effektive Beziehungen („genuine link") zum Heimatstaat bestehen müssen[1513]. Insbesondere sei auch eine rechtsfähigkeitswahrende Verlegung des

---

[1510] MünchKomm BGB/*Kindler*, IntGesR Rdz.249; vgl. Staudinger/*Großfeld*, IntGesR Rdz.215.

[1511] OLG Düsseldorf ZIP 1995, S. 1009, 1011 re. Sp..

[1512] *Bungert*, Die AG 1995, S. 489, 492f.; *Ebenroth/Auer*, RIW-Beilage 1/1992, Rdz.16f., S. 9f.; *Ebenroth/Bippus*, DB 1988, S. 842, 843 li. Sp., 844 li. Sp.; *W.-H. Roth*, RabelsZ 55 (1991), S. 623, 651; *ders.*, ZGR 2000, S. 311, 335f.; *Ebenroth/Kemner/Willburger*, ZIP 1995, S. 972, 974f.; *Sandrock*, BB 1999, S. 1337, 1341 re. Sp.; *von Bar*, IPR II Rdz.629; MünchKomm BGB²/*Ebenroth*, Nach Art. 10 EGBGB Rdz.125; *Frowein*, Sitzverlegung, S. 113; *Hoffmann*, NZG 1999, S. 1077, 1082 re. Sp.; *Horn*, Liber Amicorum Buxbaum, S. 315, 320, 325; MünchKomm BGB/*Kindler*, IntGesR Rdz.242, 245; *Kruse*, Sitzverlegung von Kapitalgesellschaften, S. 232; *Leible* in: Michalski, GmbHG, Syst. Darst. 2 Rdz.43; *Lutter/Hommelhoff*, § 4a Rdz.14; *Raupach* in: Haarmann (Hrsg.), Unternehmensstrukturen und Rechtsformen im internationalen Steuerrecht, S. 28, 43; *Rosener* in: Semler/Volhard (Hrsg.), Unternehmensübernahmen, § 35 Rdz.164; *Siehr*, Internationales Privatrecht, § 40 I 1 d), S. 306; MünchKomm BGB/*Sonnenberger*, Einl. IPR Rdz.151; Soergel/*Lüderitz*, Anh. Art. 10 EGBGB Rdz.13; *Zimmer*, Internationales Gesellschaftsrecht, S. 201.

[1513] OLG Düsseldorf ZIP 1995, S. 1009, 1012 li. Sp.; *Ebenroth/Bippus*, DB 1988, S. 842, 845 li. Sp.; *Ebenroth/Auer*, RIW-Beilage 1/1992, Rdz.21, 23, S. 12; *Ebenroth/Kemner/Willburger*, ZIP 1995, S. 972, 975; *Horn*, Gedächtnisschrift Lüderitz, S. 303, 305ff.; MünchKomm BGB/*Kindler*, IntGesR Rdz.250ff.; *Kroppholler*, IPR, S. 538.

Verwaltungssitzes einer nach einzelstaatlichem US-amerikani-schem Recht gegründeten Gesellschaft in die Bundesrepublik - unter Beibehaltung des ausländischen (US-amerikanischen) Gesellschaftsstatuts - möglich, wenn das US-amerikanische Gründungsrecht der zuziehenden Gesellschaft diese aufgrund des Wegzugs nicht zur Auflösung zwinge[1514].
Nach der Gegenauffassung bestimmt sich das auf eine Gesellschaft anwendbare Recht auch im Verhältnis Deutschland-USA nach dem Verwaltungssitz der Gesellschaft[1515]. Nach einzelstaatlichem US-amerikanischem Recht gegründete Kapitalgesellschaften mit deutschem Verwaltungssitz seien in der Bundesrepublik nicht als US-amerikanische Kapitalgesellschaften anzuerkennen[1516]. Die rechtsfähigkeitswahrende Verlegung des Verwaltungssitzes einer US-amerikanischen Kapitalgesellschaft ins Inland - unter Beibehaltung ihres ausländischen Gesellschaftsstatuts - sei nicht möglich[1517]. Der deutsch-US-amerikanische Staatsvertrag gebiete lediglich eine Gleichbehandlung in- und ausländischer Gesellschaften, nicht aber eine Besserstellung nach dem Recht des anderen Vertragsteils gegründeter Gesellschaften gegenüber inländischen Gesellschaften. US-amerikanische Kapitalgesellschaften mit inländischem Verwaltungssitz müßten daher die Anforderungen des deutschen Gesellschaftsrechts, namentlich die Kapitalaufbringungsvorschriften, ebenso wie eine deutsche Kapitalgesellschaft erfüllen[1518].
Selbst wenn im Verhältnis zu den Vereinigten Staaten unstreitig die Gründungstheorie Anwendung fände und eine rechtsfähigkeitswahrende Verlegung des Verwaltungssitzes US-amerikanischer Kapitalgesellschaften ins Inland bei ihrem Fortbestand nach Gründungsrecht zweifelsfrei möglich wäre, wäre damit für die hier interessierende Frage einer Ersatzgestaltung anstelle einer grenzüberschreitenden technischen (Herein-)Verschmelzung in Gestalt des Statutenwechsels einer US-amerikanischen Ausgangsgesellschaft eines beabsichtigten deutsch-US-amerikanischen Unternehmenszusammenschlusses mit anschließender Verschmelzung nach dem nunmehr beiden Ausgangsgesellschaften ge-

---

[1514] *von Bar*, IPR II Rdz.629; *Bungert*, Die AG 1995, S. 489, 500 li. Sp.; *Ebenroth/Bippus*, DB 1988, S. 842, 844 li. Sp., 849 re. Sp.; *Ebenroth/Auer*, RIW-Beilage 1/1992, Rdz.19f., S. 11f.; *Frowein*, Sitzverlegung, S. 115; *Hoffmann*, NZG 1999, S. 1077, 1082 re. Sp.; MünchKomm BGB/*Kindler*, IntGesR Rdz.247; *Rosener* in: Semler/Volhard (Hrsg.), Unternehmensübernahmen, § 35 Rdz.164; *Zimmer*, Internationales Gesellschaftsrecht, S. 201; a.A. *Kruse*, Sitzverlegung von Kapitalgesellschaften, S. 234.

[1515] *Berndt*, JZ 1996, S. 187, 188 li. Sp., 191 re. Sp.; Staudinger/*Großfeld*, IntGesR Rdz.210; *Walden*, Kollisionsrecht der Personengesellschaften, S. 164.

[1516] *Ebke*, RabelsZ 62 (1998), S. 195, 211f.; Staudinger/*Großfeld*, IntGesR Rdz.210, 212ff.; *Berndt*, JZ 1996, S. 187, 189ff.; vgl. *Großfeld*, Die AG 1996, S. 302, 306.

[1517] Staudinger/*Großfeld*, IntGesR Rdz.212ff..

[1518] *Berndt*, JZ 1996, S. 187, 189f.; vgl. Staudinger/*Großfeld*, IntGesR Rdz.212.

meinsamen deutschen Gesellschaftsstatut nichts gewonnen. Auf die zuziehende US-Gesellschaft fände, wenn sie lediglich ihren Verwaltungssitz ins Inland verlegte, nach der Gründungstheorie weiterhin ihr Gründungsrecht Anwendung. Ihre Rechtsverhältnisse bestimmten sich mit anderen Worten nach wie vor nach einem ausländischen Gesellschaftsstatut. Eine an die Sitzverlegung ins Inland anschließende Verschmelzung mit einer deutschen Gesellschaft müßte daher wiederum unter Beteiligung zweier verschiedener Gesellschaftsstatute vollzogen werden, was im Ergebnis am Fehlen aufeinander abgestimmter Umwandlungsvorschriften in den beteiligten Rechtsordnungen scheiterte[1519]. Die bloße Verlegung des Verwaltungssitzes einer US-amerikanischen Kapitalgesellschaft ins Inland unter Beibehaltung ihres ausländischen Gesellschaftsstatuts wäre mithin nicht geeignet, die einer grenzüberschreitenden Verschmelzung entgegenstehenden Probleme zu beseitigen. Zum Zwecke eines dazu erforderlichen Statutenwechsels müßte vielmehr gleichzeitig mit dem Verwaltungssitz auch der Satzungssitz ins Inland verlegt werden, was nach deutschem Sachrecht eine Neugründung im Inland erforderte, die zuziehende Gesellschaft mithin im Heimatstaat zur Auflösung zwänge[1520].

Hieran änderte die in Rede stehende staatsvertragliche Bestimmung nichts, die sich lediglich zur Frage der Anerkennung „gemäß den Gesetzen und sonstigen Vorschriften des einen Vertragsteils in dessen Gebiet" errichteter Gesellschaften in dem Gebiet des anderen Vertragsteils verhält, nicht aber zu der vorgelagerten Frage, unter welchen sachrechtlichen Voraussetzungen eine Gesellschaft in dem Gebiet eines Vertragsteils nach dessen Gesetzen und sonstigen Vorschriften wirksam als Kapitalgesellschaft nach dem Recht dieses Vertragsteils errichtet ist.

d) Fall Daimler/Chrysler

Im Wege einer grenzüberschreitenden Verlegung des Verwaltungssitzes der Chrysler Corp. ins Inland mit anschließender Verschmelzung von Chrysler Corp. und Daimler-Benz AG nach deutschem Umwandlungsrecht hätte sich der Zusammenschluß Daimler/Chrysler nach dem vorstehend Gesagten entgegen einer anderslautenden Stellungnahme im Schrifttum[1521] nicht, auch nicht bei rein gesellschaftsrechtlicher Betrachtung[1522], gestalten lassen.

Nach einer - freilich nach dem Gesagten nicht unzweifelhaft möglichen - rechtsfähigkeitswahrenden Verlegung des Verwaltungssitzes der Chrysler Corp. ins

---

[1519] Vgl. zu dieser Problematik oben S. 334.

[1520] Vgl. oben S. 406.

[1521] *Hoffmann*, NZG 1999, S. 1077, 1082f..

[1522] Vgl. *Rosener* in: Semler/Volhard (Hrsg.), Unternehmensübernahmen, § 35 Rdz.164.

Inland unter Beibehaltung des US-amerikanischen Satzungssitzes wäre bereits das für eine nachfolgende Verschmelzung mit der Daimler-Benz AG nach inländischem Umwandlungsrecht gegebene Erfordernis zweier Rechtsträger „mit Sitz im Inland" i.S. des § 1 Abs. 1 Nr. 1 UmwG nicht erfüllt gewesen, wenn und weil „Sitz" i.S. der Vorschrift, wie hier vertreten, den Satzungssitz und nicht den Verwaltungssitz meint[1523]. Selbst wenn man insoweit aber anderer Ansicht ist, hätte nach dem Gesagten mangels Wechsels des Gesellschaftsstatuts der Chrysler Corp. eine Verschmelzung der zugezogenen Chrysler Corp. mit der Daimler-Benz AG gleichwohl unter Zusammenwirken zweier verschiedener Rechtsordnungen, nämlich dem nach der (ausnahmsweise anwendbaren) Gründungstheorie trotz Verlegung des Verwaltungssitzes der Chrysler Corp. ins Inland nach wie vor maßgeblichen US-amerikanischen Gründungsrecht der Chrysler Corp. einerseits und deutschem Umwandlungsrecht andererseits, vollzogen werden müssen. Damit hätten sich infolge mangelnder Abstimmung der beteiligten Umwandlungsrechte aufeinander eben jene Probleme ergeben, die grenzüberschreitende technische Verschmelzungen gegenwärtig selbst zwischen Kapitalgesellschaften aus EU-Mitgliedstaaten praktisch nicht zulassen. Um dies zu vermeiden, hätte die Chrysler Corp. vor Vollzug der Verschmelzung in das inländische Gesellschaftsstatut wechseln und dazu (auch) ihren Satzungssitz ins Inland verlegen müssen. Dazu freilich hätte die Chrysler Corp. nach dem Gesagten nach deutschem Sachrecht im Inland neu gegründet werden müssen, was namentlich wegen der mit einer vorherigen Auflösung im US-amerikanischen Heimatstaat mutmaßlich verbundenen steuerlichen Belastungen kaum in Betracht gekommen sein dürfte.

4. Fazit

Das deutsche Sachrecht steht gegenwärtig sowohl dem rechtsfähigkeitswahrenden Statutenwechsel einer deutschen Kapitalgesellschaft ins Ausland als auch dem rechtsfähigkeitswahrenden Statutenwechsel einer ausländischen Kapitalgesellschaft ins Inland insofern faktisch entgegen, als es im ersten Fall die Auflösung der verziehenden Gesellschaft anordnet und im zweiten Fall die Neugründung der zuziehenden Gesellschaft im Inland erfordert. Die damit jeweils verbundenen, insbesondere steuerlichen, Belastungen haben praktisch präventive Wirkung.

[1523] Vgl. dazu oben S. 409f..

5. Zulässigkeit rechtsfähigkeitswahrenden Statutenwechsels durch grenzüberschreitende Sitzverlegung innerhalb der EU nach dem Centros-*Urteil und der* Überseering-*Entscheidung des EuGH?*

Mit Blick auf die oben[1524] bereits eingehend behandelten Urteile des Europäischen Gerichtshofs in Sachen *Centros* und *Überseering* stellt sich die Frage, ob die primäre Niederlassungsfreiheit gemäß Artt. 43 Abs. 1 S. 1, 48 EGV n.F. (= Artt. 52 Abs. 1 S. 1, 58 EGV n.F.) Gesellschaften i.S. des Art. 48 EGV n.F. ein Recht auf rechtsfähigkeitswahrenden Wechsel des Gesellschaftsstatuts innerhalb der EU garantiert und demzufolge sachrechtliche mitgliedstaatliche Regelungen, die einem rechtsfähigkeitswahrenden Statutenwechsel entgegenstehen, durch höherrangiges Gemeinschaftsrecht verdrängt werden. Hierzu ist folgendes zu bemerken.

Wie oben ausgeführt, betrifft die *Centros*-Entscheidung ihrem Streitgegenstand nach allein die Reichweite der *sekundären* Niederlassungsfreiheit in Gestalt der Errichtung und Registrierung einer ausländischen Zweigniederlassung[1525] und insoweit auch nur die diesbezüglichen gemeinschaftsrechtlichen Anforderungen an das Sachrecht des *Zuzugs*staates[1526]. Da es sich im Fall *Centros* bei der vermeintlichen dänischen Zweigniederlassung der englischen Centros plc nach dem Gesagten faktisch um die Hauptniederlassung und also um den Verwaltungssitz der Centros plc handelte, lag nach dem Gesagten allerdings bereits vor der *Überseering*-Entscheidung des EuGH die Schlussfolgerung nahe[1527], der Zuzugsstaat habe eine nach dem Recht eines Mitgliedstaates wirksam gegründete und fortbestehende Kapitalgesellschaft i.S. des Art. 48 EGV n.F. unabhängig davon als Kapitalgesellschaft EU-ausländischen Rechts anzuerkennen, auf welche Weise ihr Verwaltungssitz ins Inland gelangt ist, ob - wie im Fall *Centros* - durch Errichtung einer inländischen Zweigniederlassung als faktischer Verwaltungssitz im Zuge einer grenzüberschreitenden Gründung, durch nachträgliche Aufwertung einer inländischen Zweigniederlassung zur Hauptniederlassung („Sitzverlegung durch die Hintertür") oder aber durch nachträgliche grenzüberschreitende Verlegung des Verwaltungssitzes aus dem Gründungsrechtsstaat in den Zuzugsstaat. Nach der *Überseering*-Entscheidung des EuGH ist nunmehr unzweifelhaft von einer gemeinschaftsrechtlichen Garantie einer rechtsfähigkeitswahrenden Verlegung des Verwaltungssitzes einer nach dem Recht eines Mitgliedstaates gegründeten und nach dem Recht dieses Mitgliedstaates trotz

[1524] Vgl. oben S. 338ff..
[1525] Vgl. oben S. 347.
[1526] Vgl. oben S. 349.
[1527] Vgl. oben S. 348.

Verlegung des Verwaltungssitzes ins Ausland fortbestehenden Kapitalgesellschaft i.S. des Art. 48 EGV n.F. in einen anderen Mitgliedstaat auszugehen.
Im vorliegenden Zusammenhang steht nun aber nicht die Frage der rechtsfähigkeitswahrenden grenzüberschreitenden Verlegung des Verwaltungssitzes in Rede, sondern die Frage des rechtsfähigkeitswahrenden Statutenwechsels („Ausflaggens"), der mit einer bloßen Verlegung des *Verwaltungs*sitzes nicht verbunden wäre und im Fall *Centros* von den Gründern der Centros plc, denen es um eine Umgehung der Kapitalaufbringungsvorschriften des dänischen Rechts ging[1528], ja auch gerade nicht gewünscht war. Der Statutenwechsel einer Kapitalgesellschaft setzte nach dem oben Gesagten[1529] vielmehr in jedem Fall eine grenzüberschreitende Verlegung des *Satzungs*sitzes einer Kapitalgesellschaft voraus, da die Registrierung im Zuzugsstaat einen inländischen Satzungssitz erfordert. Zur Frage der grenzüberschreitenden Verlegung des Satzungssitzes lässt sich weder dem *Centros*-Urteil noch der *Überseering*-Entscheidung etwas entnehmen[1530]. Ein rechtsfähigkeitswahrender Statutenwechsel ist mithin gemeinschaftsrechtlich nicht garantiert. Dem Sachrecht des Zuzugsstaates, dessen Perspektive sowohl das *Centros*-Urteil wie auch das *Überseering*-Urteil allein betreffen, ist es - auch nach *Centros* und *Überseering* - vielmehr unbenommen, die Registrierung einer Gesellschaft im Inland von ihrer Neugründung abhängig zu machen[1531]. Überdies hindern die Urteile, schon weil sie nach dem Gesagten ausschließlich die Perspektive des Zuzugsstaates betreffen, den Wegzugsstaat (= Gründungsrechtsstaat) weiterhin nicht daran, „einen Statutenwechsel aufgrund ‚Wegzugs' der Gesellschaft materiellrechtlich als Auflösungsgrund zu behandeln."[1532] Zwei Oberlandesgerichte sahen sich, wie bereits erwähnt[1533],

---

[1528] Vgl. oben S. 339.

[1529] Vgl. oben S. 401ff..

[1530] *Bungert*, DB 1999, S. 1841, 1843 re. Sp.; *Koppensteiner* in: VGR (Hrsg.), Gesellschaftsrecht in der Diskussion 1999, S. 151, 183; *Kallmeyer*, DB 2002, S. 2521, 2522 li. Sp.; vgl. *G.H. Roth*, ZIP 1999, S. 861, 864 li. Sp.; *Behrens* in: Ferrarini/Hopt/Wymeersch (Hrsg.), Capital Markets in the Age of the Euro, S. 503, 516f., 520; s. auch *ders.*, IPRax 2000, S. 384, 389f..

[1531] *Behrens*, IPRax 1999, S. 323, 330 re. Sp..

[1532] *Behrens*, IPRax 1999, S. 323, 330 li. Sp.; *ders.* in: Ferrarini/Hopt/Wymeersch (Hrsg.), Capital Markets in the Age of the Euro, S. 503, 516; ebenso *Göttsche*, DStR 1999, S. 1403, 1405; *Forsthoff*, DB 2000, S. 1109, 1111 li. Sp.; *Leible* in: Michalski, GmbHG, Syst. Darst. 2 Rdz.28; *Randelzhofer/Forsthoff* in: Grabitz/Hilf, Das Recht der Europäischen Union, Art. 48 EGV Rdz.57ff.; zur *Überseering*-Entscheidung *Eidenmüller*, ZIP 2002, S. 2233, 2242f.; *Forsthoff*, DB 2002, S. 2471, 2474 li. Sp.; *Kallmeyer*, DB 2002, S. 2521, 2522 li. Sp.; *Leible/Hoffmann*, RIW 2002, S. 925, 927f., 930 re. Sp., 932 re. Sp.; *Wernicke*, EuZW 2002, S. 754, 760 li. Sp.; a.A. *v. Halen*, Gesellschaftsstatut, S. 161ff.; *Kieninger*, NZG 2001, S. 610, 611 li. Sp.; *Koppensteiner*, Festschrift Lutter, S. 141, 144; *ders.* in: VGR (Hrsg.), Gesellschaftsrecht in der Diskussion 1999, S. 151, 180; *Lut-*

demgemäß durch das *Centros*-Urteil zu Recht nicht gehindert anzunehmen, daß die grenzüberschreitende Verlegung des statutarischen Sitzes und des effektiven Verwaltungssitzes einer in der Bundesrepublik gegründeten GmbH zur Auflösung der Gesellschaft führe[1534].
Dem *Centros*-Urteil wie auch dem *Überseering*-Urteil läßt sich mithin für eine gemeinschaftsrechtliche Garantie des rechtsfähigkeitswahrenden Statutenwechsels einer Kapitalgesellschaft i.S. des Art. 48 EGV n.F. nichts entnehmen. Selbst wenn man im übrigen Artt. 43, 48 EGV eine Garantie des rechtsfähigkeitswahrenden Statutenwechsels entnähme, bliebe damit das eigentliche Problem bestehen, daß es bislang an koordinierten mitgliedstaatlichen sachrechtlichen Vorschriften mangelt, nach denen ein rechtsfähigkeitswahrender Statutenwechsel durch grenzüberschreitende Sitzverlegung vollzogen werden könnte[1535]. Dieses Problem lässt sich nur durch eine Richtlinie über die grenzüberschreitende Sitzverlegung[1536] beseitigen[1537].

D. Zusammenfassung

Grenzüberschreitende Unternehmenszusammenschlüsse unter Beteiligung deutscher Kapitalgesellschaften lassen sich nach geltendem deutschem Sachrecht angesichts insoweit bestehender rechtlicher Unwägbarkeiten nicht im Wege grenzüberschreitender technischer Verschmelzung gestalten. Unbeschadet des Problems mangelnder Abstimmung der nationalen Umwandlungsrechte aufeinander kommt eine Hinaus-Verschmelzung gegenwärtig nach herkömmlicher Auffassung bereits wegen der dabei drohenden Gefahr einer „Flucht aus der Mitbestimmung" nicht in Betracht. Das Gelingen einer Herein-Verschmelzung hängt faktisch vom Wohlwollen des Registerrichters ab.

---

ter/Hommelhoff, § 4a Rdz.13 a.E.; zur *Überseering*-Entscheidung *Schnitger*, IStR 2002, S. 818, 824 li. Sp.; *Schulz/Sester*, EWS 2002, S. 545, 550 li. Sp..

1533 Vgl. oben S. 349.

1534 OLG Hamm ZIP 2001, S. 791ff.; OLG Düsseldorf ZIP 2001, S.790f.. - Die Frage, ob die rechtsfähigkeitswahrende grenzüberschreitende Verlegung des Satzungs- und Verwaltungssitzes einer deutschen GmbH durch Artt. 43, 48 EGV n.F. gewährleistet ist, war Gegenstand eines Vorlagebeschlusses des AG Heidelberg ZIP 2000, S. 1617ff. (vgl. dazu *Behrens*, EuZW 2000, S. 385; *W.-H. Roth*, ZIP 2000, S. 1597ff.; *Zimmer*, BB 2000, S. 1361ff.), hinsichtlich dessen der EuGH seine Zuständigkeit verneint und demgemäß die Unzulässigkeit der Vorlage festgestellt hat (EuGH NJW 2001, S. 3179f.).

1535 Vgl. *Behrens*, IPRax 2000, S. 384, 390 li. Sp..

1536 Vgl. zum Vorentwurf einer Richtlinie über die grenzüberschreitende Sitzverlegung unten S. 423ff..

1537 *Behrens*, IPRax 1999, S. 323, 330 li. Sp..

Die Urteile *Centros* und *Überseering* des Europäischen Gerichtshofes, die ohnedies nur die Mobilität von Gesellschaften i.S. des Art. 48 EGV n.F. innerhalb der EU betreffen, ändern an der mangelnden Gestaltbarkeit grenzüberschreitender technischer Verschmelzungen nach geltendem Recht im Ergebnis nichts. Die Urteile lassen allenfalls den Schluß zu, die grenzüberschreitende Herein-Verschmelzung einer Gesellschaft i.S. des Art. 48 EGV n.F., welche anlässlich der Hinaus-Verschmelzung aus ihrem Gründungsstaat von ihrem Heimatrecht nicht zur Auflösung gezwungen wird, sei innerhalb der EU gemeinschaftsrechtlich durch die (primäre) Niederlassungsfreiheit gemäß Artt. 43 Abs. 1 S. 1, 48 EGV n.F. ebenso garantiert wie eine grenzüberschreitende Verlegung des Verwaltungssitzes einer solchen Gesellschaft ins Inland und dürfe daher durch das Sachrecht des „Zuzugsstaates" nicht vereitelt werden. Daß das Sachrecht eines Mitgliedstaates eine hinausverschmelzende Gesellschaft nicht zur Auflösung zwingen dürfe, lässt sich hingegen weder dem *Centros*-Urteil noch der *Überseering*-Entscheidung entnehmen. Abgesehen davon lassen die Urteile ein wesentliches Hindernis für die Gestaltung grenzüberschreitender Verschmelzungen, die mangelnde Abstimmung der nationalen Umwandlungsrechte und das Fehlen mitgliedstaatlicher Spezialvorschriften für grenzüberschreitende Umwandlungen, unberührt.

Es bedarf mithin Ersatzgestaltungen anstelle einer grenzüberschreitenden technischen Verschmelzung.

In Betracht kommt insoweit praktisch vor allem eine grenzüberschreitende wirtschaftliche Verschmelzung durch Anteilsübertragung (Anteilstausch). Die wirtschaftliche Hinausverschmelzung einer deutschen Aktiengesellschaft durch Anteilsübertragung kann seit dem 01.01.2002 ergänzt werden durch einen anschließenden *freeze out* in der inländischen Gesellschaft verbliebener Minderheitsaktionäre nach §§ 327a ff. AktG n.F.. Die wirtschaftliche Herein-Verschmelzung ausländischer Kapitalgesellschaften durch Betriebs- oder Anteilsübertragung auf eine deutsche börsennotierte Aktiengesellschaft kommt praktisch nur im Wege einer genehmigten Sachkapitalerhöhung mit Bezugsrechtsaussschluß in der inländischen Gesellschaft in Betracht. Eine ordentliche oder bedingte Sachkapitalerhöhung mit Bezugsrechtsausschluß scheidet mit Blick auf die insoweit bestehenden Anfechtungsrisiken mangels ausreichender Transaktionssicherheit aus.

Die transaktionssichere Gestaltung grenzüberschreitender Unternehmenszusammenschlüsse im Wege wirtschaftlicher Herein-Verschmelzung einer ausländischen Kapitalgesellschaft auf eine deutsche Aktiengesellschaft durch Betriebs- oder Anteilsübertragung (Anteilstausch) ist durch die Siemens/Nold-Entscheidung des Bundesgerichtshofes erleichtert worden. Wenngleich die Siemens/Nold-Entscheidung zu dieser Frage nicht ausdrücklich Stellung bezogen hat, ist aufgrund ihrer tragenden Erwägungen davon auszugehen, daß der Vorstand sich im Rahmen seines Berichts über die Gründe für den erbetenen Bezugsrechtsausschluß beim genehmigten Kapital oder eine dahingehende Ermächtigung auch dann darauf beschränken kann, die Gründe für den Bezugsrechtsausschluß in abstrakter und allgemeiner Form darzulegen, wenn das genehmigte Kapital mit Bezugsrechtsausschluß der Finanzierung eines bereits konkret in Aussicht genommenen Vorhabens dient, soweit dessen Offenlegung in konkreter Form den Geheimhaltungsinteressen der Gesellschaft zuwiderliefe. Soweit dies nicht (mehr) der Fall ist, weil ein Vorhaben durchverhandelt und entscheidungsreif ist, hat der Vorstand den Sachverhalt hingegen auch nach Siemens/Nold vollständig und in konkreter Form offenzulegen.

Weitere denkbare Ersatzgestaltungen anstelle einer technischen grenzüberschreitenden Verschmelzung sind zwar theoretisch erwägenswert, jedoch jedenfalls für börsennotierte Aktiengesellschaften praktisch u.U. nicht gestaltbar.

Das erweiterte Anwachsungsmodell als Ersatzgestaltung anstelle einer technischen Hinaus-Verschmelzung einer deutschen Kapitalgesellschaft erfordert die Umwandlung der Ausgangs-Kapitalgesellschaft in eine Kapitalgesellschaft & Co. KG sowie sodann die Vereinigung sämtlicher Anteile an der Kapitalgesellschaft & Co. KG in der Hand einer ausländischen Erwerbergesellschaft. Wegen der insoweit erforderlichen Mitwirkung sämtlicher ehemaliger Anteilsinhaber der Ausgangs-Kapitalgesellschaft und späterer Kommanditisten der Kapitalgesellschaft & Co. KG kommt die Gestaltung für Publikumsaktiengesellschaften, deren Aktien sich (teilweise) im Streubesitz befinden und die daran nichts ändern können, nicht in Betracht.

Auch die Kombination eines Statutenwechsels einer der Ausgangsgesellschaften eines beabsichtigten Unternehmenszusammenschlusses in das Statut der anderen Ausgangsgesellschaft mit einer anschließenden Verschmelzung beider Ausgangsgesellschaften nach einheitlichem Umwandlungsrecht des Zuzugsstaates stellt für einen Zusammenschluß von Kapitalgesellschaften keinen gangbaren Weg dar. Das deutsche Sachrecht steht gegenwärtig sowohl dem rechtsfähigkeitswahrenden Statutenwechsel einer deutschen Kapitalgesellschaft ins Ausland als auch dem rechtsfähigkeitswahrenden Statutenwechsel einer ausländischen, auch einer US-amerikanischen, Kapitalgesellschaft ins Inland insofern faktisch entgegen, als es im Fall des Wegzugs die Auflösung der verziehenden Gesellschaft anordnet und im Fall des Zuzugs die Neugründung der zuziehenden Gesellschaft im Inland verlangt. Das *Centros*-Urteil und die *Überseering*-Entscheidung des EuGH stehen einer derartigen sachrechtlichen Vereitelung eines rechtsfähigkeitswahrenden Statutenwechsels insofern nicht entgegen, als sie sich zur Frage eines Statutenwechsels („Ausflaggens"), der in jedem Fall die grenzüberschreitende Verlegung des *Satzungs*sitzes erfordert, nicht verhalten.

§ 9 Künftige Gestaltungsmöglichkeiten für grenzüberschreitende Unternehmenszusammenschlüsse innerhalb der EU

Gegenstand der vorstehenden Ausführungen waren nach geltendem deutschem Recht bestehende Gestaltungsmöglichkeiten für grenzüberschreitende Unternehmenszusammenschlüsse unter Beteiligung deutscher Kapitalgesellschaften. Die Praxis ist nach dem Gesagten insoweit derzeit noch auf vergleichsweise aufwendige Ersatzgestaltungen anstelle grenzüberschreitender technischer Verschmelzungen angewiesen.
Innerhalb der EU zeichnet sich insoweit nunmehr mittelfristig eine Verbesserung der Gestaltungsmöglichkeiten ab. Nach der Verabschiedung der gemeinschaftsrechtlichen Rechtsakte zur Europäischen (Aktien-)Gesellschaft (Verordnung über das Statut sowie Richtlinie hinsichtlich der Beteiligungsrechte der Arbeitnehmern; dazu unten C.) steht angesichts der damit verbundenen Lösung der Mitbestimmungsproblematik mittelfristig ein Inkrafttreten auch der Richtlinie zur grenzüberschreitenden Verschmelzung (nachfolgend A.) sowie der Richtlinie zur grenzüberschreitenden Sitzverlegung (unten B.) zu erwarten. Dem ist im folgenden näher nachzugehen.

A. Grenzüberschreitende Verschmelzung

Die Verabschiedung einer Richtlinie über die grenzüberschreitende Verschmelzung von Aktiengesellschaften[1538] scheiterte in der Vergangenheit ebenso an der ungelösten Mitbestimmungsproblematik[1539] wie eine Verabschiedung der gemeinschaftsrechtlichen Rechtsakte über die Europäische (Aktien-)Gesell-

---

[1538] Vgl. den Vorschlag einer Zehnten Richtlinie über die grenzüberschreitende Verschmelzung von Aktiengesellschaften vom 14.01.1985; abgedruckt bei *Lutter*, Europäisches Unternehmensrecht, S. 261ff.; *Schwarz*, Textsammlung Europäisches Gesellschaftsrecht, Signatur 10; dazu *Figge*, Mitbestimmung auf Unternehmensebene, S. 157ff.; *Ganske*, DB 1985, S. 581ff.; *Habersack*, Europäisches Gesellschaftsrecht Rdz.60ff.; *Lutter*, a.a.O., S. 257ff.; *Schwarz*, Europäisches Gesellschaftsrecht Rdz.841ff.; *Stengel* in: Semler/Volhard (Hrsg.), Unternehmensübernahmen, § 17 Rdz.263f..

[1539] Vgl. *Habersack*, Europäisches Gesellschaftsrecht Rdz.61; MünchKomm BGB/*Kindler*, IntGesR Rdz.32; *Lutter*, Europäisches Unternehmensrecht, S. 258f.; *Schön*, Grenzüberschreitende Unternehmenstätigkeit, S. 141, 161f.; *Schwarz*, Europäisches Gesellschaftsrecht Rdz.841, 846; *Stengel* in: Semler/Volhard (Hrsg.), Unternehmensübernahmen, § 17 Rdz.264.

schaft[1540] sowie eine Verabschiedung der Richtlinie über die Verlegung des Gesellschaftssitzes[1541].

Aus deutscher Sicht ist die damit angesprochene Frage nach dem Fortbestand oder (teilweisen) Wegfall in einer hinausverschmelzenden oder ins Ausland verziehenden Kapitalgesellschaft bestehender Mitbestimmungsrechte angesichts des international singulären deutschen Mitbestimmungsmodells[1542] von besonderem Gewicht. Während die Bundesrepublik insoweit in der Vergangenheit stets einen Erhalt des status quo der Mitbestimmung in einer deutschen hinausverschmelzenden oder verziehenden Kapitalgesellschaft anstrebte, wollten andere Mitgliedstaaten einen Import des deutschen Mitbestimmungsmodells im Zuge einer grenzüberschreitenden Verschmelzung oder Sitzverlegung verhindern[1543].

Im Gefolge des Kompromisses zur Regelung der Mitbestimmung in der Europäischen (Aktien-)Gesellschaft (Societas Europaea, SE)[1544] zeichnet sich nunmehr indes eine entsprechende Lösung auch für die Richtlinie über die grenzüberschreitende Verschmelzung von Aktiengesellschaften und Gesellschaften mit beschränkter Haftung[1545] ab. Die Kommission beabsichtigt, die Regelungen der Richtlinie über die Mitbestimmung in der SE vollinhaltlich auf die Richtlinie über die grenzüberschreitende Verschmelzung zu übertragen[1546], was insofern nahe liegt, als eine SE nach dem Statut der SE u.a. durch grenzüberschreitende Verschmelzung mitgliedstaatlicher Aktiengesellschaften gegründet werden kann[1547].

Mittelfristig ist vor diesem Hintergrund mithin mit dem Inkrafttreten einer Richtlinie über die grenzüberschreitende Verschmelzung zu rechnen[1548]. Damit wäre das gemeinschaftsrechtliche „Scharnier“ gegeben, dessen es nach dem oben Gesagten[1549] zur Schaffung besonderer, auf grenzüberschreitende Verschmelzungen zugeschnittener und aufeinander abgestimmter Vorschriften in

---

[1540] Vgl. unten S. 425ff..

[1541] Vgl. unten S. 423ff..

[1542] Nachw. zu rechtsvergleichenden Überblicken über nationale Mitbestimmungsmodelle in Fn.1173.

[1543] *Hoffmann*, NZG 1999, S. 1077, 1084 li. Sp.. - Der Sache nach käme es auch bei der Herein-Verschmelzung einer ausländischen Gesellschaft aus deren Sicht zu einem „Import“ des deutschen Mitbestimmungsmodells; *Habersack*, Europäisches Gesellschaftsrecht Rdz.61.

[1544] Vgl. dazu unten S. 435ff..

[1545] Anders als noch der Verordnungs-Vorschlag 1985 (oben Fn.1538) soll ein neuer Vorschlag für eine internationale Fusionsrichtlinie neben Aktiengesellschaften auch GmbHs einbeziehen; *Wiesner*, BB-Beilage 8/2001, S. 4 re. Sp., 13.

[1546] *Wiesner*, BB-Beilage 8/2001, S. 4 re. Sp., 13.

[1547] Vgl. unten S. 427.

[1548] *Thoma/Leuering*, NJW 2002, S. 1449, 1452 li. Sp..

[1549] Vgl. oben S. 334.

den mitgliedstaatlichen Umwandlungsrechten bedürfte[1550]. Mit dem Inkrafttreten derartiger spezieller Sachnormen wären die rechtstechnischen Schwierigkeiten beseitigt, die der Durchführung grenzüberschreitender technischer Verschmelzungen derzeit im Wege stehen[1551].
Die Hindernisse, denen grenzüberschreitende technische Verschmelzungen infolge mangelnder Koordination der nationalen Umwandlungsrechte begegnen, würden mit dem Inkrafttreten einer Richtlinie über die grenzüberschreitende Verschmelzung von Kapitalgesellschaften freilich naturgemäß nur für Unternehmenszusammenschlüsse innerhalb der EU beseitigt. Zusammenschlüsse unter Beteiligung von Gesellschaften aus Nicht-EU-Staaten, etwa englisch-US-amerikanische oder deutsch-US-amerikanische Verbindungen wie BP/Amoco, Vodafone/Airtouch, Daimler/Chrysler, Deutsche Telekom/VoiceStream Wireless oder Deutsche Bank/Bankers Trust, ließen sich auch weiterhin nur durch vergleichsweise aufwendige und teure Ersatzlösungen gestalten[1552]. Insoweit bedürfte es daher ergänzender Regelungen[1553], etwa in Form bilateraler Staatsverträge.

B. Grenzüberschreitende Sitzverlegung

Ebenso wie die Verabschiedung einer Richtlinie über die grenzüberschreitende Verschmelzung von Aktiengesellschaften wurde nach dem Gesagten bislang auch die Verabschiedung einer Richtlinie über die grenzüberschreitende Verlegung des Gesellschaftssitzes durch die ungelöste Mitbestimmungsproblematik blockiert[1554], die hier im Kern dieselbe ist wie bei der grenzüberschreitenden Verschmelzung[1555]. Verlegte eine deutsche mitbestimmungspflichtige Kapitalgesellschaft ihren Sitz ins Ausland, käme es infolge eines damit eintretenden Statutenwechsels ebenso zu einem Verlust an Mitbestimmungsrechten wie bei einer Hinaus-Verschmelzung. Daß die Gesellschaft bei der Sitzverlegung im Zuzugsstaat fortbestünde, im Zuge einer Hinaus-Verschmelzung dagegen erlöschen würde, machte insoweit keinen Unterschied.

[1550] Vgl. *Neye*, EWiR 1999, S. 259, 260.
[1551] Vgl. zu diesem Problem oben S. 334.
[1552] Vgl. *Ch. Teichmann*, ZGR 2002, S. 383, 413 (zur SE); *Pfeifer*, Bericht über die Diskussion, in: Karsten Schmidt/Riegger (Hrsg.), Gesellschaftrecht 1999, S. 177.
[1553] Vgl. *Baums*, Festschrift 25 Jahre Universität Osnabrück, S. 235, 239.
[1554] Vgl. *Habersack*, Europäisches Gesellschaftsrecht Rdz.65; *Schön*, Grenzüberschreitende Unternehmenstätigkeit, S. 141, 161; *Schwarz*, Europäisches Gesellschaftsrecht Rdz.836.
[1555] *Hoffmann*, ZHR 164 (2000), S. 43, 61.

Die Lösung der Mitbestimmungsproblematik für die SE soll nunmehr auch als Vorbild für die Richtlinie über die grenzüberschreitende Verlegung des Gesellschaftssitzes dienen[1556].

Der Vorentwurf einer „Richtlinie über die Verlegung des Sitzes einer Gesellschaft in einen anderen Mitgliedstaat mit Wechsel des für die Gesellschaft maßgebenden Rechts"[1557], der für den Bereich der EU die Hindernisse beseitigen soll, die einem rechtsfähigkeitswahrenden Wechsel des Gesellschaftsstatuts derzeit aufgrund mitgliedstaatlichen Sachrechts entgegenstehen[1558], sieht vor, daß eine Gesellschaft, die nach dem Recht eines Mitgliedstaates gegründet und dort im Register eingetragen ist, unter Beachtung bestimmter Verfahrens- und Schutzvorschriften ihren Satzungssitz unter Wahrung ihrer Rechtsfähigkeit in einen anderen Mitgliedstaat verlegen, d.h. die Löschung ihrer Registereintragung im Wegzugsstaat und eine Registereintragung im Zuzugsstaat herbeiführen kann, ohne daß es dazu der Auflösung der Gesellschaft im Wegzugsstaat sowie ihrer Neugründung im Zuzugsstaat bedarf[1559]. Dabei soll der Zuzugsstaat die

---

[1556] *Wiesner*, BB-Beilage 8/2001, S. 6 li. Sp., 14; vgl. *Heinze*, ZGR 1999, S. 54, 62; *Deckert*, RabelsZ 64 (2000), S. 478, 483; *Schwarz*, Europäisches Gesellschaftsrecht Rdz.838. Zur Übertragbarkeit der Mitbestimmungsregelung in der SE auf die Richtlinie zur grenzüberschreitenden Sitzverlegung vgl. unten S. 446f..

[1557] Abgedruckt mit Begründung in ZIP 1997, S. 1721ff. und ZGR 1999, S. 157ff.; Abdruck des Richtlinien-Vorentwurfes auch bei *Schwarz*, Textsammlung Europäisches Gesellschaftsrecht, Signatur 14; vgl. dazu *Behrens*, EuZW 1998, S. 353; *ders.* in: Ferrarini/Hopt/Wymeersch (Hrsg.), Capital Markets in the Age of the Euro, S. 503, 518; *Di Marco*, ZGR 1999, S. 3ff.; *Hoffmann*, ZHR 164 (2000), S. 43, 51ff.; *Decher* in Lutter, vor § 190 Rdz.49f.; *Frowein*, Sitzverlegung, S. 202ff.; *Habersack*, Europäisches Gesellschaftsrecht Rdz.63ff.; MünchKomm BGB/*Kindler*, IntGesR Rdz.34f.; *Leible* in: Michalski, GmbHG, Syst. Darst. 2 Rdz.39ff.; *Schwarz*, Europäisches Gesellschaftsrecht Rdz.807ff.. Zu denkbaren Konsequenzen des *Centros*-Urteils für die Sitzverlegungsrichtlinie s. *Koppensteiner*, Festschrift Lutter, S. 141ff.; *ders.* in: VGR (Hrsg.), Gesellschaftsrecht in der Diskussion 1999, S. 151, 184f..

[1558] Vgl. dazu mit Blick auf das deutsche Gesellschaftsrecht oben S. 403ff..

[1559] Der Richtlinien-Vorentwurf regelt den rechtsfähigkeitswahrenden Statutenwechsel durch grenzüberschreitende Verlegung des *Satzungs*sitzes („Ausflaggen"), nicht die rechtsfähigkeitswahrende grenzüberschreitende Verlegung des Verwaltungssitzes unter Beibehaltung des Satzungssitzes (= Registerortes), also die Konstellation, die Gegenstand des *Daily Mail*-Urteils und der *Überseering*-Entscheidung des EuGH war (vgl. oben S. 337f., 350ff.) und die bei der Diskussion um die Konsequenzen der *Centros*-Entscheidung eine wesentliche Rolle spielte (vgl. oben S. 343f., 347ff.); vgl. *Di Marco*, ZGR 1999, S. 3, 5; *Hoffmann*, ZHR 164 (2000), S. 43, 51; *Schwarz*, Europäisches Gesellschaftsrecht Rdz.182, 811, 816; *Koppensteiner*, Festschrift Lutter, S. 141, 141. Allerdings kann eine Registrierung im Zuzugsstaat neben einer Verlegung des Satzungssitzes in den Zuzugsstaat nach dem Richtlinien-Vorentwurf - bei entsprechender Regelung des Zuzugsstaates -

Registereintragung der zuziehenden Gesellschaft davon abhängig machen können, daß neben dem Satzungssitz auch der Verwaltungssitz in den Zuzugsstaat verlegt wird[1560]. Diese Regelung ist ein Zugeständnis an „Sitztheorie-Staaten"[1561], die keine Gesellschaften in ihre Rechtsordnung sollen aufnehmen müssen, auf die nicht auch nach der Sitztheorie ihr Recht anwendbar wäre[1562]. Die Anknüpfung, nach der die mitgliedstaatlichen Kollisionsrechte jeweils das auf eine Gesellschaft anzuwendende Recht bestimmen, soll von der Richtlinie nach dem Vorentwurf unberührt bleiben[1563]. Die Richtlinie zielt mit anderen Worten nicht auf eine Angleichung des Kollisionsrechts der Mitgliedstaaten durch eine Entscheidung für die Sitz- oder die Gründungstheorie[1564]. Maßgeblich für den Wechsel des Gesellschaftsstatuts soll nicht die Sicht der jeweiligen mitgliedstaatlichen Kollisionsrechte sein, sondern die Eintragung der Gesellschaft im Register des Zuzugsstaates[1565]. Mit dieser Eintragung unterläge sie der Rechtsordnung des Zuzugstaates und hätte daher ihre Satzung zuvor entsprechend anzupassen[1566].

C. Europäische (Aktien-)Gesellschaft (SE)

Die Blockade der Richtlinie über die grenzüberschreitende Verschmelzung von Aktiengesellschaften und der Richtlinie über die grenzüberschreitende Verle-

---

eine gleichzeitige Verlegung *auch* des Verwaltungssitzes dorthin erfordern (vgl. den folgenden Text).

1560 Vgl. Begründung des Richtlinien-Vorentwurfs, ZIP 1997, S. 1721, 1723 li. Sp. (unter VII. 3.); Art. 11 Abs. 2 Richtlinienvorentwurf; kritisch hierzu mit Blick auf das *Centros*-Urteil - das sich freilich ebenso wenig wie das *Überseering*-Urteil zu einer Verlegung des Satzungssitzes unter Beibehaltung des Verwaltungssitzes verhält, sondern wie dieses vielmehr allein den umgekehrten Fall und auch diesen nur aus der Perspektive des Zuzugsstaates behandelt - *Koppensteiner* in: VGR (Hrsg.), Gesellschaftsrecht in der Diskussion 1999, S. 151, 184; *ders.*, Festschrift Lutter, S. 141, 155; s. auch *Leible* in: Michalski, GmbHG, Syst. Darst. 2 Rdz.41.

1561 *Schwarz*, Europäisches Gesellschaftsrecht Rdz.833.

1562 Vgl. *Hoffmann*, ZHR 164 (2000), S. 43, 52; *Kieninger*, ZGR 1999, S. 724, 746 mit Fn.114; MünchKomm BGB/*Kindler*, IntGesR Rdz.35.

1563 Begründung des Vorentwurfs der Richtlinie zur grenzüberschreitenden Sitzverlegung, ZIP 1997, S. 1721, 1722 re. Sp. (unter V.), 1723 li. Sp. (unter VII. 2.); MünchKomm BGB/*Kindler*, IntGesR Rdz.34; *Schön*, Grenzüberschreitende Unternehmenstätigkeit, S. 141, 161.

1564 *Habersack*, Europäisches Gesellschaftsrecht Rdz.64; *Schwarz*, Europäisches Gesellschaftsrecht Rdz.811.

1565 Vgl. Art. 3 S. 2 2. Halbs. Richtlinien-Vorentwurf.

1566 Begründung des Richtlinien-Vorentwurfs, ZIP 1997, S. 1721, 1723 li. Sp. (unter VI. 3.); *Priester*, ZGR 1999, S. 36, 46; *Hoffmann*, ZHR 164 (2000), S. 43, 56.

gung des Gesellschaftssitzes ist nach dem Gesagten infolge der Einigung über die Regelung der Mitbestimmung in der SE, dem „Flaggschiff des europäischen Gesellschaftsrechts“[1567], beseitigt. Mit dem „Flaggschiff“ SE verspricht insofern „ein ganzer Konvoi zu Wasser gelassen“ zu werden[1568].
Die Regelungen der Richtlinie zur Mitbestimmung in der SE sind von daher mit Blick auf künftige Gestaltungsmöglichkeiten für grenzüberschreitende Unternehmenszusammenschlüsse innerhalb der EU von besonderer Bedeutung. Überdies sind in diesem Zusammenhang die Vorschriften der Verordnung über das Statut der Europäischen (Aktien-)Gesellschaft[1569] (Societas Europaea, SE) hinsichtlich der Gründung einer SE, insbesondere im Wege grenzüberschreitender Verschmelzung, von Interesse[1570]. Im folgenden sind daher beide gemeinschaftsrechtlichen Rechtsakte zur SE, zum einen die Verordnung über das Statut der SE (dazu nachfolgend I.) und zum anderen die Richtlinie über die Mitbestimmung in der SE (dazu unten II.), näher zu betrachten.

I. Verordnung über das Statut der SE

Im Hinblick auf künftige Gestaltungsmöglichkeiten für grenzüberschreitende Unternehmenszusammenschlüsse innerhalb der EU[1571] sind namentlich jene Bestimmungen der Verordnung über das Statut der SE[1572] von Bedeutung, welche

---

1567 *Hopt*, ZIP 1998, S. 96, 99 re. Sp.; *Deckert*, RabelsZ 64 (2000), S. 478, 483; *Schwarz*, ZIP 2001, S. 1847, 1861 li. Sp.; *Ch. Teichmann*, ZGR 2002, S. 383, 384; vgl. *Lutter*, BB 2002, S. 1, 7 re. Sp. mit Fn.73.

1568 *Wiesner*, ZIP 2000, S. 1792, 1798 re. Sp..

1569 Die Verordnung über das Statut der SE (unten Fn.1572) benutzt ebenso wie die Richtlinie zur Ergänzung des Statuts der SE hinsichtlich der Beteiligung der Arbeitnehmer im Gegensatz zur früher üblichen Terminologie (vgl. Vorschlag für eine Verordnung über das Statut der SE vom 16.05.1991 [unten Fn.1572 a.E.], *Habersack*, Europäisches Gesellschaftsrecht Rdz.392ff.; *Lutter*, Europäisches Unternehmensrecht, S. 715ff.; *Schwarz*, Europäisches Gesellschaftsrecht Rdz.1086ff.) anstelle des Begriffs „Europäische Aktiengesellschaft“ (auch) den Begriff „Europäische Gesellschaft“; kritisch hierzu *Hommelhoff*, Die AG 2001, S. 279, 287 li. Sp.; *Schwarz*, ZIP 2001, S. 1847, 1848 Fn.3.

1570 Vgl. *Schwarz*, ZIP 2001, S. 1847, 1860.

1571 Vgl. *Schwarz*, ZIP 2001, S. 1847, 1860.

1572 Verordnung (EG) Nr. 2157/2001 des Rates vom 08.10.2001 über das Statut der Europäischen Gesellschaft (SE; im folgenden: SE-VO), Abl.EG Nr. L 294 vom 10.11.2001, S. 1ff., im Internet abrufbar unter http://europa.eu.int/eur-lex/de/archive/2001/l_29420011110de.html; vgl. dazu *Bungert/Beier*, EWS 2002, S. 1, 2ff.; *Hirte*, NZG 2002, S. 1, 2ff.; *Hopt*, EuZW 2002, S. 1; *Lutter*, BB 2002, S. 1, 3ff.; *Thoma/Leuering*, NJW 2002, S. 1449ff.; s. auch *Ebke*, EWS 1/2002, Die erste Seite; ferner - auf der Grundlage des vom Rat im wesentlichen unverändert angenommenen Verordnungs-Vorschlags vom 01.02.2001 (Dokument 14886/00; im Internet abrufbar unter http://register.consilium.eu.int/pdf/de/00/st14/14886d0.pdf) - *Hommel-*

die Gründung einer SE (dazu 1.) sowie eine rechtsfähigkeitswahrende grenzüberschreitende Sitzverlegung der SE (dazu 3.) regeln. Mit Blick auf die grenzüberschreitende Sitzverlegung einer SE ist überdies die Frage nach dem auf eine SE anwendbaren Recht relevant (dazu 2.).

1. Gründungsformen

a) Überblick

Die Verordnung über das Statut der SE sieht fünf verschiedene Formen zur Gründung einer Europäischen (Aktien-)Gesellschaft vor[1573].
Artt. 17 bis 31 SE-VO regeln die praktisch voraussichtlich bedeutsamste Form[1574] der Gründung einer SE *durch grenzüberschreitende Verschmelzung*. Diese Gründungsform steht nach Art. 2 Abs. 1 SE-VO den in Anhang I der Verordnung bezeichneten nationalen Aktiengesellschaften offen, die nach dem Recht eines Mitgliedstaates gegründet worden sind und ihren Satzungssitz sowie ihre Hauptverwaltung in der Gemeinschaft haben, sofern mindestens zwei von ihnen dem Recht verschiedener Mitgliedstaaten unterliegen. Die Gründung einer SE durch Verschmelzung kann entweder durch Verschmelzung einer oder mehrerer der beteiligten Gesellschaften auf eine andere Gesellschaft, die dadurch zur SE wird (Verschmelzung durch Aufnahme), oder durch Verschmelzung aller

---

hoff, Die AG 2001, S. 279, 280ff.; *Schwarz*, ZIP 2001, S. 1847, 1848ff.; *Ulmer*, FAZ Nr. 68 vom 21.03.2001, S. 30; *Wymeersch*, Company Law in Europe, S. 85, 139ff. sowie - auf der Grundlage eines vorangehenden, inhaltlich weitgehend deckungsgleichen Verordnungs-Vorschlags vom 19.12.2000 (Dokument 14733/00; im Internet abrufbar unter http://register.consilium.eu.int/pdf/de/00/st14/14733d0.pdf) - *Jahn/Herfs-Röttgen*, DB 2001, S. 631ff.; *Schulz/Geismar*, DStR 2001, S. 1078ff.; *Pluskat*, EuZW 2001, S. 524, 526f.; *dies.*, DStR 2001, S. 1483, 1485f.; s. auch *Klapdor*, EuZW 2001, S. 677ff. (zur Frage der Besteuerung der SE); *Blanquet*, ZGR 2002, S. 20, 37ff.; *Seibert* in: Henze/Hoffmann-Becking (Hrsg.), Gesellschaftsrecht 2001, S. 361, 373ff.; *Wiesner*, BB-Beilage 8/2001, S. 10. - Überlegungen zu einem deutschen SE-Ausführungsgesetz bei *Ch. Teichmann*, ZIP 2002, S. 1109ff.; *Brandt*, NZG 2002, S. 991ff.. - Zum Verordnungs-Entwurf von 1991 (abgedruckt bei *Lutter*, Europäisches Unternehmensrecht, S. 724ff.; *Schwarz*, Textsammlung Europäisches Gesellschaftsrecht, Signatur 16; Synopse Verordnung 2001 – Verordnungs-Vorschlag 1991 in ZIP 2001, S. 1889ff.) vgl. *Habersack*, Europäisches Gesellschaftsrecht Rdz.396ff.; *Lutter*, a.a.O., S. 718ff.; *Schwarz*, a.a.O. Rdz.1090ff..

[1573] Vgl. *Ch. Teichmann*, ZGR 2002, S. 383, 409ff.; *Thoma/Leuering*, NJW 2002, S. 1449, 1451ff.. – Zu steuerlichen Aspekten der Gründung einer SE s. *Förster/Lange*, DB 2002, S. 288ff..

[1574] *Ulmer*, FAZ Nr. 99 vom 28.04.2001, S. 23; *Hirte*, NZG 2002, S. 1, 7 li. Sp.; *Thoma/Leuering*, NJW 2002, S. 1449, 1452 li. Sp..

beteiligten Gesellschaften auf eine dadurch neu entstehende SE (Verschmelzung zur Neugründung) erfolgen[1575].
Artt. 32 bis 34 SE-VO sehen des weiteren die *Gründung einer Holding-SE* vor. Dazu müssen jeweils „mehr als 50 Prozent der durch Aktien verliehenen ständigen Stimmrechte“ in den die Gründung anstrebenden mitgliedstaatlichen Gesellschaften durch deren Anteilsinhaber in die Holding-SE gegen Gewährung von Aktien der SE eingebracht werden[1576]. Diese Gründungsform steht gemäß Art. 2 Abs. 2 SE-VO Aktiengesellschaften und Gesellschaften mit beschränkter Haftung der mitgliedstaatlichen Rechtsordnungen i.S. des Anhangs II der Verordnung zur Verfügung, wobei jeweils Voraussetzung ist, daß mindestens zwei der beteiligten Gesellschaften dem Recht verschiedener Mitgliedstaaten unterliegen oder seit mindestens zwei Jahren eine dem Recht eines anderen Mitgliedstaats unterliegende Tochtergesellschaft oder eine Niederlassung in einem anderen Mitgliedstaat haben.
Dieselben Voraussetzungen gelten für die dritte, in den Artt. 35 und 36 SE-VO geregelte Form der Gründung einer SE im Wege der *Gründung einer gemeinsamen Tochter-SE*, an der sich nach Art. 2 Abs. 3 SE-VO Gesellschaften i. S. des Art. 48 EGV n.F. sowie juristische Personen des öffentlichen oder privaten Rechts beteiligen können, die nach dem Recht eines Mitgliedstaats gegründet worden sind und ihren Satzungssitz sowie ihre Hauptverwaltung in der Gemeinschaft haben.
Möglich ist nach Artt. 2 Abs. 4, 37 SE-VO weiterhin die Gründung einer SE durch *Umwandlung einer Aktiengesellschaft nationalen Rechts in eine SE*, sofern die betreffende Gesellschaft nach dem Recht eines Mitgliedstaates gegründet worden ist, ihren Satzungssitz sowie ihre Hauptverwaltung in der Gemeinschaft hat und seit mindestens zwei Jahren eine dem Recht eines anderen Mitgliedstaats unterliegende Tochtergesellschaft hat[1577].
Als fünfte Form der Gründung einer SE kommt schließlich gemäß Art. 3 Abs. 2 SE-VO die *Gründung einer Tochter-SE durch eine bereits bestehende SE* in Betracht; hierbei handelt es sich im Gegensatz zu den vorstehend aufgeführten un-

---

[1575] Vgl. Artt. 17 Abs. 2, 29 SE-VO.
[1576] Vgl. Artt. 32 Abs. 2 S. 4, 33 Abs. 2 und Abs. 4 SE-VO.
[1577] Vgl. dazu § 3.11 *BCA* Hoechst/Rhône-Poulenc, Anhang des Berichts des Vorstandes der Hoechst AG über den Unternehmenszusammenschluß Hoechst/Rhône-Poulenc (Fn.64), S. 133. Danach wird die aus dem Zusammenschluß hervorgegangene Aventis S.A. mit Sitz in Straßburg „die wirtschaftlichen Möglichkeiten zur Umwandlung in eine Europäische Aktiengesellschaft“ prüfen, sobald die rechtliche Möglichkeit einer solchen Umwandlung besteht; *Ch. Teichmann*, ZGR 2002, S. 383, 419 mit Fn.164; s. dazu auch *Hoffmann*, NZG 1999, S. 1077, 1083 re. Sp..

mittelbaren (primären) Gründungsformen um eine abgeleitete (sekundäre) Form der Gründung einer SE[1578].

b) Entscheidungskompetenzen bei Gründung einer SE

aa) Zustimmungskompetenz der Hauptversammlung

In den Fällen der Gründung einer SE durch Verschmelzung, im Wege der Gründung einer Holding-SE sowie im Wege der Gründung durch Umwandlung einer bestehenden nationalen Aktiengesellschaft in eine SE sieht die Verordnung über das SE-Statut jeweils eine Zustimmungskompetenz der Hauptversammlung(en) der verschmelzenden oder an der Gründung der Holding-SE beteiligten Gesellschaften sowie der sich umwandelnden Gesellschaft vor[1579]. Die Zustimmung der Hauptversammlung ist jeweils Voraussetzung der Eintragung der SE[1580]. Bemerkenswert ist insoweit namentlich die Statuierung einer Zustimmungskompetenz der Hauptversammlungen der an der Gründung einer Holding-SE beteiligten Gesellschaften gemäß Art. 32 Abs. 6 1. Unterabs. SE-VO insofern, als der Gründungsvorgang allein die Übertragung von Anteilen an den Ausgangsgesellschaften auf die Holding-SE und mithin ausschließlich Maßnahmen auf Gesellschafterebene, nicht aber auf Gesellschaftsebene erfordert[1581]. Nach geltendem deutschem Recht bedarf ein Unternehmenszusammenschluß durch Einbringung der Anteile an den Ausgangsgesellschaften als Sacheinlage in eine dritte Gesellschaft (NewCo-Modell) demgegenüber nach hier vertretener Auffassung nicht, auch nicht im Innenverhältnis nach Holzmüller-Grundsätzen, der Zustimmung der Hauptversammlungen der Ausgangsgesellschaften[1582].

[1578] *Hommelhoff*, Die AG 2001, S. 279, 280 li. Sp.; *Pluskat*, EuZW 2001, S. 524, 527 Fn.31; *dies.*, DStR 2001, S. 1483, 1485f.; *Schwarz*, ZIP 2001, S. 1847, 1853 re. Sp.; *Hirte*, NZG 2002, S. 1, 4 li. Sp.; *Lutter*, BB 2002, S. 1, 4 re. Sp.; *Thoma/Leuering*, NJW 2002, S. 1449, 1451.

[1579] Vgl. Artt. 23 Abs. 1, 32 Abs. 6 1. Unterabs., 37 Abs. 7 S. 1 SE-VO.

[1580] Vgl. Art. 27 Abs. 2 i.V.m. Art. 25 Abs. 2 i.V.m. Art. 23 Abs. 1; Art. 33 Abs. 5 i.V.m. Art. 32 Abs. 6 1. Unterabs. SE-VO. Für die Gründung einer SE durch Umwandlung einer mitgliedstaatlichen Aktiengesellschaft fehlt in der Verordnung eine ausdrückliche entsprechende Regelung. Daß die Eintragung der SE auch in diesem Fall die Zustimmung der Hauptversammlung (der formwechselnden Aktiengesellschaft) zu dem Umwandlungsplan (gemäß Art. 37 Abs. 7 S. 1 SE-VO) voraussetzt, dürfte jedoch nicht zu bezweifeln sein.

[1581] *Thoma/Leuering*, NJW 2002, S. 1449, 1453 li. Sp..

[1582] Vgl. oben S. 113ff..

bb) Zustimmungskompetenz des Aufsichtsrates bei Umwandlung einer Aktiengesellschaft mitgliedstaatlichen Rechts in eine SE

Die Umwandlung einer bestehenden Aktiengesellschaft in eine SE können die Mitgliedstaaten nach der Verordnung über das Statut der SE „davon abhängig machen, daß das Organ der umzuwandelnden Gesellschaft, in dem die Mitbestimmung der Arbeitnehmer vorgesehen ist, der Umwandlung mit qualifizierter Mehrheit oder einstimmig zustimmt."[1583]
Hintergrund dieser Regelung ist vermutlich der Umstand, daß mit der Umwandlung namentlich einer deutschen Aktiengesellschaft in eine SE, eine entsprechende nationale Umsetzung der Auffangregelung über die Mitbestimmung in der SE vorausgesetzt, eine Minderung bestehender Mitbestimmungsrechte der Arbeitnehmer des inländischen Konzernteils verbunden wäre, wenn und weil bei einer Wahl zum Verwaltungs- oder Aufsichtsorgan der SE nicht nur die Arbeitnehmer inländischer Tochtergesellschaften, sondern überdies auch - anders als nach h.M. zum deutschen Mitbestimmungsrecht[1584] - die Arbeitnehmer EU-ausländischer Tochtergesellschaften der SE aktiv wahlberechtigt wären und außerdem im Verwaltungs- oder Aufsichtsorgan der SE neben Vertretern der Arbeitnehmer des Konzernteils im Sitzstaat, gleichfalls anders als nach h.M. zum deutschen Mitbestimmungsrecht, auch Vertreter von Arbeitnehmern EU-ausländischer Tochtergesellschaften sitzen müssten.
Gegen eine Regelung, wonach der Aufsichtsrat einer Aktiengesellschaft der Umwandlung der Gesellschaft in eine SE mit qualifizierter Mehrheit oder einstimmig zustimmen müsste, bestünden aus verfassungsrechtlicher Sicht im Hinblick auf den durch Art. 14 GG garantierten Schutz des Eigentums der Aktionäre insofern erhebliche Bedenken, als die Zustimmungskompetenz eines mitbestimmten Aufsichtsrates hinsichtlich der Umwandlung einer nationalen Aktiengesellschaft in eine SE im Falle eines Einstimmigkeitserfordernisses stets, im Falle eines qualifizierten Quorums jedenfalls in paritätisch mitbestimmten Aufsichtsräten, praktisch auf ein Vetorecht der Arbeitnehmervertreter hinausliefe[1585].

[1583] Art. 37 Abs. 8 SE-VO.
[1584] Vgl. nur *Leible* in: Michalski, GmbHG, Syst. Darst. 2 Rdz.118 m.w.N..
[1585] Ebenso *Bungert/Beier*, EWS 2002, S. 1, 5; kritisch auch *Ch. Teichmann*, ZGR 2002, S. 383, 441; vgl. *Ganske*, DB 1985, S. 581, 584; *Däubler*, DB 1988, S. 1850, 1854 (jeweils zur Zulässigkeit der Statuierung einer Zustimmungskompetenz des mitbestimmten Aufsichtsrats hinsichtlich einer grenzüberschreitenden Verschmelzung).

2. Anwendbares Recht

Mit Blick auf eine grenzüberschreitende Sitzverlegung einer SE (dazu nachfolgend 3.) stellt sich die Frage nach dem auf eine SE anwendbaren Recht.
Wenngleich die SE als supranationale Rechtsform europäischen Rechts konzipiert ist[1586], bestimmen sich ihre Rechtsverhältnisse nach der Verordnung über das Statut in nicht unerheblichem Umfang nach mitgliedstaatlichem Recht.
Für das auf eine SE anwendbare Recht gilt nach Art. 9 Abs. 1 SE-VO folgendes[1587].
Vorrangig unterliegt die SE den Bestimmungen der Verordnung[1588]. Soweit die Verordnung die Regelung bestimmter Fragen, beispielsweise die Entscheidung über das Verwaltungssystem (monistisches oder dualistisches System)[1589], satzungsdispositiv stellt, gelten die entsprechenden Bestimmungen der Satzung[1590]. Soweit die Verordnung sich zu bestimmten Fragen nicht verhält, finden in erster Linie die Rechtsvorschriften Anwendung, „die die Mitgliedstaaten in Anwendung der speziell die SE betreffenden Gemeinschaftsmaßnahmen erlassen"[1591], insbesondere also ersichtlich die mitgliedstaatlichen Auffangregelungen zur Mitbestimmung der Arbeitnehmer in der SE[1592]. Subsidiär gelten sodann die „Rechtsvorschriften der Mitgliedstaaten, die auf eine nach dem Recht des Sitzstaats der SE gegründete Aktiengesellschaft Anwendung finden würden"[1593], sowie schließlich, soweit danach Satzungsdispositivität gegeben ist, die Bestimmungen der Satzung[1594].
Da sich die Verordnung über das Statut der SE abgesehen von der detaillierten Regelung der Gründungsformen, d.h. der Frage des Zugangs zur Rechtsform der

---

1586 Vgl. *Habersack*, Europäisches Gesellschaftsrecht Rdz.393, 395f.; *Schwarz*, Europäisches Gesellschaftsrecht Rdz.1086; *Ch. Teichmann*, ZGR 2002, S. 383, 387ff.; *Ulmer*, FAZ Nr. 68 vom 21.03.2001, S. 30.

1587 Vgl. *Bungert/Beier*, EWS 2002, S. 1, 2; *Hirte*, NZG 2002, S. 1, 2; *Thoma/Leuering*, NJW 2002, S. 1449, 1450; eingehend *Brandt/Scheifele*, DStR 2002, S. 547ff.; *Ch. Teichmann*, ZGR 2002, S. 383, 395ff.; *J. Wagner*, NZG 2002, S. 985ff.. Zu der im wesentlichen gleichlautenden Regelung des Art. 7 Abs. 1 des Verordnungs-Vorschlages 1991 (oben Fn.1572 a.E.) s. *Lutter*, Europäisches Unternehmensrecht, S. 719; *Schwarz*, Europäisches Gesellschaftsrecht Rdz.1094ff..

1588 Art. 9 Abs. 1 lit. a) SE-VO.

1589 Vgl. Art. 38 lit. b) SE-VO.

1590 Art. 9 Abs. 1 lit. b) SE-VO.

1591 Art. 9 Abs. 1 lit. c) i) SE-VO.

1592 Vgl. zur Auffangregelung hinsichtlich der unternehmerischen Mitbestimmung in der SE unten S. 441ff..

1593 Art. 9 Abs. 1 lit. c) ii) SE-VO.

1594 Art. 9 Abs. 1 lit. c) iii) SE-VO.

SE[1595], sowie des Aufbaus der SE[1596], namentlich ihres Verwaltungssystems, auf die Regelung eines Rechtsrahmens beschränkt und im übrigen in erheblichem Umfang auf die nationalen Aktienrechte verweist[1597], wird es kein einheitliches SE-Statut, sondern mehrere von Mitgliedstaat zu Mitgliedstaat unterschiedliche Statute geben[1598]. Bei den in den einzelnen Mitgliedstaaten künftig entstehenden SE wird es sich demgemäß eher um nationale als um europäische Aktiengesellschaften handeln[1599]. Die SE stellt sich nach der Verordnung über das Statut mit anderen Worten weniger als supranationale Rechtsform dar denn als „nationale AG im europäischen Gewande“[1600].

3. Rechtsfähigkeitswahrende Sitzverlegung

Wie bereits der Verordnungs-Entwurf aus dem Jahre 1991[1601], freilich in weit detaillierterer Form, trifft die Verordnung über das Statut der SE Regelungen zur rechtsfähigkeitswahrenden grenzüberschreitenden Verlegung des Satzungssitzes[1602] einer SE innerhalb der Gemeinschaft[1603], die den Bestimmungen des

---

1595 Artt. 15ff. SE-VO.

1596 Artt. 38ff. SE-VO.

1597 Vgl. Art. 5 (Kapitalaufbringung, -erhaltung und -änderung), Art. 15 Abs. 1 (Gründung), Art. 51 (Haftung der Mitglieder des Leitungs-, Aufsichts- oder Verwaltungsorgans), Art. 53 (Organisation und Ablauf der Hauptversammlung, Abstimmungsverfahren), Art. 61 (Aufstellung, Prüfung und Offenlegung des Jahresabschlusses), Art. 63 SE-VO (Auflösung und Liquidation); s. *Hommelhoff*, Die AG 2001, S. 279, 284f.; *Blanquet*, ZGR 2002, S. 20, 51; *Hirte*, FAZ Nr. 241 vom 17.10.2001, S. 29.

1598 *Ebke*, EWS 1/2002, Die erste Seite; *Hirte*, NZG 2002, S. 1, 2 li. Sp.; *Hommelhoff*, Die AG 2001, S. 279, 285 li. Sp.; *Pluskat*, EuZW 2001, S. 524, 528; *Thoma/Leuering*, NJW 2002, S. 1449, 1450 re. Sp..

1599 *Wiesner*, ZIP 2001, S. 397; *Hopt*, EuZW 2002, S. 1; *Lutter*, BB 2002, S. 1, 3 li. Sp..

1600 *Ulmer*, FAZ Nr.68 vom 21.03.2001, S. 30; *Schwarz*, ZIP 2001, S. 1847, 1860f.. In diesem Sinne mit Blick auf den Verordnungs-Vorschlag 1991 bereits *Habersack*, Europäisches Gesellschaftsrecht Rdz.393; *Jaeger*, ZEuP 1994, S. 206, 217 („nationale Aktiengesellschaft in einem hauchdünnen europäischen Gewand“); *Lutter*, Europäisches Unternehmensrecht, S. 68, 720 („durch nationales Recht bis zur Unkenntlichkeit verwässerte SE“). Eingehend zu dieser Frage auf der Grundlage des Verordnungs-Vorschlages von 1991 *Jaeger*, Die Europäische Aktiengesellschaft - europäischen oder nationalen Rechts.

1601 Art. 5a des Verordnungs-Vorschlages 1991 (oben Fn.1572 a.E.); vgl. dazu *Raiser*, Festschrift Semler, S. 277, 281; *Rasner*, ZGR 1992, S. 314, 320f.; *Schwarz*, Europäisches Gesellschaftsrecht Rdz.1114f..

1602 *Ch. Teichmann*, ZGR 2002, S. 383, 456. - Der Satzungssitz der SE muß gemäß Art. 7 S. 1 SE-VO in dem Mitgliedstaat liegen, in dem sich die Hauptverwaltung, also der effektive Verwaltungssitz, der SE befindet, wobei jeder Mitgliedstaat den in seinem Hoheitsgebiet eingetragenen SE vorschreiben kann, daß sie ihren Sitz und ihre Hauptverwaltung am selben Ort haben müssen.

Vorentwurfs einer Richtlinie zur grenzüberschreitenden Verlegung des Gesellschaftssitzes nachgebildet sind. Auf die obigen Ausführungen zu dem Vorentwurf der Sitzverlegungsrichtlinie[1604] kann daher an dieser Stelle weitgehend verwiesen werden.

Ergänzend anzumerken ist im vorliegenden Zusammenhang mit Blick auf die vorstehenden Ausführungen zu dem auf die SE anwendbaren Recht[1605], daß eine grenzüberschreitende Verlegung des Satzungssitzes einer SE deren Gesellschaftsstatut nur insoweit unberührt ließe, als sich die Rechtsverhältnisse der SE nicht nach mitgliedstaatlichem Recht bestimmten. Soweit zwingende Bestimmungen mitgliedstaatlichen Rechts eingriffen, hätte die grenzüberschreitende Sitzverlegung einer SE daher eine Änderung des auf die SE anwendbaren Rechtes zur Folge[1606], was die Gesellschaft zu entsprechenden Anpassungen zwänge, die eine Sitzverlegung wenn nicht zu vereiteln, so doch zu erschweren geeignet wären[1607].

Wesentliche Hindernisse, die der grenzüberschreitenden Sitzverlegung einer SE noch nach dem Verordnungs-Vorschlag 1991 entgegengestanden hätten, sind allerdings durch die Verordnung über das Statut der SE sowie ferner auch durch die Richtlinie zur Ergänzung des Statuts der SE hinsichtlich der Beteiligung der Arbeitnehmer[1608] beseitigt. Dies gilt zum einen im Hinblick auf die Frage des Verwaltungssystems der SE und zum anderen hinsichtlich der Frage der Mitbestimmung der Arbeitnehmer in der SE[1609].

1603 Vgl. Art. 8 SE-VO; *Blanquet*, ZGR 2002, S. 20, 41ff.; *Bungert/Beier*, EWS 2002, S. 1, 5f.; *Ch. Teichmann*, ZGR 2002, S. 383, 459ff.; *Thoma/Leuering*, NJW 2002, S. 1449, 1453 li. Sp..

1604 Vgl. oben S. 423ff..

1605 Vgl. oben S. 431f..

1606 Insoweit träte mit einer grenzüberschreitenden Sitzverlegung der SE auch ein Wechsel des Gesellschaftsstatuts ein, vgl. Art. 8 Abs. 14 SE-VO sowie Art. 5a Abs. 2 S. 1 1. Unterabs. des Verordnungs-Vorschlags 1991 (oben Fn.1572 a.E.); *Großfeld*, Internationales und Europäisches Unternehmensrecht, S. 55; *Kallmeyer*, Die AG 1998, S. 88; *Lutter*, Europäisches Unternehmensrecht, S. 720f.; *Rasner*, ZGR 1992, S. 314, 321; *Schwarz*, Europäisches Gesellschaftsrecht Rdz.1114.

1607 Vgl. *Thoma/Leuering*, NJW 2002, S. 1449, 1453 li. Sp.; mit Blick auf den Verordnungs-Vorschlag 1991 (oben Fn.1572 a.E.) vgl. *Lutter*, Europäisches Unternehmensrecht, S. 721; *Raiser*, Festschrift Semler, S. 277, 281; *Rasner*, ZGR 1992, S. 314, 321; *Schwarz*, Europäisches Gesellschaftsrecht Rdz.1114.

1608 Vgl. dazu unten S. 435ff..

1609 Vgl. *Rasner*, ZGR 1992, S. 314, 321; *Schwarz*, Europäisches Gesellschaftsrecht Rdz.1114.

Anders als noch vom Verordnungs-Vorschlag 1991 vorgesehen[1610] können die Mitgliedstaaten den SE mit Sitz in ihrem Hoheitsgebiet nach der Verordnung über das Statut der SE nicht mehr entweder das dualistische oder das monistische System vorschreiben[1611]. Die Verordnung[1612] gestattet dem Satzungsgeber vielmehr, zwischen dem dualistischen (Aufsichtsrats-)System und dem monistischen System zu wählen[1613], was die grenzüberschreitende Sitzverlegung einer bestehenden SE insofern erleichterte, als damit nicht mehr die Notwendigkeit einer Änderung des Verwaltungssystems verbunden wäre. Wenngleich die Mitgliedstaaten nach der Verordnung über das SE-Statut ungeachtet der dem SE-Satzungsgeber eingeräumten Wahlmöglichkeit zwischen monistischem und dualistischem System nicht geradezu verpflichtet sind, im nationalen Recht, soweit nicht bereits vorhanden, Regelungen zum monistischen oder dualistischen Modell einzuführen[1614], dürfte faktisch an einer diesbezüglichen mitgliedstaatlichen Regulierung kein Weg vorbei führen[1615].
Ein weiteres wesentliches Hindernis für die grenzüberschreitende Sitzverlegung einer SE wird dadurch beseitigt, daß die Richtlinie zur Ergänzung des Statuts der SE hinsichtlich der Beteiligung der Arbeitnehmer das noch vom Richtlinien-Vorschlag 1991[1616] vorgesehene Optionsmodell, wonach es jedem Mitgliedstaat freistehen sollte, eines der in dem Vorschlag vorgesehenen Mitbestimmungsmodelle für die SE mit Sitz in seinem Hoheitsgebiet verbindlich vorzuschreiben[1617], zugunsten eines Vereinbarungsmodells mit subsidiärer einheitlicher Auffangre-

---

[1610] Art. 61 erster Spiegelstrich Satz 2 Verordnungs-Vorschlag 1991 (oben Fn.1572 a.E.); vgl. *Habersack*, Europäisches Gesellschaftsrecht Rdz.400; *Schwarz*, Europäisches Gesellschaftsrecht Rdz.1148.

[1611] *Hommelhoff*, Die AG 2001, S. 279, 282 re. Sp.; *Schwarz*, ZIP 2001, S. 1847, 1854 li. Sp.; *Blanquet*, ZGR 2002, S. 20, 49; *Lutter*, BB 2002, S. 1, 4 re. Sp. mit Fn.52; s. auch Synopse Verordnung 2001 – Verordnungs-Vorschlag 1991, ZIP 2001, S. 1889, 1895.

[1612] Art. 38 lit. b SE-VO.

[1613] Aus deutscher Sicht ist die damit im Ergebnis verbundene Einführung des monistischen Systems - für SE mit Sitz in der Bundesrepublik - „eine kleine Revolution" (*Hirte*, FAZ Nr. 241 vom 17.10.2001, S. 29; *ders.*, NZG 2002, S. 1, 5 li. Sp.; ähnlich *Hommelhoff*, Die AG 2001, S. 279, 282 re. Sp. [„wahrhaft revolutionär"]; *Ch. Teichmann*, ZGR 2002, S. 383, 444 [„größte Innovation der neuen Rechtsform"]).

[1614] Vgl. Artt. 39 Abs. 5, 43 Abs. 4 SE-VO; *Bungert/Beier*, EWS 2002, S. 1, 3 li. Sp.; *Hirte*, NZG 2002, S. 1, 5 Fn.51; *Ch. Teichmann*, ZGR 2002, S. 383, 442.

[1615] *Bungert/Beier*, EWS 2002, S. 1, 3 li. Sp.; *Ch. Teichmann*, ZGR 2002, S. 383, 442; *Thoma/Leuering*, NJW 2002, S. 1449, 1451 li. Sp..

[1616] Vorschlag einer Richtlinie zur Ergänzung des SE-Statuts hinsichtlich der Stellung der Arbeitnehmer vom 06.04.1991, abgedruckt bei *Lutter*, Europäisches Unternehmensrecht, S. 675ff.; *Schwarz*, Textsammlung Europäisches Gesellschaftsrecht, Signatur 16a.

[1617] Art. 3 Abs. 5 Richtlinien-Vorschlag 1991 (vorige Fn.).

gelung aufgegeben hat[1618]. Die grenzüberschreitende Sitzverlegung einer SE hätte damit nicht mehr, wie nach dem früheren Vorschlag denkbar und angesichts der unterschiedlichen Mitbestimmungsmodelle in den einzelnen Mitgliedstaaten auch wahrscheinlich gewesen wäre, eine Änderung des auf die SE anwendbaren Mitbestimmungsmodells mit den daraus resultierenden Anpassungsschwierigkeiten zur Folge. Bestünde eine Vereinbarung über die Mitbestimmung in der SE, so bliebe sie von der Sitzverlegung unberührt. Richtete sich die Mitbestimmung der Arbeitnehmer in der SE nach der diesbezüglichen subsidiären Auffangregelung[1619], ergäbe sich gleichfalls infolge der Sitzverlegung keine Änderung, da die Auffangregelung gemeinschaftsweit einheitlich gemäß den Vorgaben der Richtlinie in mitgliedstaatliches Recht umzusetzen ist[1620].

II. Richtlinie zur Ergänzung des SE-Statuts hinsichtlich der Beteiligung der Arbeitnehmer

In Anbetracht des Vorbildcharakters, den die Regelung der Mitbestimmung in der SE nach dem Gesagten für die Richtlinie über die grenzüberschreitenden Verschmelzung von Aktiengesellschaften und GmbHs sowie für die Richtlinie über die grenzüberschreitende Verlegung des Gesellschaftssitzes haben wird, sollen Regelungskonzeption und wesentlicher Inhalt der Richtlinie zur Ergänzung des Statuts der SE hinsichtlich der Beteiligung der Arbeitnehmer[1621] im

---

[1618] Vgl. näher unten S. 436ff..

[1619] Vgl. dazu unten S. 443.

[1620] Vgl. unten S. 441.

[1621] Richtlinie 2001/86/EG des Rates vom 08.10.2001 zur Ergänzung des Statuts der Europäischen Gesellschaft hinsichtlich der Beteiligung der Arbeitnehmer (im folgenden: SE-RL), Abl.EG Nr. L 294 vom 10.11.2001, S. 22ff., im Internet abrufbar unter http://europa.eu.int/eur-lex/de/archive/2001/l_29420011110de.html; vgl. dazu *Blanquet*, ZGR 2002, S. 20, 58ff.; *Bungert/Beier*, EWS 2002, S. 1, 4f.; *Hirte*, NZG 2002, S. 1, 6f.; *Hopt*, EuZW 2002, S. 1; *Lutter*, BB 2002, S. 1, 5f.; *Ch. Teichmann*, ZGR 2002, S. 383, 392ff.; *Thoma/Leuering*, NJW 2002, S. 1449, 1453f.; *Wißmann*, Festschrift Wiedemann, S. 685ff.; s. auch *Götz*, Die AG 2002, S. 552, 552f.;. - Zu dem vom Rat unverändert angenommenen Richtlinien-Vorschlag vom 01.02.2001 (Dokument 14732/00, im Internet als pdf-Datei abrufbar unter http://register.consilium.eu.int/pdf/de/00/st14/14732d0.pdf) vgl. *Köstler*, Die Mitbestimmung 2001, S. 48f.; *Ulmer*, FAZ Nr.99 vom 28.04.2001, S. 23; *Wiesner*, ZIP 2001, S. 397f.; *Heinze*, ZGR 2002, S. 66, 77ff.; *Wymeersch*, Company Law in Europe, S. 85, 144f.. - Zu einem vorangehenden, inhaltlich weitgehend deckungsgleichen Richtlinien-Vorschlag vom 19.12.2000 (Dokument 14733/00; im Internet als pdf-Datei abrufbar unter http://register.consilium.eu.int/pdf/de/00/st14/14733d0.pdf) vgl. *Herfs-Röttgen*, NZA 2001, S. 424, 425ff.; *Jahn/Herfs-Röttgen*, DB 2001, S. 631, 634ff.; *Schulz/Geismar*, DStR

folgenden vorgestellt (1.) und einer Bewertung aus deutscher Sicht unterzogen werden (2.).

1. Regelungskonzeption und wesentlicher Inhalt

a) Vereinbarungslösung mit subsidiärer Auffangregelung

Die Richtlinie sieht vor, dass die Beteiligungsrechte der Arbeitnehmer in der SE, d.h. Unterrichtungs-, Anhörungs- und (unternehmerische) Mitbestimmungsrechte[1622], vorrangig durch eine Vereinbarung geregelt werden[1623], die zwischen einem zu diesem Zweck einzusetzenden „besonderen Verhandlungsgremium"[1624] als Vertretung der Arbeitnehmer der beteiligten Gesellschaften sowie der betroffenen Tochtergesellschaften oder betroffenen Betriebe und dem jeweils zuständigen Organ der beteiligten Gesellschaften zu schließen ist[1625].
Eine Vereinbarung über die Beteiligung der Arbeitnehmer in der SE muß nach der Richtlinie in jedem Fall Regelungen über die Unterrichtung und Anhörung der Arbeitnehmer der SE und ihrer Tochtergesellschaften und Betriebe oder eines Vertretungsorgans[1626] enthalten[1627]. Eine Vereinbarung über die (unternehmerische) Mitbestimmung der Arbeitnehmer in der SE ist demgegenüber nicht zwingend erforderlich. Vielmehr steht es den Parteien frei, von einer diesbezüglichen Vereinbarung abzusehen[1628]. In diesem Fall stellt sich die Frage nach dem Eingreifen der Auffangregelung über die unternehmerische Mitbestimmung (dazu unten c)).
In den Fällen der Gründung der SE durch Verschmelzung sowie im Wege der Gründung einer Holding-SE kann sich die Hauptversammlung jeder der beteiligten Gesellschaften „das Recht vorbehalten, die Eintragung der SE davon abhän-

---

2001, S. 1078, 1082; *Pluskat*, EuZW 2001, S. 524, 527f.; *dies.*, DStR 2001, S. 1483, 1486ff.; s. auch *v. Halen*, Gesellschaftsstatut, S. 189f..

[1622] Vgl. zu dieser Unterscheidung Art. 2 lit. h) - k) SE-RL. – Im Hinblick auf Mitbestimmungsrechte der Arbeitnehmer unterscheidet die Richtlinie zwischen dem Recht, „einen Teil der Mitglieder des Aufsichts- oder des Verwaltungsorgans der Gesellschaft zu wählen oder zu bestellen", und dem Recht, „die Bestellung eines Teils der oder aller Mitglieder des Aufsichts- oder des Verwaltungsorgans der Gesellschaft (scil. im Rahmen eines Kooptationsverfahrens) zu empfehlen und/oder abzulehnen"; Art. 2 lit. k) SE-RL; s. zu dieser Unterscheidung auch Auffangregelung SE-RL, Teil 3, lit. b), 1. Abs., 3. Abs. (vgl. den Text unten S. 443).

[1623] Vgl. Art. 3ff. SE-RL.

[1624] Vgl. Artt. 2 lit. g), 3 SE-RL.

[1625] Vgl. Art. 3 Abs. 3 SE-RL.

[1626] Vgl. Art. 2 lit. f) SE-RL, Anhang SE-RL, Auffangregelung Teil 1.

[1627] Vgl. Art. 4 Abs. 2 lit. a) bis f) SE-RL.

[1628] Vgl. Art. 4 Abs. 2 lit. g) SE-RL.

gig zu machen, daß die geschlossene Vereinbarung von ihr ausdrücklich genehmigt wird."[1629]

Die Eintragung einer SE in ein Handelsregister ihres Sitzstaates und damit[1630] ihre Entstehung als juristische Person setzt voraus, daß entweder eine Vereinbarung über die Beteiligung der Arbeitnehmer geschlossen worden ist oder das besondere Verhandlungsgremium der Arbeitnehmer beschlossen hat, keine Verhandlungen aufzunehmen oder bereits aufgenommene Verhandlungen abzubrechen, oder die Verhandlungsfrist abgelaufen ist, ohne daß eine Vereinbarung zustande gekommen ist[1631].

Soweit es nicht zum Abschluß einer Vereinbarung über die Beteiligung der Arbeitnehmer in der SE kommt, greift subsidiär eine von der Richtlinie vorgegebene Auffangregelung ein[1632], die „Mindeststandards" für die Beteiligung der Arbeitnehmer in der SE - Unterrichtung, Anhörung und (unternehmerische) Mitbestimmung - festlegt und von den Mitgliedstaaten jeweils in nationales Recht umzusetzen ist[1633].

Mit dem Regelungsmodell der Kombination einer vorrangigen Vereinbarungslösung mit einer subsidiär eingreifenden, gemeinschaftsweit einheitlichen Auffangregelung folgt die Richtlinie zur Ergänzung des Statuts der SE hinsichtlich der Beteiligung der Arbeitnehmer[1634] der Regelungskonzeption der Richtlinie

---

1629 Artt. 23 Abs. 2 S. 2, 32 Abs. 6 2. Unterabs. S. 2 SE-VO; *Bungert/Beier*, EWS 2002, S. 1, 5 li.Sp..

1630 Vgl. Art. Art. 16 Abs. 1 SE-VO.

1631 Art. 12 Abs. 2 SE-VO (oben Fn.1572) i.V.m. Art. 3 Abs. 6 und Art. 5 SE-RL.

1632 Vgl. Art. 7 SE-RL i.V.m. dem Anhang der Richtlinie, Teil 2 (Auffangregelung für die Unterrichtung und Anhörung) und Teil 3 (Auffangregelung für die Mitbestimmung).

1633 Vgl. Art. 7 Abs. 1 1. Unterabs. SE-RL. - Bemerkenswert ist insoweit, daß danach auch Mitgliedstaaten, die eine unternehmerische Mitbestimmung der Arbeitnehmer in ihren Rechtsordnungen bislang nicht vorsehen, nunmehr verpflichtet sind, eine diesbezügliche gesetzliche Regelung zu treffen; vgl. *Ulmer*, FAZ Nr.99 vom 28.04.2001, S. 23; *Hirte*, NZG 2002, S. 1, 7 li. Sp.. Da der Satzungsgeber der SE nach dem oben Gesagten (vgl. oben S. 434) zwischen dem monistischen und dem dualistischen (Aufsichtsrats-)Modell wählen kann, bedarf es einer mitgliedstaatlichen Implementierung der unternehmerischen Mitbestimmung gemäß der Auffangregelung der Richtlinie nicht nur in das dualistische System, sondern auch in das monistische System (s. zum deutschen Recht *Ch. Teichmann*, ZGR 2002, S. 383, 451ff.; *Thoma/Leuering*, NJW 2002, S. 1449, 1451 li. Sp.). Insoweit wird juristisches Neuland betreten, da die unternehmerische Mitbestimmung der Arbeitnehmer bislang am Aufsichtsrat ansetzte; vgl. *Hirte*, FAZ Nr. 241 vom 17.10.2001, S. 29; *ders.*, NZG 2002, S. 1, 8 li. Sp.; *Hommelhoff*, Die AG 2001, S. 279, 282 re. Sp.; *Ch. Teichmann*, a.a.O., S. 446; skeptisch gegenüber einer Mitbestimmung der Arbeitnehmer im Verwaltungsrat einer SE *Lutter*, BB 2002, S. 1, 4 re. Sp..

1634 Zu den Regelungsmodellen früherer Richtlinienvorschläge vgl. *Heinze*, ZGR 1999, S. 54, 64ff.; *Blanquet*, ZGR 2002, S. 20, 25ff.; *Kübler*, Freundesgabe Döser, S. 237, 243f.; GK/*Oetker*, MitbestG Vorbem. Rdz.124.

über den Europäischen Betriebsrat[1635] sowie des Abschlußberichts der sog. *Davignon*-Gruppe[1636,1637].

b) „Mitbestimmungsverringernde" Vereinbarungen

Besonders bedeutsam ist aus deutscher Sicht die Frage, ob es im Falle der Beteiligung deutscher mitbestimmungspflichtiger Gesellschaften an der Gründung einer SE aufgrund Vereinbarung zwischen dem besonderen Verhandlungsgremium der Arbeitnehmer und dem jeweils zuständigen Organ der beteiligten Gesellschaften in der entstehenden SE zu einer Verringerung oder gar Beseitigung in der beteiligten deutschen Gesellschaft bestehender unternehmerischer Mitbestimmungsrechte der Arbeitnehmer kommen kann.
Im Falle der Umwandlung einer nationalen Aktiengesellschaft in eine SE besteht diese Möglichkeit nicht[1638], wohl aber unter bestimmten Voraussetzungen in den Fällen der Gründung einer SE durch Verschmelzung sowie im Wege der Gründung einer Holding- oder einer Tochter-SE. Die Richtlinie lässt es insoweit implizit zu[1639], dass die Vereinbarung über die Beteiligung der Arbeitnehmer in der SE zu einer Verringerung in den beteiligten Gesellschaften bestehender Mitbestimmungsrechte dergestalt führt, dass der Anteil von Arbeitnehmervertretern

---

[1635] *Ulmer*, FAZ Nr. 99 vom 28.04.2001, S. 23; *Herfs-Röttgen*, NZA 2001, S. 424, 429; *Bungert/Beier*, EWS 2002, S. 1, 4 re. Sp.; *Lutter*, BB 2002, S. 1, 2f., 5 re. Sp.; *Ch. Teichmann*, ZGR 2002, S. 383, 393; *Wißmann*, Festschrift Wiedemann, S. 685, 696.

[1636] Sachverständigengruppe „European Systems of Worker Involvement"; der Abschlußbericht der *Davignon*-Gruppe (1997) ist im Internet abrufbar unter http://europa.eu.int/comm/employment_social/soc-dial/labour/davignon/davi_de.htm; vgl. dazu *Heinze*, Die AG 1997, S. 289, 291ff.; *Hopt*, ZIP 1998, S. 96, 100; *Di Marco*, ZGR 1999, S. 3, 11; *Heinze*, ZGR 1999, S. 54, 62f.; *ders.*, ZGR 2002, S. 66, 70ff.; *Blanquet*, ZGR 2002, S. 20, 30ff.; *Frowein*, Sitzverlegung, S. 217ff.; *Habersack*, Europäisches Gesellschaftsrecht Rdz.73; *Kübler*, Freundesgabe Döser, S. 237, 243f., 253f.; s. auch *Lutter*, BB 2002, S. 1, 2 re. Sp. mit Fn.23. – Nach dem Vorschlag der *Davignon*-Gruppe für eine Auffangregelung sollten die Arbeitnehmervertreter allerdings im Falle des Nichtzustandekommens einer Vereinbarung über die Mitbestimmung stets ein Fünftel der Mitglieder des Verwaltungsrates oder des Aufsichtsrates der SE, mindestens aber zwei Mitglieder, mit gleichberechtigtem Statuts und namentlich mit Stimmrecht (Ziff. 81, 88 des Abschlußberichts) stellen (Ziff. 83 des Abschlußberichts). Ein derartiger fester „Sockel" unternehmerischer Mitbestimmung in der SE ist in der Auffangregelung über die Mitbestimmung in der SE gemäß der Richtlinie über die Ergänzung des SE-Statuts hinsichtlich der Beteiligung der Arbeitnehmer nicht vorgesehen (vgl. den Text unten S. 443).

[1637] *Blanquet*, ZGR 2002, S. 20, 33f.; *Heinze*, ZGR 2002, S. 66, 82.

[1638] Vgl. Art. 4 Abs. 4 SE-RL.

[1639] Vgl. Art. 3 Abs. 4 SE-RL.

im Aufsichts- oder Verwaltungsorgan[1640] der SE „geringer ist als der höchste in den beteiligten Gesellschaften geltende Anteil“[1641], was die Möglichkeit vollständiger Beseitigung von unternehmerischen Mitbestimmungsrechten der Arbeitnehmer einschließt, die in einer oder mehreren der an der Gründung der SE beteiligten Gesellschaften bestanden.

Allerdings bedarf es für eine dahingehende „mitbestimmungsverringernde“ Vereinbarung unter bestimmten Voraussetzungen der Zustimmung einer qualifizierten Mehrheit von zwei Dritteln der Stimmen der Mitglieder des besonderen Verhandlungsgremiums der Arbeitnehmer[1642], die mindestens zwei Drittel der Arbeitnehmer der beteiligten Gesellschaften vertreten mit der Maßgabe, dass diese Mitglieder Arbeitnehmer in mindestens zwei Mitgliedstaaten vertreten müssen. Maßgeblich für das Erfordernis einer solchen qualifizierten Mehrheit ist ein bestimmtes Maß in den beteiligten Gesellschaften vor Gründung der SE bestehender Mitbestimmungsrechte, gemessen an dem Prozentsatz der Gesamtzahl der Arbeitnehmer der beteiligten Gesellschaften, auf den sich die Mitbestimmung erstreckt. Dieser Prozentsatz ist je nach Form der Gründung der SE verschieden hoch.

Im Falle der Gründung einer SE durch *Verschmelzung* genügt bereits eine Quote von mindestens 25 Prozent mitbestimmungsberechtigter Arbeitnehmer, bezogen auf die Gesamtzahl der Arbeitnehmer der beteiligten Gesellschaften, um das Erfordernis einer qualifizierten Mehrheit für die Zustimmung des besonderen Verhandlungsgremiums zu einer „mitbestimmungsverringernden“ Vereinbarung zu begründen[1643]. Im Falle der Gründung einer SE durch *Gründung einer Holding-SE oder einer Tochter-SE* bedarf es insoweit hingegen jeweils einer Quote von 50 Prozent[1644].

Eine Verringerung oder Beseitigung in den beteiligten Gesellschaften vor Gründung einer SE bestehender Mitbestimmungsrechte aufgrund Vereinbarung zwischen dem besonderen Verhandlungsgremium der Arbeitnehmer und dem jeweils zuständigen Organ der beteiligten Gesellschaften ist mithin in den Fällen der Gründung einer Holding-SE oder Tochter-SE vergleichsweise einfacher möglich als im Fall der Gründung einer SE durch Verschmelzung. Es besteht insoweit mit anderen Worten ein größerer Spielraum für „mitbestimmungsver-

---

[1640] Die Verordnung über das Statut der SE (oben Fn.1572) enthält insoweit keine Festlegung auf das monistische oder das dualistische System, sondern überlässt die Entscheidung dem Satzungsgeber, Art. 38 lit. b) SE-VO; vgl. oben S. 434.

[1641] Art. 3 Abs. 4 S. 4 SE-RL.

[1642] Vgl. zur personellen Besetzung des besonderen Verhandlungsgremiums Art. 3 Abs. 2 SE-RL; kritisch dazu *Heinze*, ZGR 2002, S. 66, 81.

[1643] Vgl. Art. 3 Abs. 4 S. 3 erster Spiegelstrich SE-RL; s. dazu das Beispiel bei *Wißmann*, Festschrift Wiedemann, S. 685, 691.

[1644] Vgl. Art. 3 Abs. 4 S. 3 zweiter Spiegelstrich SE-RL.

ringernde“ Vereinbarungen[1645], was auf der Erwägung beruhen dürfte, dass die an der Gründung der SE beteiligten Gesellschaften und damit auch in diesen Gesellschaften bestehende Mitbestimmungsrechte in den Fällen der Gründung einer SE durch Gründung einer Holding- oder Tochter-SE fortbestehen, während im Fall der Gründung einer SE durch Verschmelzung zumindest eine der beteiligten Ausgangsgesellschaften erlischt und damit zugleich in dieser Gesellschaft etwa bestehende Mitbestimmungsrechte der Arbeitnehmer entfallen.
Unterschreitet die Quote mitbestimmungsberechtigter Arbeitnehmer der beteiligten Gesellschaften die Schwelle von 25 oder 50 Prozent, bleibt es bei dem Grundsatz, dass Beschlüsse des besonderen Verhandlungsgremiums der Arbeitnehmer mit absoluter Mehrheit gefaßt werden, sofern diese Mehrheit auch die absolute Mehrheit der Arbeitnehmer vertritt[1646].
Im Hinblick auf die in Rede stehende Frage einer „Flucht aus der Mitbestimmung“ durch deutsche mitbestimmungspflichtige Gesellschaften im Zuge der Beteiligung an der Gründung einer SE ist insgesamt folgendes festzuhalten.
Je nach dem Prozentsatz der Zahl der Arbeitnehmer einer an der Gründung einer SE durch *Verschmelzung* beteiligten deutschen mitbestimmungspflichtigen Gesellschaft an der Gesamtzahl der Arbeitnehmer der beteiligten Gesellschaften käme es bei einem Unterschreiten der 25 Prozent-Schwelle zu einem Verlust von in der deutschen Gesellschaft bestehenden Mitbestimmungsrechten, wenn und weil das besondere Verhandlungsgremium der Arbeitnehmer mit einfacher Mehrheit (insbesondere mit den Stimmen der ausländischen Arbeitnehmervertreter, die möglicherweise an einer unternehmerischen Mitbestimmung nicht interessiert sind) einer Vereinbarung zustimmte, die zwar Unterrichtungs- und Anhörungsrechte, nicht aber auch unternehmerische Mitbestimmungsrechte der Arbeitnehmer in der entstehenden SE vorsähe. Eine Flucht deutscher Gesellschaften aus der Mitbestimmung im Zuge der Beteiligung an einer SE-Gründung durch Verschmelzung käme also namentlich in Betracht, wenn es sich bei der deutschen Gesellschaft um den „Junior-Partner“ handelte[1647].
Im Falle der Gründung einer *Holding-SE* unter Beteiligung einer deutschen mitbestimmungspflichtigen Gesellschaft bestünde die Gefahr einer Flucht aus der Mitbestimmung formal betrachtet nicht, da die deutsche Gesellschaft fortbestünde und deutsche Tochtergesellschaften einer Holding-SE weiterhin der unternehmerischen Mitbestimmung unterlägen[1648]. Faktisch käme es aber auch in diesem Fall zu einer weitgehenden Flucht aus der Mitbestimmung, wenn und

---

[1645] *Ulmer*, FAZ Nr. 99 vom 28.04.2001, S. 23.
[1646] Art. 3 Abs. 4 S. 1 SE-RL.
[1647] Vgl. *Hopt*, EuZW 2002, S. 1.
[1648] Vgl. Art. 13 Abs. 3 lit. b) SE-RL.

weil in der Konzernobergesellschaft (Holding-SE) eine unternehmerische Mitbestimmung nicht mehr gegeben wäre.
Im Falle der Gründung einer *Tochter-SE* bestünde hingegen die Gefahr einer Flucht deutscher mitbestimmungspflichtiger Gesellschaften aus der Mitbestimmung im Wege „mitbestimmungsverringernder“ Vereinbarung insofern nicht, als die Gründung der Tochter-SE die Mitbestimmung in der als nationale Gesellschaft fortbestehenden inländischen Obergesellschaft unberührt ließe.
Im Falle der *Umwandlung* einer nationalen Aktiengesellschaft in eine SE ist eine „mitbestimmungsverringernde“ Vereinbarung nach dem oben Gesagten ausgeschlossen.

c) Auffangregelung

Kommt es nicht zu einer Vereinbarung über die Beteiligung der Arbeitnehmer in der SE, greift, wie bereits angesprochen, unter bestimmten Voraussetzungen die von den Mitgliedstaaten in nationales Recht umzusetzende[1649] Auffangregelung über Beteiligungs-, Anhörungs- und Mitbestimmungsrechte der Arbeitnehmer in der SE gemäß dem Anhang der Richtlinie ein[1650]. Dies ist zum einen dann der Fall, wenn die Parteien eine Anwendung der Auffangregelung vereinbaren[1651]. Zum anderen kommt die Auffangregelung dann zur Anwendung, wenn einerseits das jeweils zuständige Organ jeder der beteiligten Gesellschaften der Anwendung der Auffangregelung zustimmt und andererseits das besondere Verhandlungsgremium der Arbeitnehmer nicht die Nichtaufnahme der Verhandlungen oder den Abbruch bereits aufgenommener Verhandlungen beschlossen hat[1652]. In diesen Fällen greifen allerdings nur die Teile 1 und 2 der Auffangregelung, welche die Zusammensetzung des Organs zur Vertretung der Arbeitnehmer und dessen Unterrichtungs- und Anhörungsrechte regeln, in jedem Fall ein. Besonderheiten gelten hingegen für Teil 3 der Auffangregelung, welcher Regelungen über die (unternehmerische) Mitbestimmung der Arbeitnehmer in der SE enthält.

aa) Anwendbarkeit der Auffangregelung über die (unternehmerische) Mitbestimmung

Die Auffangregelung über die (unternehmerische) Mitbestimmung der Arbeitnehmer in der SE kommt bei Nichtzustandekommen einer Vereinbarung über

---

[1649] Art. 7 Abs. 1 1. Unterabs. SE-RL.
[1650] Vgl. dazu eingehend *Heinze*, ZGR 2002, S. 66, 88ff..
[1651] Art. 7 Abs. 1 2. Unterabs. lit. a) SE-RL.
[1652] Art. 7 Abs. 1 2. Unterabs. lit. b) SE-RL.

die Beteiligung der Arbeitnehmer in der SE nicht ohne weiteres, sondern nur unter bestimmten Voraussetzungen zur Anwendung, die je nach Gründungsform unterschiedlich sind.
Im Falle der Gründung einer SE durch *Verschmelzung* findet die Auffangregelung über die Mitbestimmung nur dann Anwendung, wenn „in einer oder mehreren der beteiligten Gesellschaften eine oder mehrere Formen der Mitbestimmung bestanden und sich auf mindestens 25 % der Gesamtzahl der Arbeitnehmer aller beteiligten Gesellschaften erstreckten“[1653] oder - bei Unterschreiten dieser Schwelle - das besondere Verhandlungsgremium der Arbeitnehmer einen entsprechenden Beschluß - mit absoluter Mehrheit der Mitglieder, die zugleich die absolute Mehrheit der Arbeitnehmer vertritt[1654] - fasst[1655]. Im Falle der Gründung einer SE durch Gründung einer *Holding-SE* oder einer *Tochter-SE* gilt Entsprechendes, wobei die maßgebliche Schwelle hier bei 50 Prozent der Gesamtzahl der Arbeitnehmer aller beteiligten Gesellschaften, auf die sich die Mitbestimmung erstrecken muß, liegt[1656].

bb) Opting out-*Regelung hinsichtlich der Auffangregelung über die (unternehmerische) Mitbestimmung*

Ein Import von Mitbestimmungsrechten im Zuge der Gründung einer SE stößt nach dem Gesagten seitens verschiedener Mitgliedstaaten auf Vorbehalte[1657]. Dem trägt die Richtlinie insofern Rechnung[1658], als sie den Mitgliedstaaten gestattet vorzusehen, dass die Auffangregelung zur (unternehmerischen) Mitbestimmung der Arbeitnehmer in der SE in dem praktisch voraussichtlich bedeutsamsten Fall der Gründung einer SE durch Verschmelzung mitgliedstaatlicher Aktiengesellschaften keine Anwendung findet[1659]. Nimmt ein Mitgliedstaat diese Opting out-Möglichkeit[1660] in Anspruch, kommt die Eintragung einer SE, die durch Verschmelzung nationaler Aktiengesellschaften entstehen soll, in ein Handelsregister dieses Mitgliedstaates und damit[1661] die Entstehung der SE als

---

[1653] Art. 7 Abs. 2 lit. b) erster Spiegelstrich SE-RL.
[1654] Vgl. Art. 3 Abs. 4 S. 1 SE-RL.
[1655] Art. 7 Abs. 2 lit. b) zweiter Spiegelstrich SE-RL.
[1656] Art. 7 Abs. 2 lit. c) SE-RL.
[1657] Vgl. oben S. 422.
[1658] Vgl. *Herfs-Röttgen*, NZA 2001, S. 424, 428 li. Sp.; *Pluskat*, EuZW 2001, S. 524, 526 Fn.26; *dies.*, DStR 2001, S. 1483, 1488 li. Sp.; *Heinze*, ZGR 2002, S. 66, 89; *Lutter*, BB 2002, S. 1, 3 li. Sp. mit Fn.29; *Seibert* in: Henze/Hoffmann-Becking (Hrsg.), Gesellschaftsrecht 2001, S. 361, 373 Fn.25; s. auch *Schwarz*, ZIP 2001, S. 1847, 1848 Fn.5.
[1659] Art. 7 Abs. 3 SE-RL.
[1660] *Heinze*, ZGR 2002, S. 66, 89.
[1661] Vgl. Art. 16 Abs. 1 SE-VO.

juristische Person jedoch nur unter der Voraussetzung in Betracht, dass entweder eine Vereinbarung über die Modalitäten der Beteiligung der Arbeitnehmer in der SE, einschließlich der Mitbestimmung, geschlossen wurde oder dass für keine der beteiligten Gesellschaften vor der Registrierung der SE Mitbestimmungsvorschriften galten[1662].

cc) Auffangregelung über die (unternehmerische) Mitbestimmung

(1) Inhalt

Greift die Auffangregelung über die Mitbestimmung der Arbeitnehmer in der SE ein, so gilt nach den Vorgaben der Richtlinie folgendes.
In den Fällen der Gründung einer SE durch Verschmelzung, durch Gründung einer Holding-SE oder durch Gründung einer Tochter-SE „haben die Arbeitnehmer der SE, ihrer Tochtergesellschaften und Betriebe und/oder ihr Vertretungsorgan das Recht, einen Teil der Mitglieder des Verwaltungs- oder des Aufsichtsorgans der SE zu wählen oder zu bestellen oder deren Bestellung zu empfehlen oder abzulehnen, wobei sich die Zahl dieser Mitglieder nach dem höchsten maßgeblichen Anteil in den beteiligten Gesellschaften vor der Eintragung der SE bemisst."[1663] Die Arbeitnehmervertreter im Verwaltungs- oder Aufsichtsorgan der SE „sind vollberechtigte Mitglieder des jeweiligen Organs mit denselben Rechten (einschließlich des Stimmrechts) und denselben Pflichten wie die Mitglieder, die die Anteilseigner vertreten."[1664] Über die Verteilung der Sitze im Verwaltungs- oder Aufsichtsorgan der SE „auf die Mitglieder, die Arbeitnehmer aus verschiedenen Mitgliedstaaten vertreten", entscheidet das Vertretungsorgan der Arbeitnehmer „entsprechend den jeweiligen Anteilen der in den einzelnen Mitgliedstaaten beschäftigten Arbeitnehmer der SE."[1665]
Im Falle der Gründung einer SE durch Umwandlung einer mitbestimmungspflichtigen Aktiengesellschaft nationalen Rechts finden „alle Komponenten der Mitbestimmung der Arbeitnehmer weiterhin Anwendung."[1666] Die Bestimmungen der Auffangregelung über die Mitbestimmung in einer durch Verschmelzung, durch Gründung einer Holding-SE oder durch Gründung einer Tochter-SE entstandenen SE gelten in diesem Fall sinngemäß[1667].

[1662] Art. 12 Abs. 3 SE-VO.
[1663] Teil 3 der Auffangregelung, Anhang SE-RL, lit. b), 1. Absatz.
[1664] Teil 3 der Auffangregelung, Anhang SE-RL, lit. b), 4. Absatz.
[1665] Teil 3 der Auffangregelung, Anhang SE-RL, lit. b), 3. Absatz, Satz 1.
[1666] Teil 3 der Auffangregelung, Anhang SE-RL, lit. a), Satz 1.
[1667] Teil 3 der Auffangregelung, Anhang SE-RL, lit. a), Satz 2.

(2) Insbesondere: Mitbestimmungsrechte der Arbeitnehmer von SE-Tochtergesellschaften

Das von der Auffangregelung über die Mitbestimmung in der SE nach dem Gesagten mithin - auch für den Fall der Gründung einer SE durch Umwandlung einer mitbestimmten Aktiengesellschaft nationalen Rechts - als eine Option für die mitgliedstaatliche Umsetzung der Auffangregelung vorgesehene Wahlrecht der Arbeitnehmer der Tochtergesellschaften der SE hinsichtlich eines Teils der Sitze im Verwaltungs- oder Aufsichtsorgan der SE, das unabhängig davon besteht, ob sich der Sitz der Tochtergesellschaft(en) im Sitzstaat der SE befindet oder nicht, ist aus deutscher Sicht insofern ebenso bemerkenswert wie die Regelung, dass im Verwaltungs- oder Aufsichtsorgan einer SE Arbeitnehmer aus verschiedenen Mitgliedstaaten vertreten sein sollen, als Arbeitnehmer ausländischer Tochtergesellschaften deutscher mitbestimmter Konzernobergesellschaften nach h.M. zum deutschen Mitbestimmungsrecht bei den Wahlen zum Aufsichtsrat der Konzernspitze derzeit weder aktiv noch - zumindest hinsichtlich der für unternehmensangehörige Arbeitnehmervertreter reservierten Sitze im Aufsichtsrat - passiv wahlberechtigt sind[1668].

Ein Recht, gemäß der Auffangregelung über die Mitbestimmung in der SE, genauer aufgrund deren mitgliedstaatlicher Umsetzung in nationales Recht, einen Teil der Mitglieder des Verwaltungs- oder des Aufsichtsorgans der SE zu wählen, kommt allerdings nur zugunsten der Arbeitnehmer in einem Mitgliedstaat ansässiger Tochtergesellschaften einer SE in Betracht, nicht auch zugunsten von Arbeitnehmern außerhalb der Gemeinschaft ansässiger Tochtergesellschaften einer SE. Zwar ist in der Auffangregelung nur allgemein von einem Wahlrecht der „Arbeitnehmer der SE, ihrer Tochtergesellschaften und Betriebe und/oder ihr(es) Vertretungsorgan(s)" die Rede, wobei der Begriff der „Tochtergesellschaft" als Unternehmen definiert ist[1669], auf das die SE einen beherrschenden Einfluß im Sinne des Art. 3 Abs. 2 bis 7 der Richtlinie über den Europäischen Betriebsrat[1670] ausübt. Aus dem auf die Mitgliedstaaten beschränkten Geltungsbereich der Richtlinie ergibt sich aber, dass mit „Tochtergesellschaften einer SE" nur Gesellschaften i.S. des Art. 48 EGV n.F. gemeint sein können.

Die Arbeitnehmer außerhalb der EU ansässiger Tochtergesellschaften einer SE blieben mithin bei Eingreifen der Auffangregelung von einer etwaigen unter-

---

1668 MünchKomm BGB^2/*Ebenroth*, Nach Art. 10 EGBGB Rdz.295; Staudinger/*Großfeld*, IntGesR Rdz.527ff.; MünchKomm BGB/*Kindler*, IntGesR Rdz.454; *Lutter*, Festschrift Zweigert, S. 251, 260; GK/*Oetker*, MitbestG, § 1 Rdz.17, § 5 Rdz.33; *Ulmer* in Hanau/Ulmer, MitbestG, § 5 Rdz.55; *Wiedemann*, Gesellschaftsrecht I, S. 818.

1669 Art. 2 lit. c) SE-RL.

1670 Abgedruckt bei *Lutter*, Europäisches Unternehmensrecht, S. 685ff..

nehmerischen Mitbestimmung in der SE ebenso ausgeschlossen, wie sie nach dem Gesagten nach h.M. zum deutschen Mitbestimmungsrecht derzeit von der Mitbestimmung in einer deutschen mitbestimmungspflichtigen Konzernobergesellschaft ausgeschlossen sind.

2. Bewertung, insbesondere aus deutscher Sicht

Eine zusammenfassende Bewertung der Regelungen der Richtlinie zur Ergänzung des Statuts der SE hinsichtlich der Beteiligung der Arbeitnehmer ergibt folgendes.

a) Zugang deutscher Gesellschaften zur SE

Deutschen mitbestimmten Gesellschaften wird der Zugang zur Rechtsform der SE im Wege der Verschmelzung mit einer EU-ausländischen Aktiengesellschaft sowie durch Gründung einer Holding-SE oder Tochter-SE faktisch voraussichtlich versperrt sein, soweit in der deutschen Gesellschaft bestehende Mitbestimmungsrechte in der entstehenden SE „fortgelten" würden, da eine für diese Gründungsformen erforderliche EU-ausländische Partnergesellschaft regelmäßig kaum als Gründungspartner zur Verfügung stehen dürfte[1671]. Hierin läge ein Wettbewerbsnachteil[1672], da die Umwandlung einer nationalen Aktiengesellschaft in eine SE gegenüber den genannten Formen der Gründung einer SE insofern keine gleichwertige Alternative bietet, als sie sich nicht zur Bildung einer grenzüberschreitenden Unternehmensverbindung nutzen ließe.

b) Flucht aus der Mitbestimmung

Die Richtlinie ermöglicht deutschen mitbestimmungspflichtigen Gesellschaften u.U. die Flucht aus der (unternehmerischen) Mitbestimmung[1673].

[1671] Vgl. FAZ Nr.297 vom 21.12.2000, S. 17, 18; *Herfs-Röttgen*, NZA 2001, S. 424, 429 re. Sp.; *Jahn/Herfs-Röttgen*, DB 2001, S. 631, 638 re. Sp.; *Ulmer*, FAZ Nr.99 vom 28.04.2001, S. 23 („Mitbestimmung kann zum Hindernis werden"); *ders.*, ZHR 166 (2002), S. 271, 272; *Heinze*, ZGR 2002, S. 66, 83, 92; s. auch *Breuer* in: von Rosen (Hrsg.), Corporate Governance - Nutzen und Umsetzung -, S. 18, 19; *Seibert* in: Henze/Hoffmann-Becking (Hrsg.), Gesellschaftsrecht 2001, S. 361, 374; *Hirte*, NZG 2002, S. 1, 6 re. Sp.; *Hopt*, EuZW 2002, S. 1; *Lutter*, BB 2002, S. 1, 6 li. Sp.; *N.N.*, Die AG 2001, S. R 234 li. Sp.; optimistischer *Thoma/Leuering*, NJW 2002, S. 1449, 1454.

[1672] Vgl. *Hopt* in: Hommelhoff/Lutter/Schmidt/Schön/Ulmer (Hrsg.), Corporate Governance, S. 27, 42.

[1673] Vgl. bereits oben S. 438ff..

Betrüge der Anteil der mitbestimmungsberechtigten Arbeitnehmer einer an einer SE-Gründung durch Verschmelzung beteiligten deutschen mitbestimmungspflichtigen Aktiengesellschaft weniger als 25 Prozent der Gesamtarbeitnehmerzahl der beteiligten Gesellschaften, bedürfte eine Vereinbarung, die eine Verringerung oder Beseitigung in der deutschen Gesellschaft vor der Verschmelzung bestehender Mitbestimmungsrechte vorsähe, (lediglich) der absoluten Mehrheit der Stimmen des besonderen Verhandlungsgremium der Arbeitnehmer, sofern diese auch die absolute Mehrheit der Arbeitnehmer der beteiligten Gesellschaften repräsentierte. Käme eine Vereinbarung nicht zustande, würde die Auffangregelung über die Mitbestimmung in diesem Fall nur dann eingreifen, wenn das besondere Verhandlungsgremium mit derselben Mehrheit einen entsprechenden Beschluß fasste[1674].
Zu einer Flucht deutscher mitbestimmungspflichtiger Gesellschaften aus der (unternehmerischen) Mitbestimmung durch Beteiligung an der Gründung einer SE durch Verschmelzung könnte es in diesem Fall nicht nur im Zuge einer Hinaus-Verschmelzung kommen, sondern auch im Zuge der Herein-Verschmelzung auf eine deutsche Gesellschaft, die dadurch zur SE würde. Die entstehende SE unterläge anders als etwa vergleichbare deutsche Aktiengesellschaften nicht mehr der unternehmerischen Mitbestimmung[1675].

c) *Übertragbarkeit des Regelungsmodells auf die Richtlinien über die grenzüberschreitende Verschmelzung sowie über die grenzüberschreitende Sitzverlegung*

Nach dem Gesagten ist geplant, die Regelung der Mitbestimmung in der SE durch die Richtlinie zur Ergänzung des SE-Statuts hinsichtlich der Beteiligung der Arbeitnehmer für die Richtlinie über die grenzüberschreitende Verschmelzung von Aktiengesellschaften und GmbHs sowie für die Richtlinie über die grenzüberschreitende Sitzverlegung zu übernehmen[1675a].
Daß einer Übertragung des Regelungsmodells auf die grenzüberschreitende Verschmelzung von Aktiengesellschaften und GmbHs nichts entgegensteht, leuchtet nach dem Gesagten insofern ein, als eine SE unter anderem gerade durch grenzüberschreitende Verschmelzung mitgliedstaatlicher Aktiengesellschaften ge-

---

[1674] Vgl. Art. 7 Abs. 2 lit. b) zweiter Spiegelstrich, Art. 3 Abs. 4 S. 1 SE-RL.

[1675] Die Registrierung einer nicht mitbestimmten SE in der Bundesrepublik könnte überdies etwa auch nach der Verlegung des Satzungs- und Verwaltungssitzes einer in einem anderen Mitgliedstaat, etwa durch Verschmelzung, entstandenen SE in die Bundesrepublik erfolgen, wenn und weil eine in der zuziehenden SE bestehende Vereinbarung, die von der Sitzverlegung unberührt bliebe, unternehmerische Mitbestimmungsrechte nicht vorsähe (vgl. oben S. 438ff.).

[1675a] Vgl. oben S. 422, 424; kritisch dazu *Ulmer*, ZHR 166 (2002), S. 271, 275.

gründet werden kann. Mit der Umsetzung der Vorgaben der Auffangregelung über die Mitbestimmung in der SE in mitgliedstaatliches Recht wären namentlich Vorschriften über die Implementierung der unternehmerischen Mitbestimmung der Arbeitnehmer nicht nur - wie herkömmlich[1676] - in das dualistische (Aufsichtsrats-)System, sondern auch in das monistische System vorhanden[1677], derer es mit Blick auf eine grenzüberschreitende Verschmelzung - wie überdies auch hinsichtlich einer grenzüberschreitenden Verlegung des Gesellschaftssitzes - bedürfte, wenn das Statut des „Zuzugsstaates" für Kapitalgesellschaften nationalen Rechts ausschließlich das monistische System zuließe.
Für die grenzüberschreitende Sitzverlegung passt das Regelungsmodell zur Beteiligung der Arbeitnehmer in der SE insofern nur bedingt, als es die Beteiligung mehrerer Gesellschaften voraussetzt, während eine Sitzverlegung lediglich von einer einzelnen Gesellschaft durchgeführt würde[1678]. Das Regelungsmodell zur Mitbestimmung in der SE in Gestalt einer vorrangigen Vereinbarungslösung mit subsidiärer Auffangregelung ließe sich von daher auf die Sitzverlegungsrichtlinie nicht ohne Modifikationen übertragen[1679].

III. Inkrafttreten der gemeinschaftsrechtlichen Rechtsakte zur SE

Die Richtlinie zur Ergänzung des Statuts der SE hinsichtlich der Beteiligung der Arbeitnehmer ist mit Veröffentlichung im Amtsblatt der Europäischen Gemeinschaften am 10.11.2001[1680] in Kraft getreten[1681]. Die Umsetzung der Richtlinie durch die Mitgliedstaaten muß bis zum 08.10.2004, dem Datum des Inkrafttretens der Verordnung über das Statut der SE[1682], erfolgen[1683]. Erst mit Inkrafttreten der Verordnung über das SE-Statut im Oktober 2004 ist den Kapitalgesell-

---

[1676] Vgl. BGH ZIP 2000, S. 967, 968 re. Sp.; *Lutter*, ZGR 2000, S. 1, 17 ; *ders.* in: Scheffler (Hrsg.), Corporate Governance, S. 5, 23.

[1677] Vgl. oben Fn.1633; *Hommelhoff*, Die AG 2001, S. 279, 282 re. Sp.; *Hirte*, FAZ Nr. 241 vom 17.10.2001, S. 29.

[1678] Vgl. *Neye*, ZGR 1999, S. 13, 18; *Wiesner*, GmbHR 2001, S. R 57.

[1679] Vgl. *Schwarz*, Europäisches Gesellschaftsrecht Rdz.838.

[1680] ABl.EG Nr. L 294 vom 10.11.2001, S. 22ff..

[1681] Art. 17 SE-RL. – Das EU-Parlament hat eine Klage gegen die gemeinschaftsrechtlichen Rechtsakte zur SE vor dem EuGH wegen Verletzung von Mitentscheidungsrechten des Parlaments erwogen, hiervon jedoch schließlich abgesehen, um die Einführung der SE nicht zu verzögern; vgl. *Neye*, ZGR 2002, S. 377ff., *Thoma/Leuering*, NJW 2002, S. 1449, 1449f.; FAZ Nr.19 vom 23.01.2002, S. 15; FAZ Nr.28 vom 02.02.2002, S. 13; zum Hintergrund s. *Neye*, a.a.O.; *Schwarz*, ZIP 2001, S. 1847, 1848 re. Sp.; *Hirte*, NZG 2002, S. 1, 2 li. Sp.; *Lutter*, BB 2002, S. 1, 3 li. Sp..

[1682] Art. 70 SE-VO.

[1683] Art. 14 Abs. 1 S. 1 SE-RL.

schaften der Mitgliedstaaten sodann die Möglichkeit zur Gründung einer SE eröffnet.

D. Zusammenfassung

Im Gefolge der Regelung der Mitbestimmung der Arbeitnehmer in der SE durch die Richtlinie zur Ergänzung des SE-Statuts hinsichtlich der Beteiligung der Arbeitnehmer steht mittelfristig neben dem Inkrafttreten der Verordnung über das Statut der SE ein Inkrafttreten (auch) der Richtlinie über die grenzüberschreitende Verschmelzung von Aktiengesellschaften und GmbH's sowie der Richtlinie über die grenzüberschreitende Sitzverlegung zu erwarten. Grenzüberschreitende Unternehmenszusammenschlüsse innerhalb der Gemeinschaft wären damit künftig ohne den derzeit noch erforderlichen Umweg über aufwendige Ersatzgestaltungen möglich.

Deutschen mitbestimmten Kapitalgesellschaften wird der Zugang zur Rechtsform der SE durch grenzüberschreitende Unternehmensverbindung in Gestalt der Verschmelzung mit Aktiengesellschaften aus anderen Mitgliedstaaten, durch Gründung einer Holding-SE oder einer gemeinsamen Tochter-SE ebenso wie eine grenzüberschreitende Verschmelzung allerdings vermutlich versperrt bleiben, wenn und weil in der deutschen Gesellschaft bestehende (unternehmerische) Mitbestimmungsrechte in die entstehende SE oder (bei grenzüberschreitender Verschmelzung) in die aufnehmende Gesellschaft zu übernehmen wären.

Zur Gestaltung von Unternehmenszusammenschlüssen unter Beteiligung von Gesellschaften aus Nicht-EU-Staaten bedürfte es auch nach Inkrafttreten der angesprochenen gemeinschaftsrechtlichen Rechtsakte weiterhin aufwendiger Ersatzgestaltungen. Insoweit wären daher ergänzende Regelungen erforderlich.

§ 10 Bestimmung des Gesellschaftsstatuts grenzüberschreitender Unternehmen

Bislang war die Rede von Rechtsfragen der Gestaltung grenzüberschreitender Unternehmenszusammenschlüsse im Sinne der Gestaltung der Entstehung eines grenzüberschreitenden Unternehmens. Im folgenden sind nunmehr ausgewählte Rechtsfragen in den Blick zu nehmen, die sich hinsichtlich bereits bestehender grenzüberschreitender Unternehmen in der Rechtsform einer deutschen Aktiengesellschaft und hier insbesondere konkret mit Blick auf die insoweit exemplarische DaimlerChrysler AG stellen. Gegenstand der diesbezüglichen folgenden Ausführungen sind insoweit in diesem Paragraphen (§ 10) zunächst internationalprivatrechtliche Schwierigkeiten bei der Bestimmung des Gesellschaftsstatuts grenzüberschreitender Unternehmen, sodann Fragen der Ausgestaltung der Unternehmensleitung und -überwachung in grenzüberschreitenden Unternehmen (dazu § 11) sowie schließlich Fragen, die sich im Hinblick auf die Mitbestimmung in einer international tätigen deutschen Konzernobergesellschaft stellen (dazu § 12).
Zunächst zu internationalprivatrechtlichen Schwierigkeiten bei der Bestimmung des Gesellschaftsstatuts grenzüberschreitender Unternehmen.
Ausweislich des *BCA*[1684] verfügt die DaimlerChrysler AG über zwei Hauptverwaltungen, eine am Verwaltungssitz der früheren Chrysler Corp. in Auburn Hills/Michigan (USA) und eine am Verwaltungssitz der früheren Daimler-Benz AG in Stuttgart. Für eine solche Beibehaltung zweier Hauptverwaltungen an den früheren Verwaltungssitzen der Ausgangsgesellschaften eines (grenzüberschreitenden) Unternehmenszusammenschlusses mögen bei einem *Merger of Equals*[1685] neben der Notwendigkeit marktnaher Präsenz der Entscheidungsträger[1686] nicht zuletzt psychologische Gründe - Dokumentation der Parität der Parteien - sprechen[1687].

[1684] Vgl. § 4.3 *BCA* (Fn.52), Anlage 1 des Berichts (Fn.46), S. 107, 127: „Nach dem Wirksamkeitszeitpunkt soll DaimlerChrysler AG zwei Hauptverwaltungen haben, eine am Sitz der derzeitigen Hauptverwaltung von Daimler-Benz und eine am derzeitigen Sitz der Hauptverwaltung von Chrysler."

[1685] Zum Begriff vgl. oben S. 63ff..

[1686] *Breuninger/Krüger*, Festschrift Rädler, S. 79, 80.

[1687] *Horn*, Festschrift Lutter, S. 1113, 1127; *ders.*, ZIP 2000, S. 473, 483 re. Sp.; *Zimmer*, Festschrift Lutter, S. 231, 238. - Derartige Erwägungen gelten im übrigen u.U. auch für nationale Zusammenschlüsse „unter Gleichen", s. den Doppelsitz der ThyssenKrupp AG in Duisburg und Essen (vgl. dazu LG Essen Die AG 2001, S. 429f.).

Das Nebeneinander zweier „gleichberechtigter" Hauptverwaltungen der DaimlerChrysler AG in der Bundesrepublik einerseits und in den Vereinigten Staaten andererseits wirft Fragen im Hinblick auf die Bestimmung des Gesellschaftsstatuts nach der Sitztheorie auf, die insoweit an den Ort des effektiven Verwaltungssitzes einer Gesellschaft anknüpft und mithin einen einzigen Verwaltungssitz voraussetzt. Dem ist im folgenden nachzugehen (unten B.). Zunächst stellt sich jedoch nochmals die oben[1688] bereits angesprochene Frage nach der Fortgeltung der Sitztheorie nach dem *Centros*-Urteil und der *Überseering*-Entscheidung des Europäischen Gerichtshofs (nachfolgend A.).

A. Fortgeltung der Sitztheorie nach dem Centros-*Urteil und der* Überseering-*Entscheidung des EuGH*

Im Schrifttum wurde nach der *Centros*-Entscheidung des EuGH[1689] teilweise die Auffassung vertreten, die Bestimmung des Gesellschaftsstatuts durch Anknüpfung an den effektiven Verwaltungssitz sei wegen Verstoßes gegen Artt. 43, 48 EGV n.F. gemeinschaftsrechtswidrig[1690]. Dem ist indes entgegenzuhalten, daß der EuGH im Fall *Centros* zur Vereinbarkeit der Sitztheorie mit Gemeinschaftsrecht nicht Stellung genommen hat[1691]. Hierzu bestand insofern auch keine Veranlassung, als sowohl der Gründungsrechtsstaat (England) als auch der Staat (Dänemark), in dem die *Centros*-Gründer die Eintragung einer faktisch als Hauptniederlassung/Hauptverwaltung fungierenden Zweigniederlassung begehrten, der Gründungstheorie folgen[1692]. Demgemäß war nach der *Centros*-Entscheidung nicht davon auszugehen, daß die Sitztheorie gegen Gemeinschaftsrecht verstößt[1693].

1688 Vgl. oben S. 346f., 353.

1689 Vgl. oben S. 338ff..

1690 *Freitag*, EuZW 1999, S. 267, 269 re. Sp.; *Meilicke*, DB 1999, S. 627f.; *Sandrock*, BB 1999, S. 1337, 1341 li. Sp.; *Schaumburg/Schloßmacher*, Festschrift Peltzer, S. 389, 396; *Sedemund/Hausmann*, BB 1999, S. 810 re. Sp.; *Werlauff*, ZIP 1999, S. 867, 874f.; *Koppensteiner* in: VGR (Hrsg.), Gesellschaftsrecht in der Diskussion 1999, S. 151, 169, 184.

1691 *Bungert*, DB 1999, S. 1841, 1842; *Ebke*, JZ 1999, S. 656, 658 re. Sp., 660 li. Sp.; *Lutter* in Lutter, § 1 Rdz.7 mit Fn.25, § 1 Rdz.9 mit Fn.32; *Stengel* in: Semler/Volhard (Hrsg.), Unternehmensübernahmen, § 17 Rdz.273.

1692 Vgl. oben S. 339f..

1693 LG Potsdam ZIP 1999, S. 2021; OLG Brandenburg ZIP 2000, S. 1616, 1617 li. Sp.; *Görk*, GmbHR 1999, S. 793, 796; *Hoffmann*, NZG 1999, S. 1077, 1083 li. Sp.; *Kindler*, NJW 1999, S. 1993, 1998 li. Sp.; *Lange*, DNotZ 1999, S. 599, 606; *G.H. Roth*, ZIP 1999, S. 861, 863 li. Sp.; *Altmeppen*, DStR 2000, S. 1061, 1061 li. Sp.; *Hoffmann*, ZHR 164 (2000), S. 43, 48f.; *W.-H. Roth*, ZGR 2000, S. 311, 327; *Schwarz*, NZG 2001, S. 613, 614 re. Sp.; *Ebke*, 50 Jahre Bundesgerichtshof, Festgabe aus der Wissenschaft, S. 799, 817f.;

Der *Überseering*-Entscheidung des EuGH ist jedenfalls kein generelles Verdikt über die Sitztheorie zu entnehmen[1694]. Zwar muss die Rechtsfähigkeit in einem EU-Mitgliedstaat gegründeter und fortbestehender Gesellschaften i.S. des Art. 48 EGV, die ihren Verwaltungssitz in einen anderen Mitgliedstaat verlegen, künftig nach dem Recht des Gründungsstatuts beurteilt werden, sodass die Sitztheorie zur Bestimmung des Gesellschaftsstatuts der zuziehenden Gesellschaft nicht mehr anzuwenden ist. Dies gilt jedoch nicht für die Bestimmung des Gesellschaftsstuts zuziehender Gesellschaften aus Drittstaaten. Abgesehen davon ist es dem Gründungsstaat weiterhin unbenommen, auch künftig an die Verlegung des Verwaltungssitzes ins Ausland kollisionsrechtlich einen Statutenwechsel und sachrechtlich die Auflösung der Gesellschaft zu knüpfen. Ob es zweckmäßig ist, in den genannten Fällen weiterhin nach der Sitztheorie anzuknüpfen, ist eine andere Frage[1695].

B. Bestimmung des Gesellschaftsstatuts bei doppeltem Verwaltungssitz

Im folgenden ist der Frage nach der kollisionsrechtlichen Behandlung einer grenzüberschreitenden Gesellschaft wie der DaimlerChrysler AG mit zwei (oder mehr) Hauptverwaltungen in verschiedenen Staaten durch die der bislang h.M. zum deutschen Kollisionsrecht entsprechende Sitztheorie nachzugehen.

I. Untauglichkeit der Anknüpfung an Verwaltungssitz

Nach der Definition der h.M., insbesondere der Rechtsprechung, ist der Verwaltungssitz einer Gesellschaft „der Tätigkeitsort der Geschäftsführung und der dazu berufenen Vertretungsorgane, also der Ort, wo die grundlegenden Entscheidungen der Unternehmensleitung effektiv in laufende Geschäftsführungsakte

---

Kindler in: VGR (Hrsg.), Gesellschaftsrecht in der Diskussion 1999, S. 87, 108; Palandt/*Heldrich*, Anh. zu Art. 12 EGBGB Rdz.2; *W.-H. Roth* in Koller/Roth/Morck, § 13d Rdz.3; *Stengel* in: Semler/Volhard (Hrsg.), Unternehmensübernahmen, § 17 Rdz.273; *Walden*, Kollisionsrecht der Personengesellschaften, S. 256.

1694 Dazu oben S. 353.

1695 Vgl. dazu OLG Zweibrücken ZIP 2000, S. 2172, 2173 li. Sp.; *Göttsche*, DStR 1999, S. 1403, 1406 li. Sp.; *Görk*, GmbHR 1999, S. 793, 797 li. Sp.; *Sandrock*, BB 1999, S. 1337, 1341f.; *Sedemund/Hausmann*, BB 1999, S. 810f.; *Borges*, RIW 2000, S. 167, 178 li. Sp.; *Paulus*, EWiR 2001, S. 233, 234; *v. Halen*, Gesellschaftsstatut, S. 275ff.; *Horn*, Gedächtnisschrift Lüderitz, S. 303, 308; nach der *Überseering*-Entscheidung *Forsthoff*, DB 2002, S. 2471, 2476; *Leible/Hoffmann*, RIW 2002, S. 925, 935f..

umgesetzt werden"[1696], mit anderen Worten der Ort, an dem „die ‚großen' Richtlinien der Produktions-, Absatz-, Personal- usw. Politik in die kleine Münze der täglichen Entscheidungen umgesetzt werden."[1697] Entscheidend sei dabei regelmäßig der Tätigkeitsort der für das Tagesgeschäft zuständigen Mitglieder des Verwaltungsorganes[1698], d.h. der Ort, an dem die Sitzungen des Verwaltungsorganes abgehalten werden[1699].

Anhand der vorstehend genannten Kriterien ist die Lokalisierung eines einzigen effektiven Verwaltungssitzes der DaimlerChrysler AG nicht möglich[1700]. Die Sitzungen des Vorstands der DaimlerChrysler AG finden sowohl an den beiden Hauptverwaltungen in Auburn Hills und Stuttgart[1701] als auch in New York[1702] statt. Daneben werden Vorstandssitzungen regelmäßig auch per Videokonferenz durchgeführt[1703]. Die Vorstandsmitglieder konferieren mithin nicht stets und of-

---

[1696] BGHZ 97, S. 269, 272; GK/*Assmann*, Einl. Rdz.552; *von Bar*, IPR II Rdz.621; *Borges*, RIW 2000, S. 167, 170; Staudinger/*Großfeld*, IntGesR Rdz.228; MünchKomm BGB/*Kindler*, IntGesR Rdz.316.

[1697] *Sandrock*, Festschrift Beitzke, S. 669, 683.

[1698] Staudinger/*Großfeld*, IntGesR Rdz.228; MünchKomm BGB/*Kindler*, IntGesR Rdz.316; *Leible* in: Michalski, GmbHG, Syst. Darst. 2 Rdz.48.

[1699] Reithmann/Martiny-*Hausmann*, Internationales Vertragsrecht Rdz.1551; MünchKomm BGB/*Kindler*, IntGesR Rdz.316; *Sandrock*, Festschrift Beitzke, S. 669, 683.

[1700] *Horn*, Festschrift Lutter, S. 1113, 1128.

[1701] *Endres*, ZHR 163 (1999), S. 441, 447; vgl. Börsen-Zeitung Nr. 174 vom 11.09.1998, S. 8.

[1702] *Gentz* in: Schwalbach (Hrsg.), Corporate Governance, S. 2, 8; *Zimmer*, ZHR 164 (2000), S. 23, 24f.; FAZ Nr. 223 vom 25.09.1999, S. 17; *Appel/Hein*, Der DaimlerChrysler Deal, S. 264. - Zur Gewährleistung größtmöglicher Mobilität des Leitungspersonals unterhält die DaimlerChrysler AG einen eigenen Airbus, der mehrmals wöchentlich zwischen Stuttgart und Auburn Hills verkehrt; *Büschemann*, SZ Nr.159 vom 13.07.2000.

[1703] *Endres*, ZHR 163 (1999), S. 441, 447; *Gentz*, a.a.O. (vorige Fn.); vgl. *Hansen*, Die AG 1998, S. R 226 li. Sp.. - Zur aktienrechtlichen Zulässigkeit der Beschlussfassung von Verwaltungsorganen der Aktiengesellschaft mithilfe elektronischer Kommunikationsmittel vgl. *Noack*, ZGR 1998, S. 592, 595f.; *Hirte*, Liber Amicorum Buxbaum, S. 283, 286; *Hommelhoff*, Festschrift Lutter, S. 95, 98f.; *Zimmer*, Liber Amicorum Buxbaum, S. 655, 666. - Für die Beschlußfassung des *Vorstands* legt das Aktiengesetz keine bestimmte (Verfahrens-)Form fest (BGH WM 1960, S. 1248, 1249 li. Sp.; *Hefermehl* in G/H/E/K, § 77 Rdz.4; *Hüffer*, § 77 Rdz.6; KK/*Mertens*, § 77 Rdz.27; *Noack*, a.a.O., S. 595; MünchHdb AG/*Wiesner*, § 22 Rdz.6), weshalb auch eine fernmündliche oder telegrafische Beschlussfassung zulässig ist (*Hefermehl* und *Hüffer*, jeweils a.a.O.); dasselbe gilt für eine Beschlussfassung im Wege der Online- oder Video-Konferenz. - Für den *Aufsichtsrat* gestattete § 108 Abs. 4 AktG a.F. eine (schriftliche, telegrafische oder) fernmündliche Beschlussfassung, wenn kein Mitglied diesem Verfahren widersprach. Demgemäß stand unter dieser Voraussetzung bereits nach altem Recht auch einer der fernmündlichen Beschlussfassung vergleichbaren Beschlussfassung via Internet (Online-Konferenz) oder im Wege der Video-Konferenz nichts engegen (*Kindler*, NJW 2001, S. 1678, 1689 li. Sp.; KK/*Mertens*, § 108 Rdz.16; *Noack*, a.a.O., S. 596; *Siebel* in: Semler

fenbar nicht einmal schwerpunktmäßig an einem Ort. Die laufende Umsetzung der Vorstandsbeschlüsse in die konkreten Verwaltungsentscheidungen des täglichen Lebens erfolgt offenbar gleichrangig an den beiden Hauptverwaltungen. Nach Maßgabe der üblichen Definition des Begriffs des „effektiven Verwaltungssitzes" hat die DaimlerChrysler AG mithin (mindestens) zwei Verwaltungssitze, nämlich je einen am Ort der beiden Hauptverwaltungen[1704].
Die Lokalisierung eines einzigen Verwaltungssitzes der DaimlerChrysler AG gelingt im übrigen auch dann nicht, wenn man ergänzend im Sinne einer im Schrifttum vorgeschlagenen Schwerpunktbetrachtung[1705] darauf abstellt, wo die Mehrzahl der Vorstandsentscheidungen getroffen wird[1706], wo sich der wichtigste Teil der Hauptverwaltung[1707] oder der Schwerpunkt der wirtschaftlichen

---

(Hrsg.), Arbeitshandbuch für Aufsichtsratsmitglieder, Rdz.D 130, D 132). § 108 Abs. 4 AktG i.d.F. des NaStraG gestattet nunmehr ausdrücklich schriftliche, fernmündliche „oder andere vergleichbare Formen" der Beschlussfassung des Aufsichtsrats, wenn kein Mitglied diesem Verfahren widerspricht. Aufsichtsratsbeschlüsse per Videokonferenz etc. sind damit zweifelsfrei möglich (*Kindler*, a.a.O.; *Kindl*, ZHR 166 [2002], S. 335, 341; *J. Wagner*, NZG 2002, S. 57, 58 li. Sp.; vgl. Begr. RegE NaStraG zu § 108 AktG, ZIP 2000, S. 941). - Für die obligatorischen Sitzungen des Aufsichtsrates verlangte § 110 Abs. 3 AktG a.F. demgegenüber ein „Zusammentreten" des Aufsichtsrates, was nach h.M. i.S. eines physischen Zusammentreffens aller Aufsichtsratsmitglieder zu verstehen war, weshalb insoweit eine Telefon-, Online- oder Videokonferenz nach altem Recht nicht in Betracht kam (*Kindler*, a.a.O., S. 1689; *Riegger*, ZHR 165 (2001), S. 204, 215; vgl. *Geßler* in G/H/E/K, § 110 Rdz.44; *Hüffer*, § 110 Rdz.10; a.A. für Videokonferenzen *Siebel* in: Semler (Hrsg.), Arbeitshandbuch für Aufsichtsratsmitglieder, Rdz.D 133; *Kindl*, a.a.O., S. 344ff.; *J. Wagner*, a.a.O., S. 61). Die *Regierungskommission Corporate Governance* (Abschlußbericht, Rdz.57) hatte insoweit empfohlen, für die obligatorischen Aufsichtsratssitzungen nach § 110 Abs. 3 AktG künftig in begründeten Ausnahmefällen Telefon- oder Videokonferenzen bzw. -zuschaltungen zuzulassen. Das Transparenz- und Publizitätsgesetz hat diese Empfehlung insofern umgesetzt, als der Aufsichtsrat nunmehr durch § 110 Abs. 3 AktG n.F. nicht mehr zum „Zusammentreten" zu Pflichtsitzungen, sondern (lediglich) zum „Abhalten von Sitzungen" verpflichtet ist.

[1704] Ebenso *Breuninger/Krüger*, Festschrift Rädler, S. 79, 81; *Zimmer*, Liber Amicorum Buxbaum, S. 655, 666.

[1705] Vgl. *Frowein*, Sitzverlegung, S. 31; *Großfeld*, Gedächtnisschrift Lüderitz, S. 233, 237; Reithmann/Martiny-*Hausmann*, Internationales Vertragsrecht Rdz.1553; *Herdegen*, Internationales Wirtschaftsrecht, § 13 Rdz.5; *Kindler*, EWiR 1999, S. 1081, 1082; *Wiedemann*, Gesellschaftsrecht I, S. 783.

[1706] GK/*Assmann*, Einl. Rdz.552; *Sandrock*, Festschrift Beitzke, S. 669, 683.

[1707] *Ebenroth/Eyles*, DB-Beilage Nr. 2/1988, S. 9 re. Sp.; *Borges*, RIW 2000, S. 167, 170; Staudinger/*Großfeld*, IntGesR Rdz.235; *Hausmann* in: Hausmann/van Raad/Raupach/Veelken, Steuergestaltung durch doppelt ansässige Gesellschaften?, S. 13, 19; Reithmann/Martiny-*Hausmann*, Internationales Vertragsrecht Rdz.1553; *Horn*, Festschrift Lutter, S. 1113, 1127f.; *Kegel/Schurig*, Internationales Privatrecht, S. 510; *Leible* in: Michalski, GmbHG, Syst. Darst. 2 Rdz.51.

Tätigkeit[1708], mithin der Ort des Betriebsmittelpunkts[1709], befindet, wo die Willensbildung des Leitungsorgans erfolgt[1710] oder wo die bedeutendsten Entscheidungen über die Zielvorgaben umgesetzt werden[1711]. Auch ein solchermaßen bestimmter Leitungsschwerpunkt ist bei der DaimlerChrysler AG nicht vorhanden.

Die vorstehend angesprochenen Schwierigkeiten bei der Lokalisierung des effektiven Verwaltungssitzes der DaimlerChrysler AG sind symptomatisch für die Anknüpfungsprobleme, vor die sich die Sitztheorie durch grenzüberschreitende Unternehmen mit unbestimmtem Leitungsort bereits in der Vergangenheit mitunter gestellt sah[1712] und im Zeitalter grenzüberschreitender Unternehmenszusammenschlüsse „unter Gleichen", die häufig mit der Einrichtung bi- oder polyzentrischer Organisations- und Führungsstrukturen einhergehen[1713], zunehmend gestellt sehen wird[1714]. Die Lokalisierung eines einzigen effektiven Verwaltungssitzes ist nicht möglich, wenn und weil die Mitglieder des Leitungsorgans grenzüberschreitend tätiger Unternehmen wechselnd in verschiedenen Staaten zusammenkommen, was in der modernen mobilen Gesellschaft praktisch keine Schwierigkeiten bereitet, oder mithilfe elektronischer Medien grenzüberschreitend konferieren[1715]. Das Anknüpfungskriterium des „effektiven Verwaltungs-

---

[1708] *Borges*, RIW 2000, S. 167, 173; *Ferid*, Festschrift Hueck, S. 343, 345 Fn.8a; *Thorn*, IPRax 2001, S. 102, 108 li. Sp..

[1709] *Ebenroth/Bippus*, JZ 1988, S. 677, 682; *Panthen*, Der „Sitz"-Begriff im Internationalen Gesellschaftsrecht, S. 311.

[1710] MünchKomm BGB/*Kindler*, IntGesR Rdz.321.

[1711] *Kieser*, Die Typenvermischung über die Grenze, S. 95.

[1712] Vgl. *Grasmann*, System des Internationalen Gesellschaftsrechts, Rdz.368ff.; *Sandrock*, Festschrift Beitzke, S. 669, 685f..

[1713] *Bogenschütz*, IStR 2000, S. 609, 610 li. Sp.; *Schaumburg/Schloßmacher*, Festschrift Peltzer, S. 389f..

[1714] *Borges*, RIW 2000, S. 167, 173f.; *Ebenroth/Bippus*, JZ 1988, S. 677, 678f., 682; *Leible* in: Michalski, GmbHG, Syst. Darst. 2 Rdz.51; *Zimmer*, Festschrift Lutter, S. 231, 238; *ders.*, Liber Amicorum Buxbaum, S. 655, 665ff.; vgl. auch *Frowein*, Sitzverlegung, S. 30f.; *Knobbe-Keuk*, ZHR 154 (1990), S. 325, 356; *Großfeld*, The International Lawyer 34 (2000), S. 963, 972; *Raupach* in: Haarmann (Hrsg.), Unternehmensstrukturen und Rechtsformen im internationalen Steuerrecht, S. 28, 36; *Walden*, Kollisionsrecht der Personengesellschaften, S. 77. – Bi- oder polyzentrische Organisationsstrukturen, bei denen die Bestimmung des Gesellschaftsstatuts durch Anknüpfung an den effektiven Verwaltungssitz scheitert, sind namentlich auch bei sog. virtuellen Unternehmen anzutreffen; vgl. dazu *Breuninger/Krüger*, Festschrift Rädler, S. 79, 82f.; *Noack*, ZGR 1998, S. 592, 615f.; *Habersack*, ZHR 165 (2001), S. 172, 179; *Schaumburg/Großmacher*, Festschrift Peltzer, S. 389, 390f.; s. auch *Großfeld/Hoeltzenbein*, NZG 2001, S. 779, 781 li. Sp..

[1715] Vgl. in diesem Zusammenhang etwa auch die Organsation der Unternehmensleitung in der aus dem Zusammenschluß der Hoechst AG mit der Rhône-Poulenc S.A. hervorgegangenen Aventis S.A. (vgl. oben S. 372f.). Die Satzung der Aventis S.A. (Anlage 3.1.

sitzes" i.S. der oben wiedergegebenen Definition der h.M. versagt in solchen Fällen. Die Bestimmung eines einzigen, einheitlichen Gesellschaftsstatuts ist nicht möglich. Die insofern deutlich werdende Unschärfe des Anknüpfungskriteriums, aus der u.U. Unsicherheit hinsichtlich des auf eine Gesellschaft anwendbaren Rechts resultieren kann, stellt einen der wesentlichen Einwände gegen die Sitztheorie dar[1716].

Die Sitztheorie bezweckt jedoch - ebenso wie die Gründungstheorie - die Bestimmung eines einheitlichen Gesellschaftsstatuts, d.h. einer (einzigen) Rechtsordnung, der eine Gesellschaft hinsichtlich ihrer sämtlichen rechtlichen Verhältnisse unterliegt[1717], weshalb von ihrem Standpunkt aus die Annahme eines doppelten oder mehrfachen Verwaltungssitzes im In- und Ausland nicht in Betracht kommt. Die Folge wäre eine Doppel- oder Mehrfachanknüpfung. Auf ein und dieselbe Gesellschaft wären nebeneinander zwei oder mehr verschiedene Rechtsordnungen anwendbar, was zu einer unentwirrbaren Normenhäufung und zu Anpassungsproblemen führte[1718].

---

des *BCA* Hoechst/Rhône-Poulenc, Anhang der Berichts des Hoechst-Vorstands über den Unternehmenszusammenschluß [Fn.64], S. 150) sieht in Art. 11 Abs. 3 insoweit vor, daß Vorstandssitzungen „entweder physisch in Frankreich oder im Ausland oder durch jedes Kommunikationsmittel statt(finden), welches eine simultane Erörterung durch die Mitglieder des Vorstandes ermöglicht, insbesondere per Videokonferenz oder Konferenzschaltung."

1716 Vgl. GK/*Assmann*, Einl. Rdz.541; Hachenburg-*Behrens*, Allg. Einl. B Rdz.117; *Grasmann*, System des Internationalen Gesellschaftsrechts, Rdz.368ff.; MünchKomm AktG/*Heider*, Einl. Rdz.126.

1717 Vgl. GK/*Assmann*, Einl. Rdz.533; *von Bar*, IPR II Rdz.622; Hachenburg-*Behrens*, Allg. Einl. B Rdz.129; *Ebenroth/Bippus*, JZ 1988, S. 677, 679; *Kruse*, Sitzverlegung von Kapitalgesellschaften, S. 6, 8.

1718 *von Bar*, IPR II Rdz.621; *Ebenroth/Bippus*, JZ 1988, S. 677, 679 li. Sp.; *Ebenroth/Eyles*, DB-Beilage Nr. 2/1988, S. 9 re. Sp.; *Figge*, Mitbestimmung auf Unternehmensebene, S. 38; Staudinger/*Großfeld*, IntGesR Rdz.235; *Großfeld*, Gedächtnisschrift Lüderitz, S. 233, 237; *Hausmann* in: Hausmann/van Raad/Raupach/Veelken, Steuergestaltung durch doppelt ansässige Gesellschaften?, S. 13, 19; Reithmann/Martiny-*Hausmann*, Internationales Vertragsrecht Rdz.1553; *Horn*, Festschrift Lutter, S. 1113, 1127; *Leible* in: Michalski, GmbHG, Syst. Darst. 2 Rdz.51; *Panthen*, Der „Sitz"-Begriff im Internationalen Gesellschaftsrecht, S. 307. - Von der Frage eines doppelten Verwaltungssitzes im In- und Ausland zu unterscheiden ist die Frage eines doppelten Satzungssitzes im Inland oder im In- und Ausland; vgl. dazu BayObLG NJW-RR 1986, S. 31f.; AG Essen Die AG 2001, S. 434f.; LG Essen Die AG 2001, S. 429f. = ZIP 2001, S. 1632f. („ThyssenKrupp AG"); *Bärmann*, AcP 156 (1957), S. 156, 161ff.; *Eckardt* in G/H/E/K, § 5 Rdz.11ff.; Staudinger/*Großfeld*, IntGesR Rdz.245ff.; *Hausmann* in: Hausmann/van Raad/Raupach/Veelken, Steuergestaltung durch doppelt ansässige Gesellschaften?, S. 13, 22f.; MünchKomm AktG/*Heider*, § 5 Rdz.41ff.; *Hüffer*, § 5 Rdz.10; *König*, Die AG 2000, S. 18ff.; KK/*Kraft*, § 5 Rdz.20ff.; MünchHdb AG/*Wiesner*, § 8 Rdz.6f..

Da einerseits die Lokalisierung eines einzigen effektiven Verwaltungssitzes bei grenzüberschreitenden Unternehmen wie der DaimlerChrysler AG Schwierigkeiten bereitet, andererseits aber die Annahme mehrerer nebeneinander bestehender Verwaltungssitze im In- und Ausland aus Sicht der Sitztheorie nicht in Betracht kommt, bedarf es für solche Fälle, die im Zuge grenzüberschreitender Unternehmenszusammenschlüsse künftig vermehrt auftreten dürften, anderer Lösungen, namentlich der Anknüpfung an andere Kriterien[1719]. Im folgenden ist der Frage nachzugehen, welche Lösungsansätze insoweit denkbar sind.

II. Lösungsmöglichkeiten

1. Ersatzanknüpfung

Für den Fall, daß die Bestimmung eines einzigen, einheitlichen Gesellschaftsstatuts durch Anknüpfung an den effektiven Verwaltungssitz infolge mangelnder Lokalisierbarkeit eines einzigen Verwaltungssitzes scheitert, bietet sich ein Rückgriff auf die Gründungstheorie[1720] an, mithin eine ersatzweise Anknüpfung an das Gründungsrecht[1721] oder an den Satzungssitz[1722] der Gesellschaft, unter der Voraussetzung, daß eine solche Ersatzanknüpfung das Recht eines Staates

---

[1719] Der Gründungstheorie bereitet die kollisionsrechtliche Behandlung der in Rede stehenden Sachverhalte insofern keine Schwierigkeiten, als sie zur Bestimmung des Gesellschaftsstatuts auf das Gründungsrecht oder den Satzungssitz und damit auf zweifelsfrei festzustellende Anknüpfungskriterien abstellt; vgl. dazu oben Fn.1216.

[1720] Bei der Lehre von der Maßgeblichkeit des Satzungssitzes handelt es sich um eine Variante der Gründungstheorie; *Zimmer*, Internationales Gesellschaftsrecht, S. 28; s. auch oben Fn.1216.

[1721] *Ebenroth/Bippus*, JZ 1988, S. 677, 681f.; *Sandrock*, Festschrift Beitzke, S. 669, 687; für Anwendung der Gründungstheorie, freilich ohne die im Text genannte Einschränkung, auch *Schaumburg/Schloßmacher*, Festschrift Peltzer, S. 389, 396; ablehnend *Panthen*, Der „Sitz"-Begriff im Internationalen Gesellschaftsrecht, S. 310; vgl. *Freitag*, NZG 2000, S. 357, 360.

[1722] *Borges*, RIW 2000, S. 167, 174 mit Fn.77; *Zimmer*, Festschrift Lutter, S. 231, 246; jeweils mit Blick auf die DaimlerChrysler AG. – Die Anknüpfung an den Satzungssitz der Gesellschaft beruft dasselbe Recht zur Anwendung wie die Anknüpfung an das Gründungsrecht, wenn und weil die Gründungsrechtsordnung die Verleihung der Rechtsfähigkeit von einem inländischen Satzungssitz abhängig macht, wie es die Gesellschaftsrechte nahezu aller Länder tun (dazu bereits oben Fn.1216 und S. 401f.); vgl. *Grothe*, Die „ausländische Kapitalgesellschaft & Co.", S. 29f.; *Koppensteiner* in: VGR (Hrsg.), Gesellschaftsrecht in der Diskussion 1999, S. 151, 160; *Kruse*, Sitzverlegung von Kapitalgesellschaften, S. 8; Scholz/*H.P. Westermann*, Einl. Rdz.84 a.E.; vgl. für das deutsche Recht oben S. 71, 401f..

zur Anwendung beruft, in dem sich einer der Verwaltungssitze der Gesellschaft befindet, was freilich praktisch regelmäßig der Fall sein dürfte.
Der gegen die Gründungstheorie erhobene Einwand[1723], sie ermögliche im Inland tätigen Gesellschaften die Wahl einer ausländischen Rechtsform und laufe insofern inländischen Schutzinteressen zuwider, würde insoweit nicht durchgreifen, da es sich bei der Anknüpfung an das Gründungsrecht oder den Satzungssitz nur um eine ersatzweise Anknüpfung handelte, die nur dann in Betracht käme, wenn bei gleichrangigen Verwaltungssitzen einer Gesellschaft in verschiedenen Staaten der Verwaltungssitz als primäres Anknüpfungskriterium die Bestimmung eines einzigen, einheitlichen Gesellschaftsstatuts nicht ermöglichte. In diesem Fall spräche nichts dagegen, ersatzweise auf den Willen der Gründer abzustellen. Die Gefahr, daß dabei nicht, wie von der Sitztheorie bezweckt[1724], das Recht des Staates berufen würde, der von der Tätigkeit der Gesellschaft am meisten betroffen ist, bestünde nicht. Bei gleichrangigen Verwaltungssitzen in verschiedenen Staaten ist ein meistbetroffener Staaat nicht gegeben. Die Sitzstaaten sind gleichmäßig betroffen. Insofern stünde nichts entgegen, in diesem Fall unter der Voraussetzung ersatzweise auf das Gründungsrecht oder den Satzungssitz abzustellen, daß diese Ersatzanknüpfung das Recht eines Staates zur Anwendung beriefe, in dem sich einer der Verwaltungssitze befindet, und es damit der Entscheidung der Gründer zu überlassen, nach dem Recht welches der betroffenen Staaten die Gesellschaft leben soll.
Die vorstehenden Erwägungen werden gestützt durch ein Urteil des *OLG Frankfurt am Main*[1725], in dem für einen Ausnahmefall die Rechtsfähigkeit einer nach englischem Recht wirksam gegründeten und fortbestehenden private limited company, für die nach Auffassung des Oberlandesgerichts nach Maßgabe der üblichen Definition des effektiven Verwaltungssitzes[1726] nicht nur kein einziger

---

[1723] Vgl. BGH ZIP 2000, S. 967, 968 re. Sp.; *von Bar*, IPR II Rdz.621; Staudinger/*Großfeld*, IntGesR Rdz.52; MünchKomm BGB/*Kindler*, IntGesR Rdz.269f.; Scholz/*H.P. Westermann*, Einl. Rdz.86.

[1724] Vgl. BayObLG WM 1992, S. 1371, 1372 li. Sp.; BayObLG DB 1998, S. 2318, 2319 li. Sp.; GK/*Assmann*, Einl. Rdz.536; Hachenburg-*Behrens*, Allg. Einl. B Rdz.110; *Ebenroth/ Auer*, RIW-Beilage 1/1992, Rdz.6, S. 5 li. Sp.; *Ebenroth/Bippus*, JZ 1988, S. 677 li. Sp., 679 re. Sp.; MünchKomm BGB/*Kindler*, IntGesR Rdz.313; *Kruse*, Sitzverlegung von Kapitalgesellschaften, S. 7, 25.

[1725] OLG Frankfurt am Main ZIP 1999, S. 1710f. = NZG 1999, S. 1097f. m. Anm. *Hallweger*, S. 1098; dazu *Kindler*, EWiR 1999, S. 1081f.; *Borges*, RIW 2000, S. 167ff.; *Freitag*, NZG 2000, S. 357ff.; *Haack*, RIW 2000, S. 56f.; *Bechtel*, NZG 2001, S. 21ff.; *Thorn*, IPRax 2001, S. 102, 108; *v. Halen*, Gesellschaftsstatut, S. 98 Fn.142; *Stengel* in: Semler/Volhard (Hrsg.), Unternehmensübernahmen, § 17 Rdz.274; *Zimmer*, Festschrift Lutter, S. 231, 238.

[1726] Vgl. oben S. 451f..

(singulärer), sondern „überhaupt kein tatsächlicher Verwaltungssitz (...) feststellbar“[1727] war[1728], unter Anwendung der Gründungstheorie anerkannt wurde[1729]. Da bei einer Gesellschaft ohne Verwaltungssitz eine Anknüpfung nach der Sitztheorie einerseits nicht möglich sei, die Gesellschaft aber andererseits nicht rechtlos gestellt werden dürfe, sei ausnahmsweise die Gründungstheorie anzuwenden[1730]. Diese Erwägung ließe sich übertragen auf die kollisionsrechtliche Behandlung einer Gesellschaft, die über mehrere Verwaltungssitze verfügt mit der Folge, so daß die Bestimmung des Gesellschaftsstatuts nach der Sitztheorie ebenso wenig möglich ist wie bei einer Gesellschaft ohne feststellbaren Verwaltungssitz.

In der Literatur werden für den Fall, daß sich ein einziger effektiver Verwaltungssitz auch bei einer Schwerpunktbetrachtung nicht bestimmen läßt, neben dem Gründungsrecht sowie dem Satzungssitz noch weitere zusätzliche, ersatzweise Anknüpfungskriterien für die Bestimmung des Gesellschaftsstatuts vorgeschlagen[1731]. Als derartige zusätzliche, jedoch nachrangige Anknüpfungskriterien neben und nach dem Ort der Entscheidungen des Verwaltungsorgans und ihrer Umsetzung in die konkreten Verwaltungsentscheidungen des täglichen Lebens werden genannt der Ort der Gesellschafter- oder Anteilseignerversammlung sowie die Staatsangehörigkeit der Anteilseigner und ihr Wohnsitz[1732].

Bezogen auf die DaimlerChrysler AG ermöglichte bereits die Anknüpfung an das - deutsche - Gründungsrecht oder an den Satzungssitz der Gesellschaft, wel-

---

[1727] OLG Frankfurt am Main ZIP 1999, S. 1710, 1711 li. Sp..

[1728] Die Geschäftsführer der Gesellschaft hatten nach deren Vortrag die Geschäfte von ihren Wohnsitzen außerhalb Englands „oder während ihrer beruflichen Tätigkeit als Piloten von anderen, wechselnden Orten aus betrieben“; OLG Frankfurt am Main ZIP 1999, S. 1710 re. Sp..

[1729] Die Anerkennung der Rechtsfähigkeit zuziehender Kapitalgesellschaften aus EU-Mitgliedstaaten ist nach der nach dem zitierten Urteil des OLG Frankfurt a.M. ergangenen *Überseering*-Entscheidung des EuGH bekanntlich mittlerweile gemeinschaftsrechtlich geboten; vgl. dazu oben S. 350ff..

[1730] OLG Frankfurt am Main ZIP 1999, S. 1710, 1711 li. Sp.; zustimmend *Hallweger*, NZG 1999, S. 1098 re. Sp.; *Freitag*, NZG 2000, S. 357, 360; kritisch dazu *Kindler*, EWiR 1999, S. 1081, 1082; *Borges*, RIW 2000, S. 167, 168f.; *Thorn*, IPRax 2001, S. 102, 108; *Ebke*, 50 Jahre Bundesgerichtshof, Festgabe aus der Wissenschaft, S. 799, 819; *v. Halen*, Gesellschaftsstatut, S. 98 Fn.142.

[1731] Vgl. *Freitag*, NZG 2000, S. 357, 360. *Ebenroth/Bippus*, JZ 1988, S. 677, 681 re. Sp. sprechen insoweit von der Sitztheorie als einer „Theorie effektiver Verknüpfungen der Gesellschaft“.

[1732] *Ebenroth/Bippus*, JZ 1988, S. 677, 682; *Panthen*, Der „Sitz“-Begriff im Internationalen Gesellschaftsrecht, S. 312; *Wiedemann*, Gesellschaftsrecht I, S. 786.

cher sich gemäß § 1 der Satzung[1733] in Stuttgart befindet, die zweifelsfreie Bestimmung eines einzigen, einheitlichen Gesellschaftsstatuts.

2. Vermutungslösung

Die Bestimmung eines einheitlichen Gesellschaftsstatuts für den Fall der Nichtlokalisierbarkeit eines einzigen Verwaltungssitzes ist überdies statt durch eine Ersatzanknüpfung an zusätzliche Kriterien wie namentlich das Gründungsrecht oder den Satzungssitz auch mithilfe einer von Teilen der Rechtsprechung und des Schrifttums vertretenen Vermutung möglich, wonach sich der Verwaltungssitz einer Gesellschaft in dem Staat befindet, nach dessen Recht die Gesellschaft, erkennbar namentlich anhand des Satzungssitzes oder des registrierten Sitzes, organisiert ist[1734]. Der hiergegen vorgetragene Einwand, eine derartige Vermutung bedeute eine Aufweichung der Sitztheorie[1735] und führe durch die Hintertür die Gründungstheorie ein[1736], würde jedenfalls in den hier in Rede stehenden Fällen gleichrangiger Verwaltungssitze in verschiedenen Staaten nicht durchgreifen. Gegen die Anwendung der Gründungstheorie bestünden insoweit nach dem Gesagten keine Bedenken, sofern im Ergebnis das Recht eines der Verwaltungssitz-Staaten zur Anwendung käme. Dies aber wäre bei der fraglichen Vermutung der Fall.
In Betracht kommt weiterhin eine widerlegliche Vermutung, wonach sich der effektive Verwaltungssitz am Ort des Satzungssitzes befindet, solange dort auch tatsächlich ein Teil der Verwaltung sitzt oder eine wesentliche Unternehmenstätigkeit ausgeübt wird[1737]. Der Vorzug einer derartigen Vermutung bestünde darin, daß sie grenzüberschreitenden Unternehmen mit mehreren (Haupt-) Verwaltungen in verschiedenen Staaten unter der Geltung der Sitztheorie die zeitweilige Begründung eines Leitungsschwerpunktes an einem Verwaltungsort und damit die temporäre Begründung eines einzigen Verwaltungssitzes ermöglichte,

---

[1733] Die Satzung der DaimlerChrysler AG, Stand März 2001, ist im Internet als pdf-Datei abrufbar unter http://www.daimlerchrysler.de/company/pdf/dc_memorandum_g.pdf.

[1734] OLG München NJW 1986, S. 2197, 2198 re. Sp.; LG Rottweil IPRax 1986, S. 110, 111 li. Sp.; OLG Oldenburg NJW 1990, S. 1422 re. Sp.; Palandt/*Heldrich*, Anh. zu Art. 12 EGBGB Rdz.3; *Leible* in: Michalski, GmbHG, Syst. Darst. 2 Rdz.54; Soergel/*Lüderitz*, Art. 10 EGBGB Anh. Rdz.9; vgl. *Frowein*, Sitzverlegung, S. 31f.; *Grothe*, Die „ausländische Kapitalgesellschaft & Co.", S. 59; *Kroppholler*, IPR, S. 537; *Walden*, Kollisionsrecht der Personengesellschaften, S. 79; *Zimmer*, Festschrift Lutter, S. 231, 239, 245ff..

[1735] GK/*Assmann*, Einl. Rdz.547.

[1736] MünchKomm BGB/*Kindler*, IntGesR Rdz.330; ablehnend auch *Kegel/Schurig*, Internationales Privatrecht, S. 503.

[1737] *Breuninger/Krüger*, Festschrift Rädler, S. 79, 105f..

ohne daran einen Statutenwechsel zu knüpfen[1738], der nach deutschem Sachrecht im Falle des Wegzugs - auch nach der *Centros*- und der *Überseering*-Entscheidung des Europäischen Gerichtshofs[1739] - einen Zwang zur Auflösung nach sich zöge und im Falle des Zuzugs auch nach der *Überseering*-Entscheidung jedenfalls dann weiterhin einen Zwang zur Neugründung der Gesellschaft nach sich ziehen kann, wenn es sich bei der zuziehenden Gesellschaft nicht um eine Gesellschaft i.S. des Art. 48 EGV handelt[1740]. Dies ist insofern bedeutsam, als es zu betriebswirtschaftlich gebotenen Verlagerungen des Leitungsschwerpunktes innerhalb grenzüberschreitender Unternehmen[1741], die nach der Sitztheorie einen Statutenwechsel mit den daran anknüpfenden sachrechtlichen Folgen mit sich bringen[1742], auch ohne Bedacht auf die möglichen Rechtsfolgen kommen kann[1743]. Mit der in Rede stehenden Vermutung würde freilich der effektive Verwaltungssitz als Anknüpfungskriterium zur Bestimmung des Gesellschaftsstatuts im Ergebnis aufgegeben. Daß, wie von der Sitztheorie bezweckt, das Recht des am meisten betroffenen Staates berufen würde, wäre nicht gewährleistet. Immerhin käme jedoch das Recht eines „auch beteiligten" Staates[1744] zur Anwendung. In praktischer Hinsicht ist allerdings zu sehen, daß die Handhabung einer Vermutung, wonach sich der effektive Verwaltungssitz am Ort des Satzungssitzes befindet, solange dort auch tatsächlich ein Teil der Verwaltung sitzt oder eine wesentliche Unternehmenstätigkeit ausgeübt wird, angesichts der Unbestimmtheit der Begriffe „Teil der Verwaltung" und „wesentliche Unternehmenstätigkeit" Schwierigkeiten bereiten dürfte, was zu Unsicherheiten hinsichtlich des auf eine Gesellschaft anwendbaren Rechts führen könnte[1745]. Dies spricht im Ergebnis gegen die in Rede stehende Vermutung.

1738 Vgl. *Breuninger/Krüger*, Festschrift Rädler, S. 79, 106; s. auch *Hausmann* in: Hausmann/van Raad/Raupach/Veelken, Steuergestaltung durch doppelt ansässige Gesellschaften?, S. 80f.; *Raupach* in: Haarmann (Hrsg.), Unternehmensstrukturen und Rechtsformen im internationalen Steuerrecht, S. 28, 47f. mit Fn.76.

1739 Vgl. oben S. 349, 353.

1740 Vgl. oben S. 353.

1741 Vgl. Hachenburg-*Behrens*, Allg. Einl. B Rdz.118; *Raupach*, Jahrbuch der Fachanwälte für Steuerrecht 1994/95, S. 419f..

1742 Vgl. *Raupach* in: Haarmann (Hrsg.), Unternehmensstrukturen und Rechtsformen im internationalen Steuerrecht, S. 28, 45f.; *ders.* in: Theisen (Hrsg.), Der Konzern im Umbruch, S. 59, 95ff..

1743 Vgl. *Knobbe-Keuk*, ZHR 154 (1990), S. 325, 356; *Behrens*, ZGR 1994, S. 1, 9; *Raupach* in: Hausmann/van Raad/Raupach/Veelken, Steuergestaltung durch doppelt ansässige Gesellschaften?, S. 63, 73; *Schaumburg/Schloßmacher*, Festschrift Peltzer, S. 389, 393.

1744 *Breuninger/Krüger*, Festschrift Rädler, S. 79, 106.

1745 Vgl. *Breuninger/Krüger*, Festschrift Rädler, S. 79, 107.

III. Fazit

Die Bestimmung eines einheitlichen Gesellschaftsstatuts durch Anknüpfung an den Verwaltungssitz einer Gesellschaft kommt nicht in Betracht, wenn ein einziger Verwaltungssitz nicht zu lokalisieren ist, weil etwa nach einem grenzüberschreitenden Unternehmenszusammenschluß „unter Gleichen" die in verschiedenen Staaten belegenen Hauptverwaltungen der Ausgangsgesellschaften gleichberechtigt nebeneinander fortbestehen. Die Schwierigkeiten bei der Ermittlung des Gesellschaftsstatuts, vor die sich die Sitztheorie in derartigen Fällen gestellt sieht, lassen sich auf verschiedene Weise bewältigen. In Betracht kommt zum einen die ersatzweise Anknüpfung an zusätzliche Kriterien, namentlich das Gründungsrecht oder den Satzungssitz unter der Voraussetzung, daß eine solche Ersatzanknüpfung das Recht eines Staates zur Anwendung beruft, in dem sich einer der gleichrangigen Verwaltungssitze befindet. Die Bestimmung eines einheitlichen Gesellschaftsstatuts ist bei mangelnder Lokalisierbarkeit eines einzigen Verwaltungssitzes ferner auch durch eine Vermutung möglich, wonach sich der Verwaltungssitz einer Gesellschaft in dem Staat befindet, nach dessen Recht die Gesellschaft, erkennbar namentlich anhand des Satzungssitzes, organisiert ist.

§ 11 Unternehmensleitung und -überwachung in grenzüberschreitenden Unternehmen, unter besonderer Berücksichtigung der DaimlerChrysler AG

Grenzüberschreitende Unternehmen wie die DaimlerChrysler AG, die aus einem transnationalen Unternehmenszusammenschluß „unter Gleichen" hervorgehen, suchen durch ihre Organisationsverfassung dem Gedanken eines *Merger of Equals* Rechnung zu tragen und insoweit nach Möglichkeit Elemente etwaiger unterschiedlicher Corporate Governance-Modelle des Rechts der Ausgangsgesellschaften miteinander zu kombinieren[1746]. Mit Blick auf grenzüberschreitende Unternehmen in der Rechtsform einer deutschen Aktiengesellschaft wie die DaimlerChrysler AG stellt sich in diesem Zusammenhang die Frage nach Gestaltungsmöglichkeiten und -grenzen im Rahmen des dualistischen Modells des Aktiengesetzes. Ausgangspunkt der diesbezüglichen nachfolgenden Bemerkungen ist das in der Daimler-Chrysler AG nach Vollzug des Zusammenschlusses (zunächst) praktizierte Modell der Unternehmensleitung und -überwachung[1747] („'merger-of-equals' corporate governance structure"[1748]), gekennzeichnet durch eine Doppelbesetzung des Amtes des Vorstandsvorsitzenden (dazu sogleich A.),

---

[1746] Vgl. oben S. 66. - Allgemein zur Bedeutung der Ausgestaltung der Corporate Governance in einem aus einem grenzüberschreitenden Zusammenschluß hervorgehenden Unternehmen *Lawes* in: Horn (Hrsg.), Cross-Border Mergers and Acquisitions and the Law, S. 115, 119; s. in diesem Zusammenhang neben dem Fall Daimler/Chrysler etwa den Zusammenschluß der Hoechst AG mit der Rhône-Poulenc S.A. zur Aventis S.A. (dazu oben S. 372f.). Im Bericht des Hoechst-Vorstandes über den Zusammenschluß (Fn.64) heißt es insoweit (S. 58), „in Übereinstimmung mit dem Konzept eines Zusammenschlusses unter Gleichen" werde die neue Konzernobergesellschaft Aventis S.A. „eine zweistufige Verwaltung mit einer Trennung von Vorstand und Aufsichtsrat, wie sie für deutsche Aktiengesellschaften typisch ist, einführen und damit ihre Organisationsverfassung an die von Hoechst annähern." Vgl. zur Organisationsverfassung der Aventis S.A. weiter den genannten Bericht, S. 80ff.; § 3 *BCA* Hoechst/Rhône-Poulenc, Anhang des Berichts, S. 123, 131ff..

[1747] Vgl. dazu *Gentz* in: Schwalbach (Hrsg.), Corporate Governance, S. 2, 7ff.; s. ferner die Schaubilder bei *Appel/Hein*, Der DaimlerChrysler Deal, S. 204; *Hansen*, Die AG 1998, S. R 226.

[1748] *Proxy Statement/Prospectus* (Fn.52), S. 51; ähnlich S. 93: „(...) DaimlerChrysler AG shall have a corporate governance structure reflecting that the Transactions are a merger-of-equals (...)." S. auch § 4.1 *BCA* Daimler/Chrysler (Fn.52): „Daimler-Benz, Chrysler und DaimlerChrysler AG sind sich einig, daß DaimlerChrysler AG nach dem Wirksamkeitszeitpunkt eine Leitungsstruktur haben soll, die die Tatsache widerspiegelt, daß die in diesem Neugefassten (sic) Vertrag geregelten Transaktionen eine Zusammenführung gleichberechtigter Partner darstellen. (...)"

die Einrichtung eines *Chairmen's Integration Council* (*Office of the Chairmen*; dazu unten B.) sowie eines *Shareholder Committee* (dazu unten C.).

A. Doppelspitze

Neben dem Doppel-(Verwaltungs-)Sitz[1749] trug namentlich auch die (ursprüngliche) Doppelspitze der DaimlerChrysler AG dem Konzept eines *Merger of Equals* Rechnung[1750]. Der Vorstandsvorsitzende der ehemaligen Daimler-Benz AG, *Schrempp*, und der *CEO* der ehemaligen Chrysler Corp., *Eaton*, sollten nach Vollzug des Zusammenschlusses Ende 1998 nach den ursprünglichen Planungen für drei Jahre gemeinsam als Co-Vorstandsvorsitzende an der Spitze der neuen Konzernobergesellschaft DaimlerChrysler AG stehen. *Eaton* schied später vorzeitig zum 31.03.2000 aus dem Vorstand aus[1751].
Das in der DaimlerChrysler AG, soweit ersichtlich, erstmals in einer deutschen Aktiengesellschaft praktizierte Modell der Doppelspitze hat seither auch in anderen Fällen tatsächlich zustande gekommener oder angekündigter Unternehmenszusammenschlüsse Anwendung gefunden, die von den beteiligten Gesellschaften als *Merger of Equals* bezeichnet wurden (Veba AG/Viag AG [E.ON AG][1752]; Krupp AG/Thyssen AG [ThyssenKrupp AG[1753]]; s. auch den [gescheiterten] Zusammenschluss Deutsche Telekom/Telecom Italia[1754]).
Die Einrichtung einer Doppelspitze mag gerade bei grenzüberschreitenden Unternehmenszusammenschlüssen aus psychologischen Gründen von nicht unerheblicher Bedeutung sein, um dem Leitungspersonal der beteiligten Gesellschaften sowie nicht zuletzt auch deren Anteilseignern den Eindruck einer Parität der Parteien zu vermitteln und dadurch etwaige Vorbehalte gegenüber einem Zusammenschluß abzubauen[1755].
Der Frage der aktienrechtlichen Zulässigkeit einer Doppelspitze (dazu I.) ist im folgenden ebenso nachzugehen wie der Frage ihrer Zweckmäßigkeit (dazu II.).

[1749] Vgl. dazu oben S. 451ff..
[1750] Vgl. oben S. 66.
[1751] SZ Nr. 22 vom 28.01.2000, S. 28.
[1752] *Koch/Hofacker*, Finanz Betrieb 2000, S. 541, 544, 545 li. Sp..
[1753] Die Doppelspitze der ThyssenKrupp AG wurde zum 01.10.2001 durch eine Einzelspitze ersetzt; *Bein*, SZ Nr. 225 vom 29./30.09.2001, S. 26.
[1754] SZ Nr. 93 vom 23.05.1999, S. 27.
[1755] Vgl. oben S. 66.

I. Aktienrechtliche Zulässigkeit

1. Vereinbarkeit mit § 84 Abs. 2 AktG

a) Wortlaut

Zweifel an der Zulässigkeit einer Doppelbesetzung des Vorstandsvorsitzes ergeben sich insbesondere aus dem Wortlaut der Vorschrift des § 84 Abs. 2 AktG. Danach kann der Aufsichtsrat, wenn „mehrere Personen zu Vorstandsmitgliedern bestellt“ werden, „ein Mitglied zum Vorsitzenden des Vorstands ernennen.“ Der Wortlaut der Regelung mit der Gegenüberstellung von „mehreren“ Vorstandsmitgliedern und „einem“ Vorsitzenden deutet darauf hin, daß „ein Mitglied“ zahlenmäßig zu verstehen ist und die Ernennung mehrerer Vorsitzender somit nicht in Betracht kommt. Dafür spricht auch die Vorschrift des § 80 Abs. 1 S. 2 AktG, wonach auf Geschäftsbriefen der Gesellschaft der „Vorsitzende des Vorstands (...) als solcher zu bezeichnen“ ist[1756].
Gleichwohl spricht der Wortlaut des § 84 Abs. 2 AktG nicht zwingend gegen die Zulässigkeit einer Doppelspitze[1757]. Vom Wortsinn noch gedeckt ist auch ein Verständnis der Norm, daß zum Vorstandsvorsitzenden nur ernannt werden kann, wer auch Mitglied des Vorstands ist[1758]. Die Vorschrift statuierte in diesem Fall eine für die Ernennung zum Vorstandsvorsitzenden erforderliche Qualifikation, die freilich selbstverständlich sein dürfte und insofern einer gesetzlichen Regelung an sich nicht bedürfte. Das Wort „ein“ Mitglied stellte nach diesem Verständnis, gegen das sich allerdings die zitierte Vorschrift des § 80 Abs. 1 S. 2 AktG anführen ließe, kein Zählwort dar, sondern einen unbestimmten Artikel[1759].

b) Entstehungsgeschichte

Der Entstehungsgeschichte der Vorschrift des § 84 Abs. 2 AktG lässt sich für die hier interessierende Frage der Zulässigkeit einer Doppelspitze nichts entnehmen. In den Materialien der Aktienrechtsreform 1965 heißt es lediglich, die

---

[1756] Vgl. ferner die Vorschrift des § 285 Nr. 10 S. 2 HGB, wonach im Anhang des Jahresabschlusses einer Kapitalgesellschaft der „Vorsitzende eines Aufsichtsrats, seine Stellvertreter und *ein etwaiger Vorsitzender des Geschäftsführungsorgans* (...) als solche zu bezeichnen“ sind (Hervorhebung nicht im Original).

[1757] Vgl. die bei *Fleischer*, ZGR 1998, S. 520, 522 wiedergegebene Auffassung von *Hoffmann-Becking.*

[1758] Vgl. *Hefermehl* in G/H/E/K, § 84 Rdz.58 a.E..

[1759] So *Fonk* in: Semler (Hrsg.), Arbeitshandbuch für Aufsichtsratsmitglieder, Rdz.I 53 Fn.116.

Vorschrift des § 84 Abs. 2 AktG entspreche dem bisherigen Recht, d.h. § 75 Abs. 2 AktG 1937[1760]. Der Gesetzgeber des AktG 1937 ging naturgemäß im Sinne des Führerprinzips von einem einzelnen Vorsitzenden aus[1761]. Daß diese Vorstellung des historischen Gesetzgebers für die heutige Auslegung der Vorschrift ohne Bedeutung ist, bedarf keiner näheren Begründung.

2. Vereinbarkeit mit Pflichtenstellung eines Vorstandsvorsitzenden

Wenngleich weder Wortlaut noch Entstehungsgeschichte der Vorschrift des § 84 Abs. 2 AktG gegen die Zulässigkeit einer Doppelspitze sprechen, bestünden insoweit gleichwohl Bedenken, wenn sich das Nebeneinander zweier Vorstandsvorsitzender nicht mit der im Aktiengesetz angelegten Pflichtenstellung eines Vorsitzenden des Vorstands vereinbaren ließe.

a) Pflichtenstellung eines Vorstandsvorsitzenden

Das Aktiengesetz verleiht dem Vorsitzenden des Vorstands, anders als etwa dem Vorsitzenden des Aufsichtsrates, keine besonderen Kompetenzen. Dieses Schweigen des Gesetzes steht im Gegensatz zu der herausgehobenen Stellung des Vorsitzenden, wie sie sich etwa aus der Regelung seiner Ernennung und Abberufung ergibt[1762]. Die Ernennung eines Vorstandsvorsitzenden gemäß § 84 Abs. 2 AktG kann nur durch das Aufsichtsratsplenum erfolgen; eine Delegation der Ernennung an einen Ausschuß ist nach § 107 Abs. 3 S. 2 AktG nicht möglich. Dasselbe gilt für den Widerruf der Ernennung aus wichtigem Grund nach § 84 Abs. 3 S. 1 AktG. Ein Vorstandsvorsitzender muß außerdem, wie bereits erwähnt, auf den Geschäftsbriefen der Gesellschaft (vgl. § 80 Abs. 1 S. 2 AktG) sowie im Anhang zum Jahresabschluß (vgl. § 285 Nr. 10 S. 2 HGB) als solcher bezeichnet werden.

1760 *Kropff*, S. 106. - § 75 Abs. 2 AktG 1937 stimmte fast wörtlich mit dem heutigen § 84 Abs. 2 AktG überein. Die Vorschrift lautete: „Werden mehrere Personen zu Vorstandsmitgliedern bestellt, so kann der Aufsichtsrat ein Mitglied zum Vorsitzer des Vorstands ernennen."

1761 Vgl. Bericht des Vorsitzenden des Ausschusses für Aktienrecht der Akademie für Deutsches Recht, April 1934, S. 19, abgedruckt bei *Schubert* (Hrsg.), Akademie für Deutsches Recht 1933-1945, Ausschuß für Aktienrecht, S. 473ff., 491. – Die Amtliche Begründung zu § 75 AktG 1937 (abgedruckt bei *Klausing*, S. 61f.) verhält sich zu der Regelung des § 75 Abs. 2 AktG 1937 nicht.

1762 Zur herausgehobenen Stellung eines Vorstandsvorsitzenden in der Unternehmenspraxis vgl. *Rieger*, Festschrift Peltzer, S. 339, 347; *Semler*, Festschrift Lutter, S. 721, 727ff.; *von Hein*, ZHR 166 (2002), S. 464, 482ff..

Daß sich mit der Ernennung eines Vorstandsmitgliedes zum Vorsitzenden mehr verbindet als eine bloße formale Auszeichnung, liegt angesichts der vorstehend genannten Regelungen auf der Hand. Im Schrifttum heißt es insoweit, ein Vorstandsvorsitzender verfüge auch ohne ausdrückliche gesetzliche Regelung jedenfalls über die Befugnisse, „die dem Vorsitzenden eines Kollegiums üblicherweise zukommen“[1763]. Dazu zählen die Vorbereitung, Einberufung, Leitung und Protokollierung der Vorstandssitzungen, die vorläufige Feststellung der Tagesordnung, die Repräsentation des Vorstandes als Kollegialorgan gegenüber der Hauptversammlung, dem Aufsichtsrat, betrieblichen Gremien und der Öffentlichkeit, insbesondere den Medien, sowie die Ausführung der vom Vorstand beschlossenen Maßnahmen und deren Kontrolle[1764].

Darin erschöpfen sich die Befugnisse und Pflichten eines Vorstandsvorsitzenden indes nach überwiegender Auffassung nicht. Ihm obliegt vielmehr zusätzlich die Aufgabe, die Ressorttätigkeit der einzelnen Vorstandsmitglieder über die allen Vorstandsmitgliedern obliegende Überwachungspflicht hinaus übergeordnet zu kontrollieren und zu koordinieren[1765]. Aufgrund dieser Koordinationsaufgabe hat ein Vorstandsvorsitzender typischerweise auch die Aufgabe, Meinungsverschiedenheiten zwischen einzelnen Vorstandsressorts durch Vermittlung beizulegen oder auch - vorbehaltlich einer abweichenden Beschlussfassung des Gesamtvorstands - zu entscheiden[1766].

Die vorstehend erwähnten Koordinations-, Mediations- und Kontrollaufgaben eines Vorstandsvorsitzenden wie auch dessen sonstige Aufgaben[1767] werden in der Praxis üblicherweise in der Geschäftsordnung für den Vorstand im einzelnen aufgeschlüsselt[1768].

[1763] *Hefermehl* in G/H/E/K, § 84 Rdz.60.

[1764] *Fonk* in: Semler (Hrsg.), Arbeitshandbuch für Aufsichtsratsmitglieder, Rdz.I 54; *Hefermehl* in G/H/E/K, § 77 Rdz.10, § 84 Rdz.60; *Hüffer*, § 84 Rdz.21; *Krieger*, Personalentscheidungen, S. 248; KK/*Mertens*, § 84 Rdz.90; *Ulmer* in Hanau/Ulmer, MitbestG, § 30 Rdz.8; MünchHdb AG/*Wiesner*, § 24 Rdz.3.

[1765] *T. Bezzenberger*, ZGR 1996, S. 661, 663ff.; *Hoffmann-Becking*, ZGR 1998, S. 497, 516f.; *Hüffer*, § 84 Rdz.21; *Krieger*, Personalentscheidungen, S. 248f.; *Lutter/Krieger*, Rechte und Pflichten des Aufsichtsrats, Rdz.439; *Potthoff/Trescher*, Das Aufsichtsratsmitglied, S. 281; MünchHdb AG/*Wiesner*, § 24 Rdz.3; a.A. KK/*Mertens*, § 84 Rdz.90; *von Hein*, ZHR 166 (2002), S. 464, 487ff..

[1766] *Hoffmann-Becking*, ZGR 1998, S. 497, 516; *Krieger*, Personalentscheidungen des Aufsichtsrats, S. 248.

[1767] S. dazu auch *Bleicher/Leberl/Paul*, Unternehmensverfassung und Spitzenorganisation, S. 93ff..

[1768] *T. Bezzenberger*, ZGR 1996, S. 661, 664; vgl. Muster-Geschäftsordnungen für den Vorstand bei *Fonk* in: Semler (Hrsg.), Arbeitshandbuch für Aufsichtsratsmitglieder, Anlage I 3 (S. 809ff.); *Hölters* in: Münchener Vertragshandbuch, Form V.65 (S. 781ff.).

b) Vereinbarkeit mit Doppelspitze

Mit Blick auf die vorstehend dargestellte Pflichtenstellung eines Vorstandsvorsitzenden stellt sich die Frage, ob die Erfüllung der einem Vorstandsvorsitzenden demnach kraft Gesetzes obliegenden Sonderpflichten im Falle einer Doppelbesetzung des Vorstandsvorsitzes gewährleistet ist, das Nebeneinander zweier Vorstandsvorsitzender sich mithin mit der Pflichtenstellung eines Vorsitzenden vereinbaren läßt.

Die einem Vorstandsvorsitzenden nach dem Gesagten obliegende Kontrolle der Ressortleiter wird durch eine Doppelspitze im Grundsatz nicht nur nicht beeinträchtigt, sondern im Gegenteil verstärkt. Gerade bei großen, arbeitsteilig organisierten Vorständen entspricht eine Doppelspitze daher insoweit sogar eher der mit dem Amt des Vorstandsvorsitzenden verbundenen Pflichtenstellung als eine Einzelspitze.

Die einem Vorstandsvorsitzenden weiterhin obliegende Koordination der Tätigkeit aller Ressortvorstände kann durch ein Nebeneinander zweier Vorsitzender demgegenüber beeinträchtigt werden. Insbesondere die Vermittlung zwischen den Ressortleitern und die Schlichtung etwaiger Meinungsverschiedenheiten kann nur gelingen, wenn beide Vorsitzende „mit einer Stimme sprechen". Setzt sich ein Dissens zwischen Vorstandsmitgliedern dagegen im Einzelfall unter den Vorsitzenden fort, wird die Spitze des Vorstandes ihrer Koordinations- und Mediationsaufgabe nicht gerecht.

Überdies kann durch eine Doppelspitze auch die ordnungsgemäße Erfüllung der Verpflichtung des Vorstandsvorsitzenden zur Repräsentation des Gesamtvorstandes beeinträchtigt werden. Als Repräsentant des Organs Vorstand hat der Vorsitzende die Auffassung des Gesamtvorstandes nach dem Gesagten gegenüber anderen Organen, betrieblichen Gremien und nicht zuletzt gegenüber den Medien und der Öffentlichkeit, die im Vorstandsvorsitzenden zunehmend ein „Symbol für das Unternehmen"[1769] sehen, zu kommunizieren. Zwei Vorstandsvorsitzende können diese Pflicht nur dann ordnungsgemäß erfüllen, wenn sie sich in der Sache einig sind und sich laufend abstimmen. Andernfalls besteht die Gefahr widersprüchlicher Äußerungen der Vorstandsspitze. Die Vorsitzenden werden in diesem Fall nicht nur ihrer Pflicht zur Repräsentation des Vorstandes nicht gerecht, sondern schaden u.U. zudem auch dem Bild der Gesellschaft in der Öffentlichkeit und rufen Unsicherheit bei Aktionären und Anlegern hervor.

Zusammenfassend ist festzuhalten, daß die ordnungsgemäße Erfüllung der einem Vorstandsvorsitzenden obliegenden Pflichten im Falle einer Doppelspitze nur dann gewährleistet ist, wenn die gemeinsam an der Spitze stehenden Perso-

---

[1769] *Endres*, ZGR 1998, S. 407, 409.

nen als Einheit handeln und auftreten. Andernfalls wird die Vorstandsspitze den ihr obliegenden Koordinations-, Mediations- und Repräsentationspflichten nicht gerecht.
Die vorstehenden Bedenken hinsichtlich der Funktionsfähigkeit einer Doppelspitze im Einzelfall begründen indes keinen Einwand gegen die Zulässigkeit dieser Organisationsform als solcher. Die Gefahr, daß eine Doppelbesetzung des Vorstandsvorsitzes die Erfüllung der Pflichten der Vorstandsspitze beeinträchtigt, besteht nicht generell im Hinblick auf Defizite dieser Organisationsform als solcher gegenüber der Einzelspitze, sondern lediglich im konkreten Einzelfall bei Uneinigkeit und mangelnder Koordination der Co-Vorsitzenden untereinander. Handeln diese als Einheit, vermögen sie der Pflichtenstellung, die sich mit dem Vorsitz verbindet, hinsichtlich der Pflicht zur Kontrolle der einzelnen Ressortleiter nach dem Gesagten sogar besser gerecht zu werden als ein einzelner Vorstandsvorsitzender.
Durchgreifende Bedenken gegen die Zulässigkeit einer Doppelspitze wegen Unvereinbarkeit mit der im Aktiengesetz angelegten Pflichtenstellung eines Vorstandsvorsitzenden bestehen damit insgesamt nicht. Der Ernennung zweier Vorstandsmitglieder zu Vorstandsvorsitzenden steht mithin aus rechtlicher Sicht nichts entgegen[1770].

II. Zweckmäßigkeit

Von der vorstehend behandelten Frage der rechtlichen Zulässigkeit einer Doppelbesetzung des Vorstandsvorsitzes zu unterscheiden ist die Frage der Zweckmäßigkeit einer Doppelspitze[1771]. Insoweit ist zum einen zu sehen, daß eine ordnungsgemäße Erfüllung der einem Vorstandsvorsitzenden obliegenden Koordinations-, Mediations- und Repräsentationsaufgaben im Falle der Einrichtung einer Doppelspitze nach dem vorstehend Gesagten nur dann gewährleistet ist, wenn die Co-Vorstandsvorsitzenden nach innen und außen „mit einer Stimme sprechen". Überdies kann eine Doppelspitze die Willensbildung innerhalb des Vorstands, namentlich in Pattsituationen, erschweren oder doch verkomplizie-

---

[1770] Ebenso - ohne nähere Problematisierung - *Fonk* in: Semler (Hrsg.), Arbeitshandbuch für Aufsichtsratsmitglieder, Rdz. I 53 Fn.116; *Krieger*, Personalentscheidungen, S. 250 Fn.17; *Siebel*, Festschrift Peltzer, S. 519, 520; MünchHdb AG/*Wiesner*, § 24 Rdz.2; s. auch die bei *Fleischer*, ZGR 1998, S. 520, 522 wiedergegebene Auffassung von *Hoffmann-Becking*.

[1771] Skeptisch insoweit *Fonk* in: Semler (Hrsg.), Arbeitshandbuch für Aufsichtsratsmitglieder, Rdz.I 53 Fn.116 („nur in Ausnahmesituationen empfehlenswert"); *v. Schenck* in: Semler/Volhard (Hrsg.), Unternehmensübernahmen, § 8 Rdz.82; *Semler* in: Semler/Volhard (Hrsg.), Unternehmensübernahmen, § 1 Rdz.139 („Kompromiß, der kaum auf längere Zeit tragfähig ist"); s. auch Das Wertpapier Nr. 10 vom 06.05.1999, S. 72.

ren[1772]. Geschäftsordnungen für den Vorstand sehen bei Stimmengleichheit häufig ein - nach Rechtsprechung[1773] und h.L.[1774] zulässiges - Recht des Vorsitzenden zum Stichentscheid vor[1775]. Im Falle einer Doppelspitze kommt ein Stichentscheid der Vorstandsvorsitzenden nur bei übereinstimmendem Votum beider Vorstandsvorsitzender in Betracht. Bei divergierendem Votum der Co-Vorsitzenden bedürfte es stattdessen des Stichentscheides durch ein anderes Vorstandsmitglied, etwa des (dienst-)ältesten Vorstandsmitgliedes oder des Vorstandsmitgliedes, in dessen Ressort der Gegenstand der Beschlussfassung fiele, vorausgesetzt, es handelte sich nicht um eine Frage von ressortübergreifender Bedeutung[1776].

III. Ergebnis

Gegen die Doppelbesetzung des Amtes des Vorstandsvorsitzenden bestehen keine rechtlichen Bedenken. Eine Doppelspitze ist sowohl mit der Vorschrift des § 84 Abs. 2 AktG als auch mit der aus dem Amt eines Vorstandsvorsitzenden resultierenden Pflichtenstellung vereinbar. Freilich kann sich eine Doppelspitze als unzweckmäßig erweisen, wenn und weil ein Nebeneinander zweier Vorstandsvorsitzender im Einzelfall eine ordnungsgemäße Erfüllung der der Vorstandsspitze obliegenden Koordinations-, Mediations- und Repräsentationsaufgaben beeinträchtigt sowie die Willensbildung innerhalb des Vorstands verkompliziert.

[1772] Vgl. *Koch/Hofacker*, Finanz Betrieb 2000, S. 541, 545 li. Sp.. - Die Doppelbesetzung des Vorstandsvorsitzes und der Vorstandsressorts in der ThyssenKrupp AG wurde nach Presseberichten „von der Finanzwelt als lähmend empfunden und als ein Grund dafür angesehen, daß nötige Akquisitionsschritte nicht konsequent und schnell genug umgesetzt wurden (...)“; FAZ Nr. 154 vom 06.07.2001, S. 16.

[1773] BGHZ 89, S. 48, 59 (zur mitbestimmten GmbH).

[1774] *Hoffmann-Becking*, ZGR 1998, S. 497, 518; *Hüffer*, § 84 Rdz.21; *Lutter/Krieger*, Rechten und Pflichten des Aufsichtsrats, Rdz.439; KK/*Mertens*, § 77 Rdz.9, 48; MünchHdb AG/ *Wiesner*, § 22 Rdz.9, § 24 Rdz.3; abweichend *T. Bezzenberger*, ZGR 1996, S. 661, 670.

[1775] Vgl. *Gerum/Steinmann/Fees*, Der mitbestimmte Aufsichtsrat, S. 67, Tab. E-2; § 3 Abs. 5 S. 2 der Muster-Geschäftsordnung bei *Fonk* in: Semler (Hrsg.), Arbeitshandbuch für Aufsichtsratsmitglieder, Anlage I 3, S. 809, 811; § 6 Abs. 6 S. 3 der Muster-Geschäftsordnung bei *Hölters* in: Münchner Vertragshandbuch, Form V.65, S. 781, 782.

[1776] Vgl. *Hefermehl* in G/H/E/K, § 77 Rdz.8; KK/*Mertens*, § 77 Rdz.9; *Karsten Schmidt*, Gesellschaftsrecht, § 28 II 3 a), S. 812; a.A. hinsichtlich der Befugnis zu einem *allgemeinen* Stichentscheid *Krieger*, Personalentscheidungen, S. 250.

B. Chairmen's Integration Council (Office of the Chairmen)

Ein weiteres Kennzeichen der „'merger-of-equals' corporate governance structure" der DaimlerChrysler AG neben der Doppelspitze sind - jedenfalls ihrer US-amerikanischem Sprachgebrauch entlehnten Bezeichnung nach - für eine deutsche Aktiengesellschaft neuartige Gremien, deren aktienrechtlicher Zulässigkeit im folgenden nachzugehen ist. Die Rede ist von dem im folgenden zu behandelnden *Chairmen's Integration Council* (*Office of the Chairmen*) sowie des weiteren von dem *Shareholder Committee* und dem *Labour Committee* (dazu unten C.).

I. Darstellung

Bei dem sog. *Chairmen's Integration Council (Office of the Chairmen)*[1777] handelte es sich um einen Ausschuß des Vorstandes der DaimlerChrysler AG unter Leitung der beiden Co-Vorsitzenden[1778]. Die Hauptaufgabe des siebenköpfigen *Council*, der in Medienberichten als „Machtzentrum" der DaimlerChrysler AG

[1777] Die Bezeichnung eines Ausschusses des Vorstandes einer deutschen Aktiengesellschaft als *Office of the Chairmen* ist insofern etwas irreführend, als die Einführung eines *Office of the Chairman/Office of the CEO* in US-amerikanischen Kapitalgesellschaften bezweckt, das in der *Board*-Praxis vorherrschende Direktorialprinzip jedenfalls tendenziell durch das Kollegialprinzip zu ersetzen, das im Vorstand einer Aktiengesellschaft deutschen Rechts nach der gesetzlichen Regelung ohnedies gilt (vgl. zum *Office*-Konzept *Bleicher/Leberl/Paul*, Unternehmensverfassung und Spitzenorganisation, S. 184f.; *Potthoff*, BFuP 1996, S. 253, 263; *Vance*, Corporate Leadership, S. 198ff.; zum Grundsatz der Gesamtverantwortung und Gleichberechtigung der Vorstandsmitglieder nach deutschem Aktienrecht vgl. *Hefermehl* in G/H/E/K, § 77 Rdz.20f.; *Martens*, Festschrift Fleck, S. 191, 194; KK/*Mertens*, § 77 Rdz.12,15; *Schwark*, ZHR 142 (1978), S. 203, 218 sowie den Text unten zu II.). Anders als der *Chairman of the Board/CEO* ist der Vorsitzende des Vorstands - zumindest nach der gesetzlichen Regelung - primus inter pares (*Hefermehl* in G/H/E/K, § 77 Rdz.10; *Karsten Schmidt*, Gesellschaftsrecht, § 28 II 3 a), S. 812). Die Praxis tendiert demgegenüber allerdings offenbar zunehmend in Richtung des Direktorialprinzips; vgl. *Baums* (Hrsg.), Bericht der Regierungskommission Corporate Governance, Rdz.36; *Potthoff*, a.a.O., S. 257, 261f.; *Rieger*, Festschrift Peltzer, S. 339, 347; *Semler*, Festschrift Lutter, S. 721, 727ff.; *Breuer* in: von Rosen (Hrsg.), Corporate Governance - Nutzen und Umsetzung -, S. 18, 23; *ders.*, Die Bank 2001, S. 544, 546f.; *Cromme*, ZfgK 2002, S. 502, 503; kritisch dazu *Bernhardt*, FAZ Nr. 24 vom 29.01.2002, S. 18.

[1778] Zur personellen Besetzung s. *Proxy Statement/Prospectus* (Fn.52), S. 67; *Hansen*, Die AG 1998, S. R 226 li. Sp.. - Der *Chairmen's Integration Council* ist nicht zu verwechseln mit dem im Herbst 2001 durch den Aufsichtsrat der DaimlerChrysler AG eingerichteten *Chairman's Council*; dazu unten S. 476f..

bezeichnet wurde[1779], bestand in der Steuerung der Integration der Ausgangsgesellschaften[1780]. Im Gegensatz zu dem lediglich einmal im Monat tagenden Vorstand[1781] trat der *Council* - durch physisches Zusammenkommen der Mitglieder oder im Wege der Videokonferenz - im Wochenrhythmus zusammen[1782].
Der *Chairmen's Integration Council* wurde nach Presseberichten im Zuge des ersten Revirements des Vorstands nach Vollzug des Zusammenschlusses im September 1999 aufgelöst[1783].

II. Rechtliche Würdigung

Gegen die Einrichtung eines Vorstandsausschusses unter Delegation bestimmter Aufgaben bestehen grundsätzlich keine rechtlichen Bedenken. § 77 Abs. 1 S. 2 1. Halbs. AktG gestattet Abweichungen vom Grundsatz gemeinschaftlicher Geschäftsführung der Vorstandsmitglieder nach § 77 Abs. 1 S. 1 AktG[1784] und damit auch die Delegation von Aufgaben an einzelne Vorstandsmitglieder oder an einen aus mehreren Mitgliedern gebildeten Ausschuss.
Die Wahrnehmung der sog. organschaftlichen Mindestzuständigkeiten ist allerdings gemäß dem aus der Regelung des § 76 Abs. 1 AktG folgenden Grundsatz der Gesamtverantwortung und Gesamtzuständigkeit aller Vorstandsmitglieder im Leitungsbereich[1785] dem Gesamtvorstand vorbehalten. Hierzu rechnet neben Aufgaben, die bereits nach der gesetzlichen Regelung zwingend dem Gesamt-

---

1779 FAZ Nr. 213 vom 14.09.1998, S. 24; s. auch *Simonian*, Financial Times vom 14.05.1998, S. 19; *Appel/Hein*, Der DaimlerChrysler Deal, S. 196f..

1780 Bericht (Fn.46), S. 39 re. Sp.; *Proxy Statement/Prospectus* (Fn.52), S. 66; *Endres*, ZHR 163 (1999), S. 441, 447; *Gentz* in: Schwalbach (Hrsg.), Corporate Governance, S. 2, 8. – Im Fall Hoechst/Rhône-Poulenc (dazu oben S. 372f.) wurde in der Aventis S.A. „zur Erleichterung der Integration von Aventis und Hoechst" ein den Vorstand beratendes „Executive Committee" aus Mitgliedern des Vorstandes und nachgeordneter Führungsebenen eingesetzt; vgl. Bericht des Hoechst-Vorstandes über den Zusammenschluß (Fn.64), S. 83; § 3.6 *BCA* Hoechst/Rhône-Poulenc (Anhang des Berichts, S. 123, 132); *Horn*, Festschrift Lutter, S. 1113, 1129f.. Die Einsetzung eines „Integration Committee" war auch im Zusammenhang mit dem letztlich gescheiterten Zusammenschluß Deutsche Telekom/Telecom Italia vorgesehen (SZ Nr. 93 vom 23.04.1999, S. 27).

1781 *Appel/Hein*, Der DaimlerChrysler Deal, S. 196.

1782 *Hansen*, Die AG 1998, S. R 226 li. Sp..

1783 FAZ Nr. 223 vom 25.09.1999, S. 17.

1784 Vgl. dazu etwa *Hüffer*, § 77 Rdz.6.

1785 Vgl. etwa *Martens*, Festschrift Fleck, S. 191, 194 m.w.Nachw.; abweichend *Hoffmann-Becking*, ZGR 1998, S. 497, 506f..

vorstand zur Erledigung zugewiesen sind[1786], der gesetzlich nicht geregelte Kernbereich der Leitungsentscheidungen[1787].

Außerhalb des Bereichs zwingender organschaftlicher Mindestzuständigkeiten des Gesamtvorstands steht einer Delegation von Geschäftsführungsaufgaben auf einzelne Vorstandsmitglieder oder auf Gremien von mehreren Vorstandsmitgliedern (z.B. Präsidium, Synergieausschuß) rechtlich nichts entgegen, sofern das Prinzip der Gesamtverantwortung der Vorstandsmitglieder ebenso gewahrt bleibt wie der Grundsatz der Gleichberechtigung der Vorstandsmitglieder. Bei der Delegation von Aufgaben auf einen Ausschuß ist insoweit zu beachten, daß eine „Degradierung" im Ausschuß nicht vertretener Vorstandsmitglieder zu Vorstandsmitgliedern minderen Gewichts, die rechtlich oder tatsächlich von den Leitungsentscheidungen ausgeschlossen sind, dem Prinzip der Gleichberechtigung aller Vorstandsmitglieder zuwiderliefe[1788].

Unbedenklich ist jedenfalls die Delegation von Vorbereitungs-, Koordinierungs- und Überwachungsaufgaben auf einen Vorstandsausschuß. Ein Vorstandsausschuß kann demgemäß etwa mit der Erledigung vorbereitender Arbeiten betraut werden, derer es zur Erfüllung dem Gesamtvorstand obliegender Pflichten bedarf[1789], ferner mit der Koordinierung der Arbeiten verschiedener Ressorts sowie mit der Überwachung der Durchführung vom Gesamtvorstand beschlossener Maßnahmen in den einzelnen Ressorts[1790]. Ob überdies auch eine Delegation von Entscheidungskompetenzen des Gesamtvorstands auf einen Ausschuß in Betracht in Betracht kommt, wird im Schrifttum im einzelnen unterschiedlich beurteilt[1791].

Die vorstehend dargestellten Grenzen der Delegation von Aufgaben auf einen Vorstandsausschuß wurden bei der Einrichtung des *Chairmen's Integration*

[1786] Vgl. die Aufgaben nach §§ 90, 92 Abs. 1 und 2, 111 Abs. 4 S. 2, 119 Abs. 2, 121 Abs. 2 AktG; *Schwark*, ZHR 142 (1978), S. 203, 215; *Schiessl*, ZGR 1992, S. 64, 67f.; *Hoffmann-Becking*, ZGR 1998, S. 497, 508; *Hefermehl* in G/H/E/K, § 77 Rdz.22; *Hüffer*, § 76 Rdz.8, § 77 Rdz.17; *Martens*, Festschrift Fleck, S. 191, 194; KK/*Mertens*, § 77 Rdz.19.

[1787] Vgl. *Hüffer*, § 76 Rdz.8; KK/*Mertens*, § 76 Rdz.4f.; 77 Rdz.18; *Schwark*, ZHR 142 (1978), S. 203, 215f.; *Semler* in: Semler (Hrsg.), Arbeitshandbuch für Aufsichtsratsmitglieder, Rdz.A 61ff.; *ders.*, Leitung und Überwachung der Aktiengesellschaft, Rdz.23; *Schiessl*, ZGR 1992, S. 64, 68; *T. Bezzenberger*, ZGR 1996, S. 661, 671; *von Hein*, ZHR 166 (2002), S. 464, 486.

[1788] KK/*Mertens*, § 77 Rdz.12,15; *Schwark*, ZHR 142 (1978), S. 203, 218; *Hoffmann-Becking*, ZGR 1998, S. 497, 514f..

[1789] *Schiessl*, ZGR 1992, S. 64, 78; *Hoffmann-Becking*, ZGR 1998, S. 497, 508, 516; *Hefermehl* in G/H/E/K, § 77 Rdz.22 a.E.; KK/*Mertens*, § 77 Rdz. 19 a.E.; *Semler*, Leitung und Überwachung der Aktiengesellschaft, Rdz.24.

[1790] *Dose*, Rechtsstellung der Vorstandsmitglieder, S. 73f.; KK/*Mertens*, § 77 Rdz.17, 19; abweichend *Hoffmann-Becking*, ZGR 1998, S. 497, 516f..

[1791] Vgl. *Martens*, Festschrift Fleck, S. 191, 206f.; KK/*Mertens*, § 77 Rdz.12f..

Council in der DaimlerChrysler AG nach den vorliegenden Informationen offenbar beachtet. Der *Council* war nach dem Gesagten nach Vollzug des Zusammenschlusses mit der Steuerung der Integration der Ausgangsgesellschaften betraut. Angesichts dieser Aufgabenstellung ist davon auszugehen, daß dem Ausschuß vornehmlich die Koordinierung des Integrationsprozesses sowie die Überwachung der Durchführung von Entscheidungen des Gesamtvorstandes oblag. Gegen die Delegation derartiger Aufgaben auf einen Vorstandsausschuß bestehen nach dem Gesagten keine rechtlichen Bedenken[1792].

C. Shareholder Committee

I. Darstellung

Nach dem *Business Combination Agreement (BCA)* zwischen der Daimler-Benz AG, der Chrysler Corp. und der DaimlerChrysler AG[1793] sollte der Vorstand der DaimlerChrysler AG nach Vollzug des Zusammenschlusses einen - nicht mit dem vorstehend behandelten *Chairmen's Integration Council* zu verwechselnden[1794] - „Integrationsausschuß mit beratender Funktion" (*Integration Committee*) einsetzen[1795]. Dieses Gremium, namentlich in den Medien auch als „Aktionärsausschuß", „Aktionärskomitee" oder „*Shareholder Committee*" (so auch im folgenden)[1796] bezeichnet[1797], sollte zwischen dem Vorstand und dem

---

[1792] Vergleichbare Aufgaben wie der *Chairmen's Integration Council* nach Vollzug des Zusammenschlusses soll offenbar das Anfang 2001 eingerichtete *Executive Automotive Committee* erfüllen. Dabei handelt es sich um einen Ausschuß des Vorstandes, dem nach Presseberichten neben dem Vorstandsvorsitzenden der DaimlerChrysler AG jene Vorstandsmitglieder angehören, die das Automobilgeschäft von Mercedes-Benz, Chrysler sowie Mitsubishi, woran die DaimlerChrysler AG seit März 2000 eine 34%ige Beteiligung hält, verantworten. Das *Committee* soll die Integration der drei Marken koordinieren, die Umsetzung der Produktstrategie überwachen und Entscheidungsprozesse beschleunigen (FAZ Nr.49 vom 27.02.2001, S. 21; Berliner Zeitung Nr.45 vom 22.02.2001, S. 40).

[1793] § 4.2 *BCA* (Fn.52), Anlage 1 des Berichts (Fn.46), S. 107, 127.

[1794] Vgl. *Stengel* in: Semler/Volhard (Hrsg.), Unternehmensübernahmen, § 17 Rdz.301.

[1795] *Stengel* in: Semler/Volhard (Hrsg.), Unternehmensübernahmen, § 17 Rdz.301.

[1796] So auch *M. Gentz*, Finanzvorstand der DaimlerChrysler AG, in: Schwalbach (Hrsg.), Corporate Governance, S. 2, 9f.; *Stengel* in: Semler/Volhard (Hrsg.), Unternehmensübernahmen, § 17 Rdz.301.

[1797] Börsen-Zeitung Nr. 173 vom 10.09.1998, S. 1; FAZ Nr.213 vom 14.09.1998, S. 24; FAZ Nr.264 vom 13.11.1998, S. 20; FAZ vom 16.12.1998, S. 20; FAZ vom 18.12.1998, S. 23; *Appel/Hein*, Der DaimlerChrysler Deal, S. 98; *Hansen*, Die AG 1998, S. R 226 li. Sp.; s. auch *Proxy Statement/Prospectus* (Fn.52), S. 66 („stockholders advisory body"); *Endres*, ZHR 163 (1999), S. 441, 448; *Gordon*, The Columbia Journal of European Law 5 (1999),

mitbestimmten Aufsichtsrat der DaimlerChrysler AG angesiedelt sein[1798]. In der Presse war von einem „Zwitter zwischen Vorstand und Aufsichtsrat“ die Rede[1799].

Dem nach vollzogenem Zusammenschluß eingesetzten[1800] *Committee* gehör(t)en neben den beiden Vorstandsvorsitzenden der DaimlerChrysler AG die zehn Anteilseignervertreter im Aufsichtsrat der DaimlerChrysler AG sowie insgesamt vier weitere Aktionärsvertreter, nämlich je zwei ehemalige Mitglieder des Aufsichtsrates der früheren Daimler-Benz AG sowie des *Board* der früheren Chrysler Corp., an[1801]. Das Gremium soll(te) „den Vorstand der DaimlerChrysler AG im Zusammenhang mit dem Zusammenschluß der beiden Unternehmungen und den damit verbundenen Geschäften beraten.“[1802] In den Medien hieß es, das *Committee* solle „neben dem Aufsichtsrat (...) Stellung zum operativen Geschäft beziehen.“[1803] Das Gremium kam, ebenso wie der *Board* der früheren Chrysler Corp. vor dem Zusammenschluß, nach seiner Einrichtung sechsmal jährlich zusammen[1804].

Nach dem Bericht über den Zusammenschluß handelt es sich bei dem *Committee* „nicht um einen Ausschuß des Aufsichtsrats, dem Aufgaben und Rechte des Aufsichtsrats zustehen würden.“[1805] In der Presse hieß es, das *Shareholder Committee* werde „in etwa die Arbeit der bisherigen Anteilseignerbesprechung institutionalisieren“, zu der sich die Anteilseignerbank des Aufsichts-

---

S. 219, 231 („a shareholders' advisory committee to consult with the Management Board“); *Stengel* in: Semler/Volhard (Hrsg.), Unternehmensübernahmen, § 17 Rdz.301.

1798 *Endres*, ZHR 163 (1999), S. 441, 447f..

1799 Börsen-Zeitung Nr.149 vom 07.08.1998, S. 6.

1800 *Endres*, ZHR 163 (1999), S. 441, 448; *Gentz* in: Schwalbach (Hrsg.), Corporate Governance, S. 2, 9.

1801 § 4.2 *BCA* (Fn.52), Anlage 1 des Berichts (Fn.46), S. 107, 127; Bericht, S. 39 re. Sp.; *Proxy Statement/Prospectus* (Fn.52), S. 66; FAZ Nr. 213 vom 14.09.1998, S. 24; FAZ vom 18.12.1998, S. 23; s. auch *Endres*, ZHR 163 (1999), S. 441, 448; *Gentz* in: Schwalbach (Hrsg.), Corporate Governance, S. 2, 9; unrichtig insofern die Darstellung bei *Stengel* in: Semler/Volhard (Hrsg.), Unternehmensübernahmen, § 17 Rdz.301, wonach dem *Shareholder Committee* neben den Anteilseignervertretern im Aufsichtsrat und den Vorstandsvorsitzenden „vier weitere Aufsichtsratsmitglieder“ angehörten.

1802 Bericht (Fn.46), S. 39 re. Sp..

1803 *Appel/Hein*, Der DaimlerChrysler Deal, S. 205.

1804 FAZ vom 18.12.1998, S. 23; *Appel/Hein*, Der DaimlerChrysler Deal, S. 206; *Endres*, ZHR 163 (1999), S. 441, 448; *Gentz* in: Schwalbach (Hrsg.), Corporate Governance, S. 2, 10.

1805 Bericht (Fn.46), S. 39 re. Sp..

rates bereits vor dem Zusammenschluß am Vorabend der Sitzungen des Aufsichtsrates der Daimler-Benz AG getroffen habe[1806].
Ein Mitglied des Vorstandes der DaimlerChrysler AG beschrieb die Tätigkeit des *Shareholder Committee* folgendermaßen: „On the one hand, the Shareholder Committee fulfils the function, common among German corporations, of holding preliminary shareholder discussions in preparation for Supervisory Board meetings. On the other, it deals in depth with strategic and operating questions posed by the Company's senior management and, to that end, draws on reports from the Chairmen and select, individual members of the Management Board. The Shareholder Committee has no decision-making powers, which rest solely with the Supervisory Board, but instead restricts itself to debate and counseling and provides fact-based recommendations to support opinion-forming among the shareholder representatives on the Supervisory Board."[1807]
Hinzuzufügen ist, daß der Aufsichtsrat der DaimlerChrysler AG im Herbst 2001 die Einrichtung eines seiner personellen Zusammensetzung sowie seiner Aufgabe nach dem *Shareholder Committee* ähnlichen, dieses Gremium möglicherweise ersetzenden[1808] oder ergänzenden „*Chairman's Council*" beschlossen hat. Dem *Council* gehören neben dem DaimlerChrysler-Vorstandsvorsitzenden *Schrempp* als *Chairman* sechs Anteilseignervertreter des Aufsichtsrates der DaimlerChrysler AG sowie fünf *Chairmen/CEO's* internationaler Unternehmen[1809] an[1810]. Das Gremium[1811] soll nach einer Verlautbarung der Daimler-

---

1806 Börsen-Zeitung Nr. 149 vom 07.08.1998, S. 6; s. auch FAZ vom 16.12.1998, S. 20; *Appel/Hein*, Der DaimlerChrysler Deal, S. 205; *Endres*, ZHR 163 (1999), S. 441, 448. – Zur Praxis getrennter Vorbesprechungen der Bänke des Aufsichtsrates unter Teilnahme des Vorstands am Vorabend der Aufsichtsratssitzungen vgl. unten S. 486f..

1807 *Gentz* in: Schwalbach (Hrsg.), Corporate Governance, S. 2, 10.

1808 Ob der *Chairman's Council* an die Stelle des *Shareholder Committee* getreten ist, lässt sich den vorliegenden Angaben nicht entnehmen. Informationen über eine Auflösung des *Shareholder Committee* nach Abschluß der unmittelbaren Integrationsphase nach Vollzug des Zusammenschlusses liegen nicht vor (zur Auflösung des *Chairmen's Integration Council* vgl. oben S. 472).

1809 BP Amoco plc, IBM, Mitsubishi Corp., Novartis AG, CEMEX.

1810 Ein Verzeichnis der Mitglieder des *Chairman's Council* (s. auch *N.N.*, Börsen-Zeitung Nr. 189 vom 29.09.2001, S. 7) ist im Internet als pdf-Datei auf der Website der DaimlerChrysler AG (unter http://www.daimlerchrysler.de/news/top/2001/t10928a_g.htm) abrufbar.

1811 S. dazu auch *Burt/Reinking*, Financial Times Deutschland vom 28./29./30.09.2001, S. 1; *N.N.*, Börsen-Zeitung Nr. 189 vom 29.09.2001, S. 7.

Chrysler AG[1812] „das Management der DaimlerChrysler AG in Fragen der globalen Geschäftsstrategie beraten“[1813].

Neben dem *Shareholder Committee* wurde in der DaimlerChrysler AG nach Vollzug des Zusammenschlusses auch ein *Labour Committee* gebildet, dem analog dem *Shareholder Committee* die zehn Arbeitnehmervertreter im Aufsichtsrat der DaimlerChrysler AG sowie zusätzlich je drei US-amerikanische und kanadische Gewerkschaftsvertreter angehör(t)en[1814]. In diesem Zusammenhang werden nach Presseberichten US-amerikanische und kanadische Arbeitnehmervertreter zu den Vorgesprächen der Arbeitnehmervertreter im Aufsichtsrat der DaimlerChrysler AG mit dem Vorstand und dem Aufsichtsratsvorsitzenden am Vorabend der Aufsichtsratssitzungen eingeladen. Das *Labour Committee* dient danach u.a. dazu, US-amerikanische und kanadische Arbeitnehmervertreter, die lediglich eines der Aufsichtsratsmitglieder der Arbeitnehmer im Aufsichtsrat der DaimlerChrysler AG stellen, informell über relevante Entwicklungen ins Bild zu setzen[1815]. Zumindest ein Vorstandsmitglied steht nach Presseberichten bei den Zusammenkünften des *Labour Committee* zur Verfügung, „um Auskunft zu geben.“[1816] Nach einer Äußerung des Vorsitzenden des Gesamtbetriebsrates der DaimlerChrysler AG handelt es sich bei dem *Committee* um einen „Arbeitnehmer-Kreis zur Vorbereitung der Aufsichtsratssitzung“[1817].
Ein Mitglied des Vorstandes der DaimlerChrysler AG beschrieb die Tätigkeit des *Labour Committee* folgendermaßen: „If fulfils - as does the Shareholder Committee - the already familiar function of holding preliminary employee discussions in preparation for Supervisory Board meetings, but has reserved the right also to bring up other matters with senior management. (...) Like the Shareholder Committee, the Labour Committee has authority only to advise and

---

[1812] Abrufbar unter http://www.daimlerchrysler.de/news/top/2001/t10928a_g.htm.

[1813] Weiter heißt es in der erwähnten Verlautbarung (wiedergegeben bei *N.N.*, Börsen-Zeitung Nr. 189 vom 29.09.2001, S. 7): „Das Gremium kombiniert Elemente der US-amerikanischen und der europäischen Corporate Governance, um den Anforderungen eines wirklich globalen Unternehmens und den Interessen seiner unterschiedlichen Interessengruppen gerecht zu werden. (...) Das Chairman's Council ergänzt die bestehende Struktur der Unternehmensführung und -kontrolle.“

[1814] FAZ vom 18.12.1998, S. 23; *Endres*, ZHR 163 (1999), S. 441, 448; *Gentz* in: Schwalbach (Hrsg.), Corporate Governance, S. 2, 10; *Stengel* in: Semler/Volhard (Hrsg.), Unternehmensübernahmen, § 17 Rdz.301.

[1815] FAZ Nr. 288 vom 11.12.1998, S. 20; s. auch FAZ Nr.112 vom 15.05.1998, S. 26; *Gentz* in: Schwalbach (Hrsg.), Corporate Governance, S. 2, 10f. („[...] intended to compensate for the marked under-representation on the Supervisory Board of employees from outside Germany.")

[1816] FAZ vom 18.12.1998, S. 23.

[1817] *Schneider*, Welt am Sonntag Nr. 47 vom 19.11.2000, S. 68.

recommend. It is neither a negotiating body for handling employee-related problems, nor a decision-making one."[1818]

II. Shareholder Committee als Board-*ähnliches Gremium*

Die Einrichtung eines in den Medien als „third board to represent shareholders"[1819] bezeichneten Gremiums[1820] in Gestalt eines ausschließlich mit Anteilseignervertretern besetzten *Shareholder Committee* zur Beratung des Vorstands der DaimlerChrysler AG „im Zusammenhang mit dem Zusammenschluß der beiden Unternehmungen und den damit verbundenen Geschäften" trug - ebenso wie ersichtlich die Einrichtung eines mit Anteilseignervertretern und externen Experten besetzten *Chairman's Council* zur Beratung des Vorstands „in Fragen der globalen Geschäftsstrategie" - US-amerikanischen Bedenken hinsichtlich der Mitbestimmung der Arbeitnehmer im Aufsichtsrat Rechnung[1821]. Diese Bedenken lassen sich so beschreiben, daß es an einer angelsächsische *Boards* kenn- und auszeichnenden „laufenden Diskussionspartnerschaft"[1822] zwischen *inside directors* und - funktionell Aufsichtsratsmitgliedern vergleichbaren[1823] - *outside directors*[1824] im Verhältnis zwischen Vorstand und mitbestimmtem Aufsichtsrat einer deutschen Aktiengesellschaft weithin mangele. Insbesondere aufgrund der anders als in den USA gesetzlich angeordneten Anwesenheit der Arbeitnehmervertreter im Aufsichtsrat unterbleibe eine kritische Diskussion der Anteilseignervertreter mit dem Vorstand, damit die Autorität des Vorstands gegenüber den Mitarbeitern nicht beschädigt werde. Anders als die *outside directors* bilde der mitbestimmte Aufsichtsrat daher keinen „Resonanzboden" für die Planungen des Vorstands (der *inside directors*), stelle also kein „*sounding board*"[1825] dar[1826].

[1818] *Gentz* in: Schwalbach (Hrsg.), Corporate Governance, S. 2, 10f..

[1819] *Simonian*, Financial Times vom 14.05.1998, S. 19.

[1820] Ähnlich auch *Gordon*, The Columbia Journal of European Law 5 (1999), S. 219, 228 („a third board, a so-called 'Integration Committee'").

[1821] *Simonian*, Financial Times vom 14.05.1998, S. 19.

[1822] Vgl. KK/*Mertens*, § 111 Rdz.34.

[1823] Vgl. *Bleicher/Paul*, DBW 46 (1986), S. 263, 279; *von Hein*, ZHR 166 (2002), S. 464, 494.

[1824] Vgl. zur Besetzung angelsächsischer *Boards* sowie allgemein zum angelsächsischen *Board*-Modell etwa *Baums*, ZIP 1995, S. 11, 14ff.; *Potthoff*, BFuP 1996, S. 253ff..

[1825] Vgl. *Bleicher/Paul*, DBW 46 (1986), S. 263, 269, 293 re. Sp.; *Bleicher/Leberl/Paul*, Unternehmensverfassung und Spitzenorganisation, S. 156, 266.

[1826] Vgl. *Gordon*, The Columbia Journal of European Law 5 (1999), S. 219, 231f.; *Roe*, Columbia Business Law Review 1998, S. 167, 170ff.; zu den Folgen der Anwesenheit der Arbeitnehmervertreter im Aufsichtsrat s. etwa auch *Scheffler*, ZGR 1993, S. 63, 72; *Lutter*, Die AG 1994, S. 176, 177 li. Sp.; *Hoffmann-Becking*, Festschrift Havermann, S.

Das Bestreben der Daimler-Benz AG und der Chrysler Corp. ging vor diesem Hintergrund dahin, durch die Einsetzung des *Shareholder Committee* ein dem *Board of Directors* einer US-amerikanischen *corporation* vergleichbares Gremium zu schaffen, um auf diese Weise getreu dem Konzept eines *Merger of Equals* der US-amerikanischen Seite den Übergang zu einem fremden Corporate Governance-Modell zu erleichtern[1827]. Wörtlich hieß es insoweit in einer Verlautbarung des Vorsitzenden des Vorstands der Daimler-Benz AG und des *Chairman/CEO* der Chrysler Corp. im Vorfeld des Zusammenschlusses: „Hiermit bestätigen wir unser Einvernehmen, daß im Hinblick auf die Unternehmensführung der Oppenheim Aktiengesellschaft (also der späteren DaimlerChrysler AG, d.Verf.[1828]), vorbehaltlich aller gesetzlichen Voraussetzungen, (...) der Integrationsausschuß (d.h. also das Shareholder Committee, d. Verf.[1829]) dem Chrysler-Direktorium (...) nachgebildet" wird[1830].
Im US-amerikanischen Schrifttum ist davon die Rede, das *Shareholder Committee* sei „potentially a far-reaching governance change, an effort to bring in American-style board monitoring of managerial performance that avoids the limitations of the supervisory board."[1831] Das Gremium sei möglicherweise geeignet, die Funktion des US-amerikanischen *Board* zu übernehmen, wenn und weil es eine intensive und offene Beratung des Vorstandes durch die Aktionärsvertreter ermögliche, die vom Aufsichtsrat typischerweise nicht geleistet werde[1832]. Dies könne zu einer „major governance innovation" führen[1833]. In deutschen Medien hieß es in ähnlichem Sinne, mit der Bildung eines *Shareholder Committee* werde „im DaimlerChrysler-Konzern de facto das amerikanische Board eingeführt."[1834] US-amerikanische institutionelle Investoren begrüßen die Einrichtung eines *Shareholder Committee* nach dem Vorbild des Gremiums bei

---

230, 241; KK/*Mertens*, Anh. § 117 A Mitbestimmung Rdz.2; *Cromme*, ZfgK 2002, S. 502, 504; *Ulmer*, AcP 202 (2002), S. 143, 162; *Weiss*, FAZ Nr. 85 vom 10.04.2001, S. 20; *Bertelsmann Stiftung/Hans-Böckler-Stiftung* (Hrsg.), Bericht der Kommission Mitbestimmung, Kap. 8., Tz.26., S. 103.

[1827] Börsen-Zeitung Nr. 149 vom 07.08.1998, S. 6.

[1828] Vgl. oben Fn.51.

[1829] Vgl. oben S. 474.

[1830] Vgl. *BCA* (Fn.52), TAB 4, Anlage 1 des Berichts (Fn.46), S. 200 (im englischen Original zitiert bei *Stengel* in: Semler/Volhard [Hrsg.], Unternehmensübernahmen, § 17 Fn.702: „the proceedings of the Integration Committee will be patterned after those of the Chrysler's Board of Directors"); s. auch *Endres*, ZHR 163 (1999), S. 441, 447f.; *Gentz* in: Schwalbach (Hrsg.), Corporate Governance, S. 2, 9 („modelled on the US-style board of directors"); *Stengel*, a.a.O., § 17 Rdz.301.

[1831] *Gordon*, The Columbia Journal of European Law 5 (1999), S. 219, 231.

[1832] *Gordon*, The Columbia Journal of European Law 5 (1999), S. 219, 231f..

[1833] *Gordon*, The Columbia Journal of European Law 5 (1999), S. 219, 233.

[1834] *Appel/Hein*, Der DaimlerChrysler Deal, S. 205.

der DaimlerChrysler AG ausdrücklich als „the best way to manage the competing claims of labor and shareholders"[1835].

III. Nachbildung eines Board of Directors *durch Einrichtung eines mit (den) Anteilseignervertretern besetzten, den Vorstand beratenden Gremiums in der mitbestimmten Aktiengesellschaft*

Im folgenden sollen die Grenzen einer Nachbildung des *Board of Directors* des monistischen Systems im Rahmen des two tier-Systems des Aktiengesetzes durch Einrichtung eines den Vorstand beratenden, ausschließlich oder überwiegend mit Anteilseignervertretern des Aufsichtsrates sowie gegebenenfalls mit externen Experten besetzten Gremiums, namentlich eines Aufsichtsratsausschusses oder eines Beirates o.ä.[1836], neben dem mitbestimmten Aufsichtsrat ausgelotet werden. Insoweit stellt sich zum einen die Frage, ob und inwieweit die Beratung des Vorstandes aktienrechtlich zwingend ausschließlich dem (Gesamt-) Aufsichtsrat vorbehalten ist (dazu 1.). Zum anderen ist zu erörtern, ob die Besetzung eines den Vorstand beratenden Gremiums mit (den) Anteilseignervertretern im Aufsichtsrat zulässig ist (dazu 2.).

1. Beratung des Vorstandes als organschaftliche Pflicht des (Gesamt-)Aufsichtsrates

Im folgenden ist zunächst der Frage nachzugehen, ob und inwieweit die Beratung des Vorstandes zu den organschaftlichen Pflichten des (Gesamt-) Aufsichtsrates rechnet und demgemäß nach der zwingenden (§ 23 Abs. 5 AktG) aktiengesetzlichen Verteilung der Organkompetenzen dem (Gesamt-) Aufsichtsrat zur Erledigung zugewiesen ist. Insoweit stellt sich zum einen angesichts des Fehlens einer diesbezüglichen gesetzlichen Regelung die Frage, ob und inwieweit der Aufsichtsrat als Organ überhaupt zu einer Beratung des Vorstands verpflichtet ist (dazu a)), und zum anderen die Frage, ob die Erledigung einer dahingehenden organschaftlichen Pflicht dem Plenum des Aufsichtsrates vorbehalten ist (dazu b)).

a) Organschaftliche Pflicht des Aufsichtsrates zur Beratung des Vorstandes

Ungeachtet des Fehlens einer gesetzlichen Regelung hinsichtlich der Beratung des Vorstandes durch den Aufsichtsrat entspricht es allgemeiner Auffassung,

---

[1835] *Clearfield* in: von Rosen (Hrsg.), Corporate Governance - Nutzen und Umsetzung -, S. 34, 40.

[1836] Vgl. *Bleicher/Paul*, DBW 46 (1986), S. 263, 285 re. Sp..

daß dem Aufsichtsrat eine entsprechende organschaftliche Pflicht obliegt. Die Pflicht des Aufsichtsrates zur Überwachung der Geschäftsführung des Vorstands nach § 111 Abs. 1 AktG schließt die Pflicht zur Beratung des Vorstandes insofern ein, als der Aufsichtsrat die ihm neben der Pflicht zur vergangenheitsbezogenen Kontrolle obliegende Aufgabe einer in die Zukunft gerichteten Kontrolle des Vorstands „wirksam nur durch ständige Diskussion mit dem Vorstand und insofern durch dessen laufende Beratung“ ausüben kann[1837]. Eine dem Aufsichtsrat obliegende vorausschauende Überwachung[1838] des Vorstandes erfordert mit anderen Worten dessen vorausschauende Beratung[1839] durch den Aufsichtsrat. Die Beratung des Vorstands durch den Aufsichtsrat ist „das vorrangige Mittel der in die Zukunft gerichteten Kontrolle des Vorstands“[1840].
Die organschaftliche Pflicht des Aufsichtsrates zur Beratung des Vorstands bezieht sich als Teil und Mittel der Pflicht zur Überwachung der Geschäftsführung ebenso wie diese auf „grundsätzliche Fragen der künftigen Geschäftspolitik“[1841]. Die Beratung des Vorstandes bei der laufenden Geschäftsführung, also im Bereich der Vorbereitung und Umsetzung des operativen (Tages-)Geschäftes[1842], insbesondere in Fragen eines besonderen Fachgebietes[1843], rechnet demgegenüber nicht zu den organschaftlichen Pflichten des Aufsichtsrates, dem es demgemäß insoweit freisteht, den Vorstand zu beraten oder hiervon nach seinem Ermessen absehen[1844].

[1837] BGHZ 114, S. 127, 129f.; *Geßler* in G/H/E/K, § 111 Rdz.36; MünchHdb AG/*Hoffmann-Becking*, § 29 Rdz.32; *Hüffer*, § 111 Rdz.5; *Krieger*, ZGR 1985, S. 338, 340; *Lutter/Krieger*, Rechte und Pflichten des Aufsichtsrats, Rdz.30; *Lutter/Kremer*, ZGR 1992, S. 87, 89; KK/*Mertens*, § 111 Rdz.34; *Rellermeyer*, Aufsichtsratsausschüsse, S. 10, 26f.; *v. Schenck* in: Semler (Hrsg.), Arbeitshandbuch für Aufsichtsratsmitglieder, Rdz.E 76; *Semler* in: Semler (Hrsg.), Arbeitshandbuch für Aufsichtsratsmitglieder, Rdz. A 175; *ders.*, Leitung und Überwachung der Aktiengesellschaft, Rdz.249ff..

[1838] *v. Schenck* in: Semler (Hrsg.), Arbeitshandbuch für Aufsichtsratsmitglieder, Rdz.E 77; *U.H. Schneider*, ZIP 2002, S. 873, 875 li. Sp.; *Semler*, Leitung und Überwachung der Aktiengesellschaft, Rdz.258.

[1839] MünchHdb AG/*Hoffmann-Becking*, § 29 Rdz.32; vgl. KK/*Mertens*, § 111 Rdz.34.

[1840] BGHZ 114, S. 127, 130; zustimmend *Lutter/Kremer*, ZGR 1992, S. 87, 89.

[1841] BGHZ 114, S. 127, 129; *Henze*, BB 2000, S. 209, 214 li. Sp..

[1842] *Boujong*, Die AG 1995, S. 203, 205 li. Sp.; *Lutter/Kremer*, ZGR 1992, S. 87, 90, 96; *Lutter/Krieger*, Rechte und Pflichten des Aufsichtsrats, Rdz.735; KK/*Mertens*, § 111 Rdz.34; *Potthoff/Trescher*, Das Aufsichtsratsmitglied, S. 221.

[1843] BGHZ 114, S. 127, 132; *Henze*, BB 2000, S. 209, 210 li. Sp.; *Lutter/Krieger*, Rechte und Pflichten des Aufsichtsrats, Rdz.735; KK/*Mertens*, § 114 Rdz.6; *Potthoff/Trescher*, Das Aufsichtsratsmitglied, S. 324.

[1844] *Henze*, BB 2000, S. 209, 214 re. Sp.; *Lutter/Krieger*, Rechte und Pflichten des Aufsichtsrats, Rdz.99; *Semler*, Leitung und Überwachung der Aktiengesellschaft, Rdz.264.

b) Beratung des Vorstandes als Aufgabe des Aufsichtsratsplenums

Ist der Aufsichtsrat nach dem vorstehend Gesagten zur Beratung des Vorstands in grundsätzlichen Fragen der künftigen Geschäftspolitik verpflichtet, bleibt die Frage zu klären, ob die Delegation dieser Beratungsaufgabe auf einen Ausschuß in Betracht kommt.
Der Regelung des § 107 Abs. 3 S. 2 AktG lässt sich ein entsprechender Plenarvorbehalt nicht entnehmen. Gleichwohl kommt die Delegation der organschaftlichen Beratungsaufgabe des Aufsichtsrates auf einen Ausschuß nicht in Betracht. Insoweit ist zu sehen, daß die Beratung des Vorstands in grundsätzlichen Fragen künftiger Geschäftspolitik nach dem Gesagten Teil der diesbezüglichen Kontrollpflicht des Aufsichtsrates ist. Die Delegierbarkeit der Beratungsaufgabe richtet sich mithin nach der Delegierbarkeit der Pflicht zur Überwachung der Geschäftsführung nach § 111 Abs. 1 AktG. Die Überwachungspflicht nach § 111 Abs. 1 AktG rechnet zwar nach der Regelung des § 107 Abs. 2 S. 3 AktG nicht zu den unter Plenarvorbehalt stehenden Aufgaben des Aufsichtsrates. Hieraus ist jedoch nicht zu folgern, daß einer Delegation der allgemeinen Überwachungsaufgabe und damit auch der Beratungspflicht auf einen Ausschuß nichts entgegenstünde. Im Gegenteil entspricht es allgemeiner Auffassung, daß eine Delegation der Überwachungsaufgabe als ganzes auf einen Ausschuß des Aufsichtsrates wegen der zentralen Bedeutung dieser Aufgabe nicht in Betracht kommt[1845]. Entsprechendes gilt damit für die Delegierbarkeit der organschaftlichen Pflicht des Aufsichtsrates zur Beratung des Vorstandes in grundsätzlichen Fragen der künftigen Geschäftspolitik, die mithin gleichfalls nicht als ganzes einem Ausschuß des Aufsichtsrates zur abschließenden Erledigung übertragen werden kann, sondern zwingend durch das Aufsichtsratsplenum zu erledigen ist. Eine diesbezügliche Beratung des Vorstandes *auch* durch einen Ausschuß des Aufsichtsrates - *neben* dem Aufsichtsrat - ist zwar nicht von vornherein ausgeschlossen, erscheint jedoch im Hinblick auf die damit verbundene Gefahr einer Aushöhlung der Verantwortung des Plenums als problematisch.
Nur soweit der Aufsichtsrat zur Beratung des Vorstands nicht verpflichtet ist, also nach dem Gesagten im Bereich der Vorbereitung und Umsetzung des operativen (Tages-)Geschäftes, insbesondere in Fragen eines besonderen Fachgebietes, steht einer Beratung des Vorstandes durch einen Ausschuß des Aufsichtsrates *anstelle* des Plenums rechtlich nichts entgegen.

[1845] OLG Hamburg ZIP 1995, S. 1673, 1675 li. Sp.; *Geßler* in G/H/E/K, § 107 Rdz.78, § 111 Rdz.32; *Lutter/Krieger*, Rechte und Pflichten des Aufsichtsrats, Rdz.625; KK/*Mertens*, § 107 Rdz.130; MünchHdb AG/*Hoffmann-Becking*, § 32 Rdz.3; GK³/*Meyer-Landrut*, § 107 Anm.16.

Nur insoweit kommt in Anbetracht der zwingenden gesetzlichen Zuständigkeitsverteilung zwischen den Organen der Aktiengesellschaft (§ 23 Abs. 5 S. 1 AktG)[1846] überdies auch eine Beratung des Vorstandes *statt* durch den Aufsichtsrat durch einen Beirat, Verwaltungsrat oder Aktionärsausschuß[1847] in Betracht[1848]. Einem derartigen Gremium dürfen keine Aufgaben zur abschließenden Erledigung übertragen werden, die durch die gesetzliche Regelung zwingend einem anderen Organ zugewiesen ist. Einem Beirat etc. dürfen mit anderen Worten keine Aufgaben *zu Lasten* des Aufsichtsrats durch Beschneidung oder Einengung von dessen Kompetenzen mit der Folge einer Behinderung oder Beeinträchtigung seiner Funktion oder gar seiner Ausschaltung eingeräumt werden[1849]. Nicht von vornherein ausgeschlossen ist insofern zwar, einem Beirat etc. *neben* dem Aufsichtsrat den Befugnissen des Aufsichtsrates gleichartige oder zusätzliche Befugnisse einzuräumen[1850]. Dies darf allerdings nicht dazu führen, daß ein derartiges Gremium zu einem Neben- oder Oberüberwachungsorgan und, damit zusammenhängend und im vorliegenden Zusammenhang von besonderem Interesse, zu einem Neben- oder Oberberatungsorgan wird[1851], da damit die Funktion des Aufsichtsrates beeinträchtigt würde.
Mit der vorstehend genannten Einschränkung bestehen jedoch gegen eine Beratung des Vorstandes durch einen Beirat etc. nicht nur im Bereich der Vorbereitung und Umsetzung des operativen (Tages-)Geschäftes, insbesondere in Fragen eines besonderen Fachgebietes, sondern auch in grundsätzlichen Fragen der künftigen Geschäftspolitik keine Bedenken.

1846 Vgl. *Hüffer*, § 23 Rdz.36; KK/*Kraft*, § 23 Rdz.84; MünchHdb AG/*Wiesner*, § 6 Rdz.10.

1847 Vgl. *Bleicher*, Der Aufsichtsrat im Wandel, S. 25; MünchHdb AG/*Hoffmann-Becking*, § 29 Rdz.18; *Siebel* in: Semler (Hrsg.), Arbeitshandbuch für Aufsichtsratsmitglieder, Rdz.G 26; *Voormann*, Der Beirat im Gesellschaftsrecht, S. 26.

1848 Zur Beratung des Vorstands durch einen Beirat vgl. *Baumbach/Hueck*, vor § 76 Rdz.8; *Geßler* in G/H/E/K, § 111 Rdz.95; *Lippert*, JuS 1978, S. 90, 91 li. Sp.; GK³/*Meyer-Landrut*, § 95 Anm.7; *Siebel* in: Semler (Hrsg.), Arbeitshandbuch für Aufsichtsratsmitglieder, Rdz. G 26; *Ulmer* in Hanau/Ulmer, MitbestG, § 25 Rdz.139; MünchHdb AG/*Wiesner*, § 19 Rdz.10.

1849 LG Köln Die AG 1976, S. 329, 330 li. Sp.; MünchHdb AG/*Hoffmann-Becking*, § 29 Rdz.19; *Hommelhoff/Timm*, Die AG 1976, S. 330, 331 li. Sp.; *Rutenfranz*, NJW 1965, S. 238, 239 li. Sp.; *Siebel* in: Semler (Hrsg.), Arbeitshandbuch für Aufsichtsratsmitglieder, Rdz. G 26; s. ferner *Geßler* in G/H/E/K, § 111 Rdz.94; *Hüffer*, § 23 Rdz.38; KK/*Kraft*, § 23 Rdz.85; *Lippert*, JuS 1978, S. 90f.; GK³/*Meyer-Landrut*, § 95 Anm.7; KK/*Mertens*, Vorb. § 76 Rdz.28; MünchKomm AktG/*Pentz*, § 23 Rdz.161 a.E.; *Raiser*, MitbestG, § 25 Rdz.147; *ders.*, Recht der Kapitalgesellschaften, § 16 Rdz.1; GK⁴/*Röhricht*, § 23 Rdz.190; MünchHdb AG/*Wiesner*, § 19 Rdz.10.

1850 *Raiser*, MitbestG, § 25 Rdz.148.

1851 *Ulmer* in Hanau/Ulmer, MitbestG, § 25 Rdz.139; *Voormann*, Der Beirat im Gesellschaftsrecht, S. 62f.; MünchHdb AG/*Wiesner*, § 19 Rdz.10.

2. Besetzung eines den Vorstand beratenden Gremiums mit (den) Anteilseignervertretern im Aufsichtsrat

Im folgenden ist nunmehr der Frage nachzugehen, ob die Besetzung eines den Vorstand in den vorstehend beschriebenen Grenzen beratenden Gremiums (Aufsichtsratsausschuß, Beirat o.ä.) mit (den) Anteilseignervertretern im Aufsichtsrat unter Beachtung des § 114 Abs. 1 AktG[1852] sowie gegebenenfalls mit externen Experten - unter Ausschluß der Arbeitnehmervertreter, um den es den Parteien im Fall Daimler/Chrysler nach dem Gesagten bei der Einrichtung des *Shareholder Committee* sowie des *Chairman's Council* ersichtlich zu tun war -, rechtlichen Bedenken unterliegt.
In mitbestimmungsrechtlicher Hinsicht stellt sich namentlich im Hinblick auf einen den Vorstand beratenden Aufsichtsratsausschuß vornehmlich die Frage, ob eine Nichtberücksichtigung der Arbeitnehmervertreter bei der Besetzung eines derartigen Ausschusses mitbestimmungsrechtlich zulässig wäre.
Die Zulässigkeit arbeitnehmerloser Aufsichtsratsausschüsse ist bekanntlich umstritten[1853], wobei nach wohl überwiegender Auffassung, insbesondere auch nach Ansicht des Bundesgerichtshofes[1854], der Besetzung eines Aufsichtsratsausschusses ausschließlich mit Anteilseignervertretern nichts entgegensteht, wenn die Nichtberücksichtigung der Arbeitnehmervertreter sachlich begründet ist[1855]. Die Frage nach der mitbestimmungsrechtlichen Zulässigkeit arbeitnehmerloser Aufsichtsratsausschüsse stellt sich indes nur insoweit, als die organschaftliche Kompetenz des Aufsichtsrates und damit auch die unternehmerische Mitbestimmung der Arbeitnehmervertreter als Mitglieder des Organs Aufsichtsrat reicht.
Eine Organzuständigkeit des Aufsichtsrates besteht hinsichtlich der Beratung des Vorstandes nach dem Gesagten allein im Überwachungsbereich, nämlich in grundsätzlichen Fragen der künftigen Geschäftspolitik. Eine diesbezügliche Beratung des Vorstandes *auch* durch einen Aufsichtsratsausschuß - *neben* dem

---

[1852] KK/*Mertens*, Vorb. § 76 Rdz.28.

[1853] Vgl. zum Meinungsstand BGHZ 122, S. 342, 355ff.; GK/*Oetker*, MitbestG, § 25 Rdz.31ff.; *Raiser*, MitbestG, § 25 Rdz.51ff..

[1854] BGHZ 122, S. 342, 358; vgl. *Altmeppen*, Festschrift Brandner, S. 3, 8; GK/*Oetker*, MitbestG, § 25 Rdz.34 a.E.; *Oetker*, ZGR 2000, S. 19, 53.

[1855] Vgl. MünchHdb AG/*Hoffmann-Becking*, § 32 Rdz.20; *Hüffer* in G/H/E/K, Anh. § 241 Rdz.19f.; *Kindl*, DB 1993, S. 2065, 2070 li. Sp.; *Lutter/Krieger*, Rechte und Pflichten des Aufsichtsrats, Rdz.635; KK/*Mertens*, § 107 Rdz.112; GK/*Oetker*, MitbestG, § 25 Rdz.38; *Oetker*, ZGR 2000, S. 19, 55; *Raiser*, MitbestG, § 25 Rdz.55 a.E.; *Potthoff/Trescher*, Das Aufsichtsratsmitglied, S. 199; *Rellermeyer*, Aufsichtsratsausschüsse, S. 126f.; *Siebel* in: Semler (Hrsg.), Arbeitshandbuch für Aufsichtsratsmitglieder, Rdz.G 41; *Ulmer* in Hanau/Ulmer, MitbestG, § 25 Rdz.127.

Plenum - ist nach dem Gesagten nicht von vornherein ausgeschlossen, freilich unter dem Aspekt der Aushöhlung der Verantwortung des Plenums nicht unproblematisch. Eine Nichtberücksichtigung der Arbeitnehmervertreter bei der Besetzung eines solchen Ausschusses dürfte sachlich jedoch angesichts der Bedeutung der vorausschauenden Beratung des Vorstandes kaum zu rechtfertigen sein, da es insoweit namentlich nicht, wie etwa für die Mitarbeit in den Kreditausschüssen der Banken, besonderer, spezialisierter Sachkunde bedarf[1856].
Außerhalb des Zuständigkeitsbereiches des Aufsichtsrates ist eine unternehmerische Mitbestimmung der Arbeitnehmer nicht gegeben. Gegen eine Beratung des Vorstandes im Bereich der Vorbereitung und Umsetzung des operativen (Tages-)Geschäftes, insbesondere in Fragen eines besonderen Fachgebietes, durch einen Aufsichtsratsausschuß, dem ausschließlich (die) Anteilseignervertreter im Aufsichtsrat angehören, bestehen daher mitbestimmungsrechtlich ebensowenig Bedenken wie gegen die Beratung des Vorstandes in diesem Bereich durch einen oder mehrere Anteilseignervertreter aufgrund eines Vertrages i.S. des § 114 Abs. 1 AktG.
Zu sehen ist allerdings, daß jedenfalls die Einrichtung eines den Vorstand beratenden Gremiums, dem neben dem oder den Vorstandsvorsitzenden die Mehrheit der Anteilseignervertreter im Aufsichtsrat oder sogar - wie nach dem Gesagten dem *Shareholder Committee* der DaimlerChrysler AG - sämtliche Anteilseignervertreter im Aufsichtsrat angehören und das insofern seiner Besetzung nach einen „Anteilseigner-Aufsichtsrat" darstellt, die Gefahr einer Entleerung der Aufsichtsratstätigkeit durch Entstehung eines „Neben-Aufsichtsrates" unter faktischem Ausschluß der Arbeitnehmervertreter birgt.
Wenngleich nicht davon auszugehen ist, daß die Besetzung eines den Vorstand neben dem Aufsichtsrat beratenden Gremiums (Beirat, Aktionärsausschuß etc.) mit Aufsichtsratsmitgliedern schlechthin nicht in Betracht kommt[1857], ist nach dem oben Gesagten zu berücksichtigen, daß ein solches Gremium nicht zu einem Neben- oder Oberüberwachungs- und -beratungsorgan werden darf, da dies der zwingenden aktiengesetzlichen Kompetenzverteilung zuwiderliefe. Maßgeblich ist insoweit nicht, ob dem Aufsichtsrat formal die Befugnis und die Möglichkeit verbleibt, eine ihm zwingend zugewiesene Befugnis neben einem ge-

---

[1856] Vgl. zu diesem Kriterium BGHZ 122, S. 342, 360; MünchHdb AG/*Hoffmann-Becking*, § 32 Rdz.20; *Hüffer*, § 107 Rdz.21; *ders.* in G/H/E/K, Anh. § 241 Rdz.19; KK/*Mertens*, § 107 Rdz.112; GK/*Oetker*, MitbestG, § 25 Rdz.38; *Raiser*, MitbestG, § 25 Rdz.59; *Ulmer* in Hanau/Ulmer, MitbestG, § 25 Rdz.127.

[1857] *Baumbach/Hueck*, vor § 76 Rdz.8; KK/*Mertens*, Vorb. § 76 Rdz.28; a.A. *Lippert*, JuS 1978, S. 90, 91 li. Sp.. - In der Praxis gehören bisweilen namentlich der Vorsitzende des Aufsichtsrates und sein Stellvertreter zugleich einem beratenden Beirat an; *Vogel*, Aktienrecht und Aktienwirklichkeit, S. 146.

setzlich nicht vorgesehenen Gremium auszuüben[1858]. Die Kompetenzen des Aufsichtsrates sind vielmehr schon dann durch die Tätigkeit eines Beirates etc. unzulässig berührt und beeinträchtigt, wenn sie faktisch leer laufen und ausgehöhlt werden, weil (die) Aufsichtsratsmitglieder an ihrer Ausübung insofern ein verringertes Interesse haben, als sie den Vorstand bereits über ein gesetzlich nicht vorgesehenes Gremium, dem sie gleichfalls angehören[1859], - insbesondere effektiver als über den Aufsichtsrat - zu überwachen vermögen[1860]. Die Gefahr einer derartigen Aushöhlung der Kompetenzen des Aufsichtsrates durch einen Beirat etc. steigt insofern naturgemäß mit der Zahl der Mitglieder des Aufsichtsrates, die zugleich einem solchen gesetzlich nicht vorgesehenen Gremium angehören. Mit Blick auf die insoweit bestehende Gefahr eines „Ausblutens“[1861] des Aufsichtsrates bestehen letztlich dieselben Bedenken, die auch gegenüber den in der Praxis üblichen[1862] getrennten Vorbesprechungen der Anteilseignerbank sowie der Arbeitnehmerbank des Aufsichtsrates unter Teilnahme des Vorstandes[1863] am Vorabend der Sitzungen des Aufsichtsrates im Hinblick auf die damit verbundene Gefahr einer „Entleerung“ und „Austrocknung“ der Tätigkeit des Aufsichts-

---

[1858] In diesem Sinne aber LG Köln Die AG 1976, S. 329, 330 li. Sp..

[1859] Vgl. den Sachverhalt der Entscheidung LG Köln Die AG 1976, S. 329f.: Einem Beirat („Aktivitätsausschuß“), der den Vorstand neben dem aus sechs Anteilseigner- und drei Arbeitnehmervertretern zusammengesetzten Aufsichtsrat überwachte, gehörten neben Vertretern der Hauptaktionäre zwei Mitglieder des Aufsichtsrates an, bei denen es sich ersichtlich um Vertreter der Anteilseigner handelte.

[1860] *Hommelhoff/Timm*, Die AG 1976, S. 330, 331 re. Sp.; *Immenga*, ZGR 1977, S. 249, 267; *Lippert*, JuS 1978, S. 90, 92 re. Sp.; *Raiser*, MitbestG, § 25 Rdz.148; vgl. *Ulmer* in Hanau/Ulmer, MitbestG, § 25 Rdz.139; s. auch *Rellermeyer*, Aufsichtsratsausschüsse, S. 71 Fn.19.

[1861] *Hommelhoff/Timm*, Die AG 1976, S. 330, 331 re. Sp..

[1862] Vgl. „Mitbestimmung im Unternehmen“, Bericht der Sachverständigenkommission zur Auswertung der bisherigen Erfahrungen bei der Mitbestimmung (Mitbestimmungskommission [sog. *Biedenkopf*-Kommission]), im folgenden: Bericht der *Biedenkopf*-Kommission, BT-Drucks. VI/334, Tz. 20.ff., S. 36f., S. 126f. (Tabelle 5 und 6); s. ferner *Bertelsmann-Stiftung/Hans-Böckler-Stiftung* (Hrsg.), Bericht der Kommission Mitbestimmung, Kap.8, Tz.26.f., S. 103; *Scheffler*, ZGR 1993, S. 63, 72; *Bernhardt*, ZHR 159 (1995), S. 310, 312; *Schiessl*, Die AG 2002, S. 593, 596 re. Sp.; *Gentz* in: Schwalbach (Hrsg.), Corporate Governance, S. 2, 10; *Theisen* in: Hopt/Kanda/Roe/Wymeersch/Prigge, Comparative Corporate Governance, S. 259, 262; *Vogel*, Aktienrecht und Aktienwirklichkeit, S. 182f.; *Weiss*, FAZ Nr.85 vom 10.04.2001, S. 20.

[1863] Vgl. *Scheffler*, ZGR 1993, S. 63, 72; *Bernhardt*, ZHR 159 (1995), S. 310, 312, 316; *Schiessl*, Die AG 2002, S. 593, 596 re. Sp.; *Hoffmann-Becking*, Festschrift Havermann, S. 230, 242; *Bertelsmann Stiftung/Hans-Böckler-Stiftung* (Hrsg.), Bericht der Kommission Mitbestimmung, Kap.8, Tz.26., S. 103; *Weiss*, FAZ Nr.85 vom 10.04.2001, S. 20.

rates anzumelden sind[1864]. Diesbezüglich ist zu konstatieren, daß sich die Aufsichtsratstätigkeit in der Praxis offenbar weitgehend in diese Vorbesprechungen und damit der Sache nach in informelle, gesetzlich nicht vorgesehene Gremien verlagert hat[1865] und die eigentliche Aufsichtsratssitzung weithin zur reinen Formsache geworden ist[1866]. Dies widerspricht nicht nur der zwingenden aktienrechtlichen Kompetenzzuweisung, sondern ist aktien- und mitbestimmungsrechtlich auch insofern problematisch, als namentlich Besprechungen der Anteilseignerbank mit dem Vorstand unter Ausschluß der Arbeitnehmervertreter tendenziell die Gefahr der privilegierten Information der Anteilseignervertreter und damit der Entstehung eines „informationellen Defizits“ der Arbeitnehmervertreter unter Verstoß gegen den Grundsatz der Gleichbehandlung der Aufsichtsratsmitglieder[1867], insbesondere gegen das Prinzip gleichmäßiger Information aller Aufsichtsratsmitglieder (§ 90 Abs. 5 S. 1 AktG), bergen[1868,1869]. Eine

---

1864 Bericht der *Biedenkopf*-Kommission, BT-Drucks. VI/334, Tz.23., S. 37; *Prühs*, Die AG 1970, S. 193, 195; *ders.*, DB 1970, S. 1961, 1963 re. Sp.; *Ulmer*, AcP 202 (2002), S. 143, 162; *ders.*, ZHR 166 (2002), S. 271, 275; *Vogel*, Aktienrecht und Aktienwirklichkeit, S. 261f.; *H.P. Westermann*, ZGR 1977, S. 219, 230f.; zurückhaltend *Krieger*, Personalentscheidungen, S. 54.

1865 *Bernhardt*, ZHR 159 (1995), S. 310, 316; *Schiessl*, Die AG 2002, S. 593, 596 re. Sp.; GK/*Oetker*, MitbestG, Vorbem.Rdz.32; *Raiser*, Freundesgabe Kübler, S. 477, 492; vgl. *Stengel* in: VGR (Hrsg.), Gesellschaftsrecht in der Diskussion 2001, S. 61, 62 („gesetzesferne Vorbesprechungen der Anteilseignervertreter“).

1866 *Scheffler*, ZGR 1993, S. 63, 72.

1867 GK/*Hopt*, § 93 Rdz.139; KK/*Mertens*, § 93 Rdz.30.

1868 Vgl. *Hoffmann-Becking*, Festschrift Havermann, S. 230, 242; s. auch KK/*Mertens*, § 107 Rdz.112; *Schiessl*, Die AG 2002, S. 593, 596 re. Sp. („die Idee der Mitbestimmung [wird] ad absurdum geführt“); mit Blick auf Vorbesprechungen der *Arbeitnehmer*bank mit dem Vorstand vgl. *Kruse*, Entscheidungsprozess, S. 122f., 125; *Prühs*, DB 1970, S. 1961, 1963 li. Sp.. - Wenig überzeugend erscheint der Hinweis von *Hoffmann-Becking* a.a.O., jedem Aufsichtsratsmitglied der jeweils anderen Bank stehe es frei, „nach § 90 Abs. 3 S. 2 AktG einen Einzelbericht des Vorstands zu bestimmten Themen anzufordern, die aus seiner Sicht von besonderem Interesse sind und von denen er weiß oder vermutet, daß sie in einer Sitzung der anderen Fraktion zur Sprache gekommen sind.“ Abgesehen davon, daß die Mitglieder einer Aufsichtsratsbank nicht notwendigerweise Anhaltspunkte dafür haben werden, was Gegenstand der Vorbesprechung der anderen Bank gewesen ist, kann es jedenfalls nicht Sache der Aufsichtsratsmitglieder insbesondere der Arbeitnehmer sein, den Vorstand zur Erteilung von Informationen gegenüber dem Gesamtaufsichtsrat aufzufordern, die der Vorstand dem Plenum nach der gesetzlichen Regelung (§ 90 AktG) von sich aus zu geben verpflichtet ist; vgl. den folgenden Text.

1869 Mindestens „erstaunlich“ (*Ulmer*, ZHR 166 [2002], S. 271, 275 Fn.15; s. auch *Schiessl*, Die AG 2002, S. 593, 596 re. Sp.) erscheint insofern die Anregung unter 3.6 des Deutschen Corporate Governance-Kodex (i.d.F. vom 07.11.2002): „In mitbestimmten Aufsichtsräten sollten die Vertreter der Aktionäre und der Arbeitnehmer die Sitzungen des

Teilnahme des Vorstandes an der Vorbesprechung einer Bank des Aufsichtsrates wird im Schrifttum vor diesem Hintergrund zwar als zulässig erachtet, der Vorstand jedoch zugleich als verpflichtet angesehen, dafür zu sorgen, daß auch die Mitglieder der jeweils anderen Bank die Informationen erhalten, die in einer solchen Vorbesprechung gegeben werden[1870]. Entsprechendes muß hinsichtlich eines den Vorstand beratenen, mit (den) Anteilseignervertretern sowie gegebenenfalls mit externen Experten besetzten Gremiums gelten. Auch insoweit hat der Vorstand mithin Informationen, die Anteilseignervertretern im Rahmen eines solchen Gremiums erteilt werden, unaufgefordert auch den übrigen Mitgliedern des Aufsichtsrates zu geben.

3. Ergebnis

Eine Nachbildung des *Board of Directors* des angelsächsischen monistischen Modells in einer mitbestimmten Aktiengesellschaft deutschen Rechts durch Einrichtung eines den Vorstand beratenden, mit (den) Anteilseignervertretern des Aufsichtsrates sowie gegebenenfalls mit externen Experten besetzten Gremiums ist nur bedingt möglich.

Gerade die besonders bedeutsame Aufgabe der Beratung des Vorstands in grundsätzlichen Fragen der künftigen Geschäftspolitik ist nach der aktiengesetzlichen Kompetenzverteilung zwingend dem (Gesamt-)Aufsichtsrat zugewiesen und kann namentlich durch einen Beirat oder einen Aktionärsausschuß demgemäß allenfalls *neben* dem Aufsichtsrat und nur insoweit wahrgenommen werden, als ein solches Gremium nicht als Neben- oder Oberberatungsorgan fungiert und damit die zwingende Organverantwortung des Aufsichtsrates aushöhlt. Eine derartige Gefahr des „Ausblutens" des Aufsichtsrates steigt mit der Zahl der Aufsichtsratsmitglieder, die zugleich einem Beirat etc. angehören. Eine Beratung des Vorstandes *allein* durch einen Aufsichtsratsausschuß, Beirat, Verwaltungsrat oder Aktionärsausschuß kommt lediglich im Bereich der Vorbereitung und Umsetzung des operativen (Tages-)Geschäftes, insbesondere in Fragen eines besonderen Fachgebietes, in Betracht.

Mitbestimmungsrechtlich bestehen gegen die Nichtberücksichtigung der Arbeitnehmervertreter bei der Besetzung namentlich eines den Vorstand außerhalb des

---

Aufsichtsrats gesondert, gegebenenfalls mit Mitgliedern des Vorstands, vorbereiten"; vgl. dazu *Cromme*, ZfgK 2002, S. 502, 504.

[1870] *Hoffmann/Lehmann/Weinmann*, MitbestG, § 28 Rdz.8; *Ulmer* in Hanau/Ulmer, MitbestG, § 25 Rdz.18; weitergehend KK[1]/*Mertens*, Vorb. § 95 Rdz.4; *Kruse*, Entscheidungsprozess, S. 126: Teilnahme des Vorstands an Vorbesprechung einer Aufsichtsratsbank nur zulässig, wenn auch den anderen Mitgliedern des Aufsichtsrats der Zugang zu der Besprechung offengehalten wird.

Überwachungsbereiches beratenden Aufsichtsratsausschusses zwar insofern keine Bedenken, als die Organzuständigkeit des Aufsichtrates und damit auch die unternehmerische Mitbestimmung der Arbeitnehmer nicht berührt sind. Problematisch ist eine Beratung des Vorstandes durch ein mit (den) Anteilseignervertretern sowie gegebenenfalls mit externen Experten besetztes Gremium allerdings insofern, als eine Beratung zwischen Vorstand und Anteilseignervertretern unter Ausschluß der Arbeitnehmervertreter die Gefahr der Entstehung eines unzulässigen informationellen Defizits zu Lasten der Arbeitnehmervertreter birgt. Der Vorstand ist vor diesem Hintergrund verpflichtet, einem derartigen Gremium erteilte Informationen unaufgefordert auch den dort nicht vertretenen Mitgliedern des Aufsichtsrates, namentlich den Arbeitnehmervertretern, zu geben.

Die Vorstellung, bei dem *Shareholder Committee* der DaimlerChrysler AG handele es sich um eine Nachbildung des angelsächsischen *Board of Directors* dergestalt, daß das Gremium eine laufende intensive Beratung des Vorstandes durch die Anteilseignervertreter im Aufsichtsrat i.S. eines *sounding board* unter Ausschluß der Arbeitnehmervertreter ermögliche, und insofern um eine Innovation der Corporate Governance in einer deutschen Aktiengesellschaft mit potentiellem Vorbildcharakter für andere deutsche grenzüberschreitende Unternehmen in der Rechtsform der Aktiengesellschaft, verkennt mithin insgesamt betrachtet weitgehend die aktien- und mitbestimmungsrechtlichen Grenzen, die hinsichtlich der Einrichtung eines den Vorstand beratenden Gremiums in der Aktiengesellschaft bestehen.

IV. Rechtliche Würdigung des Shareholder Committee

Auf der Grundlage der vorstehenden Ausführungen zur Zulässigkeit der Einrichtung eines den Vorstand beratenden, mit (den) Anteilseignervertretern im Aufsichtsrat sowie gegebenenfalls mit externen Experten besetzten Gremiums in der Aktiengesellschaft ist nunmehr eine rechtliche Bewertung des *Shareholder Committee* der DaimlerChrysler AG vorzunehmen.

Was zunächst die rechtliche Qualifizierung des Gremiums angeht, so handelt(e) es sich bei dem *Committee* bereits seiner personellen Besetzung nach insofern nicht um einen Ausschuß des Aufsichtsrates der DaimlerChrysler AG, als dem *Committee* nach dem oben Gesagten neben den Anteilseignervertretern im Aufsichtsrat weitere „externe“ Anteilseignervertreter sowie überdies beide (Co-) Vorstandsvorsitzende angehörten. Vielmehr handelte es sich bei dem Gremium seiner Bezeichung entsprechend um einen Aktionärsausschuß oder Beirat[1871], der freilich insofern nicht lediglich die Vorbesprechungen der Anteilseignerbank des Aufsichtsrates mit dem Vorstand institutionalisierte[1872], als dem Gremium neben den Anteilseignervertretern im Aufsichtsrat weitere Vertreter der Anteilseigner angehörten und die Sitzungsfrequenz des *Committee*, das nach dem Gesagten nach seiner Einrichtung sechsmal jährlich zusammenkam, die des entsprechend den gesetzlichen Mindestanforderungen (vgl. § 110 Abs. 3 AktG) nur vierteljährlich tagenden Aufsichtsrates überstieg[1873]. Überdies dient(e) das *Shareholder Committee* seiner ausdrücklichen Aufgabenstellung nach[1874] nicht lediglich der Vorab-Information seiner Mitglieder sowie der Beratung, Diskussion und Abstimmung der Anteilseignervertreter untereinander[1875], sondern außerdem auch der Beratung des Vorstandes.

Ob der Gegenstand der Beratungstätigkeit des *Shareholder Committee* sich auf den Bereich der Vorbereitung und Umsetzung des operativen (Tages-)Geschäftes, insbesondere Fragen eines besonderen Fachgebietes, beschränkt(e) oder auch grundsätzliche Fragen der künftigen Geschäftspolitik einbezieht, lässt sich aufgrund der vorliegenden Informationen, wonach das *Committee* „den Vorstand der DaimlerChrysler AG im Zusammenhang mit dem Zusammenschluß der beiden Unternehmungen und den damit verbundenen Geschäften beraten"[1876] sollte, nicht abschließend beurteilen[1877]. Entsprechendes gilt hinsichtlich der Beratung des Vorstands durch den *Chairman's Council* „in Fragen der globalen Geschäftsstrategie"[1878], wenngleich die zitierte Formulierung immerhin darauf hindeuten könnte, daß die Beratung insoweit auch grundsätzliche

---

[1871] Als Beirat ist gleichfalls der oben (S. 476f.) erwähnte *Chairman's Council* zu qualifizieren, dem nach dem Gesagten neben dem Vorsitzenden des Vorstandes der DaimlerChrysler AG Anteilseignervertreter des Aufsichtsrates sowie externe Experten angehören.

[1872] *Appel/Hein*, Der DaimlerChrysler Deal, S. 205f.; vgl. *Gentz* in: Schwalbach (Hrsg.), Corporate Governance, S. 2, 10 (oben S. 476).

[1873] *Gentz* in: Schwalbach (Hrsg.), Corporate Governance, S. 2, 10.

[1874] Vgl. oben S. 475f.; s. *Gentz*, a.a.O. (vorige Fn.).

[1875] Vgl. zu diesem Zweck der Vorbesprechungen der Aufsichtsratsbänke Bericht der *Biedenkopf*-Kommission, BT-Drucks. VI/334, Tz.20f., S. 36; *Scheffler*, ZGR 1993, S. 63, 72; *Bernhardt*, ZHR 159 (1995), S. 310, 312; *Raiser*, Freundesgabe Kübler, S. 477, 488; *Vogel*, Aktienrecht und Aktienwirklichkeit, S. 182, 261f..

[1876] Bericht (Fn.46), S. 39 re. Sp..

[1877] Daß die Satzung der DaimlerChrysler AG (Anlage 7 des Berichts [Fn.46], S. 287ff.) keine Bestimmungen über die Einrichtung eines *Shareholder Committee* enthielt und enthält, begründet nicht die Unzulässigkeit eines derartigen Gremiums. Die Einrichtung eines Beirates bedarf nach h.M. keiner statutarischen Grundlage; *Baumbach/Hueck*, vor § 76 Rdz.8; MünchHdb AG/*Hoffmann-Becking*, § 29 Rdz.20; KK/*Mertens*, Vorb. § 76 Rdz.28; GK^3/*Meyer-Landrut*, § 95 Anm. 7; a.A. *Geßler* in G/H/E/K, § 111 Rdz.94.

[1878] Vgl. oben S. 476f..

Fragen der künftigen Geschäftspolitik umfasst und insofern der in die Zukunft gerichteten Überwachung der Geschäftsführung dient. Zu sehen ist, daß ein Beirat oder Aktionärsausschuß, allgemein ein gesetzlich nicht vorgesehenes Gremium, den Vorstand im Überwachungsbereich nach dem Gesagten nur insoweit neben dem zwingend zuständigen Aufsichtsrat beraten darf, als ein derartiges Gremium nicht das Interesse der Aufsichtsratsmitglieder an der Wahrnehmung der Kompetenzen des Aufsichtsrates „korrumpiert", den Aufsichtsrat insofern „ausbluten" lässt[1879] und mithin seine Kompetenzen aushöhlt. Eine diesbezügliche Gefahr ist mit Blick auf das *Shareholder Committee* wie auch auf das *Labour Committee*, denen sämtliche Anteilseignervertreter bzw. Arbeitnehmervertreter des Aufsichtsrates angehör(t)en, ebenso wenig von der Hand zu weisen[1880] wie hinsichtlich des *Chairman's Council*, dem immerhin sechs Anteilseignervertreter des Aufsichtsrates angehören.
Daß das *Shareholder Committee* nach dem oben Gesagten von den beiden Vorstandsvorsitzenden sowie von weiteren Mitgliedern des Vorstandes Berichte anforderte[1881], belegt die mit der Einrichtung eines den Vorstand beratenden, mit (den) Anteilseignervertretern des Aufsichtsrates besetzten Gremiums verbundene Gefahr privilegierter Information der einem solchen Gremium angehörenden Aufsichtsratsmitglieder gegenüber den übrigen Aufsichtsratsmitgliedern, namentlich den Arbeitnehmervertretern. Der Vorstand ist nach dem Gesagten verpflichtet, Berichte, die er einem derartigen Gremium erstattet, unaufgefordert auch den Aufsichtsratsmitgliedern zuzuleiten, die dem Gremium nicht angehören. In diesem Zusammenhang dürfte die oben angesprochene[1882] Einrichtung eines *Labour Committee* als Parallelgremium neben dem *Shareholder Committee* zu sehen sein, dem seitens des Vorstandes offenbar in demselben Maße berichtet wird wie dem *Shareholder Committee*[1883].

D. Zusammenfassung

Die Ausgestaltung der Unternehmensleitung und -überwachung in der Daimler-Chrysler AG nach Vollzug des Zusammenschlusses, gekennzeichnet durch eine Doppelbesetzung des Amtes des Vorstandsvorsitzenden und durch die Einrich-

---

[1879] *Hommelhoff/Timm*, Die AG 1976, S. 330, 331 re. Sp..
[1880] Vgl. *Gentz* in: Schwalbach (Hrsg.), Corporate Governance, S. 2, 12: „Advance information and discussion in the committees changes the intensity of investigation by the Supervisory Board."
[1881] *Gentz* in: Schwalbach (Hrsg.), Corporate Governance, S. 2, 10 (oben S.): „(...) draws on reports from the Chairmen and select, individual members of the Management Board."
[1882] Vgl. oben S. 477.
[1883] Vgl. *Gentz* in: Schwalbach (Hrsg.), Corporate Governance, S. 2, 12.

tung eines *Chairman's Integration Council* sowie eines *Shareholder Committee* und eines *Labour Committee* stellte sich als Ausdruck des Konzeptes eines Zusammenschlusses „unter Gleichen" dar.
Gegen die im Aktiengesetz nicht vorgesehene Ernennung zweier (Co-) Vorstandsvorsitzender bestehen unbeschadet der zweifelhaften Zweckmäßigkeit einer Doppelspitze keine durchgreifenden rechtlichen Bedenken.
Dasselbe gilt hinsichtlich der Einrichtung eines „Integrationsausschusses" als Ausschuß des Vorstandes, sofern die Tätigkeit des Ausschusses sich in der Erledigung von Vorbereitungs-, Koordinierungs- und Überwachungsaufgaben erschöpft und die Wahrnehmung der organschaftlichen Mindestzuständigkeiten durch den Gesamtvorstand demgemäß unberührt bleibt.
Bei der Einrichtung eines den Vorstand beratenden, mit (den) Anteilseignervertretern des Aufsichtsrates sowie gegebenenfalls mit externen Experten besetzten Beirates etc. wie des *Shareholder Committee* der DaimlerChrysler AG ist zu beachten, daß die Beratung des Vorstandes in grundsätzlichen Fragen der künftigen Geschäftspolitik zu den organschaftlichen Pflichten des (Gesamt-) Aufsichtsrates rechnet und demgemäß nicht statt durch den Aufsichtsrat durch einen Beirat etc. erledigt werden darf. Der Vorstand hat Informationen, die er einem derartigen Gremium gibt, unaufgefordert auch den diesem Gremium nicht angehörenden Mitgliedern des Aufsichtsrates, namentlich den Arbeitnehmervertretern, zu erteilen.

§ 13 Zusammenfassung

1. Der Zusammenschluß der Daimler-Benz AG mit der Chrysler Corp. erfolgte auf der Grundlage eines aus mehreren Einzelakten zusammengesetzten Gesamtplanes[1884]. Denkbare einfachere Gestaltungsalternativen kamen im Ergebnis, vornehmlich aus Gründen unzureichender Transaktionssicherheit, praktisch nicht in Betracht[1885]. Dies gilt namentlich auch für die Variante einer Verlegung des Satzungs- und/oder Verwaltungssitzes der Chrysler Corp. ins Inland mit nachfolgender Verschmelzung von Chrysler Corp. und Daimler-Benz AG nach deutschem Recht[1886]. Die gewählte Lösung diente vornehmlich der Vermeidung rechtlicher Risiken, die sich bei Verwendung einfacherer Gestaltungen ergeben hätten, und ist insofern Ausdruck von Defiziten des geltenden Rechts.
2. Derartige Regelungsdefizite bestehen namentlich hinsichtlich grenzüberschreitender technischer Verschmelzungen i.S. des Umwandlungsgesetzes, für die es bislang an den erforderlichen speziellen Vorschriften fehlt. Ob nach dem *Centros*-Urteil und insbesondere nach der *Überseering*-Entscheidung des Europäischen Gerichtshofes davon auszugehen ist, daß die gemeinschaftsrechtliche Niederlassungsfreiheit das Recht zur Durchführung grenzüberschreitender technischer Verschmelzungen innerhalb der Gemeinschaft garantiert, ist insofern eine eher theoretische Frage, auf die sich zudem keine sichere Antwort geben lässt. Dem *Centros*-Urteil und insbesondere der *Überseering*-Entscheidung ist allenfalls zu entnehmen, daß die mitgliedstaatliche Rechtsordnung des „Zuzugsstaates" die Herein-Verschmelzung einer EU-ausländischen Gesellschaft i.S. des Art. 48 EGV n.F. auf eine inländische Gesellschaft nicht behindern darf[1887].
3. Die Möglichkeiten zur transaktionssicheren Gestaltung grenzüberschreitender Unternehmenszusammenschlüsse haben sich mit der Siemens/Nold-Entscheidung des Bundesgerichtshofes, durch die bekanntlich die inhaltlichen Anforderungen an den Vorstandsbericht über den Bezugsrechtsausschluß beim genehmigten Kapital gelockert wurden, verbessert. Wenngleich der Bundes-gerichtshof zu dieser Frage nicht ausdrücklich Stellung bezogen hat, ist aufgrund der tragenden Erwägungen der Entscheidung davon auszugehen, daß der Vorstand sich bei seinem Bericht über den Bezugsrechtsausschluß auch dann darauf beschränken kann, die dafür gegebenen

[1884] Vgl. oben S. 40ff..

[1885] Vgl. oben S. 67ff..

[1886] Vgl. oben S. 70ff., 413f..

[1887] Vgl. oben S. 335ff., 354ff..

Gründe in abstrakter und allgemeiner Form darzulegen, wenn das genehmigte Kapital der Finanzierung eines bereits konkret in Aussicht genommenen Vorhabens dient, soweit dessen Offenlegung dem Geheimhaltungsinteresse der Gesellschaft zuwiderliefe. Soweit dies nicht (mehr) der Fall ist, weil ein Vorhaben etwa durchverhandelt und entscheidungsreif ist, ist der Sachverhalt hingegen vollständig offenzulegen[1888]. Die materielle Beschlusskontrolldichte entspricht in diesem Fall der Kontrolldichte bei einem ordentlichen Kapitalerhöhungsbeschluß. Der Beschluß über die Schaffung des genehmigten Kapitals mit Bezugsrechtsausschluß ist im Falle seiner Anfechtung gerichtlich mithin auf Eignung, Erforderlichkeit und Verhältnismäßigkeit zu überprüfen. Für die Annahme eines Vorrangs der ordentlichen Kapitalerhöhung mit Bezugsrechtsausschluß gegenüber der Schaffung eines genehmigten Kapitals mit Bezugsrechtsausschluß für den Fall, dass statt der Schaffung eines genehmigten Kapitals auch eine ordentliche Kapitalerhöhung in Betracht kommt, besteht angesichts des vergleichbaren Schutzniveaus (Information der Aktionäre, materielle Beschlusskontrolldichte) kein Anlaß.

4. Eine Verbesserung der Möglichkeiten zur Gestaltung grenzüberschreitender Unternehmenszusammenschlüsse versprechen zudem, freilich beschränkt auf den Bereich der EU, die gemeinschaftsrechtlichen Rechtsakte zur Europäischen (Aktien-)Gesellschaft[1889] sowie die demnächst zu erwartenden Richtlinien über die grenzüberschreitende Verschmelzung und über die grenzüberschreitende Sitzverlegung. Die Regelungen der Richtlinie zur Ergänzung des Statuts der SE hinsichtlich der Beteiligung der Arbeitnehmer, die in die genannten weiteren Richtlinien übernommen werden sollen, geben allerdings Anlaß zu der Befürchtung, daß deutschen Aktiengesellschaften der Zugang zur Rechtsform der SE durch grenzüberschreitende Verschmelzung mit Aktiengesellschaften aus anderen Mitgliedstaaten weithin verschlossen bleiben wird.
   Zur Erleichterung grenzüberschreitender Unternehmenszusammenschlüsse unter Beteiligung von Gesellschaften aus Nicht-EU-Mitgliedstaaten bedürfte es ergänzender Regelungen.
5. Mit dem Zusammenschluß Daimler/Chrysler hat der US-amerikanischen Gepflogenheiten entsprechende Abschluß eines Grund-Vertrages über einen geplanten Unternehmenszusammenschluß (*Business Combination Agreement*), als „Fahrplan" vorwiegend programmatischen Inhaltes, Eingang in die deutsche Kautelarpraxis gefunden. Wenn und weil ein solcher Grund-Vertrag lediglich den Ablauf eines Zusammenschlusses unter dem Vorbehalt der nach gesetzlicher Regelung erforderlichen Zustimmung der Haupt-

---

[1888] Vgl. oben S. 381ff..
[1889] Vgl. oben S. 425ff..

versammlung zu einzelnen vorgesehenen Transaktionen vorsieht, hingegen weder eine schuldrechtliche Verpflichtung der Gesellschaft zur Durchführung einer zustimmungspflichtigen Strukturmaßnahme noch eine Verpflichtung der Hauptversammlung zur Zustimmung zu einer solchen Strukturmaßnahme begründen soll noch mittelbar wirtschaftlichen Zwang auf die Hauptversammlung auszuüben geeignet ist, eine zustimmungspflichtige Strukturmaßnahme zu beschließen, bedarf er zu seiner Wirksamkeit im Außenverhältnis nicht der Zustimmung der Hauptversammlung[1890]. Die Zustimmung der Hauptversammlung zu einem solchen Vertrag kann dann nach den Grundsätzen der Hoesch/Hoogovens-Entscheidung des Bundesgerichtshofes allenfalls insofern erforderlich sein, als ein im Außenverhältnis zustimmungspflichtiger (Vermögensübertragungs-, Unternehmens-, Verschmelzungs- oder Spaltungs-)Vertrag bei objektiver Würdigung nicht ohne Regelungen des Grund-Vertrages gelten und insofern mit dem Grund-Vertrag stehen und fallen soll. Im Fall Daimler/Chrysler bestand ein solches Verhältnis zwischen dem Verschmelzungsvertrag zwischen der Daimler-Benz AG und der DaimlerChrysler AG und dem *Business Combination Agreement* zwischen der Daimler-Benz AG, der DaimlerChrysler AG und der Chrysler Corp.[1891].

6. Das vom Vorstand der Daimler-Benz AG zur Durchführung des Zusammenschlusses Daimler/Chrysler mit initiierte und gesteuerte Umtauschangebot der DaimlerChrysler AG auf die Aktien der Daimler-Benz AG bedurfte unter keinem rechtlichen Gesichtspunkt der (internen) Zustimmung der Hauptversammlung. Eine Beschlussfassung der Hauptversammlung war im einzelnen weder unter dem Aspekt einer Konzerneingangskontrolle noch nach Holzmüller-Grundsätzen, im Hinblick auf eine sog. Neutralitätspflicht des Vorstands, aufgrund analoger Anwendung der §§ 13, 65 UmwG oder wegen des Sachzusammenhangs der anschließenden Verschmelzung der Daimler-Benz AG auf die DaimlerChrysler AG mit dem Umtauschangebot geboten[1892].
7. Im Hinblick auf eine - von den Verwaltungen der Daimler-Benz AG und der Chrysler Corp. mit dem Umtauschangebot der DaimlerChrysler AG auf die Daimler-Benz-Aktien bezweckte - wirtschaftliche Verschmelzung der Daimler-Benz AG auf die Daimler-Chrysler AG durch Anteilstausch ist von einer analogen Anwendbarkeit des § 8 UmwG und damit von einer eingehenden Berichtspflicht des Vorstands auszugehen, da die Aktionäre der „übertragenden“ Gesellschaft bei einer wirtschaftlichen Verschmelzung ähnlich wie die

[1890] Vgl. oben S. 93ff..
[1891] Vgl. oben S. 103ff..
[1892] Vgl. oben S. 113ff..

Aktionäre der übertragenden Gesellschaft bei einer technischen Verschmelzung bei uninformierter Entscheidung der Mehrheit u.U. zumindest faktisch zum Aktientausch gezwungen sein können[1893]. Praktisch wird bei einer solchen Gestaltung ohnedies an einem umfassenden Bericht sowie auch an einer Bestätigung der Angemessenheit des vorgeschlagenen Umtauschverhältnisses von sachverständiger Seite kein Weg vorbeiführen, um die Aktionäre der „übertragenden" Gesellschaft zum Tausch ihrer Aktien zu veranlassen.

8. Daimler-Benz-Aktionäre, die das Umtauschangebot der DaimlerChrysler AG annahmen und ihre Aktien vor Eintragung der Verschmelzung in das Handelsregister der DaimlerChrysler AG in DaimlerChrysler-Aktien umtauschten, haben unter keinem rechtlichen Gesichtspunkt Anspruch auf Verbesserung der erhaltenen Gegenleistung in Gestalt einer baren Zuzahlung[1894]. Daß das Umtauschangebot der Verschmelzung gerade zu dem Zweck vorgeschaltet wurde, derartige Ansprüche soweit wie möglich auszuschließen, und die Aktionäre zudem durch die Vorgabe einer Mindestumtauschquote in einen Entscheidungskonflikt versetzt wurden, rechtfertigt nicht den Vorwurf des Gestaltungsmissbrauches[1895].
9. Die Gestaltung des Zusammenschlusses Daimler/Chrysler auf der Grundlage eines in einem Vertrag über den Unternehmenszusammenschluß (*Business Combination Agreement*) festgelegten mehraktigen Gesamtplanes, der auch eine im Außenverhältnis hauptversammlungspflichtige Strukturmaßnahme der Daimler-Benz AG in Gestalt ihrer Verschmelzung auf die DaimlerChrysler AG enthielt, wirft die grundsätzliche Frage nach Beschlusskompetenzen der Hauptversammlung und Informationspflichten der Verwaltung bei der Durchführung mehraktiger Gesamtpläne der Verwaltung mit zumindest einem im Außenverhältnis hauptversammlungspflichtigen Einzelakt auf.
   Nach dem Hoesch/Hoogovens-Urteil des Bundesgerichtshofes erstrecken sich Beschlußkompetenz der Hauptversammlung sowie Informations- (Auslegungs-, Übersendungs- und Erläuterungs-)Pflichten der Verwaltung bei - im Außenverhältnis zustimmungspflichtigen - Vermögensübertragungs-, Unternehmens-, Verschmelzungs- und Spaltungsverträgen auf sämtliche im Hinblick auf den zustimmungspflichtigen Vertrag getroffenen Vereinbarungen, die rechtsverbindlich die Beziehungen der Vertragschließenden bestimmen sollen, von denen die eine nicht ohne die andere gelten soll und die daher ein einheitliches Ganzes im Sinne des § 139 BGB bilden. Die h.L. teilt diesen Standpunkt, wobei teilweise zur Bestimmung des Gegenstands der Beschlusskompetenz der Hauptversammlung sowie der Offenlegungs-

[1893] Vgl. oben S. 139ff..
[1894] Vgl. oben S. 144ff..
[1895] Vgl. oben S. 150ff..

pflichten der Verwaltung auf die zur Bestimmung des Umfangs der Formpflicht bei Grundstücksverträgen gemäß § 313 S. 1 BGB a.F. (= § 311b Abs. 1 S. 1 BGB n.F.) anerkannten Grundsätze zurückgegriffen wird.
Der h.M. ist zu folgen. Wie die Formpflicht nach § 313 S. 1 BGB a.F. soll auch die Formpflicht bei im Außenverhältnis hauptversammlungspflichtigen Verträgen der Rechtsklarheit und damit Beweiszwecken dienen, nämlich Zweifel über den Inhalt der getroffenen Vereinbarungen ausschließen. Demgemäß erstreckt sich die Formpflicht hier wie dort auf an sich formfreie selbständige Verträge, die aus Sicht des formpflichtigen Vertrages mit diesem stehen und fallen sollen, sowie ferner auf alle Vereinbarungen, die nach dem erkennbaren Willen auch nur einer Vertragspartei Bestandteil des Vertrages sein sollen, wobei insoweit jeweils eine objektive Würdigung aus Sicht eines verständigen Dritten zu erfolgen hat[1896].
Eine vergleichbar weite Auslegung des Gegenstands des *auslegungs- und übersendungspflichtigen* „Vertrages“ erscheint mit Blick auf die Gewährleistung einer hinreichenden Information der Hauptversammlung insofern nicht zwingend geboten, als der Vorstand den Aktionären aufgrund sonstiger Informations-(Berichts-, Bekanntmachungs-, Erläuterungs- und Auskunfts-) Pflichten ohnedies einen mehraktigen Gesamtplan der Verwaltung zu erläutern hat, dessen Bestandteil der zustimmungspflichtige Vertrag ist. Die materielle Mitwirkungsbefugnis der Hauptversammlung erfordert indes, die Beschlußkompetenz parallel zur Formpflicht auf an sich zustimmungsfreie Verträge zu erstrecken, ohne die ein hauptversammlungspflichtiger Vertrag nicht gelten, mit denen er insofern stehen und fallen soll, sowie auch auf alle Vereinbarungen, die nach dem erkennbaren Willen auch nur einer Vertragspartei Bestandteil des Vertrages sein sollen, wobei insoweit jeweils eine objektive Würdigung aus Sicht eines verständigen Dritten zu erfolgen hat[1897].
Die Beschlusskompetenz der Hauptversammlung erstreckt sich demgegenüber nicht auf bloße rechtlich unverbindliche Motive oder Absichten, die in Sachzusammenhang mit einem zustimmungspflichtigen Vertrag stehen, sowie auf sonstige Akte im Zusammenhang mit zustimmungspflichtigen Verträgen, bei denen es sich nicht um Vereinbarungen handelt, also etwa eine Kapitalerhöhung[1898].

10. Auf andere im Außenverhältnis zustimmungspflichtige Strukturmaßnahmen wie etwa eine Sachkapitalerhöhung mit Bezugsrechtsausschluß als Bestandteil eines Gesamtplans der Verwaltung lassen sich die Grundsätze zur Bestimmung des Gegenstands der Beschlusskompetenz der Hauptver-

---

[1896] Vgl. oben S. 186ff..
[1897] Vgl. oben S. 205ff..
[1898] Vgl. oben S. 212ff..

sammlung und der Informationspflichten der Verwaltung bei zustimmungspflichtigen Verträgen nicht übertragen[1899]. Insoweit gilt, daß - insbesondere für sich genommen zustimmungsfreie - Einzelakte eines Gesamtplans der Verwaltung nicht „kraft Sachzusammenhangs“ in die Beschlusskompetenz der Hauptversammlung hinsichtlich derartiger Strukturmaßnahmen fallen. Eine sachgerechte Mitwirkung der Hauptversammlung ist insofern bereits dadurch gewährleistet, daß die Verwaltung die Aktionäre im Vorfeld der Hauptversammlung über einen entsprechenden Gesamtplan zu informieren hat und sodann die Hauptversammlung mit der Beschlussfassung über die zustimmungspflichtige Strukturmaßnahme zugleich über den Gesamtplan zu entscheiden vermag, ohne daß der Gesamtplan als solcher selbst Gegenstand der Beschlussfassung ist.

11. Hinsichtlich des Zeitpunktes, in dem die Verwaltung die Beschlussfassung der Hauptversammlung über zustimmungspflichtige Bestandteile eines mehraktigen Gesamtplans einzuholen hat, ist danach zu differenzieren, ob bereits der erste Einzelakt des Gesamtplanes der Zustimmung der Hauptversammlung bedarf oder aber eine Beschlusskompetenz der Hauptversammlung erst im Hinblick auf einen späteren Einzelakt gegeben ist[1900]. Im ersten Fall hat die Hauptversammlung zwangsläufig vor Beginn der Umsetzung des Gesamtplanes zu beschließen, wobei sie aufgrund der durch die Verwaltung zu erteilenden Informationen zu dem Gesamtplan mittelbar auch über den Gesamtplan zu entscheiden vermag. Betrifft die Beschlusskompetenz der Hauptversammlung nicht den ersten Akt eines Gesamtplans, sondern erst einen späteren Akt, so ist zu unterscheiden, ob es sich insoweit um einen zustimmungspflichtigen Vertrag oder um eine andere zustimmungspflichtige Strukturmaßnahme handelt und welcher Art die dem zustimmungspflichtigen Akt vorangehenden Akte sind. Handelt es sich um einen zustimmungspflichtigen Vertrag, mit dem Vereinbarungen in rechtlichem Zusammenhang stehen - und damit der Beschlusskompetenz der Hauptversammlung hinsichtlich des Vertrages unterfallen -, die (zumindest teilweise) vor dem zustimmungspflichtigen Vertrag durchgeführt werden sollen, ist die Zustimmung der Hauptversammlung vor Beginn der Umsetzung des Gesamtplans einzuholen. Handelt es sich bei dem einem zustimmungspflichtigen Vertrag vorangehenden Einzelakt eines Gesamtplans nicht um mit diesem in rechtlichem Zusammenhang stehende Vereinbarungen oder handelt es sich bei der zustimmungspflichtigen Maßnahme nicht um einen zustimmungspflichtigen Vertrag, so hat die Verwaltung die Beschlussfassung der Hauptversammlung dann vor Beginn der Umsetzung des Gesamt-

[1899] Vgl. oben S. 218ff..
[1900] Vgl. oben S. 221ff..

plans einzuholen, wenn die Durchführung nur der zustimmungsfreien Bestandteile des Gesamtplans nicht sinnvoll und für die Gesellschaft mit nicht unbeträchtlichen wirtschaftlichen Nachteilen verbunden wäre, so daß die Entschließungsfreiheit der Hauptversammlung zum Zeitpunkt einer erst nach Durchführung dieser zustimmungsfreien Akte erfolgenden Beschlussfassung beeinträchtigt wäre.

12. Ein Bestandteil des mehraktigen Gesamtplanes zur Herbeiführung des Zusammenschlusses Daimler/Chrysler war das „Einsammeln" sämtlicher Aktien der Chrysler Corp. durch einen US-amerikanischen Treuhänder, der die „eingesammelten" Aktien sodann als Sacheinlage in die DaimlerChrysler AG einbrachte und die als Gegenleistung empfangenen jungen DaimlerChrysler-Aktien an die ehemaligen Chrysler-Aktionäre weiterleitete. Das „Einsammeln" der Chrysler-Aktien durch den Treuhänder erfolgte mithilfe eines *reverse triangular merger*[1901]. Es handelt sich dabei um eine nach dem einzelstaatlichen Recht US-amerikanischer Bundesstaaten mögliche und praktisch - gerade auch bei grenzüberschreitenden Unternehmenszusammenschlüssen - häufig verwendete Form der Übernahme einer Zielgesellschaft durch eine Erwerbergesellschaft mithilfe einer eigens zu diesem Zweck gegründeten Tochter der Erwerbergesellschaft[1902]. Mit Wirksamwerden der Verschmelzung der Tochter der Erwerbergesellschaft auf die Zielgesellschaft werden, vereinfacht gesprochen, sämtliche Aktien der Zielgesellschaft ipso iure entweder in Aktienverschaffungsansprüche gegen die Erwerbergesellschaft oder aber unmittelbar in Aktien der Erwerbergesellschaft umgetauscht, mit denen diese zuvor die Tochter eigens zu diesem Zwecke ausgestattet hatte. Die Aktionäre der Zielgesellschaft werden im Ergebnis zu Aktionären der Erwerbergesellschaft, die ihrerseits sämtliche Aktien der Zielgesellschaft erwirbt. Wirtschaftlich betrachtet dasselbe Ergebnis ergibt sich bei einer verwandten Übernahmeform, dem *forward triangular merger*, bei dem die Zielgesellschaft auf die Tochter der Erwerbergesellschaft verschmolzen wird und die Aktionäre der Zielgesellschaft als Gegenleistung wiederum einen Aktienverschaffungsanspruch gegen die Erwerbergesellschaft oder unmittelbar Aktien der Erwerbergesellschaft erhalten[1903].

13. Weder der *forward triangular merger* noch der *reverse triangular merger* ist nach geltendem deutschem Umwandlungsrecht gestaltbar[1904]. Gleichwertige

---

[1901] Vgl. oben S. 47ff..
[1902] Vgl. oben S. 234ff..
[1903] Vgl. oben S. 232f..
[1904] Vgl. oben S. 245ff..

Ersatzgestaltungen stehen nicht zur Verfügung[1905]. Eine Ergänzung der bestehenden umwandlungsrechtlichen Gestaltungsmöglichkeiten erscheint wünschenswert. Im europäischen Ausland ist jedenfalls die Übernahmeform des *forward triangular merger* nicht unbekannt[1906]. Das niederländische Recht sieht mit der *Driehoeksfusie* eine entsprechende Gestaltung ausdrücklich vor. Der Entwurf eines schweizerischen Fusionsgesetzes würde gleichfalls die Durchführung eines *forward triangular merger* ermöglichen.

14. Gegen die Einführung umwandlungsrechtlicher Regelungen zur Ermöglichung beider Formen einer „Dreiecksverschmelzung" (*forward triangular merger* und *reverse triangular merger*) bestünden, wenngleich die EU-Fusionsrichtlinie derartige Gestaltungen nicht vorsieht, aus gemeinschaftsrechtlicher Sicht keine Bedenken, wenn und weil der nach der Richtlinie gebotene Schutz der Aktionäre und Dritter, namentlich der Gläubiger, gewährleistet ist[1907]. Aus verfassungsrechtlicher Sicht wären zudem die Anforderungen zu beachten, die bei der Ausgestaltung von Regelungen zum Hinausdrängen von Minderheitsaktionären (*freeze out*) aus ihrer Gesellschaft mit Blick auf Art. 14 GG gelten. Zum Schutz der Aktionäre der Zielgesellschaft sollte für den Verschmelzungsbeschluß in der Zielgesellschaft ein qualifiziertes Quorum von mindestens drei Vierteln des Grundkapitals der Gesellschaft erforderlich sein[1908]. Die Erwerbergesellschaft sollte überdies kraft gesetzlicher Regelung als an der Verschmelzung beteiligter Rechtsträger gelten. Damit wäre insbesondere gewährleistet, daß der Verschmelzungsvertrag bei beiden Formen der Dreiecksverschmelzung zu seiner Wirksamkeit im Interesse des Schutzes der Aktionäre der Erwerbergesellschaft (auch) der Zustimmung der Hauptversammlung der Erwerbergesellschaft bedürfte[1909], bei der es sich wirtschaftlich betrachtet jeweils um die aufnehmende Gesellschaft handelt.

15. Beim *reverse triangular merger*, bei dem die Aktien der Zielgesellschaft vergleichbar dem Modell der Mehrheitseingliederung aufgrund gesetzlicher Regelung auf die Erwerbergesellschaft übergehen sollten, könnten die als Gegenleistung benötigten Aktien der Erwerbergesellschaft durch eine Sachkapitalerhöhung in der Erwerbergesellschaft geschaffen werden. Beim *forward triangular merger* müsste die Erwerbergesellschaft die als Akquisitionswährung benötigten eigenen Aktien dagegen aufgrund Hauptversammlungsermächtigung rückerwerben und sodann im Zuge der Gründung der

---

[1905] Vgl. oben S. 249ff..
[1906] Vgl. oben S. 241ff..
[1907] Vgl. oben S. 260ff., 265.
[1908] Vgl. oben S. 278ff..
[1909] Vgl. oben S. 286ff..

Verschmelzungsvehikel-Tochter als Sacheinlage in diese einbringen[1910]. Um „Dreiecksverschmelzungen“ nach deutschem Recht nicht nur grundsätzlich zu ermöglichen, sondern zugleich auch die insoweit gegebenen praktischen Gestaltungsmöglichkeiten zu verbessern, würde sich insofern eine Lockerung der - derzeit allerdings (noch) gemeinschaftsrechtlich vorgegebenen - 10%-Erwerbs- und Bestandsgrenze hinsichtlich des Erwerbs eigener Aktien aufgrund Hauptversammlungsermächtigung sowie hinsichtlich des entsprechenden Erwerbs von Mutter-Aktien durch eine Tochtergesellschaft empfehlen[1911].

16. Die Ausgestaltung der Unternehmensorganisation sowie der Unternehmensleitung und -überwachung in der DaimlerChrysler AG ist Ausdruck des Konzeptes eines *Merger of Equals* und steht insofern exemplarisch für (grenzüberschreitende) Unternehmenszusammenschlüsse „unter Gleichen“. Charakteristisch sind in diesem Zusammenhang das Nebeneinander zweier gleichrangiger Verwaltungszentralen an den Verwaltungssitzen der jeweiligen Ausgangsgesellschaften, die Doppelbesetzung des Amtes des Vorstandsvorsitzenden sowie der Versuch, mit der Einrichtung (zumindest der Bezeichnung nach) neuartiger Gremien das deutsche two tier-System durch Elemente des US-amerikanischen *Board*-Modells zu ergänzen[1912].
17. Ein Nebeneinander zweier gleichrangiger Verwaltungssitze im In- und Ausland erschwert die internationalprivatrechtliche Bestimmung des Gesellschaftsstatuts auf dem Boden der - auch nach der *Überseering*-Entscheidung des Europäischen Gerichtshofes in Teilbereichen weiterhin anwendbaren[1913] - Sitztheorie, da diese zur Ermittlung des Gesellschaftsstatuts auf den Ort des Verwaltungssitzes einer Gesellschaft abstellt und dabei konkret danach fragt, wo die grundlegenden Entscheidungen der Unternehmensleitung in laufende Geschäftsführungsakte umgesetzt werden. Dieses Anknüpfungskriterium versagt, wenn eine Gesellschaft zwei gleichrangige Verwaltungssitze in diesem Sinne im In- und Ausland aufweist, wie es bei der DaimlerChrysler AG der Fall ist[1914]. Da die Anknüpfung an den Verwaltungssitz nicht weiterführt, sind in derartigen Fällen ersatzweise andere Anknüpfungskriterien heranzuziehen, insbesondere und vornehmlich der Satzungssitz unter der Voraussetzung, daß sich dieser, was allerdings regelmäßig der Fall sein wird, an einem der beiden gleichrangigen Verwaltungssitze befindet. Alternativ kommt eine Vermutung in Betracht, wonach sich der Verwaltungssitz

---

[1910] Vgl. oben S. 292ff..
[1911] Vgl. oben S. 313ff..
[1912] Vgl. oben S. 63ff..
[1913] Vgl. oben S. 353.
[1914] Vgl. oben S. 451ff..

einer Gesellschaft in dem Staat befindet, nach dessen Recht die Gesellschaft, erkennbar namentlich anhand des Satzungssitzes oder des registrierten Sitzes, organisiert ist[1915].

18. Gegen eine Doppelbesetzung des Amtes des Vorstandsvorsitzenden bestehen keine rechtlichen Bedenken[1916]. Der Wortlaut insbesondere des § 84 Abs. 2 AktG steht einer Doppelbesetzung nicht entgegen. Der Entstehungsgeschichte der Vorschrift lässt sich hinsichtlich der in Rede stehenden Frage nichts entnehmen. Für die Zulässigkeit einer Doppelspitze spricht ihre (abstrakte) Vereinbarkeit mit der Pflichtenstellung eines Vorstandsvorsitzenden. Als problematisch kann sich eine Doppelspitze allerdings im Hinblick auf die Koordinations-, Mediations- und Repräsentationsaufgaben eines Vorstandsvorsitzenden erweisen. Die praktische Zweckmäßigkeit der Einrichtung einer Doppelspitze erscheint insofern zweifelhaft.
19. Ein weiteres Kennzeichen eines Zusammenschlusses „unter Gleichen" ist die Einrichtung zumindest der Bezeichnung nach neuartiger Gremien, in der DaimlerChrysler AG konkret des *Chairmen's Integration Council (Office of the Chairmen)*, eines Vorstandsausschusses, der in der Zeit nach dem Vollzug des Zusammenschlusses mit der Steuerung des Integrationsprozesses betraut war, sowie des *Shareholder Committee*, ein aus den beiden Co-Vorstandsvorsitzenden, den Aktionärsvertretern im Aufsichtsrat sowie insgesamt vier weiteren Aktionärsvertretern bestehendes Gremium, das den Vorstand in Fragen der Integration der Ausgangsgesellschaften Daimler-Benz AG und Chrysler Corp. beraten sollte.
20. Gegen die Einrichtung eines *Chairmen's Integration Council* wie in der DaimlerChrysler AG bestehen rechtlich keine Bedenken, sofern dabei die Grenzen beachtet werden, die hinsichtlich der Einrichtung eines Vorstandsausschusses bestehen[1917]. Die Wahrnehmung der organschaftlichen Mindestkompetenzen des Vorstands ist dem Gesamt-Vorstand vorbehalten und darf nicht auf einen Ausschuß delegiert werden. Außerhalb dieses Bereiches bestehen jedenfalls gegen eine Übertragung von Vorbereitungs- und Koordinierungsaufgaben auf einen Vorstandsausschuß keine Bedenken. Dabei müssen allerdings stets die Grundsätze der Gesamtverantwortung und Gleichberechtigung aller Vorstandsmitglieder gewahrt sein. Die Einrichtung eines Vorstandsausschusses als „Machtzentrum" einer Gesellschaft, welche dem Ausschuß nicht angehörende Vorstandsmitglieder zu solchen zweiter Klasse degradiert, ist rechtlich unzulässig.

1915 Vgl. oben S. 456ff..

1916 Vgl. oben S. 464ff..

1917 Vgl. oben S. 471ff..

21. Die Einrichtung eines ausschließlich mit Anteilseignervertretern besetzten *Shareholder Committee* zur Beratung des Vorstands der DaimlerChrysler AG trug US-amerikanischen Bedenken hinsichtlich der Mitbestimmung der Arbeitnehmer im Aufsichtsrat Rechnung und diente insofern dazu, der US-amerikanischen Seite den Übergang zu einem fremden Corporate Governance-Modell zu erleichtern. Das *Shareholder Committee* sollte das deutsche two tier-System durch ein *Board*-ähnliches Gremium ergänzen und ersichtlich im Sinne eines „*sounding board*“ eine laufende Diskussionspartnerschaft zwischen Vorstand und Anteilseignervertretern im Aufsichtsrat sowie weiteren Anteilseignervertretern ermöglichen[1918].
22. Die Einrichtung eines *Shareholder Committee* in der DaimlerChrysler AG wirft die grundsätzliche Frage auf, ob und inwieweit das deutsche dualistische Modell der Unternehmensführung und -kontrolle in der Aktiengesellschaft namentlich im Zusammenhang mit grenzüberschreitenden Unternehmenszusammenschlüssen durch Einrichtung eines den Vorstand neben dem Aufsichtsrat beratenden, ausschließlich mit Anteilseignervertretern besetzten *Board*-ähnlichen Gremiums (Aufsichtsratsausschuß, Beirat, Aktionärsausschuß) um Elemente des monistischen Systems ergänzt werden kann.
Eine Nachbildung des mit *outside directors* und *inside directors* besetzten *Board of Directors* des angelsächsischen monistischen Modells der Unternehmensführung und -kontrolle in einer mitbestimmten Aktiengesellschaft durch Einrichtung eines den Vorstand beratenden, mit (den) Anteilseignervertretern des Aufsichtsrates sowie gegebenenfalls mit externen Experten besetzten Gremiums ist nur bedingt möglich[1919]. Die Aufgabe der Beratung des Vorstands in grundsätzlichen Fragen der künftigen Geschäftspolitik ist nach der aktiengesetzlichen Kompetenzverteilung zwingend dem (Gesamt-) Aufsichtsrat zugewiesen und kann namentlich durch einen Beirat oder Aktionärsausschuß demgemäß allenfalls *neben* dem Aufsichtsrat und nur insoweit wahrgenommen werden, als ein solches Gremium nicht die zwingende Organverantwortung des Aufsichtsrates aushöhlt. Eine solche Gefahr des „Ausblutens“ des Aufsichtsrates steigt mit der Zahl der Aufsichtsratsmitglieder, die zugleich einem Beirat etc. angehören. Eine Beratung des Vorstandes *allein* durch einen Aufsichtsratsausschuß, Beirat, Verwaltungsrat oder Aktionärsausschuß kommt lediglich im Bereich der Vorbereitung und Umsetzung des operativen (Tages-)Geschäftes, insbesondere in Fragen eines besonderen Fachgebietes, in Betracht. Mitbestimmungsrechtlich ist eine Beratung des Vorstandes durch ein mit (den) Anteilseignervertretern sowie gegebenenfalls mit externen Experten besetztes Gremium insofern problematisch,

---

[1918] Vgl. oben S. 474ff..
[1919] Vgl. oben S. 480ff..

als eine Beratung zwischen Vorstand und Anteilseignervertretern unter Ausschluß der Arbeitnehmervertreter die Gefahr der Entstehung eines unzulässigen informationellen Defizits der Arbeitnehmervertreter birgt. Der Vorstand ist vor diesem Hintergrund verpflichtet, einem derartigen Gremium erteilte Informationen unaufgefordert auch den dort nicht vertretenen Mitgliedern des Aufsichtsrates, namentlich den Arbeitnehmervertretern, zu geben. In der DaimlerChrysler AG wurde ersichtlich zu diesem Zweck neben dem *Shareholder Committee* ein mit den Arbeitnehmervertretern im Aufsichtsrat sowie je drei US-amerikanischen und kanadischen Gewerkschaftsvertretern besetztes *Labour Committee* eingerichtet.

Abkürzungsverzeichnis

a.A.	anderer Ansicht
a.a.O.	am angegebenen Ort
Abl.EG	Amtsblatt der Europäischen Gemeinschaften
Abs.	Absatz
AcP	Archiv für die civilistische Praxis
a.E.	am Ende
a.F.	alte Fassung
AG	Aktiengesellschaft
AktG	Aktiengesetz
Alt.	Alternative
Anh.	Anhang
Anm. (d. Verf.)	Anmerkung (des Verfassers)
Art.	Artikel
Artt.	Artikel (Plural)
AuR	Arbeit und Recht
BayObLG	Bayerisches Oberstes Landgericht
BB	Der Betriebsberater
BCA	*Business Combination Agreement*
Begr.	Begründung
BFuP	Betriebswirtschaftliche Forschung und Praxis
BGB	Bürgerliches Gesetzbuch
BGH	Bundesgerichtshof
BGBl.	Bundesgesetzblatt
BGHZ	Entscheidungen des Bundesgerichtshofs in Zivilsachen
BR-Drucks.	Bundesratsdrucksache
BT-Drucks.	Bundestagsdrucksache
B.V.	*Besloten Vennootschap*
BVerfG	Bundesverfassungsgericht
BVerfGE	Entscheidungen des Bundesverfassungsgerichts
bzw.	beziehungsweise
CEO	*Chief Executive Officer*
Co.	*Company*
Corp.	*Corporation*

DB	Der Betrieb
DBW	Die Betriebswirtschaft
ders.	derselbe
Die AG	Die Aktiengesellschaft, Zeitschrift für das gesamte Aktienwesen
dies.	dieselbe(n)
Diss.	Dissertation
d.h.	das heißt
DNotZ	Deutsche Notar-Zeitschrift
DStR	Deutsches Steuerrecht
d. Verf.	der Verfasser
DZWir	Deutsche Zeitschrift für Wirtschaftsrecht
EGAktG	Einführungsgesetz zum Aktiengesetz
EGBGB	Einführungsgesetz zum Bürgerlichen Gesetzbuch
EGV	Vertrag zur Gründung der Europäischen Gemeinschaft
Einl.	Einleitung
etc.	et cetera
EU	Europäische Union
EuGH	Europäischer Gerichtshof
EuZW	Europäische Zeitschrift für Wirtschaftsrecht
EWiR	Entscheidungssammlung zum Wirtschaftsrecht
EWS	Europäisches Wirtschafts- und Steuerrecht
f., ff.	folgende Seite(n)
FAZ	Frankfurter Allgemeine Zeitung
FGG	Gesetz über die Angelegenheiten der freiwilligen Gerichtsbarkeit
Fn.	Fußnote
GAAP	*Generally Accepted Accounting Principles*
GmbH	Gesellschaft mit beschränkter Haftung
GmbHG	Gesetz betreffend die Gesellschaft mit beschränkter Haftung
GmbHR	GmbH-Rundschau
Halbs.	Halbsatz
HGB	Handelsgesetzbuch
h.L.	herrschende Lehre
h.M.	herrschende Meinung

Hrsg.	Herausgeber
i.d.F.	in der Fassung
i.E.	im Ergebnis
IntGesR	Internationales Gesellschaftsrecht
IPR	Internationales Privatrecht
IPRax	Zeitschrift für Internationales Privatrecht
i.S.	im Sinne
IStR	Internationales Steuerrecht
i.ü.	im übrigen
i.V.m.	in Verbindung mit
JBl.	Juristische Blätter
JITE	Journal of Institutional and Theoretical Economics
JuS	Juristische Schulung
JZ	Juristenzeitung
Kap.	Kapitel
KG	Kommanditgesellschaft; Kammergericht
KGaA	Kommanditgesellschaft auf Aktien
KonTraG	Gesetz zur Kontrolle und Transparenz im Unternehmensbereich
KStG	Körperschaftsteuergesetz
LG	Landgericht
li. Sp.	linke Spalte
lit.	litera
m. (abl.) Anm.	mit (ablehnender) Anmerkung
MitbestG	Mitbestimmungsgesetz
m. (w.) Nachw.	mit (weiteren) Nachweisen
Mrd.	Milliarden
Nachw.	Nachweise
NaStraG	Gesetz zur Namensaktie und zur Erleichterung der Stimmrechtsausübung
n.F.	neue Fassung
NJW	Neue Juristische Wochenschrift
Nr.	Nummer
N.V.	*Naamloze Vennootschap*

NZA	Neue Zeitschrift für Arbeitsrecht
NZG	Neue Zeitschrift für Gesellschaftsrecht
o.ä.	oder ähnliche
o.g.	oben genannt
OLG	Oberlandesgericht
o.O.	ohne Ortsangabe
plc	*public limited company*
PLC Magazine	Practical Law Company Magazine
RabelsZ	Rabels Zeitschrift für ausländisches und internationales Recht
RdA	Recht der Arbeit
Rdz.	Randziffer
RegE	Regierungsentwurf
re. Sp.	rechte Spalte
RGZ	Entscheidungen des Reichsgerichts in Zivilsachen
RIW	Recht der internationalen Wirtschaft
S.	Seite; Satz
s.	siehe
S.A.	*Société Anonyme*
scil.	scilicet
SE	Societas Europaea
SE-RL	Richtlinie des Rates vom 08.10.2001 zur Ergänzung des Statuts der Europäischen Gesellschaft hinsichtlich der Beteiligung der Arbeitnehmer
SE-VO	Verordnung des Rates vom 08.10.2001 über das Statut der Europäischen Gesellschaft (SE)
Sec.	Section
Slg.	Sammlung der Rechtsprechung des Gerichtshofes der Europäischen Gemeinschaft
sog.	sogenannt(e)
SZ	Süddeutsche Zeitung
TVVS	Maandblad voor ondernemingsrecht en rechtspersonen
Tz.	Textziffer

u.a.	unter anderem
u.ä.	und ähnliche
UmwBerG	Gesetz zur Bereinigung des Umwandlungsrechts
UmwG	Umwandlungsgesetz
UmwStG	Umwandlungssteuergesetz
Unterabs.	Unterabsatz
Urt.	Urteil
u.U.	unter Umständen
v.	vom
vgl.	vergleiche
VGR	Gesellschaftsrechtliche Vereinigung
Vorb.	Vorbemerkung
WM	Wertpapier-Mitteilungen
WpÜG	Wertpapiererwerbs- und Übernahmegesetz
WuW	Wirtschaft und Wettbewerb
z.B.	zum Beispiel
ZEuP	Zeitschrift für Europäisches Privatrecht
ZfgK	Zeitschrift für das gesamte Kreditwesen
ZGR	Zeitschrift für Unternehmens- und Gesellschaftsrecht
ZHR	Zeitschrift für das gesamte Handels- und Wirtschaftsrecht
Ziff.	Ziffer
ZIP	Zeitschrift für Wirtschaftrecht
ZPO	Zivilprozeßordnung
ZVglRWiss	Zeitschrift für vergleichende Rechtswissenschaft

Ergänzend wird verwiesen auf *Kirchner, Hildebert*, „Abkürzungsverzeichnis der Rechtssprache“, 4. Auflage, Berlin u.a. 1993.

Literaturverzeichnis

Achleitner, Ann-Kristin, Handbuch Investment Banking, 3. Auflage, Wiesbaden 2002

Achleitner, Paul M., Aktie wird zur Akquisitionswährung, Handelsblatt Nr. 82 vom 29.04.1999, S. 62

Adler/Düring/Schmaltz, Rechnungslegung und Prüfung der Unternehmen, Kommentar zum HGB, AktG, GmbHG, PublG nach den Vorschriften des Bilanzrichtlinien-Gesetzes, Teilband 3, 6. Auflage, Stuttgart 1996

Adolff, Johannes, Bericht über die Diskussion, ZGR 2002, S. 579ff.

van Aerssen, Rick, Die Antragsbefugnis im Spruchstellenverfahren des Aktiengesetzes und im Spruchverfahren des Umwandlungsgesetzes, Die AG 1999, S. 249ff.

Aha, Christof, Vorbereitung des Zusammenschlusses im Wege der Kapitalerhöhung gegen Sacheinlage durch ein „Business Combination Agreement“, BB 2001, S. 2225ff.

Altmeppen, Holger, Arbeitnehmerbeteiligung im Personalausschuß des Aufsichtsrats, in: Festschrift für Hans Erich Brandner, Köln 1996, S. 3ff.

ders., Parteifähigkeit, Sitztheorie und „Centros“, DStR 2000, S. 1061ff.

Appel, Holger/Hein, Christoph, Der DaimlerChrysler Deal, München 2000

Assmann, Heinz-Dieter/Bozenhardt, Friedrich, Übernahmeangebote als Regelungsproblem zwischen gesellschaftsrechtlichen Normen und zivilrechtlich begründeten Verhaltensgeboten, in: Assmann, Heinz-Dieter/Basaldua, Nathalie/ Bozenhardt, Friedrich/Peltzer, Martin, Übernahmeangebote, Berlin, New York 1990, S. 1ff.

Bärmann, Johannes, Supranationale Aktiengesellschaften?, AcP 156 (1957), S. 156ff.

von Bar, Christian, Internationales Privatrecht, Zweiter Band, Besonderer Teil, München 1991 (zitiert: *von Bar*, IPR II)

Barz, Carl Hans, Rechtliche Fragen zur Verschmelzung von Unternehmungen, Die AG 1972, S. 1ff.

Bassenge, Peter/Herbst, Gerhard, Gesetz über die Angelegenheiten der freien Gerichtsbarkeit/Rechtspflegergesetz, Kommentar, 7. Auflage, Heidelberg 1995

Baumbach, Adolf/Hopt, Klaus J., Handelsgesetzbuch, Kommentar, 30.Auflage, München 2000

Baumbach, Adolf/Hueck, Alfred/Hueck, Götz, Aktiengesetz, Kommentar, 13. Auflage, München 1968

Baumbach, Adolf/Hueck, Alfred, GmbH-Gesetz, Kommentar, 17. Auflage 2000 (zitiert: Baumbach/Hueck/*Bearbeiter*)
Baumbach, Adolf/Lauterbach, Wolfgang, Kommentar zur Zivilprozessordnung, 58. Auflage, München 2000 (zitiert: Baumbach/Lauterbach/*Bearbeiter*)
Baums, Philipp A., Der Ausschluß von Minderheitsaktionären nach §§ 327 a ff. AktG n.F., - Einzelfragen -, WM 2001, S. 1843ff.
ders., Ausschluß von Minderheitsaktionären, Frankfurt am Main u.a. 2001
Baums, Theodor, Der Geschäftsleitervertrag, Köln 1987
ders., Höchststimmrechte, Die AG 1990, S. 221ff.
ders., Der Aufsichtsrat – Aufgaben und Reformfragen, ZIP 1995, S. 11ff.
ders., Vorschlag eines Gesetzes zu öffentlichen Übernahmeangeboten, ZIP 1997, S. 1310ff.
ders., Aktienoptionen für Vorstandsmitglieder, in: Festschrift für Carsten Peter Claussen, Köln, Berlin, Bonn, München 1997, S. 3ff.
ders., Verschmelzung mit Hilfe von Tochtergesellschaften, in: Festschrift für Wolfgang Zöllner, Band I, Köln, Berlin, Bonn, München 1998, S. 65ff.
ders., Transnational 'quasi-mergers' in German corporate law: The Daimler-Chrysler case, TVVS 1998, S. 217ff.
ders., Corporate Contracting Around Defective Regulations: The Daimler-Chrysler Case, JITE 155 (1999), S. 119ff.
ders., Notwendigkeit und Grundzüge einer gesetzlichen Übernahmeregelung, in: von Rosen, Rüdiger/Seifert, Werner G. (Hrsg.), Die Übernahme börsennotierter Unternehmen, o.O., 1999, S. 165ff.
ders., Globalisierung und deutsches Gesellschaftsrecht: Der Fall Daimler - Chrysler, in: Profile der Wissenschaft, Festschrift 25 Jahre Universität Osnabrück, Osnabrück 1999, S. 235ff. (= Arbeitspapier Nr.80 des Instituts für Bankrecht der Johann Wolfgang Goethe-Universität Frankfurt/M.; im Internet als pdf-Datei abrufbar unter http://www.uni-frankfurt.de/fb01/baums/)
ders., Empfiehlt sich eine Neuregelung des aktienrechtlichen Anfechtungs- und Organhaftungsrechts, insbesondere der Klagemöglichkeiten von Aktionären?, Gutachten F für den 63. Deutschen Juristentag, München 2000, (zitiert: *Baums*, Gutachten)
ders., Die Regierungskommission Corporate Governance: Ziele und Wirkungen für Deutschland, in: von Rosen, Rüdiger (Hrsg.), Corporate Governance - Nutzen und Umsetzung -, Studien des Deutschen Aktieninstituts, Heft 15, o.O., 2001 (im Internet als pdf-Datei abrufbar unter http://www.dai.de/dai_publikationen), S. 12ff.; Diskussionsbeitrag, ebenda, S. 31

ders. (Hrsg.), Bericht der Regierungskommission Corporate Governance: Unternehmensführung – Unternehmenskontrolle – Modernisierung des Aktienrechts, Köln 2001 (zitiert: *Baums* (Hrsg.), Bericht der *Regierungskommission Corporate Governance*)

ders., Aktienrecht für globalisierte Kapitalmärkte - Generalbericht -, in: Hommelhoff, Peter/Lutter, Marcus/Schmidt, Karsten/Schön, Wolfgang/ Ulmer, Peter (Hrsg.), Corporate Governance, Heidelberg 2002, S. 13ff.

ders., Globalisierung und Corporate Governance, in: 50 Jahre Börsen-Zeitung, Frankfurt am Main 2002, S. 179ff.

Bayer, Walter, Zulässige und unzulässige Einschränkungen der europäischen Grundfreiheiten im Gesellschaftsrecht, BB 2002, S. 2289ff.

ders., Vorsorge- und präventive Abwehrmaßnahmen gegen feindliche Übernahmen, ZGR 2002, S. 588ff.

Bayer, Wilhelm F., Horizontal Groups and Joint Ventures in Europe, in: Festschrift für Konrad Zweigert, Tübingen 1981, S. 363ff.

Bechtel, Wolfram, Umzug von Kapitalgesellschaften unter der Sitztheorie, Frankfurt am Main, Berlin, Bern, New York, Paris, Wien 1999 (zitiert: *Bechtel*, Umzug von Kapitalgesellschaften)

ders., Parteifähigkeit trotz Verlegung des Gesellschaftssitzes nach Deutschland, NZG 2001, S. 21ff.

Beck'scher Bilanzkommentar, Handels- und Steuerrecht - §§ 238 bis 339 HGB -, 4. Auflage, München 1999 (zitiert: *Bearbeiter* in Beck'scher Bilanzkommentar)

Behrens, Peter, Identitätswahrende Sitzverlegung einer Kapitalgesellschaft von Luxemburg in die Bundesrepublik Deutschland, RIW 1986, S. 590ff.

ders., Die Umstrukturierung von Unternehmen durch Sitzverlegung oder Fusion über die Grenze im Licht der Niederlassungsfreiheit im Europäischen Binnenmarkt (Art. 52 und 58 EWGV), ZGR 1994, S. 1ff.

ders., Gesellschaften sollen Niederlassungsberechtigte gleichen Rechts werden, EuZW 1998, S. 353

ders., Das Internationale Gesellschaftsrecht nach dem Centros-Urteil des EuGH, IPRax 1999, S. 323ff.

ders., EuGH entscheidet über Sitzverlegung von Gesellschaften, EuZW 2000, S. 385

ders., Reaktionen mitgliedstaatlicher Gerichte auf das Centros-Urteil des EuGH, IPrax 2000, S. 384ff.

ders., Die internationale Sitzverlegung von Gesellschaften vor dem EuGH, EuZW 2002, S. 129

ders., Centros and the Proper Law of Companies,
in: Ferrarini, Guido/Hopt, Klaus J./Wymeersch, Eddy, Capital Markets in the Age of the Euro. Cross-Border Transactions, Listed Companies and Regulation. Den Haag, London, New York 2002, S. 503ff.
ders., EuGH klärt Niederlassungsfreiheit von Gesellschaften,
EuZW 2002, S. 737
Bein, Hans-Willy, Viel Arbeit für den Mann an der Spitze,
SZ Nr. 225 vom 29./30.09.2001, S. 26
Beitzke, Günther, Internationalrechtliches zur Gesellschaftsfusion,
in: Festschrift für Walter Hallstein, Frankfurt am Main 1966, S. 14ff.
Benckendorff, Andreas, Erwerb eigener Aktien im deutschen
und US-amerikanischen Recht, Baden-Baden 1998
(zitiert: *Benckendorff,* Erwerb eigener Aktien)
Benner-Heinacher, Jella S., Mindeststandards für Übernahmeregeln
in Deutschland, DB 1997, S. 2521ff.
Berg, Hartmut/Rott, Armin U., Daimler-Chrysler:
Ein Unternehmenszusammenschluß neuer Qualität?, WuW 1999, S. 140ff.
Berndt, Joachim, Die Rechtsfähigkeit US-amerikanischer Kapitalgesellschaften
im Inland, JZ 1996, S. 187ff.
Bernhardt, Wolfgang, Aufsichtsrat – die schönste Nebensache der Welt?,
ZHR 159 (1995), S. 310ff.
ders., Eine Rückkehr zum Generaldirektor ist nicht wünschenswert,
FAZ Nr.24 vom 29.01.2002, S. 18
Bertelsmann Stiftung/Hans-Böckler-Stiftung (Hrsg.), Mitbestimmung und neue Unternehmenskulturen – Bilanz und Perspektiven, Bericht der Kommission Mitbestimmung, Gütersloh 1998
Bezzenberger, Tilman, Der Vorstandsvorsitzende der Aktiengesellschaft,
ZGR 1996, S. 661ff.
ders., Erwerb eigener Aktien durch die AG, Köln 2002
(zitiert: *T. Bezzenberger,* Erwerb eigener Aktien)
Binz, Mark K., Die GmbH & Co., 8. Auflage, München 1992
Blanquet, Francoise, Das Statut der Europäischen Aktiengesellschaft
(Societas Europaea „SE"), ZGR 2002, S. 20ff.
Bleicher, Knut, Der Aufsichtsrat im Wandel, Gütersloh 1987
ders./Leberl, Diethard/Paul, Herbert, Unternehmensverfassung und
Spitzenorganisation, Wiesbaden 1989
*ders./Paul, Herbert,*Das amerikanische Board-Modell im Vergleich zur
deutschen Vorstands-/Aufsichtsratsverfassung – Stand und
Entwicklungstendenzen, DBW 46 (1986), S. 263ff.

Böttcher, Conrad, Zum Steuer- und Wirtschaftsrecht der Familienunternehmen, Steuerberater-Jahrbuch 1965/66, S. 175ff.
Bogenschütz, Eugen, Steuerliche Probleme bei europäischen Unternehmenszusammenschlüssen, IStR 2000, S. 609ff.
Bolte, Christian, Squeeze-out: Eröffnung neuer Umgehungstatbestände durch die §§ 327a ff. AktG?, DB 2001, S. 2587ff.
Borges, Georg, Die Sitztheorie in der Centros-Ära: Vermeintliche Probleme und unvermeidliche Änderungen, RIW 2000, S. 167ff.
Bosse, Christian, Informationspflichten des Vorstands beim Bezugsrechtsausschluß im Rahmen des Beschlusses und der Ausnutzung eines genehmigten Kapitals, ZIP 2001, S. 104ff.
Boujong, Karlheinz, Rechtliche Mindestanforderungen an eine ordnungsgemäße Vorstandskontrolle und -beratung, Die AG 1995, S. 203ff.
Brammer, Ralf P., Die Einführung der Globalen Namensaktie bei Daimler-Chrysler, in: von Rosen, Rüdiger/Seifert, Werner G. (Hrsg.), Die Namensaktie, o.O., 2000, S. 399ff.
Brandi, Tim Oliver/Morshäuser, Ralf, Generalanwalt: Keine Bedenken gegen „Sitztheorie", FAZ Nr. 289 vom 12.12.2001, S. 25
Brandt, Ulrich, Überlegungen zu einem SE-Ausführungsgesetz, NZG 2002, S. 991ff.
ders./Scheifele, Matthias, Die Europäische Aktiengesellschaft und das anwendbare Recht, DStR 2002, S. 547ff.
Breuer, Rolf-E., Corporate Governance börsennotierter Banken, in: von Rosen, Rüdiger (Hrsg.), Corporate Governance - Nutzen und Umsetzung -, Studien des Deutschen Aktieninstituts, Heft 15, o.O., 2001 (im Internet als pdf-Datei abrufbar unter http://www.dai.de/dai_publikationen), S. 18ff.
ders., Corporate Governance – der Verantwortung verpflichtet, Die Bank 2001, S. 544ff.
Breuninger, Gottfried E./Krüger, Astrid, Die abnehmende Lokalisierung von Unternehmen als Rechtsproblem im internationalen Steuer- und Gesellschaftsrecht, in: Festschrift für Albrecht J. Rädler, München 1999, S. 79ff.
Brödermann, Eckart/Iversen, Holger, Europäisches Gemeinschaftsrecht und Internationales Privatrecht, Tübingen 1994
Brown, Meredith M. (Hrsg.), International Mergers and Acquisitions, An Introduction, Den Haag, London, Boston 1999 (zitiert: *Autor* in Brown (Hrsg.), International Mergers and Acquisitions)
Bruns, Hans-Georg, „Pooling of Interests" – der Zusammenschluß der Daimler-Benz AG und der Chrysler Corporation, DBW 59 (1999), S. 831ff.

Büschemann, Karl-Heinz, Fusion geglückt, Ergebnis enttäuschend, SZ Nr.159 vom 13.07.2000, S. 27
ders., Schrempp plant schmerzhafte Schritte, SZ Nr.269 vom 22.11.2000, S. 28
Bungert, Hartwin, Entwicklungen im internationalen Gesellschaftsrecht Deutschlands, Die AG 1995, S. 489ff.
ders., Die Liberalisierung des Bezugsrechtsausschlusses im Aktienrecht, NJW 1998, S. 488ff.
ders., Konsequenzen der Centros-Entscheidung des EuGH für die Sitzanknüpfung des deutschen internationalen Gesellschaftsrechts, DB 1999, S. 1841ff.
ders., Vorstandsbericht bei Bezugsrechtsausschluß bei Genehmigtem Kapital – Siemens/Nold in der Praxis, BB 2001, S. 742ff.
ders., Anmerkung zu LG Heidelberg BB 2001, S. 1809ff.; BB 2001, S. 1812f.
ders./Beier, Constantin H., Die Europäische Aktiengesellschaft, EWS 2002, S. 1ff.
Burt, Tim/Reinking, Guido, Schrempp bis 2005 Chef von DaimlerChrysler, Financial Times Deutschland vom 28./29./30.09.2001, S. 1
Busse von Colbe, Walther, Bilanzierung des Goodwill – FASB bläst zum Rückzug, BB 9/2001, Die erste Seite
ders./Ordelheide, Dieter, Konzernabschlüsse, 6. Auflage, Wiesbaden 1993

Cahn, Andreas, Pflichten des Vorstandes beim genehmigten Kapital mit Bezugsrechtsausschluß, ZHR 163 (1999), S. 554ff.
ders., Aktien der herrschenden AG in Fondsvermögen abhängiger Investmentgesellschaften, WM 2001, S. 1929ff.
Cary, William L./Eisenberg, Melvin Aron, Cases and Materials on Corporations, Seventh Edition, Westbury, New York 1995
Choper, Jesse H./Coffee Jr., John C./Gilson, Ronald J., Cases and Materials on Corporations, Fifth Edition, Gaithersburg, New York 2000
Clark, Robert Charles, Corporate Law, Boston, Toronto 1986
Claussen, Carsten Peter, Bank- und Börsenrecht, 2. Auflage, München 2000
ders., Hauptversammlung und Internet, Die AG 2001, S. 161ff.
Clearfield, Andrew M., The US Experiences and Expectations for Germany of an Institutional Investor, in: von Rosen, Rüdiger (Hrsg.), Corporate Governance - Nutzen und Umsetzung -, Studien des Deutschen Aktieninstituts, Heft 15, o.O., 2001 (im Internet als pdf-Datei abrufbar unter http://www.dai.de/dai_publikationen), S. 34ff.
Cromme, Gerhard, Die Bedeutung des Deutschen Corporate Governance Kodex für die Praxis, ZfgK 2002, S. 502ff.

Dautel, Ralph, Kapital- und Umstrukturierungsmaßnahmen von Aktiengesellschaften. - Steuerliche Folgen für die Aktionäre -, Finanz Betrieb 2002, S. 427ff.
Däubler, Wolfgang, Grenzüberschreitende Fusion und Arbeitsrecht, DB 1988, S. 1850ff.
Decher, Christian E., Daimler-Chrysler-Modell taugt nicht für jede internationale Fusion, FAZ vom 13.08.1999, S. 22
ders., Rechtsfragen des grenzüberschreitenden *Merger of Equals,* in: Festschrift für Marcus Lutter, Köln 2000, S. 1209ff.
ders., The Daimler-Chrysler Merger, in: Horn, Norbert (Hrsg.), Cross-Border Mergers and Acquisitions and the Law, Den Haag, London, New York 2001, S. 105ff.
ders., Bedeutung und Grenzen des Börsenkurses bei Zusammenschlüssen zwischen unabhängigen Unternehmen, in: Festschrift für Herbert Wiedemann, München 2002, S. 787ff.
Deckert, Martina R., Zu Harmonisierungsbedarf und Harmonisierungsgrenzen im Europäischen Gesellschaftsrecht, RabelsZ 64 (2000), S. 478ff.
Di Marco, Giuseppe, Der Vorschlag der Kommission für eine 14.Richtlinie, ZGR 1999, S. 3ff.
Dörr, Thorsten, Grenzüberschreitende Unternehmensakqusitionen, Erfolg und Einflussfaktoren, Wiesbaden 2000
Dormann, Ulrike/Fromholzer, Ferdinand, Offene Fragen der Nachgründung nach dem NaStraG, Die AG 2001, S. 242ff.
Dose, Stefan, Die Rechtsstellung der Vorstandsmitglieder einer Aktiengesellschaft, 3. Auflage, Köln 1975 (zitiert: *Dose*, Rechtsstellung der Vorstandsmitglieder)
Drost, Frank Matthias/Jocham, Andrea, Schrempp will Airbus an die Börse bringen, Handelsblatt Nr. 181 vom 21.09.1998, S. 14
von Dryander, Christof, Business Combination Agreements, in: Horn, Norbert (Hrsg.), Cross-Border Mergers and Acquisitions and the Law, Den Haag, London, New York 2001, S. 131ff.
Drygala, Tim, Die Vorschläge der SLIM-Arbeitsgruppe zur Vereinfachung des Europäischen Gesellschaftsrechts, Die AG 2001, S. 291ff.
ders., Die neue deutsche Übernahmeskepsis und ihre Auswirkungen auf die Vorstandspflichten nach § 33 WpÜG, ZIP 2001, S. 1861ff.
Dunsch, Jürgen, Das Unternehmergespräch: „Die Fusion von Daimler und Chrysler gibt die Richtung vor“, FAZ Nr. 114 vom 18.05.1998, S. 25
ders., Der Schmelztiegel Daimler-Chrysler, FAZ Nr. 218 vom 19.09.1998, S. 13

Ebenroth, Carsten Thomas/Auer, Thomas, Grenzüberschreitende Verlagerung von unternehmerischen Leitungsfunktionen im Zivil- und Steuerrecht, RIW-Beilage 1/1992
Ebenroth, Carsten Thomas/Bippus, Birgit, Die staatsvertragliche Anerkennung ausländischer Gesellschaften in Abkehr von der Sitztheorie, DB 1988, S. 842ff.
dies., Die Sitztheorie als Theorie effektiver Verknüpfungen der Gesellschaft, JZ 1988, S. 677ff.
Ebenroth, Carsten Thomas/Daum, Thomas, Die Kompetenzen des Vorstands einer Aktiengesellschaft bei der Durchführung und Abwehr unkoordinierter Übernahmen (Teil I), DB 1991, S. 1105ff.
dies., Die Kompetenzen des Vorstands einer Aktiengesellschaft bei der Durchführung und Abwehr unkoordinierter Übernahmen (Teil II), DB 1991, S. 1157ff.
Ebenroth, Carsten Thomas/Eyles, Uwe, Die Beteiligung ausländischer Gesellschaften an einer inländischen Kommanditgesellschaft, DB-Beilage Nr.2/1988
dies., Die innereuropäische Verlegung des Gesellschaftssitzes als Ausfluß der Niederlassungsfreiheit? (Teil I), DB 1989, S. 363ff.
Ebenroth, Carsten Thomas/Kemner, Matthew J./Willburger, Andreas, Die Auswirkungen des genuine-link-Grundsatzes auf die Anerkennung US-amerikanischer Gesellschaften in Deutschland, ZIP 1995, S. 972ff.
Ebke, Werner F., Unternehmensrecht und Binnenmarkt – E pluribus unum?, RabelsZ 62 (1998), S. 195ff.
ders., Das Schicksal der Sitztheorie nach dem Centros-Urteil des EuGH, JZ 1999, S. 656ff.
ders., Das Internationale Gesellschaftsrecht und der Bundesgerichtshof, in: 50 Jahre Bundesgerichtshof, Festgabe aus der Wissenschaft, München 2000, S. 799ff.
ders., Die Europäische Aktiengesellschaft ist da – und jetzt?, EWS 1/2002, Die erste Seite
Ehricke, Ulrich/Roth, Markus, Squeeze-out im geplanten deutschen Übernahmerecht, DStR 2001, S. 1120ff.
Eidenmüller, Horst, Anmerkung zu EuGH GA, Schlussanträge v. 4.12.2001 – Rs C-208/00 (Generalanwalt *Colomer*), ZIP 2002, S. 75ff.; ZIP 2002, S. 82ff.
ders., Wettbewerb der Gesellschaftsrechte in Europa, ZIP 2002, S. 2233ff.
ders./Rehm, Gebhard M., Gesellschafts- und zivilrechtliche Folgeprobleme der Sitztheorie, ZGR 1997, S. 89ff.
Eisenberg, Melvin Aron, The Structure of the Corporation, Boston, Toronto 1976
Eisolt, Dirk, Neuregelung der Nachgründung durch das Namensaktiengesetz, DStR 2001, S. 748ff.

Ekkenga, Jens, Das Organisationsrecht des genehmigten Kapitals (Teil II), Die AG 2001, S. 615ff.
Emde, Raimond, Kommentar zu OLG Düsseldorf BB 2001, S. 901f.; BB 2001, S. 902ff.
ders., Kurzkommentar zu BGH, Urt. v. 1.7.2002 - II 380/00, EWiR 2002, S. 971f.
Emmerich, Volker, Festschrift für Marcus Lutter, Buchbesprechung, Die AG 2001, S. 323f.
ders./Habersack, Mathias, Aktien- und GmbH-Konzernrecht, Kommentar, 2. Auflage, München 2001 (zitiert: *Bearbeiter* in Emmerich/Habersack)
ders./Sonnenschein, Jürgen, Konzernrecht, 6. Auflage, München 1997
ders./Sonnenschein, Jürgen/Habersack, Mathias, Konzernrecht, 7. Auflage, München 2001
Endres, Dieter/Eckstein, Hans-Martin, Die steuerliche Gestaltung von Übernahmen, in: von Rosen, Rüdiger/Seifert, Werner G. (Hrsg.), Die Übernahme börsennotierter Unternehmen, o.O., 1999, S. 289ff.
Endres, Michael, Organisation der Unternehmensleitung aus der Sicht der Praxis, ZHR 163 (1999), S. 441ff.

Ferid, Murad, Zur Behandlung von Anteilen an Personalgesellschaften beim zwischenstaatlichen Erbgang, in: Festschrift für Alfred Hueck, München, Berlin 1959, S. 343ff.
Feuring, Wolfgang, Grenzüberschreitende Fusionen – Rechtliche Schwerpunktprobleme, in: Schmidt, Karsten/Riegger, Bodo (Hrsg.), Gesellschaftsrecht 1999, RWS – Forum 15, Köln 2000, S. 153ff.
Figge, Jutta, Mitbestimmung auf Unternehmensebene in Vorschlägen der Europäischen Gemeinschaften, Baden-Baden 1992 (zitiert: *Figge,* Mitbestimmung auf Unternehmensebene)
Fleischer, Holger, Bericht über die Diskussion, ZGR 1998, S. 520ff.
ders., Anmerkung zu BVerfG DNotZ 2000, S. 868ff.; DNotZ 2000, S. 876ff.
Fleischmann, Michael, Der Zusammenschluß der Daimler-Benz AG und der Chrysler Corp. zur DaimlerChrysler AG aus steuerlicher Sicht, DB 1998, S. 1883ff.
Forsthoff, Ulrich, Rechts- und Parteifähigkeit ausländischer Gesellschaften mit Verwaltungssitz in Deutschland? – Die Sitztheorie vor dem EuGH, DB 2000, S. 1109ff.
ders., Abschied von der Sitztheorie, BB 2002, S. 318ff.
ders., EuGH fördert Vielfalt im Gesellschaftsrecht, DB 2002, S. 2471ff.
Förster, Guido/Lange, Carsten, Steuerliche Aspekte der Gründung einer Europäischen Aktiengesellschaft (SE), DB 2002, S. 288ff.

Freitag, Robert, Der Wettbewerb der Rechtsordnungen im Internationalen Gesellschaftsrecht, EuZW 1999, S. 267ff.
ders., Zur Ermittlung des Gesellschaftsstatuts bei Nichtexistenz eines effektiven Verwaltungssitzes, NZG 2000, S. 357ff.
Frowein, Georg Abraham, Grenzüberschreitende Sitzverlegung von Kapitalgesellschaften, Frankfurt am Main u.a. 2001
(zitiert: *Frowein*, Sitzverlegung)
Frühauf, Martin, Geschäftsleitung in der Unternehmenspraxis, ZGR 1998, S. 407ff.
Fürst, Roland F./Wilske, Stephan, Die „Best Efforts"-Klausel – Eine potentiell gefährliche Vertragsklausel, DZWir 1998, S. 213ff.

Ganske, Joachim, Internationale Fusion von Gesellschaften in der Europäischen Gemeinschaft - ein neuer Ansatz -, DB 1985, S. 581ff.
Geibel, Stephan/Süßmann, Rainer, WpÜG, München 2002
(zitiert: *Bearbeiter* in: Geibel/Süßmann, WpÜG)
Gentz, Manfred, Corporate Governance in a Transatlantic Company: Daimler-Chrysler, in: Schwalbach, Joachim (Hrsg.), Corporate Governance, Berlin, Heidelberg, New York 2001, S. 2ff.
Gerum, Elmar/Steinmann, Horst/Fees, Werner, Der mitbestimmte Aufsichtsrat, Stuttgart 1988
Geßler, Ernst/Hefermehl, Wolfgang/Eckardt, Ulrich/Kropff, Bruno, Aktiengesetz, Kommentar, Band I (§§ 1- 75), München 1984; Band II (§§ 76 – 147), München 1974; Band IV (§§ 179 – 240), München 1989/93/94; Band V (§§ 241 – 290), München 1984/86; Band VI (§§ 291 – 410), München 1976/91/93/94
(zitiert: *Bearbeiter* in G/H/E/K)
Gilson, Ronald J./Black, Bernard S., The Law and Finance of Corporate Acquisitions, Second Edition, Westbury, New York 1995
GmbH-Handbuch, herausgegeben von der Centrale für GmbH Dr. Otto Schmidt, Loseblattausgabe, Band II, 15. Auflage, Köln 1998ff.
(zitiert: *Bearbeiter* in GmbH-Handbuch)
Görk, Stefan, Das EuGH-Urteil in Sachen „Centros" vom 9.März 1999: Kein Freibrief für Briefkastengesellschaften!, GmbHR 1999, S. 793ff.
Goette, Wulf, Anmerkung zu BGH DStR 2002, S. 1678f.; DStR 2002, S. 1679f.
Göttsche, Max, Das Centros-Urteil des EuGH und seine Auswirkungen, DStR 1999, S. 1403ff.
Götz, Jürgen, Unternehmerische Mitbestimmung in der multinationalen Holdinggesellschaft, Die AG 2002, S. 552ff.

Gordon, Jeffrey N., Pathways to Corporate Convergence? Two Steps on the Road to Shareholder Capitalism in Germany: Deutsche Telekom and DaimlerChrysler,
The Columbia Journal of European Law 5 (1999), S. 219ff.
(= Columbia Law School, The Center for Law and Economic Studies, Working Paper No. 161, Januar 2000, als pdf-Datei im Internet abrufbar unter http://www.law.columbia.edu/laweconomicstudies/papers/wp161.pdf)
Grabitz, Eberhard/Hilf, Meinhard, Das Recht der Europäischen Union, Kommentar, Loseblattsammlung, München, Stand Februar 2002
(zitiert: *Bearbeiter* in: Grabitz/Hilf, Das Recht der Europäischen Union)
Grasmann, Günther, System des internationalen Gesellschaftsrechts, Herne u.a. 1970
Grobecker, Wolfgang/Michel, Arndt, Rückkauf eigener Aktien: Die Grenzen des § 71 Abs. 1 Nr. 8 AktG, DStR 2001, S. 1757ff.
Gromann, Hans-Georg, Die Gleichordnungskonzerne im Konzern- und Wettbewerbsrecht, Köln, Berlin, Bonn, München 1979
(zitiert: *Gromann*, Gleichordnungskonzerne)
Gronstedt, Sebastian, Kommentar zu BGH BB 2002, S. 2031ff.; BB 2002, S. 2033f.
Großfeld, Bernhard, Internationales und Europäisches Unternehmensrecht, 2. Auflage, Heidelberg 1995
ders., Internationales Umwandlungsrecht, Die AG 1996, S. 302ff.
ders., Netzverknüpfer, Zur Verschmelzung Daimler-Benz/Chrysler, in: Gedächtnisschrift für Alexander Lüderitz, München 2000, S. 233ff.
ders., Loss of Distance: Global Corporate Actors and Global Corporate Governance – Internet v. Geography, The International Lawyer 34 (2000), S. 963ff.
ders., Cross-Border Mergers: Corporate Accounting/Corporate Valuation, ZVglRWiss 101 (2002), S. 1ff.
ders., Die Sitztheorie in der Europäischen Union - ein mutiger Schritt des EuGH, RIW Heft 12/2002, Die erste Seite
ders./Hoeltzenbein, Josef, CyberLex als Unternehmensrecht, NZG 2001, S. 779ff.
ders./Jasper, Dieter, Identitätswahrende Sitzverlegung und Fusion von Kapitalgesellschaften in die Bundesrepublik Deutschland, RabelsZ 53 (1989), S. 52ff.
Großkommentar zum Aktiengesetz, Band I/1 (§§ 1- 75), 3. Auflage, Berlin, New York 1973; Band I/2 (§§ 76 – 147), 3. Auflage, Berlin, New York 1973; Band III (§§ 179 – 290), 3. Auflage, Berlin, New York 1973; Band IV (§§ 291 – 410), 3. Auflage, Berlin, New York 1975; 4. Auflage, 1. Lieferung (Einleitung A – D), Berlin, New York 1992; 2. Lieferung (§§ 1 – 14), Berlin, New York 1992; 4. Lieferung (§§ 121 – 130), Berlin, New York 1993; 5. Lieferung (§§ 179 – 191),

Berlin, New York 1995; 6. Lieferung, (§§ 241 – 255), Berlin, New York 1996; 7. Lieferung, (§§ 23 – 40), Berlin, New York 1997; 11. Lieferung (§§ 92 – 94), Berlin, New York 1999; 12. Lieferung (Mitbestimmungsgesetz), Berlin, New York 1999; 14. Lieferung (§§ 118 – 120), Berlin, New York 1999; 16. Lieferung (§§ 131, 132), Berlin, New York 2001; 18. Lieferung (§§ 192 – 206), Berlin, New York 2001 (zitiert: GK/*Bearbeiter*)

Grothe, Helmut, Die „ausländische Kapitalgesellschaft & Co.“, Köln, Berlin, Bonn, München 1989

Grunewald, Barbara, Europäisierung des Übernahmerechts, Die AG 2001, S. 288ff.

dies., Die neue Squeeze-out-Regelung, ZIP 2002, S. 18ff.

Gruson, Michael, Global Shares of German Corporations and Their Dual Listings on the Frankfurt and New York Stock Exchanges, in: Horn, Norbert (Hrsg.), Cross-Border Mergers and Acquisitions and the Law, Den Haag, London, New York 2001, S. 163ff.

Haack, Stefan, Kurzkommentar zu BayObLG, Beschluß vom 26.8.1998 (3Z BR 78/98), EWiR 1999, S. 563f.

ders., Kommentar zu OLG Frankfurt a.M., Urteil vom 23.6.1999, RIW 2000, S. 56f.

ders., Anmerkung zu BGH MDR 2002, S. 1382f.; MDR 2002, S. 1383ff.

Haarmann, Wilhelm/Riehmer, Klaus/Schüppen, Matthias (Hrsg.), Öffentliche Übernahmeangebote, Kommentar zum Wertpapierwerwerbs- und Übernahmegesetz, Heidelberg 2002 (zitiert: *Bearbeiter* in: Haarmann/Riehmer/Schüppen (Hrsg.), Öffentliche Übernahmeangebote)

Haase, Karsten, Das Recht des aktienrechtlichen Abfindungsergänzungsanspruchs als notwendiger Bestandteil der §§ 305, 306 AktG, Die AG 1995, S. 7ff.

Habersack, Mathias, Europäisches Gesellschaftsrecht, München 1999

ders., Aktienrecht und Internet, ZHR 165 (2001), S. 172ff.

ders., Der Finanzplatz Deutschland und die Rechte der Aktionäre, ZIP 2001, S. 1230ff.

Hachenburg, GmbH-Gesetz, Großkommentar, Band 1 (Allgemeine Einleitung; §§ 1 – 34), 8. Auflage, Berlin, New York 1992 (zitiert: Hachenburg-*Bearbeiter*)

v. Halen, Curt Christian, Das Gesellschaftsstatut nach der Centros-Entscheidung des EuGH, Heidelberg 2001 (zitiert: *v. Halen*, Gesellschaftsstatut)

ders., Der Streit um die Sitztheorie vor der Entscheidung?, EWS 2002, S. 107ff.

Hallweger, Matthias, Anmerkung zu OLG Frankfurt a.M. NZG 1999, S. 1097f.; NZG 1999, S. 1098

Halm, Dirk, „Squeeze-Out“ heute und morgen: Eine Bestandsaufnahme nach dem künftigen Übernahmerecht, NZG 2000, S. 1162ff.
Hamilton, Robert W., The Law of Corporations in a Nutshell, Fourth Edition, St. Paul, Minn. 1996 (zitiert: *Hamilton*, The Law of Corporations)
Hammen, Horst, Zweigniederlassungsfreiheit europäischer Gesellschaften und Mitbestimmung der Arbeitnehmer auf Unternehmensebene, WM 1999, S. 2487ff.
Hanau, Peter/Ulmer, Peter, Mitbestimmungsgesetz, Kommentar, München 1981 (zitiert: *Bearbeiter* in: Hanau/Ulmer, MitbestG)
Handbuch der Konzernfinanzierung, herausgegeben von Marcus Lutter, Eberhard Scheffler und Uwe H. Schneider, Köln 1998 (zitiert: *Bearbeiter* in: Handbuch der Konzernfinanzierung)
Hansen, Herbert, Die Megafusion zwischen Daimler-Benz und Chrysler, Die AG 1998, S. R 224ff.
ders., Die großen Fusionen der jüngsten Zeit, Die AG 1999, S. R 4ff.
Hasselbach, Kai, Kurzkommentar zu BGH, Beschluss v. 13.11.2001 - XI ZR 122/01; EWiR 2002, S. 733f.
Hausmann, Rainer, Doppelter Sitz von Kapitalgesellschaften nach deutschem Gesellschaftsrecht und internationalem Privatrecht, in: Hausmann, Rainer/van Raad, Kees/Raupach, Arndt/Veelken, Winfried, Steuergestaltung durch doppelt ansässige Gesellschaften?, München 1988, S. 13ff.
Heidenhain, Martin, Spaltungsvertrag und Spaltungsplan, NJW 1995, S. 2873ff.
ders., Ausländische Kapitalgesellschaften mit Verwaltungssitz in Deutschland, NZG 2002, S. 1141ff.
von Hein, Jan, Vom Vorstandsvorsitzenden zum CEO?, ZHR 166 (2002), S. 464ff.
Heinze, Meinhard, Probleme der Mitbestimmung und Betriebsverfassung bei einer grenzüberschreitenden Umstrukturierung von Unternehmen im Binnenmarkt, ZGR 1994, S. 47ff.
ders., Ein neuer Lösungsweg für die Europäische Aktiengesellschaft, Die AG 1997, S. 289ff.
ders., Arbeitsrechtliche Probleme bei der grenzüberschreitenden Sitzverlegung in der Europäischen Gemeinschaft, ZGR 1999, S. 54ff.
ders., Die Europäische Aktiengesellschaft, ZGR 2002, S. 66ff.
Hennerkes, Brun-Hagen/Binz, Mark B., Das sog. Anwachsungsmodell – zur „Umwandlung“ einer GmbH & Co. auf ihre Komplementär-GmbH durch Ausscheiden aller Kommanditisten, in: Festschrift für Heinz Meilicke, Berlin, Heidelberg, New York, Tokyo 1985, S. 31ff.

Henze, Hartwig, Die „zweistufige“ Konzernverschmelzung, Die AG 1993, S. 341ff.
ders., Leitungsverantwortung des Vorstands – Überwachungspflicht des Aufsichtsrats, BB 2000, S. 209ff.
ders., Aktuelle Rechtsprechung des BGH zum Aktienrecht, BB 2000, S. 2053ff.
ders., Der Schlusspunkt des Bundesverfassungsgerichts unter den Streit um die „übertragende Auflösung“, in: Festschrift für Martin Peltzer, Köln 2001, S. 181ff.
ders., Pünktlich zur Hauptversammlungssaison: Ein Rechtsprechungsüberblick zu Informations- und Auskunftsrechten, BB 2002, S. 893ff.
ders., Erscheinungsformen des squeeze-out von Minderheitsaktionären, in: Festschrift für Herbert Wiedemann, München 2002, S. 935ff.
Herdegen, Matthias, Internationales Wirtschaftsrecht, 3. Auflage, München 2002
Herfs-Röttgen, Ebba, Arbeitnehmerbeteiligung in der Europäischen Aktiengesellschaft, NZA 2001, S. 424ff.
Herzig, Norbert, Spaltung und Verschmelzung, in: Bericht über die Steuerfachtagung 1993 des Instituts der Wirtschaftsprüfer in Deutschland e. V., Generalthema Steuergestaltung bei verbundenen Unternehmen in Europa, Düsseldorf 1994, S. 187ff. (zitiert: *Herzig*, Spaltung und Verschmelzung)
ders./Förster, Guido, Grenzüberschreitende Verschmelzung von Kapitalgesellschaften, DB 1994, S. 1ff.
Hesselmann, Malte/Tillmann, Bert, Handbuch der GmbH & Co., 17. Auflage, Köln 1991, 18. Auflage, Köln 1997
Hirte, Heribert, Der Einfluß neuer Informationstechniken auf das Gesellschaftsrecht und die corporate-governance-Debatte, in: Liber Amicorum Richard M. Buxbaum, London, Den Haag, Boston 2000, S. 283ff.
ders., Die Entwicklung des Unternehmens- und Gesellschaftsrechts in Deutschland in den Jahren 1998 und 1999, NJW 2000, S. 3321ff.
ders., Für Deutschland eine kleine Revolution, FAZ Nr. 241 vom 17.10.2001, S. 29
ders., Die Europäische Aktiengesellschaft, NZG 2002, S. 1ff.
ders., Kommentar zu EuGH EWS 2002, S. 569ff.; EWS 2002, S. 573f.
Höfling, Barbara, Die Sitztheorie, Centros und der österreichische OGH, EuZW 2000, S. 145ff.
Hoffmann, Jochen, Die Bildung der Aventis S. A. – ein Lehrstück des europäischen Gesellschaftsrechts, NZG 1999, S. 1077ff.
ders., Neue Möglichkeiten zur identitätswahrenden Sitzverlegung in Europa?, ZHR 164 (2000), S. 43ff.

Hoffmann-Becking, Michael, Rechtliche Möglichkeiten und Grenzen einer Verbesserung der Arbeit des Aufsichtsrats, in: Festschrift für Hans Havermann, Düsseldorf 1995, S. 230ff.
ders., Zur rechtlichen Organisation der Zusammenarbeit im Vorstand der AG, ZGR 1998, S. 497ff.
ders., Gestaltungsmöglichkeiten bei Anreizsystemen, NZG 1999, S. 797ff.
Hofmann, Harald, Einfluß grenzüberschreitender Unternehmenszusammenschlüsse auf die Arbeitnehmermitwirkung in Gesellschaftsorganen, AuR 1978, S. 358ff.
Hommel, Michael, Neue Goodwillbilanzierung – das FASB auf dem Weg zur entobjektivierten Bilanz?, BB 2001, S. 1943ff.
ders., Bilanzierung von Goodwill und Badwill im internationalen Vergleich, RIW 2001, S. 801ff.
Hommelhoff, Peter, Die Konzernleitungspflicht, Köln, Berlin, Bonn, München 1982
ders., Das Unternehmensrecht vor den Herausforderungen der Globalisierung, in: Festschrift für Marcus Lutter, Köln 2000, S. 95ff.
ders., Einige Bemerkungen zur Organisationsverfassung der Europäischen Aktiengesellschaft, Die AG 2001, S. 279ff.
ders./Timm, Wolfram, Anmerkung zu LG Köln Die AG 1976, S. 329f.; Die AG 1976, S. 330ff.
Hoor, Gerd, Das Centros-Urteil des EuGH und seine Auswirkungen auf die Anknüpfung des Gesellschaftsstatuts, NZG 1999, S. 984ff.
Hopt, Klaus J., Harmonisierung im europäischen Gesellschaftsrecht, ZGR 1992, S. 265ff.
ders., Aktionärskreis und Vorstandsneutralität, ZGR 1993, S. 534ff.
ders., Arbeitnehmervertretung im Aufsichtsrat, in: Festschrift für Ulrich Everling, Band I, Baden-Baden 1995, S. 475ff.
ders., Auf dem Weg zum deutschen Übernahmegesetz, in: Festschrift für Wolfgang Zöllner, Band I, Köln, Berlin, Bonn, München 1998, S. 253ff.
ders., Europäisches Gesellschaftsrecht – Krise und neue Anläufe, ZIP 1998, S. 96ff.
ders., Verhaltenspflichten des Vorstands der Zielgesellschaft bei feindlichen Übernahmen - Zur aktien- und übernahmerechtlichen Rechtslage in Deutschland und Europa -, in: Festschrift für Marcus Lutter, Köln 2000, S. 1361ff.
ders., Europäische Aktiengesellschaft – per aspera ad astra?, EuZW 2002, S. 1

ders., Unternehmensführung, Unternehmenskontrolle, Modernisierung des Aktienrechts. - Zum Bericht der Regierungskommission Corporate Governance -. in: Hommelhoff, Peter/Lutter, Marcus/Schmidt, Karsten/ Schön, Wolfgang/Ulmer, Peter (Hrsg.), Corporate Governance, Heidelberg 2002, S. 27ff.
ders., Übernahmen, Geheimhaltung und Interessenkonflikte: Probleme für Vorstände, Aufsichtsräte und Banken, ZGR 2002, S. 333ff.
ders., Grundsatz- und Praxisprobleme nach dem Wertpapiererwerbs- und Übernahmegesetz, ZHR 166 (2002), S. 383ff.
Horn, Norbert, Internationale Unternehmenszusammenschlüsse, ZIP 2000, S. 473ff.
ders., Rechtsfragen internationaler Unternehmenszusammenschlüsse, in: Liber Amicorum Richard M. Buxbaum, London, Den Haag, Boston 2000, S. 315ff.
ders., Verträge über internationale Unternehmenszusammenschlüsse, in: Festschrift für Marcus Lutter, Köln 2000, S. 1113ff.
ders., Entwicklungen im internationalen Kapitalgesellschafts- und Fusionsrecht, in: Gedächtnisschrift für Alexander Lüderitz, München 2000, S. 303ff.
ders., Cross-Border Mergers and Acquisitions and the Law: An Introduction, in: Horn, Norbert (Hrsg.), Cross-Border Mergers and Acquisitions and the Law, Den Haag, London, New York 2001, S. 3ff.
Huber, Ulrich, Vermögensanteil, Kapitalanteil und Gesellschaftsanteil an Personengesellschaften des Handelsrechts, Heidelberg 1970 (zitiert: *Huber*, Vermögensanteil, Kapitalanteil und Gesellschaftsanteil)
ders., Zum Aktienerwerb durch ausländische Tochtergesellschaften, in: Festschrift für Konrad Duden, München 1977, S. 137ff.
ders., Die Abfindung der neuen Aktionäre bei Nichtigkeit der Kapitalerhöhung, in: Festschrift für Carsten Peter Claussen, Köln, Berlin, Bonn, München 1997, S. 147ff.
ders., Rückkauf eigener Aktien, in: Festschrift für Bruno Kropff, Düsseldorf 1997, S. 101ff.
Hüffer, Uwe, Aktienbezugsrechte als Bestandteil der Vergütung von Vorstandsmitgliedern und Mitarbeitern – gesellschaftsrechtliche Analyse, ZHR 161 (1997), S. 214ff.
ders., Aktiengesetz, Kommentar, 5. Auflage, München 2002
Hügel, Hanns F., Steuerrechtliche Hindernisse bei der internationalen Sitzverlegung, ZGR 1999, S. 71ff.

Ihrig, Hans-Christoph, Verschmelzung und Spaltung ohne Gewährung neuer Anteile?, ZHR 160 (1996), S. 317ff.

Immenga, Ulrich, Zuständigkeiten des mitbestimmten Aufsichtsrats, ZGR 1977, S. 249ff.
ders., Vertragliche Vinkulierung von Aktien?, Die AG 1992, S. 79ff.

Jaeger, Carsten, Die Europäische Aktiengesellschaft – europäischen oder nationalen Rechts, Baden-Baden 1994
ders., Wie europäisch ist die Europäische Aktiengesellschaft?, ZEuP 1994, S. 206ff.
Jaeger, Gerold, Kapitalgesellschaften in der EU – dauerhaft Niederlassungsberechtigte zweiter Klasse?, NZG 2000, S. 918ff.
Jahn, Andreas/Herfs-Röttgen, Ebba, Die Europäische Aktiengesellschaft – Societas Europaea, DB 2001, S. 631ff.
Jansen, Stephan A./Picot, Gerhard/Schiereck, Dirk (Hrsg.), Internationales Fusionsmanagement, Erfolgsfaktoren grenzüberschreitender Unternehmenszusammenschlüsse, Stuttgart 2001
Jocham, Andrea, Deutsche Bank spart Milliarden, Handelsblatt Nr. 94 vom 18.05.1998, S. 23
dies., Aktionär will Höhe der Managergehälter deckeln, Handelsblatt Nr. 180 vom 18.09.1998, S. 23
dies., Klage kann Fusion nicht stoppen, Handelsblatt Nr. 198 vom 14.10.1998, S. 19
Joost, Detlev, „Holzmüller 2000“ vor dem Hintergrund des Umwandlungsgesetzes, ZHR 163 (1999), S. 164ff.

Kallmeyer, Harald, Das neue Umwandlungsgesetz, ZIP 1994, S. 1746ff.
ders., Grenzüberschreitende Verschmelzungen und Spaltungen?, ZIP 1996, S. 535ff.
ders., Die Mobilität der Gesellschaften in der Europäischen Union, Die AG 1998, S. 88ff.
ders., Anwendung von Verfahrensvorschriften des Umwandlungsgesetzes auf Ausgliederungen nach Holzmüller, Zusammenschlüsse nach der Pooling-of-interests-Methode und die sog. übertragende Auflösung, in: Festschrift für Marcus Lutter, Köln 2000, S. 1245ff.
ders., Neutralitätspflicht des Vorstands und Entscheidungsbefugnis der Hauptversammlung im Übernahmerecht, Die AG 2000, S. 553f.
ders. (Hrsg.), Umwandlungsgesetz, Kommentar, 2. Auflage, Köln 2001 (zitiert: Kallmeyer/*Bearbeiter*)
ders., Umwandlung nach UmwG und Unternehmensakquisition, DB 2002, S. 568ff.

ders., Tragweite des Überseering-Urteils des EuGH vom 5.11.2002 zur grenzüberschreitenden Sitzverlegung, DB 2002, S. 2521f.
Kalss, Susanne, Europarechtliche und verfassungsrechtliche Rahmenbedingungen für das Umwandlungsrecht, JBl. 1995, S. 420ff.
Karollus, Martin/Geist, Reinhard, Das österreichische Übernahmegesetz – (k)ein Papiertiger?! – eine Fallstudie, NZG 2000, S. 1145ff.
Kegel, Gerhard/Schurig, Klaus, Internationales Privatrecht, 8. Auflage, München 2000
Keidel, Theodor/Kuntze, Joachim/Winkler, Karl, Freiwillige Gerichtsbarkeit, Teil A, Kommentar zum Gesetz über die Angelegenheiten der freiwilligen Gerichtsbarkeit, 13. Auflage, München 1992 (zitiert: *Bearbeiter* in Keidel/Kuntze/Winkler)
Keim, Christopher, § 313 BGB und die Beurkundung zusammengesetzter Verträge, DNotZ 2001, S. 827ff.
Kessler, Manfred/Suchan, Stefan Wilhelm, Erwerb eigener Aktien und dessen handelsbilanzielle Behandlung, BB 2000, S. 2529ff.
Kiem, Roger, Der Erwerb eigener Aktien bei der kleinen AG, ZIP 2000, S. 209ff.
ders., Das neue Übernahmegesetz: „Squeeze-out“, in: Henze, Hartwig/Hoffmann-Becking, Michael (Hrsg.), Gesellschaftsrecht 2001, Köln 2001, S. 329ff.
Kieninger, Eva-Maria, Niederlassungsfreiheit als Rechtswahlfreiheit, ZGR 1999, S. 724ff.
dies., Anmerkung zu OGH NZG 2000, S. 36ff.; NZG 2000, S. 39ff.
dies., Anmerkung zu OLG Düsseldorf, Beschluß vom 26.3.2001 – 3 Wx 88/01, NZG 2001, S. 610ff.
Kieser, Markus, Die Typenvermischung über die Grenze, Diss. Konstanz 1988
Kindl, Johann, Die Geltendmachung von Mängeln bei aktienrechtlichen Aufsichtsratsbeschlüssen und die Besetzung von Ausschüssen in mitbestimmten Gesellschaften, DB 1993, S. 2065ff.
ders., Der Erwerb eigener Aktien nach dem KonTraG, DStR 1999, S. 1276ff.
ders., Beschlussfassung des Aufsichtsrats und neue Medien – Zur Änderung des § 108 Abs. 4 AktG, ZHR 166 (2002), S. 335ff..
Kindler, Peter, Bezugsrechtsausschluß und unternehmerisches Ermessen nach deutschem und europäischem Recht, ZGR 1998, S. 35ff.
ders., Niederlassungsfreiheit für Scheinauslandsgesellschaften?, Die „Centros“-Entscheidung des EuGH und das internationale Privatrecht, NJW 1999, S. 1993ff.
ders., Kurzkommentar zu OLG Frankfurt/M., Urteil vom 23.6.1999 (22 U 219/97), EWiR 1999, S. 1081f.

ders., Das Centros-Urteil des Europäischen Gerichtshofs, in: Gesellschaftsrechtliche Vereinigung (VGR; Hrsg.), Gesellschaftsrecht in der Diskussion 1999, Köln 2000, S. 87ff.

ders., Internationales Gesellschaftsrecht am Scheideweg, RIW 2000, S. 649ff.

ders., Der Aktionär in der Informationsgesellschaft, NJW 2001, S. 1678ff.

Kingstone, Mark/Land, Stephen, UK/US Mergers - Structure and Tax, PLC Magazine IX (1998), S. 17ff.

Kirchner, Christian, Neutralitäts- und Stillhaltepflicht des Vorstands der Zielgesellschaft im Übernahmerecht, Die AG 1999, S. 481ff.

Kirchner, Jörg/Sailer, Viola, Rechtsprobleme bei Einbringung und Verschmelzung, NZG 2002, S. 305ff.

Klapdor, Ralf, Überlegungen zur Besteuerung der europäischen Aktiengesellschaft, EuZW 2001, S. 677ff.

Klausing, Friedrich, Gesetz über Aktiengesellschaften und Kommanditgesellschaften auf Aktien (Aktien-Gesetz) nebst Einführungsgesetz und „Amtlicher Begründung", Berlin 1937 (zitiert: *Klausing)*

Kleindiek, Detlev, Funktion und Geltungsanspruch des Pflichtangebots nach dem WpÜG, ZGR 2002, S. 546ff.

Klinke, Ulrich, Europäisches Unternehmsrecht und EuGH, ZGR 2002, S. 163ff.

Knobbe-Keuk, Brigitte, Niederlassungsfreiheit: Diskriminierungs- oder Beschränkungsverbot?, DB 1990, S. 2573ff.

dies., Umzug von Gesellschaften in Europa, ZHR 154 (1990), S. 325ff.

Knoll, Leonhard, Fusionen und Managerbezüge: Schaffung oder Vernichtung von Shareholder Value?, FinanzBetrieb 2001, S. 239ff.

Koch, Christian/Hofacker, Karsten, Merger of Equals – eine neue Form von Unternehmenszusammenschlüssen?, FinanzBetrieb 2000, S. 541ff.

Kölner Kommentar zum Aktiengesetz, Band 1 (§§ 1 – 147), 1. Auflage, Köln, Berlin, Bonn, München 1985; Band 1 (§§ 1 – 75), 2. Auflage, Köln, Berlin, Bonn, München 1988; Band 2 (§§ 76 – 117), 2. Auflage, Köln, Berlin, Bonn, München 1996; Band 5/1 (§§ 179 – 240), 2. Auflage, Köln, Berlin, Bonn, München 1995; Band 6, 1. Lieferung (§§ 291 – 328), 2. Auflage, Köln, Berlin, Bonn, München 1987; Band 6, 2. Lieferung (§§ 339 – 361), 2. Auflage, Köln, Berlin, Bonn, München 1990
(zitiert: KK/*Bearbeiter*)

Kölner Kommentar zum WpÜG, Köln, Berlin, Bonn, München 2003
(zitiert: KK WpÜG/Bearbeiter)

König, Jochen, Doppelsitz einer Kapitalgesellschaft – Gesetzliches Verbot oder zulässiges Mittel der Gestaltung einer Fusion?, Die AG 2000, S. 18ff.

Köstler, Roland, Die Europäische Aktiengesellschaft ist beschlossene Sache, Die Mitbestimmung 2001, S. 48f.

Koller, Ingo/Roth, Wulf-Henning/Morck, Winfried, Handelsgesetzbuch, Kommentar, 3. Auflage, München 2002 (zitiert: *Bearbeiter* in Koller/Roth/Morck)

Koppensteiner, Hans-Georg, Internationale Unternehmen im deutschen Gesellschaftsrecht, Frankfurt am Main 1971 (zitiert: *Koppensteiner*, Internationale Unternehmen)

ders., Die Sitzverlegungsrichtlinie nach Centros, in: Festschrift für Marcus Lutter, Köln 2000, S. 141ff.

ders., Centros und die Folgen, in: Gesellschaftsrechtliche Vereinigung (VGR; Hrsg.), Gesellschaftsrecht in der Diskussion 1999, Köln 2000, S. 151ff.

Kort, Michael, Bestandsschutz fehlerhafter Strukturänderungen im Kapitalgesellschaftsrecht, München 1998 (zitiert: *Kort*, Bestandsschutz)

Kossmann, Alfred, Ausschluß („Freeze out") von Aktionären gegen Barabfindung, NZG 1999, S. 1198ff.

Kowalski, André, Eingliederung: Abfindung durch Ausnutzung genehmigten Kapitals, Die AG 2000, S. 555ff.

Krause, Hartmut, Zur „Pool- und Frontenbildung" im Übernahmekampf und zur Organzuständigkeit für Abwehrmaßnahmen gegen „feindliche" Übernahmeangebote, Die AG 2000, S. 217ff.

ders., Das deutsche Übernahmegesetz vor dem Hintergrund der EU-Richtlinie, ZGR 2002, S. 500ff.

ders., Das neue Übernahmerecht, NJW 2002, S. 705ff.

Krawitz, Norbert, Die Problematik des Richtlinieneinklangs bei der Goodwill-Abschreibung, DStR 2002, S. 145ff.

Kreuzer, Karl F., Grenzüberschreitende Restrukturierung von Gesellschaften im Gemeinsamen Markt, EuZW 1994, S. 73ff.

Krieger, Gerd, Personalentscheidungen des Aufsichtsrats, Köln, Berlin, Bonn, München 1981 (zitiert: *Krieger*, Personalentscheidungen)

ders., Zum Aufsichtsratspräsidium, ZGR 1985, S. 338ff.

ders., Fehlerhafte Satzungsänderungen: Fallgruppen und Bestandskraft, ZHR 158 (1994), S. 35ff.

ders., Spruchverfahren (§§ 305-312 UmwG), in: Lutter, Marcus (Hrsg.), Kölner Umwandlungsrechtstage: Verschmelzung, Spaltung, Formwechsel nach neuem Umwandlungsrecht und Umwandlungssteuerrecht, Köln 1995, S. 275ff. (zitiert: *Krieger* in: Lutter (Hrsg.), Verschmelzung – Spaltung – Formwechsel)

ders., Squeeze-Out nach neuem Recht: Überblick und Zweifelsfragen, BB 2002, S. 53ff.

Kronke, Herbert, Deutsches Gesellschaftsrecht und grenzüberschreitende Strukturänderungen, ZGR 1994, S. 26ff.

Kropff, Bruno, Textausgabe des Aktiengesetzes 1965 und des Einführungsgesetzes zum Aktiengesetz 1965 mit Begründung des Regierungsentwurfes und Bericht des Rechtsausschusses des Deutschen Bundestages, Düsseldorf 1965 (zitiert: *Kropff*)

Kroppholler, Jan, Internationales Privatrecht, 4. Auflage, Tübingen 2001 (zitiert: *Kroppholler*, IPR)

Kruse, Michael, Organisation des Entscheidungsprozesses im Aufsichtsrat der Aktiengesellschaft, Diss. Frankfurt am Main 1972 (zitiert: *Kruse*, Entscheidungsprozess)

Kruse, Viola, Sitzverlegung von Kapitalgesellschaften innerhalb der EU, Köln, Berlin, Bonn, München 1997 (zitiert: *Kruse*, Sitzverlegung von Kapitalgesellschaften)

Kübler, Friedrich, Aufsichtsratsmitbestimmung im Gegenwind der Globalisierung, in: Freundesgabe für Wulf H. Döser, Baden-Baden 1999, S. 237ff.

Kümpel, Siegfried, Bank- und Kapitalmarktrecht, 2. Auflage, Köln 2000

ders./Hammen, Horst, Zur Genehmigungsfähigkeit eines geplanten Börsenverbundes, WM-Sonderbeilage Nr. 3/2000, S. 3ff.

Kuls, Norbert, Robert Eaton sieht Chancen für Spitzenplatz in der Welt, Handelsblatt Nr. 181 vom 21.09.1998, S. 14

Land, Volker/Hasselbach, Kai, „Going Private" und „Squeeze-out" nach deutschem Aktien-, Börsen- und Übernahmerecht, DB 2000, S. 557ff.

Lange, Knut Werner, Anmerkung zu EuGH DNotZ 1999, S. 593ff.; DNotZ 1999, S. 599ff.

Larenz, Karl/Canaris, Claus-Wilhelm, Methodenlehre der Rechtswissenschaft, 3. Auflage, Berlin, Heidelberg, New York 1995 (zitiert: *Larenz/Canaris,* Methodenlehre)

Larenz, Karl/Wolf, Manfred, Allgemeiner Teil des Bürgerlichen Rechts, 8. Auflage, München 1997 (zitiert: *Larenz/Wolf,* AT)

Lawall, Lars, Umwandlungsrecht: Grenzüberschreitende Verschmelzungen innerhalb der Europäischen Wirtschaftsgemeinschaft, IStR 1998, S. 345ff.

Lawes, William, Cross-Border Merger Structure – BP AMOCO: A Case Study, in: Horn, Norbert (Hrsg.), Cross-Border Mergers and Acquisitions and the Law, Den Haag, London, New York 2001, S. 115ff.

Leible, Stefan, Anmerkung zu EuGH NZG 1999, S. 298ff.; NZG 1999, S. 300ff.

ders., Anmerkung zu LG Salzburg NZG 2001, S. 459f.; NZG 2001, S. 460f.

ders./Hoffmann, Jochen, Vom „Nullum" zur Personengesellschaft - Die Metamorphose der Scheinauslandsgesellschaft im deutschen Recht, DB 2002, S. 2203ff.

dies., „Überseering" und das (vermeintliche) Ende der Sitztheorie, RIW 2002, S. 925ff.

Leinekugel, Rolf, Die Ausstrahlungswirkungen des Umwandlungsgesetzes, Köln, Berlin, Bonn, München 2000 (zitiert: *Leinekugel*, Ausstrahlungswirkungen)

Lennerz, Ursula, Die internationale Verschmelzung und Spaltung unter Beteiligung deutscher Gesellschaften, Köln 2001 (zitiert: *Lennerz*, Die internationale Verschmelzung und Spaltung)

Lippert, Hans-Dieter, Zulässigkeit und Aufgaben von Beiräten in Aktiengesellschaften – LG Köln, Die AG 1976, 329; JuS 1978, S. 90ff.

Lange, Michael/Nieper, Franz/Westerdijk, Arjen S., Das niederländische Gesellschaftsrecht, Einführung und Gesetzestext, Den Haag, London, Boston 1998 (zitiert: *Lange/Nieper/Westerdijk*, Das niederländische Gesellschaftsrecht)

Loehr, Helmut, Der Freiwillige Übernahmekodex, in: von Rosen, Rüdiger/Seifert, Werner G. (Hrsg.), Die Übernahme börsennotierter Unternehmen, o.O., 1999, S. 149ff.

Lopatta, Kerstin, Erfassung des Goodwill in unterschiedlichen Rechnungslegungssystemen unter Berücksichtigung grenzüberschreitender Fusionen, RIW 2000, S. 354ff.

Lucks, Kai/Meckl, Reinhard, Internationale Mergers & Acquisitions, Der prozeßorientierte Ansatz, Berlin, Heidelberg, New York u.a. 2002

Lutter, Marcus, Empfehlen sich für die Zusammenfassung europäischer Unternehmen neben oder statt der europäischen Handelsgesellschaft und der internationalen Fusion weitere Möglichkeiten der Gestaltung auf dem Gebiete des Gesellschaftsrechts?, Gutachten H zum 48. Deutschen Juristentag, München 1970 (zitiert: *Lutter*, Gutachten)

ders. (Hrsg.), Recht und Steuer der internationalen Unternehmensverbindungen, Düsseldorf 1972 (zitiert: *Bearbeiter* in: Lutter (Hrsg.), Recht und Steuer der internationalen Unternehmensverbindungen)

ders., Die Rechte der Gesellschafter beim Abschluß fusionsähnlicher Unternehmensverbindungen, Düsseldorf 1974 (zitiert: *Lutter*, Die Rechte der Gesellschafter)

ders., Anmerkung zu LG Dortmund Die AG 1977, S. 109ff.; Die AG 1977, S. 113ff.

ders., Mitbestimmungsprobleme im internationalen Konzern, in: Festschrift für Konrad Zweigert, Tübingen 1981, S. 251ff.

ders., Bezugsrechtsausschluß und genehmigtes Kapital, BB 1981, S. 861ff.

ders., Die Rechte und Pflichten des Vorstands bei der Übertragung vinkulierter Namensaktien, Die AG 1992, S. 369ff.

ders., Umstrukturierung von Unternehmen über die Grenze: Versuch eines Resümees, ZGR 1994, S. 87ff.
ders., Der Aufsichtsrat: Konstruktionsfehler, Inkompetenz seiner Mitglieder oder normales Risiko?, Die AG 1994, S. 176f.
ders., Zum Umfang der Bindung durch Richtlinien, in: Festschrift für Ulrich Everling, Baden-Baden 1995, Band I, S. 765ff.
ders. Europäisches Unternehmensrecht, 4. Auflage, Berlin, New York 1996
ders., Das Europäische Unternehmensrecht im 21.Jahrhundert, ZGR 2000, S. 1ff.
ders., The Cross-Border Transfer of a Company's Seat in Europe, Europarättslig Tidskrift 2000, S. 60ff.
ders. (Hrsg.), Umwandlungsgesetz, Kommentar, 2. Auflage, Köln 2000 (zitiert: *Bearbeiter* in Lutter)
ders., Schlusswort, Die AG 2001, S. 300f.
ders., Europäische Aktiengesellschaft – Rechtsfigur mit Zukunft?, BB 2002, S. 1ff.
ders./Bezzenberger, Tilman, Für eine Reform des Spruchverfahrens im Aktien- und Umwandlungsrecht, Die AG 2000, S. 433ff.
ders./Drygala, Tim, Die Übertragende Auflösung: Liquidation der Aktiengesellschaft oder Liquidation des Minderheitenschutzes?, in: Festschrift für Bruno Kropff, Düsseldorf 1997, S. 191ff.
ders./Hommelhoff, Peter, GmbH-Gesetz, Kommentar, 13. Auflage, Köln 1991; 15. Auflage, Köln 2000
ders./Kremer, Thomas, Die Beratung der Gesellschaft durch Aufsichtsratsmitglieder, ZGR 1992, S. 87ff.
ders./Krieger, Gerd, Rechte und Pflichten des Aufsichtsrats, 4. Auflage, Köln 2002
ders./Leinekugel, Rolf, Kompetenzen von Hauptversammlung und Gesellschafterversammlung beim Verkauf von Unternehmensteilen, ZIP 1998, S. 225ff.
dies., Der Ermächtigungsbeschluß der Hauptversammlung zu grundlegenden Strukturmaßnahmen – zulässige Kompetenzübertragung oder unzulässige Selbstentmachtung?, ZIP 1998, S. 805ff.
dies., Planmäßige Unterschiede im umwandlungsrechtlichen Minderheitenschutz?, ZIP 1999, S. 261ff.
dies., Fehlerhaft angemeldete Kapitalerhöhungen, ZIP 2000, S. 1225ff.
Lüttmann, Ruth, Kontrollwechsel in Kapitalgesellschaften, Baden-Baden 1992
Lurger, Brigitta, „Centros Revisited": Die österreichische Sitztheorie und die Niederlassungsfreiheit des EG-Vertrages, IPrax 2001, S. 346ff.

Mäsch, Gerald, Anmerkung zu öOGH JZ 2000, S. 199ff.; JZ 2000, S. 201f.

Maier-Reimer, Georg, Verhaltenspflichten des Vorstands der Zielgesellschaft bei feindlichen Übernahmen, ZHR 165 (2001), S. 258ff.
Martens, Klaus-Peter, Der Grundsatz gemeinsamer Vorstandsverantwortung, in: Festschrift für Hans-Joachim Fleck, Berlin, New York 1988, S. 191ff.
ders., Der Ausschluß des Bezugsrechts, ZIP 1992, S. 1677ff.
ders., Fusionsmodelle, in: Festschrift für Martin Peltzer, Köln 2001, S. 279ff.
Meilicke, Wienand, Anmerkung zu EuGH DB 1999, S. 625ff.; DB 1999, S. 627f.
ders., Sitztheorie versus Niederlassungsfreiheit?, GmbHR 2000, S. 693ff.
Merkt, Hanno, US-amerikanisches Gesellschaftsrecht, Heidelberg 1991
ders., Internationaler Unternehmenskauf, Köln 1997
ders., Verhaltenspflichten des Vorstands der Zielgesellschaft bei feindlichen Übernahmen, ZHR 165 (2001), S. 224ff.
Mertens, Hans-Joachim, Der Vorstand darf zahlen, Die AG 2000, S. 157ff.
Mestmäcker, Ernst-Joachim, Zur aktienrechtlichen Stellung der Verwaltung bei Kapitalerhöhungen, BB 1961, S. 945ff.
Michalski, Lutz, (Hrsg.), GmbHG, Kommentar, Band 1, 2002 (zitiert: *Bearbeiter* in: Michalski, GmbHG)
Möller, Andreas/Pötzsch, Thorsten, Das neue Übernahmerecht – Der Regierungsentwurf vom 11.Juli 2001, ZIP 2001, S. 1256ff.
Mülbert, Peter O., Die Zielgesellschaft im Vorschlag 1997 einer takeover-Richtlinie – zwei folgenreiche Eingriffe ins deutsche Aktienrecht, IStR 1999, S. 83ff.
ders./Birke, Max, Das übernahmerechtliche Behinderungsverbot - Die angemessene Rolle der Verwaltung einer Zielgesellschaft in einer feindlichen Übernahme -, WM 2001, S. 705ff.
ders./Schmolke, Klaus Ulrich, Die Reichweite der Niederlassungsfreiheit von Gesellschaften – Anwendungsgrenzen der Artt. 43ff. EGV bei kollisions- und sachrechtlichen Niederlassungshindernissen, ZVglRWiss 100 (2001), S. 233ff.
Müller, Hans-Friedrich, Haftung bei ausländischen Kapitalgesellschaften mit Inlandssitz, ZIP 1997, S. 1049ff.
Müller, Welf, Kurzkommentar zu OLG Brandenburg, Urteil vom 31.5.2000 – 14 U 144/99, EWiR 2001, S. 67f.
Müller-Berghoff, Bernd H., ABB Asea Brown Boveri AG – Ein multi-domestic Konzern, in: Hoffmann, Friedrich (Hrsg.), Konzernhandbuch, Wiesbaden 1993, S. 501ff.
von Münch, Ingo/Kunig, Philip(Hrsg.), Grundgesetz-Kommentar, Band 3 (Art. 70 bis Art. 146), 3. Auflage, München 1996 (zitiert: *Bearbeiter* in: von Münch/Kunig, GG)

Münchener Handbuch des Gesellschaftsrechts, Band 1, BGB-Gesellschaft, Offene Handelsgesellschaft, PartG, EWIV, München 1995
(zitiert: MünchHdb BGB-G/*Bearbeiter*);
Band 4, Aktiengesellschaft, 2. Auflage, München 1999
(zitiert: MünchHdb AG/*Bearbeiter*)
Münchener Kommentar zum Aktiengesetz, Band 1 (§§ 1 – 53), 2. Auflage, München 2000; Band 2 (53a - 75), 2. Auflage, München 2003; Band 7 (§§ 222 – 277), 2. Auflage, München 2001; Band 8 (§§ 278 – 328), 2. Auflage, Aktiengesetz, München 2000
(zitiert: MünchKomm AktG/*Bearbeiter*)
Münchener Kommentar zum Bürgerlichen Gesetzbuch, Band 7, EGBGB / Internationales Privatrecht, 2. Auflage, München 1990; Band 5, Schuldrecht, Besonderer Teil III (§§ 705 – 853), 3. Auflage, München 1997; Band 10, EGBGB (Art.1 – 38)/Internationales Privatrecht, 3. Auflage, München 1998; Band 11, EGBGB (Art.50 – 237)/Internationales Handels- und Gesellschaftsrecht, 3. Auflage, München 1999; Band 1, Allgemeiner Teil (§§ 1- 240, AGB-Gesetz), 4. Auflage, München 2001; Band 2, Schuldrecht, Allgemeiner Teil (§§ 241 – 432; Fernabsatzgesetz), 4. Auflage, München 2001
(zitiert: MünchKomm BGB/*Bearbeiter*)
Münchener Kommentar zum Handelsgesetzbuch, Band 1 (§§ 1 - 104), München 1996
(zitiert: MünchKomm HGB/*Bearbeiter*)
Münchener Vertragshandbuch, Band 1, Gesellschaftsrecht, 5. Auflage, München 2000
(zitiert: *Bearbeiter* in Münchener Vertragshandbuch)

Netter, Oscar, Zur Frage der Nichtigkeit befristeter Kapitalerhöhungsbeschlüsse einer Aktiengesellschaft, JW 1930, S. 3692ff.
Neye, Hans-Werner, Das neue Umwandlungsrecht vor der Verabschiedung im Bundestag, ZIP 1994, S. 917ff.
ders., Überblick über die Gesetzesänderungen, in: Lutter, Marcus (Hrsg.), Kölner Umwandlungsrechtstage: Verschmelzung, Spaltung, Formwechsel nach neuem Umwandlungsrecht und Umwandlungssteuerrecht, Köln 1995, S. 1ff.
(zitiert: *Neye* in: Lutter (Hrsg.), Verschmelzung – Spaltung – Formwechsel)
ders., Die Vorstellungen der Bundesregierung zum Vorschlag einer 14. Richtlinie, ZGR 1999, S. 13ff.
ders., Kurzkommentar zu EuGH, Urteil v. 9.3.1999 (Rs C-212/97), EWiR 1999, S. 259f.
ders., Der Ausschluss von Minderheitsaktionären („Squeeze-out“), in: Hirte, Heribert (Hrsg.), WpÜG, Köln, Berlin, Bonn, München 2002, S. 25ff.

ders., Kein neuer Stolperstein für die Europäische Aktiengesellschaft, ZGR 2002, S. 377ff.
ders., Kurzkommentar zu EuGH, Urt. v. 5.11.2002 - Rs C-208/00, EWiR 2002, S. 1003f.
Nieuwenhuis, J.H./Stolker, C.J.J.M./Valk, W.L./Timmerman, L., Ondernemingsrecht, Tekst & Commentaar, Deventer 2000 (zitiert: *Bearbeiter* in Nieuwenhuis/Stolker/Valk/Timmerman, Ondernemingsrecht)
N.N., Daimler-Benz und Chrysler planen die größte Fusion der Automobilgeschichte, FAZ Nr.105 vom 07.05.1998, S. 1
N.N., Führungsmannschaft des neuen Automobilkonzerns nimmt Gestalt an, FAZ Nr. 107 vom 09.05.1998, S. 18
N.N., „Das ist ein Hammer", Der Spiegel Nr. 20 vom 11.05.1998, S. 104ff.
N.N., Die Deutsche Bank spart viel Geld, FAZ Nr. 109 vom 12.05.1998, S. 25
N.N., Völlig neue Regeln, Wirtschaftswoche Nr. 21 vom 14.05.1998, S. 51
N.N., Daimler-Chrysler findet Zustimmung der Aufsichtsräte, FAZ Nr.112 vom 15.05.1998, S. 26
N.N., Ein steiniger Weg bis zur Fusion von Daimler und Chrysler, FAZ Nr. 152 vom 04.07.1998, S. 18
N.N., Mit Tarnkappe, FAZ Nr. 152 vom 04.07.1998, S. 13
N.N., DaimlerChrysler AG soll schon im November mit der Arbeit beginnen, FAZ Nr. 164 vom 18.07.1998, S. 21
N.N., Worte des Schweigens zur Fusion von Daimler-Chrysler, FAZ Nr.175 vom 31.07.1998, S. 19
N.N., Daimler-Benz ist auf dem Weg zum globalen Automobilkonzern, FAZ Nr. 178 vom 04.08.1998, S. 17
N.N., Kopper zwei Jahre an der AR-Spitze, Börsen-Zeitung Nr.149 vom 07.08.1998, S. 6
N.N., Daimler-Chrysler erwägt eine geänderte Dividendenpolitik, FAZ Nr. 209 vom 09.09.1998, S. 25
N.N., Benchmark DaimlerChrysler, Börsen-Zeitung Nr. 173 vom 10.09.1998, S. 1
N.N., Wenn Aktionäre zulangen, will auch die Belegschaft unbescheiden sein, FAZ Nr.210 vom 10.09.1998, S. 27
N.N., Mercedes setzt die Premiumstandards, Börsen-Zeitung Nr. 174 vom 11.09.1998, S. 8
N.N., Die Amerikanisierung von Daimler durch die Hintertür, FAZ Nr. 213 vom 14.09.1998, S. 24
N.N., Komplizierte Modelle ermöglichen die Überleitung, FAZ Nr. 214 vom 15.09.1998, S. 22

N.N., Auf die Umtauschquote kommt es an,
Handelsblatt Nr. 178 vom 16.09.1998, S. 14
N.N., „Streubesitz sollte mit Tausch warten",
Börsen-Zeitung Nr. 180 vom 19.09.1998, S. 6
N.N., Am Montag beginnt die große Werbekampagne,
FAZ Nr. 218 vom 19.09.1998, S. 17
N.N., Aktionäre spüren in Stuttgart einen Hauch von Geschichte,
Börsen-Zeitung Nr. 180 vom 19.09.1998, S. 6
N.N., 99,9 Prozent Zustimmung für Daimler-Chrysler in Deutschland,
FAZ Nr. 219 vom 21.09.1998, S. 23
N.N., Achtung Daimler-Aktionäre,
Börsen-Zeitung Nr. 188 vom 01.10.1998, S. 7
N.N., DaimlerChrysler nicht im „S&P 500"-Index,
FAZ Nr. 230 vom 05.10.1998, S. 28
N.N., Daimler-Chrysler: Abwarten mit dem Aktientausch,
Das Wertpapier Nr.21 vom 08.10.1998, S. 60
N.N., Anfechtungsklagen verhindern Fusion nicht,
FAZ Nr. 243 vom 20.10.1998, S. 25
N.N., Künftige Daimler-Benz-Aktionäre erhalten nur kleine Dividende,
FAZ Nr. 246 vom 23.10.1998, S. 20
N.N., Daimler erreicht Quote von 98 Prozent,
Börsen-Zeitung Nr. 216 vom 10.11.1998, S. 8
N.N., Daimler-Chrysler mit Übergangs-Aufsichtsrat,
FAZ Nr. 264 vom 13.11.1998, S. 2
N.N., Schwergewicht im Markt und an der Börse,
FAZ Nr. 267 vom 17.11.1998, S. 23
N.N., Poker um eine Fusion von Viag und Algroup,
FAZ Nr. 270 vom 20.11.1998, S. 22
N.N., Deutsche Bank schafft Sprung über den Atlantik,
FAZ Nr. 273 vom 24.11.1998, S. 21
N.N., Viag und Alusuisse Lonza gründen gemeinsamen Konzern,
SZ Nr. 275 vom 28.11.1998, S. 21
N.N., Viag fusioniert mit Alusuisse Lonza, FAZ Nr. 277 vom 28.11.1998, S. 13
N.N., Deutsche Bank sieht erhebliches Synergiepotential durch Bankers Trust,
FAZ Nr. 279 vom 01.12.1998, S. 21
N.N., „Fusionen sind Ausdruck einer neuen Handlungsfähigkeit",
FAZ Nr. 285 vom 08.12.1998, S. 23
N.N., Daimler-Chrysler formiert sich, FAZ Nr. 288 vom 11.12.1998, S. 20
N.N., Die Daimler-Benz AG wird aufgelöst,
FAZ Nr. 289 vom 12.12.1998, S. 17

N.N., Daimler-Chrysler ordnet seine Marken,
FAZ Nr. 291 vom 15.12.1998, S. 23
N.N., Kohlhaussen verlässt Daimler-Chrysler-Rat, FAZ vom 16.12.1998, S. 20
N.N., Ausschüsse für Aktionäre und Arbeitnehmer, FAZ vom 18.12.1998, S. 23
N.N., Vorbild Daimler-Chrysler, FAZ Nr. 7 vom 09.01.1999, S. 22
N.N., US-Anleger kehren Daimler den Rücken, Anteil auf nur noch 25 Prozent gesunken, Börsen-Zeitung Nr. 51 vom 16.03.1999, S. 1
N.N., Bei Daimler-Chrysler zieht Ernüchterung ein,
FAZ Nr. 74 vom 29.03.1999, S. 26
N.N., US-Aktionäre sind in der Minderheit, SZ Nr. 76 vom 01.04.1999, S. 27
N.N., Telekom-Fusion problematisch für die Aktionäre,
Das Wertpapier Nr. 10 vom 06.05.1999, S. 72
N.N., Deutsch-italienischer Telephon-Riese bekommt
zwei Vorstandsvorsitzende, SZ Nr. 93 vom 23.05.1999, S. 27
N.N., Daimler-Chrysler schließt die Integration ab,
FAZ Nr. 223 vom 25.09.1999, S. 17
N.N., Bye bye, Daimler?, Börsen-Zeitung Nr. 192 vom 06.10.1999, S. 1
N.N., DaimlerChrysler spricht von „Spekulationen",
Börsen-Zeitung Nr. 192 vom 06.10.1999, S. 12
N.N., Der Daimler-Chrysler-Konzern steht zu Deutschland,
FAZ Nr. 237 vom 12.10.1999, S. 27
N.N., Daimler-Gewinn schneller als Umsatz,
Börsen-Zeitung Nr. 196 vom 12.10.1999, S. 9
N.N., „Daimler-Chrysler ist jetzt ein deutsches Unternehmen",
FAZ Nr.23 vom 28.01.2000, S. 16
N.N., Eaton geht vorzeitig in den Ruhestand, SZ Nr. 22 vom 28.01.2000, S. 28
N.N., Die Hypo-Vereinsbank übernimmt die Bank Austria,
FAZ Nr.169 vom 24.07.2000, S. 20
N.N., HVB setzt auf kapitalschonende Transaktion,
Börsen-Zeitung Nr.141 vom 25.07.2000, S. 6
N.N., Chrysler-Spitzenmanager James Holden muß gehen,
FAZ Nr.266 vom 15.11.2000, S. 20
N.N., Welt AG in weiter Ferne, FAZ Nr.275 vom 25.11.2000, S. 24
N.N., Zetsche beschreitet den Weg Richtung Spitze,
FAZ Nr. 266 vom 15.11.2000, S. 25
N.N., Auburn Hills bei Stuttgart, FAZ Nr. 266 vom 15.11.2000, S. 32
N.N., Daimler-Aktie kennt derzeit nur eine Richtung,
Börsen-Zeitung Nr. 233 vom 01.12.2000, S. 9
N.N., Eine neue Hürde, FAZ Nr.297 vom 21.12.2000, S. 17

N.N., SE – die Europäische Aktiengesellschaft,
FAZ Nr.297 vom 21.12.2000, S. 18
N.N., „Deutsche Unternehmen sind im Nachteil",
FAZ Nr.297 vom 21.12.2000, S. 18
N.N., Daimler-Chrysler streicht in Amerika 26000 Arbeitsplätze,
FAZ Nr. 25 vom 30.01.2001, S. 18
N.N., DaimlerChrysler fürchtet Übernahme, SZ Nr. 27 vom 02.02.2001, S. 28
N.N., Schrempp schafft Kontrollgremium,
Berliner Zeitung Nr.45 vom 22.02.2001, S. 40
N.N., Vorstand benennt „Meilensteine" für Chrysler-Sanierung,
FAZ Nr.49 vom 27.02.2001, S. 21
N.N., Eon wird zum größten privaten Energiekonzern,
FAZ Nr.85 vom 10.04.2001, S. 17
N.N., Aktionäre zweifeln an der Führung von Daimler-Chrysler,
FAZ Nr.87 vom 12.04.2001, S. 16
N.N., Der Telekom droht Verkaufswelle aus Amerika,
FAZ Nr. 99 vom 28.04.2001, S. 25
N.N., Voicestream-Aktionäre halten künftig ein Viertel der Deutschen Telekom,
Börsen-Zeitung Nr. 104 vom 01.06.2001, S. 9
N.N., Bund gibt Mehrheit an Telekom ab, FAZ Nr. 126 vom 01.06.2001, S. 18
N.N., Telekom schließt US-Zukäufe ab, SZ Nr. 125 vom 01.06.2001, S. 29
N.N., EU-Kommission untersagt Fusion zwischen GE und Honeywell,
FAZ Nr.152 vom 04.07.2001, S. 17
N.N., Umbau der Konzernspitze bei Thyssen Krupp besiegelt,
FAZ Nr.154 vom 06.07.2001, S. 16
N.N., Squeeze-out wird auf große Resonanz stoßen,
Börsen-Zeitung Nr.129 vom 07.07.2001, S. 1
N.N., Hoffnungszeichen nach dem Kurssturz,
FAZ Nr. 188 vom 15.08.2001, S. 25
N.N., Hutchison als Verkäufer von T-Aktien identifiziert,
Börsen-Zeitung Nr. 158 vom 17.08.2001, S. 1
N.N., Jürgen Schrempp bis 2005 bestellt, Neues Chairman's Council etabliert,
Börsen-Zeitung Nr. 189 vom 29.09.2001, S. 7
N.N., EU-Parlament klagt gegen Beschluß zur Europa AG,
FAZ Nr. 19 vom 23.01.2002, S. 15
N.N., Die Europa AG ist nicht mehr gefährdet,
FAZ Nr. 28 vom 02.02.2002, S. 13
N.N., Tagung „Europäisches Gesellschafts- und Kapitalmarktrecht",
Die AG 2001, S. R 232ff.

Noack, Ulrich, Moderne Kommunikationsformen vor den Toren des Unternehmensrechts, ZGR 1998, S. 592ff.
Norton, Joseph J., Global Cross-Border Bank Mergers and Acquisitions – US Regulatory and Supervisory Considerations, in: Horn (Hrsg.), Cross-Border Mergers and Acquisitions and the Law, Den Haag, London, New York 2001, S. 29ff.

Oesterhaus, Henning, Eine „Zweckgesellschaft" hat ein kurzes Leben", FAZ Nr.152 vom 04.07.2001, S. 25
Oetker, Hartmut, Das Recht der Unternehmensmitbestimmung im Spiegel der neueren Rechtsprechung, ZGR 2000, S. 19ff.
Orth, Manfred, Umwandlung durch Anwachsung (Teil I), DStR 1999, S. 1011ff.
ders., Umwandlung durch Anwachsung (Teil II), DStR 1999, S. 1053ff.

Paefgen, Walter, Unternehmerische Entscheidungen und Rechtsbindung der Organe in der AG, Köln 2002
(zitiert: *Paefgen,* Unternehmerische Entscheidungen)
Palandt, Bürgerliches Gesetzbuch, Kommentar, 61. Auflage, München 2002
(zitiert: Palandt/*Bearbeiter*)
Panthen, Thomas, Der „Sitz"-Begriff im Internationalen Gesellschaftsrecht, Frankfurt am Main, Bern, New York, Paris 1988
Paulus, Christoph G., Kurzkommentar zu OLG Zweibrücken, Beschluß vom 20.10.2000 - 3 W 171/00, EWiR 2001, S. 233f.
Pellens, Bernhard, Internationale Rechnungslegung, 3. Auflage, Stuttgart 1999
ders./Sellhorn, Thorsten, Neue Goodwill-Bilanzierung nach US-GAAP, DB 2001, S. 713ff.
Peters, Torsten, Übertragung von Gesellschaftsvermögen und „Freezeout" – Konfliktpotential im Minderheitenschutz, BB 1999, S. 801ff.
Petersen, Jens, Der Gläubigerschutz im Umwandlungsrecht, München 2001
Pfeifer, Udo, Bericht über die Diskussion, in: Schmidt, Karsten/Riegger, Bodo (Hrsg.), Gesellschaftsrecht 1999, RWS-Forum 15, Köln 2000, S. 177ff.
ders., Schutzmechanismen bei der Umwandlung von Kapitalgesellschaften, Recklinghausen 2001 (zitiert: *Pfeifer*, Schutzmechanismen)
Philipp, Wolfgang, Ist die Verschmelzung von Aktiengesellschaften nach dem neuen Umwandlungsrecht noch vertretbar ?, Die AG 1998, S. 264ff.
Picot, Gerhard/Land, Volker, Der internationale Unternehmenskauf, DB 1998, S. 1601ff.
Piltz, Detlev J., Cross-Border Mergers and Acquisitions: Tax Considerations, in: Horn, Norbert (Hrsg.), Cross-Border Mergers and Acquisitions and the Law, Den Haag, London, New York 2001, S. 305ff.

Pluskat, Sorika, Die neuen Vorschläge für die Europäische Aktiengesellschaft, EuZW 2001, S. 524ff.
dies., Die Arbeitnehmerbeteiligung in der geplanten Europäischen AG, DStR 2001, S. 1483ff.
Pötzsch, Thorsten/Möller, Andreas, Das künftige Übernahmerecht, WM-Sonderbeilage Nr. 2/2000
Potthoff, Erich, Board-System versus duales System der Unternehmensverwaltung – Vor- und Nachteile, BFuP 1996, S. 253ff.
ders./Trescher, Karl, Das Aufsichtsratsmitglied, 5. Auflage, Stuttgart 2001
Preissler, Tino, Wahrnehmung der Aktionärsrechte in der Hauptversammlung einer deutschen Aktiengesellschaft mit globalen Namensaktien durch in den USA ansässige Aktionäre, WM 2001, S. 113ff.
Preuß, Susanne, Daimler-Benz war allein 6 Milliarden DM mehr wert, FAZ Nr. 254 vom 01.11.2000, S. 56
dies., „Herr Schrempp, verkaufen sie den ganzen Schrott!“, FAZ Nr.275 vom 25.11.2000, S. 21
Priester, Hans-Joachim, Das neue Verschmelzungsrecht, NJW 1983, S. 1459ff.
ders., EU-Sitzverlegung – Verfahrensablauf, ZGR 1999, S. 36ff.
ders., Die klassische Ausgliederung – ein Opfer des Umwandlungsgesetzes 1994?, ZHR 163 (1999), S. 187ff.
ders., Neue Regelungen zur Nachgründung - Die Entschärfung des § 52 AktG -, DB 2001, S. 467ff.
Prühs, Hagen, Vorbesprechungen und Fraktionsbildung im Aufsichtsrat, Die AG 1970, S. 193ff.
ders., Der Entscheidungsprozeß im Aufsichtsrat, DB 1970, S. 1961ff.

Raiser, Thomas, Die Europäische Aktiengesellschaft und die nationalen Aktiengesetze, in: Festschrift für Johannes Semler, Berlin, New York 1993, S. 277ff.
ders., Bewährung des Mitbestimmungsgesetzes nach zwanzig Jahren?, in: Freundesgabe für Friedrich Kübler, Heidelberg 1997, S. 477ff.
ders., Recht der Kapitalgesellschaften, 3. Auflage, München 2001
ders., Mitbestimmungsgesetz, Kommentar, 4. Auflage, Berlin 2002
Rammert, Stefan, Pooling of interests – die Entdeckung eines Auslaufmodells durch deutsche Konzerne?, DBW 59 (1999), S. 620ff.
Ranzinger, Christoph/Blies, Peter, Audit Committees im internationalen Kontext, Die AG 2001, S. 455ff.
Rasner, Henning, Die Europäische Aktiengesellschaft (SE) – ist sie wünschenswert?, ZGR 1992, S. 314ff.

Raupach, Arndt, Sitz und Geschäftsleitung – das Spannungsverhältnis zwischen Körperschaftsteuerrecht und Internationalem Privatrecht, in: Hausmann, Rainer/ van Raad, Kees/Raupach, Arndt/Veelken, Winfried, Steuergestaltung durch doppelt ansässige Gesellschaften?, München 1988, S. 63ff.
ders., Polyzentrische Unternehmensführung, Jahrbuch der Fachanwälte für Steuerrecht 1994/95, S. 419ff.
ders., Steuerliche Folgen der Doppelansässigkeit, in: Haarmann, Wilhelm (Hrsg.), Unternehmensstrukturen und Rechtsformen im internationalen Steuerrecht, Köln 1996, S. 28ff.
ders., Wechselwirkungen zwischen der Organisationsstruktur und der Besteuerung multinationaler Konzernunternehmungen, in: Theisen, Manuel R. (Hrsg.), Der Konzern im Umbruch, Stuttgart 1998, S. 59ff.
Rehbinder, Eckard, Sitzverlegung ins Inland und Rechtsfähigkeit ausländischer juristischer Personen, IPRax 1985, S. 324
Reichert, Jochem, Probleme der Nachgründung nach altem und neuem Recht, ZGR 2001, S. 554ff.
ders./Harbarth, Stephan, Veräußerung und Einziehung eigener Aktien, ZIP 2001, S. 1441ff.
Reithmann, Christoph/Martiny, Dieter (Hrsg.), Internationales Vertragsrecht, 5. Auflage, Köln 1996
(zitiert: Reithmann/Martiny-*Bearbeiter*, Internationales Vertragsrecht)
Rellermeyer, Klaus, Aufsichtsratsausschüsse, Köln, Berlin, Bonn, München 1986
Rieger, Harald, Gesetzeswortlaut und Rechtswirklichkeit im Aktiengesetz, in: Festschrift für Martin Peltzer, Köln 2001, S. 339ff.
Riegger, Bodo, Hauptversammlung und Internet, ZHR 165 (2001), S. 204ff.
ders./Mutter, Stefan, Zum Einsatz neuer Kommunikationsmedien in Hauptversammlungen von Aktiengesellschaften, ZIP 1998, S. 637ff.
Rixen, Siegfried/Böttcher, Reinhard, Erfahrungsbericht über eine transnationale Verschmelzung, GmbHR 1993, S. 572ff.
Rodewig, Heinrich, Grenzüberschreitende Fusionen am Beispiel des Daimler-Chrysler-Zusammenschlusses, in: Schmidt, Karsten/Riegger, Bodo (Hrsg.), Gesellschaftsrecht 1999, RWS-Forum 15, Köln 2000, S. 167ff.
Roe, Mark J., German Codetermination and German Securities Markets, Columbia Business Law Review 1998, S. 167ff.
Rödder, Thomas, Der Anteilstausch beim grenzüberschreitenden „Merger of Equals" börsennotierter Aktiengesellschaften - Steuerliche Behandlung der Aktionäre, in: Festschrift für Siegfried Widmann, Bonn, Berlin 2000, S. 495ff.

Rogers III, C. Paul, Cross-Border Mergers and Antitrust: Jurisdiction, Enforcement and Cooperation Issues, in : Horn, Norbert (Hrsg.), Cross-Border Mergers and Acquisitions and the Law, Den Haag, London, New York 2001, S. 359ff.
Roller, Peter, Positionierung im Weltmarkt sucht ihresgleichen, Börsen-Zeitung Nr. 173 vom 10.09.1998, S. 7
ders., DaimlerChrysler im Wechselbad, Börsen-Zeitung Nr. 142 vom 26.07.2000, S. 1
Rosengarten, Joachim, The *Holzmüller* Doctrine: Still Crazy after All These Years? – The Impact of a Doctrine in the Days of Mergers of Equals, in: Liber Amicorum Richard M. Buxbaum, London, Den Haag, Boston 2000, S. 445ff.
Roth, Günter H., Gründungstheorie: Ist der Damm gebrochen?, ZIP 1999, S. 861ff.
Roth, Wulf-Henning, Der Einfluß des Europäischen Gemeinschaftsrechts auf das Internationale Privatrecht, RabelsZ 55 (1991), S. 623ff.
ders., Die Sitzverlegung vor dem EuGH, ZIP 2000, S. 1597ff.
ders., Kurzkommentar zu BGH, Beschluß vom 30.03.2000 (VII ZR 370/98), EWiR 2000, S. 793f.
ders., „Centros": Viel Lärm um Nichts?, ZGR 2000, S. 311ff.
Rühland, Hans-Philipp, Die Zukunft der übertragenden Auflösung (§ 179a AktG), WM 2002, S. 1957ff.
Rümker, Dietrich, Übernahmeangebote – Verhaltenspflichten des Vorstandes der Zielgesellschaft und Abwehrmöglichkeiten, in: Festschrift für Theodor Heinsius, Berlin, New York 1991, S. 683ff.
Rutenfranz, Winfried, Der „Beirat" im Gesellschaftsrecht, NJW 1965, S. 238f.

Sagasser, Bernd/Bula, Thomas/Brünger, Thomas R., Umwandlungen, 2. Auflage, München 2000 (zitiert: *Bearbeiter* in Sagasser/Bula/Brünger, Umwandlungen)
Sandrock, Otto, Die Konkretisierung der Überlagerungstheorie in einigen zentralen Einzelfragen, in: Festschrift für Günther Beitzke, Berlin, New York 1979, S. 669ff.
ders., Centros: ein Etappensieg für die Überlagerungstheorie, BB 1999, S. 1337ff.
Schaumburg, Harald, Grenzüberschreitende Umwandlungen (I), GmbHR 1996, S. 501ff.
ders., Das internationale Umwandlungssteuerrecht in der Unternehmenssteuerreform, in: Festschrift für Siegfried Widmann, Bonn, Berlin 2000, S. 505ff.

ders./Schloßmacher, Stefan, Gesellschaftsrechtliche und steuerrechtliche Fragen polyzentrischer und virtueller Unternehmen,
in: Festschrift für Martin Peltzer, Köln 2001, S. 389ff.
Scheffler, Eberhard, Der Aufsichtsrat – nützlich oder überflüssig?,
ZGR 1993, S. 63ff.
Scherrer, Gerhard, Grundlagen der US-amerikanischen Konzern rechnungslegung, in: Ballwieser, Wolfgang (Hrsg.), US-amerikanische Rechnungslegung, 4. Auflage, Stuttgart 2000, S. 329ff.
Schiessl, Maximilian, Gesellschafts- und mitbestimmungsrechtliche Probleme der Spartenorganisation (Divisionalisierung), ZGR 1992, S. 64ff.
ders., Ist das deutsche Aktienrecht kapitalmarkttauglich?,
Die AG 1999, S. 442ff.
ders., Die Kontrollfunktion der aktienrechtlichen Anfechtungsklage,
in: Gesellschaftsrechtliche Vereinigung (VGR; Hrsg.), Gesellschaftsrecht in der Diskussion 1999, Köln 2000, S. 57ff.
ders., Deutsche Corporate Governance post Enron, Die AG 2002, S. 593ff.
Schmidt, Karsten, Gesellschaftsrecht, 4. Auflage,
Köln, Berlin, Bonn, München 2002
ders., Sitzverlegungsrichtlinie, Freizügigkeit und Gesellschaftsrechtspraxis,
ZGR 1999, S. 20ff.
Schmitt, Joachim/Hörtnagl, Robert/Stratz, Rolf-Christian, Umwandlungsgesetz, Umwandlungssteuergesetz, Kommentar, 3. Auflage, München 2001
(zitiert: *Bearbeiter* in Schmitt/Hörtnagl/Stratz)
Schmitz, Daniel, Aktien als Akquisitionswährung, in: von Rosen, Rüdiger/Seifert, Werner G. (Hrsg.), Die Übernahme börsennotierter Unternehmen, o.O., 1999, S. 313ff.
Schneider, Michael, Schrempps Mission Impossible 2,
Welt am Sonntag Nr. 47 vom 19.11.2000, S. 68
Schneider, Uwe H., Die Teilnahme von Vorstandsmitgliedern an Aufsichtsratssitzungen, ZIP 2002, S. 873ff.
Schnitger, Arne, Anmerkung zu EuGH IStR 2002, S. 809ff.;
IStR 2002, S. 818 und 824
Schnorbus, York, Gestaltungsfreiheit im Umwandlungsrecht,
Baden-Baden 2000, (zitiert: *Schnorbus,* Gestaltungsfreiheit)
Schön, Wolfgang, Grenzüberschreitende Unternehmenstätigkeit in Europa – Notwendigkeit und Möglichkeiten der Harmonisierung im Gesellschafts- und Steuerrecht, in: 1. Europäischer Juristentag Nürnberg 2001, Ansprachen, Sitzungsberichte, Resümees, 1. Auflage, Baden-Baden 2002, S. 141ff.
(zitiert: *Schön,* Grenzüberschreitende Unternehmenstäigkeit)

Scholz, Ingo, Aktienoptionen und Optionspläne beim grenzüberschreitenden Unternehmenserwerb, ZIP 2001, S. 1341ff.
Scholz, GmbH-Gesetz, Kommentar, Band II, (§§ 41 – 85, Anh. Umwandlung und Verschmelzung), 7. Auflage, Köln 1988; Band I (§§ 1 – 44, Konzernrecht), 9.Auflage, Köln 2000
(zitiert: Scholz/*Bearbeiter*)
Schubert, Werner (Hrsg.), Akademie für Deutsches Recht 1933-1945, Protokolle der Ausschüsse, Band I, Ausschuß für Aktienrecht, Berlin, New York 1986
(zitiert: *Schubert* (Hrsg.), Akademie für Deutsches Recht 1933-1945, Ausschuß für Aktienrecht)
Schulenberg, Matthias, Die Antragsberechtigung gemäß §§ 15, 305ff. UmwG und die „Informationslast" des Antragstellers im Spruchverfahren, Die AG 1998, S. 74ff.
Schulz, Andreas/Geismar, Bernhard, Die Europäische Aktiengesellschaft, DStR 2001, S. 1078ff.
Schumann, Alexander, Bezugsrecht und Bezugsrechtsausschluß bei Kapitalbeschaffungsmaßnahmen von Aktiengesellschaften, Baden-Baden 2001
(zitiert: *Schumann*, Bezugsrecht)
Schulz, Martin/Sester, Peter, Höchstrichterliche Harmonisierung der Kollisionsregeln im europäischen Gesellschaftsrecht: Durchbruch der Gründungstheorie nach „Überseering", EWS 2002, S. 545ff.
Schwark, Eberhard, Spartenorganisation in Großunternehmen und Unternehmensrecht, ZHR 142 (1978), S. 203ff.
ders., Zur rechtlichen Zulässigkeit der Konzerneingliederung des Trägers der Frankfurter Wertpapierbörse unter eine ausländische Holding und eines blue-chips-Handelssegments in alleiniger Zuständigkeit einer ausländischen Börsenholding, WM 2000, S. 2517ff.
ders., Corporate Governance: Vorstand und Aufsichtsrat, in: Hommelhoff, Peter/Lutter, Marcus/Schmidt, Karsten/Schön, Wolfgang/ Ulmer, Peter (Hrsg.), Corporate Governance, Heidelberg 2002, S. 75ff.
Schwarz, Günter Christian, Europäisches Gesellschaftsrecht, Ein Handbuch für Wissenschaft und Praxis, Baden-Baden 2000
ders., Europäisches Gesellschaftsrecht, Textsammlung, Baden-Baden 2000
ders., Anmerkung zu OLG Hamm, Beschluß vom 1.2.2001 – 15 W 390/00, NZG 2001, S. 613ff.
ders., Zum Statut der Europäischen Aktiengesellschaft, ZIP 2001, S. 1847ff.
Schwichtenberg, Jörg, Going Private und Squeezeouts in Deutschland, DStR 2001, S. 2075ff.

Schwingeler, Thomas, The Challenges of Cross-Border Mergers & Acquisitions, in: Horn, Norbert (Hrsg.), Cross-Border Mergers and Acquisitions and the Law, Den Haag, London, New York 2001, S. 59ff.
Sedemund, Jan, Anmerkung zu EuGH IStR 2002, S. 809ff.; IStR 2002, S. 816f.
Sedemund, Jochim/Hausmann, Friedrich Ludwig, Kommentar zu EuGH BB 1999, S. 809; BB 1999, S. 810f.
Seibert, Ulrich, Reformvorhaben im Gesellschaftsrecht, in: Henze, Hartwig/Hoffmann-Becking, Michael (Hrsg.), Gesellschaftsrecht 2001, Köln 2001, S. 361ff.
Seibt, Christoph H./Heiser, Kristian J., Regelungskonkurrenz zwischen neuem Übernahmerecht und Umwandlungsrecht, ZHR 165 (2001), S. 466ff.
Seibt, Christoph H./Raschke, Thorsten/Reiche, Felix, Rechtsfragen der Haftungsbegrenzung bei Garantien (§ 444 BGB n.F.) und M&A-Transaktionen, NZG 2002, S. 256ff.
Seiler, Hans M., „Freezeout" von Minderheitsaktionären, Köln 1991
Semler, Johannes, Leitung und Überwachung der Aktiengesellschaft, 2. Auflage, Köln, Berlin, Bonn, München 1996
ders. (Hrsg.), Arbeitshandbuch für Aufsichtsratsmitglieder, München 1999 (zitiert: *Bearbeiter* in Semler (Hrsg.), Arbeitshandbuch für Aufsichtsratsmitglieder)
ders., Rechtsvorgabe und Realität der Organzusammenarbeit in der Aktiengesellschaft, in: Festschrift für Marcus Lutter, Köln 2000, S. 721ff.
ders./Volhard, Rüdiger (Hrsg.), Arbeitshandbuch für die Hauptversammlung, München 1999 (zitiert: *Bearbeiter* in Semler/Volhard (Hrsg.), Arbeitshandbuch Hauptversammlung)
dies. (Hrsg.), Arbeitshandbuch für Unternehmensübernahmen, Band 1, München 2001
(zitiert: *Bearbeiter* in Semler/Volhard (Hrsg.), Unternehmensübernahmen)
Seppelfricke, Peter/Seppelfricke, Jürgen, Reverse Merger am Neuen Markt, FinanzBetrieb 2001, S. 581ff.
dies., Going Public im Rahmen eines Reverse Mergers – eine Analyse am Beispiel der Broadnet Mediascape Communications AG, BB 2002, S. 365ff.
Siegel, Stanley, International Mergers and Acquisitions and Accounting Standards: Emerging New United States Standards, in: Horn, Norbert (Hrsg.), Cross-Border Mergers and Acquisitions and the Law, Den Haag, London, New York 2001, S. 319ff.
Sieger, Jürgen J./Hasselbach, Kai, Break Fee-Vereinbarung bei Unternehmenskäufen, BB 2000, S. 625ff.
dies., Der Ausschluß von Minderheitsaktionären nach den neuen §§ 327a ff AktG, ZGR 2002, S. 120ff.

Siehr, Kurt, Internationales Privatrecht, Heidelberg 2001
Simonian, Haig, Four months of fortune that favoured the brave, Financial Times vom 14.05.1998, S. 19
Soergel, Bürgerliches Gesetzbuch, Kommentar, Band 2, Allgemeiner Teil 2 (§§ 104 – 240), 13. Auflage, Stuttgart, Berlin, Köln, Mainz 1999; Band 2, Schuldrecht I (§§ 241 – 432), 12. Auflage, Stuttgart, Berlin, Köln 1990; Band 10, Einführungsgesetz, 12. Auflage, Stuttgart, Berlin, Köln 1996 (zitiert: Soergel/*Bearbeiter*)
Sonnenberger, Hans Jürgen/Großerichter, Helge, Konfliktlinien zwischen internationalem Gesellschaftsrecht und Niederlassungsfreiheit, RIW 1999, S. 721ff.
Staub, Großkommentar zum HGB, 4. Auflage, 12. Lieferung (§§ 105 - 113), Berlin, New York 1988 (zitiert: Staub/*Bearbeiter*)
Staudinger, Kommentar zum Bürgerlichen Gesetzbuch, Erstes Buch, Allgemeiner Teil, §§ 134 - 163, 13. Bearbeitung, Berlin 1996; EGBGB/IPR, Internationales Gesellschaftsrecht, Neubearbeitung, Berlin 1998; Zweites Buch, Recht der Schuldverhältnisse, §§ 255 - 314, Neubearbeitung, Berlin 2001 (zitiert: Staudinger/*Bearbeiter*)
Stawowy, Johannes, Vorfeldvereinbarungen und Vertragsverhandlungen beim Unternehmenskauf, Neuried 2001 (zitiert: *Stawowy,* Vorfeldvereinbarungen)
Steiger, Axel, Grenzüberschreitende Fusion und Sitzverlegung von Kapitalgesellschaften innerhalb der EU nach spanischem und portugiesischem Recht, Frankfurt am Main, Berlin, Bern, New York, Paris, Wien 1997 (zitiert: *Steiger,* Grenzüberschreitende Fusion und Sitzverlegung)
Stein/Jonas, Kommentar zur Zivilprozessordnung, Band 2 (§§ 91 – 252), 21. Auflage, Tübingen 1994 (zitiert: Stein/Jonas/*Bearbeiter*)
Steinmeyer, Roland/Häger, Michael, WpÜG, Kommentar, Berlin 2002
Stengel, Arndt, Plädoyer für eine Corporate Governance-Debatte ohne Denkverbote, in: Gesellschaftsrechtliche Vereinigung (VGR; Hrsg.), Gesellschaftsrecht in der Diskussion 2001, Köln 2002, S. 61ff.
Sudhoff, GmbH & Co. KG, 5. Auflage, München 2000 (zitiert: *Bearbeiter* in Sudhoff, GmbH & Co. KG)
Sünner, Eckart, Effizienz von Unternehmensorganen als Grundsatz der Corporate Governance, Die AG 2000, S. 492ff.
Sutter, Andrew J., Erwerb von Unternehmen in den Vereinigten Staaten, in: Turcon, Rémi J./Zimmer, Daniel (Hrsg.), Grundlagen des US-amerikanischen Gesellschafts-, Wirtschafts-, Steuer- und Fremdenrechts, München 1994, S. 31ff.

Teichmann, Christoph, Corporate Governance in Europa, ZGR 2001, S. 645ff.
ders., Die Einführung der Europäischen Aktiengesellschaft, ZGR 2002, S. 383ff.
ders., Vorschläge für das deutsche Ausführungsgesetz zur Europäischen Aktiengesellschaft, ZIP 2002, S. 1109ff.
Than, Jürgen, Zwangsweises Ausscheiden von Minderheitsaktionären nach Übernahmeangebot?, in: Festschrift für Carsten Peter Claussen, Köln, Berlin, Bonn, München 1997, S. 405ff.
ders., Auf dem Weg zur virtuellen Hauptversammlung – Eine Bestandsaufnahme, in: Festschrift für Martin Peltzer, Köln 2001, S. 577ff.
Theisen, Manuel R., Empirical Evidence and Economic Comments on Board Structure in Germany, in: Hopt, Klaus J./Kanda, Hideki/Roe, Mark J./ Wymeersch, Eddy/Prigge, Stefan, Comparative Corporate Governance - The State of the Art and Emerging Research -, Oxford 1998, S. 259ff.
Thoma, Georg F., Das Wertpapiererwerbs- und Übernahmegesetz im Überblick, NZG 2002, S. 105ff.
ders./Reuter, Till, „Shrinking the Atlantic" – Der Zusammenschluß von Daimler-Benz und Chrysler, M&A Review 1999, S. 314ff.
ders./Leuering, Dieter, Die Europäische Aktiengesellschaft – Societas Europaea, NJW 2002, S. 1449ff.
Thorn, Karsten, Das Centros-Urteil des EuGH im Spiegel der deutschen Rechtsprechung, IPrax 2001, S. 102ff.
Timm, Wolfram, Anmerkung zu OLG Hamm BB 1980, S. 1653ff.; BB 1980, S. 1655ff.
ders., Die Aktiengesellschaft als Konzernspitze, Köln, Berlin, Bonn, München 1980
Tröger, Tobias, Neues zur Anfechtung bei Informationspflichtverletzungen, NZG 2002, S. 211ff.

Ulmer, Peter, Schutzinstrumente gegen die Gefahren aus der Geschäftstätigkeit inländischer Zweigniederlassungen von Kapitalgesellschaften mit fiktivem Auslandssitz, JZ 1999, S. 662ff.
ders., Gestaltungsfreiheit in der Europa-AG bietet Vorteile, FAZ Nr. 68 vom 21.03.2001, S. 30
ders., Mitbestimmung kann zum Hindernis werden, FAZ Nr.99 vom 28.04.2001, S. 23
ders., Aktienrecht im Wandel. - Entwicklungslinien und Diskussionsschwerpunkte -. AcP 202 (2002), S. 143ff.
ders., Paritätische Arbeitnehmermitbestimmung im Aufsichtsrat von Großunternehmen – noch zeitgemäß?, ZHR 166 (2002), S. 271ff.

Vagts, Detlev, Das Gefälle bei den Gehältern von Spitzenmanagern – Amerika gegen den Rest der Welt, in: Festschrift für Marcus Lutter, Köln 2000, S. 767ff.
Vance, Stanley C., Corporate Leadership, New York 1983
Vater, Hendrik, M&A Accounting: Abschaffung des Pooling of Interests?, DB 2001, S. 1841ff.
Veith, Hans-Joachim/Börnstein, Ulrich, Umwandlungsgesetz und Umwandlungs-Steuergesetz, Kommentar, München, Berlin 1958
Vetter, Eberhard, Squeeze-out in Deutschland, ZIP 2000, S. 1817ff.
Vogel, C. Wolfgang, Aktienrecht und Aktienwirklichkeit - Organisation und Aufgabenteilung von Vorstand und Aufsichtsrat -, Baden-Baden 1980 (zitiert: *Vogel*, Aktienrecht und Aktienwirklichkeit)
Volhard, Rüdiger, „Siemens/Nold": Die Quittung, Die AG 1998, S. 397ff.
Vollmer, Lothar, Die Mitwirkungsrechte der Aktionäre beim Abschluß fusionsähnlicher Unternehmensverbindungen, BB-Beilage Nr. 4/1977 (zitiert: *Vollmer*, Mitwirkungsrechte)
Voormann, Volker, Der Beirat im Gesellschaftsrecht, 2. Auflage, Köln, Berlin, Bonn, München 1990

Wadewitz, Sabine, Den Glanz bringt eine Umtauschquote von 90 Prozent, Börsen-Zeitung Nr. 176 vom 15.09.1998, S. 6
Wagner, Jens, Aufsichtsratssitzung in Form der Videokonferenz, NZG 2002, S. 57ff.
ders., Die Bestimmung des auf die SE anwendbaren Rechts, NZG 2002, S. 985ff.
Walden, Daniel, Das Kollisionsrecht der Personengesellschaften im deutschen, europäischen und US-amerikanischen Recht, Baden-Baden 2001 (zitiert: *Walden*, Kollisionsrecht der Personengesellschaften)
ders., Niederlassungsfreiheit, Sitztheorie und der Vorlagebeschluß des VII. Zivilsenats des BGH vom 30.3.2000, EWS 2001, S. 256ff.
Waller, David, Die Stunde des Strategen, München 2001 (zitiert: *Waller*, Stunde des Strategen)
Warendorf, H.C.S./Thomas, R.L., Companies and other Legal Persons under Netherlands and Netherlands Antilles law, A Translation of Book 2 of the Netherlands Civil Code and of the Law of the Netherlands Antilles on Legal Persons, Loseblattsammlung, Den Haag, London, Boston 1989ff. (zitiert: *Warendorf/Thomas*, Companies and other Legal Persons)
Watter, Rolf, Unternehmensübernahmen, Zürich 1990
Weber, Stefan/Jaspert, Werner, Die Aktie wird zur Akquisitionswährung, SZ Nr.299 vom 29.12.1998, S. 19

Weber-Rey, Daniela/Schütz, Bernhard G., Zum Verhältnis von Übernahmerecht und Umwandlungsrecht, Die AG 2001, S. 325ff.
Weiss, Heinrich, Trennung von Kontrolle und Management nötig, FAZ Nr.85 vom 10.04.2001, S. 20
Wenger, Ekkehard, Opportunistic Shareholders, Oportunstic Managers and Opportunistic Judges, JITE 155 (1999), S. 128ff.
ders./Kaserer, Christoph/Hecker, Renate, Konzernbildung und Ausschluß von Minderheiten im neuen Übernahmerecht: Eine verpasste Chance für einen marktorientierten Minderheitenschutz, ZBB 2001, S. 317ff.
Werlauff, Erik, Ausländische Gesellschaft für inländische Aktivität, ZIP 1999, S. 867ff.
Werner, Rüdiger, Zum Anwendungsbereich von § 52 AktG nach der Neufassung durch das NaStraG, ZIP 2001, S. 1403ff.
Wernicke, Thomas, Anmerkung zu EuGH EuZW 2002, S. 754ff.; EuZW 2002, S. 758ff.
Westermann, Harm Peter, Rechte und Pflichten des mitbestimmten Aufsichtsrats und seiner Mitglieder, ZGR 1977, S. 219ff.
ders., Tendenzen der gegenwärtigen Mitbestimmungsdiskussion in der Europäischen Gemeinschaft, RabelsZ 48 (1984), S. 123ff.
Wiedemann, Herbert, Gesellschaftsrecht, Band I, Grundlagen, München 1980 (zitiert: *Wiedemann*, Gesellschaftsrecht I)
ders., Minderheitsrechte ernstgenommen, Gedanken aus Anlaß der Magna Media – Entscheidung BayObLG ZIP 1998, 2002; ZGR 1999, S. 857ff.
Wiesner, Peter M., Europäisches Unternehmensrecht, ZIP 2000, S. 1792ff.
ders., Sitzverlegung: Wartet der EuGH auf die 14. EU-Richtlinie?, GmbHR 2001, S. R 57
ders., Der Nizza-Kompromiß zur Europa AG – Triumph oder Fehlschlag?, ZIP 2001, S. 397f.
ders., Aktuelle Entwicklungen im Europäischen Unternehmensrecht, BB-Beilage 8/2001
Windbichler, Christine, Die Rechte der Hauptversammlung bei Unternehmenszusammenschlüssen durch Vermögensübertragung, Die AG 1981, S. 169ff.
Winter, Martin, Die Anteilsgewährung – zwingendes Prinzip des Verschmelzungsrechts?, in: Festschrift für Marcus Lutter, Köln 2000, S. 1279ff.
ders./Harbarth, Stephan, Verhaltenspflichten von Vorstand und Aufsichtsrat der Zielgesellschaft bei feindlichen Übernahmeangeboten nach dem WpÜG, ZIP 2002, S. 1ff.
Wißmann, Hellmut, „Deutsche" Europäische Aktiengesellschaft und Mitbestimmung, München 2002, S. 685ff.

Witt, Carl-Heinz, Übernahmen von Aktiengesellschaften und Transparenz der Beteiligungsverhältnisse, Köln, Berlin, Bonn, München 1998
(zitiert: *Witt*, Übernahmen von Aktiengesellschaften)
ders., Regelmäßige „Wasserstandsmeldungen" – unverzichtbarer Bestandteil eines künftigen Übernahmegesetzes, NZG 2000, S. 809ff.
Wolf, Martin, Der Minderheitenausschluß qua „übertragender Auflösung" nach Einführung des Squeeze-Out gemäß §§ 327a-f AktG, ZIP 2002, S. 153ff.
Wollburg, Ralph/Gehling, Christian, Umgestaltung des Konzerns – Wer entscheidet über die Veräußerung von Beteiligungen einer Aktiengesellschaft?,
in: Festschrift für Otfried Lieberknecht, München 1997, S. 133ff.
Würdinger, Hans, Eingliederung nach Abschluß eines Beherrschungsvertrags, Die AG 1972, S. 13ff.
ders., Aktienrecht und das Recht der verbundenen Unternehmen,
4. Auflage, Heidelberg 1981
Wymeersch, Eddy, Centros: A Landmark Decision in European Company Law, in: Liber Amicorum Richard M. Buxbaum,
London, Den Haag, Boston 2000, S. 629ff.
ders., Some Aspects of Cross-Border Co-operation Between Business Enterprises, in: Horn, Norbert (Hrsg.), Cross-Border Mergers and Acquisitions and the Law, Den Haag, London, New York 2001, S. 63ff.
ders., Company Law in Europe and European Company Law, in: Referate für den 1. Europäischen Juristentag Nürnberg 2001,
2. Auflage, Baden-Baden 2002, S. 85ff.
(zitiert: *Wymeersch*, Company Law in Europe)
von Wysocki, Klaus/Wohlgemuth, Michael, Konzernrechnungslegung,
4. Auflage, Düsseldorf 1996

Zimmer, Daniel, Internationales Gesellschaftsrecht, Heidelberg 1996
ders., Von Debrasco bis DaimlerChrysler: Alte und neue Schwierigkeiten bei der internationalgesellschaftsrechtlichen Sitzbestimmung,
in: Liber Amicorum Richard M. Buxbaum,
London, Den Haag, Boston 2000, S. 655ff.
ders., Internationales Gesellschaftsrecht im 21. Jahrhundert,
in: Festschrift für Marcus Lutter, Köln 2000, S. 231ff.
ders., Mysterium „Centros", ZHR 164 (2000), S. 23ff.
ders., Internationales Gesellschaftsrecht und Niederlassungsfreiheit:
Das Rätsel vor der Lösung, BB 2000, S. 1361ff.
Zöller, Kommentar zur Zivilprozessordnung, 22. Auflage, Köln 2001
(zitiert: Zöller/*Bearbeiter*)

Zöllner, Wolfgang/Winter, Martin, Folgen der Nichtigerklärung durchgeführter Kapitalerhöhungsbeschlüsse, ZHR 158 (1994), S. 59ff.

Stichwortverzeichnis

Frankfurter wirtschaftsrechtliche Studien

Herausgegeben von
Theodor Baums, Andreas Cahn, Friedrich Kübler, Hans-Joachim Mertens,
Eckard Rehbinder, Gunther Teubner

Band 1 Tomas Brinkmann: Unternehmensinteresse und Unternehmensrechtsstruktur. Aufgaben und Grenzen eines normativen Regulativs unternehmenspolitischer Prozesse. 1983.

Band 2 Rüdiger Hahn: Behinderungsmißbräuche marktbeherrrschender Unternehmen. Eine Untersuchung der Beeinträchtigung von Wettbewerb und Marktstruktur durch horizontalen Nichtleistungswettbewerb als Gegenstand der Mißbrauchaufsicht nach § 22 Abs. 4 S. 2 Nr. 1 GWB. 1984.

Band 3 Peter Buchmann: Registerpublizität und Gläubigerschutz bei der Einmann-Gesellschaft. 1984.

Band 4 Christian Joerges/Eugen Hiller/Knut Holzscheck/Hans-W. Micklitz: Vertriebspraktiken im Automobilersatzteilsektor. Ihre Auswirkungen auf die Interessen der Verbraucher. 1985.

Band 5 Annette Boerner: Die Haftung des herrschenden Kommanditisten. 1985.

Band 6 Dirk H. Mahler: Rechtsmißbrauch und einstweiliger Rechtsschutz bei Dokumentenakkreditiven und "Akkreditiven auf erstes Anfordern": Eine rechtsvergleichende Untersuchung. 1986.

Band 7 Brigitte Kratz: Ausländische Eingriffsnorm und inländischer Privatrechtsvertrag. 1986.

Band 8 Dimitris Tsibanoulis: Die genossenschaftliche Gründungsprüfung. 1987.

Band 9 Jürgen Braun: Rechtsfragen des Transport-Unfall-Informations- und Hilfeleistungs-Systems der deutschen chemischen Industrie. 1987.

Band 10 Thomas Pfeiffer: Die Bedeutung des privatrechtlichen Immissionsschutzes. Eine Untersuchung zu §§ 1004, 906 BGB. 1987.

Band 11 Michael Bothe/Josef Brink/Christian Kirchner/Albrecht Stockmayer: Rechtsfragen der internationalen Verschuldungskrise. Voraussetzungen, Formen und Verfahren internationaler Umschuldungsmaßnahmen und Umschuldungsvereinbarungen. 1988.

Band 12 Felix Dörr: Die fehlerhafte GmbH. 1989.

Band 13 Rolf Trittmann: Anwendungsprobleme des Haager Beweisübereinkommens im Rechtshilfeverkehr zwischen der Bundesrepublik und den Vereinigten Staaten von Amerika. Exklusive Regelung zur Überbrückung der Unterschiede zwischen dem kontinental-europäischen und anglo-amerikanischen Zivilprozeßrechtssystem? 1989.

Band 14 Margaretha Sudhof: Dreieckige Rechtsverhältnisse im Wirtschaftsverwaltungsrecht - Am Beispiel von Konkurrentenklagen. 1989.

Band 15 Michael Weigel: Schriftformklauseln in Allgemeinen Geschäftsbedingungen. 1989.

Band 16 Hans-Peter Schröder: Der sichere Weg bei der Vertragsgestaltung. 1990.

Band 17 Matthias Haas: Haftungsfreizeichnungsklauseln in Allgemeinen Geschäftsbedingungen. Eine rechtsdogmatische und ökonomische Analyse. 1991.

Band 18 Andreas Hahn: Instandhaltungsverträge. Begriffe, Einordnung, Rechtsfolgenbestimmung, Auswirkung auf die Kautelarpraxis. 1991.

Band 19 Jürgen Götz: Der Entherrschungsvertrag im Aktienrecht. 1991.

Band 20 Friedrich Wächtershäuser: Das Gesellschaftsrecht des internationalen Joint Ventures. 1992.

Band 21 Christina Escher-Weingart: Nutzungsausfall als Schaden und sein Ersatz. 1993.

Band 22 Jean-Claude Zerey: Rechtliche Probleme der Finanzierung von *Leveraged Buyouts* und *Tender Offers* durch Banken in den USA und in der Bundesrepublik Deutschland. Eine rechtsvergleichende Studie über die Rolle der Banken bei Unternehmenskontrolltransaktionen in den USA und in der Bundesrepublik Deutschland. 1994.

Band 23 Markus Bauer: Gläubigerschutz durch eine formelle Nennkapitalziffer - Kapitalgesellschaftsrechtliche Notwendigkeit oder überholtes Konzept? Eine rechtsvergleichende Untersuchung der Gläubigerschutzkonzepte des amerikanischen und deutschen Kapitalgesellschaftsrechts. 1995.

Band 24 Marion Vollmann: Minderheitenschutz im aktienrechtlichen Beschlußmängelrecht. Eine Bestandsaufnahme und Vorschläge zu einer rechtspolitischen Reform. 1997.

Band 25 Lydia Klose-Mokroß: Gläubigerschutz im Kapitalgesellschaftsrecht am Beispiel der Lehre von der verdeckten Sacheinlage. 1997.

Band 26 Stephan Aubel: Der vereinfachte Bezugsrechtsausschluß. Aktionärs- und Gesellschaftsinteressen beim vereinfachten Bezugsrechtsausschluß nach Maßgabe des § 186 Absatz 3 Satz 4 AktG. 1998.

Band 27 Kurt Peter Dittrich: Die Privatplazierung im deutschen Kapitalmarktrecht. Eine Untersuchung der Vorschriften des Auslandinvestmentgesetzes, des Wertpapier-Verkaufsprospektgesetzes und des Gesetzes über Kapitalanlage-Gesellschaften unter Berücksichtigung des Rechts der Vereinigten Staaten von Amerika und des Vereinigten Königreichs. 1998.

Band 28 Viola Sailer: Aktienrechtliche Minderheitskompetenzen zwischen Mißbrauch und unternehmerischer Entscheidungsfreiheit. 1999.

Band 29 Marc Zimmerling: Kapitalerhaltung und Konzernfinanzierung. Eine Untersuchung der kapitalerhaltungsrechtlichen Problematik aufsteigender Sicherheiten im Konzern. 1998.

Band 30 Joachim Wichert: Die Finanzen der Kommanditgesellschaft auf Aktien. 1999.

Band 31 Kerstin Andrea Müller: Produktverantwortung und ihre Durchsetzung. Eine kartellrechtliche Beurteilung von Selbstverpflichtungen im Umweltrecht aus deutscher und europäischer Sicht unter besonderer Berücksichtigung der Altautoentsorgung. 1999.

Band 32 Bettina Friedrich: Konvergenzen im Gesellschaftsrecht. Recht-Fertigung durch Status- und Befundsicherung. 2000.

Band 33 Rudolf Lemke: Haftungsrechtliche Fragen des Ratingwesens – ein Regelungsproblem? 2000.

Band 34 Klaus R. Roller: Die Vergütung des Aufsichtsrats in Abhängigkeit vom Aktienkurs. 2000.

Band 35 Bettina Bokelmann: Personelle Verflechtungen über Aufsichtsräte. Aufsichtsratsmitglieder mit hauptberuflicher Vorstandsfunktion. 2000.

Band 36 Kai-Uwe Steck: Regulierung von US-amerikanischen Investmentgesellschaften (Investment Companies). Unter besonderer Berücksichtigung des National Securities

Markets Improvement Act of 1996 (NSMIA) und anderer aktueller Rechtsanpassungen. 2000.

Band 37 Kristofer Bott: Wissenszurechnung bei Organisationen. 2000.

Band 38 Ursula Lenzen: Unerlaubte Eingriffe in die Börsenkursbildung. 2000.

Band 39 Martin Schulz: Verfassungsrechtliche Vorgaben für das Kollisionsrecht in einem Gemeinsamen Markt. Eine rechtsvergleichende Untersuchung zu den Grenzen einzelstaatlicher Anknüpfungsmethoden im internationalen Vertrags-, Delikts- und Gesellschaftsrecht am Beispiel der Vereinigten Staaten von Amerika. 2000.

Band 40 Maximilian Koch: Diversifizierung und Vorstandskompetenzen. 2001.

Band 41 Corrado Wohlwend: Die Hauptversammlung im Wandel der Kommunikationsformen. 2001.

Band 42 Michael Rozijn: Der Unternehmensmaklervertrag. Zur Anwendung des allgemeinen Maklervertragsrechts auf Mergers & Acquisitions-Dienstleistungen. 2001.

Band 43 Konstantinos N. Kyriakakis: Die Überwachung einer US-amerikanischen Aktiengesellschaft durch institutionelle Anleger. 2002.

Band 44 Uta Fredebeil: Aktienemissionen. Das underwriting agreement (der Übernahmevertrag) und seine spezifischen Klauseln. 2002.

Band 45 Michaela G. Döbler: Die Einführung des WTO-weiten Erschöpfungsgrundsatzes in das Markenrecht der EU und der USA. 2002.

Band 46 Jan Liersch: Regulierung des Blockhandels an den organisierten Aktienmärkten der Vereinigten Staaten, Großbritanniens und Deutschlands. 2002.

Band 47 Sascha Lotze: US-amerikanisches Kapitalmarktrecht und Internet. Aufsichts- und haftungsrechtliche Fragen des Internet-Einsatzes bei Wertpapieremissionen und im Wertpapierhandel. 2002.

Band 48 Boris Trautmann: Die Konkurrenz von Haftpflicht- und Versicherungsanspruch. Ein Beitrag zur ökonomischen Analyse des Rechts unter Berücksichtigung von Unsicherheit und Verhaltensanomalien. 2002.

Band 49 Matthias Möller: Rechtsformen der Wagnisfinanzierung. Eine rechtsvergleichende Studie zu den USA und zu Deutschland. 2003.

Band 50 Heiner Feldhaus: Die Eignung zur erheblichen Kursbeeinflussung bei der Ad-hoc-Publizität. Eine rechtsvergleichende und interdisziplinäre Untersuchung unter Berücksichtigung der europarechtlichen Vorgaben. 2003.

Band 51 Matthias Janke: Gesellschaftsrechtliche Treuepflicht. Neubewertung der richterrechtlichen Generalklausel im Rahmen einer rechtsvergleichenden und ökonomischen Analyse. 2003.

Band 52 Katrin Thoma: Eigengeschäfte des Vorstands mit der Aktiengesellschaft. Eine vergleichende Untersuchung zum englischen, U.S.-amerikanischen und deutschen Recht. 2003.

Band 53 Mathias Stöcker: Rechtsfragen grenzüberschreitender Unternehmenszusammenschlüsse - unter besonderer Berücksichtigung des Falles Daimler/Chrysler - 2003.

FSC
www.fsc.org
MIX
Papier | Fördert gute Waldnutzung
FSC® C083411

Kolibri 360 GmbH
Ferdinand-Jühlke-Straße 7
99095 Erfurt, Deutschland
produktsicherheit@kolibri360.de

Druck:
CPI Druckdienstleistungen GmbH
im Auftrag der
Kolibri 360 GmbH
Ferdinand-Jühlke-Str. 7
99095 Erfurt